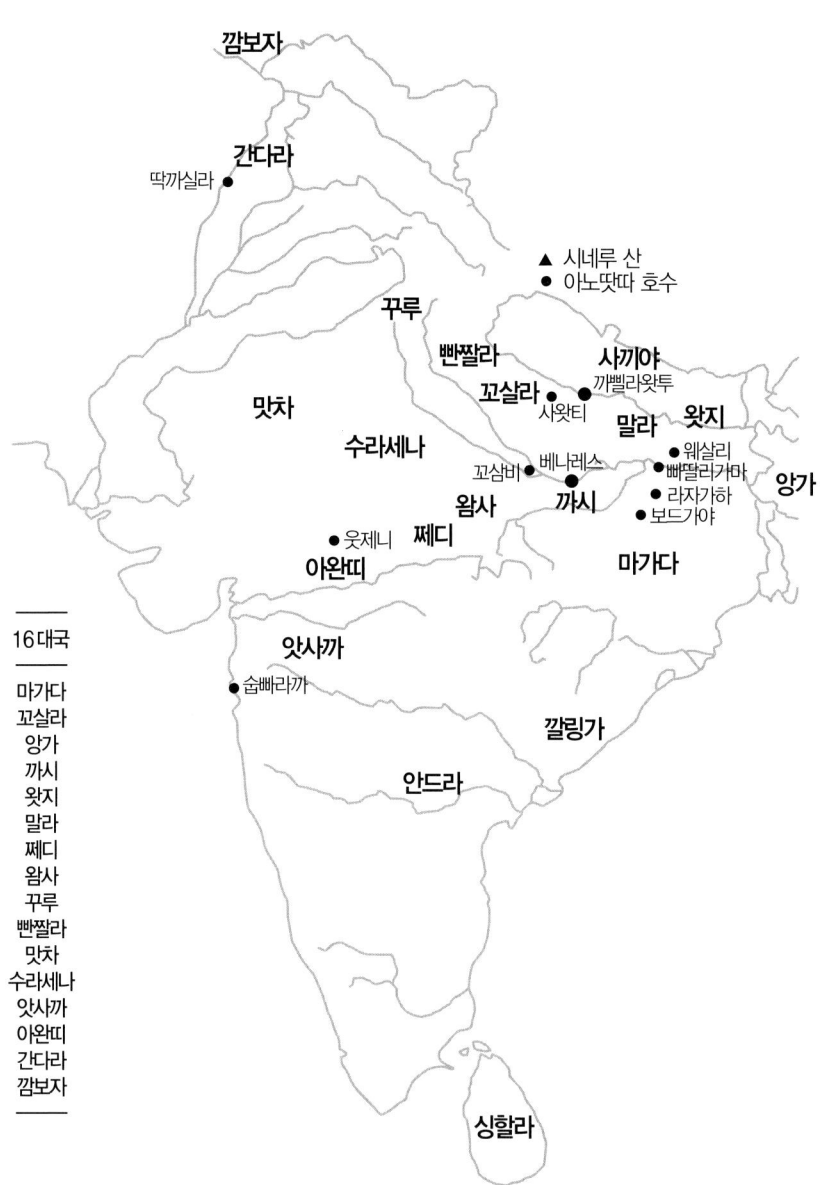

불교중심지역 majjhimadesa

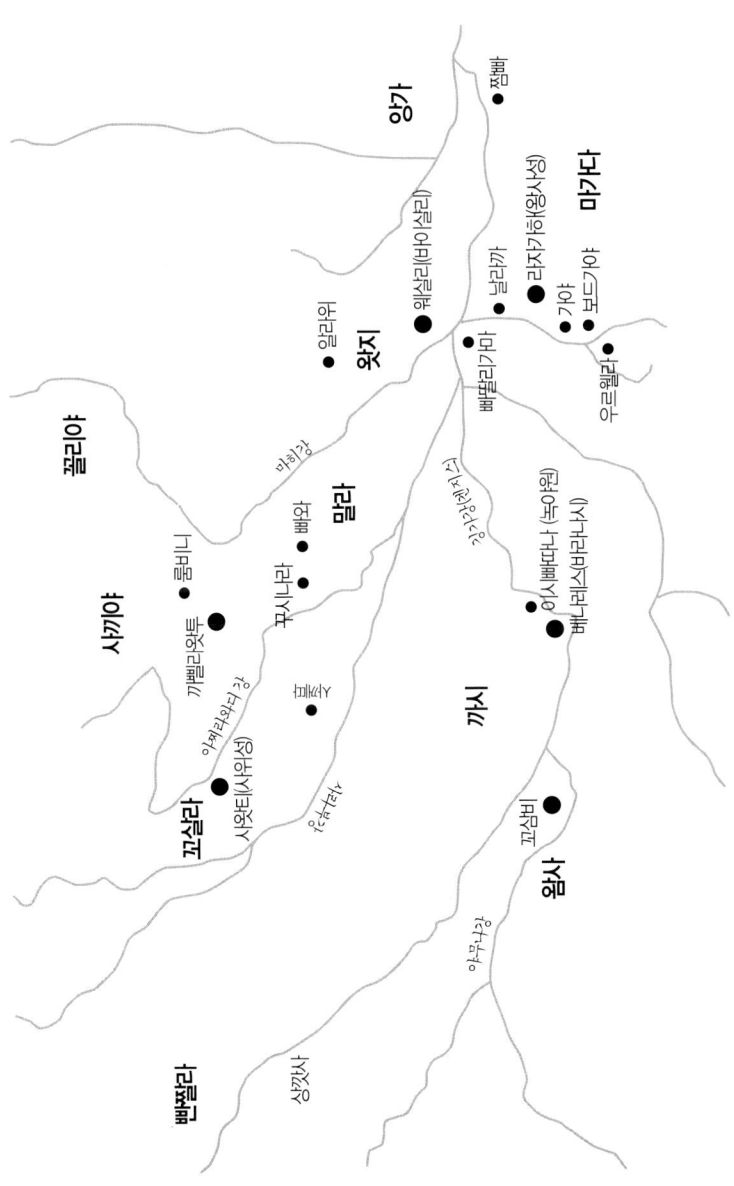

법구경 이야기 2

법구경 주석서
| Dhammapada Aṭṭakathā |

옛길

법구경 이야기 2
법구경 주석서
| Dhammapada Aṭṭakathā |

무념 · 응진 번역

옛길

그대들은 스스로 힘써 노력하라.
붓다는 다만 길을 가르쳐 줄 뿐이다.
그 길은 모든 시대의 붓다들이
지나갔던 길이며 보여주었던 오래된 옛길이다.
그 길은 바로 깨달음과 평온으로 인도해 주는
여덟 가지 고귀한 길, 팔정도이다.

나모 땃사 바가와또 아라하또 삼마삼붓닷사
Namo tassa bhagavato arahato sammāsambuddhassa

이 세상에서 가장 존귀하고 가장 가치있고 스스로 올바로
깨달음을 얻으신 부처님께 귀의합니다.

제2권 목차

약어 ·· 13
일러두기 ·· 15

제5장 어리석은 자 Bāla Vagga

| 숫자는 게송 번호임

1. 남의 여인을 넘본 빠세나디 왕 | 60 ·· 19
2. 마하깟사빠 장로의 반항적인 제자 | 61 ·· 36
3. 재수 없는 아이로 태어난 구두쇠 아난다 재정관 | 62 ···································· 42
4. 두 소매치기 | 63 ··· 45
5. 어리석은 우다이 장로 | 64 ··· 46
6. 30명의 빠테이야까 비구 | 65 ··· 49
7. 신심을 시험받은 문둥이 숩빠붓다 | 66 ··· 53
8. 도둑으로 몰린 농부 | 67 ·· 57
9. 부처님께 꽃을 올린 꽃장수 수마나 | 68 ··· 60
10. 겁탈당한 웁빨라완나 장로니 | 69 ··· 66
11. 나체수행자 잠부까 | 70 ··· 70
12. 뱀 형상의 아귀와 까마귀 형상의 아귀 | 71 ·· 81
13. 큰 망치 아귀 | 72 ·· 86
14. 찟따 장자와 수담마 비구 | 73, 74 ·· 92
15. 큰 복덕을 지닌 와나와시 띳사 사미 | 75 ·· 101

제6장 지혜로운 자 Paṇḍita Vagga

1. 훈계를 달게 받고 화내지 않는 라다 비구 | 76 ··· 123

2. 계율을 지키지 않는 앗사지뿐납바수까들 | 77 ·············· 127
3. 최고의 벌을 받은 찬나 장로 | 78 ······················· 130
4. 왕위를 버리고 출가한 마하깝삐나 장로 | 79 ············ 133
5. 빤디따 사미의 깨달음 | 80 ···························· 150
6. 흔들리지 않는 바위와 같은 라꾼다까 밧디야 | 81 ········ 170
7. 남편에게 이혼당한 까나 | 82 ·························· 172
8. 500명의 깝삐야 | 83 ································· 178
9. 가정을 버리고 출가해 깨달음을 얻은 담미까 장로 | 84 ··· 182
10. 철야정진 법회에서 법문을 듣는 신도들 | 85, 86 ········ 184
11. 50명의 비구 | 87, 88, 89 ···························· 185

제7장 아라한 Arahanta Vagga

1. 발을 다치신 부처님과 의사 지와까 | 90 ················· 189
2. 무소유 무집착의 본보기 마하깟사빠 장로 | 91 ············ 192
3. 음식을 저장한 벨랏타시사 비구 | 92 ···················· 195
4. 아누룻다 장로를 시봉한 천녀 | 93 ······················ 197
5. 삭까 천왕의 존경을 받은 마하깟짜야나 장로 | 94 ········ 199
6. 사리뿟따 장로의 사자후 | 95 ···························· 202
7. 띳사 장로와 한쪽 눈을 잃은 사미 | 96 ·················· 207
8. 사리뿟따 장로의 진정한 믿음 | 97 ······················ 211
9. 아카시아 숲에 사는 레와따 장로 | 98 ··················· 214
10. 비구를 유혹한 기생 | 99 ······························ 226

제8장 천(千, Sahassa Vagga)

1. 망나니 땀바다티까 | 100 ······························ 231

2. 바히야 다루찌리야의 깨달음 | 101 ·················· 237
3. 강도와 결혼했다 출가한 밧다 꾼달라께시 | 102, 103 ······ 248
4. 아낫타뻣차까 바라문의 질문 | 104, 105 ················ 258
5. 사리뿟따 장로의 삼촌 | 106 ························· 260
6. 사리뿟따 장로의 조카 | 107 ························· 262
7. 사리뿟따 장로의 친구 | 108 ························· 264
8. 수명이 늘어난 소년 디가유 | 109 ···················· 266
9. 500명의 산적을 교화한 상낏짜 사미 | 110 ············· 271
10. 500명의 도적을 교화한 카누 꼰단냐 장로 | 111 ········ 284
11. 삭도로 자살을 시도한 삽빠다사 | 112 ················ 286
12. 하루 사이 가족을 모두 잃고 미쳐버린 빠따짜라 | 113 ····· 291
13. 아들을 살리려고 겨자씨를 구하러 다닌 끼사고따미 | 114 ········ 300
14. 홀어미 바후뿟띠까와 은혜를 모르는 자식들 | 115 ········ 306

제9장 악 Pāpa Vagga

1. 단벌뿐인 쭐라 에까사따까 바라문 | 116 ··············· 311
2. 출가 생활에 만족하지 못하는 세이야사까 | 117 ········· 315
3. 마하깟사빠 장로를 시봉하는 천녀 라자 | 118 ··········· 317
4. 아나타삔디까와 여신 | 119, 120 ····················· 321
5. 사중 물건을 못 쓰게 만든 비구 | 121 ················· 327
6. 부자 빌랄라빠다까 | 122 ··························· 329
7. 강도들을 잘 피한 부자 상인 마하다나 | 123 ············ 333
8. 부처님에게 화살을 겨눈 사냥꾼 꾹꾸따밋따와 아내 | 124 ······ 336
9. 자기 개에게 잡아먹힌 사냥꾼 꼬까 | 125 ··············· 344
10. 보석을 삼킨 거위와 띳사 장로 | 126 ·················· 348
11. 세 가지 기이한 사건 | 127 ·························· 352

12. 부처님을 모욕한 숩빠붓다의 죽음 | 128 ·········· 359

제10장 몽둥이 Daṇḍa Vagga

1. 육군 비구 1 | 129 ·········· 365
2. 육군 비구 2 | 130 ·········· 367
3. 뱀과 한 무리의 소년들 | 131, 132 ·········· 369
4. 여인의 환영이 따라다니는 꾼다다나 비구 | 133, 134 ·········· 370
5. 우뽀사타를 지키는 위사카와 동료들 | 135 ·········· 378
6. 구렁이 모양의 아귀 | 136 ·········· 379
7. 마하목갈라나 장로의 최후 | 137~140 ·········· 384
8. 많은 물건을 소유한 바후반디까 비구 | 141 ·········· 391
9. 애인의 죽음에 충격받은 산따띠 장관 | 142 ·········· 398
10. 누더기를 스승으로 삼은 뻴로띠까 장로 | 143, 144 ·········· 404
11. 수카 사미의 깨달음 | 145 ·········· 407

제11장 늙음 Jarā Vagga

1. 술에 취한 위사카의 동료들 | 146 ·········· 423
2. 기생 시리마를 짝사랑한 비구 | 147 ·········· 428
3. 나이든 웃따라 비구니 | 148 ·········· 434
4. 구경의 깨달음을 얻었다고 착각한 비구들 | 149 ·········· 435
5. 자신의 미모에 자부심이 대단한 루빠난다 | 150 ·········· 437
6. 지옥에 갔다가 도솔천에 태어난 말리까 왕비 | 151 ·········· 444
7. 때와 장소에 맞지 않는 말만 하는 랄루다이 비구 | 152 ·········· 449
8. 부처님의 오도송悟道頌 | 153, 154 ·········· 454
9. 거지가 된 부자의 아들 마하다나 | 155, 156 ·········· 458

제12장 자신 Atta Vagga

1. 자식이 없는 보디 왕자 | 157 ··· 465
2. 탐욕스러운 우빠난다 장로 | 158 ·· 471
3. 실천하지 않으면서 남을 가르치는 빠다니까 띳사 장로 | 159 ····· 476
4. 비구니 어머니와 아들 꾸마라 깟사빠 장로 | 160 ······················ 479
5. 도둑으로 오해받아 살해당한 마하깔라 | 161 ···························· 488
6. 부처님을 시해하려 한 데와닷따 | 162 ······································· 491
7. 승가의 분열을 획책한 데와닷따 | 163 ······································· 493
8. 질투심 많은 깔라 장로 | 164 ··· 495
9. 기생들의 도움으로 살아난 쭐라깔라 | 165 ································ 497
10. 홀로 정진하는 앗따닷따 장로 | 166 ·· 499

제13장 세계 Loka Vagga

1. 젊은 여인의 조롱을 받은 젊은 비구 | 167 ································ 503
2. 숫도다나 왕의 깨달음 | 168, 169 ··· 506
3. 통찰지를 개발한 500명의 비구 | 170 ·· 509
4. 무희를 잃고 슬픔에 빠진 아바야 왕자 | 171 ····························· 510
5. 하루 종일 청소하는 삼문자니 비구 | 172 ·································· 512
6. 살인마 앙굴리말라의 귀의 | 173 ·· 514
7. 직조공의 딸 | 174 ··· 526
8. 아라한과를 성취한 서른 명의 비구 | 175 ·································· 533
9. 부처님을 모함한 찐짜마나위까 | 176 ·· 535
10. 비할 바 없는 큰 공양 | 177 ·· 541
11. 법문을 듣는 조건으로 돈을 받은 깔라 | 178 ··························· 548

제14장 붓다 Buddha Vagga

1. 마간디야 바라문을 깨달음으로 인도한 부처님 | 179, 180 ············ 553
2. 쌍신변雙神變의 기적과 아비담마 | 181 ································· 560
3. 에라까빳따 용왕 | 182 ·· 600
4. 일곱 부처님이 한결같이 읊으신 게송(七佛通偈) | 183, 184, 185 ······ 606
5. 환속하려는 비구를 훈계하신 부처님 | 186, 187 ························· 609
6. 악기닷따 바라문의 깨달음 | 188~192 ·· 612
7. 붓다가 태어나는 가문에 대한 질문 | 193 ··································· 619
8. 세상에서 가장 즐거운 일 | 194 ··· 620
9. 탑을 세울 만한 사람들 | 195, 196 ··· 621

약어

A.	Aṅguttara Nikāya ǀ 증지부
BPS	Buddhist Publication Society
BvA.	Buddhavaṁsa Aṭṭhakathā
D.	Dīgha Nikāya ǀ 장부
Dhp.	Dhammapada ǀ 법구경
DhpA.	Dhammapada Aṭṭhakathā ǀ 법구경 주석서
It.	Itivuttaka ǀ 여시어경
J.	Jātaka ǀ 本生譚
JA.	Jātaka Aṭṭhakathā ǀ 본생담 주석서
Khp.	Khuddakapātha ǀ 小誦經
KhpA.	Khuddakapātha Aṭṭhakathā ǀ 소송경 주석서
M.	Majjhima Nikāya ǀ 중부
Mil.	Milindapañha ǀ 밀린다 왕문경
PTS	Pāli Text Society
Pv.	Petavatthu ǀ 餓鬼事
PvA	Petavatthu Aṭṭhakathā ǀ 아귀사 주석서
S.	Saṁyutta Nikāya ǀ 상응부
Sn.	Suttanipāta ǀ 經集
SnA.	Suttanipāta Aṭṭhakathā ǀ 경집 주석서
Thag.	Theragāthā ǀ 장로게
ThagA.	Theragāthā Aṭṭhakathā ǀ 장로게 주석서
Thig.	Therīgāthā ǀ 장로니게

ThigA.	Therīgāthā Aṭṭhakathā ǀ 장로니게 주석서
Ud.	Udāna ǀ 감흥어경
UdA.	Udāna Aṭṭhagāthā ǀ 감흥어경 주석서
Vin.	Vinaya Piṭaka ǀ 율장
VinMv.	Vinaya Mahā Vagga ǀ 율장 대품
VinCv.	Vinaya Cūla Vagga ǀ 율장 소품
VinPr.	Vinaya Pārājika ǀ 율장 波羅夷
VinSd.	Vinaya Sañgadisesa ǀ 율장 僧殘
VinPc.	Vinaya Pāccitiya ǀ 율장 波逸提
VinPv.	Vinaya Parivāra ǀ 율장 部隨
Vis.	Visuddhimagga ǀ 청정도론
Vv.	Vimānavatthu ǀ 天宮事
VvA.	Vimānavutthu Aṭṭhakathā ǀ 천궁사 주석서

약어표시

1) 경장, 자따까, 우다나 등에 나오는 약어는 경의 번호를 나타낸다.
    예) S11.12: 상윳따 니까야 제11상응 12번째 경.
        A3.79: 앙굿따라 니까야 세 가지 모음 79번째 경.
        J12: 자따까 12번째 이야기.
2) 율장은 PTS 단락 번호를 따른 것이다.

일러두기

1. 본문에 나오는 자따까는 실제 주석서 본문에는 나오지 않고 자따까의 제목과 설화시만 등장한다. 자따까의 내용을 각주로 처리하면 본문과 각주를 오가야 하는 번거로움이 있다. 그래서 눈의 피로를 줄이고 가독성을 높이기 위해 자따까를 요약해 본문에 삽입했다. 원문과 구별하기 위해 자따까를 안으로 들여 쓰고 다른 글씨체를 사용했다.

2. 이와 마찬가지로 담장 밖 경 ∣ 게송 11, 12번 이야기, 자애경 ∣ 게송 40번 이야기, 화살경 ∣ 게송 47번 이야기, 사자후경 ∣ 게송 95번 이야기, 윤회의 시작은 알 수 없음 ∣ 게송 65번 이야기, 불수념・법수념・승수념 ∣ 게송 79번 이야기, 웰라마 경 ∣ 게송 119, 120번 이야기, 행복경 ∣ 게송 152번 이야기, 개미언덕경 요약 ∣ 게송 160번 이야기, 늙음경 ∣ 게송 225번 이야기, 보배경 ∣ 게송 290번 이야기, 까삘라경 ∣ 게송 334~337번 이야기도 본문에서 경의 제목만 언급하고 있다. 이 경들도 각주로 처리하기에는 분량이 많고 독자의 눈을 편하게 하려고 짙은 글씨로 본문에 삽입했다.

3. 인명과 지명에 대한 각주는 모두 빠알리어 고유명사 사전인 DPPN (Dictionary of Pāli Proper Names, PTS, 1974)을 요약했다. 각주의 내용 중에 경전에 나오는 출처는 근거 제시를 했지만, 다른 빠알리어주석서에서 인용한 출처는 따로 언급하지 않았다. 출처를 자세히 알고자 하는 사람은 DPPN을 참고 바란다.

4. 법구경에 나오는 단어들, 예를 들어 도道, 과果, 족쇄, 번뇌, 갈애, 불방일不放逸 마음 등과 같은 빠알리어 단어들은 우리가 흔히 알고 있는 단어가 아니고 불교적이고 아비담마적인 특별한 의미가 있다. 각주에 그 의미를 간략하게 설명했으나 더 자세히 알고자 하는 사람은 아비담마 서적을 따로 읽어보기 바란다.

제5장 어리석은 자

Bāla Vagga

제5장 어리석은 자 Bāla Vagga

첫 번째 이야기
남의 여인을 넘본 빠세나디 왕[1]

부처님께서 제따와나에 계실 때 꼬살라의 빠세나디 왕과 한 남자와 관련해서 게송 60번을 설하셨다.

한 축제 기간에 꼬살라국의 빠세나디 왕이 화려하게 장식한 흰 코끼리를 타고 장엄하게 도시를 행진하고 있었다. 그런데 군중들이 너무 많이 몰려 흙덩이와 몽둥이로 해산시켰지만, 사람들은 달아나면서도 고개를 뒤로 돌리고 계속 행진을 구경했다. 이처럼 사람들이 왕을 우러러 보는 것은 왕이 과거생에 삭깟짜다나[2]를 했기 때문이다.

그때 한 건물의 7층 꼭대기에서 어떤 가난한 사람의 아내가 창문을 열고 왕을 쳐다보다가 왕과 눈길이 마주치자 곧 방으로 사라져버렸다. 마치 하얀 보름달이 환하게 비추다가 갑자기 구름 속으로 들어가 버린 것처럼 사라진 여인의 모습에 혼이 뺏긴 왕은 코끼리 위에서 굴러 떨어질 뻔했다. 왕은 도시 순회를 급히 마치고 왕궁으로 돌아와 자신을 수행했던 부하에게 물었다.

"내가 보았던 집을 그대도 보았는가?"

---

[1] 미녀를 가진 가난한 남편과 그의 아내를 뺏으려는 왕의 이야기는 아귀사餓鬼事(Petavatthu) 주석(PvA iv. 1)에 나온다. 왕이 불길한 소리를 듣고 희생제를 지내는 이야기는 상윳따 니까야 희생제 경(S3.9)에 나온다. 불길한 네 가지 소리를 해석하는 이야기는 로하꿈비 자따까(Rohakumbhi Jātaka, J314)에서 유래한다.
[2] 삭깟짜다나sakkaccadāna(恭敬施): 성인들과 어른들에게 항상 예의 바르고 공손한 마음으로 존경하는 마음의 보시이다.

"보았습니다. 폐하."
"그 여인도 보았는가?"
"보았습니다. 폐하."
"그녀에게 가서 결혼했는지 알아보고 오거라."
부하는 그녀가 결혼했다는 사실을 알아내고 돌아와 보고했다.
"그녀는 결혼한 여인이옵니다."
"그럼 그녀의 남편을 내 앞에 대령시켜라."
부하는 그녀의 남편에게 가서 말했다.
"전하께서 당신을 부르십니다."
남편은 왕이 자신을 왜 찾는지 생각했다.
'결국 아름다운 아내 때문에 목숨이 위태로워지는구나.'
그는 감히 왕의 명령을 거역할 수 없어서 왕에게 가서 예를 올리고 분부를 기다렸다.
"지금부터 너는 나의 부하가 된다."
"폐하, 저는 제 직업으로 돈을 벌어서 살아가는 것이 좋습니다. 대신 세금을 바치게 해 주십시오."
"너 따위의 세금은 필요 없다. 오늘부터 너는 나의 부하다."
왕은 그에게 검과 방패를 주었다. 왕은 그에게 죄를 뒤집어씌워 죽인 후 아내를 차지해야겠다고 생각했다. 남편은 죽음의 두려움에 떨면서 흠 잡히지 않으려고 최선을 다해 충성했다. 그에게서 결점은 찾지 못하고 정욕의 불길은 더욱 타오르자 왕은 다른 방법을 강구했다.
'그에게 죄를 뒤집어씌워 사형시켜야겠다.'
왕은 그에게 명령을 내렸다.
"여기서 1요자나 떨어진 강가에 가면 붉은 진흙과 흰 연꽃과 푸른 연꽃이 있을 것이다. 내가 저녁에 목욕할 시간까지 그것들을 가져와야 한다. 그 시간까지 돌아오지 못하면 네게 벌을 내릴 것이다."

군인들은 네 종류의 종보다 못하다. 노예와 하인들은 일을 시키면 머리가 아프다거나 등이 아프다고 핑계를 대면서 일을 안 할 수도 있다. 그러나 군인들은 명령에 죽고 명령에 산다.

'왕의 명령에 절대복종해야 한다. 나는 반드시 가야 한다. 하지만 붉은 진흙과 흰 연꽃과 푸른 연꽃은 용궁에만 있는 것인데, 그걸 어떻게 얻을 수 있단 말인가?'

그는 죽음에 대한 두려움으로 집으로 달려가 아내에게 말했다.

"밥이 다 되었소?"

"아직 끓고 있어요."

그는 밥이 다 될 때까지 기다릴 수 없어서 국자로 죽을 퍼 담고 덜 익은 밥도 그대로 담아 반찬과 함께 바구니에 넣고 급하게 달려 나갔다. 그가 달려가는 동안 밥은 뜸이 들었다.

그는 먹다 남은 음식을 만들지 않으려고 먼저 밥을 덜어내고 먹었다. 이때 한 여행자가 오고 있는 게 보였다.

"여보시오. 이것은 내가 먹다 남긴 음식이 아니라 미리 덜어낸 음식이오. 그러니 가져가서 드시오."

여행자는 그가 준 밥을 가져가서 먹었다. 남편은 식사를 마치자 한 덩이 밥을 물위로 던지고 입을 헹구고 나서 커다란 목소리로 외쳤다.

"용왕이시여, 강의 보호신이여, 내 말 좀 들어보시오. 왕이 저에게 죄를 씌우기 위해 붉은 진흙과 흰 연꽃과 푸른 연꽃을 가져오라고 명령을 내렸습니다. 저는 여행자에게 밥을 보시하고 천 배의 공덕을 지었으며 물고기에게 먹이를 보시하고 100배의 공덕을 지었습니다. 이 공덕을 모두 드릴 테니 붉은 진흙과 흰 연꽃과 푸른 연꽃을 저에게 주소서."

그는 이 말을 세 번이나 목이 터지도록 외쳐댔다.

용왕이 이 말을 듣고 노인으로 변신하고 와서 말했다.

"도대체 무슨 말을 하는 건가?"
그가 반복해서 말했다.
"나에게 그 공덕을 넘겨주시게."
용왕이 자신의 신분을 드러내며 말했다.
"그 공덕을 당신에게 드립니다."
용왕이 또다시 말했다.
"나에게 그 공덕을 넘겨주시게."
"공덕을 당신에게 드립니다."
그가 또 대답했다. 세 번이나 말을 반복하자 용왕은 붉은 진흙과 흰 연꽃과 푸른 연꽃을 가져다주었다.

왕은 만약의 일에 대비했다.
'사람이란 일을 해결하는 다양한 방법을 알고 있다. 혹시라도 그가 어떻게 해서라도 구해온다면 목적을 이룰 수 없다.'
왕은 수문장에게 명령을 내려 성문을 일찍 닫아 잠그고서 열쇠를 가져오게 했다. 그는 왕이 목욕할 시간에 도착했지만, 이미 성문은 굳게 닫힌 뒤였다. 그는 문지기를 불러서 문을 열라고 소리 지르자 수문장이 대답했다.
"열 수 없어요. 왕의 명령으로 일찍 문을 잠그고 열쇠를 갖다 주었소."
"나는 왕의 전령이오. 문을 여시오."
그가 몇 번이나 외쳤지만 문은 열리지 않았다. 이제 다른 방법이 없었다.
"이제 어떻게 해야 하나?"

그는 붉은 진흙을 성문 입구에 올려놓고 진흙 한가운데 연꽃을 꽂아놓고 소리를 질렀다.
"사람들아, 내 말 좀 들어보소. 나는 왕의 명령을 완수했소. 여러분이 나의 증인이 되어주시오. 왕은 아무 이유도 없이 나를 죽이려 하고 있소."
그는 이 말을 세 번이나 목이 터져라 외치고 나서 이제 어디로 갈까 생각했다.

'스님들은 자비가 넘치는 분들이다. 사원으로 가서 잠이나 자야겠다.'

사람들은 별 어려움 없이 살아갈 때는 세상에 스님들이 존재한다는 사실을 모른다. 그러다 역경이 닥치면 그제야 사원을 찾는다. 이 불행한 남자도 자신이 의지할 곳은 사원밖에 없다고 생각한 것이다.

왕은 그날 밤 그 여자에 대한 생각에 욕정의 불길이 타올라 잠을 이룰 수 없었다.

'날이 밝아오는 즉시 그놈을 죽이고 여인을 왕궁으로 데려와야겠다.'

그 순간 왕은 네 가지 비명소리를 들었다.

그때 네 남자가 60요자나 깊이의 화탕지옥火湯地獄에 떨어져 벌겋게 달구어진 무쇠솥의 밥처럼 3만 년 동안 삶아지며 바닥까지 내려갔다. 그리고 다시 3만 년 동안 위로 떠올라 끓는 물 위로 고개를 내밀었다. 그들은 서로를 바라보며 한 구절의 게송을 읊으려다 겨우 단 한 음절만 내뱉고는 다시 펄펄 끓는 화탕지옥 아래로 가라앉아 내려갔다.

왕은 중경에 이 소리를 듣고 두려움과 공포가 일어나 잠을 이룰 수 없었다.

'생명이 여기서 끝나려는가, 아니면 왕비의 목숨이 끝나려는가, 아니면 나의 왕국이 망하려는가?'

그는 밤새도록 뜬 눈으로 보내고 아침이 오자 제사장을 불러 물었다.

"제사장이여, 내가 중경쯤에 처절한 소리를 들었는데, 그 소리가 왕국의 멸망이나 왕비 혹은 나의 죽음을 예견하는 징후인지 알아보려고 그대를 불렀소."

"폐하, 어떤 소리를 들으셨습니까?"

"두, 사, 나, 소라는 소리였소. 이것이 어떤 징조인지 잘 생각해 보시오."

그 바라문은 어둡고 음침한 건물 속으로 들어가는 것처럼 그 소리가 무얼 의미하는지 전혀 알지 못했다. 그러나 알지 못한다는 것을 시인하면 그동안 쌓은 이득과 명예를 잃을까 두려워 아는 체했다.

"폐하, 이것은 심각한 문제입니다."

"좀 더 자세히 말씀해 보시오."

"이것은 왕께서 돌아가실 징조입니다."

왕은 이 소리를 듣자 두려움이 더욱 커졌다.

"제사장이여, 피할 길이 없겠소?"

"폐하, 피할 길이 있습니다. 너무 두려워하지 마십시오. 제가 삼베다에 능통한 사람 아닙니까?"

"그럼, 어떻게 해야 하겠소?"

"폐하, 많은 생명을 잡아 신에게 제물로 바치면 폐하의 목숨을 구할 수 있습니다."

"어떤 것을 잡아야 하겠소?"

"100마리의 코끼리, 100마리의 말, 100마리의 황소, 100마리의 암소, 100마리의 염소, 100마리의 당나귀, 100마리의 순종 말, 100마리의 양, 100마리의 닭, 100마리의 돼지, 100명의 소년, 100명의 소녀입니다."

바라문은 고기를 먹을 수 있는 가축만 잡으라고 하면 사람들이 '이 바라문은 잡은 동물들로 잔치를 즐기며 배불리 먹으려고 그런다.'고 손가락질할까 봐 일부러 먹지 못하는 코끼리, 말, 사람까지 포함시켰다.

'어떤 희생을 치르더라도 내 목숨을 구해야 한다.'

왕은 그렇게 생각하면서 바라문에게 말했다.

"많은 생명을 빨리 잡아들이도록 하시오."

왕의 부하들은 명령을 받고 필요한 수 이상을 잡아들였다. 이것이 꼬살라 상윳따에는 이렇게 기록되어 있다.3)

---

3) 상윳따 니까야 희생제 경(S3,9) : 상윳따 니까야에는 희생제에 사용할 짐승들이 5종류이지만 법구경 주석서는 10종류이다. 그리고 경에는 사람은 들어있지 않다.

"그때 꼬살라국의 빠세나디 왕이 큰 제사를 준비하고 있었다. 500마리의 큰 황소와 500마리의 수소와 500마리의 암소와 500마리의 염소와 500마리의 양이 제사를 위해 기둥에 묶여 있었다. 왕의 노예와 하인과 일꾼들은 두려움에 떨며 슬픈 얼굴로 울면서 제사를 준비하고 있었다. 많은 사람이 땅이 무너지는 소리로 울부짖으며 괴로워했다."

말리까 왕비가 시끄러운 소리를 듣고 왕에게 가서 물었다.
"폐하, 지금 제정신입니까?"
"말리까여, 독사가 내 귀를 뚫고 들어가고 있는 것을 모르는 거요?"
"폐하, 그게 무슨 말입니까?"
"어젯밤에 내가 어떤 소리를 들었는데 제사장에게 물었더니 '폐하께서 죽을 징조이며 살아나려면 많은 생명을 신에게 제물로 바쳐야 한다.'고 말했소. 어떤 희생을 치르더라도 내 목숨을 구해야 하오. 그래서 많은 생명을 잡아들이라고 명령한 것이오."

말리까 왕비가 말했다.
"폐하, 당신은 정말 바보로군요. 당신은 온갖 음식을 먹을 수 있고, 온갖 양념과 재료로 요리한 산해진미를 차려놓고 잔치를 벌일 수 있고, 두 왕국을 통치할 수 있어요. 그런데 자그마한 일의 옳고 그름도 분별하지 못한다는 말입니까?"
"그게 무슨 말이오?"
"다른 목숨을 죽여 자기 목숨을 구한다는 말을 도대체 어디서 들은 겁니까? 그 어리석은 바라문의 말만 믿고 백성들을 고통 속으로 몰아넣는다는 것이 말이나 됩니까? 신과 인간 사이에서 가장 위대하신 분, 과거 현재 미래를 꿰뚫어 보시는 분, 한량없는 지혜를 갖추신 분인 부처님께서 가까운 사원에 계시는데 왜 여쭈어보지 않으세요?"

왕은 말리까와 함께 마차를 타고 사원으로 갔다. 하지만 죽음에 대한 공포 때문에 한마디도 못하고 부처님께 삼배를 올리고 한쪽에 가만히 앉아 있었다. 부처님께서 먼저 말씀을 꺼내셨다.

"대왕이여, 이렇게 늦은 오후에 어떻게 오셨습니까?"

왕이 대답을 못하자 말리까가 대신 부처님께 말씀드렸다.

"부처님이시여, 어젯밤 중경에 왕이 무슨 소리를 들었는데 그게 무슨 징조인지 제사장에게 물어보았답니다. 그러자 제사장이 폐하께서 죽을 징조이며 신에게 다른 생명들의 피를 바치면 죽음에서 벗어날 수 있다고 말했답니다. 그래서 왕은 살아있는 생명들을 잡아들이라고 명령을 내렸다고 합니다."

"대왕이여, 이 말이 사실입니까?"

"부처님이시여, 사실입니다."

"어떤 소리를 들었습니까?"

왕은 그가 들었던 소리를 반복했다. 부처님께서 그 말을 듣고 잠시 침묵하더니 말씀하셨다.

"대왕이여, 두려워하지 마시오. 그것은 대왕께서 죽는다는 징조가 아닙니다. 대왕께서 들었던 소리는 과거생에 악행을 저지른 자가 지옥의 고통을 표현하는 소리입니다."

"부처님이시여, 그들이 무슨 짓을 저질렀습니까?"

그들이 저지른 악행에 대해 이야기해 달라고 요청하자 부처님께서 말씀하셨다.

"대왕이여, 이야기할 테니 잘 들으시오."

부처님께서는 그렇게 말씀하시고 이야기를 시작하셨다.

네 악인의 과거생: 화탕지옥

아주 먼 옛날, 인간의 수명이 아주 길던 시절에 깟사빠 부처님께서 세상에 출현하셨다. 부처님께서는 여기저기 유행하시면서 2만 명의 비구를 해탈로 인도하고 베나레스에 도착하셨다. 베나레스의 주민들은 여러 사람이 짝을 지어 비구들에게 공양을 올렸다. 이때 베나레스에 네 명의 부잣집 아들이 있었는데 각각 4억 냥의 재산을 소유하고 있었다. 그들은 아주 친한 친구 사이였다. 어느 날 그들은 삶의 방향을 논의하려고 모였다.

"우리는 많은 재산을 가졌다. 이 돈으로 무얼 하면 좋을까? 존귀하신 부처님께서 여기저기 유행하다가 베나레스에 오셨는데 공양을 올리고 공덕을 쌓고 계를 받아 지키는 게 어떨까?"

한 친구가 이렇게 말을 꺼냈지만 아무도 이에 찬성하지 않았다. 다른 친구가 말했다.

"값비싼 술이나 마시고 고급 요리나 즐기는 게 어때? 즐기고 사는 게 인생이지."

또 다른 친구가 말했다.

"요리란 요리는 모두 먹어보자. 먹는 게 남는 거지."

또 다른 친구가 말했다.

"가장 화끈하게 즐기는 방법이 있지. 세상에 널린 게 여자이고 돈만 주면 거절할 여자가 거의 없지. 남의 아내와 돈을 주고 간통하는 게 온몸을 전율시키는 가장 큰 즐거움이 아닐까?"

"좋아, 좋아!"

모두 이 의견에 동의하며 소리 질렀다.

그때부터 그들은 간통을 저지르면서 세월을 보냈다. 그들은 죽어 아비지옥에 태어나 두 부처님 사이 동안 고통을 겪었다. 그러고도 악행의 과보가 다하지 않아서 아비지옥에서 죽자 이번에는 깊이가 60요자나인 화탕지옥에 태어났다. 그곳에서 3만 년 동안 가라앉았다가 3만 년 동안 위로 솟아올라 끓는 물 위로 얼굴을 내밀고 각각 한 구절의 게송을 읊으려다 겨우 단 한 음절만 내뱉고는 다시 화탕지옥 아래로 가라앉았다.

"대왕이여, 처음에 무슨 소리를 들었습니까?"

"'두'였습니다"
부처님께서는 그 악행을 저지른 사람이 채 말하지 못한 게송을 완성하셨다.

두(du),
재산을 시주하거나 나누어주지 않고
악행을 일삼으며 세월을 보냈네.
우리는 가진 재산으로
피안의 의지처를 구하지 않았네.

부처님께서는 왕에게 이 게송을 들려주고 나서 그다음에 들었던 소리가 무엇인지 물었다. 왕이 말해주자 부처님께서는 나머지 게송들도 완성하셨다.

사(sa),
펄펄 끓는 화탕지옥에서 6만 년을 보냈는데
언제 끝이 오려나?

나(na),
너와 내가 저지른 악행의 과보는 끝이 없구나.
언제 끝이 나려나?

소(so),
여기서 벗어나 인간으로 태어나면
보시를 많이 하고 계를 지키고 선행을 하리라.

부처님께서 게송을 차례로 읊으시고 의미를 설명해 주고 나서 왕에게 말씀하셨다.
"대왕이여, 이 네 사람은 각각 한 구절의 게송을 읊으려고 했으나 겨우 처음 한 음절만 내뱉고 다시 화탕지옥 아래로 가라앉은 것입니다."

악행을 저지른 자들은 아직도 화탕지옥 아래로 가라앉고 있다. 왜냐하면 빠세나디 왕이 그 소리를 들었을 때부터 아직 천 년도 채 지나지 않았기 때문이다.4)

왕은 부처님의 설법을 듣고 감동해서 자신의 죄를 뉘우쳤다.
'간통은 정말 무서운 죄로구나! 이 네 명의 간통을 범한 자들이 두 부처님이 지나갈 때까지 아비지옥에서 고통받았고, 거기서 죽어 화탕지옥에 태어나 6만 년 동안 고통받고 있다. 그러고도 아직도 지옥의 고통에서 벗어날 기약이 없다. 나도 남의 여인에게 욕정을 느끼고 밤새도록 한숨도 자지 못했다. 오늘 이후 절대로 남의 아내를 넘보지 않겠다.'

왕은 부처님께 말씀드렸다.
"부처님이시여, 오늘 저는 잠 못 이루는 자에게 밤이 얼마나 긴지 뼈저리게 느꼈습니다."
그 여자의 남편 또한 그곳에 앉아 있다가 부처님의 법문을 듣고 확고한 신심이 생겨 부처님께 말씀드렸다.
"부처님이시여, 오늘 왕이 잠 못 이루는 자에게 밤이 얼마나 긴지 알았다고 하는데, 저는 어제 피곤한 자에게 1요자나의 거리가 얼마나 먼지 뼈저리게 느꼈습니다."
부처님께서는 이 두 사람의 말을 합쳐서 말씀하셨다.
"잠 못 이루는 자에게 밤은 길고, 피곤한 자에게 1요자나는 멀며, 바른 법을 모르는 어리석은 자에게 생사윤회는 참으로 길다."
부처님께서는 이렇게 법문하시고 게송을 읊으셨다.

---

4) 빠세나디 왕은 부처님과 동년배이고 B.C. 500년께 인물이므로 그가 이 지옥의 소리를 들었다고 할 때부터 천 년이 지나지 않았다고 했으니 저자가 이 법구경 주석서를 썼던 시기를 약 A.D. 400~500년 사이가 아닐까 유추해 볼 수 있다.

잠 못 드는 이에게 밤은 길고
지친 나그네에게 길은 멀다.
바른 진리를 모르는 어리석은 이에게
윤회는 참으로 길기만 하다.(60)

이 게송 끝에 미인을 아내로 둔 남편은 수다원과를 성취했다. 왕은 부처님께 삼배를 드리고 왕궁으로 돌아가서 기둥에 묶어 놓은 생명들을 모두 풀어주었다. 붙잡혀 있다가 풀려난 남자와 여자들은 머리를 감고 집으로 돌아가 말리까 왕비의 덕과 지혜를 극구 찬탄했다.

"우리의 말리까 왕비께서 천수를 누리소서! 우리의 목숨을 구해주시다니 너무나 감사합니다!"

저녁에 비구들이 법당에 모여 그날의 사건에 대해 이야기를 나누었다.

"말리까 왕비가 얼마나 지혜로운가! 그녀의 지혜로 생명들을 구할 수 있었다."

부처님께서 간다꾸띠에서 나와 법당에 들어가 붓다의 자리에 앉아 물으셨다.

"비구들이여, 여기 앉아서 무슨 이야기를 나누고 있었는가?"

비구들이 말씀드리자 부처님께서 말씀하셨다.

"비구들이여, 말리까가 총명한 지혜로 많은 사람의 생명을 구한 것은 이번이 처음이 아니다. 그녀는 과거생에서도 많은 사람의 목숨을 구했다."

부처님께서는 이 이야기를 자세히 설명하기 시작하셨다.

말리까의 과거생: 왕비 딘나와 베나레스의 왕

아주 오랜 옛날, 베나레스의 왕자는 커다란 반얀나무 아래로 가서 그곳에 살고 있는 목신에게 기도를 올렸다.

"목신이여, 이 잠부디빠(인도)에는 100명의 왕과 100명의 왕비가 살고 있습니다. 아버지가 죽고 나서 제가 왕위를 물려받도록 도와주소서. 제가 왕위에 오르면 100명의 왕과 왕비를 붙잡아서 그들의 피를 당신에게 바치겠습니다."

이윽고 아버지가 죽자 그는 왕위에 올랐다.

'내가 왕국을 물려받은 것은 순전히 목신의 위신력이다. 이제 목신에게 100명의 왕과 왕비를 붙잡아 희생제를 올려야겠다.'

그는 군대를 일으켜 한 나라를 쳐들어가 왕을 붙잡았다. 그는 그 여세를 몰아 나머지 왕들을 차례로 붙잡아 마침내 100명의 왕과 왕비를 붙잡았다.

그는 왕들과 왕비들을 반얀나무 아래로 끌고 갔다.

'가장 젊은 왕의 왕비인 담마딘나는 만삭이니 놓아주어야겠다. 나머지는 독약을 내려서 죽여야겠다.'

그가 부하들에게 나무 아래를 청소하고 제단을 차리게 했다. 목신이 이것을 보고 생각했다.

'왕은 나의 도움으로 왕과 왕비들을 붙잡았다고 확신하고 있다. 그는 제물로 그들의 피를 바치려고 한다. 그들이 죽으면 잠부디빠에 있는 모든 왕들의 혈통은 끊기고, 나무 아래는 피로 오염될 것이다.'

목신은 왕이 살인하지 못하도록 방법을 강구했으나 별 뾰족한 수가 없었다. 그는 옆 나무의 목신에게 가서 상황을 설명하고 좋은 해결 방법이 있는지 물었다. 그 목신에게도 좋은 방법이 있을 리 없었다. 그는 또 다른 목신에게 가서 물었지만, 결과는 마찬가지였다. 그는 철위산 내의 모든 신에게 물어보았지만, 그들도 어쩔 수 없었다. 마침내 그는 사대천왕에게 가서 물었다. 그들은 이렇게 대답했다.

"우리도 어쩔 수 없소. 삭까 천왕은 우리보다 훨씬 공덕과 지혜가 뛰어나다오. 그분에게 가서 물어보시오."

그는 도리천의 삭까 천왕에게 가서 상황을 설명하자 삭까 천왕이 대답했다.

"그대가 그런 불행한 일에 걱정도 하지 않고 관심도 기울이지 않는다면 왕들의 혈통은 모두 끊기고 그대는 그 일에 책임을 져야 한다."

삭까 천왕이 말을 계속 이었다.

"나도 그를 막을 수 없지만, 어떻게 막을 수 있는지는 알려줄 수 있다. 그대는 붉은 가운을 입고 왕이 보는 가운데 나무에서 내려와 떠나는 것처럼 행동해라. 그러면 왕은 목신이 떠나려 한다는 것을 알고 떠나지 못하게 하려고 온갖 노력을 기울여 설득할 것이다. 그러면 그대는 왕에게 이렇게 말해라. '그대는 100명의 왕과 왕비를 붙잡아 와서 그들의 피로 제사를 지내겠다고 약속해 놓고 왜 욱가세나 왕의 왕비는 잡아 오지 않는 거요. 나는 당신 같은 거짓말쟁이의 제사는 받아들이지 않겠소.' 그러면 왕은 욱가세나의 왕비 담마딘나를 데려올 것이다. 그녀가 오면 왕에게 바른 진리가 무엇인지 가르칠 것이고 그러면 모든 생명을 구할 수 있을 것이다."

목신은 삭까 천왕이 지시한 대로 이행하자 왕은 즉시 담마딘나 왕비를 데려왔다. 그녀는 100명의 왕의 맨 뒤에 앉아 있는 남편 욱가세나 왕에게 다가가 예를 올렸다. 베나레스의 왕은 그녀의 행동을 보고 화를 냈다.

"여기서 나이가 많은 나에게 예를 올리지 않고 가장 젊은 왕에게 예를 올리다니."

그녀가 베나레스의 왕에게 말했다.

"제가 당신에게 예를 올릴 의무가 있나요? 나의 주군은 나에게 국모國母의 자리를 주었어요. 그런 남편을 놔두고 어째서 당신에게 예를 올려야 하나요?"

목신은 그곳에 모인 사람들이 잘 보이도록 그녀에게 한 다발의 꽃을 올리면서 찬탄했다.

"잘 말씀하셨습니다, 마마! 잘 말씀하셨습니다, 마마!"

베나레스의 왕이 그녀에게 말했다.

"나에게 예를 갖추지 않는 것은 그렇다고 칩시다. 그런데 왜 목신에게 존경심을 표하지 않소? 이분은 커다란 위신력을 가지고 있어서 나에게 왕권을 물려받게 했고 모든 나라를 정복할 힘을 주신 분이오."

"폐하께서 왕들을 정복한 것은 당신의 복덕이 이들을 능가한 것입니다. 목신이 왕들을 제압해서 당신 손에 넘겨준 것이 아닙니다."

목신은 또다시 그녀를 찬탄했다.

"잘 말씀하셨습니다, 마마!"

그녀가 말을 계속했다.

"폐하께서는 '목신이 왕들을 제압해서 넘겨주었다.'라고 말하지만, 당신 왼쪽에 있는 나무는 왜 불에 탔을까요? 목신이 그렇게 큰 위력을 지니고 있다면 왜 불을 끄지 않았을까요?"

목신은 또다시 그녀를 찬탄했다.

"잘 말씀하셨습니다, 마마!"

왕비는 말하는 도중에 울다가 웃다가 했다. 왕이 이를 보고 물었다.

"당신, 혹시 제정신이오?"

"폐하, 그런 말씀 마세요. 난 미치지 않았어요."

"그럼 왜 울었다 웃었다 하는 거요?"

"폐하, 제 말 좀 들어보세요."

왕비의 과거생: 양 한 마리를 죽인 여인

"아주 오래된 옛날, 저는 귀족 가문의 딸로 태어났어요. 결혼해서 시댁에서 살고 있었는데 어느 날 남편의 친한 친구가 손님으로 왔지요. 저는 음식을 대접하려고 하녀에게 돈을 주면서 푸줏간에 가서 고기 좀 사 오라고 했어요. 그런데 그녀는 고기를 사지 못하고 돌아왔어요. 그때 암양 한 마리가 집 뒤에 누워 있는 게 보였어요. 저는 양의 머리를 자르고 고기를 요리했어요. 저는 양의 머리를 자른 죄로 죽어 지옥에 태어나 무서운 고통을 겪었어요. 그래도 악업이 소진되지 않아서 양의 털 숫자만큼 제 머리가 잘리는 고통을 겪었어요. 당신이 이 사람들을 죽인다면 아마도 이런 고통에서 벗어날 기약이 없을 거예요. 저는 제가 겪었던 고통이 기억날 때마다 눈물이 나요."

그녀는 그렇게 말하면서 노래를 불렀다.

한 마리 양의 목을 잘랐는데
양털 숫자만큼이나 목이 잘렸네.
왕이시여! 그대가 이 많은 사람의 목을 자르고서
어떻게 고통을 피하시려오?

"그러면 왜 웃었는가?"
"폐하, 저는 이 고통에서 벗어났기 때문에 기뻐서 웃었습니다."
목신이 또 한 다발의 꽃을 올리며 찬탄했다.
"잘 말씀하셨습니다, 마마!"
왕이 말했다.
"오, 내가 정말 무시무시한 죄를 저지를 뻔했군! 왕비가 양 한 마리를 죽였는데 지옥에 태어나 고통을 겪었고, 그래도 악업이 남아서 양의 머리털 숫자만큼이나 머리가 잘리는 고통을 겪었다니! 만약 내가 이 사람들을 모두 죽인다면 언제 악업이 다해 고통에서 벗어날 것인가?"
왕은 붙잡아온 왕과 왕비를 풀어주고 자기보다 나이가 많은 왕들에게는 예를 갖추고 자기보다 나이가 적은 왕들에게는 합장하며 용서해 달라고 빌었다. 그리고 그들을 자신들의 왕국으로 되돌려 보냈다.

부처님께서 이 이야기를 하고 나서 말씀하셨다.
"비구들이여, 이처럼 말리까가 지혜롭게 많은 생명을 구한 것은 이번이 처음이 아니다. 그녀는 과거생에서도 그랬다."
부처님께서 이어서 과거이야기에 나오는 인물들이 누구인지 밝혔다.

"그 당시 베나레스의 왕은 지금의 빠세나디 왕이고, 담마딘나 왕비는 지금의 말리까 왕비이고, 목신은 바로 나였다."

부처님께서는 말씀을 이으셨다.

"비구들이여, 생명을 죽이는 것은 법다운 행동이 아니다. 생명을 죽인 사람은 오래도록 고통을 겪는다."

부처님께서는 이렇게 말씀하시고 게송을 읊으셨다.

괴로움에 원인이 있다는 것을 안다면
생명을 죽이지 마라.
생명을 죽이면 괴로움이 생기니까.

두 번째 이야기
마하깟사빠 장로의 반항적인 제자5)

부처님께서 사왓티에 계실 때 마하깟사빠 장로의 제자와 관련해서 게송 61번을 설하셨다.

마하깟사빠 장로가 뻽팔리 석굴에 머물고 있을 때 두 제자가 그를 시중들고 있었다. 그중 한 제자는 책임감 있고 성실하게 제자의 도리를 다했다. 반면에 다른 제자는 게으르고 신심도 없어 제자로서 해야 할 도리를 회피하고 동료 제자가 한 일을 자기가 한 것처럼 가로채기 일쑤였다. 예를 들어 신심 있는 제자가 세수할 물을 떠 오고 양치용 나무를 준비해 놓으면 게으른 제자는 장로에게 가서 말했다.

"스님, 세수할 물과 양치용 나무를 준비해 놓았습니다. 오셔서 세면하십시오."

발 씻는 물이나 목욕물을 준비할 때도 이런 잔꾀를 부렸다. 신심 있는 제자가 그를 골탕 먹일 계획을 세웠다.

'이 녀석은 제자의 도리를 회피하면서 내가 한 일을 가로챈다. 이 녀석, 낭패한 꼴을 한번 당해봐라.'

어느 날 그는 게으른 제자가 공양 후에 자고 있을 때 목욕용 물을 데워서 항아리에 부어 뒷방에 가져다 놓았다. 그리고 물 끓이는 솥에는 증기가 새어 나오도록 약간의 물을 남겨놓았다. 저녁에 게으른 제자가 일어나 보니 솥에서 증기가 흘러나오고 있었다.

'그 녀석이 목욕탕에 물을 데워놓았군'

게으른 제자는 이렇게 생각하고 재빨리 장로에게 가서 절하고 말했다.

"스님, 목욕탕에 물이 준비됐습니다. 가서 목욕하십시오."

그리고는 자기도 장로를 따라 목욕탕에 갔다. 장로는 목욕탕에 물이 없

---

5) 이 이야기는 꾸띠두사까 자따까(Kuṭidūsaka Jātaka, J321)에서 유래한다.

는 것을 보고 물었다.

"물이 어디 있느냐?"

그는 아직도 불타고 있는 화로로 가서 솥뚜껑을 열고 바가지를 집어넣어 보았다. 솥은 텅 비어 있었다.

'이 악당이 해 놓은 것 좀 보게! 화로 위에다 텅 빈 솥을 올려놓고 가버렸군. 이 녀석이 어디로 간 거야? 나는 당연히 목욕탕에 물이 있을 거로 생각하고 스님에게 가서 준비됐다고 알렸는데.'

그는 화를 내며 물항아리를 들고 강으로 갔다.

밖에서 돌아온 신심 있는 제자는 뒷방에 놔두었던 뜨거운 물을 가져와 목욕탕에 채웠다. 장로가 이걸 보고 생각했다.

'이 제자가 물을 데워 준비했는데 그가 와서 '스님, 목욕물이 준비됐습니다. 오셔서 목욕하십시오.'라고 말했다. 그런데 그는 화를 내고 물항아리를 들고 강가로 갔다. 대관절 어떻게 된 일인가?'

한참 이 문제를 생각하던 장로는 사실을 알아냈다.

'이제까지 그는 제자의 도리를 하지 않고 빈둥거리고 놀다가 동료가 준비해 놓으면 자기가 한 것처럼 잔꾀를 부렸군.'

게으른 제자가 돌아오자 장로가 그에게 훈계했다.

"제자여, 출가자는 다른 사람이 한 것을 자기가 한 것처럼 말해서는 안 된다. 조금 전에 너는 나에게 와서 '스님, 목욕물이 준비됐습니다. 와서 목욕하십시오.'라고 말했다. 하지만 물이 준비돼 있지 않자 화가 나서 물항아리를 들고 나가버렸다. 출가자라면 그렇게 행동해서는 안 된다."

제자는 스승의 훈계를 듣자 화가 나서 속으로 중얼거렸다.

'장로가 말하는 것 좀 보게! 물 몇 방울 때문에 나에게 이런 식으로 말하다니!'

다음 날 그는 장로와 함께 탁발을 가지 않았다. 장로는 신심 있는 제자만 데리고 탁발을 나갔다.

장로가 탁발을 나가자 게으른 제자는 장로를 후원하는 신도의 집으로 갔다. 신도가 물었다.

"스님, 장로님은 어디 계시고 혼자 오셨습니까?"

"장로님은 몸이 좋지 않아서 꾸띠에 남아계십니다."

"그럼 제가 어떻게 도와 드리면 좋겠습니까, 스님?"

"음식을 준비해 주십시오."

게으른 제자는 장로가 그런 음식을 요청한 것처럼 말했다. 신도가 음식을 준비해 주자 그는 오는 길에 혼자 다 먹어치우고 돌아왔다.

어느 날 장로가 신도로부터 질 좋은 가사용 천을 받았다. 그는 자기를 따라온 신심 있는 제자에게 그 옷감을 주었다. 제자는 옷감을 염색하고 웃가사와 아랫가사로 만들어 입었다. 다음 날 장로가 신도 집에 들르자 신도가 말했다.

"장로님, 어제 제자가 와서 스님께서 아프시다면서 음식을 준비해 달라고 하더군요. 그래서 만들어 보내드렸는데 그 음식을 드시고 회복하셨군요."

장로는 아무 말도 하지 않고 돌아갔다. 저녁이 되어 게으른 제자가 돌아와 절하고 앉자 장로가 말했다.

"제자야, 어제 네가 못된 짓을 했더구나. 그런 행동은 출가자가 해서는 안 되는 나쁜 행위이다. 어떤 음식이든 해 달라고 요구해서 먹어서는 안 된다.6)"

게으른 제자는 성질이 나서 장로에게 원한을 품었.

'어제는 몇 방울의 물을 가지고 나를 거짓말쟁이라고 부르더니 오늘은 신도가 준 두세 숟가락의 음식 좀 먹었다고 '다른 사람에게 음식을 요구해

---

6) 음식을 탁발할 때는 음식을 해 달라고 요구해서도 안 되고, 우회적인 말을 하거나, 암시하거나, 넌지시 말하거나, 귀띔해서도 안 된다. 맛없는 음식이든 맛있는 음식이든 주는 대로 먹어야 한다.

서 받아서는 안 된다.'고 말하는군. 게다가 가사용 천은 다른 제자에게만 주고 나에게는 주지도 않다니. 나를 아주 개밥에 도토리 취급하는군! 두고 봐라. 앙갚음할 테다.'

다음 날 장로가 탁발 나가고 게으른 제자 혼자 남아 있었다. 그는 몽둥이로 밥그릇 물그릇을 다 때려 부수고, 나뭇잎과 풀로 지은 장로의 꾸띠에 불을 지르고, 타지 않고 남은 것은 망치로 산산조각을 내고서 도망쳐버렸다. 이 일로 그는 죽어 무간지옥에 태어났다.

이 소문이 도시 전체에 퍼졌다.
"장로의 제자가 사소한 견책譴責에도 견디지 못하고 앙심을 품고 나뭇잎과 풀로 엮은 장로의 꾸띠에 불을 지르고 도망쳤다네."
한 비구가 라자가하를 떠나 사왓티의 제따와나 사원에 도착해서 부처님께 삼배를 올렸다. 부처님께서 반갑게 맞이하고 물었다.
"어디서 오는 길인가?"
"부처님이시여, 라자가하에서 왔습니다."
"나의 아들 마하깟사빠는 잘 있는가?"
"부처님이시여, 장로님은 잘 계십니다. 그런데 제자 하나가 사소한 견책에 화를 내고 꾸띠에 불을 지르고 도망쳐버렸습니다."
"그가 훈계를 받고 화를 낸 것은 이번이 처음이 아니다. 과거생에서도 그랬다. 그가 집을 부순 것도 이번이 처음이 아니다. 과거생에서도 또한 집을 부수었다."
그렇게 말씀하시면서 부처님께서는 그와 관련된 이야기를 시작하셨다.

사미의 과거생: 원숭이와 싱길라 새

오래된 옛날, 브라흐마닷따 왕이 베나레스를 다스리고 있을 때 싱길라 새가 히말라야에 둥지를 틀었다. 어느 날 비가 오고 있는데 원숭이 한 마리가 와서 추위에 떨고 앉아 있었다. 싱길라 새가 그를 보고 노래했다.

원숭이야, 네 머리, 손, 발은 사람과 똑같은데
왜 집이 없는지 설명해 주겠니?

'내가 손발이 있다는 것은 사실이다. 그러나 나는 집을 지을 두뇌가 없다.'
원숭이는 이렇게 생각하며 노래를 불렀다.

싱길라야, 머리, 손, 발은 사람과 똑같지만
인간들의 타고난 재능과 지혜가 나에게 없단다.

'집을 짓고 산다는 것이 저런 멍청한 것들이 결코 할 수 있는 일은 아니지.'
새는 이렇게 속으로 빈정거리며 원숭이를 훈계하려고 노래를 불렀다.

불안정하고, 경박하고, 믿음도 없고,
계도 지키지 않는 자는 결코 행복을 얻지 못하리.
원숭이야, 최선을 다해 노력해서 과거의 습성을 버리고,
추위와 바람을 피할 오두막집이라도 하나 짓는 게 어떨까?

원숭이가 중얼거렸다.
'이 새 녀석이 나보고 불안정하고 경박하고 믿음도 없고 계도 지키지 않는 자라고 경멸하는군. 좋아. 진정한 행복이 어디 있는지 보여주지.'
원숭이가 둥지를 붙잡자 새는 미끄러지듯 빠져나가 도망쳐버렸다. 원숭이는 둥지를 산산이 부수어 바람에 날려버렸다.

부처님께서 이야기를 끝내시고 이야기에 나오는 인물들을 밝혀주셨다.
"그때의 원숭이는 장로의 꾸띠를 부셨던 게으른 제자이고 싱갈라 새는 마하깟사빠 장로이다."

부처님께서는 말씀을 이으셨다.

"비구들이여, 그 제자가 훈계를 듣고 화내고 집을 부순 것은 이번이 처음이 아니다. 과거생에서도 똑같은 짓을 저질렀다. 나의 아들 깟사빠는 그런 어리석은 자와 함께 사느니 차라리 혼자 사는 것이 낫다."

부처님께서는 그렇게 말씀하시고 게송을 읊으셨다.

**기나긴 수행 길에서
자기보다 뛰어나거나 동등한 벗을
만나지 못했다면
차라리 홀로 정진하라.
어리석은 이에게는
도반**[7]**을 삼을 만한 아무런 덕이 없다.**(61)

이 법문 끝에 방문한 비구들은 수다원과에 이르렀고, 그곳에 모인 대중도 수다원과, 사다함과, 아나함과에 이르렀다. 또한 많은 사람이 이익을 얻었다.

---

7) 도반(sahāya): sahāya는 동료, 친구를 의미하나 여기서는 함께 수행하는 친구로서 도반道伴을 말한다. 도반은 진리를 찾아 나선 사람을 격려해 주고 이끌어주고 가르쳐줄 수 있는 친구이다. 주석서에 따르면 계율을 청정히 지키거나, 통찰지가 있거나, 도과를 얻은 사람이라면 도반이 될 만한 조건이 된다. 어리석은 이에게 이런 덕이 있을 리 만무하다. 어리석은 자는 세속적인 성공뿐만 아니라 정신적인 성공에도 아무런 도움이 되지 않는다. 어리석은 자를 깨우치고 바른길로 이끌기 위해 대연민심으로 함께 할 수는 있으나, 그들로 인해 오염되면 안 된다.

세 번째 이야기
재수 없는 아이로 태어난 구두쇠 아난다 재정관

부처님께서 사왓티에 계실 때 재정관 아난다와 관련해서 게송 62번을 설하셨다.

인색한 재정관

사왓티에 아난다라는 재정관이 살고 있었다. 그는 4억 냥의 재산이 있었지만 지독한 구두쇠였다. 그는 보름마다 식구들을 모아놓고 아들 물라시리에게 세 시간 동안 훈시했다.

"4억 냥의 재산이 많다고 생각하지 마라. 들어온 재산을 절대로 남에게 주지 마라. 한 푼이라도 더 모으려고 노력해라. 돈이 한 푼 두 푼 손에서 빠져나가게 되면 언젠가는 이 많은 재산도 바닥이 드러나게 된다."

안약이 어떻게 바래지는지
개미가 어떻게 곡식을 모으는지
벌이 어떻게 꿀을 모으는지
잘 관찰하고서
지혜로운 이는 가정을 그같이 꾸려나가야 한다.

어느 날 그는 다섯 개의 보물항아리가 어디 묻혀 있는지 아들에게 보여주지 않고 재산에 대한 집착 속에 죽었다. 그때 성문 근처에 짠달라(불가촉천민)들이 천 명 정도 모여 사는 마을이 있었다. 아난다 재정관은 거기 사는 한 짠달라 여인의 모태에 들어갔다. 왕은 그가 죽었다는 말을 듣자 아들 물라시리를 불러 재정관에 임명했다.

아난다 재정관의 후신: 재수 옴 붙은 아이

천 명의 짠달라 가족은 한 무리를 이루어 품팔이하며 생계를 유지하고 살았다. 그러나 아난다 재정관을 임신한 그날부터 짠달라들은 일을 해도 보수나 몸을 지탱할 한 움큼의 쌀도 얻을 수 없었다. 짠달라들은 모두 모여서 대책을 강구했다.

"우리는 일하고도 보수도 음식도 얻지 못한다. 틀림없이 우리 사이에 아주 재수 옴 붙은 놈이 있다."

그래서 그들은 두 그룹으로 나누어 일을 나가기로 했다. 거기서 식량을 받아온 그룹과 받지 못한 그룹이 생기자, 다시 받지 못한 그룹을 둘로 나누어 일을 나갔다. 이런 식으로 조사를 해 나가자 결국 아난다를 임신한 여인이 문제의 인물임이 드러났다.

"재수 옴 붙은 사람이 이 집에 있었군."

그들은 그녀를 추방했다. 그를 임신하고부터 그녀는 몸을 지탱하는 데 필요한 음식조차 제대로 얻지 못하고 온갖 고초를 겪었지만, 결국 아들은 낳았다.

그런데 아들은 손, 발, 눈, 귀, 코, 입이 붙어 있어야 할 곳에 붙어 있지 않았다. 그는 괴물 같은 기형아로 시커먼 아귀처럼 극도로 혐오스러웠다. 그럼에도 불구하고 그녀는 아들을 버리지 않았다. 자기가 낳은 아이에 대한 어머니의 사랑은 정말 위대한 것이다. 그녀는 그를 키우는 데 온갖 어려움을 겪었다. 그녀가 아이를 데리고 구걸을 나가면 아무것도 얻지 못했다. 아이를 집에 놔두고 혼자 구걸을 나가면 자기 몸을 지탱할 정도의 음식만 얻을 수 있었다. 아들이 이제 혼자 구걸을 나갈 정도로 자라나자 그녀는 아이의 손에 찌그러진 냄비를 주면서 말했다.

"아들아, 우리는 더 이상 너를 먹여 살릴 수 없구나. 이 도시에는 가난한 사람이나 여행자들에게 음식을 보시하는 사람들이 있단다. 이제 너도 다 컸으니 너 스스로 얻어먹도록 해라."

그는 이집 저집 구걸하다가 전생에 재정관 아난다로 살았던 집까지 오게 됐다. 그는 방문을 세 개나 지나도 아무도 만나지 않았지만, 네 번째 방문에 들어섰을 때 재정관 물라시리의 어린 아들이 그의 끔찍한 모습을 보고 두려움에 울음을 터트렸다. 재정관의 하인들이 달려와 말했다.

"썩 꺼져라, 이 흉측한 괴물아."

하인들은 그를 몽둥이로 때리고 밖으로 끌고 가서 쓰레기 더미에 던져버렸다.

그때 부처님께서 아난다 장로를 데리고 탁발을 나왔다가 이 광경을 보았다. 장로가 무슨 일이 일어났는지 질문하자 부처님께서 설명해 주셨다. 부처님께서 물라시리를 불러오게 하자 많은 사람이 뒤따라왔다. 부처님께서 물라시리에게 물었다.

"저 사람을 모르는가?"

"모릅니다."

"그는 너의 아버지 재정관 아난다이다."

물라시리가 믿을 수 없다고 하자 부처님께서는 그 흉측한 아이에게 말했다.

"아난다여, 너의 다섯 개의 보물항아리를 찾아 보여주어라."

아이가 다섯 개의 보물항아리를 찾아 보여주자 물라시리는 그 아이가 아버지인 것을 인정하고 부처님께 귀의했다. 부처님께서는 그에게 법문하시고 게송을 읊으셨다.

**내게 자식이 있고 재산이 있다고
어리석은 이는 집착으로 애를 태우네.
자신도 자신의 의지처가 되지 못하거늘
어찌 자식과 재산이 의지처가 되리오!** (62)

이 법문 끝에 8만4천 명이 법을 이해했고, 많은 사람이 이익을 얻었다.

네 번째 이야기
두 소매치기

부처님께서 제따와나에 계실 때 사이가 나빠진 두 소매치기와 관련해서 게송 63번을 설하셨다.

두 소매치기가 많은 신도들이 제따와나에 법문을 들으러 가는 것을 보고 뒤따라갔다. 둘 중 하나는 법문을 열심히 듣는 반면에 나머지 하나는 훔칠 기회만 노리고 있었다. 첫 번째 사람은 법문을 듣고 수다원과를 얻었고 두 번째 사람은 어떤 남자의 옷자락에 묶여 있는 동전 다섯 닢을 발견하고 훔치는 데 성공했다. 이 소매치기 상습범은 집으로 돌아가 여느 때처럼 밥을 해 먹었지만 수다원이 된 사람의 집에서는 밥을 굶어야 했다. 아내와 동료 소매치기가 그를 조롱하면서 말했다.

"당신은 너무나 현명해서 밥해 먹을 돈조차 훔쳐 오지 않았군요."

수다원과를 얻은 그는 혼자 생각했다.

'이 사람은 다른 사람들은 어리석다하고 자신은 현명하다고 착각하는구나.'

그는 가족을 데리고 부처님께 가서 이 일을 말씀드렸다. 부처님께서는 그에게 법문을 설하시고 게송을 읊으셨다.

**자신이 어리석다고 생각하는 어리석은 자는
오히려 지혜로운 자이고
자신이 지혜롭다고 생각하는 어리석은 자는
그야말로 어리석은 자이다.**(63)

다섯 번째 이야기
어리석은 우다이 장로

부처님께서 제따와나에 계실 때 우다이 장로와 관련해서 게송 64번을 설하셨다.

대장로들이 법당을 떠나면 우다이는 자주 법당에 들어가 대장로들이 법문할 때 앉는 법상法床에 올라가 법문하는 흉내를 내며 앉아 있곤 했다. 어느 날 먼 곳에서 온 비구들이 법당에 들어왔다가 그가 법상에 앉아 있는 것을 보고 생각했다.

'이분은 학식이 많은 대장로인 모양이다.'

그들은 그에게 다섯 가지 모임 등 여러 가지 교리적인 문제에 대해 질문했으나 아는 것이 하나도 없자 그를 비웃었다.

"부처님과 함께 같은 사원에 살면서도 다섯 가지 모임(五蘊)[8], 열두 가지

---

8) 다섯 가지 모임(五蘊: khandha): 사람들이 '나'라고 착각하고 거기에 집착하는 몸과 마음의 현상을 다섯 가지로 나누어볼 수 있다. 물질의 모임(色蘊), 느낌의 모임(受蘊), 지각의 모임(想蘊), 상카라의 모임(行蘊), 식의 모임(識蘊)이다. 이를 둘로 줄이면 정신(nāma)과 물질(rūpa)이다. 아비담마에서는 이를 물질(rūpa), 마음(citta), 마음부수(cetasika) 3가지로 나눈다. 개인이라는 존재는 단지 정신과 물질 현상의 흐름이다. 이 다섯 그룹(오온)이 모여 독립적인 인격체, 개인, 자아를 구성하는 것이 아니며 이를 떠나서 따로 '개인'이나 '영혼'이라는 것이 존재하지 않는다. 뭔가 존재한다는 믿음이 구경의 진리에서는 환상일 뿐이다. "여러 가지 부품이 모여 '수레'라고 부르듯이, 오온을 존재라고 부를 뿐이다."(S5.10) 상윳따 니까야 제22상응에는 오온에 관한 여러 가지 법문이 실려 있다. "비구들이여, 물질, 느낌, 지각, 상카라, 식이 과거의 것이거나, 현재의 것이거나 미래의 것이거나, 거칠거나, 미세하거나, 수승한 것이거나, 저열한 것이거나, 멀리 있는 것이거나, 가까이 있는 것이거나 참된 지혜로 이렇게 이해해야 한다. '이것은 나의 것이 아니고, 내가 아니고, 나의 자아가 아니다.'라고."(S22.49) 참고로 북방불교에서는 오온을 차례대로 일어나는 인식과정으로 설명하는데 아비

감각영역(十二處)9), 열여덟 가지 요소(十八界)10) 등과 같은 가장 기본적인 것조차 알지 못하다니."

그들이 이 일을 부처님께 말씀드리자 부처님께서 그들에게 법문하시고 게송을 읊으셨다.

담마에서는 오온이 동시에 일어난다고 설명한다.
9) 열두 가지 감각영역(十二處, āyatana): 정신현상이 의지하고 있는 영역 또는 근원으로 중국에서 감각장소라는 의미의 처處로 번역했다. 여기에는 여섯 가지 감각영역(6內處)과 여섯 감각대상(6外處)이 있다. 여섯 감각영역으로는 눈·귀·코·혀·몸·뜻이 있고, 여섯 감각대상으로는 형상·소리·냄새·맛·감촉·법이 있다. 눈의 감각영역은 눈에서도 빛과 색깔에 민감한 눈의 감성(cakkhu-pasāda)을 말한다. 나머지 귀·코·혀·몸도 마찬가지다. 뜻의 감각영역(意處, mano-āyatana)은 다른 감각장소와 달리 모든 마음을 다 아우르는 용어이다. 그러므로 뜻의 감각영역(의처)은 18계 중의 의계(意界, mano-dhātu)와 다르다. 의계는 의처의 일부분이다. 마음의 대상인 법처法處는 16가지 미세물질, 52가지 마음부수, 열반을 말한다. 그러므로 눈·귀·코·혀·몸과 형상·소리·냄새·맛·감촉은 물질에 속하고 의처는 정신에 속하고 법처는 물질과 정신 둘 다에 속한다.(아비담마 길라잡이, 대림·각묵 스님)
10) 열여덟 가지 요소(十八界, dhātu): 인식과정을 구성하는 물질과 정신 요소(界, dhātu)들로 18가지가 있다. 형상·소리·냄새·맛·감촉·법이라는 외부 대상이 눈·귀·코·혀·몸·뜻의 내부 감각기관을 만나면 안식·이식·비식·설식·신신·의식이 일어난다. 아비담마에서는 뜻의 요소(mano-dhātu, 意界)와 의식의 요소(mano-viññāṇa-dhātu, 意識界)를 좀 더 세분해서 설명하고 하고 있다. 의意는 인식과정에서 단지 마음을 전향하고 받아들이는 기능만 하고, 의식意識은 조사하고 결정하고 등록하는 기능을 한다. 이 두 요소는 12처에서 다섯 가지 식(識, viññāṇa)과 함께 의처意處에 들어간다.(자세한 것은 아비담마 길라잡이 참조)

어리석은 자는
한평생을 지혜로운 이와 함께 살더라도
법을 깨닫지 못한다.
국자가 국 맛을 모르듯이.(64)

이 법문 끝에 비구들은 모든 번뇌에서 해탈했다.

*오온, 12처, 18계의 상관관계11)

궁극적 실재	오온	12처		18계	
물질 (28)	색온(色蘊)	안처	거친 물질 (12)	안계	거친 물질 (12)
		이처		이계	
		비처		비계	
		설처		설계	
		신처		신계	
		색처		색계	
		성처		성계	
		향처		향계	
		미처		미계	
		촉처(지, 화, 풍의 3물질)		촉계(지, 화, 풍의 3물질)	
마음부수 (52)	수온(受蘊)	마노의 대상 (法處)	미세한 물질 (16) 마음부수 (52) 열반	마노의 대상 (法界)	미세한 물질 (16) 마음부수 (52) 열반
	상온(想蘊)				
	행온(行蘊)				
열반	없음				
마음 (89)	식온(識蘊)	마노의 감각영역 (意處)		안식계	
				이식계	
				비식계	
				설식계	
				신식계	
				의계	
				의식계	

---

11) 아비담마 길라잡이, 대림·각묵 스님

여섯 번째 이야기
30명의 빠테이야까 비구12)

부처님께서 제따와나에 계실 때 30명의 빠테이야까13) 비구와 관련해서

---

12) 이 30명의 비구가 출가하는 장면은 율장 대품(VinMv. i. 14)에 나온다.
13) 빠테이야까(Pāṭheyyakā 혹은 Paveyyakā): 부처님께서 녹야원에서 초전 법륜을 굴리시고 그해 우기 안거를 보낸 후 우루웰라로 가서 깟사빠 삼형제를 제도하기 전에 만났던 30명의 밧다왁기Bhaddavaggī 왕자들이다. 그들은 좋은(bhadda) 풍채를 지니고 그룹(vagga)을 지어 몰려다니며 놀았으므로 밧다왁기라고 불렀다. 이들은 꼬살라 왕의 이복형제들이라고 하며 꼬살라 서쪽 빠웨이야까Pāveyyaka 도시에서 살았으므로 빠웨이야까 또는 빠테이야까 장로들이라고 경전에 나온다. 율장 대품 제1편(VinMv1.14)에 나오는 출가 장면을 살펴보자. 부처님께서 이시빠따나 미가다야Isipatana Migadāya에서 처음으로 법륜을 굴리시고 가르침을 전하기 위해 우루웰라로 가시는 도중에 깝빠시까Kappāsika 숲에 들어가 잠시 머무셨다. 이때 밧다왁기라고 불리는 30명의 귀족 가문의 젊은이가 아내들을 데리고 유흥을 즐기러 나왔다. 그중에 한 명은 아직 아내가 없어 기녀를 데리고 나왔다. 기녀는 모두가 먹고 마시는 정신없는 틈을 타서 재물을 훔쳐 도망쳐버렸다. 젊은이들은 친구를 도와 기녀를 찾으러 돌아다니다가 부처님께서 나무 밑에 앉아 계신 것을 보고 다가와 여쭈었다. "존자님, 혹시 한 여인이 지나가는 것을 보지 못했습니까?" "젊은이들이여, 무엇 때문에 그 여인을 찾는가?" "저희가 아내를 데리고 놀러 나왔는데 한 친구가 아내가 없어 기녀를 데리고 나왔습니다. 그런데 기녀가 저희들이 노느라 정신없는 틈을 타서 친구의 재물을 훔쳐 달아났습니다. 저희는 친구를 위해 기녀를 찾으려고 숲속을 돌아다니고 있습니다." "그렇다면 젊은이들이여, 어떻게 생각하는가? 여인을 찾는 것과 그대 자신을 찾는 것 중 어떤 것이 더 중요한가?" "자신을 찾는 것이 더 중요합니다." "그렇다면 앉아라. 그대들에게 법을 가르쳐 주겠다." 서른 명의 밧다왁기는 부처님에게 삼배를 올리고 알맞은 장소에 앉아 부처님 말씀에 귀를 기울였다. 부처님께서는 보시의 공덕에 대한 이야기(dāna-kathā), 계를 지키는 이익에 대한 이야기(sīla-kathā), 천상에 대한 이야기(sagga-kathā), 올바른 길에 대한 이야기(magga-kathā), 감각적 욕망을 추구함으로써 초래하

게송 65번을 설하셨다.

부처님께서 이시빠따나에서 우루웰라로 가던 도중 까빠시카 숲에서 기생을 찾아 돌아다니는 그들에게 법문하셨다. 그들은 출가할 마음이 일어났다.
"부처님이시여, 저희는 부처님 아래로 출가해 구족계를 받고자 합니다."
"에타 빅카오!(오라 비구들이여!)"
부처님이 말씀하시자 가사와 발우가 저절로 갖추어지며 그들은 비구가 됐다.

그들은 출가한 후 오랫동안 여기저기 유행하면서 숲에서만 살며, 탁발로만 살아가고, 누더기만 입고, 세 가지 옷만 입는 등 열세 가지 두타행을 실천하며 수행했다. 그들은 빠와에서 머물다 부처님을 뵙기 위해 제따와나로 되돌아왔다. 부처님께서는 그들에게 아나마딱가(윤회의 시작은 알 수 없음)에 대해 법문하셨다.14)

윤회의 시작은 알 수 없다. 무명에 덮이고 갈애에 속박된 중생들은 끝없이 윤회하므로 그 시작을 알 수 없다. 비구들이여, 어떻게 생각하는가? 그대들이 오랜 세월 윤회하면서 목이 잘려 흘린 피와 사대양의 물 가운데 어느 쪽이 더 많겠는가? 비구들이여, 그대들이 오랜 세월 윤회하면서 목이 잘려 흘린 피가 사대양의 물보다 훨씬 많다. 비구들이여, 그대들이 오랜 세월 소로 태어나……. 물소로 태어나……. 양으로 태어

는 위험에 대한 이야기(kāmānaṃ ādīnavaṃ kathā), 출가의 이익에 대한 이야기(nekkhamme ānisaṃsaṃ kathā) 등 차제법문을 설하셨다. 부처님은 이들의 마음이 가라앉고 부드러워지고 장애가 제거되어 법을 받아들일 준비가 되자 사성제를 설하셨다. 밧다왁기들은 법문을 듣고 어떤 이는 수다원과를, 어떤 이는 사다함과를, 어떤 이는 아나함과를 얻었다. 깨닫지 못하고 범부로 남아있는 자는 아무도 없었다.
14) 상윳따 니까야 제15상응(S15.13)

나……. 염소로 태어나……. 사슴으로 태어나……. 닭으로 태어나……. 돼지로 태어나……. 도둑으로 살면서 마을을 약탈하다 사로잡혀……. 강도로 살면서 길에서 약탈하다 사로잡혀……. 강도로 살면서 부녀자를 약탈하다 사로잡혀 목이 잘려 흘린 피가 사대양의 물보다 훨씬 많다. 무슨 까닭인가? 비구들이여, 이 윤회는 시작을 알 수 없다. 무명에 덮이고 갈애에 속박된 중생들은 끝없이 윤회하므로 그 최초의 시작을 알 수 없다. 비구들이여, 이처럼 오랜 세월을 그대들은 괴로움을 겪었고 고통을 겪었고 참화를 겪었고 무덤의 숫자를 늘렸다. 비구들이여, 이제 그대들은 모든 조건 지어진 것에서 혐오하여 떠나기에 충분하고 초연하기에 충분하며 해탈하기에 충분하다."

그들은 이 법문을 듣고 앉은 자리에서 아라한이 됐다. 비구들이 법당에 모여 이야기를 나누었다.

"그 비구들이 그렇게 짧은 시간에 법을 깨닫다니!"

부처님께서 이 말을 듣고 말씀하셨다.

"비구들이여, 그들이 짧은 시간에 법을 깨달은 것은 금생이 처음이 아니다. 과거생에서도 30명의 친구는 뚠딜라 자따까에서 마하뚠딜라의 말을 듣고 오계를 지켰다. 그들이 앉은 자리에서 아라한이 된 것은 과거에 쌓은 바라밀 때문이다."

(뚠딜라 자따까)

돼지 형제 두 마리가 있었다. 이름이 마하뚠딜라와 쭐라뚠딜라였다. 그들은 베나레스 근처 한 노파의 집에 살았는데 노파가 아들처럼 사랑해서 절대로 팔려고 하지 않았다. 하지만 30명의 술꾼이 그녀에게 술을 먹이고 취한 상태에서 쭐라뚠딜라를 파는 데 동의하게 했다. 쭐라뚠딜라가 이 말을 듣고 두려워서 형에게 달려갔다. 그러자 마하뚠딜라는 동생에게 이렇게 말했다. "사람들에게 살코기를 제공하려고 도살되는 것이 돼지의 운명이다. 그러니 죽음에 용감하게 맞서야 한다." 이 한 무리의 술꾼이 30명의 밧다왁기야Bhaddavaggiyā다. 그들은 이 마하뚠딜라의 말을 듣고 6만 년 동안 오계를 지켰다고 한다.(Tuṇḍila Jātaka, J388)

부처님께서는 그렇게 말씀하시고 게송을 읊으셨다.

**슬기로운 이는
잠깐이라도 지혜로운 이와 함께 한다면
법을 금방 깨닫는다.
혀가 국 맛을 알듯이.(65)**

이 게송 끝에 많은 비구가 아라한과를 성취했다.

일곱 번째 이야기
신심을 시험받은 문둥이 숩빠붓다

부처님께서 웰루와나에 계실 때 문둥이 숩빠붓다와 관련해서 게송 66번을 설하셨다. 이 이야기는 우다나에 나온다.15)

그때 문둥이 숩빠붓다는 대중들의 맨 뒤에 앉아서 부처님의 법문을 듣다가 수다원과를 성취했다. 그는 자신이 성취한 깨달음을 부처님께 말씀드리고 싶었으나 감히 대중들이 있는 데서 말씀드리지 못했다. 그래서 대중들이 부처님을 사원으로 모셔드리고 모두 되돌아갈 때까지 기다렸다가 사원으로 갔다.

그때 삭까 천왕이 그를 보고 생각했다.
'저기 문둥이 숩빠붓다는 부처님의 가르침을 듣고 깨달은 기쁨을 부처님께 알리고 싶어 하는구나. 그를 시험해 보아야겠다.'
천왕은 그에게 가서 공중에서 선 채로 말했다.
"숩빠붓다여, 너는 가난뱅이라서 구걸하며 살아가는 거지이다. 네가 '붓다는 진짜 붓다가 아니고, 법도 진짜 법이 아니고, 승가도 진짜 승가가 아니다. 나는 이제 붓다가 지겹고, 법도 지겹고, 승가도 지겹다.'라고 말한다면 내가 널 커다란 부자로 만들어주겠다."
"당신은 누굽니까?"
"나는 삭까 천왕이다."
"어리석고 부끄러움도 모르는 자여, 나를 어떻게 보고 그런 식으로 말하는 겁니까? 당신 눈에는 내가 가난하고 불쌍해 보입니까? 나는 가난하지도 않고 오히려 행복하고 재산도 많습니다.

믿음, 계행, 악행을 부끄러워함, 악행을 두려워함,

---
15) 이 이야기는 우다나의 문둥이 경(Kuṭṭhi Sutta, Ud5.3)에서 유래한다.

법문을 들음, 보시, 지혜라는
일곱 가지 보물 창고를 가지고 있는 사람은
남자이거나 여자이거나 가난하다고 말할 수 없지요.
그러한 삶은 가치가 있으니까요.

나에게는 일곱 가지 재산이 있습니다. 부처님들이나 벽지불들은 이런 사람을 가난하다고 말하지 않습니다."

삭까 천왕은 그의 말을 듣고 부처님께 가서 숩빠붓다와 나눈 대화를 말씀드리자 부처님께서 말씀하셨다.

"삭까 천왕이여, 그대 같은 사람 100명, 천 명이 숩빠붓다에게 부처님과 법과 승가를 부정하라고 종용해도 그를 설득하는 것은 불가능합니다."

문둥이 숩빠붓다는 부처님께 가서 삼배를 드리고 기쁜 마음으로 자기가 성취한 깨달음을 말씀드렸다. 그리고 자리에서 일어나서 돌아갔다. 그러나 얼마 가지 않아서 어린 송아지를 거느린 암소에 들이받혀 죽었다. 이 암소는 평범한 암소가 아니라 약키니가 네 명의 젊은이를 죽이기 위해 암소의 모습으로 변한 것이다. 그 네 명은 딱까실라의 왕이었던 뿍꾸사띠,16) 바히

---

16) 뿍꾸사띠Pukkusāti: 뿍꾸사띠는 딱까실라Takkasila의 왕이었는데 마가다국의 빔비사라 왕과 친교를 맺었다. 빔비사라 왕이 그에게 삼보三寶와 염처경, 팔정도, 37조도품 등의 법문을 새긴 금 액자를 선물로 보냈다. 뿍꾸사띠는 글을 읽고 기쁨이 넘쳐 출가했다. 그는 스스로 머리를 깎고 가사를 걸치고 신하들의 눈물을 뒤로하고 왕궁을 떠났다. 그는 192요자나를 걸어 사왓티에 갔으나 부처님이 라자가하에 계시는 줄 알고 45요자나를 더 걸어 라자가하에 도착했다. 하지만 부처님은 그때 사왓티에 계셨다. 부처님께서는 천안으로 그가 도과가 얻을 인연이 무르익은 것을 아시고 라자가하에 가셔서 뿍꾸사띠가 머무는 옹기장이 움막에 들어가 함께 하룻밤을 지냈다. 뿍꾸사띠는 그분이 부처님인 줄 모르고 서로 인사를 나누었다. 이때 부처님께서는 요소의 분석 경(Dhātuvibhaṅga Sutta, M140)을 설하셨고 그는 아나함과를 얻었다. 그는 법을 설하신 분이 부처님인 줄 그제야 알고 계를 받겠다고 하자 부처님께서 가사와 발우를 구해오라고 말했다.

야 다루찌리야,17) 망나니 땀바다티까,18) 문둥이 숩빠붓다이다.

네 젊은이의 과거생: 네 젊은이와 기녀

과거생에 네 명의 젊은이는 부자 상인의 아들들이었고 약키니는 아름다운 기생이었다. 어느 날 그들은 기생을 데리고 즐기기 위해 놀이동산으로 놀러 갔다. 저녁이 되자 네 명의 젊은이는 모여 음모를 꾸몄다.

"여기에는 우리 말고 아무도 없다. 우리가 기생에게 준 돈 천 냥과 몸에 지니고 있는 보석도 뺏고 죽여서 묻어버리고 떠나자."

기생은 이 말을 듣고 꼭 복수하겠다고 결심했다.

'이 부끄러움도 모르는 놈들이 실컷 즐기고 나서 나를 죽이려 하다니. 기어이 복수하고 말겠다. 내가 약키니가 되어 지금 너희들이 나를 죽인 것처럼 너희들을 죽이겠다.'

그녀는 죽임을 당하자 원한 맺힌 약키니가 되어 그들을 모두 죽였다.

비구들이 부처님께 문둥이의 죽음을 말씀드리고 나서 여쭈었다.

"그는 어디에 태어났습니까? 그는 어째서 문둥이가 됐습니까?"

부처님께서는 그가 수다원과를 얻었기 때문에 삼십삼천에 태어났다고 말씀하셨다.

숩빠붓다의 과거생: 오만한 젊은이

과거생에 그는 따라라시키 벽지불에게 침을 뱉는 큰 잘못을 저질렀기 때

그는 가사와 발우를 구하러 나갔다가 암소에 받혀 죽었다. 부처님께서는 그가 아나함과를 성취했으며 정거천에 태어났다고 말씀하셨다. 뻑꾸사띠는 깟사빠 부처님 시대에 목숨을 걸고 바위산에 올라가 정진했던 일곱 비구 중 한 명이다.(게송 101번 이야기)
17) 바히야 다루찌리야Bāhiya Dārucīriya: 게송 101번 이야기에 나온다.
18) 망나니 땀바다티까Tambadāṭhika: 게송 100번 이야기에 나온다.

문에 오랫동안 지옥에서 고통을 겪었다. 그리고도 그 악행의 과보가 다 소진되지 않아 문둥이로 태어난 것이었다. 부처님께서 말씀하셨다.

"비구들이여, 모든 중생은 아무리 사소한 악행을 저질렀어도 모진 과보를 받는다."

부처님께서는 법문하시고 게송을 읊으셨다.

**지혜가 없는 어리석은 이는
자기가 자신의 적이 되어
자기가 악업을 짓고
자기가 모진 과보를 받는다.**(66)

이 법문 끝에 많은 사람이 수다원과, 사다함과, 아나함과를 성취했다.

여덟 번째 이야기
도둑으로 몰린 농부

부처님께서 제따와나에 계실 때 한 농부와 관련해서 게송 67번을 설하셨다.

한 농부가 사왓티에서 그리 멀지 않은 곳에서 논을 경작하고 있었다. 어느 날 도둑들이 지하 수로를 이용해서 성으로 잠입했다. 그리고 어느 부잣집의 벽을 뚫고 들어가 많은 금은을 털어서 들어왔던 수로를 통해 도망쳤다. 도둑 중 한 명이 동료들을 속이고 천 냥의 돈이 든 주머니를 옷 속에 감추었다. 그는 동료들과 함께 농부의 논에 와서 훔친 물건을 모두 나누고 자기 몫을 챙겨서 흩어졌다. 그러나 그는 천 냥이 든 돈주머니를 그 자리에 떨어뜨린 것을 알지 못하고 떠나갔다.

그날 이른 아침, 부처님께서 세상을 살펴보시다가 농부가 부처님의 지혜의 그물에 걸린 것을 보셨다. 부처님께서는 앞으로 일이 어떻게 전개될지 살펴보셨다.

'농부는 논을 갈기 위해 일찍 집을 나설 것이다. 돈을 도둑맞은 주인은 도둑의 발자국을 쫓다가 돈주머니를 발견하고 농부를 도둑으로 오인해서 붙잡을 것이다. 나를 제외하고 다른 목격자가 없을 것이다. 그가 수다원과를 얻을 인연이 무르익었기 때문에 마땅히 그에게 가보아야겠다.'

이른 아침 농부는 쟁기질하러 논으로 나갔다. 부처님께서도 아난다 장로를 시자로 데리고 그곳으로 가셨다. 농부는 부처님을 보고 다가와 인사를 올리고서 다시 쟁기질하기 시작했다. 부처님께서는 돈주머니가 떨어져 있는 곳으로 가서 돈주머니를 보고 아난다 장로에게 말했다.
"아난다여, 저기 독사를 보아라!"
"부처님이시여, 저도 보았습니다. 지독한 독사입니다!"
부처님께서는 이 말씀을 뒤로하고 떠나가셨다.

농부는 그 말을 듣고 독사를 멀리 갖다 버려야겠다고 생각하고 막대기를 집어 들고 그곳으로 갔다. 그러나 독사 대신 돈주머니를 발견하고 생각했다.

'부처님께서 이 돈주머니를 말씀하신 모양이구나.'

그는 돈주머니를 들고 가다가 꺼림칙해서 도로 그 자리에 놓고 흙으로 덮은 다음 쟁기질을 계속했다.

밤이 지나고 날이 밝아오자 집이 털렸다는 것을 발견한 사람들이 도둑들의 발자국을 따라 논까지 추적해 왔다. 그들은 장물을 나누어 가진 곳까지 와서 농부의 발자국을 발견했다. 그들은 농부의 발자국을 따라 돈주머니가 묻혀 있는 곳까지 와서 흙은 털어내고 돈주머니를 집어 들었다. 그들은 농부에게 욕을 퍼부어댔다.

"네 놈이 돈을 훔치고서 시치미를 떼고 쟁기질하는 척하다니!"

그들은 농부를 두들겨 패서 왕에게 데려갔다.

왕은 그들의 말만 듣고 농부에게 사형을 선고했다. 왕의 부하들은 곧 농부의 손을 뒤로 묶고 채찍으로 후려치면서 사형장으로 끌고 갔다. 농부는 채찍으로 두들겨 맞고 걸어가면서도 다른 말은 하지 않고 계속 한 가지 말만 반복했다.

"아난다여, 저기 독사를 보아라!, 부처님이시여, 저도 보았습니다. 지독한 독사입니다!"

그는 다른 말은 전혀 하지 않고 그 말만 계속 반복하자 왕의 부하들이 물었다.

"너는 지금 부처님과 아난다 장로의 말씀을 반복하고 있는 것이냐? 그게 무슨 뜻이냐?"

"왕을 만나게 해 주면 말하겠소."

그들은 그를 왕에게 데려가서 일어난 일을 보고했다. 왕이 농부에게 물었다.

"왜 그런 말을 하는가?"
"폐하, 저는 도둑이 아닙니다."
농부는 쟁기질하러 나갈 때부터 일어난 일을 전부 이야기했다. 왕이 이 말을 듣고 중얼거렸다.
'이 사람은 세상에서 가장 존귀하신 부처님을 목격자로 거명하고 있다. 그에게 죄를 묻는 것은 옳지 않다. 이 사건을 다시 조사해야겠다.'

저녁이 되자 왕은 농부를 데리고 부처님께 가서 여쭈었다.
"부처님이시여, 아난다 장로님과 함께 이 농부가 쟁기질하고 있는 곳에 가신 적이 있으십니까?"
"대왕이여, 갔었습니다."
"거기서 무엇을 보았습니까?"
"천 냥이 든 돈주머니를 보았습니다."
"그걸 보시고 뭐라고 말씀하셨습니까?"
"독사라고 했습니다."
"부처님이시여, 이 사람이 부처님을 목격자로 거명하지 않았다면 그는 죽은 목숨이었을 것입니다. 그는 부처님께서 하신 말씀을 반복함으로써 목숨을 건졌습니다."
"그렇습니다, 대왕이여, 거기 갔을 때 내가 그렇게 말했습니다. 현자는 후회할 행동을 결코 해서는 안 되는 것입니다."
부처님께서는 이렇게 말씀하시고 게송을 읊으셨다.

그 일을 하고 나서 후회하고
그 과보로 눈물을 흘리고 슬퍼한다면
그 행위는 잘했다고 할 수 없다.(67)

이 게송 끝에 농부는 수다원과를 성취했다. 그곳에 모인 대중들도 수다원과, 사다함과, 아나함과를 성취했다.

아홉 번째 이야기
부처님께 꽃을 올린 꽃장수 수마나

부처님께서 웰루와나에 계실 때 꽃장수 수마나와 관련해서 게송 68번을 설하셨다.

매일 이른 아침이면 꽃장수 수마나는 재스민꽃 여덟 다발을 빔비사라 왕에게 바치고 동전 여덟 닢을 받았다. 어느 날 그가 꽃을 들고 성으로 들어갔을 때 부처님께서도 많은 비구와 함께 고귀한 모습으로 여섯 색깔의 광명19)을 발하시며 탁발하려고 성으로 들어가셨다.

부처님께서는 때로는 여섯 색깔의 광명을 옷 속에 숨기고 보통 비구들처럼 탁발을 나가신다. 살인자 앙굴리말라를 만나러 30요자나를 가셨을 때도 그랬다. 그러나 처음으로 당신의 고향 까삘라왓투나 다른 도시에 들어갔을 때는 여섯 색깔의 광명을 내뿜으셨다. 오늘같이 특별한 날에는 여섯 색깔의 광명을 내뿜으시고 붓다의 위대한 모습을 드러내며 라자가하에 들어가셨다.

수마나는 서른두 가지 큰 특징三十二相과 팔십 가지 작은 특징八十種好을 구족하신 성스러운 부처님의 고귀한 모습을 보고 귀의하고 싶은 마음이 일어났다.

'부처님께 어떤 것을 올리면 좋을까?'

그는 이리저리 생각해 보았지만, 뾰쪽한 생각이 나지 않았다.

'이 꽃을 부처님께 바치면 어떨까?'

하지만 그렇게 하자니 두려움이 일었다.

---

19) 여섯 색깔의 광명: 몸의 각 부분에 따라 색깔이 다르다. ① 진청색(Nila): 털, ② 황색(Pita): 피부, ③ 적색(Lohita): 살, 피, ④ 백색(Odata): 뼈, ⑤ 심홍색(Mañjeṭṭha): 손바닥, ⑥ 광명(Pabhassara): 미간의 털

'이 꽃들은 왕에게 바치는 꽃이다. 왕에게 꽃을 바치지 않으면 왕은 나를 감옥에 가두거나 죽이거나 추방할 것이다. 어떻게 하면 좋을까?'

그러나 마음 한쪽에서 용기가 일어났다.

'나를 죽이거나 왕국에서 추방하면 어떤가? 왕이 나에게 무엇을 주더라도 재물이라는 것은 금생에 살아있을 때만 유용할 뿐이다. 그러나 부처님께 바치면 수백만 겁의 셀 수 없는 세월 동안 복이 되어 돌아올 것이다.'

그는 자기 생명을 부처님께 바치리라 다짐했다.

'믿음이 바뀌지 않는 한 부처님께 바치리라.'

그는 이런 생각으로 기쁘고 즐거운 마음이 되어 부처님께 꽃을 올렸다. 어떻게 올렸는가? 먼저 두 개의 꽃다발을 부처님 머리 위로 던지자 꽃다발이 마치 화려한 닫집처럼 부처님 머리 위를 드리우며 공중에 머물러 있었다. 다시 두 개의 꽃다발을 던지자 꽃다발이 부처님 오른쪽 옆구리로 내려와서 마치 천막의 커튼처럼 머물렀다. 다시 두 개의 꽃다발을 던지자 꽃다발이 부처님 뒤로 내려와서 머물렀다. 나머지 두 개의 꽃다발을 던지자 꽃다발이 부처님 왼쪽 옆구리로 내려와서 머물렀다. 이렇게 여덟 다발의 꽃이 부처님을 네 방향에서 둘러싸고 머물렀다.

그래서 앞에서 보면 마치 부처님에게 들어가는 문처럼 보였다. 꽃줄기는 안으로 향하고 꽃잎은 밖으로 향해서 부처님께서 마치 은쟁반에 둘러싸인 것처럼 보였다. 꽃들은 마치 의식이 있는 것처럼 부처님께서 움직이면 함께 움직이고 부처님께서 서 있으면 함께 머물러 있었다. 부처님의 몸 사방에서 10만 갈래의 광명이 뿜어져 나왔다. 단 한 줄기 광명도 곧장 앞으로 뻗치지 않고 모든 광명이 시계방향으로 세 번 돌았다.

도시 전체가 들썩거렸다. 그 당시 라자가하 성안에 9천만 명이 살고 있었고 성 밖에 9천만 명이 살고 있었다. 1억8천만 명의 시민이 남자나 여자나 할 것 없이 모두 공양물을 가지고 거리로 나왔다. 그들은 사자가 우는 것처럼 환호하고 수천 개의 깃발을 흔들면서 부처님을 따라 행진했다. 부처님께서는 꽃장수의 공덕을 알리려고 북을 두드리게 하면서 성안의 거리를 행진했다. 꽃장수는 온몸에 다섯 가지 희열이 차오르는 것을 느꼈다. 그는 마치 주홍빛 바다에 뛰어드는 것처럼 부처님의 몸에서 발하는 광명 안으로 들어가 부처님께 삼배를 올리고 부처님을 찬탄하면서 빈 꽃바구니를 들고 집으로 돌아갔다.

아내가 그에게 물었다.
"당신 꽃은 어떻게 했어요?"
"부처님께 모두 올렸소."
"그럼 왕에게는 어떻게 하실 작정이세요?"
"나를 죽이거나 왕국에서 추방할지도 모르오. 나는 목숨을 걸고 부처님께 꽃을 올렸소. 여덟 다발의 꽃을 모두 부처님께 올렸소. 지금도 시민들이 부처님을 따라가며 손뼉치고 환호하는데 이 환호 소리가 들리지 않소?"

꽃장수의 아내는 아주 어리석은 여자였다. 그녀는 그런 기적을 절대 믿지 않았다. 그녀는 남편에게 화를 냈다.
"왕들은 모두 거칠고 잔인해서 화를 내면 손발을 자르거나 무서운 벌을 내려요. 당신이 저지른 일 때문에 나까지 해를 입으면 어떻게 하려고 그래요?"

그녀는 아이를 데리고 왕궁으로 가서 알현을 신청했다. 왕이 무슨 일이냐고 묻자 그녀가 아뢰었다.

"남편이 전하께 올릴 꽃을 부처님께 바쳤습니다. 그가 빈 바구니를 들고 돌아오기에 꽃을 어떻게 했느냐고 묻자 그가 그렇게 대답했습니다. 저는 그에게 화내며 이렇게 말했습니다. '폐하께서 무서운 벌을 내리면 어쩔 거예요? 당신이 저지른 일 때문에 나까지 벌을 받을지 모른다고요.' 그래서 저는 남편을 버리고 여기 왔습니다. 폐하, 그가 좋은 일을 했거나 말거나 제가 남편을 버렸다는 것을 알아주시기 바랍니다."

빔비사라 왕은 성인의 흐름에 든 부처님의 제자였다. 그는 부처님께서 정각을 이루신 후 처음 만났을 때 수다원과를 성취했으며, 흔들림 없는 믿음을 갖추었고, 마음이 항상 평화로웠다.

'이 여자는 지독하게 어리석은 여자로구나! 그러니 공덕을 쌓는 일에 전혀 믿음이 없지.'

왕은 이런 생각으로 화내는 척하며 말했다.

"여인이여, 도대체 무슨 말을 하는 것이오? 감히 나에게 올릴 꽃을 부처님께 올렸단 말이오?"

"그렇습니다, 폐하."

"그대는 남편을 잘 버렸소. 나의 꽃을 다른 사람에게 올리다니 그에게 어떤 벌을 내려야 할지 생각해 보아야겠소."

그리고 왕은 그녀를 내보냈다. 그는 즉시 부처님께 가서 삼배를 올리고 부처님이 걸어가시는 뒤를 따라 걸었다.

부처님께서는 왕의 마음이 평화롭다는 것을 알고 큰 북을 두드리며 성내를 행진해 왕궁까지 갔다. 왕은 부처님의 발우를 받아들고 궁으로 모시려고 했지만, 부처님께서는 궁전 앞뜰에 앉기를 원하셨다. 왕은 부처님의 뜻을 알고 부하들에게 명령했다.

"속히 대형천막을 세우도록 하여라."

대형천막이 세워지자 부처님께서는 비구들과 함께 안으로 들어가 앉으셨다.

부처님께서는 왜 궁으로 들어가지 않으셨는가? 그때 부처님은 이런 생각을 하셨다고 한다.

'내가 안으로 들어가면 사람들은 나를 볼 수 없고 꽃장수의 공덕이 드러나지 않는다. 그러나 궁전 앞뜰에 앉으면 나를 볼 수 있고 꽃장수의 공덕은 분명하게 드러난다.'

부처님만이 공덕을 지은 사람을 널리 알릴 수 있다고 한다. 다른 사람들은 공덕을 지은 사람을 이야기할 때 인색하기 짝이 없다.

꽃이 부처님의 주위를 둘러싸고 있었다. 시민들은 부처님께 시중을 들고 왕은 부처님과 스님들에게 맛있는 음식을 대접했다. 공양이 끝나자 부처님께서는 법문하시고 꽃에 둘러싸인 채 손뼉치고 환호하는 시민들과 함께 사원으로 돌아가셨다.

왕은 부처님을 호위해 사원으로 모셔다드리고 궁으로 돌아가 꽃장수를 불렀다.
"부처님께 꽃을 올리면서 그대는 무슨 생각을 했는가?"
"폐하께서 나를 죽이거나 왕국에서 추방할지도 모르지만, 목숨을 잃는 한이 있더라도 부처님께 꽃을 올려야겠다고 생각했습니다."
"그대는 정말 훌륭한 사람이다."
왕은 그에게 여덟 마리의 코끼리, 여덟 마리의 말, 여덟 명의 남자 노예, 여덟 명의 여자 노예, 여덟 가지 보석 세트, 8천 냥의 돈, 시녀들 중에서 골라 예쁘게 치장한 여덟 명의 아내, 여덟 개의 마을을 상으로 내렸다. 이를 팔종포상八種褒賞이라 불렀다.

아난다 장로가 생각했다.
'아침부터 온종일 환호와 찬탄이 끊이지 않았는데, 꽃장수 수마나에게 어떤 과보가 있는가?'
그는 부처님께 질문을 드리자 부처님께서 대답하셨다.
"아난다여, 꽃장수가 했던 일을 사소한 일이라고 생각하지 마라. 그는 목숨을 걸고 나에게 꽃을 올린 것이다. 그는 붓다에 대한 확고한 믿음 때문에 10만 겁 동안 악처에 태어나지 않고, 천상세계에서 자기가 행한 공덕의 과보를 즐기다가 수마나라는 이름의 벽지불이 될 것이다."

부처님께서 사원으로 돌아오셔서 간다꾸띠로 들어가시자 그제야 꽃들이 땅에 떨어졌다. 저녁에 비구들이 법당에서 이야기를 나누기 시작했다.

"오늘 꽃장수가 했던 일은 정말 훌륭했다! 그는 목숨을 걸고 부처님께 꽃을 올리고 즉시 팔종포상을 받았다."

부처님께서 법당에 들어와 붓다의 자리에 앉아 물으셨다.

"비구들이여, 여기 앉아서 무슨 이야기를 나누고 있었느냐?"

비구들이 대답하자 부처님께서 말씀하셨다.

"그렇다, 비구들이여, 항상 후회할 행위는 해서는 안 되고 자기가 한 행위를 돌아볼 때마다 기쁨이 샘솟는 행위를 해야 한다."

부처님께서는 법문에 이어서 게송을 읊으셨다.

**그 일을 하고 나서 후회하지 않고
그 과보를 기뻐하고 즐거워한다면
그 행위는 훌륭하다 할 수 있다.**(68)

이 법문 끝에 8만4천 명의 사람이 법을 이해했다.

열 번째 이야기
겁탈당한 웁빨라완나 장로니

부처님께서 제따와나에 계실 때 웁빨라완나 장로니[20]와 관련해서 게송 69번을 설하셨다.

웁빨라완나는 빠두뭇따라 부처님 당시 서원을 세우고 10만 겁 동안 바라밀을 닦았다. 그녀는 천상과 인간세계를 윤회하다가 지금의 부처님이 세상에 출현하시자 천상에서 죽어 사왓티의 은행가의 딸로 태어났다. 그녀는 피부 빛이 푸른 연꽃의 꽃잎처럼 아름다워서 웁빨라완나(푸른 연꽃)라고 불렸다. 그녀가 결혼할 나이가 되자 잠부디빠의 모든 왕자와 부자들이 그녀의 아버지에게 청혼해 왔다. 아버지는 그녀의 결혼에 대해 고민하지 않을 수 없었다.

'청혼한 사람은 많고 딸은 하나인데 누구에게 딸을 보낸단 말인가? 모두의 원을 들어줄 수는 없지 않은가? 시집보내지 않는 방법은 없는가?'

그는 청혼한 사람들의 기분을 상하게 하기 싫어서 딸을 불러 물었다.
"애야, 비구니가 될 생각은 없느냐?"

그녀는 과거생의 서원에 따라 금생이 열반을 성취할 마지막 삶이었기 때문에 아버지의 말은 수백 번 정제한 기름을 머리에 뿌리는 것과 같았다.
"아버지, 비구니가 되겠어요."

아버지는 그녀의 출가를 축하하려고 스님들에게 올릴 많은 선물을 준비했다. 그리고 그녀를 데리고 비구니 사원으로 가서 출가시켰다.

---

20) 웁빨라완나Uppalavaṇṇā: 케마Khemā와 더불어 비구니 상수제자이다. 그녀는 사왓티의 은행가의 딸로 태어났다. 그는 출가해 불 까시나(tejokasiṇa)를 개발하여 선정(Jhāna)을 얻고, 그 선정으로 통찰지를 개발하여 아라한과를 성취했다. 부처님께서는 제따와나에 모인 대중들에게 그녀가 비구니 중에서 신통제일이라고 선언하셨다. 아노자Anojā와 동료들이 그녀를 은사로 비구니계를 받았다.(게송 79번 이야기)

비구니가 된 후 얼마 지나지 않아 포살당(戒壇)21)에서 소임을 맡은 순번이 됐을 때 그녀는 포살당에 들어가 등불을 켜고 청소를 한 후 등불의 불꽃에 주의를 기울였다. 그녀는 거기에 서서 계속해서 불꽃을 바라보았다. 그녀는 불 까시나22)에 마음을 집중해 삼매를 얻었다. 그녀는 선정을 성취하고 위빳사나 수행으로 전환해 사무애해와 신통력을 갖춘 아라한이 됐다.

그녀는 어느 날 여러 마을로 유행을 떠났다가 돌아오면서 안다와나23)에 들어가 머물렀다. 그때는 비구니들이 숲속에 머무는 것을 금하지 않던 시기여서 신도들이 숲속에 꾸띠를 지어주고 침대를 가져다 놓고 커튼도 달아주었다. 그녀는 사왓티로 가서 탁발하고 다시 숲으로 돌아갔다. 그녀에게는 아난다라는 젊은 사촌이 있었다. 그녀가 세속에 있을 때부터 그는 그녀에게 연정을 품고 있었다. 어느 날 그녀가 숲에 머문다는 말을 듣고 그는 그녀보다 먼저 꾸띠에 들어가 침대 밑에 숨어 있었다.

그녀가 꾸띠에 들어가서 문을 잠그고 침대 위에 앉았다. 그녀는 밝은 햇빛 아래에서 방금 들어왔기 때문에 눈이 아직 어둠에 적응하지 못하고 있었다. 그녀가 침대에 앉자마자 젊은 사촌은 침대 아래에서 기어 나와 그녀

---

21) 포살당(uposathaghara, 布薩堂, 階段): 승가가 정한 일정 지역(sīma, 結界)내에 사는 비구나 비구니들이 한곳에 모여 우뽀사타(포살)를 하거나, 자자를 하거나, 수계식과 징벌 등을 할 때 스님들이 모여 대중공사(kamma, 갈마)를 하는 건물이다. 이 건물은 대체로 법당과 따로 있으나 법당을 함께 사용할 수도 있다. 다만 건물의 네 귀퉁이에 계단戒壇을 표시하는 표석을 세워야 한다.
22) 불 까시나(tejo kasina): 자세한 것은 3권 부록 II. A.4.e 참조.
23) 안다와나Andhavana(安陀林): 사왓티에서 남쪽으로 3km 떨어진 곳에 있는 숲이다. 홀로 수행하고자 하는 비구와 비구니가 자주 머물렀던 곳이다. 그 사원에는 비구와 비구니들이 수행할 수 있는 법당이 있었다. 아누룻다 장로가 심하게 아플 때 머물렀던 곳이고, 라훌라를 가르친 짧은 경(Cūlarāhulovāda Sutta, M147)을 듣고 라훌라가 아라한이 된 곳이기도 하다.

를 덮쳤다. 비구니는 소리를 질렀다.

"어리석은 자여, 나에게 해를 끼치지 마라!, 어리석은 자여, 나에게 해를 끼치지 마라!"

그러나 젊은이는 강제로 그녀를 제압하고 자신의 욕구를 채우고 떠나갔다. 그 순간 대지가 그의 사악함을 견딜 수 없다는 듯이 두 쪽으로 쫙 갈라지면서 그를 삼켜버렸다. 그는 죽어 무간지옥에 태어났다.

웁빨라완나는 자신에게 일어난 일을 비구니들에게 이야기했다. 비구니들은 이 일을 비구들에게 이야기했고 비구들은 부처님께 말씀드렸다. 부처님께서 이 말을 듣고 말씀하셨다.

"비구들이여, 어리석은 이들은 비구건 비구니건 남자 신도건 여자 신도건, 마치 꿀이나 설탕이나 다른 달콤한 것을 먹듯이, 한순간의 희열과 쾌락, 즐거움과 행복을 위해 죄악을 저지른다."

부처님께서 이렇게 말씀하시고 게송을 읊으셨다.

악행이 과보로 나타나지 않을 때까지
어리석은 자는 그 짓을 꿀처럼 여기지만
악행이 과보로 나타날 때
어리석은 자는 큰 고통을 당하리라. (69)

이 법문 끝에 많은 사람이 수다원과, 사다함과, 아나함과에 이르렀다. 얼마 후 대중들이 법당에 모여 이 사건에 대해 이야기를 나누었다.

"아무리 번뇌가 사라진 아라한이라도 사랑의 기쁨을 좋아하고 쾌감을 느끼려고 하겠지? 그들은 말라비틀어진 꼴랍빠 나무도 아니고 개미집 언덕도 아니고 젖은 살로 된 몸을 가진 살아 있는 생명이 아닌가? 그러니 그들도 사랑의 기쁨을 즐기려 하는 것은 당연할 것이다."

그때 부처님께서 들어와서 물으셨다.

"비구들이여, 여기 앉아서 무슨 이야기를 나누고 있는가?"

비구들이 말씀드리자 부처님께서 말씀하셨다.

"그렇지 않다, 비구들이여. 번뇌를 완전히 제거한 사람은 사랑의 기쁨도 즐기지 않고 애욕도 느끼지 않는다. 마치 연잎에 떨어진 물방울이 달라붙지 못하고 굴러떨어지듯이, 겨자씨가 송곳 끝에 머물지 못하고 굴러떨어지듯이, 번뇌에서 벗어난 사람의 마음에 사랑의 감정은 일어나지도 않고 머무르지도 않는다."

부처님께서 이 법문에 이어서 바라문 품에 나오는 게송을 읊으셨다.

연잎에 물방울이 굴러떨어지듯
송곳 끝에 겨자씨가 머물지 못하듯
욕망에 매달리지 않는 사람,
그를 일컬어 아라한이라 한다.(401)

부처님께서 빠세나디 왕을 불러 말씀하셨다.

"대왕이여, 나의 교단에서는 젊은 남자뿐만 아니라 젊은 여자도 가족과 재산을 버리고 출가해 숲속에 머뭅니다. 그러나 욕정에 불타는 사악한 자들이 불경스러운 생각으로 숲속에 머무는 비구니를 폭행하고 출가 생활을 파괴합니다. 그러니 비구니 승단을 위해 성안에 사원을 세워주셨으면 합니다."

왕은 이에 동의하고 성안에 비구니 승단을 위한 사원을 건립했다. 그 후로 비구니들은 안다와나에 거주하는 것이 금지됐다.[24]

---

24) 율장 빠라지까(VinPr. i. 10. 5)에 이 사건이 기록돼 있다.

열한 번째 이야기
나체수행자 잠부까

부처님께서 웰루와나에 계실 때 나체수행자 잠부까와 관련해서 게송 70번을 설하셨다.

잠부까의 과거생: 질투심 많은 비구

오랜 옛날, 깟사빠 부처님이 세상에 출현하셨을 때 마을에 사는 한 신도가 어떤 비구에게 꾸띠를 마련해 주고 네 가지 필수품(음식, 의복, 약, 거처)을 제공했다. 비구는 매일 신도의 집에 가서 공양했다.

어느 날 아침 번뇌를 여읜 아라한이 유행하다가 탁발하기 위해 신도의 집 앞에서 멈추었다. 재가신도는 객스님의 고요하고 경건한 몸가짐을 보고 기쁨이 일어나 집으로 초청해 존경스러운 마음으로 공양을 올렸다. 그리고 커다란 천을 주면서 말했다.

"스님, 이 천을 염색해서 가사를 만들어 입으세요. 그리고 머리가 너무 길어요. 제가 이발사를 데려올 테니 머리도 좀 깎으세요. 돌아오는 길에는 스님께서 주무실 침대도 하나 사와야겠어요."

재가신도의 집에서 매일 공양하는 비구는 신도가 객스님에게 관심을 기울이자 질투가 일어났다. 그는 꾸띠로 돌아가서 생각했다.

'지금 나의 신도는 객스님에게 모든 관심을 기울이고 있겠지. 매일 자기 집에서 공양하는 나에게는 전혀 신경 쓰지 않으면서 말이야.'

객스님은 신도가 보시한 천을 염색해서 가사를 만들어 입었다. 신도가 이발사를 데려와서 그의 머리를 깎아주었다. 그리고 침대를 가져다 놓고 말했다.

"스님, 이 침대에서 주무세요."

신도는 할 일을 다 마치자 두 스님을 다음 날 공양에 초대하고 돌아갔다.

상주常住 비구는 신도가 객스님에게 관심을 기울이는 것을 도저히 참을 수 없어 저녁에 객스님이 누워있는 곳으로 가서 네 가지 욕설을 퍼부었다.

"스님은 신도 집에서 공양하느니 차라리 똥이나 먹지 그래. 이발사를 데려와 머리를 자르게 하느니 차라리 야자나무 빗으로 머리를 뽑아버리지 그래. 신도가 보시한 가사를 입느니 차라리 나체로 살지 그래. 신도가 가져온 침대에 눕느니 차라리 땅바닥에 눕지 그래."

객스님은 그의 악담을 듣고 자비심이 일었다.

'이 어리석은 비구가 나 때문에 괴로움을 겪지 않기를!'

상주 비구의 모욕에 전혀 관심을 기울이지 않고 객스님은 아침 일찍 일어나 가고자 하는 곳으로 길을 떠났다.

상주 비구도 일찍 일어나 사원 주변을 청소하며 아침 일을 끝마쳤다. 그리고 탁발을 나갈 시간이 되자 객스님에게 생각이 미쳤다.

'이 스님은 지금도 자는 모양인데 종을 치면 깨어나겠지.'

그는 손톱을 튕겨서 살짝 종을 치고 나서 마을로 들어갔다. 신도가 음식을 준비하고 두 스님이 오기를 기다리고 있다가 상주 비구가 혼자만 오는 것을 보고 물었다.

"스님, 객스님은 왜 안 오십니까?"

"신도님, 그걸 왜 제게 묻는 거지요? 어제 온 그 스님은 당신이 떠나자마자 방에 들어가 잠이 들었어요. 오늘 아침 내가 일찍 일어나서 마당을 쓸고 물항아리를 씻고 새 물을 채우느라 시끄럽게 했는데도 일어나지 않아서 종을 치기까지 했어요."

신도가 이 말을 듣고 생각했다.

'고요하고 차분하고 주의깊게 행동하는 훌륭한 스님이 지금 이 시간까지 주무시고 계신다는 것은 말도 안 되는 소리이다. 내가 객스님에게 관심을 기울이는 것을 보고 이 스님이 질투가 일어나 안 좋은 소리를 한 모양이다.'

재가신도는 현명한 사람이었으므로 상주 비구에게 공손하게 공양을 대접하고 공양이 끝나자 발우를 깨끗이 씻고 맛있는 음식과 고깃국을 넣어드리며 말했다.

"스님, 객스님을 보시거든 이 음식을 드리세요."

상주 비구는 발우를 들고 돌아가면서 생각했다.

'객스님이 이렇게 맛있는 음식을 먹으면 이곳을 좋아하게 되어 절대로 떠나지 않을 것이다.'

그는 돌아가는 길에 음식을 쏟아버렸다. 그리고 사원으로 돌아가 객실에 들어가 보았으나 방은 텅 비어 있었다.

그 비구는 이런 악행을 저지른 과보로 2만 년을 열심히 수행했어도 지옥에 떨어지는 것을 막을 수 없었다. 수명이 끝나자 그는 무간지옥에 떨어져 두 부처님이 지나갈 때까지 지옥에서 지독한 고통을 겪었다. 그리고 금생에 부처님이 출현하시자 라자가하의 부유한 가정에 태어났다.

잠부까의 금생: 나체수행자 잠부까

그는 걷기 시작할 때부터 침대에 누우려고도 하지 않고, 음식을 먹으려고도 하지 않고 오직 똥만 먹었다. 부모는 그를 키우면서 생각했다.

'아직 어려서 그러는 모양이다. 크면 달라지겠지.'

그러나 나이가 들어도 옷 입기를 거부하고 발가벗고 다니며 땅바닥에서 자고 똥만 주워 먹었다. 부모는 이제 생각을 달리했다.

'이 녀석은 집에서 살 수 없다. 나체수행자 교단인 아지와까25)에 들어가

---

25) 아지와까Ājīvaka: 아지와까는 생계수단을 뜻하는 ājīva(命)에서 파생된 단어로 잘못된 생계수단으로 살아가기 때문에 아지와까(邪命外道)라고 불렸다. 교단의 창시자는 막칼리 고살라이다. 그들은 선업이나 악업을 지어도 과보가 전혀 없으며 운명은 태어날 때부터 결정돼 있다는 운명론자이자 결정론자이다. 마치 털실뭉치를 던지면 던지는 순간에 얼마 동안 굴러가서 멈출지 이미 결정돼 있듯이, 우리의 운명이 윤회의 굴레에 던져졌을 때 몇 번 윤회하고 어떤 존재로 살다가 해탈할 것인지 이미 결정돼 있다는 것이다. 그러므로 우리의 자유의지는 완전히 무시된다. 부처님께서는 육

사는 것이 좋겠다.'

부모는 아들을 데리고 아지와까들이 사는 곳으로 가서 말했다.
"이 젊은이를 당신네 교단에서 받아주시기 바랍니다."
그들은 그의 입단을 허락했다. 그들은 먼저 구덩이에 목까지 집어넣고 양쪽 어깨 위로 널빤지를 놓고 앉아서 머리를 야자나무 빗으로 다 뽑아버렸다. 부모는 아지와까들을 다음 날 공양에 초대하고 돌아갔다.

다음 날이 되자 아지와까들이 그에게 말했다.
"자, 마을로 공양하러 가세."
그는 함께 가기를 거절하며 말했다.
"당신들만 가십시오. 저는 여기 남겠습니다."
그들은 함께 가기를 거듭 권했지만, 그는 끝까지 거부했다. 그들은 그를 남겨두고 공양하러 갔다. 그는 아지와까들이 모두 간 것을 확인하고 재래식 변소의 판자를 열고 아래로 내려가 똥을 집어서 덩어리로 만들어 먹었다. 아지와까들이 마을에서 음식을 가져와 먹기를 권했지만, 그는 거부했다. 그들이 귀찮게 계속 권하자 그가 말했다.
"나는 음식이 필요 없어요. 나는 스스로 음식을 구합니다."
"어디서 음식을 구한단 말이오?"
"여기서 구합니다."
다음 날도 또 그다음 날도 또 그다음 날도 그는 마을에 탁발하러 가는 것을 거부하며 말했다.
"나는 여기 남겠습니다."

아지와까들은 이상하게 생각하기 시작했다.
'하루 이틀도 아니고 이 사람은 우리와 함께 탁발하러 가려고 하지 않는다. 그리고 우리가 가져다주는 음식도 먹지 않으며 스스로 음식을 구한다고 한다. 도대체 어떻게 음식을 구하는지 알아보아야겠다.'

사외도 중에서 이들을 가장 강하게 비난했다.

아지와까들은 탁발을 나가면서 두 사람을 남아있게 하여 그를 지켜보게 했다. 두 사람은 다른 사람들을 따라 마을에 가는 척하다가 되돌아와서 몸을 숨겼다. 그는 아지와까들이 모두 가자마자 전처럼 변소에 가서 똥을 먹기 시작했다. 두 염탐꾼은 그가 한 행동을 아지와까들에게 보고했다. 아지와까들은 이 보고를 듣고 어찌해야 할지 상의했다.

"오, 이런 어처구니없는 짓을 저지르다니! 사문 고따마의 제자들이 이런 사실을 안다면 '아지와까들은 똥 먹는 수행을 한다!'고 나쁜 소문을 퍼뜨릴 것이다. 이 녀석은 우리와 함께 있어서는 절대 안 된다. 즉시 추방해야 한다."

아지와까들은 그를 교단에서 추방했다.

공중변소는 평평한 바위의 움푹 들어간 곳을 이용해서 만들어진 상당히 큰 구덩이였다. 아지와까들이 잠부까를 추방했을 때 그는 밤에 공중변소에 와서 똥을 먹었다. 사람들이 똥을 누러 오면 그는 한 손으로 바위에 대고 기대어 한쪽 발을 무릎 위에 얹고 입을 크게 벌리고 바람이 불어오는 방향으로 서 있었다. 사람들이 기묘한 모습의 그를 보고 다가와서 인사를 드리고 물었다.

"존자님, 왜 입을 크게 벌리고 서 있습니까?"

"저는 바람을 먹고 사는 사람입니다. 저는 음식을 먹지 않습니다."

"존자님, 그러면 왜 한쪽 발을 무릎에 얹고 서 있습니까?"

"저는 지독한 고행을 하는 중입니다. 제가 두 발로 걸으면 지진이 일어날 겁니다. 그래서 한쪽 발을 무릎에 얹고 서 있는 것입니다. 저는 밤낮으로 이처럼 서서 살아갑니다. 결코 앉거나 눕지 않습니다."

대부분의 사람은 그의 말을 철석같이 믿었다. 앙가와 마가다의 주민들은 크게 감동했다.

"오, 이 얼마나 놀라운 고행자인가! 이런 훌륭한 고행자를 전에는 본 적이 없다."

사람들은 매일 많은 음식을 싸 와서 그에게 권했다. 하지만 그는 아무것도 받지 않고 이렇게 말할 뿐이었다.

"나는 바람만 먹는 사람입니다. 나에게는 음식이 필요 없습니다. 음식을 먹게 되면 고행이 끝나버리기 때문입니다."

그래도 사람들은 음식을 가져와서 말했다.

"존자님, 우리를 어여삐 여겨 공양을 받아주시기 바랍니다. 당신 같은 엄격한 고행자가 우리의 음식을 받아주신다면 세세생생 복덕과 행복을 가져다 줄 것입니다."

사람들이 계속 간청했지만, 그에게는 음식이 전혀 달가운 것이 아니었다. 결국 사람들의 간청에 못 이겨 풀잎 끝에 버터기름이나, 꿀, 설탕을 살짝 묻혔다가 입에 대고 나서 말했다.

"이제 돌아가십시오. 이 정도면 영원토록 복덕과 행운을 가져다줄 것입니다."

그는 이렇게 말하면서 사람들을 돌려보냈다. 그는 이렇게 발가벗고 똥만 먹고 머리를 뽑고 땅바닥에 자면서 자그마치 55년을 보냈다.

부처님께서는 새벽에 세상을 살피시는 것이 정해진 일과였다. 어느 날 부처님께서 세상을 살피다가 나체수행자 잠부까가 지혜의 그물에 걸리는 것을 보셨다.

'일이 어떻게 전개될 것인가?'

부처님께서는 앞일을 살펴보고 곧 잠부까가 사무애해를 갖춘 아라한이 될 바라밀이 성숙했다는 것을 아셨다.

'나의 게송을 듣고 그를 비롯한 많은 사람이 법을 이해하게 될 것이다. 결국 이 사람으로 인해 많은 사람이 생사윤회의 고통에서 벗어나게 될 것이다.'

다음 날 부처님께서는 라자가하에서 탁발을 마치고 돌아와 아난다 장로에게 말씀하셨다.

"아난다여, 나는 나체수행자 잠부까에게 가려고 한다."
"부처님이시여, 그에게 정말 가시렵니까?"
"아난다여, 그렇다."

저녁 그림자가 길어질 무렵 부처님께서는 그를 향해 출발하셨다. 신들이 부처님께서 그런 더러운 장소에 가시는 것을 보고 생각했다.

'부처님께서 나체수행자 잠부까에게 가신다. 잠부까는 똥과 오줌과 양치용 나무(齒木) 등으로 뒤덮인 아주 더러운 곳에 살고 있다. 우리가 그곳에 한차례 비를 뿌려 깨끗이 해야겠다.'

신들이 신통력으로 다섯 종류의 꽃비를 내려 더러운 것을 씻어버리자 바위는 즉시 깨끗해졌다.

부처님께서 나체수행자 잠부까가 있는 곳에 도착해서 가벼운 기침을 하며 그를 부르셨다.

"잠부까!"

잠부까는 '어떤 미친 녀석이 나의 이름을 함부로 부르는 건가?'라고 생각하면서 대답했다.

"누구요?"
"나는 사문이다."
"대사문이여, 뭘 원하십니까?"
"하룻밤만 여기서 묵어갈 수 있는가?"
"대사문이여, 여기에 묵을 수 없습니다."
"잠부까여, 그러지 말고 하룻밤만 묵어가게 해 주게. 사문은 사문과 어울리고, 사람들은 사람들과 어울리고, 동물은 동물과 어울리는 법이다."
"그러면 당신은 사문입니까?"
"그렇다 나는 사문이다."
"당신이 사문이라면 조롱박과 나무 수저와 제사용 실이 어디 있습니까?"
"나도 그것들을 사용하지만, 가지고 다니는 것이 거추장스러워서 가져오지 않았다. 여기서 갈 때 얻어 가려고 한다."

잠부까가 이 말을 듣고 화내며 말했다.

"그러니까 당신은 갈 때 가져가려고 한다 이 말이지요?"

"잠부까여, 그런 것은 신경 쓰지 말고 내가 잘 만한 곳을 알려 다오."

"대사문이여, 여기서는 잘 곳이 없습니다."

잠부까가 거처하는 곳에서 멀지 않은 곳에 동굴이 있었다. 부처님께서는 그곳을 가리키면서 물으셨다.

"저 동굴에 사는 사람이 있는가?"

"아무도 살지 않습니다."

"그러면 그곳에 머물러도 되는가?"

"좋으실 대로 하십시오."

부처님께서는 동굴에 침실을 마련하고 누웠다. 초경에 사대천왕들이 사방으로 빛을 뿌리며 내려와서 부처님을 시중들었다. 잠부까가 그 빛을 보고 생각했다.

'도대체 무슨 빛이지?'

중경이 되자 삭까 천왕이 내려와서 부처님을 뵙고 올라갔다.

잠부까가 그를 보고 생각했다.

'저 사람은 누구인가?'

말경이 되자 한 손가락으로 한 철위산을 비출 수 있고 두 손가락으로 두 철위산을 비출 수 있고 열 손가락으로 열 철위산을 비출 수 있는 대범천이 온 숲을 비추면서 내려왔다. 잠부까는 그를 보고 생각했다.

'그는 도대체 누구인가?'

다음 날 아침 그는 궁금함을 참지 못해 부처님께 가서 다정하게 인사드리고 공손하게 한쪽에 서서 물었다.

"대사문이여, 어젯밤에 사방으로 빛을 뿌리면서 온 분은 누구입니까?"

"그들은 사대천왕이다."

"사대천왕이 무슨 일로 당신에게 왔습니까?"
"나를 시중들기 위해 왔다."
"당신이 사대천왕보다 윗사람입니까?"
"잠부까여, 나는 사대천왕보다 더 위대한 대왕이다."
"중경에 온 사람은 누구입니까?"
"그는 삭까 천왕이다."
"당신이 삭까 천왕보다 윗사람입니까?"
"잠부까여, 물론 내가 삭까 천왕보다 윗사람이다. 삭까 천왕은 내가 원하는 것을 모두 들어주는 신도이고, 내가 아프면 치료해 주는 주치의다."
"말경에 온 숲을 환하게 밝히면서 온 사람은 누구입니까?"
"그는 대범천이다. 바라문들과 사람들이 송구스럽다는 듯이 굽실거리고 조심스럽게 말을 더듬으며 '대범천을 찬양하라! 하나님을 찬양하라! 신을 찬양하라!'라고 외치는 바로 그 대범천이다."
"당신이 대범천보다 윗사람입니까?"
"그렇다. 잠부까여, 나는 대범천 중의 대범천이다."

"대사문이여, 당신은 놀라운 사람입니다. 나는 여기서 55년 동안이나 음식을 먹지 않고 바람을 마시고, 눕지 않고 한쪽 다리로 서 있었어도 어떤 천신도 나를 시중들기 위해 오지 않았습니다."

"잠부까여, 그대는 세속에 사는 어리석은 사람들을 속일 수 있을지 몰라도 나를 속이지는 못한다. 너는 55년 동안 똥만 먹고 땅바닥에 자고 발가벗고 살고 야자나무 빗으로 머리털을 뽑으며 지내지 않았느냐? 그러면서도 너는 '나는 바람만 먹는다. 나는 한쪽 발로만 서고 앉지도 눕지도 않는다.'라고 세상 사람들을 속여 왔다. 너는 그러고도 나까지 속이려 드는구나. 너는 과거생에서 저열한 삿된 견해(邪見)를 가졌기 때문에 이때까지 똥만 먹고 땅바닥에서 자고 벌거벗고 생활하고 야자나무 빗으로 머리털을 뽑으며 살아왔다. 너는 지금도 저열하고 삿된 견해를 가지고 있구나."

"대사문이여, 내가 과거생에 무슨 짓을 저질렀단 말입니까?"
부처님께서 과거생에 그가 저질렀던 악행을 모두 이야기해 주었다.

부처님께서 하신 이야기를 듣고 크게 자극받은 그는 부끄러운 마음과 용서받을 수 없는 악행에 대한 두려움이 일어나 땅바닥에 털썩 주저앉았다. 부처님께서 목욕옷을 던져주자 그는 옷을 받아 입고 부처님께 삼배를 올리고 한쪽에 공손하게 앉았다. 부처님께서 잠부까가 과거생에서 행한 악업을 자세하게 설명해 주시고 나서 법을 설하셨다. 그는 부처님의 법문 끝에 사무애해를 갖춘 아라한이 됐다. 그는 부처님께 삼배를 올리고 일어나서 비구계를 받겠다고 요청했다.

마침내 잠부까는 과거생에 지었던 악업이 소진됐다. 잠부까는 과거생에 아라한이었던 대장로에게 네 가지 욕설을 퍼부었기 때문에 땅이 1과 4분의 3요자나 정도 상승할 때까지 무간지옥에서 고통을 받았다. 그러고도 악행의 과보가 다 소진되지 않아 55년 동안 수치스럽게 살았다. 악행의 과보가 다 소진되자 2만 년 동안 수행한 선업이 일어나기 시작했다. 부처님께서 오른손을 내밀며 말했다.
"에타 빅카오!(오라, 비구여!), 성스러운 삶을 살아라."
그 순간 속인의 모습은 사라지고 60년 정도 수행한 장로의 모습으로 바뀌면서 비구팔물이 저절로 갖추어졌다.

이날은 앙가와 마가다의 주민들이 그에게 공양물을 가지고 오는 날이었다. 두 왕국의 주민들이 그에게 올리려고 공양물을 들고 왔다가 부처님과 함께 계시는 것을 보고 생각했다.
'두 사람 중에 누가 더 위대한가? 잠부까인가, 아니면 사문 고따마인가?'
사람들은 이렇게 결론 내렸다.
'사문 고따마가 더 위대하다면 이 고행자가 사문 고따마에게 갔을 것이다. 그러나 사문 고따마가 그에게 온 것을 보면 나체수행자 잠부까가 더 위

대하다는 이야기다.'

부처님께서 사람들의 생각을 아시고 말씀하셨다.

"잠부까여, 신도들의 의문을 풀어주어라."

"부처님이시여, 이것이 제가 꼭 하고 싶었던 일입니다."

그는 이렇게 대답하고서 곧 사선정으로 들어갔다 나와서 야자나무 높이로 공중에 솟아올라 소리쳤다.

"부처님이시여, 부처님께서는 저의 스승이고 저는 당신의 제자입니다."

그리고는 땅으로 내려와서 부처님께 삼배를 올렸다. 그는 다시 야자나무 크기의 일곱 배 높이로 솟아오르더니 자기가 제자임을 분명히 밝히고 내려왔다.

군중들이 이 광경을 보고 생각했다.

'오, 부처님은 정말 경이롭고 놀라운 위신력을 지니신 분이시다!'

부처님께서 사람들에게 말씀하셨다.

"잠부까는 지금까지 '나는 지독한 고행을 하는 중이다.'라고 말하면서 사람들이 가져온 음식을 풀잎 끝에 묻혀 혀로 살짝 맛을 보며 긴 세월을 살아왔다. 하지만 양심의 가책을 느끼며 음식을 절제하는 이러한 고행은 한순간을 수행하더라도 법을 이해한 사람의 16분의 1조차도 가치가 없다."

부처님께서는 이 말씀에 이어서 게송을 읊으셨다.

어리석은 자가 오랜 세월을
풀잎 끝에 묻힌 음식만으로 아주 적게 먹고
아무리 힘든 고행을 할지라도
성인들이 깨달은 법의
십육 분의 일에도 미치지 못하리라.(70)

열두 번째 이야기
뱀 형상의 아귀와 까마귀 형상의 아귀

부처님께서 웰루와나 사원에 계실 때 뱀 형상의 아귀와 관련해서 게송 71번을 설하셨다.

한때 결발행자結髮行者 천 명 가운데 한 사람이었던 락카나26) 장로와 상수제자인 목갈라나 존자가 깃자꾸따27)에서 머물고 있었다. 어느 날 두 장로는 라자가하에 탁발을 나가기 위해 산을 내려가다가 천안을 가진 마하목갈라나 장로가 뱀 형상의 아귀를 보고 미소 짓는 것을 보고 락카나 장로가 물었다.

"왜 미소를 짓습니까?"

"도반이여, 지금은 질문할 때가 아닙니다. 부처님 앞에서 다시 질문해 주

---

26) 락카나Lakkhaṇa: 그는 깟사빠 삼형제와 함께 천 명의 결발행자(Jaṭila, 結髮行者)로 있다가 부처님을 만나 비구계를 받았다. 그는 불의 설법(ādittapariyāyadesana, S35.28)을 듣고 아라한이 됐다. 그는 범천과 같은 특징(특별한 모습, 상호)을 가지고 있다고 해서 락카나(특징)라고 불렸다. 그는 마하목갈라나 장로와 깃자꾸따에서 함께 살았다. 둘이 함께 라자가하에 탁발하러 내려올 때면 천안天眼이 있는 목갈라나 장로는 뻬따peta, (아귀)들을 보고 미소를 짓곤 했다. 락카나가 그 이유를 묻자, 목갈라나는 탁발 후 웰루와나에 가서 부처님 앞에서 자신이 본 아귀에 대해 설명하곤 했다. 그러면 부처님께서는 아귀가 그런 고통을 당하게 된 과보에 대해 설명해 주었다. 이것을 모아놓은 것이 상윳따 니까야 제19 락카나 상응이다.

27) 깃자꾸따Gijjhakūṭa(독수리봉, 靈鷲山): 라자가하를 둘러싸고 있는 다섯 봉우리 중 하나로 산꼭대기에 독수리 머리를 닮은 바위가 있어서 그렇게 불렸다고 한다. 부처님께서 홀로 계시고 싶을 때 그곳에 가서 머무셨으며, 여러 장로가 자주 이곳에 머물렀다. 부처님께서 이곳에 머무실 때 많은 천신의 예방을 받았으며 여기서 많은 경전이 설해졌다. 지금도 그곳에 가면 부처님이 쓰시던 방(간다꾸띠)과 시자인 아난다 존자의 방이 남아 있다.

십시오."

두 장로는 라자가하에서 탁발을 마치고 부처님 앞에 가서 앉았다. 그때 락카나 장로가 마하목갈라나 장로에게 물었다.

"도반 목갈라나여, 깃자꾸따에서 내려올 때 그대가 미소를 지었습니다. 내가 왜 미소 짓는지 묻자 그대는 부처님 앞에서 다시 물어달라고 했습니다. 자, 이제 그 이유를 말씀해 주십시오."

장로가 대답했다.

"도반이여, 나는 뱀 형상의 아귀를 보았기 때문에 미소 지었던 것입니다. 머리는 사람인데 다른 부위는 뱀과 같았습니다. 그래서 뱀 형상의 아귀라고 부르는 것입니다. 그는 길이가 꽤 긴데 머리에서 불길이 일어나 꼬리까지 타들어 가고 꼬리에서 불이 일어나 머리까지 타들어 갑니다. 머리에서 불이 일어나 양 옆구리로 타들어 가고 양 옆구리에서 불이 일어나 온몸으로 번집니다. 뱀 형상의 아귀뿐만 아니라 까마귀 형상의 아귀도 있는데 둘 다 길이가 아주 깁니다."

장로는 뱀 형상의 아귀에 대해 많은 이야기를 했다.

"저는 뱀 형상의 아귀를 보고 미소 지었던 것입니다."

부처님께서 곧 목갈라나의 말이 사실임을 증언하셨다.

"비구들이여, 목갈라나가 보았던 것은 정확한 사실이니라. 내가 정각正覺을 이루던 그날 그 아귀를 보았다. 하지만 다른 사람들을 연민히 여겨 말하지 않았던 것이다. 왜냐하면 사람들이 나의 말을 믿지 않으면 불이익을 초래하기 때문이다."

상윳따 니까야 제19 락카나 상응에는 마하목갈라나 장로가 아귀를 보았다고 보고할 때 부처님께서 증언하신 이야기가 나온다.

비구들이 장로가 하는 말을 듣고 그가 과거생에 무슨 악업을 지었는지 물었고 부처님께서 그 이야기를 시작하셨다.

뱀 형상의 아귀의 과거생

오래된 옛날, 사람들은 한 벽지불을 위해 베나레스 강둑에 나뭇잎과 풀로 꾸띠를 지어주었다. 벽지불이 그곳에 머무르는 동안에는 매일 도시로 탁발을 나갔고 도시 주민들은 아침저녁으로 벽지불에게 와서 향과 꽃을 올렸다. 한 농부가 사람들이 아침저녁으로 벽지불에게 공양을 올리러 가면서 자기 논의 농작물을 밟고 지나가자 그들에게 소리를 질렀다.

"내 논을 밟지 마시오!"

그러나 사람들을 막을 수 없자 농부는 다른 방법을 강구했다.

'벽지불의 꾸띠가 없다면 사람들이 내 논을 밟지 않을 것이다.'

그는 벽지불이 탁발을 나가고 없을 때 집기들을 모두 때려 부수고 나뭇잎과 풀로 엮은 꾸띠를 불태워버렸다.

벽지불은 꾸띠가 불타 무너져 내린 것을 보고 다른 곳으로 떠나갔다. 사람들이 향과 꽃을 들고 왔다가 꾸띠가 불타버린 것을 보고 말했다.

"우리의 스승은 어디로 가신 건가?"

농부가 사람들과 함께 와서 서 있다가 말했다.

"내가 불질러버렸다."

사람들이 소리 질렀다.

"그놈 잡아라, 그놈 잡아라. 이 나쁜 놈 때문에 더 이상 벽지불님을 볼 수 없게 됐구나."

그들은 농부를 몽둥이로 두들겨 패서 결국 죽게 했다. 그는 무간지옥에 태어나 대지가 1요자나 높이로 솟아오를 때까지 고통을 겪고도 그 악업이 다하지 않아서 깃자꾸따에 뱀 형상의 아귀로 태어난 것이다.(과거 이야기 끝)

또 다른 날 목갈라나는 깃자꾸따에 있을 때 지독한 고통으로 괴로워하고 있는 까마귀 형상의 아귀를 보고 과거생에 무슨 악업을 지었는지 시로 물었다.

> 그대는 혀와 머리가 상당히 길지만
> 몸통은 매우 길어 땅을 뒤덮는다.
> 도대체 무슨 짓을 저질렀기에 이런 고통을 당하는가?

아귀가 이 질문에 대답했다.

> 목갈라나 장로님, 깟사빠 부처님과 비구들을 위해 가져온 음식을
> 제가 낚아채서 배불리 먹었지요.

까마귀 아귀의 과거생

존자님이시여, 깟사빠 부처님이 현존해 계실 때 비구들이 마을로 탁발을 나갔습니다. 마을 주민들이 스님들을 정중히 맞이해서 마을 회관에 자리를 마련하고 발을 씻어드리고 기름을 발라주고 우유죽과 과자를 올렸습니다. 주민들은 밥이 오기를 기다리는 동안 법문을 들었습니다. 법문이 끝나자 주민들은 스님들의 발우를 받아서 맛있는 음식을 가득 담아드리고 돌아갔습니다.

그때 저는 까마귀였는데 공회당의 용마루에 앉아 있다가 스님들이 공양하는 것을 보고 발우에 담긴 음식을 세 번이나 낚아 먹었습니다. 그 음식은 스님들을 위해서 특별히 준비한 것이었습니다. 그 악업으로 저는 죽어 무간지옥에 태어나 고통을 겪었습니다. 그리고도 과보가 다 끝나지 않아서 여기 깃자꾸따에 까마귀 아귀로 태어나 이런 고통을 겪고 있습니다.(과거 이야기 끝)

부처님께서 뱀 형상의 아귀가 과거생에 저지른 악업을 이야기하시고 말씀하셨다.

"비구들이여, 악업은 우유와 같은 것이다. 갓 짠 우유가 즉시 변질되지 않는 것처럼 악행도 즉시 무르익지 않는다. 그러나 악행이 무르익는 순간 이같이 지독한 고통을 받는다."

부처님께서는 이 말씀에 이어서 게송을 읊으셨다.

**갓 짜낸 우유가 즉시 변질되지 않듯이
악업의 과보도 즉시 무르익진 않지만
끝내 잿더미 속 불씨처럼
어리석은 자를 뒤따르며 불태운다.(71)**

이 법문 끝에 많은 사람이 수다원과, 사다함과, 아나함과를 성취했다.

열세 번째 이야기
큰 망치 아귀

부처님께서 웰루와나에 계실 때 큰 망치 형상의 아귀와 관련해서 게송 72번을 설하셨다.

마하목갈라나 장로가 락카나 장로와 깃자꾸따에서 내려오다가 어떤 장소에서 미소 지었다. 락카나 장로가 왜 미소 짓는지 묻자 그가 대답했다.

"부처님 앞에서 그 질문을 다시 해 주십시오."

두 장로가 탁발을 마치고 부처님 앞에 가서 삼배를 올리고 공손하게 한쪽에 앉았다. 락카나 장로가 다시 묻자 목갈라나 장로가 대답했다.

"도반이여, 몸이 아주 큰 아귀를 보았습니다. 그 아귀는 수많은 망치가 쉴 새 없이 머리를 내리쳐서 두개골을 깨부숩니다. 그러면 박살이 난 두개골이 다시 생겨납니다. 내가 그 아귀를 보고 미소 지었던 것입니다. 나는 금생에 그런 존재를 본 적이 없습니다."

뻬따왓투28)에는 이 아귀와 관련된 많은 이야기가 시와 함께 기록돼 있다.

사방에서 수많은 큰 망치가
그의 머리를 내리치고
그의 두개골은 산산조각이 난다.

부처님께서 장로의 이야기를 듣고 말씀하셨다.

"비구들이여, 나 또한 보리수 아래 금강보좌金剛寶座에 앉아 있을 때 그 아귀를 보았지만, 사람들을 가엾게 여겨 말하지 않았다. 사람들이 나의 말

---

28) 뻬따왓투Petavatthu(餓鬼事): 쿳다까 니까야(Khuddaka-nikāya, 소부)에 들어있는 일곱 번째 경전으로 과거생에 악업을 지어 아귀로 태어나 고통을 겪는 아귀들에 관한 이야기를 모은 경이다.

을 믿지 않으면 불이익이 있기 때문이다. 이제 목갈라나가 증인이 되어주었다."

비구들이 이 말을 듣고 아귀의 과거생에 어떤 악업을 지었는지 이야기해 달라고 요청하자 부처님께서 이야기를 시작하셨다.

큰 망치 아귀의 과거생: 새총 사격수와 제자29)

옛날에 베나레스에 절름발이가 살고 있었다. 그는 새총을 쏘는 데 거의 달인이었다. 그는 성문 가까이에 있는 반얀나무 아래 앉아서 새총으로 돌을 쏘아 나뭇잎에 모양을 새길 수 있을 정도였다. 이 때문에 아이들이 자주 와서 졸라대곤 했다.

"코끼리 모양을 만들어 주세요. 말 모양을 만들어 주세요."

그는 아이들이 요구하는 대로 새총으로 나무에 달린 나뭇잎에 여러 모양을 만들어 주었다. 아이들은 보답으로 여러 가지 맛있는 음식을 주었고 그는 그것으로 생계를 유지했다.

어느 날 왕이 놀이동산에 갔다가 이곳에 들르게 됐다. 아이들은 반얀나무 그늘에 절름발이만 남겨둔 채 도망쳐버렸다. 왕은 잠깐 쉬기 위해 반얀나무 그늘 아래로 갔다. 나뭇잎 사이를 뚫고 내려온 햇빛이 왕의 몸에 다양한 무늬를 수놓았다.

'이게 도대체 어찌 된 일인가?'

왕은 의아해서 나무 위를 처다보았다. 나뭇잎들은 코끼리 모습, 말 모습으로 만들어져 있었다.

'도대체 이게 누구의 작품인가?'

왕은 그것이 절름발이의 작품이라는 것을 알고 그를 불러서 말했다.

"나에게 아주 말이 많은 제사장이 있다네. 자기는 적게 말한다고 하지만,

---

29) 이 이야기 중 새총 사격수가 염소똥으로 제사장의 입을 다물게 하고 포상을 받는 이야기는 살릿따까 자따까(Sālittaka Jātaka, J107)에서 유래한다.

너무 말이 많아서 나를 아주 피곤하게 한다네. 그대는 새총으로 한 단지의 염소 똥을 그의 입에 집어넣을 수 있겠는가?"

"폐하, 할 수 있습니다. 폐하께서 제사장과 마주보고 앉아 계실 때 폐하의 뒤에 커튼을 치고 저를 커튼 뒤에 앉게 해 주십시오. 그다음은 제가 어떻게 해야 할지 잘 알고 있습니다."

왕은 절름발이의 제안대로 했다.

절름발이는 칼끝으로 커튼에 구멍을 내고 제사장이 왕과 대화를 하면서 입을 열 때마다 염소 똥을 쏘았다. 제사장은 입에 거품 물고 이야기하느라 입에 무엇이 들어오는지도 모르고 염소 똥을 모두 삼켜버렸다. 염소 똥이 다 떨어지자 절름발이는 커튼을 흔들어 신호를 보냈다. 왕은 염소 똥이 다 떨어졌다는 것을 알고 말했다.

"스승이시여, 당신과 이야기를 하노라면 대화를 끝낼 수 없습니다. 당신은 너무나 말이 많아서 한 단지의 염소 똥을 삼키고서도 멈출 줄을 모릅니다."

바라문 제사장은 즉시 말을 멈추었다. 그 이후로 그는 감히 왕에게 입을 열어 말하지 않았다. 왕은 절름발이의 놀라운 솜씨를 기억하고 그를 불러 말했다.

"그대 때문에 내가 평화를 얻었다."

왕은 기분이 좋아서 그에게 팔종포상八種褒賞을 내리고 동서남북에 네 개의 큰 마을을 주었다. 왕에게 세상의 일과 바른 삶에 대해 조언해 주는 왕실 고문이 이 일을 알고 시를 읊었다.

좋거나 나쁘거나 간에 놀라운 기술이고말고!
절름발이가 새총 하나로
동서남북에 마을을 얻은 것 좀 보게나.

그때의 왕실고문이 지금의 부처님이셨다.

절름발이가 새총 하나로 크게 출세한 것을 보고 한 남자가 이렇게 생각했다.

'이 사람은 절름발이로 태어나 새총 기술 하나로 부자가 됐다. 나도 이 기술을 배워야겠다.'

그는 절름발이에게 가서 인사를 드리고 말했다.

"스승이시여, 저에게 새총 기술을 전수해 주십시오."

"친구여, 절대로 가르쳐 줄 수 없소."

그는 거절당하자 다시 머리를 굴렸다.

'먼저 그의 호감을 사야겠다.'

그는 오랫동안 절름발이의 손과 발을 닦고 주물러주며 호감을 얻고서 다시 요청했다. 절름발이는 이제 거절할 수 없게 됐다.

'이 사람은 나에게 너무 친절하게 대해준다.'

그는 기술을 가르쳐주었다. 절름발이는 다 가르치고 나서 물었다.

"그대 솜씨도 거의 완벽하오. 이제 어떻게 할 거요?"

"세상에 나가 솜씨를 뽐내겠습니다."

"어떻게 솜씨를 뽐내려오?"

"암소나 사람을 맞추어 죽이겠습니다."

"암소를 죽이면 벌금이 100냥이고 사람을 죽이면 벌금이 천 냥이요. 아들과 아내가 있다면 보상금을 주는 것으로 해결되지 않을 거요. 살인이나 살생은 하지 마시오. 부모나 처자식이 없고 맞추어도 벌금이 없는 것을 찾아보도록 하시오."

그렇게 하겠다고 대답하고 그는 돌을 주머니에 넣고 표적이 될 만한 것을 찾아보았다. 암소를 보니 이 동물은 짝이 있을 거라는 생각이 들었다. 한 남자를 보았는데 이 사람은 부모가 있을 거라는 생각이 들었다. 이때 수넷따라는 벽지불이 도시 가까이에 나뭇잎과 풀잎으로 꾸띠를 짓고 살고 있었다. 벽지불이 탁발하려고 성으로 들어가는 것을 보고 그는 생각했다.

'이 사람은 어머니도 없고 아버지도 없다. 그를 맞추어도 벌금을 물지 않는다. 내 솜씨를 이 사람에게 시험해 봐야겠다.'

그는 벽지불의 오른쪽 귀에 조준하고 쏘았다. 돌이 벽지불의 오른쪽 귀로 들어가 왼쪽 귀로 나왔다. 벽지불은 심한 통증을 느끼자 탁발을 그만두고 곧장 공중으로 날아서 꾸띠로 돌아가 바로 대열반에 들었다.

벽지불이 탁발을 오지 않자 신도들은 생각했다.
'그분에게 무슨 일이 생긴 모양이다.'
사람들은 곧 벽지불의 꾸띠로 몰려갔다. 그들은 벽지불이 대열반에 들었음을 알고 슬피 울었다. 벽지불을 돌로 쏘아 맞힌 사람도 사람들이 벽지불의 꾸띠로 몰려드는 것을 보고 그곳으로 갔다. 그는 벽지불의 시체를 보고 솜씨를 자랑하려고 의기양양하게 말했다.
"이 사람이 성으로 가는 것을 보고 내가 새총으로 정확히 맞추었지요."
사람들이 분노해서 소리 질렀다.
"이 사악한 녀석이 벽지불님을 돌로 맞혔다고? 저놈을 잡아라! 저놈을 잡아라!"
그들은 곧 그를 붙잡아 몽둥이로 두들겨 팼고 그는 죽어 아비지옥에 태어났다.

그는 대지가 1요자나 높이로 솟아오를 때까지 지옥에서 고통을 겪었다. 그래도 악업이 다 끝나지 않아서 깃자꾸따에 큰 망치 아귀로 태어난 것이다.

부처님께서 아귀가 과거생에 저지른 악행에 대해 이야기하고서 말씀하셨다.
"비구들이여, 어리석은 자가 기술을 배우거나 힘이 있으면 불이익을 초래한다. 어리석은 이는 기술과 힘으로 자신을 해치기 때문이다."
부처님께서는 법문하시고 나서 게송을 읊으셨다.

**어리석은 자의 재주와 힘은
전혀 이익이 되지 않고
오히려 독이 되어
자신의 복과 지혜마저 파괴할 뿐이다.**(72)

이 법문 끝에 많은 사람이 수다원과, 사다함과, 아나함과 등을 성취했다.

열네 번째 이야기
찟따 장자와 수담마 비구30)

부처님께서 제따와나에 계실 때 수담마 비구와 관련해서 게송 73, 74번을 설하셨다.

이 이야기는 맛치까산다에서 시작해서 사왓티에서 끝난다.

대부호인 찟따 장자31)가 맛치까산다32)에 살고 있었다. 어느 날 오비구 중 한 사람인 마하나마 장로가 맛치까산다에 탁발하려고 들렀는데 찟따 장자는 그의 단정하고 우아한 행동에 반해 발우를 받아들고 자기 집으로 모시고 가서 공양을 올렸다. 공양이 끝나자 마하나마 장로는 법을 설했고 그

---

30) 이 이야기는 율장 소품(VinCv. i .18)에서 유래한다.
31) 찟따 장자Citta gahapatti: 맛치까산다Macchikāsaṇḍa에 사는 대부호로 재가신도 가운데 설법제일이다. 그가 태어난 날 온 도시가 무릎이 빠질 정도로 여러 가지(찟따) 꽃비가 내렸다. 그래서 그를 찟따라고 불렀다. 그는 마하나마 장로의 법문을 듣고 아나함과를 성취했다. 그는 마하나마 장로를 위해 자신의 망고 동산에 사원을 지었다. 많은 비구가 이 사원에 와서 머무르며 찟따와 법담을 주고받았다고 한다. 상윳따 니까야 제41 찟따 상응에는 찟따와 여러 비구의 법담이 기록돼 있다. 찟따는 니간타 나따뿟따Nigaṇṭha Nātaputta, 아쩰라 깟사빠Acela Kassapa와도 토론을 벌였고 그들의 견해를 반박하기도 했다. 찟따가 병이 들어 죽음이 임박했을 때 목신들이 와서 전륜성왕이 되라고 권하지만, 그는 무상한 것에 매달리는 어리석은 짓이라고 말하고 신들과 친척들에게 가르침을 베풀고 삼보에 대한 귀의를 설하고 죽었다. 부처님께서 그를 알라위의 핫타까Hatthaka와 함께 가장 본받아야 할 재가신도라고 선언하셨다 찟따는 아라한이 아니면서도 사무애해를 갖춘 아나함이었다.
32) 맛치까산다Macchikāsaṇḍa: 사왓티에서 30요자나 떨어져 있는 까시의 한 도시로 찟따 장자의 거주지이다. 이 도시에는 찟따 장자가 지어 승단에 기증한 암바따까라마Ambāṭakārāma 사원이 있었다. 이 사원은 오비구 중 한 명인 마하나마Mahānāma 장로가 주석하고 계셨고, 상수제자를 비롯하여 많은 비구가 방문했던 곳이다.

는 법문을 듣고 수다원과를 성취했다.33) 쩻따는 이제 흔들림 없는 신심을 갖추어 자신의 망고 동산에 사원을 짓고 싶었다. 그래서 마하나마 장로의 오른손에 청수를 부어 망고 동산을 승단에 기증했다.

"승단이 이곳에 확고하게 자리 잡았다."

그가 이렇게 말하자 대지가 진동했다. 쩻따는 망고 동산에 훌륭한 사원을 짓고 사방에서 오는 비구들에게 문을 활짝 열어두었다. 그래서 맛치까산다에 수담마 장로도 와서 살게 됐다.

얼마 후 두 상수제자가 쩻따 장자의 선행을 듣고 그를 칭찬하려고 맛치까산다에 왔다. 쩻따 장자는 두 상수제자가 온다는 소식을 듣고 반 요자나를 마중 나가서 두 분을 맞이해 사원으로 안내했다. 그는 객스님에 대한 여러 가지 의무를 행하고서 지혜제일 사리뿟따 장로에게 법문을 요청했다.

"장로님, 짧은 법문이라도 좋으니 법을 설해 주소서."

"재가신도여, 우리는 먼 길을 오느라 지쳐있습니다. 하지만 간단하게 법문할 테니 잘 들으시기 바랍니다."

쩻따는 장로의 법문을 듣고 아나함과를 성취했다. 그는 두 상수제자에게 삼배를 올리고 다음 날 집으로 초대했다.

"두 장로님께서 천 명의 비구와 함께 내일 저의 집으로 오셔서 공양을 받아주시기 바랍니다."

그리고 그곳에 상주하는 수담마 장로에게 고개를 돌리고 말했다.

"스님께서도 내일 장로님들과 함께 오시기 바랍니다."

수담마 장로는 '나를 제일 나중에 초청하다니.'라는 생각에 화가 나서 공양청을 거절했다. 쩻따 장자가 여러 번 간청했으나 그는 끝까지 거절했다.

---

33) 앙굿따라 니까야 주석서에 따르면 마하나마 장로가 그에게 여섯 감각장소의 분별(saḷāyatana-vibhatti)을 설했다고 하며 쩻따 장자는 이 법문을 듣고 아나함이 됐다고 기록돼 있다. 하지만 위의 법구경 주석서에서는 사리뿟따 장로의 법문을 듣고 아나함이 됐다고 언급하고 있어 차이가 있다.

"스님, 꼭 오시기 바랍니다."

장자는 그렇게 말하고 돌아갔다. 다음 날 그는 맛있는 음식을 정성스럽게 준비했다. 수담마는 '두 상수제자를 위해 도대체 어떤 음식을 준비했는지 가봐야지'라고 생각하고 아침 일찍 가사와 발우를 들고 그의 집으로 갔다.

"스님, 앉으십시오."

장자가 말하자 수담마가 말했다.

"앉지 않겠소. 나는 탁발을 나가는 중에 잠시 들른 것뿐이오."

장로는 두 상수제자를 위해 준비한 음식을 보고 나서 장자가 준비한 음식에 흠을 잡아서 놀려주려고 말했다.

"장자여, 음식이 아주 훌륭합니다만 한 가지가 빠졌군요."

"스님, 그것이 무엇입니까?"

"장자여, 참깨 과자입니다."

장자가 스님을 까마귀에 비유하며 비난했다. 이 말에 화가 난 스님이 말했다.

"당신 집에 더 이상 있기가 싫어졌소."

장자는 세 번이나 스님에게 가지 말라고 말렸으나 그는 거절하고 떠나버렸다. 그는 그곳을 떠나 부처님께 가서 찟따 장자의 대화를 말씀드리면서 장자가 서운하게 대한 것을 말씀드렸다. 부처님께서는 그의 말을 듣고 말씀하셨다.

"어리석은 비구여, 그렇게 신심 있고 믿음직한 신도를 모욕했단 말이냐?"

부처님께서는 수담마 비구를 꾸짖었다.

"당장 가서 찟따 장자에게 용서를 구하여라."

그는 찟따 장자에게 가서 용서를 구했다.

"찟따 장자여, 제가 잘못했습니다. 저를 용서해 주시오."

장자는 용서를 거절했다.
"절대로 용서할 수 없습니다."

그는 용서를 받지 못하자 화가 나서 다시 부처님께 돌아갔다. 부처님께서는 장자가 수담마를 용서하지 않을 것을 알았지만, 수담마의 자존심을 무너뜨릴 필요가 있었다.

"이 비구는 고집이 세고 자존심이 강하다. 다시 30요자나를 갔다 오게 해야겠다."

부처님께서는 그에게 용서를 구하는 방법을 가르치지 않고 다시 보냈다. 수담마는 기가 완전히 죽어서 되돌아왔다. 부처님은 동료 비구와 함께 그를 보내며 말씀하셨다.

"이 도반과 함께 가서 장자의 용서를 구해라."

부처님께서 그렇게 말씀하시고 법문하셨다.

"비구는 모름지기 '이 절은 나의 절이다. 이 방은 내 방이다. 이 남자 신도는 나의 신도다. 이 여자 신도는 나의 신도다.'라고 생각하며 교만과 시기를 키워서는 안 된다. 그렇게 생각하면 욕망과 교만과 번뇌만 늘어날 것이다."

이 법문에 이어서 부처님께서는 게송을 읊으셨다.

어리석은 비구는
덕도 없으면서 존경받기를 원하고
대중스님들 가운데서 대접받기를 바라고
절에서는 주지 자리를 탐내고
신도들에게서는 공양받기를 원한다.(73)

나의 공덕으로 모든 일이 이루어진다고
사람들이 생각하기를 바라고
크고 작은 일들이 모두 내 뜻대로 되기를 바라는

어리석은 자의 탐욕과 자만은 더욱 커져만 갈 뿐이다.(74)

이 법문 끝에 많은 사람이 수다원과, 사다함과, 아나함과를 성취했다. 이 훈계를 듣고 수담마는 부처님께 삼배를 올리고 자리에서 일어나 부처님을 오른쪽으로 돌고 나서 동료 비구와 함께 찟따 장자에게 갔다. 그는 장자가 보는 곳에서 다른 비구에게 참회하고 장자에게 가서 용서를 구했다. 장자는 그를 용서하고 자신도 용서해 달라고 청했다.

"스님, 나 또한 잘못한 게 있으면 용서해 주십시오."

수담마는 부처님의 훈계를 가슴 깊이 새기고 열심히 정진해 얼마가지 않아 사무애해를 갖춘 아라한이 됐다.

어느 날 찟따 장자는 부처님을 뵙고 싶었다.

"부처님을 뵙지도 않고 나는 수다원과와 아나함과를 성취했다. 이제 부처님을 뵈러 가야겠다."

그는 하인들에게 500대의 수레에 참깨, 쌀, 버터기름, 설탕, 가사, 담요와 기타 여러 가지 공양물을 가득 실으라고 명령했다. 그리고 비구 스님들, 비구니 스님들, 남자 신도들, 여자 신도들에게 사람을 보내 말했다.

"부처님을 뵈러 갈 사람은 모두 오십시오. 음식이나 그 밖에 여행하는 데 필요한 물품은 부족하지 않을 것입니다."

비구들과 비구니들과 남자 신도들과 여자 신도들이 각각 500명씩 함께 갔다. 사부대중도 하인도 아닌 사람들까지 합해서 모두 3천 명이 30요자나의 길을 가는 데 쌀밥이나 고깃국이 부족하지 않도록 장자는 충분히 공급했다. 그가 출발했다는 것을 알고 천신들이 1요자나 간격으로 기다리고 있다가 우유죽과 여러 가지 맛있는 음식과 필요한 것들을 제공했다. 천신들의 보호를 받으며 하루에 1요자나씩 나아가 찟따 장자와 사람들은 한 달 안에 무사히 사왓티에 도착했다. 오는 도중에 500대의 수레에는 공양물이 여전히 가득 차 있었지만, 장자는 먼저 천신들과 사람들이 가져온 음식으로 공양을 올렸다.

부처님께서 아난다 장로에게 말했다.
"아난다여, 저녁 그림자가 길게 드리워질 때 쩻따 장자가 500대의 수레를 몰고 와서 나에게 예배할 것이다."
"부처님이시여, 그가 부처님께 예배할 때 상서로운 현상이 일어납니까?"
"아난다여, 그러하다. 상서로운 현상이 나타날 것이다."
"부처님이시여, 어떤 상서로운 현상이 나타납니까?"
"그가 도착해서 나에게 예배할 때 천상에서 꽃비가 끝없이 내려 반경 팔 까리사 내에 무릎까지 쌓일 정도로 아름다운 꽃잎으로 뒤덮일 것이다."
이 소문을 듣고 사람들이 말했다.
"오늘 사왓티에 와서 부처님을 친견하는 쩻따 장자의 복덕은 정말 놀랍구나. 그런 믿기 어려운 기적이 일어난다니. 이런 놀라운 광경을 볼 기회를 놓칠 수야 없지."
사람들도 선물을 가지고 나와서 길 양쪽으로 늘어섰다.

행렬이 도시에 다가가자 500명의 비구가 선두에 섰다. 쩻따 장자는 여자 신도들에게 말했다.
"자매들이여, 그대들은 뒤에서 따라오십시오."
그는 남자 신도 500명과 함께 부처님 앞으로 나아갔다. 부처님 앞에는 사람들이 움직이지 않고 양쪽으로 길게 늘어서 있었다. 쩻따 장자는 부처님이 계시는 곳에 들어서서 떨리는 감정을 주체하지 못하고 주위를 둘러보았다.
"저분이 쩻따 장자인 모양이다."
사람들이 그를 쳐다보며 말했다. 쩻따 장자는 부처님의 몸에서 여섯 빛깔의 광명이 비추는 것을 보고 다가가 부처님의 두 발목을 잡고 삼배를 올렸다. 바로 그 순간 부처님이 예견한 대로 천상에서 꽃비가 내리기 시작했고 수천 명의 입에서 환호성이 터져 나왔다.

한 달 동안 쩻따 장자는 부처님과 함께 사원에 머물면서 사원 내에 있는 부처님과 비구 대중들에게 맛있는 음식을 올렸다. 그리고 같이 온 사람들에게 사원 안에 잠자리를 마련해 주고 음식을 제공했다. 그는 자신이 싣고 온 음식은 하루도 올리지 못하고 천신들과 사람들이 가져온 것으로 음식을 준비해 공양을 올렸다. 마침내 그는 부처님께 절을 올리고 말씀드렸다.

"부처님이시여, 부처님께 공양을 올리고 싶어 집을 떠나 여기에 오는 데 한 달이 걸렸고 여기에 머문 지 한 달이 지났는데 제가 가져온 것은 한 번도 올리지 못했습니다. 이제까지 부처님께 올렸던 것은 순전히 천신들과 다른 사람들이 가져온 것이었습니다. 여기에 1년을 머문다 해도 제가 가져온 공양물을 올릴 기회가 없을 것 같습니다. 그래서 수레를 비우고 가려고 합니다. 가져온 공양물을 어디다 내려놓으면 좋은지 말씀해 주십시오."

부처님께서 아난다 장로에게 말했다.

"아난다여, 장자에게 좋은 장소를 마련해 주어라."

장로는 쩻따 장자에게 적당한 장소를 마련해 주었다. 장자는 같이 왔던 3천 명의 대중과 함께 수레를 비우고 되돌아갔다. 천신들과 사람들이 말했다.

"장자님, 어찌 빈 수레로 돌아가실 수 있습니까?"

그들은 그렇게 말하면서 일곱 종류의 보석으로 가득 채워주었다. 쩻따 장자는 돌아가면서 천신들이 준 보석과 음식으로 대중들을 대접했다.

아난다 장로가 부처님께 삼배를 드리고 말씀드렸다.

"부처님이시여, 쩻따 장자가 한 달이 걸려 여기에 와서 한 달간 머무는 내내 천신들과 다른 사람들이 가져온 것으로만 올렸습니다. 그리고 수레를 비우고 한 달이 걸려 돌아가는데 천신들과 사람들이 '어찌 빈 수레로 돌아갈 수 있습니까?'라고 말하면서 일곱 종류의 보석으로 가득 채워주었습니다. 돌아가는 중에는 천신들이 제공한 음식으로 대중들을 대접한다고 합니다. 부처님이시여, 그가 순전히 부처님을 친견하려고 왔기 때문에 이런 환대를 받습니까, 아니면 그가 다른 곳에 갔더라도 이런 환대를 받게 됩니까?"

"아난다여, 그가 나에게 오든 다른 사람에게 가든 상관없이 이와 같은 환대를 받았을 것이다. 왜냐하면 그는 신심이 있고 믿음이 강하고 계를 잘 지키기 때문이다. 그 때문에 그는 어디를 가든 이익과 존경을 받을 것이다."

부처님께서 그렇게 말씀하시고 기타 품에 나오는 게송을 읊으셨다.

신심이 있고 바르게 생활하고
명성과 부귀를 갖춘 사람은
어디를 가나 존경을 받는다.(303)

찟따 장자의 과거생의 공덕

아난다 장로가 찟따 장자가 지은 과거생의 공덕에 대해 질문하자 부처님께서 대답하셨다.

찟따 장자는 빠두뭇따라 부처님 앞에서 '남자 신도 가운데 설법제일'이 되겠다고 서원을 세웠다. 그 후 천상과 인간세계를 윤회하면서 10만 겁을 보내고 깟사빠 부처님 당시 사냥꾼으로 태어났다. 어른이 된 그는 창을 들고 사냥감을 찾아 돌아다녔는데, 어느 비 오는 날 사냥하러 다니다가 한 스님이 웃가사로 머리를 감싸고 앉아 있는 것을 보았다.

'이분은 사문의 법을 닦는 스님일 거야. 이분에게 공양을 가져다 드려야겠다.'

그는 부리나케 집으로 달려가 전날 가져온 고기를 요리하고 쌀밥을 짓도록 했다. 이때 어떤 비구들이 탁발을 나온 것을 보고 그분들의 발우를 받아서 집으로 초대하고 말했다.

"원하시는 대로 드십시오."

그는 아내에게 음식을 더 가져오라고 해서 바구니에 담고 동굴로 향했다. 가는 도중에 여러 가지 꽃을 꺾어 바구니에 넣고 장로가 앉아 있는 곳으로 갔다.

"스님, 부디 저의 공양을 받아주십시오."

그는 그렇게 말하고 장로의 발우에 음식을 가득 담아 올렸다. 그리고 꽃도 함께 올리며 이렇게 서원을 말했다.

"이 음식과 꽃을 올릴 때 제 마음이 기쁘듯이 태어나는 곳마다 수천 가지 선물을 받고 기뻐하기를! 그리고 오색의 꽃비가 머리에 내리기를!"

그는 목숨이 끝날 때까지 많은 공덕을 쌓고 죽어 천상에 태어났다. 그가 태어나는 곳에는 천상의 꽃비가 무릎까지 내렸다. 금생에 그가 태어난 날과 부처님께 온 날에 꽃비가 내리고 많은 선물을 받았다. 그리고 돌아갈 때는 수레에 일곱 종류의 보석이 가득 찼다. 이것은 그가 과거생에 행한 공덕의 결과이다.

열다섯 번째 이야기
큰 복덕을 지닌 와나와시 띳사 사미

부처님께서 제따와나에 계실 때 와나와시 띳사 사미와 관련해서 게송 75번을 설하셨다.

띳사의 과거생: 가난한 바라문

이 이야기는 라자가하에서 시작된다.

라자가하에 바라문 마하세나가 살았다. 그는 사리뿟따 장로의 아버지인 바라문 왕간따의 친구였다. 사리뿟따 장로는 탁발하다가 마하세나에게 연민심이 생겨 그의 집 앞에 섰다. 하지만 마하세나는 너무나 가난해서 먹을 것조차 없었다.

'사리뿟따 장로께서 탁발하려고 집 앞에 서 있다. 하지만 나는 가난하다. 이분도 내가 가난하다는 것을 알고 있으면서 나를 불쌍히 여겨 탁발을 왔지만 내게는 공양 올릴 음식이 하나도 없다.'

그는 감히 장로와 얼굴을 마주치지 못하고 숨어버렸다. 다음 날도 장로가 찾아왔지만 그는 전날처럼 모습을 감추면서 생각했다.

'무엇이든 음식을 얻기만 하면 장로에게 올려야겠다.'

어느 날 어떤 바라문 집에서 베다를 암송하고 한 그릇의 우유죽과 작은 천을 얻어서 집으로 가져왔다. 그는 장로가 생각났다.

'이 음식을 장로에게 올려야겠다.'

그 순간 장로는 멸진정에 들었다 나와서 천안으로 그 바라문을 보았다.

"바라문이 음식을 얻어서 내가 오기를 기다리고 있으니 가봐야겠다."

장로는 가사를 걸치고 발우를 들고 바라문의 집 앞에 가서 서 있었다. 바라문은 장로를 보자 몹시 기뻤다. 그는 장로에게 삼배를 올리고 집으로 맞이하여 의자를 제공하고 자기 그릇에 담긴 우유죽을 장로의 발우에 넣어드렸다. 장로는 우유죽을 반쯤 받고 나서 손으로 발우를 덮으며 그만 받겠다고 하자 바라문이 말했다.

"장로님, 이 우유죽은 한 사람분밖에 되지 않습니다. 금생이 아니라 다음 생의 행복을 위해서 이 우유죽을 남김없이 드리려고 합니다."

그는 그렇게 말하면서 우유죽을 모두 장로의 발우에 부어주었다. 장로는 그 자리에서 우유죽을 먹었다. 장로가 공양을 마치자 바라문이 그에게 천을 올리고 삼배를 드리고 나서 말했다.

"장로님, 당신이 성취한 깨달음을 저도 얻기를 서원합니다."

"바라문이여, 그렇게 되시기 바랍니다."

장로는 그렇게 대답하고 법문하고서 자리에서 일어나 사원으로 돌아갔다. 장로는 그 후 유행을 떠나 사왓티 제따와나로 갔다. '가난할 때 올린 공양은 마음에 커다란 기쁨을 준다.'라는 말이 있듯이 바라문이 그랬다. 그는 공양을 올리고서 마음이 평화롭고 기쁨으로 가득 찼다. 그는 사리뿟따 장로에게 따뜻한 감정을 느꼈다.

띳사의 금생: 사미 띳사

바라문은 사리뿟따 장로에게 따뜻한 감정을 가지고 죽어 사왓티에 사는 장로를 후원하는 신도의 모태에 들어갔다. 어머니는 임신했다는 것을 알자마자 남편에게 알렸다. 남편은 태아를 보호하기 위해 최선을 다했다. 어머니는 너무 뜨겁거나 차갑거나 신 음식을 피하고 태아를 따뜻하게 감싸주었다. 이때 그녀의 마음에 임신으로 인한 강한 열망이 일어났다.

"사리뿟따 장로와 500명의 스님을 초청해서 우유죽을 풍족하게 올리고 싶다. 그리고 나도 노란 가사를 입고 황금 발우를 들고 스님들의 맨 뒤에 앉아서 스님들이 먹고 남은 우유죽을 함께 먹고 싶구나!"

가사를 입고 싶은 그녀의 열망은 모태 속의 아이가 부처님께서 세상에 계실 때 출가하고 싶다는 신호였다.

"우리 딸아이가 바라는 열망은 참으로 신심 깊은 일이다."

가족들은 그렇게 말하고 사리뿟따 장로와 500명의 비구를 초청해서 우유죽으로 풍족하게 공양을 올렸다. 그녀도 웃가사와 아랫가사를 걸치고 황금 발우를 들고 스님들의 맨 뒤에 앉아서 스님들이 남긴 음식을 함께 먹었다. 그러자 열망이 가라앉았다. 열 달이 차서 그녀는 아들을 낳았다. 그녀는 아들을 낳기 전과 후에도 잔치를 열어 사리뿟따 장로와 500명의 비구에게 꿀과 우유와 쌀로 만든 우유죽으로 공양을 올렸다. 이것은 아이의 전생인 바라문이 우유죽을 올렸기 때문이라고 한다.

아이가 태어나자 탄생 축하 잔치가 열렸다. 가족들은 아침 일찍 아이를 목욕시키고 아름다운 옷을 입히고 10만 냥의 가치가 있는 보석 담요를 덮어주고 왕처럼 화려한 침대에 눕혀놓았다. 아이가 침대에 누워 사리뿟따 장로를 보고 생각했다.

'이분은 나의 전생의 스승이다. 이분으로 인해 이 영광을 얻었다. 이분에게 보시하고 싶다.'

가족들이 아이에게 계를 받도록 하려고 침대에서 안아 들 때 아이가 조그마한 손으로 담요를 꼭 붙잡고 함께 들어 올렸다.

가족들이 외쳤다.
"아이가 담요를 붙잡았어!"

그리고 담요에서 손을 떼게 하려고 하자 아이가 울음을 터뜨렸다.
"아이가 뭘 하든지 놔두어라. 아이를 울리지 마라."

가족들은 담요와 함께 아이를 데려갔다. 가족들이 아이를 장로에게 인사시키려고 하자 그제야 아이는 담요에서 손을 뗐다. 담요는 장로의 발아래 떨어졌다. 가족들은 아기가 장로에게 담요를 보시하고 싶다는 것으로 알고 장로에게 말했다.

"장로님, 아기가 장로님께 올리는 것이니 받아주시기 바랍니다. 그리고 10만 냥의 가치가 있는 담요를 보시한 아기에게 계를 주시기 바랍니다."

"아기의 이름은 무엇입니까"

"장로님, 아기는 장로님의 이름을 따서 띳사라고 지었습니다."

우빠띳사는 장로가 출가하기 전 속인이었을 때의 이름이었다. 아기의 어머니는 이렇게 생각했다.

'나의 아들이 출가하더라도 말리지 않겠다.'

그녀는 아기의 명명식에도 사리뿟따 장로와 500명의 비구를 초청해 꿀과 우유와 쌀로 만든 우유죽을 올렸다. 그리고 아기가 음식을 먹게 될 때, 귀에 귀걸이 구멍을 낼 때, 새 옷을 입을 때, 상투를 틀 때도 잔치를 열고 스님들을 초청해 공양을 올렸다.

아이가 자라 일곱 살이 되자 어머니에게 말했다.

"어머니, 저는 사리뿟따 장로 아래로 출가하겠어요."

"사랑하는 나의 아들아, 그렇게 하려무나. 나는 오래전에 네가 출가하겠다면 말리지 않겠다고 생각했단다."

그녀는 사리뿟따 장로를 집으로 초청했다. 장로가 도착하자 공양을 올리고 말했다.

"장로님, 아들이 출가하고 싶다고 합니다. 오늘 저녁에 아이를 데리고 사원으로 가겠습니다."

그녀는 장로를 보내고 저녁이 되기를 기다렸다가 아들을 데리고 사원으로 갔다. 그녀는 여러 가지 시주물을 스님들에게 올리고 아들을 장로 아래로 출가시켰다.

장로가 그에게 말했다.

"띳사여, 스님의 삶은 아주 힘들단다. 따뜻한 것을 원하는데 차가운 것을 얻고, 시원한 것을 원하는데 뜨거운 것을 얻는다. 스님이 된 사람은 몹시 어려운 삶을 살아가야 하고 너는 또 아주 어리고 예민하다."

"장로님, 저는 시키는 일을 모두 하겠습니다."

"좋다."

장로는 먼저 그에게 몸의 32부분 가운데 처음 다섯 가지에 대해 명상하는 방법을 가르쳐 주었다. 이 수행법은 몸이 아름답고 깨끗하다는 관념을 제거하고 불결하다는 관념에 집중하는 방법이다. 그런 다음에 그에게 사미계를 주었다.

이 수행법은 몸의 32부분을 암송하며 관찰하는 것이다. 그러나 일곱 살 먹은 아이에게 32부분을 한꺼번에 다 외우게 하는 것은 무리여서 처음 다섯 가지를 가르쳐 준 것이다. 이 수행법은 모든 부처님이 가르쳤던 불변의 수행법이다. 아라한과를 얻는 이 수행법은 비구, 비구니, 남자 신도, 여자 신도들 모두가 머리털부터 오줌까지 32부분을 전부 차례로 명상할 수 있다. 수행을 처음 시작하는 사람이나 사미들은 32부분을 모두 수행하는 것이 어려울 수 있다. 이 때문에 장로는 그에게 계를 주기 전에 32부분 중 일부분만 가르쳐 준 것이다. 그런 다음에 사미십계를 주었다.[34]

아들의 출가를 축하하려고 부모는 7일 동안 사원에 머무르며 부처님과 스님들에게 오직 꿀과 우유와 쌀로 만든 우유죽으로만 공양을 올렸다. 그러자 비구들이 투덜거렸다.
"우리는 매일 우유죽만 먹고 살 수 없다."
사미의 부모는 7일째 되는 날 저녁에 집으로 돌아갔고 8일째부터 사미는 비구들을 따라 탁발을 나갔다.

사왓티의 주민들은 서로 말했다.
"띳사 사미 스님이 오늘 탁발을 나온다고 한다. 그에게 공양을 올려야 한다."
그래서 500개의 천으로 발우깔개를 만들고 500개의 발우에 음식을 담아서 사미에게 올렸다. 다음 날에는 사원으로 가서 전날과 똑같이 공양을 올렸다. 이렇게 이틀 동안 사미는 천 개의 발우와 천 개의 발우깔개를 받아

---

34) 32부분에 대한 명상은 3권 부록 II A.3 참조.

스님들에게 나누어드렸다. 이것은 그가 전생에 바라문일 때 장로에게 작은 천을 올린 복덕이었다. 그래서 비구들은 사미에게 삔다빠따다야까(탁발음식을 시주한 자) 띳사라고 이름 지어주었다.

몹시 추운 어느 날 사미가 사원을 한 바퀴 도는데 여기저기 불이 있는 방에서 스님들이 몸을 녹이고 있는 것을 보고 말했다.
"스님들이시여, 왜 여기 앉아서 몸을 녹이고 계십니까?"
"사미여, 우리는 너무나 춥다네."
"스님들이시여, 추우시다면 담요로 몸을 감싸면 추위를 막을 수 있지 않습니까?"
"사미여, 그대는 복이 있어서 따뜻한 담요가 있겠지만 우리는 어디서 담요를 얻는가?"
"스님들이시여, 그러시다면 담요가 필요하신 분은 저를 따라오십시오."
이 말이 사원 전체에 퍼지자 비구들이 말했다.
"띳사 사미와 함께 담요를 얻으러 가자."
한 명의 사미를 따라 1천 명의 비구가 사원을 나섰다. 사미는 '어디 가서 천 명이나 되는 이 많은 대중의 담요를 얻지?'라고 한순간이라도 부정적으로 생각하지 않았다. 그는 비구들을 모시고 성을 향해 출발했다. 자비스러운 마음으로 보시한 공덕이 이런 놀라운 힘을 낳게 한다.

사미는 성 밖에서 이집 저집을 돌아다니며 500개의 담요를 시주받았다. 성안으로 들어가자 모든 집에서 담요를 가지고 나왔다. 그때 한 담요가게 주인이 500개의 담요를 전시하고 가게에 앉아 있었다. 한 남자가 가게 앞을 지나다가 말했다.
"주인장, 어떤 사미 스님이 담요를 모으면서 이리로 오고 있어요. 여기 있는 담요를 숨기는 게 좋겠어요."
"그가 시주를 받습니까, 아니면 강제로 달라고 그럽니까?"
"시주를 받고 있습니다."

"그렇다면 내가 시주하고 싶으면 하고, 하기 싫으면 안 하면 그만 아닙니까? 당신은 그만 가보십시오."

가게 주인은 상관없다는 듯이 말했다.

망령이 난 구두쇠는 사람들이 다른 사람에게 주는 것조차도 아까워한다. 꼬살라의 국왕 빠세나디 왕이 승가에 비할 바 없는 큰 공양을 올리는 것을 보고 깔라 대신이 아까워하는 것처럼 그렇게 아까워한다. 그들은 그로 인해 악처에 떨어진다.

가게 주인은 생각했다.

'이 사람은 자기 성격대로 말하는군. 담요를 감추는 게 좋겠다고? 그 사미가 시주를 받고 있다면 내가 주고 싶으면 주고 주기 싫으면 안 주면 되는 거지. 하지만 사람들의 눈에 뻔히 보이는데 안 준다면 좀 부끄럽지. 그렇다고 주기 싫다고 숨긴다면 비난받을 일이지. 그렇지만 이 500개의 담요 가운데 두 장은 10만 냥짜리라서 숨기는 게 좋겠다.'

그는 담요 두 장을 접어서 담요 더미 속에 집어넣어 숨겼다.

그때 사미가 천 명의 스님을 모시고 가게 앞에 왔다. 가게 주인은 사미를 보는 순간 온몸에 기쁨이 흘러 넘쳤다.

'오, 사미 스님을 보자마자 담요는 말할 것도 없고 심장이라도 도려내 주고 싶구나!'

그는 즉시 담요 더미 속에서 담요 두 장을 꺼내어 사미의 발아래 놓고 삼배를 올리고 말했다.

"스님이시여, 스님이 깨달을 진리를 저도 얻게 되기를 서원합니다."

"그렇게 되기 바랍니다."

사미는 그렇게 축원해 주었다. 사미는 성 밖에서 500개, 성안에서 500개, 모두 천 개의 담요를 하루 만에 시주받아 스님들에게 나누어드렸다. 그래서 비구들은 그에게 깜발라다야까(담요를 보시한 자) 띳사라고 이름 지어

주었다.

사미는 태어나서 명명식을 한 날 사리뿟따 장로에게 담요 한 장을 올린 공덕으로 천 개의 담요를 시주받을 수 있었다. 조그마한 보시가 이렇게 커다란 복덕이 되어 돌아오는 것이다. 보시를 많이 하면 더 많은 복이 되어 돌아오는 곳은 다른 교단은 없고 오직 비구 승단에만 있다. 그래서 부처님께서는 이렇게 말씀하셨다.

"비구들이여, 비구 승가는 그런 것이다. 조그마한 보시가 많은 복이 되어 돌아온다. 큰 보시는 더 많은 복이 되어 돌아온다."

이렇게 담요 한 장을 보시한 복덕으로 사미는 일곱 살밖에 되지 않았지만 천 개의 담요를 시주받은 것이다.

사미는 제따와나에 머무는 동안 친척들이 자주 찾아오자 수행에 장애가 됐다.

'내가 여기 머무는 한 친척들이 찾아올 것이다. 그러면 대화하지 않을 수 없다. 그렇게 오랫동안 그들과 대화하고 지낸다면 해탈을 성취하기가 어려울 것이다. 부처님에게서 수행주제를 받아 숲으로 들어가는 것이 어떨까?'

그는 부처님께 나아가 삼배를 올리고 아라한에 이르는 수행주제를 받고, 자신의 은사 스님이신 사리뿟따 장로에게 가서 삼배를 드리고 가사와 발우를 들고 사원을 떠났다.

'가까운 곳에 거처를 정하면 친척들이 자꾸 사람을 보낼 것이다.'

이런 생각에 그는 사왓티에서 되도록 멀어지기 위해 20요자나를 걸어갔다.

그는 길을 가다가 어떤 마을 입구에서 노인을 만나 물었다.

"신도님, 이 근처에 스님들이 머무는 숲속 사원이 있습니까?"

"있습니다, 스님."

"거기를 어떻게 가는지 설명해 주시겠습니까?"

노인은 사미를 보는 순간 좋아하는 마음이 일어나 직접 안내했다.

"스님, 저를 따라 오십시오. 제가 직접 안내해 드리겠습니다."

노인은 사미를 데리고 출발했다. 사미가 노인과 함께 가는 길에는 군데군데 이름 모를 꽃들이 만발하고 과일들이 풍요롭게 달려 있었다. 사미는 그곳의 이름을 물었고 노인은 일일이 대답해 주었다.

숲속 사원에 도착하자 노인이 말했다.

"스님, 이곳은 아주 쾌적한 곳입니다. 여기에 머무시는 것이 어떻겠습니까?"

노인은 사미의 이름을 묻고 말했다.

"스님, 내일 우리 마을로 공양하러 오십시오."

노인은 그렇게 말하고 돌아가서 동네 사람들에게 말했다.

"와나와시까(숲속 거주자) 띳사 스님이 사원에 머물고 계십니다. 고깃국과 밥과 반찬을 준비하십시오."

그래서 세상에 태어나 처음으로 띳사라는 이름을 얻은 사미는 그 뒤로 7년 동안에 삔다빠따다야까 띳사, 깜발라다야까 띳사, 와나와시 띳사라는 세 개의 이름을 얻었다.

다음 날 아침 일찍 사미는 탁발하러 마을에 들어갔다. 동네 사람들이 공양을 올리고 삼배를 올리자 사미 스님이 축원해 주었다.

"행복하시기를! 속히 고통에서 해탈하기를!"

어느 한 사람도 공양을 올리고 바로 집으로 가지 않고 모두가 서서 그를 쳐다보았다. 그는 그렇게 음식을 쉽게 구할 수 있었다. 마을 주민들 모두가 그의 발아래 엎드려 말했다.

"스님, 여기서 3개월 동안 안거를 지내신다면 우리는 삼보에 귀의하고 오계를 받아 지니고, 우뽀사타 재일을 지키겠습니다. 여기에 머무시겠다는 약속을 해 주시기 바랍니다."

여기서는 수행에 필요한 도움을 받을 수 있다는 것을 알고 사미는 그곳에서 안거를 보냈다. 그는 탁발하러 갈 때만 마을에 들어갔다. 마을주민들이 공양을 올리고 절을 할 때마다 그는 오직 두 마디만 했다.

"행복하시기를! 고통에서 벗어나기를!"

그리고 사원으로 돌아갔다. 첫째 달과 둘째 달을 보내고 셋째 달에 그는 사무애해를 갖춘 아라한이 됐다.

사리뿟따 장로는 우기 안거를 보내고 해제날 자자自恣를 하고 나서 부처님께 나아가 삼배를 올리고 말씀드렸다.

"부처님이시여, 저는 띳사 사미에게 가보려고 합니다."

"사리뿟따여, 다녀오너라."

부처님께서 허락하시자 장로는 500명의 비구와 함께 목갈라나에게 가서 말했다.

"목갈라나여, 나는 띳사 사미에게 가려고 합니다."

"나도 같이 가겠습니다, 스님."

목갈라나 장로도 500명의 비구와 함께 출발했다. 이처럼 마하깟사빠 장로, 아누룻다 장로, 우빨리 장로, 뿐나 장로 등 80명의 대장로가 각각 500명의 비구를 데리고 따라나섰다. 대장로들이 데리고 간 비구가 모두 4만 명에 이르렀다.

그들은 20요자나를 걸어가 사미가 탁발하는 마을에 도착했다. 사미를 후원하는 신도가 마을 입구에서 그들을 만났다. 사리뿟따 장로가 그에게 물었다.

"재가신도여, 이 근방에 숲속 사원이 있습니까?"

"있습니다, 스님."

"거기 스님 한 분이 머물고 있습니까?"

"머물고 있습니다, 스님."

"다른 스님들과 함께 있습니까, 아니면 혼자 있습니까?"

"혼자 있습니다, 스님."
"그의 이름은 무엇입니까?"
"그는 와나와시 띳사 스님입니다."
"그곳으로 가는 길을 가르쳐 주시기 바랍니다."
"스님은 누구십니까?"
"저는 사미를 만나러 온 사람입니다."

신도는 그들이 상수제자와 대장로들이라는 것을 알고 몹시 기뻐했다.
"여기서 잠깐만 기다리십시오, 스님."
그는 즉시 마을로 달려가서 외쳤다.
"사리뿟따 장로를 위시해서 80분의 대장로님이 여기 오셨습니다. 그분들은 각각 500분의 스님을 데리고 사미 스님을 만나러 왔습니다. 침대와 의자와 이불과 등잔과 기름을 들고 모두 나오시오."

마을 사람들은 즉시 침대 등을 들고 장로들을 따라 사원으로 갔다. 사미는 비구 스님들이 온 것을 알고 마중 나와서 대장로 몇 분의 발우와 가사를 받아들고 스승에 대한 여러 가지 의무를 행했다.

사미가 스님들의 가사와 발우를 한쪽에 놓고 머물 장소를 준비해 주고 나니 밤이 깊어졌다. 사리뿟따 장로는 마을 신도들에게 말했다.
"재가신도들이여, 밤이 깊었습니다. 이제 집으로 돌아가시기 바랍니다."
마을 주민들이 말했다.
"장로님, 우리는 오늘 법문을 듣고 싶습니다. 우리는 오늘까지 한 번도 법문을 들어본 적이 없습니다."
"사미여, 그러면 심지에 불을 붙이고 법문을 들을 시간이라고 모두에게 알려라."

사람들이 모두 모이자 장로는 띳사 사미에게 말했다.
"띳사여, 너의 신도들이 법문을 듣고 싶다는구나. 그들에게 법을 설하여라."

신도들이 그 말을 듣고 모두 일어나 말했다.

"장로님, 우리의 존경하는 사미 스님은 '행복하시기를! 고통에서 벗어나기를!' 이 두 마디밖에 할 줄 모릅니다. 다른 분이 법을 설해 주십시오."

사리뿟따 장로가 사미에게 말했다.

"사미여, 어떻게 하면 행복을 얻는지, 어떻게 하면 고통에서 해탈하는지, 두 가지 주제로 법문하여라."

"알겠습니다, 스님."

띳사는 그렇게 대답하고 아름다운 부채를 들고 법상에 올라가 최상의 깨달음인 아라한에 이르는 길에 대해 법을 설했다. 그는 오부五部 니까야에서 주제와 관련된 내용을 인용하면서 부처님께서 말씀하신 존재의 속성 즉, 다섯 가지 모임(五蘊), 열두 가지 감각장소(十二處), 열여덟 가지 요소(十八界) 등에 대해 잘 분석해서 설명했다.

"스님들이시여, 이렇게 아라한과를 얻으면 행복을 얻고, 아라한과를 얻으면 고통에서 해탈하는 것입니다. 그 외의 범부는 태어남, 늙음, 죽음, 슬픔, 비탄, 육체적 고통, 정신적 고통, 절망(生老病死憂悲苦惱) 등의 모든 고통에서 벗어나지 못하고 지옥, 아귀, 축생, 아수라의 사악처의 고통에서 자유롭지 못합니다."

"사미여, 훌륭하다! 너의 법문은 참으로 훌륭하다! 이제 소리 내어 게송을 읊고 끝을 맺어라."

사미는 게송을 읊고 법상에서 내려왔다.

태양이 떠오르고 법문이 끝나자 신도들 사이에 두 가지 반응이 나타났다. 어떤 사람들은 화를 내며 말했다.

"이렇게 버릇없는 스님은 처음 보네. 법문을 이렇게 잘하는 스님이 그렇게 오랫동안 우리와 부모와 자식처럼 지내왔으면서 오늘날까지 어떻게 단 한 문장의 법문도 설하지 않았단 말인가?"

또 다른 사람들은 아주 기쁜 마음으로 말했다.

"선악도 구별하지 못하는 우리가 이런 훌륭한 분을 후원해 주고 그분으로부터 이런 놀라운 법문까지 듣게 되다니!"

부처님께서 그날 이른 아침에 세상을 살펴보셨다. 이때 와나와시 띳사의 신도들이 부처님 지혜의 그물에 걸렸다. 부처님께서는 잠시 어떤 일이 일어날지 생각해 보셨다.

'와나와시 띳사의 신도들 중 한쪽은 화를 내고 한쪽은 기뻐한다. 나의 아들에게 화를 낸 사람은 악처에 떨어질 수 있다. 그러니 내가 가지 않으면 안 된다. 내가 가게 되면 그곳에 모인 모든 사람이 고통에서 벗어날 것이다.'

마을 주민들은 스님들을 공양에 초청하고 마을로 돌아가서 대형 천막을 세우고 자리를 마련했다. 그리고 음식을 준비하고 스님들이 오기를 기다렸다. 비구들은 공양하러 갈 시간이 되자 몸과 마음에서 일어나는 현상을 알아차리고 마을로 들어가면서 사미에게 물었다.

"띳사여, 우리와 함께 들어갈 것인가, 아니면 나중에 기다렸다가 들어올 것인가?"

"스님들이시여, 먼저 들어가십시오. 제가 갈 때가 되면 들어가겠습니다."

비구들은 가사와 발우를 들고 마을로 들어갔다. 부처님께서는 제따와나에서 가사를 입으시고 발우를 들고 눈 깜짝할 사이에 비구 대중 앞에 모습을 드러냈다. 부처님께서 나타나시자 주민들 사이에서 놀라운 환성이 터져 나왔다.

"부처님께서 여기를 오시다니!"

마을 사람들은 크게 흥분했다. 기쁨이 가득한 마음으로 주민들은 부처님과 비구 스님들에게 자리를 제공하고 밥과 국을 올렸다.

대중 스님들이 공양을 마치기 전에 띳사 사미가 마을에 들어갔다. 마을 사람들은 그에게 음식을 가져와 올리며 정성을 다했다. 사미는 필요한 만큼 음식을 받아서 부처님께 나아가 발우를 올렸다.
"띳사여, 발우를 나에게 다오."
부처님께서 손을 내밀어 발우를 받아서 장로에게 보여주며 말했다.
"사리뿟따여, 여기 그대의 제자인 띳사의 발우가 있다."
장로는 부처님 손에서 발우를 받아 다시 사미에게 돌려주며 말했다.
"발우를 들고 적당한 곳에 가서 공양하도록 하여라."

마을 사람들은 부처님과 스님들에게 시중을 든 후 부처님께 법문을 요청했다.
부처님께서는 이렇게 말씀하셨다.
"신도들이여, 그대들은 마을에 온 한 사미 때문에 사리뿟따, 목갈라나, 깟사빠와 80명의 대장로를 보게 되는 행운을 얻었다. 내가 여기에 온 것도 순전히 사미 때문이다. 그대들은 순전히 사미 덕분에 여래를 보는 행운을 얻은 것이다. 이것이 그대들의 행운이다. 아주 커다란 행운이다!"

마을 사람들은 생각했다.
'사실 부처님과 모든 스님이 호감을 느끼는 사미 스님을 만나서 공양을 올린 것은 우리의 행운이다.'
그래서 사미 스님에게 화를 냈던 사람들도 기뻐하게 됐고 사미 스님에게 만족했던 사람은 더욱 만족하게 됐다. 부처님의 법문이 끝나자 많은 사람이 수다원과, 사다함과, 아나함과를 얻었다. 부처님께서는 자리에서 일어나 스님들과 함께 떠나가셨다. 마을 주민들은 마을 밖까지 전송했다.

부처님께서 띳사가 머무는 곳에 도착해서 함께 산꼭대기로 올라가셨다. 산꼭대기에 오르자 바다가 한눈에 들어왔다. 부처님께서 사미에게 물었다.
"띳사여, 산꼭대기에 올라서니 무엇이 보이느냐?"
"바다가 보입니다, 부처님."
"바다를 바라보면 어떤 생각이 일어나느냐?"

"부처님이시여, 제가 시작을 알 수 없는 옛적부터 오랜 세월 윤회하면서 사랑하는 사람과 헤어지는 등 여러 가지 고통을 겪으면서 흘린 눈물의 양이 저 사대양의 물보다 많다고 생각합니다."

"띳사여, 훌륭하게 말했다. 실로 그렇다. 그대가 고통을 겪으면서 흘린 눈물이 저 사대양의 물보다 더 많다."

부처님께서는 그렇게 말씀하시고 게송을 읊으셨다.

슬픔과 비탄에 잠겨 흘린 눈물보다
사대양의 물은 오히려 적다.
오, 사람들이여!
그런데도 왜 알아차림을 하지 않고 부주의하게 살아가는가?

부처님께서는 또다시 물으셨다.
"띳사여, 그대는 어디에 거주하느냐?"
"부처님이시여, 이 산등성이에 거주합니다."
"여기에 거주할 때 어떤 생각이 일어나느냐?"
"부처님이시여, 제가 죽어 여기에 드러누운 횟수는 헤아릴 수 없다고 생각합니다."
"띳사여, 훌륭하게 말했다. 실로 그렇다. 중생들이 죽어 누워보지 않은 땅은 없다."

부처님께서는 그렇게 말씀하시고 우빠살하까 자따까를 설하셨다.

바라문 우빠살하까가 아들에게 자기가 죽으면 불가촉천민들로 더럽혀지지 않은 땅에 화장을 해달라고 말했다. 아들이 그런 곳이 어디 있는지 묻자 그는 아들을 데리고 깃자꾸따에 올라 그 장소를 보여주었다. 그리고 내려오는 도중에 보디삿따를 만났다. 보디삿따는 팔선정과 오신통을 갖추고 있었다. 그들이 산에 올라갔다 내려온 이유를 이야기하자 보디삿따는 우빠살하에게 바로 그 자리가 그를 1만4천 번 화장했던 자리라고 알려주고 죽음이 없는 불사의 길에 관해 법문했다.(Upasāḷha Jātaka, J166)

1만4천 번이나 우빠살하는 이곳에서 화장됐고
사람들은 죽어 누워보지 않은 곳이 없네.

법과 계행이 있는 곳
중생들에게 해를 끼치지 않는 곳
금욕과 자제가 있는 곳
성인은 그곳으로 건너간다네.
죽음이 없는 곳으로.

사실 중생들은 모두 죽어 누워보지 않은 곳이 없고, 전에 죽어보지 않은 곳도 없다. 하지만 아난다 35)장로는 전에 한 번도 죽어보지 않은 곳에서

---

35) 아난다Ānanda: 아난다는 뚜시따천의 천인으로 있다가 부처님과 같은 날 숫도다나 왕의 동생인 아미또다나Amitodana의 아들로 태어났다. 그는 부처님 정각 후 2년째에 다섯 명의 사끼야족 왕자와 함께 출가했다. 그의 친교사(upajjhāya)는 벨랏타시사Belaṭṭhasīsa이며, 뿐나 만따니뿟따Puṇṇa Mantāniputta의 법문을 듣고 수다원이 됐다(S22.83). 부처님 정각 후 20년째에 그는 부처님의 시자가 되어 부처님께서 대열반에 드실 때까지 25년간을 헌신적으로 시봉했다. 그는 동료 비구들의 고민을 해결해 주는 상담사였고 부처님의 간결한 법문을 자세하게 해석해 주는 법의 해설가로 유명했다. 그는 부처님의 법문을 들으려고 찾아오는 사람은 그 누구를 불문하고 부처님께 인도해 법문을 듣게 했고, 의심나는 것이 있으면 항상 부처님께 질문해, 많은 경이 그로 인해 생겨났다. 그는 부처님께서 대열반에 드신 후 제1차 경전결집에서 경장 송출誦出을 담당했다. 그는 결집 전에 경행을 하면서 정진하다가 피곤해 알아차림을 유지하며 침대에 누우려는 순간, 발이 땅에 떨어지고 등이 침대에 닿지 않는 상태에서 아라한과를 성취했다. 그는 부처님의 법문을 모두 완벽하게 기억해내 경장을 후대에 전하는 데 결정적인 역할을 했다. 그는 ① 다문多聞 제일, ② 법문을 기억하는 데서 제일, ③ 법문을 이해하는 데서 제일, ④ 노력에서 제일(법문을

대열반에 들었다. 아난다 장로가 120세가 됐을 때 수명이 얼마나 남았는지 살펴보고 대열반에 들 때가 가까이 왔다는 것을 알았다. 장로는 사람들에게 선언했다.

"오늘부터 일주일 후에 대열반에 들겠습니다."

로히니 강변의 양쪽에 사는 주민들이 이 선언을 들었다. 아난다 장로가 사는 강변 주민들이 서로에게 말했다.

"장로께서 우리 쪽에서 대열반에 드실 것이다. 그러니 최대한의 시중을 들도록 하자."

장로께서 이 말을 듣고 생각했다.

'강 양쪽 사람에게서 똑같이 후원을 받았다. '이쪽 사람은 나를 후원하지 않았다.'라고 말할 수 없다. 내가 강변 이쪽에서 대열반에 들면 강변 저쪽 사람들은 나의 사리를 차지하려는 문제로 싸울 것이다. 반대로 저쪽으로 건너가서 대열반에 든다면 이쪽에 거주하는 사람들이 똑같은 문제를 일으킬 것이다. 그래서 싸움이 일어난다면 순전히 나 때문이고 싸움이 멈춰도 순전히 나 때문이다.'

그래서 장로는 사람들에게 이렇게 말했다.

"강변 이쪽에 사는 사람도 나의 신도이고 강변 저쪽에 사는 사람도 나의 신도입니다. 나의 신도가 아닌 사람이 없습니다. 그러니 강변 이쪽에 사는 사람은 이쪽 강변에 모이고 강변 저쪽에 사는 사람은 강변 저쪽에 모이도록 하시오."

아난다 장로는 일주일 후 강 한가운데서 공중에 가부좌하고 앉아 강의 양쪽에 있는 대중에게 법을 설하고 나서 이렇게 결심했다.

'나의 몸이 두 쪽으로 갈라져서 한쪽은 이쪽 강변에, 한쪽은 저쪽 강변에

배우려는 노력, 기억하려는 노력, 암송하려는 노력, 시봉하려는 노력 등), ⑤ 시자 소임에서 제일, 모두 다섯 가지 제일 칭호(etadagga)를 가지고 있다.

떨어져라.'
　그리고 화광 삼매36)에 들자 장로의 몸에서 스스로 불꽃이 일어나 몸을 태우면서 몸이 두 쪽으로 갈라져 한쪽은 이쪽 강변에, 한쪽은 저쪽 강변에 떨어졌다. 주민들은 울며 비탄에 잠겼다. 주민들이 울부짖는 소리가 마치 땅이 쩍 갈라지는 소리처럼 들렸다. 그러나 부처님께서 대열반에 들었을 때 슬퍼하고 울부짖는 소리는 이보다 훨씬 더 애처로웠다.
　"장로께서 부처님의 가사와 발우를 보관하고 계시는 동안에는 부처님께서 우리 곁에 계시는 것처럼 느꼈는데 이제 스승인 아난다 장로도 대열반에 드셨구나!"
　사람들은 4개월 동안이나 이렇게 말하며 슬퍼하고 눈물지었다.

　부처님께서 또 사미에게 물으셨다.
　"띳사여, 이 숲속에서 표범이나 야생동물의 울부짖는 소리를 들을 때 두렵지 않았느냐?"
　"부처님이시여, 두렵지 않았습니다. 오히려 짐승들의 소리를 들을 때 숲속의 삶을 즐거워하는 마음이 일어났습니다."
　사미가 이와 같이 말하자 부처님은 60개의 게송으로 숲의 아름다움을 노래했다. 노래가 끝나자 부처님께서 띳사를 불렀다.
　"띳사야!"
　"예, 부처님."
　"나와 함께 사왓티로 가겠느냐, 아니면 여기 남겠느냐?"
　"부처님이시여, 제 은사 스님께서 함께 가자고 하면 가고 남으라고 하면 남겠습니다."
　부처님께서는 비구 스님들과 함께 출발하셨다. 사리뿟따 장로는 띳사가 남아 있으려고 한다는 것을 알고 말했다.
　"띳사여, 여기 남아있고 싶으면 남아 있어라."

---

36) 화광 삼매는 불 까시나 삼매를 말한다.

사미는 부처님과 비구 스님들에게 인사를 올리고 자기 거처로 되돌아갔다. 부처님께서는 제따와나로 돌아가셨다.

비구들이 법당에 모여 법담을 나누었다.

"띳사 사미가 행한 일을 좀 보십시오. 이건 정말 하기 힘든 일입니다. 그는 태어난 날부터 일곱 번이나 잔치를 열어 500명의 비구에게 오직 꿀과 우유와 쌀로 만든 우유죽으로 공양을 올렸습니다. 사미가 되고 나서 일주일 동안 사원에 머물면서 부처님과 500비구에게 오직 꿀과 우유와 쌀로 만든 우유죽으로 공양을 올렸습니다. 8일째 되는 날부터 탁발을 나가서 이틀 동안 음식이 담긴 천 개의 발우와 천 개의 발우주머니를 받았습니다. 또 다른 날에는 천 개의 담요를 받았습니다. 그가 여기에 머물면서 받은 이득과 명예는 정말 대단한 것이었습니다. 그러나 이런 이득과 명예를 모두 버리고 숲속으로 들어가 받아 온 것은 무엇이든 가리지 않고 먹으며 살았습니다. 띳사 사미가 하는 일은 정말 아무나 할 수 있는 일이 아닙니다."

부처님께서 법당에 들어오셔서 물으셨다.
"비구들이여, 여기 앉아서 무슨 이야기를 하고 있는가?"
비구들이 대답하자 부처님께서 말씀하셨다.
"비구들이여, 그렇다. 이득을 얻는 길이 있고 열반을 얻는 길이 있다. 이득을 얻으려는 생각에 숲속에 살며 두타행을 하는 척 꾸미고 이득을 얻는 것에 집착하는 비구에게는 사악처로 가는 길이 입을 벌리고 있다. 그러나 열반으로 향하는 길을 걸어가는 사람은 이득과 명예를 바라지 않고 숲속에 들어가 열심히 정진해 아라한과를 성취한다."

부처님께서는 이 말씀에 이어서 게송을 읊으셨다.

**이득을 구하는 길과
열반에 이르는 길이
서로 다르다는 것을 잘 알기에**

붓다의 제자들은
이득과 명예를 구하지 말고
홀로있음37)에 매진해야 하리라.(75)

이 법문 끝에 많은 사람이 수다원과, 사다함과, 아나함과를 성취했다.

---

37) 홀로있음은 빠알리어는 viveka(멀리떠남, 遠離)의 번역어이다. 멀리떠남에는 세 가지가 있다. ① 몸에서 멀리떠남(kāya viveka): 친구들과의 놀이나 세속의 잡다한 일상사에서 멀리 떠나 숲에 들어가 홀로 조용히 자신을 돌아보며 마음을 닦는 경우를 말한다. 즉 외부의 감각대상의 유혹에서 벗어나 홀로 머무는 것이다. ② 마음에서 멀리떠남(citta viveka): 8선정 중 하나에 들어 마음이 일시적으로 번뇌에서 멀리 떠난 경우이다. 즉 내면의 욕망에서 벗어나는 것이다. ③ 갈애에서 멀리떠남(upadhi viveka): 열반을 증득하여 갈애와 집착에서 영원히 멀리 떠난 경우이다. 복잡한 세속을 벗어나 산으로 들어가는 것만이 멀리떠남 또는 출가라고 생각한다면 불교를 염세주의나 허무주의로 오해할 소지가 있다. 진정한 멀리떠남은 몸이 어느 곳에 있든 마음이 외부 대상에 흔들리지 않고 항상 깨어있는 것이다.

제6장 지혜로운 자

Paṇḍita Vagga

제6장 지혜로운 자 Paṇḍita Vagga

첫 번째 이야기
훈계를 달게 받고 화내지 않는 라다 비구

부처님께서 제따와나에 계실 때 라다 비구와 관련해서 게송 76번을 설하셨다.

라다는 비구가 되기 전에 사왓티에 사는 가난한 바라문이었다. 그는 승가에 의지해 살아가려고 사원으로 가서 자신의 신세를 이야기하고 절에 머물렀다. 그는 사원에서 풀을 뽑고 나무를 자르고 방을 청소하고 세수할 물을 준비하는 등 많은 일을 하면서 지냈다. 그래서인지 그는 수척해지기 시작했다. 스님들은 일은 도와주었지만, 그를 출가시킬 생각은 없었다.

어느 날 이른 아침에 부처님께서 세상을 살피다가 라다를 보셨다. 부처님께서는 그가 아라한이 되리라는 것을 알고 저녁에 사원을 둘러보는 것처럼 거닐다가 그에게 말씀하셨다.

"바라문이여, 그대는 여기서 무얼 하고 있는가?"
"부처님이시여, 스님들을 위해 크고 작은 많은 일을 하고 있습니다."
"비구들에게서 어떤 도움을 받고 있는가?"
"부처님이시여, 음식 정도만 얻어먹고 있습니다. 하지만 스님들이 저를 출가시키려고 하지 않습니다."

부처님께서는 비구들을 불러 모으시고 질문하셨다.
"비구들이여, 이 바라문이 공덕을 짓는 것을 기억하는 사람이 아무도 없는가?"

사리뿟따 장로가 대답했다.

"부처님이시여, 제가 라자가하에 탁발을 나갔을 때 그가 한 숟가락의 음식을 준 적이 있습니다."

"사리뿟따여, 그러한 공덕을 지은 사람을 괴로움에서 벗어나게 해 주는 것이 옳지 않겠는가?"

"부처님이시여, 그를 출가시키도록 하겠습니다."

사리뿟따는 그에게 비구계를 주어 출가시켰다. 그는 공양간에서 비구들의 맨 뒤에 앉아 공양했다. 그는 영양가가 풍부한 우유죽과 맛있는 음식을 먹었지만 점점 더 수척해졌다.

장로는 그를 데리고 탁발을 나가면서 계속해서 훈계하고 가르쳤다.

"이것은 해도 되고 저것은 해서는 안 된다."

라다 비구는 그러한 가르침에 순종하고 공손하게 받아들였다. 그리고 스승의 가르침에 따라 열심히 수행해 얼마 지나지 않아서 아라한과를 성취했다. 장로는 그를 데리고 부처님께 가서 삼배를 올리고 자리에 앉았다. 부처님께서 친절하게 맞으며 말씀하셨다.

"사리뿟따여, 그대의 제자가 가르침을 잘 따르는가?"

"부처님이시여, 가르침을 잘 따릅니다. 제가 어떠한 잘못을 지적해도 그는 결코 화내지 않습니다."

"사리뿟따여, 라다와 같은 제자가 생긴다면 몇 명이나 제자로 받아들이겠는가?"

"부처님이시여, 모두 다 받아들일 수 있습니다."

어느 날 비구들이 법당에 앉아 이야기를 나누고 있었다.

"사리뿟따 장로는 감사할 줄 알고 보답할 줄 압니다. 가난한 바라문이 그에게 한 숟갈의 밥을 주었는데 그 친절을 기억하고 비구로 만들었습니다. 그리고 라다 비구는 훌륭한 스승의 가르침을 따르며 실천에 옮겼습니다."

부처님께서 이 이야기를 듣고 말씀하셨다.

"비구들이여, 사리뿟따가 도움 받은 것을 고마워하고 보답한 것은 이번만이 아니고 과거생에서도 그랬다."
부처님께서는 좀 더 자세히 설명하려고 알리나찟따 자따까를 설하셨다.

　　한 코끼리(사리뿟따)가 숲속을 거닐다가 목수들이 집을 짓기 위해 벌목하는 곳에서 나무 조각에 발이 찔렸다. 코끼리는 엄청난 고통을 견디며 세 발로 목수들이 있는 곳으로 가서 드러누웠다. 목수들은 코끼리 발에서 나무 조각을 뽑아주고 치료해 주었다. 코끼리는 그 보답으로 목수들의 일을 도와주며 일생을 보냈다. 코끼리는 죽을 때가 되자 아들 코끼리에게 목수들을 계속 도와주라고 말하고 죽었다. 아들 코끼리는 장대한 순종의 흰 코끼리였다. 어느 날 코끼리 똥이 강물을 따라 내려가서 베나레스의 왕실 코끼리들이 목욕하는 곳에 멈추었다. 왕실 코끼리들은 그 냄새를 맡고 물에 들어가지 않고 도망쳐버렸다. 왕이 이 사실을 알고 냄새의 주인공을 잡기 위해 뗏목을 타고 강물을 거슬러 올라가 목수들과 함께 일하고 있는 흰 코끼리를 보았다. 목수들은 흰 코끼리를 왕에게 바쳤는데 흰 코끼리는 목수들이 충분한 보상을 받을 때까지 움직이지 않았다. 흰 코끼리는 도시로 가서 왕을 도와 훌륭한 통치자가 되게 했다. 이때 왕비가 아들을 가졌는데 왕은 아이의 탄생을 보지 못하고 죽어버렸다. 꼬살라의 왕이 이 기회를 노려 쳐들어왔다. 이때 점성가가 일주일 후 아이가 태어날 거라고 예언했고 베나레스의 군대는 일주일을 기다려 달라고 꼬살라 왕에게 요청했다. 왕비가 딸을 낳으면 항복하겠다고 합의를 보았다. 일주일 후에 왕비는 알리나찟따(마음을 얻은 자)라는 이름의 아들(보디삿따)을 낳았다. 베나레스의 군대는 용감하게 꼬살라 왕과 싸웠지만, 리더가 없어 역부족이었다. 왕비는 패배할 것이라는 말을 듣고 왕자에게 옷을 입히고 코끼리에게 데려갔다. 코끼리는 그때까지 왕의 죽음을 모르고 있었다. 왕비는 왕의 죽음을 알리고 아기를 땅에 내려놓으며 왕자를 도와달라고 청했다. 코끼리는 갑옷으로 무장하고 바로 전쟁터에 뛰어들어 꼬살라의 왕을 사로잡아서 돌아왔다. 알리나찟따는 일곱 살에 왕위에 올라 인도 전역을 다스렸다고 한다.(Alīnacitta Jātaka J156)

알리나찟따가 꼬살라 국왕을 사로잡은 덕분에
힘센 적군을 물리칠 수 있었다네.

일어나는 마음에 깊이 깨어있고
바르게 나아가는 비구는
지혜와 자비를 키우고
모든 집착을 쳐부수어 열반을 성취한다.

부처님께서 말씀하셨다.
"사리뿟따 장로는 그때 홀로 사는 코끼리였다. 그는 흰 코끼리 아들에게 목수들이 자기 발을 치료했다는 것을 알리고 그들을 도우라고 했다."
부처님께서는 사리뿟따 장로의 과거생을 이야기하시고 나서 라다 비구에 대해 말씀하셨다.
"비구들이여, 비구가 잘못을 지적받으면 라다 비구처럼 훈계에 순종해야 한다. 그는 훈계를 받으면 화내지 않고 마치 보물이 어디 있는지 가르쳐 주는 사람을 바라보듯 했다."
부처님께서는 법문에 이어서 게송을 읊으셨다.

잘못을 일러주고 꾸짖어주는
지혜로운 이를 만난다면
땅에 묻힌 금 항아리를
가리켜주는 사람처럼 가까이하라.
그를 가까이하면
나아갈 뿐 물러나지 않으리라.(76)

이 법문 끝에 많은 사람이 수다원과, 사다함과, 아나함과를 성취했다.

두 번째 이야기
계율을 지키지 않는 앗사지뿐납바수까들[38]

부처님께서 제따와나에 계실 때 앗사지뿐납바수까[39] 비구들과 관련해

---

38) 이 이야기는 율장 소품(VinCv i. 13)에 나온다. 이 이야기가 열세 가지 상가디세사(僧殘)의 열세 번째 계율을 제정하게 된 인연담이다. 상가디세사 열세 번째 계율은 이렇다 "어떤 마을이나 읍내를 의지해 살면서 시주들을 타락시키는 행동이 나쁜 비구가 있습니다. 그의 나쁜 행동들이 알려지고 소문이 나기도 하고 그가 타락시킨 신도들도 알려지고 소문이 나기도 합니다. 그러면 다른 비구들은 그 비구를 다음과 같이 충고해야 합니다. "스님은 실로 시주들을 타락시키고 행동이 나쁩니다. 실로 스님의 나쁜 행동들은 알려지고 소문이 나고 스님이 타락시킨 시주들도 알려지고 나쁜 소문이 났습니다. 스님은 이 처소에서 떠나십시오. 여기서 살 만큼 살았습니다." 라고. 만일 그 비구가 충고를 받고도 "스님들은 욕망에 사로잡혀 있습니다. 스님들은 증오에 사로잡혀 있습니다. 스님들은 무지에 사로잡혀 있습니다. 스님들은 두려움에 사로잡혀 있습니다. 그러한 잘못 때문에 어떤 이는 쫓아내고 어떤 이는 쫓아내지 않습니다." 라고 말한다면, 비구들은 그 비구에게 다음과 같이 말해야 합니다. "스님, 그렇게 말하지 마십시오. 스님들은 욕망에 사로잡히지도 않고 스님들은 증오에 사로잡히지도 않고 스님들은 무지에 사로잡히지도 않고 스님들은 두려움에 사로잡히지도 않았습니다. 실로 그대는 시주들을 타락시키고 행동이 나쁘군요. 그대의 나쁜 행동들은 알려졌고 소문이 났으며 그대가 타락시킨 시주들도 알려졌으며 소문이 났습니다. 그대는 이 처소에서 떠나십시오. 여기서 충분히 살았습니다." 만일 그 비구가 이와 같이 충고를 받고도 앞과 같이 고집하면, 그 비구는 비구들로부터 그 행위를 그만둘 것을 세 번까지 충고 받아야 합니다. 만일 세 번까지 충고 받았을 때 그 행위를 그만두면, 그것으로 좋습니다. 만일 그만두지 않으면 상가디세사(승잔죄)입니다."
39) 앗사지뿐납바수까Assajipunabbasuka: 앗사지(Assaji, 오비구의 앗사지가 아님)와 뿐납바수Puabbasu를 스승으로 함께 모여 사는 일단의 비구들을 말한다. 앗사지와 뿐납바수는 육군 비구六群比丘 중 두 명이다. 두 사람은 사왓티에서 벗어나서 끼따기리Kiṭāgiri에 본거지를 두고 자신들과 마음에 맞는 500비구와 함께 모여 제멋대로 계율을 어기고 살았다. 그들은 계율을

서 게송 77번을 설하셨다.

이 이야기는 끼따기리40)에서 시작된다.

앗사지와 뿌납바수는 두 상수제자인 사리뿟따와 목갈라나의 제자들이었지만 부끄러워할 줄 모르고 계율을 지키지 않고 제멋대로 사는 못된 비구들이었다. 두 비구는 자기와 친숙한 500명의 비구와 함께 끼따기리에 살면서 꽃을 길러 여인들에게 선물하고, 때아닌 때 음식을 먹고, 향수를 사용하고, 춤과 노래 공연을 보러 가고, 노래 부르고 놀이를 즐기는 등 여러 가지 계율을 범했다. 그들은 또 아무 집에나 들어가서 사원에서 필요한 물건을 가져오기 일쑤였다. 그래서 그곳은 청정 비구들이 살 수 없는 사원이 되어버렸다.

부처님께서는 그들의 삿된 행위를 전해 듣고 대중을 모아 구출갈마41)를 결정하고 사리뿟따와 목갈라나 두 상수제자와 두 장로의 제자들을 불러 말씀하셨다.

"지시에 따르지 않는 자는 축출하고, 순종하는 비구는 훈계하고 경책하도록 해라. 지혜가 없는 어리석은 이들은 훈계와 경책을 싫어하고, 지혜로운 이들은 훈계와 경책을 좋아하고 소중히 받아들인다."

지키지 않는 나쁜 비구의 본보기로 항상 언급된다. 그들이 끼따기리에 자리를 잡은 것은 그곳이 물이 풍부해 연중 농사를 지을 수 있었기 때문이라고 한다.
40) 끼따기리Kiṭāgiri: 까시에서 사왓티로 가는 길에 있는 까시국의 한 마을로 육군 비구 중 두 명인 앗사지와 뿌납바수와 그 제자들이 살았던 곳이다.
41) 구출갈마(pabbājaniya kamma, 驅出羯磨): 일정한 지역 승단에서 악한 행동으로 물의를 일으킨 자들을 그 지역으로부터 추방할 것을 결정하는 대중공사이다. 구출갈마를 받은 자는 승단의 용서를 받지 못하는 이상 그 지역으로 돌아올 수 없다. 게다가 이 사실을 전해들은 다른 지역의 승단에서도 그들을 받아주지 않으므로 결국 참회를 통해 승단의 용서를 얻지 못하는 한 사실상 교단에서 설 자리가 없게 된다. 빈출갈마頻出羯磨라고도 부른다.

이 법문에 이어서 부처님께서는 게송을 읊으셨다.

**악행을 저지르지 않도록
꾸짖고 훈계해야 하리라.
이와 같이 꾸짖는 사람을
슬기로운 이는 좋아하고
어리석은 자는 싫어하리라.**(77)

이 법문 끝에 많은 사람이 수다원과, 사다함과, 아나함과를 성취했다. 사리뿟따 장로와 목갈라나 장로는 그곳으로 가서 비구들의 삿된 행위를 훈계하고 경책했다. 어떤 비구들은 장로의 훈계를 받아들이고 자신의 행위를 바로잡았다. 어떤 비구들은 가사를 벗고 가정으로 되돌아갔다. 어떤 비구들은 오히려 장로들을 욕하고 비난하며 받아들이기를 거부해 축출됐다.

세 번째 이야기
최고의 벌을 받은 찬나 장로42)

부처님께서 제따와나에 계실 때 찬나 장로43)와 관련해서 게송 78번을 설하셨다.

찬나 장로는 한때 두 상수제자를 비난했다.

"나의 주인님이신 부처님께서 왕궁을 떠나 출가하실 때 함께 갔던 사람이 바로 나야. 그때 부처님 곁에는 나 이외에 아무도 없었지. 그런데 장로들이 '나는 사리뿟따이다. 나는 목갈라나이다. 우리는 상수제자이다.'라고 떠

---

42) 이 이야기는 율장 소품(VinCv. xi 1. 12-16)과 디가 니까야 대반열반경(D16)에서 유래한다.
43) 찬나Channa: 부처님의 출가 전 왕자였을 때 마부였다. 그는 고따마 부처님과 같은 날 태어났다. 고따마 왕자가 출가할 때, 그는 말 깐타까kanthaka에 왕자를 태우고 아노마Anomā 강변까지 갔었다. 왕자는 장신구를 벗어 주고 말과 함께 왕궁으로 돌려보냈다. 부처님께서 정각을 이룬 후 고향인 까삘라왓투Kapilavatthu를 방문했을 때 그는 사끼야족 청년들과 함께 출가했다. 그는 부처님에 대한 강한 애착 때문에 '나의 부처님'이라는 자만심으로 제멋대로 행동했다. 그는 이 애착을 정복하지 못하고 수행도 하지 않았다. 율장 상가디세사(僧殘)의 7번째 계목을 제정하게 된 인연담도 그가 저지른 행위에서 비롯된다. 그가 꼬삼비의 고시따라마Ghositārāma에 있을 때 한 신도가 그를 위해 위하라(Vihāra, 사원)를 지어주겠다고 제의했다. 그는 사원을 지을 터를 닦으면서 주민들이 신성시하고 숭배하는 나무를 잘라버렸다. 주민들이 분노해 비구들을 비난했다. 비구들은 이 사실을 부처님께 보고했다. 부처님께서는 찬나를 꾸짖으며 "어떤 비구가 시주자가 있어 자신을 위해 큰 사원을 지을 때는 집터를 명시하기 위해 비구들을 초대해야 하는데 그 비구들에 의해서 집터가 장애가 없고 주위에 충분한 공간이 있는 곳이라고 명시돼야 한다."고 계율을 제정하셨다. 부처님께서는 대열반에 드시기 전에 그의 자존심을 무너뜨리고 깨달음의 길을 열어주기 위해 최고의 처벌(brahmadaṇḍa)을 내리셨다. 그는 이에 충격을 받고 열심히 수행해 아라한이 됐다.

들고 돌아다니는 꼴이라니!"

찬나 장로가 한 행동은 부처님께 보고됐고 부처님께서는 찬나를 불러 조용히 타이르셨다. 찬나는 훈계를 듣는 순간에는 아무 말도 하지 않고 묵묵히 듣다가 밖으로 나오자마자 두 장로에게 다시 악담을 퍼부었다. 부처님께서는 그를 다시 불러 거듭 훈계했다.

"찬나여, 이 두 상수제자는 훌륭한 도반道伴이고 세상에서 가장 고귀한 성인들이다. 이런 훌륭한 사람과 도반이 되고, 오직 이런 사람들을 따라 도를 닦아야 한다."

부처님께서는 그렇게 말씀하시고 게송을 읊으셨다.

**나쁜 친구를 사귀지 말고
저열한 자도 멀리하라.
좋은 벗을 사귀고
고귀한 이를 가까이 하라.**(78)

그러나 찬나 장로는 부처님의 훈계를 듣고서도 밖으로 나가기만 하면 예전처럼 두 장로에게 악담을 퍼붓고 비난했다. 비구들이 이 일을 부처님께 다시 보고 드리자 부처님께서 말씀하셨다.

"비구들이여, 내가 살아 있는 한 찬나를 길들일 수 없을 것이다. 내가 대열반에 든 후 고쳐질 것이다."

부처님께서 대열반에 드시기 위해 꾸시나라에 있는 말라족들의 살라 숲으로 가서 한 쌍의 살라나무 사이에 침대를 마련하고 누우셨을 때 아난다 장로가 여쭈었다.

"부처님이시여, 찬나 장로를 어떻게 다루어야 할까요?"

부처님께서는 찬나에게 '최고의 처벌'[44]을 내리라고 아난다 장로에게 지

---

44) 최고의 처벌(brahmadaṇḍa, 梵担罰): 이것은 묵빈대처默賓對處를 말한다. 디가 니까야 대반열반경(D16)에 부처님께서 마지막 유훈을 내리실 때

시했다. 부처님이 대열반에 드신 후 아난다 장로는 찬나가 살고 있는 꼬삼비의 고시따라마로 가서 그에게 이 벌을 선언했다. 찬나는 부처님께서 자신에게 이 벌을 내렸다는 말을 듣고 슬픔에 잠기고 비탄에 빠져 세 번이나 정신을 잃고 쓰러졌다.

"장로님, 저를 너무 나무라지 마십시오. 제가 이제 정신이 들었습니다."

그는 거듭 참회하고 자존심을 누그러뜨리고 제멋대로 하던 습관을 고치고 홀로 머물며 사문이 닦아야 할 법을 빈틈없이 닦아 얼마 안 가 사무애해를 갖춘 아라한이 됐다.

찬나 비구에게 이 벌을 내렸다. 경전에는 이렇게 기록돼 있다. "아난다여, 내가 가고 난 후 찬나 비구에게 최고의 벌을 내려라." "최고의 벌이 무엇입니까?" "아난다여, 찬나 비구가 하고 싶은 대로 말하더라도 비구들은 결코 그에게 말해서는 안 되고 훈계해서도 안 되고 가르쳐서도 안 되고 일절 그와 대화해서는 안 된다."

네 번째 이야기
왕위를 버리고 출가한 마하깝삐나 장로

부처님께서 제따와나에 계실 때 마하깝삐나 장로45)와 관련해서 게송 79번을 설하셨다.

마하깝삐나의 과거생: 베 짜는 사람(직조공)

아주 먼 과거생에 마하깝삐나 장로는 빠두뭇따라 부처님 앞에서 서원을 세웠다. 그 후 긴 세월 동안 윤회를 거듭하다가 베나레스의 한 마을에 베 짜는 사람으로 태어났다. 이때 천 명의 벽지불이 히말라야에서 8개월을 보내고 베나레스 가까이 내려와서 우기를 보내고 있었다. 그들은 왕에게 여덟 명의 벽지불을 보내 거처와 음식을 도와줄 수 있는지 물었다.

그러나 이때 왕은 농경제 행사를 준비하느라 몹시 바빴다. 왕은 벽지불이 오는 것을 보고 나가서 무슨 일로 왔는지 묻고 나서 대답했다.

"존자님들이시여, 오늘은 너무 바빠서 여러분들의 요구를 들어줄 시간이

---

45) 마하깝삐나Mahā Kappina: 그는 비구들을 가르치고 훈계하는 데서 제일(bhikkhu-ovādakānaṃ)이다. 그는 꾹꾸따와띠Kukkuṭavatī라는 변방 나라의 왕이었으며 왕비는 아노자Anojā였다. 그는 부처님이 세상에 출현하셨다는 것을 듣고 왕위를 버리고 신하들과 함께 출가했으며 아라한이 된 후에는 선정의 행복 속에서 하루를 보내며 '아, 행복하구나!(aho sukhaṃ)'라는 말을 반복했다. 그는 홀로 선정을 즐기고 무위의 삶을 살아갔다. 부처님께서 다른 사람들을 가르치기를 권하자 그는 단 한 번의 법문으로 천 명을 아라한이 되게 했다. 그래서 가르치는 데서 제일이라는 칭호를 얻었다. 그는 모든 선정에 능숙했으며 신족통을 갖추고 있었다고 한다. 율장 마하왁가 제2편 포살에 보면 그가 자신은 너무 청정해서 포살에 참석할 필요성을 느끼지 못하고 포살에 참석해야 할까 말까 망설이고 있을 때 부처님께서 나타나셔서 '그대와 같은 성인이 포살에 참석하지 않으면 누가 참석하겠는가? 반드시 참석해야 한다.'라고 말하는 부분이 나온다.

전혀 없습니다. 내일은 농경제 행사를 해야 합니다. 모레 다시 오시면 원하시는 대로 도와드리겠습니다."

그리고 그들을 공양에 초대하지도 않고 궁으로 들어가 버렸다. 벽지불들은 서로 의견을 교환했다.

"우리 다른 마을로 가보자."

그들은 그렇게 떠나갔다.

이때 어떤 마을에 사는 직조공 촌장의 아내가 심부름을 갔다 오다가 벽지불들을 만나 인사를 올리고 물었다.

"존자님들이시여, 이런 늦은 시간에 어쩐 일로 여기를 오셨습니까?"

현명하고 지성을 갖춘 직조공의 아내는 벽지불들이 안거를 지낼 장소를 구하고 있다는 사실을 알고 공양에 초대하며 말했다.

"존자님들이시여, 내일 저희 마을에 오셔서 공양을 받아주시기 바랍니다."

"우리는 숫자가 많습니다."

"몇 분이나 됩니까?"

"천 명입니다."

"존자님들이시여, 우리 마을에는 천 명의 직조공이 살고 있습니다. 한 사람이 한 분에게 공양을 올리면 됩니다. 우리의 공양을 받아주시기 바랍니다. 그리고 우리 마을에서 거처를 마련할 수 있는지 알아보겠습니다."

벽지불들은 공양청을 받아들였다. 직조공의 아내는 마을에 가서 사람들에게 알렸다.

"천 분의 벽지불님을 만나 공양에 초대했어요. 이 고귀한 분들을 위해 자리를 준비하고 음식을 준비합시다."

그녀는 마을 한가운데 대형 천막을 세우고 의자를 가져다 놓았다. 다음 날 벽지불들이 오시자 마을 사람들은 자리를 제공하고 맛있는 음식을 올렸다. 공양이 끝나자 마을의 모든 여인과 함께 그녀는 벽지불님들께 삼배를 올리고 말씀드렸다.

"존자님들이시여, 여기서 3개월의 안거를 보내기로 약속해 주십시오."

그녀는 약속을 받아내고 다시 동네 사람들에게 벽지불들의 꾸띠를 짓는 일에 동참하라고 외쳤다.

"모두 잘 들으세요. 한 집에 남자 한 사람씩 도끼와 자귀를 들고 나오세요. 숲속에 들어가서 집 지을 나무를 베고 나뭇잎과 갈댓잎을 가져다 귀한 분들을 위해 거처를 마련하도록 합시다."

동네 사람들은 그녀의 지시에 따라 나뭇잎과 갈댓잎으로 한 사람이 한 개씩 천 개의 꾸띠를 지었다. 벽지불들은 하나의 꾸띠에 한 사람씩 들어가 머물렀다. 마을 사람들은 벽지불들이 필요한 것은 모두 성실하게 제공하고 공양을 올리고 후원해 주었다. 안거가 끝나갈 무렵 여인은 자기가 지은 꾸띠에서 안거를 보낸 벽지불들을 위해 가사 한 벌씩 준비하라고 마을 사람들을 설득했다. 그래서 벽지불들은 각자 천 냥의 값어치가 나가는 가사 한 벌씩 보시 받았다. 안거가 끝나자 벽지불들은 법문해 주고 히말라야로 되돌아갔다.

이러한 공덕으로 마을 사람들은 죽어 삼십삼천에 한 무리의 천신으로 태어났다. 거기서 천상의 영광을 즐기다가 모두 깟사빠 부처님 당시에 베나레스의 가정에 태어났다. 과거생에 직조공 촌장이었던 사람은 촌장의 아들로, 그의 아내는 다른 직조공의 딸로 태어났다. 모든 여인이 결혼할 나이가 되자 전생에 남편이었던 사람과 다시 결혼했다. 그들은 부모의 뒤를 이어서 가업을 이어받았다.

어느 날 남자들은 부처님이 사원에서 법을 설하고 계신다는 소식을 들었다. 그들은 아내들을 데리고 법문을 들으려고 사원으로 갔다. 그런데 사원의 담장 안으로 들어서는 순간 소나기가 쏟아지기 시작했다. 사미나 비구 스님들과 친하거나 친척인 사람들은 스님들의 방으로 들어가 비를 피했다.

그러나 이들은 사원 안에 아는 스님이 전혀 없어서 방으로 들어가지 못하고 비를 맞을 수밖에 없었다.

촌장이 말했다.
"이 낭패한 꼴 좀 보게. 이런 궁지에 빠지게 된 처지에 부끄러워할 줄 알아야 한다네."
"그럼 우리가 어떻게 해야 합니까?"
"우리는 스님들을 가까이하지 않았기 때문에 이런 궁지에 빠진 것이네. 미래의 안식처를 구하기 위해서라도 사원을 지어 기증하기로 하세."
"좋습니다."
연장자는 천 냥을, 나머지 남자들은 500냥씩, 여인들은 각각 250냥씩 기부했다. 이렇게 돈이 모이자 그들은 마하 빠리웨나(대사원)라는 이름의 사원을 세우기 시작했다. 천 개의 첨탑을 얹고 부처님이 머무실 꾸띠도 마련하느라 의외로 큰 공사가 되어 돈이 충분하지 않았다. 그래서 처음에 기부했던 돈의 반을 각각 더 기부해 공사가 마무리 됐다. 공사가 끝나자 낙성식을 열어 일주일 동안 부처님과 비구들에게 공양을 올리고 2만 명의 비구에게 가사 한 벌씩을 보시했다.

촌장의 아내는 다른 사람들과 똑같이 시주했지만 뭔가 좀 더 보시하고 싶었다.
"나는 부처님께 직접 공양을 올려야겠다."
그녀는 천 냥의 가치가 있는 아노자꽃 색깔의 가사를 준비하고 한 다발의 아노자꽃을 가지고 사원으로 갔다. 부처님께서 공양을 드시고 법문하실 때 가사와 꽃다발을 올리고 서원을 세웠다.
"부처님이시여, 미래생에 제 피부 빛이 아노자꽃과 같은 색깔을 띠게 하고 제 이름도 아노자가 되고 싶습니다."
"그렇게 되리라."
부처님께서 대답하고 법문하셨다. 모두가 여생을 편안히 보내고 나서 죽어 천상에 태어났다.

마하깝삐나와 아노자의 현재생

천상에서 수명이 다하자 촌장은 꾹꾸따와띠 성의 왕실에 태어나 마하깝삐나라는 이름을 갖게 됐다. 나머지 사람들은 대신들의 가정에 태어났다. 촌장의 아내는 사갈라의 맛다 왕국 왕실에 태어났다. 피부가 아노자꽃 색깔을 띠어 부모는 그녀에게 아노자라고 이름을 지어주었다. 그녀는 자라서 마하깝삐나 왕과 결혼하여 아노자 왕비가 됐다. 신하들의 가정에 태어난 여인들도 결혼할 나이가 되자 과거생에 남편이었던 신하들과 결혼했다.

그들은 모두 왕이 누리는 것과 같은 영광을 누렸다. 왕이 장신구로 화려하게 치장하고 코끼리를 타고 행진하면 신하들도 똑같은 모습으로 코끼리를 타고 행진했다. 왕이 말이나 마차를 타고 가면 그들도 똑같이 말이나 마차를 타고 갔다. 그들은 함께 공덕을 지었기 때문에 영광도 함께 누렸다.

왕에게는 왈라, 뿝파, 왈라와하나, 뿝파와하나, 수빳따라는 이름의 다섯 마리 말이 있었다. 다섯 마리 말 가운데 왕은 수빳따만을 타고 다니고 나머지 네 마리는 심부름을 보내는 데 사용했다. 아침마다 왕은 식사를 마치고 네 명의 전령을 불러서 명령을 내렸다.

"말을 타고 각각 네 개의 성문으로 나가 2~3요자나 주위를 돌아다니며 불·법·승 삼보가 세상에 나타났는지 알아보고 좋은 소식이 있으면 보고하라."

네 명의 전령은 네 개의 성문으로 나가서 2~3요자나 주위를 살펴보았지만 늘 소득 없이 돌아왔다.

어느 날 왕은 말을 타고 신하들과 함께 놀이동산으로 가다가 500명의 상인이 피곤한 몸을 이끌고 성으로 들어오는 것을 보았다.

'이 사람들은 긴 여행으로 지쳐 보이는구나. 이들에게 좋은 소식을 들을

수 있을지도 모르겠다.'

왕은 이렇게 생각하며 상인들을 불러 물었다.

"어디서 오는 길이오?"

"폐하, 여기서 120요자나 떨어져 있는 곳에 사왓티라는 성이 있습니다. 우리는 그곳에서 왔습니다."

"그 나라에는 어떤 소식이 있소?"

"폐하, 이 소식은 입을 씻지 않고는 말할 수 없습니다."

한 항아리의 물이 오자 그는 입을 헹구고 나서 말했다.

"스스로 올바로 위없는 깨달음을 얻으신 **부처님**께서 세상에 출현하셨습니다."

왕의 온몸이 순식간에 다섯 가지 황홀감으로 휩싸였다. 왕은 생각을 정리할 수 없어서 잠시 말을 더듬거렸다.

"방금 뭐라고 말했소?"

"폐하, 부처님께서 세상에 출현하셨습니다."

왕은 두세 번 더듬거리며 묻고 나서도 생각이 정리가 안 되어 네 번째 다시 물었다.

"방금 뭐라고 말했소?"

"부처님께서 세상에 출현하셨습니다. 폐하."

"그대에게 10만 냥의 돈을 주겠소. 다른 소식은 또 없소?"

"있습니다, 폐하. **법**이 세상에 출현했습니다."

이 말을 듣고 왕은 또 전처럼 황홀감에 휩싸여 세 번이나 더듬거리며 묻고 나서 네 번째에서 '법'이라는 단어를 겨우 알아들었다. 왕이 그에게 말했다.

"10만 냥을 더 얹어주겠소. 이외에 또 다른 소식은 없소?"

"있습니다, 폐하. **승가**가 출현했습니다."

왕은 이 말을 듣고 또 황홀감에 휩싸여 세 번이나 더듬거리며 묻고 나서 네 번째에 '승가'라는 단어를 알아들었다. 왕이 말했다.

"10만 냥을 더 주겠소."

왕은 신하들을 둘러보고 물었다.
"친구들이여, 어떻게 하겠습니까?"
"폐하께서는 어떻게 하시겠습니까?"
"나는 '부처님이 출현하셨습니다. 법이 출현했습니다. 승가가 출현했습니다.'라는 말을 들었습니다. 나는 다시 왕궁으로 돌아가지 않을 것입니다. 부처님을 만나 뵙고 비구가 될 생각입니다."
"폐하, 우리도 함께 비구가 되겠습니다."

왕은 금판을 꺼내 왕비에게 전할 말을 썼다.
"왕국은 이제 그대의 것이오. 그대가 원하는 대로 영광을 누리시오."
왕은 이 금판을 상인들에게 주면서 말했다.
"이 금판을 왕비에게 주면 30만 냥을 줄 것이오."
왕은 말을 덧붙였다.
"왕비가 '왕은 어디 있소?'라고 묻거든 부처님을 만나 비구가 되려고 떠났다고 전하시오."
왕의 신하들도 또한 아내들에게 보낼 편지를 써서 상인들에게 주었다. 왕은 상인들을 보내고서 천 명의 신하를 데리고 떠나갔다.

이른 아침 부처님께서 세상을 살피시다가 마하깝삐나 왕이 신하들을 데리고 오는 것을 보셨다.
"저기 마하깝삐나가 상인들로부터 삼보가 출현했다는 말을 듣고 그들에게 30만 냥의 보상을 내리고, 왕국을 버리고 천 명의 신하를 데리고 출가하려고 오는구나. 그와 그의 신하들은 모두 사무애해를 갖춘 아라한이 될 것이다. 그러니 그들을 만나러 가는 것이 마땅하다."
다음 날 부처님께서는 마치 전륜성왕이 마을 촌장을 만나러 가는 것처럼, 가사와 발우를 들고 120요자나를 날아서 짠다바가 강둑에 있는 반얀나무 아래로 가서 여섯 가지 색깔의 광명을 발하면서 앉아계셨다.

왕은 말을 타고 가다가 강가에 도착해 물었다.
"이게 무슨 강이오?"
"아빠랏차 강입니다, 폐하."
"깊이와 넓이가 얼마나 됩니까?"
"깊이가 1가우타46)이고 너비가 2가우타입니다."
"여기 나룻배나 뗏목이 있습니까?"
"아무것도 없습니다, 폐하."
"나룻배와 뗏목을 찾는 동안 늙음이 다가오고 죽음이 찾아오고 있는데 어찌 무작정 기다릴 수 있겠는가?"

왕은 엄숙하게 합장하고 이렇게 선언했다.
"'우리는 진실로 삼보를 위해 출가합니다.' 이 진실의 맹세47)에 의한 초월적인 힘으로 이 물이 땅으로 될지어다."

왕은 이렇게 삼보의 공덕을 생각하고 붓다에 대한 명상(佛隨念)48)을 외웠

---

46) 가우타gāvuta : 1가우타는 1/4요자나, km로 환산하면 약 3~4Km이다.
47) 진실의 맹세(saccakiriya) : 진실할 말, 진실의 선언. 진실의 맹세는 죽어가는 생명을 살아나게 하고 위급한 상황에서 벗어나게 하는 초월적인 힘을 갖고 있다. 예를 들어 맞지마 니까야 앙굴리말라 경(M86)에 이런 이야기가 나온다. 앙굴리말라가 탁발을 나갔다가 한 여인이 난산을 겪고 있어 산모와 아기의 생명이 위험했다. 앙굴리말라가 부처님께 와서 이걸 보고하자 부처님께서 앙굴리말라에게 다시 가서 이렇게 말하라고 한다. "내가 고귀한 태어남으로 거듭난 이래 의도적으로 중생의 생명을 뺏은 적이 없습니다. 이 진실의 맹세로 당신의 아기가 잘 태어나길 바랍니다." 앙굴리말라가 다시 산모에게 가서 그렇게 말하자 산모는 아이를 순산했다. 이후로 남방불교에서 이 문장이 분만 예정인 산모에게 수호주문(빠릿따)으로 스님들이 자주 외우는 주문이 됐다.
48) 붓다에 대한 명상(佛隨念, buddhānussati) : 수행법에 대한 자세한 것은 3권 부록 II. A.7 참조.

다.

이런 이유로 부처님께서는	Itipiso bhagavā
공양을 받을 만한 분(應供)이시며	Arahaṃ
바르게 깨달으신 분(正遍知)이시며	Sammāsambuddho
지혜와 실천을 구족하신 분(明行足)이시며	Vijjā-caraṇa-sampanno
피안으로 잘 가신 분(善逝)이시며	Sugato
세상을 잘 아시는 분(世間解)이시며	Lokavidū
가장 높은 분(無上士)이시며	Anuttaro
사람을 잘 길들이시는 분(調御丈夫)이시며	Purisadamma-sārathi
신과 인간의 스승(天人師)이시며	Satthā devamanussānaṃ
깨달으신 분(佛)이시며	Buddho
부처님(世尊)이시다.	Bhagavāti.

이렇게 왕과 신하들은 불수념을 외우고 부처님을 명상하면서 말을 타고 강물 위로 올라섰다. 신디의 말들은 강물 위를 마치 평평한 바위 위를 달리듯이 발굽조차도 젖지 않고 달려갔다.

이렇게 아빠랏차 강을 건너 왕은 계속 나아가자 또 다른 강이 나타났다.
"이 강의 이름은 무엇이오?"
"닐라와하나 강입니다, 폐하."
"깊이와 너비가 얼마나 되오?"
"깊이와 너비가 반 요자나입니다, 폐하."
앞에서 강을 건널 때처럼 진실의 맹세를 하고 나서 이번에는 법에 대한 명상(法隨念)을 외웠다.

| 법은 부처님에 의해서 | Svākkhāto |
| 잘 설해졌고 | bhagavata dhammo |

스스로 보아 알 수 있고	sandiṭṭhiko
시간이 걸리지 않고	akāliko
와서 보라는 것이고	ehipassiko
향상으로 인도하고	opanayiko
지혜로운 자들이 스스로	paccattaṃ
알 수 있는 것이다.	veditabbo viññūhiti.

왕과 신하들은 법을 명상하면서 닐라와하나 강을 건너고 나서 계속 나아가자 세 번째 강이 나타났다.
"이 강의 이름은 무엇이오?"
"짠다바가 강입니다, 폐하."
"깊이와 너비가 얼마나 되오?"
"깊이와 너비가 1요자나입니다, 폐하."
앞에 강을 건널 때처럼 진실의 맹세를 하고 나서 이번에는 승가에 대한 명상(僧隨念)을 외웠다.

붓다의 제자들인 승가는	Suppaṭipanno
도를 잘 닦고	bhagavato sāvakasaṅgho
붓다의 제자들인 승가는	ujupaṭipanno
바르게 도를 닦고	bhagavato savakasaṅgho
붓다의 제자들인 승가는	ñāyapaṭipanno
참되게 도를 닦고	bhagavato sāvakasaṅgho
붓다의 제자들인 승가는	sāmīcippaṭipanno
합당하게 도를 닦으니	bhagavato sāvakasaṅgho
곧 네 쌍(四雙)의 인간이요,	yadidaṃ cattāri purisayugāni
여덟 단계(八輩)에 있는 사람들이다.	aṭṭha purisapuggalā.
이러한 부처님의 제자들의 승가는	esa bhagavato sāvakasaṅgho
공양 받아 마땅하고	āhuneyyo

선사 받아 마땅하고	pāhuneyyo
보시 받아 마땅하고	dakkhiṇeyyo
합장 받아 마땅하고	añjalīkaraṇīyo
세상의 위없는 복전福田이다.	anuttaraṃ puññakkhettaṃ lokassāti.

왕과 신하들은 이렇게 승가를 명상하면서 강을 건넜다.

이들은 세 번째 강을 건너 계속 나아갔다. 왕은 저 멀리 반얀나무 아래에 앉아 계신 부처님의 몸에서 발산하는 여섯 색깔의 광명을 보았다. 반얀나무 가지와 잎이 부처님의 몸에서 나오는 빛으로 순금으로 만들어진 것처럼 보였다.

"이 빛은 달빛이나 햇빛이 아니고 천신, 마라, 범천, 용, 가루다에게서 나는 빛도 아니다. 이것은 내가 부처님께 출가하기 위해 집을 떠난 것을 알고 고따마 부처님께서 모습을 드러내신 것이 틀림없다."

그가 말에서 내려 빛을 향해 몸을 숙이고 다가가자 마치 심홍색의 바다에 뛰어든 것처럼 부처님의 빛에 휩싸였다. 왕은 신하들과 함께 부처님께 삼배를 올리고 한쪽에 공손히 앉았다.

부처님께서는 차제설법을 하셨다. 이 법문 끝에 왕과 신하들은 수다원과를 성취하고 모두 함께 자리에서 일어나 출가를 허락해 달라고 요청했다. 부처님께서는 그들의 공덕을 살펴보셨다.

'이 고귀한 사람들은 과거 공덕의 힘으로 저절로 가사와 발우를 갖추게 될 것인가?'

부처님께서는 곧 이 같은 사실을 아셨다.

'이 고귀한 사람들은 천 명의 벽지불에게 가사와 발우를 보시했다. 깟사빠 부처님 당시에 2만 명의 비구에게 2만 개의 가사를 보시했다. 이들이 저절로 생겨난 가사와 발우를 갖추게 되는 것은 전혀 이상한 일이 아니다.'

그래서 부처님께서는 오른손을 들고 말씀하셨다.

"에타 빅카오!(오라 비구여!) 괴로움을 끝내기 위해 청정한 삶을 살아라."

그들에게 즉시 가사와 발우 등 비구팔물이 저절로 갖춰졌다. 그들은 승랍 60세의 장로와 같은 위의를 갖추어 공중으로 날아올랐다가 내려와서 부처님께 삼배를 올리고 앉았다.

상인들은 궁전으로 가서 왕이 보내서 왔다며 왕비의 알현을 청했다. 그들은 왕비의 허락으로 궁전으로 들어가 인사를 올리고 한쪽에 공손히 섰다. 그러자 왕비가 물었다.

"무슨 용건으로 오셨나요?"

"왕비마마, 저희는 전하께서 보내서 왔습니다. 전하께서는 우리에게 30만 냥을 주겠다고 했습니다."

"당신이 말하는 금액은 상당한 액수인데 그대들이 무슨 일을 했기에 왕이 그런 거금을 준다고 했나요?"

"대단한 일은 아닙니다, 마마. 우리는 단지 전하께 어떤 소식을 전했을 뿐입니다."

"그 소식이라는 게 무엇인지 나에게도 말해줄 수 있나요?"

"네, 마마."

"그럼 말해 주세요."

"왕비마마, 부처님께서 세상에 출현하셨습니다."

왕비는 이 말을 듣고 왕이 그랬던 것처럼 크나큰 감동을 받아 황홀감에 휩싸였다. 그녀는 세 번째까지 의미를 파악하지 못하다가 네 번째 질문을 하고 나서야 '부처님'이라는 말을 알아들었다. 그녀는 상인에게 물었다.

"왕이 이 말을 듣고 당신에게 무엇을 준다고 했나요?"

"10만 냥을 주겠다고 했습니다, 마마."

"이런 놀라운 소식을 전해 주었는데 겨우 10만 냥이라니 적절한 보상이 아니군요. 30만 냥을 더 준다 해도 오히려 보잘것없는 보상입니다. 왕에게 또 다른 소식을 전해 주었나요?"

"법과 승가가 출현했다는 소식도 전해주었습니다."

왕비는 왕처럼 소식을 들을 때마다 황홀감에 휩싸이며 세 번이나 그 의미를 파악하지 못하고 네 번째 돼서야 말을 알아들었다. 그녀는 상인들에게 30만 냥씩 모두 합해서 120만 냥을 주었다.

그리고 왕비는 그들에게 물었다.

"왕은 지금 어디에 있나요?"

"왕비마마, 전하께서는 '부처님을 만나 비구가 되겠다.'라고 말씀하시고 떠나셨습니다."

"왕이 나에게 무슨 말을 전하지 않았나요?"

"왕권을 왕비마마에게 넘길 테니 원하시는 대로 영광을 누리라고 말씀하셨습니다."

"그럼 신하들은 어디에 있나요?"

"왕비마마, 그들도 '전하와 함께 비구가 되겠다.'라고 말하면서 떠나갔습니다."

왕비는 신하들의 아내들을 불러 말했다.

"그대들의 남편들은 '전하와 함께 비구가 되겠다.'라고 말하면서 떠나갔다고 하는데 그대들은 어떻게 할 거예요?"

"마마, 남편들이 저희들에게 전하는 말은 없었습니까?"

"그대들에게 모든 영광을 넘기니 마음대로 즐기라고 했어요."

"그러면 마마께선 어떻게 하실 작정입니까?"

"왕이었던 사람은 삼보에 대한 소식을 전해 준 사람들에게 30만 냥을 주고 왕의 영광을 가래침 뱉듯이 던져버리고 비구가 되기 위해 떠나갔습니다. 나도 삼보의 출현 소식을 듣고 삼보에 대한 존경의 표시로 수십만 냥을 더 주었습니다. 왕에게 고통을 초래하는 영광은 나에게도 고통을 초래합니다. 왕이 뱉은 가래침을 어느 누가 몸을 굽히고 주워 먹겠습니까? 이런 영광은 나에게도 필요 없습니다. 나도 부처님께 출가해 비구니가 되겠습니다."

"왕비마마, 그러면 우리도 비구니가 되겠습니다."

"그렇게 할 수만 있다면 정말 좋겠습니다."

"마마, 우린 할 수 있습니다."

"좋습니다. 그러면 출발하도록 합시다."

왕비와 아내들은 천 개의 마차를 준비하여 타고 출발했다. 첫 번째 강에 도착하자 그녀는 왕이 했던 것과 똑같은 질문을 하고 똑같은 대답을 들었다. 그녀는 동료들에게 물었다.

"왕이 어느 길을 택했는지 찾아보도록 하세요."

"마마, 신디 말들의 발자국이 강으로 향한 것 외에는 찾아볼 수 없습니다."

왕비는 왕이 어떻게 강을 건넜는지 생각해 보았다.

'왕은 틀림없이 '나는 진실로 삼보를 위해 출가한다.'라는 진실의 맹세를 하고 강을 건넜을 것이다.'

왕비는 마음을 가다듬고 합장하고 외쳤다.

"'나도 또한 삼보를 위해 출가합니다.' 이 진실의 맹세에 의한 초월적인 힘으로 이 물이 땅이 될지어다."

그녀는 이렇게 삼보의 힘을 명상하면서 천 개의 마차를 앞으로 나아가게 했다. 물은 평평한 바위처럼 되어 바퀴 가장자리조차도 물에 젖지 않았다. 그녀는 나머지 두 개의 강도 그렇게 건넜다.

부처님께서 그녀가 다가오는 것을 알고 당신과 함께 앉아 있는 비구들을 볼 수 없게 만들었다.[49] 부처님께 점점 다가가자 그녀는 부처님의 몸에서 빛이 뿜어져 나오는 것을 보았다. 그녀는 왕이 전에 생각했던 것과 똑같이 생각하고 부처님께 다가가 삼배를 올리고 한쪽에 공손하게 서서 물었다.

"부처님이시여, 마하깝삐나 왕과 천 명의 신하가 출가하겠다고 이리로

---

[49] 청정도론(Vis12.81)에서 이것을 '숨기는 신변'의 예로 들고 있다.

오지 않았습니까? 그가 어디에 있는지 가르쳐주십시오."

"먼저 바닥에 앉아라. 그러면 곧 그들을 볼 수 있을 것이다."
여인들은 남편을 보게 될 거라는 생각에 기뻐하며 바닥에 앉았다.

부처님께서는 차제설법을 하셨다. 이 법문 끝에 왕비와 여인들은 모두 수다원과를 성취했다. 마하깝삐나와 동료 비구들은 부처님께서 여인들에게 한 법문을 듣고 모두 사무애해를 갖춘 아라한이 됐다.[50] 그 순간 부처님께서는 여인들에게 비구들을 보이게 만들었다. 만약 그녀들이 도착해 먼저 남편들이 머리를 깎고 노란 가사를 걸치고 앉아 있는 것을 보면 마음이 심란해져서 수다원과를 성취하지 못하게 될까 봐 부처님께서 비구들을 보이지 않게 한 것이다. 부처님께서는 그녀들이 견고한 믿음을 갖출 때까지 기다렸다가 아라한이 된 당당한 모습을 그녀들에게 보여준 것이다.

여인들은 비구들을 보고 삼배를 올리고 말했다.
"스님들이시여, 이제 출가수행의 목표에 도달하셨군요."
그렇게 말하고 그녀들은 부처님께 삼배를 올리고 한쪽에 공손하게 서서 출가를 받아주기를 요청했다. 그녀들이 비구니계를 받기를 원하자 몇몇 비

---

[50] 청정도론 제12장 신통변화(Vis12.81)에 나오는 내용은 법구경 주석서와 약간 다르다. 법구경 주석서에서는 마하깝삐나와 동료들이 모두 한꺼번에 수다원이 되고 아라한이 됐다고 이야기하고 있지만, 청정도론에서는 이와 다르게 기록하고 있다. "부처님께서는 마하깝삐나 왕을 만나러 120요자나를 가서 왕을 불환과에 이르도록 하고 신하들 천 명은 수다원에 이르게 하셨다. 왕을 따라 아노자 왕비가 천 명의 아내와 함께 와서 곁에 앉아 있었지만 부처님께서는 왕과 신하들을 보지 못하도록 신통을 나투셨다. 왕비가 '부처님이시여, 왕을 보신 적이 있습니까?'라고 여쭈었을 때 부처님께서는 '왕을 찾는 것이 더 낫겠는가, 아니면 자기 자신을 찾는 것이 더 낫겠는가?'라고 물으셨다. 아노자 왕비가 '부처님이시여, 자기 자신을 찾는 것이 더 낫겠습니다.'라고 대답하자 부처님께서는 법문해 그녀와 천 명의 아내가 수다원과를 성취하게 하셨다. 이때 신하들은 불환과에 이르렀고, 왕은 아라한이 됐다."

구들이 이렇게 말했다.

"부처님께서는 웁빨라완나 비구니를 오게 하실 거야."51)

그러나 부처님께서는 그녀들에게 이렇게 말했다.

"사왓티에 있는 비구니 승단에 가서 비구니계를 받도록 하여라."

그녀들은 걸어서 사왓티까지 갔다. 길가는 도중에 만난 주민들은 그녀들에게 공양을 올리며 따뜻하게 대접했다. 그녀들은 120요자나를 여행한 끝에 비구니 승단에 도착해 비구니계를 받고 열심히 정진해 모두 아라한이 됐다. 부처님께서는 천 명의 비구를 데리고 공중으로 날아서 제따와나로 돌아가셨다.

마하깝삐나 장로는 제따와나 사원을 돌아다니며 '오! 이 얼마나 행복한가!(아호 수캉), 오! 이 얼마나 행복한가!'라고 가슴속에서 우러나는 감흥을 자주 토해냈다. 비구들은 이 일을 부처님께 보고했다.

"부처님이시여, 마하깝삐나 장로는 돌아다니면서 '오! 이 얼마나 행복한가!, 오! 이 얼마나 행복한가!'라고 말하며 돌아다니고 있습니다. 그는 아마도 자신이 왕이었을 때 누렸던 행복을 생각하고 있는 것 같습니다."

부처님께서 그를 불러 물으셨다.

"깝삐나여, 그대가 사랑의 행복과 통치의 행복을 회상하며 한숨을 토해낸다고 하던데 이 말이 사실인가?"

"부처님이시여, 부처님께서는 제가 어떤 종류의 행복을 토해내는지 잘 아실 것입니다."

부처님께서는 비구들에게 말씀하셨다.

"비구들이여, 나의 아들은 세간의 행복과 왕의 행복 때문에 감흥을 토해

---

51) 비구니계를 주기 위해서는 비구니 수계사가 필요하다. 부처님께서 비구니에게 직접 비구니계를 준 사람은 부처님의 양모이신 마하빠자빠띠 고따미뿐이다. 아노자Anojā 왕비와 신하들의 아내들은 사왓티로 가서 웁빨라완나 비구니를 수계사로 계를 받았다.

내는 것이 아니다. 그는 법을 들이마시면서 법을 즐거워한다. 그가 기쁨에서 흘러나오는 감흥을 토해내는 것은 불사不死, 즉 열반에 관한 것이다."

부처님께서 이 법문에 이어서 게송을 읊으셨다.

**법을 맛본 이는
고요한 마음으로
항상 행복하게 살리라.
부처님의 가르침 안에서
맑은 마음으로
항상 기뻐하며 살리라.**(79)

다섯 번째 이야기
빤디따 사미의 깨달음

부처님께서 제따와나에 계실 때 빤디따 사미와 관련해서 게송 80번을 설하셨다.

빤디따의 과거생: 가난뱅이

먼 과거에 깟사빠 부처님께서 번뇌가 다한 2만 명의 비구와 함께 베나레스를 방문하셨다. 주민들은 자신의 능력에 따라 여덟 사람 또는 열 사람씩 모여서 스님들에게 공양을 올렸다. 어느 날 부처님께서 공양을 마치고 이렇게 법문하셨다.

"재가신도들이여, 여기 어떤 사람은 '내가 가진 것으로만 공양을 올리는 것이지 다른 사람에게 공양을 올리라고 권하는 것이 무슨 복이 되겠는가?'라고 생각한다. 그렇게 자기만 공양을 올리고 다른 사람에게 권하지 않으면 미래생에 재복財福은 있을지언정 인복人福이 없다. 또 어떤 사람은 다른 사람에게 공양을 올리라고 권하면서 정작 자신은 올리지 않는다. 이런 사람은 미래생에 인복은 있을지언정 재복이 없다. 또 어떤 사람은 자신도 공양을 올리지 않고 다른 사람에게도 권하지 않는다. 그런 사람은 미래생에 재복도 인복도 없다. 또 어떤 사람은 자신도 공양을 올리고 다른 사람에게도 권한다. 그런 사람은 재복과 인복을 동시에 받는다."

어떤 지혜로운 사람이 가까이 서서 이 법문을 듣고 생각했다.
'나는 재복과 인복을 얻기 위해서 그렇게 공양을 올려야겠다.'
그는 부처님께 삼배를 올리고 말씀드렸다.
"부처님이시여, 내일 저의 공양을 받아주시기 바랍니다."
"몇 명의 비구를 초청하고 싶은가?"
"부처님께서 함께 계시는 스님이 몇 명이나 됩니까?"

"모두 2만 명이다."
"부처님이시여, 모든 스님들을 초청하고 싶습니다."
부처님께서는 이 초청을 받아들이셨다.

그는 마을로 돌아가서 사람들에게 알렸다.
"마을 사람들은 모두 들으시오. 부처님을 위시해서 스님들을 내일 공양에 초청했습니다. 여러분 각자 능력껏 스님들에게 공양을 올리기 바랍니다."
그는 돌아다니면서 몇 명의 스님에게 공양을 올릴 수 있는지 물었다.
"우리는 열 분에게 올리겠습니다."
"우리는 스무 분에게 올리겠습니다."
"우리는 100분에게 올리겠습니다."
사람들이 각기 재산에 맞게 공양을 올릴 스님들의 숫자를 대답하자 그는 이를 종이에 차례로 기록했다.

그 당시 그곳에는 마하둑가따(극빈자)라고 불리는 몹시 가난한 사람이 살고 있었다. 공양을 권유하러 다니는 사람이 길에서 마하둑가따와 얼굴을 마주치자 말했다.
"마하둑가따여, 내일 부처님과 스님들을 공양에 초대했다네. 사람들이 내일 공양을 올리는데 자네는 몇 명의 스님에게 공양을 올리겠나?"
"아니, 제가 스님들과 무슨 관계가 있습니까? 공양은 부자들이 올리는 것 아닙니까? 내일 당장 죽 쑤어 먹을 쌀조차 없는데 어떻게 제가 공양을 올린단 말입니까?"

공양을 권하는 사람은 지혜로울 필요가 있다. 이 가난뱅이가 가난을 핑계로 들자 그는 설득하기 시작했다.
"마하둑가따여, 이 도시에는 화려하게 살고, 고급스러운 요리를 먹고, 비단같이 부드러운 옷을 입고, 온갖 장신구로 치장하고, 왕과 같은 화려한 침대에서 자는 사람들이 많이 산다네. 그러나 그대는 어떻게든 살아보려고 뼈 빠지게 일해도 굶기가 일쑤지. 그대가 이렇게 거지처럼 사는 이유를 한 번 생각해 본 적 있는가? 과거에 남에게 보시해 본 적이 없어서 그처럼 살지 않을까?"

"그렇게 생각합니다."

"그런데 왜 지금 당장 공덕을 짓지 않는가? 자네는 젊고 아직 힘이 있지 않은가? 일을 해 주고 돈을 벌어서 능력껏 공양을 올리는 것이 자네가 꼭 해야 할 일이 아닌가?"

마하둑가따는 그가 하는 말을 듣고 크게 감동했다.

"제 이름을 종이에 올리십시오. 제가 스님 한 분을 책임지겠습니다. 제가 아무리 적게 벌더라도 스님 한 분에게는 꼭 공양을 올리겠습니다."

공양을 권하러 다니는 사람은 속으로 생각했다.

'어떻게 겨우 스님 한 분을 종이에 적겠는가?'

그는 마하둑가따의 이름을 일부러 빼버렸다.

마하둑가따는 집으로 달려와 부인에게 말했다.

"여보, 내일 마을 주민들이 스님들에게 공양을 올린다고 하오. 나도 공양을 올리라는 권유를 받고 내일 한 스님에게 공양을 올리기로 했다오."

비록 가난하게 살지만, 남편이 선업을 쌓는 일에 동참했다는 말을 듣고 아내도 기뻐했다.

"여보, 참 잘하셨네요. 우리가 공덕을 쌓은 적이 없기 때문에 이렇게 가난한 겁니다. 우리 둘이 일을 나가서 번 돈으로 스님 한 분에게라도 공양을 올리도록 합시다."

그래서 두 사람은 일자리를 구하러 밖으로 나갔다.

한 부자 상인이 마하둑가따를 보고 말했다.

"마하둑가따여, 일자리를 원하는가?"

"그렇습니다, 어르신."

"어떤 일을 할 줄 아는가?"
"시키는 일은 무엇이든 할 수 있습니다."
"그러면 내일 300분의 스님들에게 공양을 올려야 해서 땔나무가 필요하다네. 이리 와서 장작을 패도록 하게."

상인은 도끼와 자귀를 그에게 건네주었다. 마하둑가따는 허리띠를 단단히 조여 매고 온 힘을 다해 장작을 패기 시작했다. 먼저 도끼를 옆에 던져 놓고 자귀로 나무를 다듬고 나서, 자귀는 내려놓고 도끼를 집어 들었다. 상인이 그에게 물었다.

"자네는 오늘 기운이 넘쳐나는데 무슨 좋은 일이라도 있는가?"
"어르신, 저도 스님 한 분에게 공양을 올리기로 되어있습니다."

상인은 기쁜 마음이 일어나 생각에 잠겼다.

'이 사람이 가난하다고 공양을 올리는 것을 거부하지 않고, "제가 일하고 받은 품삯으로 스님 한 분에게 공양을 올리겠어요."라고 말하다니 정말 놀라운 일이다!'

상인의 아내도 마하둑가따의 아내를 보고 말했다.
"어떤 일을 할 수 있어요?"
"시키는 일은 뭐든지 할 수 있습니다."

상인의 아내는 곡식을 까부르는 키와 절굿공이를 주고서 그녀에게 벼 찧는 일을 시켰다. 그녀는 기쁜 마음으로 마치 춤추듯이 벼를 찧고 키질했다. 상인의 아내가 이걸 보고 말했다.

"즐거운 마음으로 일하는 것을 보니 특별히 기쁜 일이라도 있는 모양일세."
"마님, 일하고 받은 보수로 스님 한 분에게 공양을 올리기로 되어있습니다."

상인의 아내가 이 말을 듣고 기쁜 마음이 일어나 생각했다.

'이 가난한 여인이 공양을 올리겠다니 정말 놀라운 일이다!'

마하둑가따가 장작 패는 일을 마치자 상인은 네 되의 쌀을 주고 스님에게 공양을 올리겠다는 생각이 기특해서 네 되를 더 주었다. 그는 집으로 가서 아내에게 말했다.

"일을 해 주고 받은 쌀은 우리에게 충분한 식량이 될 거야. 이제 우유, 기름, 장작, 양념과 요리 기구를 사야겠다."

상인의 아내는 그녀에게 우유 한 컵과 각종 양념과 한 되의 쌀을 주었다. 남편과 아내는 함께 아홉 되의 쌀을 번 것이다.

공양을 올리고도 남을 정도로 충분히 쌀을 받았다는 생각에 기쁘고 만족스러운 그들은 아침 일찍 일어나 음식을 준비하기 시작했다.

"여보, 반찬을 만들게 나물 좀 구해오세요."

마하둑가따가 나물을 사러 가게에 갔다. 하지만 가게에는 나물이 다 떨어지고 없었다. 그는 강둑으로 가서 오늘 거룩한 스님에게 공양을 올린다는 생각에 흥겹게 노래 부르며 나물을 뜯었다.

강에 그물을 치고 고기를 잡고 있던 어부가 노랫소리를 듣고 생각했다.

'저건 마하둑가따의 목소리가 아닌가?'

어부가 그를 불러 물었다.

"자네가 노래를 다 부르는 걸 보니 무슨 즐거운 일이 있는 모양이군. 그래 뭐 하고 있는가?"

"나물을 뜯고 있습니다."

"뭘 하려고?"

"스님 한 분에게 공양을 올리려고 합니다."

"자네의 공양을 드시는 스님은 아주 행복하겠네."

"이것 말고 해드릴 게 없습니다. 제가 손수 뜯은 나물로 반찬을 해 드리려고 합니다."

"그러면 이리로 오게."

"제가 뭐 해드릴 일이 있습니까?"

"이 고기들을 은 한 냥, 반 냥, 한 닢 어치씩 다발로 묶어주겠나?"

마하둑가따는 그가 시키는 대로 했다. 주민들은 초청한 스님에게 올리려고 고기를 사러왔다. 그가 고기를 다발로 묶고 있을 때 비구들이 공양하러 나올 시간이 됐다. 그래서 그는 어부에게 말했다.

"지금 가야 합니다."

"물고기가 아직 남아 있는가?"

"전부 다 팔려나가고 없습니다."

"그러면 여기 내가 먹으려고 모래 속에 묻어둔 연어가 네 마리 있는데 스님에게 올릴 거라면 가져가게나."

어부는 그렇게 말하면서 연어를 그에게 주었다.

부처님께서 그날 아침에 세상을 살피시다가 마하둑가따가 지혜의 그물에 들어오는 것을 보셨다.

'무슨 일이 일어나고 있는가? 어제 마하둑가따와 아내는 스님 한 명에게 공양을 올리려고 남의 집에 가서 일했다. 어느 비구가 공양을 받을까?'

부처님께서는 앞으로 일이 어떻게 진행될지 아셨다.

'주민들은 종이에 적힌 이름에 따라 비구들을 배정받아 대접할 것이다. 그런데 나를 제외하고는 마하둑가따에게 배정받을 사람이 없다.'

모든 부처님은 가난한 사람에게 특별한 관심을 보인다. 부처님께서는 이른 아침에 해야 할 일을 다 하고 생각하셨다.

'나는 오늘 마하둑가따에게 호의를 베풀어야겠다.'

부처님께서는 간다꾸띠에 들어가셔서 자리에 앉아 계셨다.

마하둑가따가 연어를 집으로 가져갈 때 삭까 천왕은 홍옥보좌가 뜨거워지는 것을 느끼고 주위를 둘러보았다.

'왜 뜨거워지는 거지?'

그는 세상을 관찰해 보았다.

'어제 마하둑가따와 아내가 스님 한 분에게 공양을 올리려고 남의 집에 가서 일했다. 어느 스님이 공양을 받을까?'

천왕은 앞으로 일어날 일을 알았다.

'마하둑가따는 부처님께 공양을 올릴 것이다. 부처님께서는 '마하둑가따에게 호의를 베풀겠다.'라고 생각하고 간다꾸띠에 앉아 계신다. 마하둑가따는 우유와 쌀과 나물 반찬으로 한 끼 공양을 준비해서 부처님께 올리려고 한다. 내가 마하둑가따의 집에 가서 요리해 주면 어떨까?'

삭까 천왕은 일꾼으로 변신하고 그의 집에 가까이 가서 말했다.

"제게 시키실 일이 없나요?"

마하둑가따가 그를 보고 말했다.

"어떤 일을 할 수 있습니까?"

"저는 잡역부올시다. 뭐든지 할 수 있습니다. 특히 죽을 끓이고 밥하고 나물요리를 잘합니다."

"당신의 도움이 필요합니다만, 당신에게 보수를 지불할 돈이 없군요."

"무슨 일을 하는데요?"

"제가 한 스님에게 공양을 올리려고 하는데 요리할 사람이 필요합니다."

"스님에게 공양을 올리는 일이라면 보수를 줄 필요가 없습니다. 저도 공덕을 지어야 하니까요."

"그러시다면 들어오셔서 도와주십시오."

삭까 천왕이 집으로 들어가서 쌀과 요리 재료를 가져오게 하고서 그에게 말했다.

"요리는 제가 할 테니 당신은 가서 스님이나 모셔 오십시오."

공양을 권유하는 사람은 종이에 적힌 이름에 따라서 스님들을 각 가정으로 보냈다. 마하둑가따가 그에게 와서 말했다.

"저에게도 스님 한 분을 배정해 주십시오."

그는 즉시 자기가 했던 일을 기억해 내고 말했다.

"자네에게 스님을 배정한다는 것을 깜빡 잊어버렸네."

마하둑가따는 가슴에 비수를 맞은 것처럼 커다란 고통을 느꼈다.

"왜 이렇게 나를 슬프게 하나요? 당신은 어제 분명히 나에게 공양을 올리라고 권하지 않았나요? 그래서 아내와 나는 남의 집에서 열심히 일하고 오늘은 일찍 일어나 강둑에 가서 나물을 뜯었어요. 저에게도 스님 한 분을 배정해 주세요!"

그는 머리를 감싸고 울음을 터뜨렸다.

사람들이 모여들어 물었다.

"마하둑가따에게 무슨 일이 있는 거야?"

둑가따가 사실을 설명하자 사람들이 공양을 권유하는 사람에게 말했다.

"이 사람이 주장하는 것이 사실입니까? 당신이 남의 집에 가서 일을 해서라도 스님 한 분에게 공양을 올리라고 권했습니까?"

"그렇게 하긴 했습니다만……"

"당신이 크게 잘못했습니다. 그렇게 많은 스님을 배정하면서 겨우 스님 한 분 배정하는 것을 잊어버리다니."

그는 그 말을 듣자 마음이 불편해졌다.

"마하둑가따여, 나를 괴롭히지 말게. 그대는 나를 아주 불편하게 만드는군. 주민들은 종이에 적힌 이름에 따라 스님들을 모시고 갔기 때문에 내 집에도 스님이 한 분도 안 계셔서 자네에게 보내줄 스님이 없네. 부처님께서 방금 세수하시고 간다꾸띠에 앉아 계시네. 간다꾸띠 밖에는 왕과 왕자와 장군들과 여러 거부장자가 부처님께서 나오시면 발우를 받아들고 모셔 가려고 기다리고 있네. 모든 부처님은 가난한 사람들에게 특별한 관심을 기울이시니 자네가 사원으로 가서 부처님께 삼배를 올리고 '부처님이시여, 저는 가난한 사람입니다. 저에게 호의를 베푸소서.'라고 말씀드려보게나. 자네에게 복이 있다면 꼭 원하는 일이 이루어질 걸세."

마하둑가따는 사원으로 갔다. 사람들은 이제까지 그가 사원에 와서 남은 음식을 얻어먹는 것만 보아왔다. 그래서 왕과 왕자와 여러 사람이 그에게 말했다.

"마하둑가따여, 아직 공양 시간이 아닌데 여기 무슨 일로 왔는가?"

"저도 공양시간이 아니라는 것을 압니다. 저는 부처님께 예배드리려고 왔습니다."

그는 간다꾸띠로 가서 이마를 문지방에 대며 삼배를 올리고 말씀드렸다.

"부처님이시여, 이 도시에 저보다 가난한 사람이 없습니다. 저의 의지처가 되어주십시오. 저에게 호의를 베풀어주십시오."

부처님께서는 간다꾸띠 방문을 열고 발우를 꺼내 그에게 건네주셨다. 마하둑가따는 마치 전륜성왕의 영광을 얻은 것 같았다. 왕과 왕자들과 다른 여러 사람들은 너무 놀라서 숨이 막히는 것 같았다. 부처님께서 한 사람에게 발우를 건네주면 아무도 감히 강제로 발우를 뺏을 수 없다.

"마하둑가따여, 부처님 발우를 우리에게 넘기면 많은 돈을 자네에게 주겠네. 자네는 가난한 사람 아닌가? 차라리 돈을 가져가게나. 도대체 자네에게 발우가 무슨 소용이 있는가?"

"아무에게도 줄 수 없습니다. 저는 돈이 필요 없습니다. 제가 원하는 것은 부처님께 공양을 올리는 것입니다."

모두가 자기에게 발우를 넘기라고 간청했지만 둑가따는 들은 체도 하지 않았다.

왕은 다른 방법을 생각해냈다.

'발우를 포기하라고 돈으로 마하둑가따를 유혹할 수 없다. 아무도 부처님께서 직접 주신 발우를 뺏을 수는 없기 때문이다. 이 사람이 준비한 음식이 얼마나 될까? 부처님께 공양을 올릴 때 부처님 옆에 있다가 둑가따를 궁으로 데려가서 내가 준비한 음식을 부처님께 올리게 해야겠다.'

왕은 이런 생각으로 부처님을 따라갔다.

삭까 천왕은 우유죽과 쌀밥과 나물 반찬과 여러 가지 음식을 준비하고 자리를 마련하고 부처님께서 도착하기를 기다리고 있었다. 마하둑가따가 부처님을 집으로 모시고 와서 집안으로 드시기를 청했다. 그의 집은 너무나 낮아서 고개를 숙이지 않고는 들어갈 수 없었다. 하지만 부처님은 집에 들어갈 때 고개를 숙이지 않으셨다. 부처님께서 집으로 들어갈 때 땅이 꺼지고 집이 올라갔다. 이것이 부처님께 공양을 올리는 놀라운 과보이다. 모두가 다 떠나고 나면 집은 다시 원상태로 돌아간다. 부처님께서는 똑바로 서서 집으로 들어가서 삭까 천왕이 준비한 자리에 앉으셨다. 부처님께서 자리에 앉으시자 왕이 마하둑가따에게 말했다.

"마하둑가따여, 우리가 부처님 발우를 달라고 했을 때 자네는 거절했네. 자, 이제 부처님을 위해 어떤 음식을 준비했는지 한 번 볼까?"

그 순간 삭까는 뚜껑을 열고 우유죽과 쌀밥과 여러 가지 음식을 보여주었다. 음식의 향기가 온 성내로 퍼져 나갔다. 왕은 우유죽과 쌀밥과 여러 가지 음식을 살펴보고 나서 부처님께 말씀드렸다.

"부처님이시여, 저는 '마하둑가따가 도대체 어느 정도 음식을 준비했을까? 제가 부처님 옆에 있다가 그가 음식을 제대로 준비하지 않았으면 궁으로 같이 가서 제가 준비한 음식을 발우에 넣어 부처님께 올려야겠다.'고 생각하며 따라왔습니다. 그런데 사실 이런 음식은 저도 처음 봅니다. 제가 여기 있으면 마하둑가따가 피곤해 할 것입니다. 저는 궁으로 돌아가겠습니다."

왕은 부처님께 삼배를 올리고 떠나갔다. 삭까는 부처님께 우유죽과 쌀밥과 여러 가지 음식을 올리고 시중들었다. 부처님께서는 공양을 마치고 설법하고 자리에서 일어나 돌아가셨다. 삭까는 마하둑가따에게 부처님의 발우를 들고 따라가라고 신호를 보냈다.

삭까 천왕은 몸을 돌려 나가면서 마하둑가따의 집 앞에 서서 하늘을 한 번 쳐다보았다. 그러자 하늘에서 칠보七寶가 비처럼 쏟아져 내렸다. 처음에는 모든 접시에 가득 차더니 이젠 집 전체가 보석으로 가득 차기 시작했다. 집안에는 더 이상 서 있을 곳이 없었다. 아내는 아이들을 안고 집밖으로 나가 서 있었다. 마하둑가따는 부처님을 모셔다 드리고 집으로 돌아오다가 아이들이 집 밖에 서 있는 것을 보고 물었다.

"무슨 일이오?"
"우리 집이 칠보로 가득 차서 들어갈 수 없어요."
마하둑가따는 생각했다.
'오늘 공양을 올렸는데 오늘 복을 받다니!'
그가 왕에게 가서 예를 올리고 말했다.
"폐하, 제 집이 칠보로 가득 찼습니다. 이 재산을 거두어주십시오."
왕이 이 말을 듣고 생각했다.
'부처님께 공양 올린 바로 그 날 무한한 복덕을 받다니!'
왕이 그에게 물었다.
"이 재물을 어떻게 옮겨야 하는가?"
"폐하, 이 재물을 옮기려면 천 대의 수레가 필요합니다."
왕은 천 대의 수레를 보내서 재물을 옮겨와 궁전 뜰에 쌓았다. 쌓아놓고 보니 야자나무 높이만큼 됐다.

왕은 시민들을 모아놓고 말했다.
"이 도시에서 이만큼의 부를 가지고 있는 사람이 있는가?"
"없습니다, 폐하."
"이만큼의 부를 가진 사람에게 어떤 대우를 해 주어야 하는가?"
"폐하, 재정관의 자리가 마땅할 줄 아옵니다."
왕은 그에게 작위를 내리고 재정관에 임명했다. 그리고 전 재정관이 살았던 집터를 하사했다.
"이곳에 집을 짓고 살도록 하시오."
땅을 깨끗이 고르자 왕궁에서 보물단지들이 도착해서 내리기 시작하더니 뜰에 가득 찼다. 마하둑가따가 왕에게 가서 이 일을 아뢰자 왕이 말했다.

"보물단지는 순전히 그대의 복덕으로 생긴 것이니 그대의 것이오."

마하둑가따는 집을 완성하고 부처님과 스님들에게 7일 동안 공양을 올렸다. 그는 그 후 수명이 다할 때까지 공덕을 지으며 살다가 죽어 천상에 태어났다. 그는 두 부처님이 출현하시는 사이 동안 천상의 영광을 누리다가 현재의 부처님께서 출현하시자 사왓티에 사는 부잣집 딸의 모태에 들어갔다.

빤디따의 현재생: 일곱 살의 사미

부모는 딸이 임신한 사실을 알자 태아를 보호하도록 최선을 다했다. 얼마 후 그녀는 임신으로 인한 강한 열망이 일어났다.

"법의 사령관인 사리뿟따 장로와 500명의 비구에게 연어를 요리해서 공양을 올리고 싶다. 그리고 나도 노란 가사를 입고 스님들의 맨 뒤에 앉아서 스님들이 남긴 음식을 같이 먹고 싶다."

그녀는 자신의 열망을 부모에게 말하고 그녀의 소원대로 다 이루어지자 열망이 가라앉았다. 그녀는 그 후 일곱 번이나 잔치를 열어 사리뿟따 장로와 500명의 비구에게 연어요리를 대접했다. (이 부분은 띳사의 이야기와 똑같다.) 이것은 과거생에 마하둑가따로 있을 때 연어요리를 공양 올린 공덕 때문이다.

어느 날 아이의 이름을 짓는 명명식에 어머니가 사리뿟따 장로에게 말했다.

"장로님, 우리 아이에게 계를 주시옵소서."

"아이의 이름이 무엇입니까?"

"장로님, 이 아이를 임신한 날부터 집안의 우둔한 사람들이 모두 영리해졌습니다. 그래서 아이의 이름을 빤디따 다라까(현명한 아이)라고 지었습니다."

장로는 아이에게 계를 주었다.

아이가 태어난 날 어머니는 마음속으로 다짐했다.
'이 아이가 출가한다 해도 막지 않겠다.'
아이가 일곱 살이 되자 말했다.
"어머니, 저는 장로님 아래로 출가하겠어요."
"그렇게 해라. 나는 오래전부터 너의 출가를 막지 않겠다고 다짐했단다."
그녀는 장로를 집으로 초청해서 공양을 올리고 말했다.
"아이가 스님이 되고 싶다고 합니다. 저녁에 아이를 데리고 사원으로 가겠습니다."
장로가 돌아가자 그녀는 가족들을 모아놓고 말했다.
"오늘 아들이 출가하는 기쁜 날을 기념해서 스님들에게 많은 시주를 하도록 하겠습니다."
그녀는 많은 시주물을 준비하고 사원으로 가서 아이를 장로에게 맡겼다.
"장로님, 이 아이의 출가를 받아주십시오."

장로가 출가 생활의 어려움에 대해 말하자 소년이 대답했다.
"장로님, 장로님께서 하시는 모든 훈계를 잘 받아들이고 실천하겠습니다."
"그렇다면 좋다."
장로는 그의 머리에 물을 적시면서 몸의 32부분 중에서 처음 다섯 가지에 대해 명상하는 법을 가르치고서 사미계를 주었다. 부모는 7일 동안 사원에 남아서 부처님과 모든 스님에게 연어를 요리해 공양을 올렸다. 7일이 지나자 부모는 집으로 돌아갔다.

8일째 되던 날 장로는 아이를 데리고 마을로 탁발을 나갔다. 장로는 다른 비구들과 함께 가지 못했다. 사미가 마을로 탁발을 나갈 때 발우를 드는 법과 가사를 입는 법이 아직 익숙하지 않았기 때문이다.[52] 그는 걷고 서고 앉고 누울 때 알아차리는 법도 아직 배우지 못했다.53) 이외에도 장로는 사원 안에서 할 일이 많았다. 비구들이 탁발하러 마을로 들어가면 장로는 사원을 둘러보고 청소가 안 된 곳을 청소하고, 마시는 물항아리를 깨끗이 씻어 물을 채우고, 침대나 의자 등의 가구들이 제멋대로 놓여 있으면 제자리에 정돈했다. 이 일이 다 끝나면 마을로 들어갔다. 그가 이렇게 하는 이유는 외도들이 텅 빈 사원에 들어왔다가 무질서하게 어질러진 것을 보면 '고따마 사문의 제자들이 사는 것 좀 보게!'라고 험담할 것이기 때문이다. 그래서 장로는 사원 전체를 둘러보고 바르게 정돈하고 나서 마을에 들어갔다. 그날도 장로는 사미에게 가사와 발우를 들게 하고 평소보다 더 늦게 마을에 들어갔다.

사미는 스승과 같이 탁발을 가면서 길가에 도랑이 파여 있는 것을 보았다.
"이것이 무엇입니까, 스님?"
"이것은 도랑이라고 부른단다."
"무얼 하는 데 이용합니까?"
"물을 이곳저곳으로 끌어대 논에 물을 주기 위해서란다."
"스님, 저 물에 마음이 있습니까?"
"없단다."
"스님, 이처럼 마음이 없는 것을 원하는 곳으로 끌어댈 수 있습니까?"

---

52) 가사를 입는 방법에는 세 가지가 있다. ① 사원 안에서는 오른쪽 어깨를 드러내고 입는다. ② 법회와 우뽀사타와 같은 공식 행사나 스승을 친견할 때는 왼팔 전체를 감싼다. ③ 탁발을 가는 등 사원 밖을 벗어날 때는 목 위와 손, 다리를 제외한 온몸을 감싼다.
53) 탁발을 나갈 때는 고개를 좌우로 돌려 구경해서는 안 된다. 오직 정면 3, 4미터 앞만을 응시하고 눈은 내리깔고 발의 움직임이나 온몸의 움직임에 마음을 집중하고 다섯 감각기관을 통해 들어오는 모든 대상에 주의깊게 알아차려 감각기능을 보호한다. 이는 탁발뿐만 아니라 일상생활에서도 적용된다.

"그렇게 할 수 있다."
사미는 홀로 생각했다.
'이처럼 마음도 없는 것을 원하는 곳으로 끌어댈 수 있는데, 어째서 마음을 지니고 있는 사람들이 마음을 자기가 원하는 곳으로 이끌어 열심히 정진하여 아라한과를 성취하지 않을까?'

계속 가다가 이번에는 활을 만드는 사람이 활대를 불에 굽고서 한쪽 끝에서 한쪽 눈으로 들여다보면서 곧게 펴는 것을 보았다.
"이 사람들은 누구입니까, 스님?"
"화살 만드는 사람들이란다."
"이들은 무엇을 하고 있습니까?"
"활대를 불에 구워서 바르게 편단다."
"스님, 이 활대는 마음이 있습니까?"
"마음이 없단다."
사미는 또 생각했다.
'마음도 없는 활대를 사람들이 불을 가해서 곧게 펴는데 어째서 마음을 지니고 있는 사람들이 마음을 자기가 원하는 곳으로 이끌어 열심히 정진하여 아라한과를 성취하지 않을까?'

계속 가다가 이번에는 목수가 바퀏살과 외륜外輪과 바퀴통 등을 깎아 바퀴를 만들고 있는 것을 보았다.
"스님, 이 사람들은 누구입니까?"
"목수들이란다."
"뭘 하는 것입니까?"
"나무로 바퀴를 만들고, 마차나 수레 등을 만든단다."
"스님, 이 나무들도 마음이 있습니까?"
"나무들은 마음이 없단다."
사미는 이렇게 생각했다.

'마음이 없는 나무들로 바퀴 등을 만드는데 어째서 마음을 지니고 있는 사람들이 마음을 자기가 원하는 곳으로 이끌어 열심히 정진하여 아라한과를 성취하지 않을까?'

이 모든 것을 보고 나서 사미는 장로에게 말했다.
"스님, 괜찮으시다면 가사와 발우를 직접 들고 가십시오. 저는 사원으로 돌아가겠습니다."

장로는 출가한 지 며칠 안 된 사미가 기특하게 말하는 것을 보자 마음이 즐거웠다.
"가사와 발우를 나에게 돌려다오."

장로는 가사와 발우를 받아들었다. 사미는 장로에게 절을 올리고 되돌아가며 말했다.
"스님, 저에게 공양을 가져다주실 때 맛있는 연어고기만 충분히 가져다주시면 감사하겠습니다."
"그걸 어디서 얻는단 말인가?"
"스님의 복덕으로 얻지 못하면 제 복덕으로 얻을 수 있을 것입니다."

장로는 생각했다.
'이 사미가 밖에서 정진하다가 위험한 일이 생길지 모른다.'
장로는 그에게 열쇠를 주면서 말했다.
"내 방문을 열고 들어가서 정진해라."

사미는 장로의 방으로 들어가 앉아서 열심히 알아차리며 정진하여 몸의 진실한 속성과 마음의 본질을 깨달아가기 시작했다. 이때 그의 공덕의 힘으로 삭까의 홍옥보좌가 뜨거워졌다. 삭까는 무슨 일인가 둘러보았다.
'무슨 이유로 뜨거워지지?'
그는 곧 사실을 알게 됐다.
'빤디따 사미가 '열심히 노력해서 아라한과를 꼭 성취하겠다.'라고 말하고 스승에게 가사와 발우를 돌려주고 돌아왔구나. 어서 내려가 보아야겠

다.'

삭까는 사대천왕에게 말했다.

"사원에 집 짓고 사는 새들을 쫓아버리고 사방에서 아무도 다가오지 못하도록 보초를 서라."

그는 달의 여신에게도 말했다.

"달의 움직임을 멈추게 하라."

그는 태양의 신에게도 말했다.

"태양의 움직임을 멈추게 하라."

그렇게 말하고 나서 몸소 사원으로 가서 문에 빗줄을 걸고 보초를 섰다. 사원에는 마른 잎사귀가 바스락거리는 소리조차 들리지 않았다. 사미는 마음이 명경지수처럼 고요해지면서 공양 시간 전에 마음의 본질을 깨달아 아나함과를 성취했다.

장로는 탁발을 가면서 생각했다.

'사미는 사원에 앉아서 정진하고 있다. 사미를 후원하는 집에 가서 그를 위해 준비한 음식을 얻어가지고 가야겠다.'

장로는 사미를 사랑하고 존경하는 후원자 집으로 갔다. 가족들은 연어를 구해서 요리해 놓고 장로가 오기를 기다리고 있었다. 장로가 도착하자 그들이 말했다.

"장로님께서 오시기를 기다리고 있었습니다."

그들은 장로를 집안으로 모시고 들어가서 국과 밥과 맛있는 연어요리를 올렸다. 장로가 온 목적을 이야기하자 가족들이 그에게 말했다.

"장로님, 여기서 공양을 드십시오, 가지고 갈 음식은 따로 준비해 드리겠습니다."

장로가 공양을 끝내자 그들은 장로의 발우를 깨끗이 씻고 발우에 맛있는 연어요리를 가득 담아드렸다. 장로는 '사미가 매우 배가 고플 것이다.'라고 생각하면서 서둘러 사원으로 돌아갔다.

그날 오전에 부처님께서는 공양을 마치고 사원으로 돌아가서 사미에게 무슨 일이 일어나는지 살펴보셨다.

'빤디따 사미는 가사와 발우를 돌려주고 되돌아와서 '열심히 정진해서 반드시 아라한과를 성취하겠다.'라고 생각하고 정진하고 있다. 그가 출가 생활의 목표에 도달할까?'

그가 지금 아나함과에 도달했다는 것을 아셨다.

'그가 아라한과를 성취할 인연이 성숙했는가?'

그가 인연이 있다는 것을 아셨다.

'그가 오늘 공양하기 전에 아라한과를 성취할 수 있을까?'

그가 공양하기 전에 아라한과를 성취하리라는 것을 아셨다.

'사리뿟따가 사미가 먹을 음식을 얻어서 급히 돌아오고 있구나. 그렇게 되면 사미의 수행을 방해하게 될 것이다. 내가 가서 그가 오는 길목에 서 있다가 네 가지 질문을 하여 시간을 끌어야겠다. 질문에 대답하는 동안 사미는 사무애해를 갖춘 아라한이 될 것이다.'

부처님께서는 장로가 오는 길목에 가서 서 계셨다. 장로가 오자 부처님께서는 네 가지 질문을 하셨다. 장로는 각각의 질문에 정확히 대답했다.

"사리뿟따여, 무엇을 가지고 오는가?"

"음식입니다."

"음식은 무엇을 일으키는가?"

"느낌을 일으킵니다."

"느낌은 무엇을 일으키는가?"

"물질을 일으킵니다."

"물질은 무엇을 일으키는가?"

"접촉을 일으킵니다."

이 네 가지 문답의 의미는 이렇다. 배고픈 사람이 음식을 먹으면 배고픔이 달아나고 즐거운 느낌이 일어난다. 배불리 먹은 만족감에서 온 즐거운 느낌으로 인해 몸이 아름다운 색깔을 띤다. 그래서 즐거운 느낌으로 인해 물질이 일어난다고 하는 것이다. 물질의 힘으로 생긴 기쁨과 즐거움으로 '아, 나는 즐겁다.'라고 생각하며 앉거나 누워서 즐거운 접촉을 얻는다.

장로가 이 네 가지 질문에 대답하는 동안 사미는 사무애해를 갖춘 아라한이 됐다. 그때 부처님께서 장로에게 말했다.

"사리뿟따여, 사미에게 공양을 가져다주어라."

장로는 사미에게 가서 문을 두드렸다. 사미가 나와서 발우를 받아서 한쪽에 놓고 스승에게 야자나무 부채로 부채질을 해 드리기 시작하자 장로가 말했다.

"사미여, 먼저 공양부터 하여라."

"스님께선 드셨습니까?"

"나는 벌써 먹었다. 그것은 네 공양이다."

이 일곱 살 먹은 아이는 청초한 연꽃이 물속에서 피어오르듯이 '내가 시주밥을 먹을 만큼 청정행을 하고 있는가?'라고 반조하고서 공양하기 시작했다.

사미가 발우를 씻고 치워놓자 달의 여신은 달을 놓아주고 해의 신은 해를 놓아주었다. 사대천왕은 네 방향에서 서던 보초를 그만두고 삭까는 지키던 문을 떠나 돌아갔다. 하늘 한가운데 떠 있던 태양은 갑자기 사라지더니 자취를 감추었다.

비구들이 불편을 겪자 한마디씩 했다.

"갑작스러운 어둠이 오고 태양은 하늘 한가운데서 사라졌고 사미가 방금 공양을 끝냈다. 도대체 무슨 일이 일어난 것인가?"

부처님께서 비구들에게 와서 물으셨다.

"비구들이여, 지금 무슨 말을 하고 있는가?"

그들이 대답하자 부처님께서 말씀하셨다.

"그렇다. 비구들이여, 복덕이 많은 사미가 아라한과를 성취하기 위해 열심히 노력할 때 달의 여신은 달의 운행을 멈추고 태양의 신은 태양의 움직임을 멈추었다. 사대천왕은 사원의 네 방향에서 보초를 서고 삭까 천왕은 문 앞에서 보초를 섰다. 붓다인 나도 가만히 쉬고 있을 수 없어서 길목에 가서 나의 아들을 위해 보초를 섰다. 현명한 사미는 농부가 물을 끌어대고 화살 만드는 사람이 활대를 곧게 펴고 목수가 나무로 바퀴를 만드는 것을 본보기로 삼아 자신을 경책하여 아라한이 됐다."

이 말씀에 이어서 부처님께서 게송을 읊으셨다.

**농부는 물길을 내어 물을 끌어들이고
활 만드는 이는 화살을 곧게 만든다.
목수는 굽은 나무를 곧게 다듬고
지혜로운 이는 마음을 잘 다스린다.**(80)

이 법문 끝에 많은 사람이 수다원과, 사다함과, 아나함과를 성취했다.

여섯 번째 이야기
흔들리지 않는 바위와 같은 라꾼다까 밧디야

부처님께서 제따와나에 계실 때 라꾼다까 밧디야54)와 관련해서 게송 81번을 설하셨다.

그는 키가 작아서 자주 사미들의 놀림감이 됐다. 도과를 얻지 못한 사미들이 장로를 보면 머리를 쓰다듬거나 귀를 당기고 코를 비틀며 장난스럽게 말을 걸었다.
"스님, 출가 생활이 지루하지 않으세요? 이 생활이 즐거우세요?"
그러나 장로는 전혀 화를 내거나 불쾌하게 여기지 않았다. 비구들 사이에서 이 문제로 말이 오갔다.
"스님들이여, 이것 좀 보십시오. 사미들과 사람들이 라꾼다까 밧디야 장로를 보면 머리를 쓰다듬고 귀를 당기고 코를 비틀면서 성가시게 하고 귀

---

54) 라꾼다까 밧디야Lakuṇḍaka Bhaddiya: 그는 사왓티의 부자 가문에서 태어났다. 그는 키가 작아서 라꾼다까(난쟁이)라는 별명이 붙었다. 키는 작았지만, 몸은 아름다웠다고 한다. 그는 부처님의 설법을 듣고 출가했다. 그는 학식이 풍부하고 언변이 뛰어났으며 감미로운 목소리로 사람들을 가르쳤다고 한다. 어느 축제 때 한 여인이 바라문과 함께 마차를 타고 가면서 장로를 보고 이를 드러내고 웃었는데 장로는 이를 명상주제로 삼아 선정을 개발해 아나함과를 성취했다. 후에 사리뿟따의 가르침을 듣고 몸에 대한 알아차림을 닦아 아라한이 됐다. 깟사빠 부처님 당시 부처님의 사리탑 공사를 맡은 건축가였다. 하지만 얼마나 크게 만드느냐로 논쟁이 일어나자 작은 사리탑을 지을 결심을 했다고 한다. 이 과보로 그는 금생에 작은 키를 가지게 됐다고 한다. 부처님께서는 그를 감미로운 목소리(mañjussaraṇaṃ)를 가진 데서 제일이며 작지만 위대한 사람의 본보기라고 칭찬하셨다. 그는 키가 작고 동안이어서, 사람들이 그를 종종 사미로 오인해 해프닝이 일어나기도 했다. 그에 관한 이야기가 법구경 게송 260, 261번에도 나온다.

찮게 하는데도 장로는 전혀 화를 내거나 불쾌하게 여기지 않습니다."

부처님께서 들어오셔서 물으셨다.

"비구들이여, 무슨 이야기를 나누고 있는가?"

비구들이 대답하자 부처님께서 말씀하셨다.

"그렇다. 비구들이여, 마음의 족쇄를 모두 제거한 아라한은 화를 내거나 불쾌한 감정을 전혀 일으키지 않는다. 마치 단단한 바위처럼 동요하지도 않고 흔들리지도 않는다."

부처님께서는 이 말씀에 이어서 게송을 읊으셨다.

**큰 바위산이 거센 바람에
흔들리지 않듯이
지혜로운 이는
비난과 칭찬에 동요하지 않는다.**(81)

이 법문 끝에 많은 사람이 수다원과, 사다함과, 아나함과를 성취했다.

일곱 번째 이야기
남편에게 이혼당한 까나[55]

부처님께서 제따와나에 계실 때 까나[56]의 어머니와 관련해서 게송 82번을 읊으셨다. 이 이야기는 율장에 나온다.

까나의 어머니는 사왓티에 사는 재가신도였다. 그녀는 수다원과를 얻은 사람이었으며 상류층에 속했다. 그녀의 딸 까나는 다른 마을에 사는 같은 계급의 남편과 결혼했다. 어느 날 까나는 어머니가 보고 싶어 친정에 와서 며칠을 보냈다. 그러자 남편이 심부름꾼을 보내 빨리 오라고 재촉했다. 그녀가 시댁으로 돌아가야 한다고 말하자 어머니는 딸을 빈손으로 보낼 수 없어서 과자를 만들어주려고 기다리게 했다. 과자를 굽고 있을 때 한 비구가 와서 문 앞에 섰다. 어머니는 과자를 스님의 발우에 넣어드렸다. 그 비구는 그 집에 맛있는 과자가 있다고 다른 비구에게 말했고 그도 와서 두 번째 과자를 얻어갔다. 두 번째 비구는 세 번째 비구에게, 세 번째 비구는 네 번째 비구에게 말해서 결국 과자가 다 떨어져 버렸다. 그래서 그녀는 시댁으로 출발하지 못하고 하루 더 머물게 됐다. 남편이 두 번째 세 번째로 전갈을 보내 빨리 돌아오지 않으면 다른 여자와 결혼하겠다고 으름장을 놓았다. 그녀는 그냥 돌아가겠다고 했으나 어머니는 한사코 빈손으로 돌려보낼 수 없다며 과자를 구웠다. 그러나 다음 날도 그다음 날도 네 비구가 와서 탁발해가는 통에 시댁으로 돌아가는 일이 차일피일 늦어지게 됐고, 남편은 다

---

[55] 이 이야기는 율장 빠찟띠야(Vinpc. xxxiv. 1)에서 유래한다. 빠찟띠야의 34번째 율은 다음과 같다. "어느 집에 도착한 비구에게 (그 가족이) 떡이나 과자를 가져와 받기를 청하면 원하는 비구는 두세 발우만을 얻을 수 있습니다. 그보다 더 많이 받으면, 사죄해야 합니다. 두세 발우를 받아와서 다른 비구들과 함께 나누어야 합니다. 이것이 여기서의 적당한 행동입니다."

[56] 그녀는 너무나 아름다워서 그녀를 보면 눈이 멀어버린다(kāṇā)고 해서 까나라고 불렸다고 한다.

른 여자와 결혼했다고 통보해왔다. 그녀는 이 말을 듣고 쓰러져 울며 비구들을 비난하기 시작했다.

"비구들이 나의 결혼 생활을 망쳤다!"

그때부터 그녀는 비구들이 눈에 보이기만 하면 비난하고 욕설을 퍼부어서 비구들은 감히 그녀가 사는 거리에 가려고 하지 않았다.

부처님께서 무슨 일이 일어났는지 아시고 까나의 친정으로 가셨다. 까나의 어머니는 부처님께 자리를 내드리고 우유죽과 밥을 공양을 올렸다. 부처님께서는 공양을 드시고 나서 말씀하셨다.

"까나는 어디 있는가?"

"부처님이시여, 그 아이가 부처님을 보고 괴로워 울고 있습니다."

"뭣 때문에 울고 있는가?"

"부처님이시여, 그녀는 스님들을 비난하고 욕설을 퍼부었습니다. 그래서 부처님을 보고 괴로워하고 울고 있습니다."

부처님께서는 그녀를 불러서 물으셨다.

"까나여, 너는 왜 나를 보고 괴로워하고 숨어 울고 있느냐?"

어머니가 그녀가 무슨 짓을 했는지 대신 대답하자 부처님께서는 그녀의 어머니에게 물으셨다.

"그러면 까나의 어머니여, 나의 제자들이 그대가 공양 올린 것을 가져갔느냐 아니면 올리지 않은 것을 가져갔느냐?"

"부처님이시여, 스님들은 제가 올린 것을 가져갔습니다."

"나의 제자들이 탁발을 나와 그대의 문 앞에 와서 그대가 올린 것만을 받아갔다면 나의 제자들에게 어떤 비난을 해야 하는가?"

"부처님이시여, 스님들이 비난받을 일은 전혀 없습니다. 제 딸이 비난받아야 합니다."

부처님께서는 딸을 보고 말씀하셨다.

"까나여, 나의 제자들은 탁발을 나와 네 집 앞에 와서 네 어머니가 올린 과자만을 받아갔다고 하는데 나의 제자들에게 어떤 비난을 해야 하는가?"

"부처님이시여, 스님들이 비난받을 일은 없습니다. 제가 비난받아야 합니다."

그녀는 부처님께 삼배를 올리고 용서해 달라고 간청했다. 부처님께서는 그녀에게 차제설법을 하셨고 그녀는 수다원과를 성취했다. 부처님께서는 자리에서 일어나 사원으로 떠나셨다.

사원으로 가는 도중에 부처님께서 궁전 앞뜰을 지나가자 왕이 보고 시종에게 말했다.

"저기 가는 분이 부처님 아니시냐?"

"폐하, 맞습니다."

왕은 시종을 보내며 말했다.

"부처님께 가서 내가 지금 친견하러 가겠다고 말씀드려라."

부처님께서 궁전 앞뜰에 서 있자 왕이 다가와서 삼배를 올리고 말씀드렸다.

"부처님이시여, 어디 다녀오시는 길입니까?"

"대왕이시여, 나는 지금 까나의 친정에 갔다 오는 길입니다."

"부처님이시여, 왜 거기 가셨습니까?"

"까나가 비구들에게 비난을 퍼부었다고 해서 갔었습니다."

"부처님이시여, 그녀가 비난을 멈추었습니까?"

"그녀는 비난을 멈추었을 뿐만 아니라 출세간의 법을 지닌 부자가 됐습니다."

"부처님이시여, 부처님께서 그녀를 출세간의 부자로 만들었다면 저는 바로 이생에서 그녀를 세간의 부자로 만들어주겠습니다."

왕은 부처님께 삼배를 올리고 왕궁으로 돌아가서 화려한 마차를 보내 까나를 왕궁으로 데려오게 했다. 그리고 온갖 장신구로 치장시키고 양녀로 삼고 신하들에게 말했다.

"나의 딸을 행복하게 해 줄 수 있는 사람은 누구든지 데려가라."

모든 일을 완벽하게 처리하는 한 대신이 대답했다.

"폐하, 제가 폐하의 딸을 행복하게 해 줄 수 있습니다."

그는 그녀를 데려가서 아내로 삼고 안살림을 맡기면서 말했다.

"네가 원하는 대로 공덕을 지어라."

그 이후로 그녀는 네 문에 사람을 두고 집에 오는 모든 비구와 비구니에게 공양을 대접했다. 그녀는 또한 자기 집에 오지 않은 스님을 일부러 찾아다니며 공양을 올렸다. 까나는 항상 여러 가지 맛있는 음식을 풍부하게 준비해 스님들께 올렸다.

비구들이 법당에서 이야기를 나누었다.

"벗들이여, 이전에 네 명의 나이든 장로가 까나의 기분을 상하게 해서 그녀가 화를 냈는데 오히려 부처님의 가르침으로 깨달음을 얻고 믿음을 갖추었습니다. 그녀의 집은 비구들이 다시 탁발을 가도 좋은 집이 됐습니다. 그녀는 많은 스님에게 공양을 올리고 싶어 해서 오히려 스님들이 부족할 정도입니다. 부처님의 능력은 정말 경이롭습니다!"

부처님께서 들어오셔서 물으셨다.

"비구들이여, 여기 앉아서 무슨 이야기를 나누고 있는가?"

비구들이 대답하자 부처님께서 말씀하셨다.

"비구들이여, 네 명의 장로가 까나를 괴롭힌 것은 이번이 처음이 아니다. 과거생에서도 똑같은 일이 있었다. 까나를 설득해서 내 말에 따르도록 한 것도 이번이 처음이 아니다. 과거생에서도 그녀에게 도움을 주었다."

비구들이 그 이야기를 자세히 듣고 싶어 하자 부처님께서는 비구들의 요청에 따라 밥부 자따까를 이야기해 주셨다.

까시에 황금 4억을 가진 부자 상인이 살았다. 그의 아내는 돈에 대한 집착을 가지고 죽었기 때문에 쥐로 태어나 재물이 감추어져 있는 곳에 살았다. 가족들도 모두 죽어버리자 마을은 황량한 곳이 되어 버렸다. 그때 보디삿따는 쥐의 집에서 가까운 곳에 있는 채석장에서 일하는 석수였다. 쥐는 그를 좋아해서 그에게 동전 한 닢을 가져다주고 그 돈의 반은 그가 가지고 반은 고기를 사서 갖다 달라고 했다. 보디삿따는 쥐의 제안에 동의하고 고기를 사다 주었다. 어느 날 쥐가 고양이에게 붙잡혔다. 쥐는 자신의 고기를 반으로 나누는 조건으로 고양이에게서 풀려났다. 하지만 얼마 후 쥐는 또 다른 세 고양이에게 차례로 붙잡혔다. 쥐는 똑같은 조건으로 풀려났다. 그래서 고기를 다섯 등분으로 나누어야 했고 쥐는 점점 야위어갔다. 보디삿따가 이 사실을 알고 쥐를 투명한 수정상자 안에 넣어주며 고양이가 오면 관계를 끊는다고 말하라고 했다. 첫 번째 고양이가 오자 쥐는 상자 속에서 고양이에게 욕설을 퍼부었다. 고양이는 수정상자에 뛰어올랐다가 부딪쳐 죽었다. 나머지 고양이들도 그렇게 죽었다. 쥐는 이제 자유로운 몸이 됐다. 이에 보답하려고 쥐는 보디삿따에게 보물을 모두 보여주었다.(Babbu Jātaka, J137)

한 고양이가 나타나고
두 번째 고양이가 나타나고
세 번째, 네 번째 고양이가 나타나는 곳
이곳이 고양이들이 노리는 쥐구멍이다.

부처님께서는 자따까를 자세히 설명하시고 나서 자따까에 나오는 인물들을 설명하셨다.

"그 당시 네 고양이가 지금 네 명의 나이든 장로이고, 그 쥐는 지금의 까나이고, 석수는 나였다. 비구들이여, 과거에서도 까나의 마음은 슬프고 혼란스러웠는데 나의 말을 따라서 고요한 호수의 물처럼 맑고 깨끗한 마음이 됐다."

부처님께서는 이 말씀에 이어서 게송을 읊으셨다.

깊은 바다가
티 없이 맑고 고요하듯이
지혜로운 이는
진리의 가르침을 듣기에
그 마음 맑고 깨끗하다.(82)

이 법문 끝에 많은 사람이 수다원과, 사다함과, 아나함과를 성취했다.

여덟 번째 이야기
500명의 깝삐야57)

부처님께서 제따와나에 계실 때 500비구와 관련해서 게송 83번을 설하셨다.

이 이야기는 웨란자58)에서 시작된다.

부처님께서 웨란자 마을을 방문하셨는데 웨란자 바라문이 자신의 마을에서 우기 안거를 지내시기를 청했다. 그래서 부처님께서는 500비구와 함께 그곳에서 안거를 지내게 됐다. 그러나 웨란자 바라문은 마라의 주문에 걸려서 부처님에 대한 생각을 완전히 잊어버리고 안거 내내 단 하루도 공양을 올리지 않았다. 게다가 웨란자에 기근이 들어 비구들은 탁발하려고 여기저기 돌아다녀 보았지만 아무것도 얻지 못했다. 비구들은 체력이 고갈

---

57) 이 이야기는 왈로다까 자따까(Vālodaka Jātaka, J183)에서 유래한다. 이야기의 도입부분인 웨란자에서 안거를 보내는 이야기는 율장 빠라지까(波羅夷, VinPr. i. 1-4)에 나온다.

58) 웨란자Verañja: 부처님께서 12년째 안거를 보내신 곳이며 웨란자 바라문이 거주하는 마을이다. 웨란자 바라문은 부처님을 친견하고 부처님은 왜 나이든 바라문들을 존경하지 않는지 여쭈었다. 부처님께서는 이 세상에서 당신이 존경할 만한 바라문을 만나지 못했다고 대답하셨다. 그는 이외에도 여러 가지 교리에 대해 질문했고 부처님의 대답에 만족해 불자가 됐다. 그는 부처님과 승단이 그해 안거를 웨란자 마을에서 보내도록 청했다. 그때 그곳에 기근이 들었고 웨란자 바라문도 공양 올리는 것을 잊어버려 부처님과 제자들은 말장수들이 올리는 매우 조악한 음식(말들이 먹는 보리)으로 한 철을 지내야 했다. 목갈라나는 신통으로 비구들을 데리고 웃따라꾸루(Uttarakuru, 北拘盧州)로 날아가서 공양을 얻자고 제안했지만 부처님께서는 거절하셨다. 안거가 끝나자, 부처님께서는 관례대로 유행을 떠나기에 앞서 초청자에게 떠나겠다는 인사를 했다. 웨란자 바라문은 자신이 부처님과 제자를 청해놓고도 한철 내내 초청자의 의무를 이행하지 못한 허물을 사과한 후 다음 날 부처님과 승단에 공양을 올리고 부처님에게는 가사 세 벌을 비구들에게는 한 벌씩 보시했다.

되기 시작했다. 그래서 말장수가 주는 말 먹이용 귀리밥을 적게나마 얻어 먹으며 몸을 지탱해 나가야 했다.59) 목갈라나 장로는 비구들의 체력이 고갈되자 땅의 영양분을 먹거나 웃따라꾸루(북구로주)로 날아가서 탁발하자고 부처님께 말씀드렸다. 그러나 부처님께서는 이를 거절하셨다. 이런 상황에서도 비구들은 단 하루도 음식에 대해 걱정하거나 초조해 하지 않고, 음식에 대한 집착에서 완전히 벗어나 평화롭게 살아갔다.

부처님께서는 3개월간의 안거를 마치고, 웨란자 바라문에게 떠나겠다고 통보했다. 바라문은 그제야 자신이 의무를 소홀히 한 데 대해 사과하고 부처님께 공양을 올리고 가사를 시주했다. 부처님께서는 그에게 삼귀의계를 주시고 떠나가셨다. 부처님께서는 이곳저곳을 유행하시다가 사왓티에 도착해 제따와나에 머물렀다. 사왓티 시민들은 부처님께서 돌아오신 것을 환영하여 맛있는 음식을 준비하여 올렸다.

그때 500명의 깝삐야60)가 비구들의 호의로 비구들을 따라다니며 함께 살고 있었다. 그들은 제따와나에 도착하자 스님들이 먹고 남은 음식을 배불리 먹고 실컷 자고 나서 일어나 강둑에 가서 소리를 지르고 펄쩍펄쩍 뛰고 씨름하고 춤추고 야단을 피웠다. 그들은 사원 안에 들어와서도 소리를 지르고 소란을 피워댔다.

비구들이 법당에 모여 그들의 못된 행실에 대해 이야기했다.
"스님들이여, 저 깝삐야들을 좀 보십시오. 웨란자에서 굶주리고 있을 때

---

59) 비유경에 따르면 뿟사Phussa 부처님 당시에 귀족 가문에 태어난 보디삿따는 비구들이 너무 좋은 음식을 먹는다고 비난하면서 보리를 먹는 것이 어떠냐고 말했다고 한다. 이 과보로 웨란자에서 3개월간 보리를 드셨다고 한다.
60) 깝삐야 다라까kappiya dāraka: 깝삐야는 스님들이 계율을 어기지 않게 도와주는 사람이다. 이들은 사원에서 사중의 돈을 관리하거나 스님들에게 공양을 지어 올리거나 나무를 베고 풀을 뽑는 등 스님들이 계율상 할 수 없는 것을 해 주고 음식을 얻어먹고 살아가는 사람들이다.

는 오히려 조용히 지내더니 이제 온갖 맛있는 음식을 먹고 기운이 넘치니까 못된 행실을 저지르고 다닙니다. 그러나 비구들은 웨란자의 힘든 상황에서도 평화롭게 살았고 지금의 안정된 환경에서도 평화롭고 고요하게 살아갑니다."

부처님께서 법당에 들어오셔서 비구들에게 무슨 이야기를 나누고 있는지 물으셨다. 비구들이 대답하자 부처님께서 말씀하셨다.

"이들은 과거생에서도 이 같은 짓을 저질렀다. 과거생에 이들은 500마리의 당나귀로 태어났을 때, 500마리 신디의 순종 말이 마시고 남은 포도 주스의 찌꺼기를 물을 타서 짜고 천으로 걸러 당나귀에게 주자 당나귀들이 이 맛도 없는 거친 주스를 마셨다."

부처님께서는 왈로다까 자따까를 상세히 이야기해 주셨다.

> 베나레스의 왕 브라흐마닷따가 기병대, 상병대, 전차대, 보병대의 네 군대를 이끌고 변방의 반란을 진압하고 돌아와서 말이 피곤하니 포도 주스를 마시게 하라고 지시했다. 말들은 알코올 성분이 강한 포도 주스를 마시고도 마구간에서 조용히 있었다. 자양분은 다 빠진 포도 주스의 찌꺼기가 남아 있자 왕은 그것을 짜서 말들의 여물을 싣고 다녔던 당나귀들에게 먹이라고 지시했다.(Vālodaka Jātaka, J183)

당나귀들은 마치 포도주를 마신 것처럼 취해서 소리를 지르고 울부짖고 날뛰었다. 왕이 이것을 보고 신하에게 그 이유를 물었다.

영양분은 다 빠져나간 찌꺼기를 마시고
당나귀는 술에 취해 난동을 부리는데
도수가 높은 술을 마신 순종 말은
왜 날뛰지 않고 조용히 있는가?

대왕이여, 천한 태생은 조금 마시고도
잔뜩 취해 야단을 떨고,
고귀한 태생은 도수 높은 술을 마시고도
취하지 않고 잘 인내합니다.

부처님께서는 왈로다까 자따까를 이야기해 주시고 나서 말씀하셨다.
"비구들이여, 이와 같이 나쁜 욕망을 포기한 착한 사람들은 행복과 불행, 칭찬과 비방, 즐거움과 괴로움에 마음이 흔들리지 않는다."
부처님께서는 이 말씀에 이어서 게송을 읊으셨다.

**훌륭한 이는 집착을 버리고
덕 있는 이는 바라는 것을 말하지 않으며
지혜로운 이는 행복과 불행을 만나더라도
기뻐하거나 낙담하지 않는다.**(83)

이 법문 끝에 많은 사람이 수다원과, 사다함과, 아나함과를 성취했다.

아홉 번째 이야기
가정을 버리고 출가해 깨달음을 얻은 담미까 장로

부처님께서 제따와나에 계실 때 담미까 장로와 관련해서 게송 84번을 설하셨다.

사왓티에 계를 잘 지키고 올바르게 살아가는 재가신도가 있었다. 어느 날 그는 아내와 즐겁게 대화하다가 출가하고 싶어 말했다.
"아내여, 나는 비구가 되고 싶소."
"여보, 뱃속에 든 아기가 나올 때까지만 기다리세요."
아이가 태어나자 그는 다시 출가하겠다고 말했다. 그러자 아내가 또 말렸다.
"여보, 아기가 걸어 다닐 때까지 기다리세요."
그는 아기가 걸어 다닐 때까지 기다렸다가 다시 비구가 되겠다고 말했다. 아내는 무슨 핑계를 대서라도 남편을 붙잡으려고 했다.
"여보, 아이가 스무 살이 될 때까지 기다리세요."
남편은 아내의 허락을 받아 출가하는 것이 어렵다는 것을 알았다.
'아내의 허락을 받는 것과 받지 않는 것이 무슨 차이가 있겠는가? 나 홀로 고통에서 해탈을 구해야겠다.'
그는 아내의 허락 없이 출가해 비구가 됐다. 그는 부처님으로부터 수행 주제를 받아 열심히 정진해 출가 생활의 궁극에 도달했다. 그는 사왓티로 돌아와 옛날에 자기가 살던 속가로 가서 아들에게 출가 수행의 이익에 대해 법문했다. 아들도 법문을 듣고 출가하여 비구가 되었고 얼마 가지 않아서 아라한이 됐다. 아내는 의지할 사람 없이 홀로 집에 있으려니 너무나 외로웠다.
'정답게 오순도순 행복하게 살고 싶었던 두 사람이 모두 출가해 비구가 됐다. 나 혼자 남아서 무슨 재미로 살아간단 말인가? 나도 출가해 비구니가 돼야겠다.'

그녀도 출가해 비구니가 되었고 열심히 수행해 아라한이 됐다.

어느 날 비구들이 법당에 모여 법담을 나누고 있었다.

"우리의 형제 담미까는 법에 대한 확고한 신심을 가지고 있었기 때문에 출가해 비구가 됐고 열심히 정진해 아라한이 됐습니다. 아버지를 본받아 아들도 같은 길을 걸었고 아내도 결국 해탈을 이루었습니다."

부처님께서 들어오셔서 물으셨다.

"비구들이여, 여기 앉아서 무슨 이야기를 나누고 있는가?"

비구들이 대답하자 부처님께서 말씀을 이으셨다.

"비구들이여, 현명한 자는 자신을 위해서나 남을 위해서 성공하기를 바라지 않는다. 현자는 오직 법에 귀의해 안식처를 구한다."

부처님께서는 이 말씀에 이어서 게송을 읊으셨다.

자신을 위해서도 남을 위해서도
자식과 재물과 권력을 위해서도
악행을 저지르지 않고
바르지 않은 성공을 바라지 않는다.
이런 이가 지혜와 계행을 갖추고
법을 닦는 사람이다.(84)

이 법문 끝에 많은 사람이 수다원과, 사다함과, 아나함과를 성취했다.

열 번째 이야기
철야법회에서 법문을 듣는 신도들

부처님께서 제따와나에 계실 때 법문을 듣는 것과 관련해서 게송 85, 86번을 설하셨다.

사왓티의 한 거리 주민들이 신도회를 조직해서 함께 공양을 올리고 철야법회를 하기로 했다. 하지만 막상 철야법회가 시작되자 밤새도록 법문을 듣고 있을 수가 없었다. 어떤 이는 성욕을 이기지 못해 집으로 돌아가고, 어떤 이는 불쾌감을 이기지 못해 돌아가고, 남아 있는 이들도 해태와 혼침을 이기지 못해 앉은 자리에서 졸며 거의 법문을 듣지 못했다.

다음 날 비구들이 이 일을 듣고 법당에서 이야기를 나누고 있을 때 부처님께서 들어와 물으셨다.
"비구들이여, 여기 앉아서 무슨 이야기를 나누었는가?"
비구들이 대답하자 부처님께서 말씀하셨다.
"비구들이여, 세상 대부분의 중생들은 존재에 집착한다. 욕계, 색계, 무색계의 세 가지 존재에 집착하며 살아간다. 이 존재에서 벗어나 피안으로 가려는 자는 거의 없다."
부처님께서는 이 말씀에 이어서 게송을 읊으셨다.

저 언덕(彼岸)으로 가는 이는 없고
이 언덕(此岸)에 머무는 자는 참으로 많네.(85)

부처님의 가르침을 바르게 실천하는 이만이
건너기 힘든 죽음의 왕국을 건너
저 평화스러운 언덕에 이르리라.(86)

이 법문 끝에 많은 사람이 수다원과, 사다함과, 아나함과를 성취했다.

열한 번째 이야기
50명의 비구

부처님께서 제따와나에 계실 때 부처님을 뵙기 위해 방문한 50명의 비구와 관련해서 게송 87, 88, 89번을 설하셨다.

꼬살라 왕국에서 우기 안거를 보낸 50명의 비구가 안거가 끝나자 부처님을 찾아뵙기 위해 제따와나에 도착했다. 그들은 부처님께 다가와서 삼배를 올리고 공손하게 한쪽에 앉았다. 부처님께서 그들이 안거 기간 수행한 이야기를 들으시고 게송을 읊으셨다.

지혜로운 이는 갈애의 집을 떠나
어둠을 버리고 밝음을 닦아야 한다.
지혜로운 이는
범부가 즐기기 어려운
벗어남(遠離)과 무집착(無執着)에서
즐거움을 구해야 한다.(87)

지혜로운 이는 욕망을 버리고
집착에서 벗어남을 즐기고
마음의 때를 씻어
자신을 깨끗이 해야 한다.(88)

일곱 가지 깨달음의 요소[61]를

---

61) 일곱 가지 깨달음의 요소(satta bojjhaṅga, 七覺支): 깨달음으로 인도하기 때문에 깨달음의 요소(覺支)라고 한다. 일곱 가지 요소는 알아차림(sati), 현상에 대한 조사(dhamma-vicaya), 정진(viriya), 기쁨(pīty), 경안(passaddhi), 집중(samādhi), 평온(upakkhā)이다. 두 번째 요소에서 법(dhamma)은 몸과 마음에서 일어나는 현상을 의미한다. 그래서 일반적으로 '현상에 대한 조사'로 번역한다. 맛지마 니까야 호흡에 대한 알아차림

바르게 닦는 이는
아무것도 붙잡지 않는 즐거움을 누린다.
마음의 때가 다하여 밝게 빛나는 그는
이 세상에서 열반을 성취한다.(89)

이 법문 끝에 많은 사람이 수다원과, 사다함과, 아나함과를 성취했다.

경(Ānāpāna sati sutta, M116)에 칠각지를 닦는 방법과 이익에 대한 설명이 나온다. "비구들이여, 호흡에 대한 알아차림을 닦고 키우면 커다란 이익이 있다. 호흡에 대한 알아차림을 닦아나가면 네 가지 알아차림(四念處)을 얻는다. 네 가지 알아차림을 닦아나가면 일곱 가지 깨달음의 요소를 성취한다. 일곱 가지 깨달음의 요소를 닦아나가면 지혜와 해탈을 성취한다."

제7장 아라한

Arahanta Vagga

제7장 아라한Arahanta Vagga

첫 번째 이야기
발을 다치신 부처님과 의사 지와까

부처님께서 지와까의 망고 동산에 계실 때 의사 지와까의 질문과 관련해서 게송 90번을 설하셨다.

지와까의 이야기는 율장 칸다까62)에 자세히 나온다.

어느 때 데와닷따는 아자따삿뚜와 공모해 사악한 마음을 품고 깃자꾸따에 올랐다. 그는 부처님을 죽이겠다고 중얼거리면서 봉우리에서 커다란 바위를 굴렸다. 바위가 부처님을 향해서 쏜살같이 굴러 내려가다가 두 개의 뾰족 튀어나온 바위에 부딪히면서 방향을 틀었다. 하지만 바위에서 튕겨 나온 파편 하나가 부처님의 발을 다치게 했다. 다친 부위에서 피가 흘러나왔고, 부처님께서는 극심한 통증을 느끼셨다. 비구들에 의해 들것에 실어 맛다꿋치63)로 옮겨졌다. 부처님께서는 지와까 망고 동산으로 가고 싶어 비

---

62) 칸다까(Khandhaka, 犍度部): 율장은 경분별(經分別, Suttavibhaṅga), 건도부, 부수(附隨, Parivāra) 세 부분으로 이루어져 있다. 경분별은 비구와 비구니 계목(戒目, Pātimokkha)이고, 건도부는 대품, 소품으로 이루어져 있고 부수는 부록이다. 지와까 일대기는 건도부 중에서 율장 대품 제8 가사 편에 자세히 기록돼 있다.
63) 맛다꿋치Maddakucchi: 깃자꾸따Gijjhakūṭa 아래에 있는 야생동물 보호구역으로 지와까 망고 동산Jīvakambavana이 가까이에 있으며 데와닷따가 굴린 바위에 부처님께서 발을 다치신 곳이다. 빔비사라Bimbisāra 왕의 왕비 꼬살라데위Kosaladevī가 아자따삿뚜Ajātasattu를 임신했을 때 예언자들이 태어날 아이가 아버지를 죽일 자라고 예언하자 이곳에 와서 유산을 시도했다. 그래서 이곳을 '태아를 파괴하다'는 뜻의 맛다꿋치라고 불렀다.

구들에게 말했다.

"나를 지와까 망고 동산으로 옮겨다오."

그래서 비구들은 부처님을 들것에 싣고 지와까 망고 동산에 있는 사원으로 급히 옮겼다.

의사 지와까가 이 소식을 듣고 부처님께 달려와 상처를 치료하기 위해 독한 약을 바르고 붕대를 감으면서 말씀드렸다.

"부처님이시여, 저는 성 밖에 환자가 있어 가봐야 합니다. 환자를 치료하는 즉시 돌아오겠습니다. 그때까지 붕대를 풀지 마시기 바랍니다."

하지만 지와까가 환자를 치료하고 돌아왔을 때는 성문이 잠겨 있어 들어갈 수 없었다. 지와까는 그때야 아차 하는 생각이 들었다.

'큰 잘못을 저질렀구나. 보통 사람들에게 하듯이 부처님 발에 독한 약을 바르고 붕대를 칭칭 감아놓았다. 지금이 붕대를 풀어야 할 시간이다. 붕대를 밤새도록 풀지 않으면 부처님께서 엄청난 고통을 겪으실 것이다.'

그 순간 부처님께서 아난다 장로에게 말했다.

"아난다여, 지와까가 너무 늦게 돌아와서 성안에 들어올 수가 없다. 그는 '지금이 붕대를 풀어주어야 할 시간이다.'라고 생각하고 있으니 붕대를 풀어다오."

아난다가 붕대를 풀자 상처는 깨끗이 아물어 있었다. 다음 날 새벽 지와까가 부리나케 달려와 부처님께 여쭈었다.

"부처님이시여, 큰 고통을 느끼지 않았습니까?"

"지와까여, 여래는 금강보좌[64])에 앉았을 때 이미 모든 고통을 소멸시켜

---

64) 금강보좌金剛寶座: 빠알리어 보디만다Bodhimaṇḍa를 금강보좌로 번역했다. 보디만다의 원래 뜻은 보리도량菩提道場이다. 보리도량은 보드가야에 있는 보리수(Bodhirukka) 나무 주변 일 까리사(약 100평) 정도의 땅을 말한다. 붓다왐사 주석에 의하면, 이곳은 모든 부처님이 정각을 이루는 불변의 자리이다. 다른 곳은 부처님의 깨달음의 무게를 지탱할 수 없다. 부처님이 태어나는 날 이 자리에 보리수도 같이 솟아난다. 보디만다에는 풀 한 포기

버렸다."
　부처님께서는 이 말씀에 이어서 게송을 읊으셨다.

　　생사윤회의 긴 여행을 마치고
　　근심도 없고
　　모든 것에서 벗어나
　　모든 매듭65)을 끊어버린 이에게
　　더 이상 괴로움은 없다.(90)

　이 법문 끝에 많은 사람이 수다원과, 사다함과, 아나함과를 성취했다.

　　조차 자랄 수 없고, 부드럽고, 은빛모래가 깔려 있으며, 그 위로 누구도 지나갈 수 없다. 심지어 삭까 천왕도 지나갈 수 없다. 고따마 부처님께서 이 보리수나무 아래에서 정각正覺을 이루셨으며, 정각을 이룬 후 감사하는 마음으로 눈을 끔뻑거리지 않고 나무를 바라보며 일주일 동안 서 계셨다. 불자들이 반드시 순례해야 할 사대성지 중 하나이다.
65) 매듭(gantha): 간타gantha는 '묶는다'라는 어원에서 나온 말로 마음을 몸에 묶고 현재를 미래에 묶어 윤회의 원인이 되는 것을 의미한다. 매듭에는 다음과 같이 네 가지가 있다. ① 간탐(abhijjhā) ② 악의(viyāpāda) ③ 계율과 의식에 대한 집착(sīlabbata parāmāsa) ④ 이것만이 진리라는 독단적인 신조(idaṁsaccābhinivesa)이다.(D33)

두 번째 이야기
무소유 무집착의 본보기 마하깟사빠 장로

부처님께서 웰루와나에 계실 때 마하깟사빠 장로와 관련해서 게송 91번을 설하셨다.

어느 때 라자가하에서 안거가 끝나자 부처님께서는 비구들에게 이렇게 말씀하셨다.

"보름이 지나면 여래는 유행에 나설 것이다."

모든 부처님은 유행을 떠나기 보름 전에 비구들에게 미리 알려주는 것이 의무이다. 이때가 되면 비구들은 유행을 떠날 준비를 한다. 기쁜 마음으로 발우에 참기름을 발라 불에 구워 검은색을 입히고 빛바랜 가사를 염색한다. 이렇게 준비할 시간을 주기 위해 미리 공지하는 것이다.

비구들은 모두 발우를 소독하고 가사를 염색하고 떨어진 곳을 바느질하고 있는데 유독 마하깟사빠만은 평소처럼 가사를 빨고 있었다. 비구들은 장로의 행위가 눈에 거슬렸던 모양이었다.

"장로는 왜 가사를 세탁하지? 라자가하에는 수천만 명의 주민이 살고 있다. 많은 사람이 마하깟사빠 장로의 친척이 아니면 신도이고, 신도가 아니면 친척이다. 도시 시민 모두가 장로에게 절을 올리고 네 가지 필수품을 제공한다. 이 좋은 것들을 포기하고 장로가 과연 떠날 수 있을까? 그는 가더라도 마빠마다 동굴 이상은 넘어가지 않을 것이다."

마빠마다 동굴은 이렇게 해서 붙여진 이름이다. 부처님께서 이 동굴에 도착할 때마다 되돌아가는 비구들에게 이렇게 말씀하시곤 했다.

"이제 돌아가거라. 방일하지 마라(mā pamajjittha)"

그래서 이 동굴을 마빠마다라고 부르게 됐다.

부처님께서는 유행을 떠나시면서 생각하셨다.

'이 도시 안팎에는 수천만 명의 사람이 살고 있어서 집안에 잔치나 흉사가 있으면 비구들이 가봐야 한다. 그런데 사원을 비우고 다 떠나버리면 문제가 일어날 것이다. 이들을 모두 돌려보낼까?'

그때 부처님에게 좋은 생각이 떠올랐다.

'이 도시 사람들은 마하깟사빠의 친척이거나 신도들이다. 그를 돌려보내야겠다.'

부처님은 마하깟사빠 장로를 불러 말씀하셨다.

"깟사빠여, 사원을 텅 비워놓고 모두 떠나는 것은 옳지 않다. 사람들에게 잔치나 흉사가 있으면 비구들이 필요하다. 그러니 그대는 제자들을 데리고 돌아가거라."

"부처님이시여, 그렇게 하겠습니다."

장로는 대답하고 제자들을 데리고 돌아갔다.

비구들이 이걸 보고 말들이 많았다.

"우리가 '마하깟사빠 장로는 왜 가사를 세탁하지? 그는 부처님을 따라가지 않을 것이다.'라고 말하지 않았습니까? 우리가 예측한 그대로입니다."

부처님이 비구들이 하는 말을 듣고 돌아서서 말씀하셨다.

"비구들이여, 무슨 이야기를 하고 있는가?"

"부처님이시여, 우리들은 마하깟사빠 장로에 대해 이야기하고 있습니다."

부처님께서는 비구들이 하는 말을 듣고 말씀하셨다.

"비구들이여, '깟사빠는 신도들과 시주물에 집착한다.'라고 말하지 마라. 그는 나의 지시에 따라 돌아간 것이다. 그는 과거생에 '시주물에 집착하지 않고 청정한 달과 같이 신도들에게 다가가기를!'이라고 서원을 세웠다. 깟사빠는 신도들과 시주물에 전혀 집착이 없다. 나는 달과 같은 청정범행淸淨梵行을 이야기할 때 가장 본받아야 할 사람으로 깟사빠를 언급한다."

비구들이 부처님께 여쭈었다.

"부처님이시여, 언제 깟사빠 장로가 서원을 세웠습니까?"

"비구들이여, 그 이야기를 듣고 싶은가?"

"그렇습니다, 부처님이시여."

"비구들이여, 10만 겁 전에 빠두뭇따라 부처님이 세상에 출현하셨다."

부처님께서는 빠두뭇따라 부처님 당시 서원을 세운 이야기부터 장로의 과거생에 대해 자세히 이야기해 주셨다. (이 이야기는 경전에 자세히 언급돼 있다.66)) 부처님께서 장로의 과거생을 자세히 설명하고 나서 말씀하셨다.

"비구들이여, 달과 같은 청정범행에 대해서는 깟사빠가 으뜸이다. 나의 아들은 마치 백조가 호수에 내려 머물다가 미련 없이 떠나듯 어떠한 것에도 집착하지 않는다."

부처님께서는 이 말씀에 이어서 게송을 읊으셨다.

주의깊게 알아차리고
힘써 노력하며 집착 없는 그는
철새가 머물던 호수를 버리고 미련 없이 떠나듯
욕망을 버리고 떠난다.(91)

이 법문 끝에 많은 사람이 수다원과, 사다함과, 아나함과를 성취했다.

---

66) 앙굿따라 니까야 하나모음(A1.14.4)의 주석에 언급돼 있다. 간략히 요약하면 이렇다. 빠두뭇따라Padumuttara 부처님 당시 깟사빠는 웨데하Vedeha라는 부자였다. 그는 밧다Bhaddā와 결혼했다. 둘은 부처님의 열렬한 신도였다. 어느 날 부처님의 세 번째 제자인 니사바Nisabha가 두타행(엄격한 금욕생활)을 하는 데서 제일이라는 칭호를 얻는 것을 보고 자기도 미래의 부처님 아래 출가해 두타행에서 제일이 되겠다고 서원을 세웠다.

세 번째 이야기
음식을 저장한 벨랏타시사 비구67)

부처님께서 제따와나에 계실 때 벨랏타시사68) 비구와 관련해서 게송 92번을 설하셨다.

벨랏타시사 장로는 매일 탁발하는 것이 불편했다. 그래서 한 거리에서 탁발해서 공양한 후 두 번째 거리에서는 양념이나 반찬 없이 쌀밥만 탁발해 절에 가져와 말려서 저장해 놓곤 했다. 그리고 며칠 동안 선정에 들었다가 나와서 탁발을 가지 않고 마른 밥에 물을 뿌려 먹었다. 비구들이 이 사실을 알고 부처님께 보고했다. 이 말을 듣고 부처님께서는 음식을 저장해서 먹는 것을 금하는 계율을 제정하셨다. 그러나 장로가 계율을 제정하기 전에 잘못을 저질렀고 탐욕을 부려 저장한 것이 아니므로 부처님께서는 그에게 잘못이 없다고 선언하셨다.

이 말씀에 이어서 부처님께서는 게송을 읊으셨다.

그는 아무것도 쌓아두지 않고
먹을 것에도 집착하지 않는다.

---

67) 이 이야기는 율장 빠찟띠야(VinPc. xxxviii. 1)에서 유래한다. 율장 빠찟띠야(波逸提) 제38번째 계목인 "어떤 비구가 저장된 반찬이나 밥을 씹거나 먹으면 사죄해야 합니다."라는 계율을 제정하게 된 인연담이다.

68) 벨랏타시사Belaṭṭhasīsa: 아난다Ānanda 장로의 친교사였다. 그는 사왓티의 바라문이었으나 우루웰라 깟사빠Uruvela Kassapa의 제자였다가 우루웰라 깟사빠가 부처님께 귀의하자 함께 개종했다. 그는 '불의 설법'을 듣고 아라한이 됐다. 그는 빠두뭇따라Padumuttara 부처님 당시에도 비구였으나 그때는 도과나 선정을 얻지 못했다고 한다. 율장 대품 제6 약편에 따르면 그는 비타민 부족으로 일어나는 괴혈병壞血病에 걸려 환부에서 누런 고름이 나와 가사가 몸에 들러붙었다. 그래서 비구들이 가사에 계속 물을 축여서 몸에 들러붙지 않도록 했다. 부처님께서 이 말을 듣고 분말약이나 소똥, 점토, 염료를 약으로 사용할 수 있도록 했다.

공, 표상 없음, 해탈만이 목적이어서[69]
그가 가는 곳엔 자취가 없다.
새가 허공을 날아도 자취가 없듯이.(92)

이 법문 끝에 많은 사람이 수다원과, 사다함과, 아나함과를 성취했다.

---

[69] 해탈(vimokkha)에 이르는 세 가지 문이 있다. ① 공(suññata) ② 표상 없음(animitta) ③ 원함 없음(appaṇihita)이다.(Vis. XXI. 66ff) 확신(adhimokkha)이 강한 자는 모든 현상을 무상이라고 관찰하여 표상없는 해탈을 얻는다. 경안(passaddhi)이 강한 자는 모든 현상을 괴로움이라고 관찰하여 원함없는 해탈을 얻는다. 지혜(veda)가 강한 자는 모든 현상을 실체 없음이라고 관찰하여 공해탈을 얻는다.(Vis. XXI. 70) 이외에도 심해탈心解脫, 혜해탈慧解脫, 양면해탈兩面解脫, 팔해탈八解脫 등의 용어가 여러 경전(D15, D16, A8.66)에서 나타난다. 심해탈은 주로 색계와 무색계 삼매의 성취를 말하고, 혜해탈은 순수 위빳사나 수행으로 아라한과를 성취한 경우를 말하고, 양면해탈은 무색계 선정을 성취하고 위빳사나 수행으로 아라한과를 성취한 것을 의미한다. 팔해탈은 초선정에서 멸진정까지 각각의 단계를 넘어설 때마다 '벗어났다'는 의미에서 해탈을 말한다. 이와 달리 위 게송에서의 해탈은 윤회에서의 해탈, 즉 아라한과의 성취를 의미한다. 아라한과의 마음은 공, 표상 없음, 원함 없음 등으로 나타난다. 아라한은 탐욕, 성냄, 어리석음이 없기 때문에 어떤 행위든지 업이 되지 않으며 따라서 자취가 남지 않는다.

네 번째 이야기
아누룻다 장로를 시봉한 천녀

부처님께서 웰루와나에 계실 때 아누룻다 장로와 관련해서 게송 93번을 설하셨다.

어느 날 아누룻다 장로는 가사가 낡아서 더 이상 입을 수 없자 새 가사를 만들 천을 구하려고 여기저기 쓰레기 더미를 뒤지고 있었다. 이때 장로의 세 번째 과거생에 아내였던 여인이 천상에 태어나 잘리니라는 이름으로 살아가고 있었다. 잘리니는 장로가 가사를 만들 천을 구하는 것을 보고 도와주기로 결심했다. 그래서 그녀는 길이가 열셋 자에 넓이가 네 자인 천상의 천을 세 두루마리나 가지고 내려가며 생각했다.

'이렇게 보시하면 장로께서 받지 않으실 것이다.'

그녀는 장로가 천을 찾고 있는 곳 가까이 가서 쓰레기 더미에 천을 쑤셔 놓고 끄트머리만 살짝 보이게 해두었다.

장로가 천을 발견하고 끄트머리를 잡아당기자 길고 넓은 천이 세 개나 끌려나왔다. 그는 이걸 보고 감탄사를 발했다.

'이건 정말 놀라운 누더기다!'

그는 천을 가지고 돌아갔다. 어느 날 장로가 가사를 만들고 있을 때 부처님께서 500명의 비구를 데려가서 앉자 80명의 대장로도 따라가 가사 만드는 일을 도왔다. 마하깟사빠 장로는 맨 끝에 앉고, 사리뿟따 장로는 중간에, 아난다 장로는 맨 위에 앉아서 가사를 기웠다. 어떤 비구들은 실을 감고 부처님은 바늘에 실을 꿰었고 마하목갈라나 장로는 여기저기 돌아다니면서 필요한 것들을 가져다주었다.

잘리니 천녀는 마을로 들어가서 공양을 준비하라고 알렸다.

"스님들이 아누룻다 장로의 가사를 만들고 있습니다. 부처님께서도 80명의 대장로와 500명의 비구와 함께 계십니다. 우유죽과 여러 가지 음식을 준비해서 사원으로 가져갑시다."

공양하기 전에 마하목갈라나 장로가 잠부나무 열매를 가져왔지만, 비구들은 전부 먹을 수 없었다. 삭까 천왕은 비구들이 가사를 만드는 곳에 와서 땅을 고르게 했다. 스님들이 빙 둘러앉은 모습이 마치 땅이 붉게 물든 것 같았다. 주민들이 그곳으로 여러 가지 음식을 가져왔다. 음식이 너무 많아서 먹다 남은 음식이 큰 더미를 이루었다.

비구들이 이것을 보고 불평했다.

"숫자도 많지 않은 비구들에게 왜 이렇게 많은 음식을 가져왔을까? 아마 장로가 친척들과 신도들에게 이만큼 많은 음식을 가져오라고 요구했을 거야. 이것은 의심할 여지없이 아누룻다 장로가 자기 친척과 신도가 이만큼 많다는 것을 과시하고 싶었던 거야."

부처님께서 비구들이 하는 말을 듣고 말씀하셨다.

"비구들이여, 이 음식은 아누룻다가 신도들을 시켜서 가져왔다고 생각하지 마라. 번뇌를 완전히 제거한 사람은 네 가지 필수품(음식, 의복, 약, 거처)을 요구하지 않는다. 이 공양물은 한 천녀가 사람들을 시켜 가져오게 한 것이다."

부처님께서는 이 말씀에 이어서 게송을 읊으셨다.

번뇌가 다 한 이는
음식에 집착하지 않는다.
공, 표상 없음, 해탈만이 목적이어서
그가 가는 곳엔 자취가 없다,
새가 허공을 날아도 자취가 없듯이.(93)

이 법문 끝에 많은 사람이 수다원과, 사다함과, 아나함과를 성취했다.

다섯 번째 이야기
삭까 천왕의 존경을 받은 마하깟짜야나 장로

부처님께서 뿝바라마에 계실 때 마하깟짜야나 장로70)와 관련해서 게송 94번을 설하셨다.

어느 때 부처님께서 안거가 끝나는 날 미가라마따의 뿝바라마에서 모든 비구와 함께 자자自恣 행사를 하려고 앞마당에 앉아 계셨다. 아완띠71) 국에

---

70) 마하깟짜나Mahā Kaccāna 혹은 마하깟짜야나Mahā Kaccāyana(대가전연): 부처님께서 간략하게 설하는 것을 상세하게 설명하는 데서 제일이다. 북방에서는 논의論義제일로 알려졌다. 그는 웃제니Ujjenī의 짠다빳조따Caṇḍappajjota 왕의 제사장의 아들로 태어났다. 그는 피부 빛이 황금(kañcana)이고 가문의 성이 깟짜나여서 깟짜나로 불렸다. 그는 베다에 능통했으며 부친이 죽자 뒤를 이어 제사장이 됐다. 그는 일곱 동료와 함께 왕의 명령으로 부처님을 초대하러 갔다가 부처님의 법문을 듣고 아라한과를 성취해 비구가 됐다. 부처님께 왕의 초청을 전하자 부처님께서는 당신 대신 그를 보내며 그가 돌아가 교화해도 충분할 거라고 말했다. 그는 일곱 동료와 함께 웃제니로 되돌아갔다. 돌아가는 도중에 가난한 소녀에게 공양을 받았는데 그녀는 나중에 짠다빳조따의 왕비가 됐다. 그는 웃제니에 도착해 왕의 동산에 머물렀다. 왕은 그에게 최대한의 존경을 표했다. 그는 계속해서 사람들에게 법문해 도시 주민들이 모두 불교 신자가 됐고 출가한 비구가 많아 도시가 온통 오렌지 가사 물결로 뒤덮였다고 한다. 짠다빳조따 왕은 항상 그에게 자문을 구했으며 그의 가르침에 찬사를 보냈으며 그에게 바친 시가 장로게경에 나온다. 그는 먼 아완띠Avanti에 살면서도 정기적으로 부처님 법문을 들으러 갔으며 장로들은 항상 그의 자리를 비워두었다. 그는 빠두뭇따라 부처님 당시에 간략하게 설한 것을 상세하게 설하는 데서 제일이라는 칭호를 얻기 위해 서원을 세웠다고 한다. 꿀 덩어리 경(Madhupiṇḍika, M18)과 마하깟짜야나 존자와 지복한 하룻밤 경(Mahākaccānabhaddekaratta, M133)을 보면 그가 어떻게 해서 이런 칭호를 받았는지 알 수 있다.
71) 아완띠Avanti: 아완띠는 마가다Magadha, 꼬살라Kosala, 왐사Vaṃsa와 함께 4개의 강한 왕권 국가 중 하나였으며 16대국 중 하나였다. 수도는

사는 마하깟짜야나 장로는 아주 먼 거리임에도 불구하고 중요한 법회에는 정기적으로 꼭 참석하곤 했다. 그래서 대장로들이 차례대로 앉을 때 항상 마하깟짜야나의 자리를 비워두었다.

삭까 천왕이 천신들을 데리고 내려와 부처님에게 천상의 향과 꽃을 올리며 예배했다. 삭까는 마하깟짜야나 장로가 보이지 않자 서운한 감정이 일었다.

"마하깟짜야나 장로께서 왜 안보이시는 거지? 그분이 계신다면 아주 좋을 텐데."

그때 마침 장로가 도착해서 자리에 앉았다. 삭까 천왕은 장로를 보자 기쁜 마음으로 다가와 무릎을 꿇고 장로의 발목을 잡고 말했다.

"장로께서 오시니 정말 기쁩니다. 장로께서 오시기를 학수고대하고 있었습니다."

웃제니Ujjenī였고 짠다빳조따Caṇḍa Pajjota가 왕으로 있었다. 그의 본래 이름은 빳조따였으나 거친 성격 때문에 짠다 빳조따로 알려졌다. 그는 꼬삼비Kosambī를 점령하려다 딸 와술라닷따Vāsuladattā가 꼬삼비의 왕 우데나Udena와 결혼하는 바람에 친한 관계를 유지했다.(게송 21~23번 이야기) 그는 부처님께서 세상에 출현하셨다는 소식을 듣고 부처님을 초대하기 위해 제사장의 아들 마하깟짜나와 일곱 명의 사신을 파견했다. 사신들은 부처님의 법문을 듣고 아라한이 됐다. 마하깟짜나는 아완띠로 돌아와 불교를 전파했다. 이후로 아완띠는 불교의 중심지가 됐으며 난다 꾸마라뿟따Nanda Kumāraputta, 소나 꼬띠깐나Soṇa Koṭikaṇṇa, 담마빨라Dhammapāla, 아바야 라자꾸마라Abhaya RājaKumāra 등 뛰어난 비구들이 배출됐다. 그러나 초기에는 10명의 비구를 모으지 못해 비구계를 줄 수 없을 정도였다. 이로 인해 변방 지역에 한해 별도의 계를 제정하게 됐다.(게송 368~376번 이야기). 나중에 아완띠는 짠다굽따Candagupta에 의해 마가다로 합병됐다. 아소까가 왕위에 오르기 전에 아완띠의 총독으로 웃제니에 머물 때 아들 마힌다Mahinda와 딸 상가밋따Saṅgamittā를 낳았다. 두 사람은 세일론에 삼장을 전함으로써 오늘날의 테라와다 불교를 있게 만든 역사적인 인물이다.

삭까는 그렇게 말하면서 향과 꽃을 올리고 삼배를 드리고 한쪽에 공손히 섰다.

비구들이 의아해하며 말했다.

"삭까 천왕이 사람을 차별해서 예를 올리는구나. 나머지 대장로들에겐 절하지 않으면서 유독 마하깟짜야나 장로에게만 절을 하다니. 그는 깟짜야나 장로를 보는 순간 달려와 발목을 잡고 '장로님께서 오시니 정말 기쁩니다. 장로께서 오시기를 학수고대하고 있었습니다.'라고 말하고 향과 꽃을 올리고 삼배를 드리고 한쪽에 공손하게 서 있다니."

부처님께서 이 말을 들으시고 말씀하셨다.

"비구들이여, 나의 아들 마하깟짜야나 장로와 같이 감각의 문을 항상 굳게 지키는 비구들은 신과 인간들이 모두 흠모한다."

부처님께서 이 말씀에 이어서 법문하시고 게송을 읊으셨다.

마부에 의해 잘 길들여진 말처럼
그의 감각기관은 고요하다.
자만과 번뇌가 다하고
팔풍[72]에도 흔들리지 않는 그를
인간은 물론 신들도 존경한다.(94)

이 법문 끝에 많은 사람이 수다원과, 사다함과, 아나함과를 성취했다.

---

[72] 팔풍八風: 이익(利), 손해(衰), 비난(毁), 칭찬(譽), 칭송(稱), 꾸짖음(譏), 괴로움(苦), 즐거움(樂).

여섯 번째 이야기
사리뿟따 장로의 사자후[73]

부처님께서 제따와나에 계실 때 사리뿟따 장로와 관련해서 게송 95번을 설하셨다.

어느 때 안거가 끝나자 사리뿟따 장로는 유행을 떠나려고 부처님께 다가가서 삼배를 올리고 작별인사를 했다. 장로가 제자들과 함께 출발하자 많은 비구가 장로를 배웅했다. 장로는 이름이 잘 알려진 비구들에게 이름을 부르며 작별인사를 했다. 이때 이름이 잘 알려지지 않은 한 비구에게 우월감이 일어났다.
'오, 장로가 나에게도 이름을 부르며 인사해 주기를!'
그러나 장로는 많은 비구 가운데서 그를 알아보지 못했다. 비구는 자존심에 상처를 입었다.
'그는 대부분의 비구들에게 인사하면서 나에게는 인사하지 않는구나.'
그 일로 그는 장로에게 앙심을 품었다.

게다가 장로의 가사 자락이 자기를 스치고 지나가자 화가 일어나 장로를 더욱 미워하게 됐다. 장로가 사원의 정문을 나서자 그는 부처님께 달려가 말씀드렸다.
"부처님이시여, 사리뿟따 장로가 저를 주먹으로 치는 바람에 귀가 떨어져 나갈 뻔했습니다. 그렇게 해 놓고도 사과 한마디 없이 유행을 떠났습니다."
부처님께서 비구를 보내 사리뿟따를 불러들였다. 그러자 마하목갈라나와 아난다는 이렇게 생각했다.

---

[73] 이 이야기는 앙굿따라 니까야 사자후 경(Sīhanāda Sutta, A9.11)에서 유래한다.

'부처님께서는 우리의 맏형이 이 비구를 정말로 때리지 않았다는 것을 잘 아실 것이다. 그러면서도 불러들이는 것은 사리뿟따 장로가 돌아와서 사자후를 토하기 바라는 것이다.'

그래서 두 장로는 각방을 돌아다니며 대중들을 불러 모았다.

"스님들, 어서 나오십시오! 스님들, 어서 나오십시오. 사리뿟따 장로가 부처님 앞에서 사자후를 토할 것입니다."

사리뿟따 장로가 제자들을 데리고 돌아와 부처님께 인사드리고 한쪽에 공손하게 앉았다. 부처님께서 이 일에 대해 물으셨다.

"사리뿟따여, 그대는 성스러운 삶을 살아가는 동료 비구를 때리고 미안하다는 사과 한마디 없이 유행을 떠났느냐?"

장로는 비구를 때린 적이 없다고 설명하려고 하지 않고 이렇게 사자후를 토했다.

부처님이시여, 몸에서 몸에 대한 알아차림이 확립되지 않았다면 저는 동료 비구를 때리고 화해하지 않고 유행을 떠났을 것입니다.

부처님이시여, 마치 땅이 똥, 오줌, 침, 피, 고름 등을 깨끗하거나 더럽거나 간에 싫어하거나 피하지 않고 받아들이듯이, (이후 반복되는 문구)저도 땅과 같이 광대하고 무량한 마음으로 화를 내거나 나쁜 마음을 품지 않고 머뭅니다. 부처님이시여, 몸에서 몸에 대한 알아차림이 확립되지 않았다면 저는 동료 비구에게 상처를 주고 화해하지 않고 유행을 떠났을 것입니다.

부처님이시여, 마치 물이 똥, 오줌, 침, 피, 고름 등을 깨끗하거나 더럽거나 간에 싫어하거나 피하지 않고 다 씻어버리듯이…….

부처님이시여, 마치 불이 똥, 오줌, 침, 피, 고름 등을 깨끗하거나 더럽거나 간에 싫어하거나 피하지 않고 다 태워버리듯이…….

부처님이시여, 마치 바람이 똥, 오줌, 침, 피, 고름 등을 깨끗하거나 더럽거나 간에 싫어하거나 피하지 않고 다 날려버리듯이…….

부처님이시여, 마치 청소부가 똥, 오줌, 침, 피, 고름 등을 깨끗하거나 더럽거나 간에 싫어하거나 피하지 않고 다 쓸어버리듯이…….

부처님이시여, 다 떨어진 넝마를 입은 짠달라(불가촉천민)가 깡통을 들고 이 마을 저 마을 겸손한 마음으로 돌아다니며 구걸하듯이…….

부처님이시여, 마치 잘 길들여진 뿔 잘린 황소가 뒷발이나 뿔로 사람을 해치지 않고 도로나 거리를 돌아다니듯이…….

부처님이시여, 마치 장신구를 좋아하는 여인이나 남자나 아이가 머리를 감으면서 뱀이나 개의 사체를 목에 감고 있다면 사람들이 싫어하고 혐오하듯이 저도 이 깨끗하지 못한 몸을 싫어하고 혐오합니다. 부처님이시여, 몸에서 몸에 대한 알아차림을 확립하지 않았다면 동료 비구에게 상처를 주고 화해하지 않고 떠났을 것입니다.

부처님이시여, 마치 한 남자가 기름이 질질 새고 있는 구멍 난 냄비를 사용하듯이 저도 구멍이 나서 새고 있는 이 몸에 머물고 있습니다. 부처님이시여, 몸에서 몸에 대한 알아차림을 확립하지 않았다면 동료 비구에게 상처를 주고 화해하지 않고 떠났을 것입니다.

장로가 아홉 가지 비유를 들어 자신의 청정행을 설명하자 땅이 지진이 난 듯 아홉 번이나 흔들렸다. 장로가 짠달라의 구멍 난 냄비로 자신을 비유하자 아직 수다원과도 얻지 못한 비구들은 눈물을 참지 못하고 울먹였고, 아라한과를 성취한 비구들도 잔잔한 감동을 느꼈다.

장로가 이렇게 사자후를 토하자 근거 없이 중상했던 비구는 잘못을 후회하며 부처님 발아래 무릎을 꿇고 자신이 근거 없이 이간질했음을 실토했다. 부처님께서는 장로에게 말씀하셨다.

"사리뿟따여, 이 어리석은 비구를 용서해 주어라. 그렇지 않으면 그의 머리가 일곱 조각으로 갈라질 것이다."

장로는 그 비구에게 다가가 무릎을 꿇고 공손한 태도로 합장하고 말했다.

"스님을 용서해 드립니다. 제가 혹시 스님에게 상처 준 일이 있다면 용서해 주시기 바랍니다."

그러자 비구들이 말했다.

"스님들이여, 장로의 고고한 덕행을 보십시오! 그는 거짓말하고 이간질하는 비구에게 화내거나 미워하지 않고 그 앞에 몸을 숙이고 겸손한 태도로 합장하고 도리어 용서를 구합니다."

부처님께서 이 말을 듣고 비구들에게 물으셨다.

"비구들이여, 무슨 이야기를 하고 있는가?"

비구들이 대답하자 부처님께서 말씀하셨다.

"비구들이여, 사리뿟따와 같은 비구들은 화내거나 미워하는 마음을 일으킬 수 없다. 사리뿟따의 마음은 대지와 같고, 성문의 기둥과 같고, 고요한 호수와 같다."

부처님께서는 이 말씀에 이어서 법문하시고 게송을 읊으셨다.

마음은 대지와 같아
칭찬과 비난에도 흔들리지 않고
성문의 기둥[74]처럼 견고하며
티 없이 맑은 호수처럼 고요하다.
이런 사람[75]에게 더 이상 윤회는 없다. (95)

---

74) 성문의 기둥(indakhīla) : inda(인드라)+khīla(기둥)의 합성어이다. 인드라(삭까 천왕)의 기둥처럼 높고 견고한 기둥을 말하며 성문에 서 있는 주 기둥을 말한다. 주석에 따르면 성의 안팎으로 장식용으로 기둥을 세우는데 돌이나 견고한 나무를 사용해 기둥의 반을 땅에 묻는다고 한다. 그래서 이 기둥을 견고하고 단단한 비유로 든 것이다.

이 법문 끝에 9천 명의 비구가 사무애해를 갖춘 아라한이 됐다.

---

75) 이런 사람은 좋아하는 대상에 집착하지 않고 싫어하는 대상에 화내지 않는다. 이익과 손실, 명예와 불명예, 칭찬과 비난, 행복과 불행에 기뻐하거나 실망하지 않고 흔들림 없이 고요하다. 여기서 이런 사람이란 아라한을 말한다.

일곱 번째 이야기
띳사 장로와 한쪽 눈을 잃은 사미

부처님께서 제따와나에 계실 때 띳사 장로와 관련해서 게송 96번을 설하셨다.

꼬삼비에 사는 어떤 젊은이가 출가해 비구가 됐다. 비구계를 받은 후 꼬삼비에서만 살았기 때문에 꼬삼비와시 띳사로 알려졌다. 꼬삼비에서 안거가 끝나자 한 신도가 가사 세 벌과 버터기름 등을 가져와 발아래 놓자 장로가 물었다.

"이게 무엇입니까, 신도님?"

"스님, 올해 안거를 여기서 보내지 않았습니까? 저의 사원에서 안거를 난 스님들에게는 항상 이렇게 시주해 왔습니다. 받아주십시오."

"신도님, 이렇게 하지 않아도 됩니다. 저는 이런 것이 필요 없습니다."

"왜 필요 없습니까, 스님?"

"시중들 사미가 없기 때문에 받아봐야 짐만 될 뿐입니다."

"스님, 시중들 사미가 없으시다면 제 아들을 사미로 삼으십시오."

장로는 기쁜 마음으로 시주물을 받았다. 신도는 일곱 살 먹은 아들을 데려와 장로에게 맡겼다.

"스님, 이 아이의 출가를 허락해 주십시오."

장로는 소년의 머리를 깎기 위해 물을 축이면서 몸의 구성요소 중 첫 번째 다섯 가지에 대해 수행하는 방법을 가르쳤다. 장로가 소년의 머리에 삭도를 갖다 대는 순간 그는 벌써 사무애해를 갖춘 아라한이 됐다.

장로는 소년을 출가시키고 그곳에서 보름을 더 머물렀다. 보름이 지나자 장로는 부처님을 뵙기 위해 사미에게 여행에 필요한 물건들을 준비시킨 다음 출발했다. 그들은 길을 가다가 해가 저물자 한 사원에 들렀다. 사미는 스승에게 주무실 객실을 알아보는 등 시중을 들었다. 그러는 동안 날이 어두워져 사미는 미처 자신이 잘 방을 마련하지 못했다. 장로가 침대에 들 시간이 되자 사미는 장로에게 가서 앉았다. 장로가 사미에게 물었다.
"사미여, 네가 잘 방을 구하지 못했느냐?"
"스님, 제가 잘 방을 구할 시간이 없었습니다."
"그러면 나와 함께 자자. 너와 같은 어린애가 밖에서 잔다면 아주 불편할 것이다."
장로는 사미를 데리고 방으로 들어갔다. 장로는 아직 수다원과도 성취하지 못한 범부였기 때문에 방바닥에 눕자마자 바로 잠에 곯아떨어졌다. 그러나 사미는 계율을 생각하고 있었다.
'오늘이 스승과 함께 잠을 잔 지 3일째다. 내가 누워 잠들었다가 해가 뜰 때까지 일어나지 못하면 장로님은 계율을 범하게 된다. 그러니 앉아서 밤을 보내야겠다.'76)

그는 스승의 침대 곁에 가부좌를 틀고 앉아 밤을 보냈다.

새벽이 되자 장로는 자리에서 일어나며 생각했다.
'사미를 깨워서 내보내야겠다.'
그는 침대 곁에 놓아두었던 종려나무 잎사귀로 만든 부채를 들고 사미의 돗자리를 두드리고 나서 위로 올리면서 말했다.
"사미여, 밖으로 나가거라."
그 순간 사미는 부채 자루에 찔려 한쪽 눈이 멀어버렸다.
"스님, 뭐라고 말씀하셨습니까?"
"일어나서 할 일을 해라."
사미는 자신의 눈이 멀어버렸다는 것을 알리지 않고 손으로 한쪽 눈을

---

76) 92가지 빠찟띠야(Pācittiya, 波逸提) 중 5번째 계율에 이런 계목이 있다. "어떤 비구가 구족계를 받지 않은 이(사미)와 사흘 밤 이상을 함께 누워 자면 계를 범한 것이다." 여기서 '사흘 밤 이상'이라는 말은 사흘 밤까지는 같이 자도 되나 사흘 밤이 지나 새벽에 일찍 일어나 동트기 전에 나가면 계를 어기는 것이 아니다.

가리고서 밖으로 나갔다. 사미는 여러 가지 의무를 할 시간이 되자 눈이 멀어서 일할 수 없다고 말하지 않고 한 손으로 한쪽 눈을 가리고 다른 손으로 일을 했다. 그는 한 손으로 빗자루를 들고 화장실과 세면장을 청소하고 장로가 세수할 물을 떠 오고 방을 청소했다.

이어서 그는 한 손으로 장로에게 양치용 나무를 드렸다. 스승이 그를 엄하게 꾸짖었다.

"사미가 아직 제대로 교육을 받지 않았구나. 사미가 스승이나 은사에게 어찌 한 손으로 올린단 말이냐?"

"스님, 저도 어떤 것이 바른 예절인지 잘 압니다. 하지만 한쪽 손은 눈에서 뗄 수 없습니다."

"왜 그러느냐?"

사미는 처음부터 모두 이야기했다. 이야기를 듣고 나자 장로는 격한 감정에 휩싸였다.

'내가 어쩌다가 이런 끔찍한 일을 저질렀단 말인가!'

그는 어쩔 줄 몰라 하며 사미에게 말했다.

"나를 용서해 다오, 훌륭한 젊은이여, 그것도 모르고 오히려 자네를 꾸짖다니! 나의 의지처가 되어주시게."

그가 공손한 태도로 합장하고 일곱 살 먹은 사미의 발아래 엎드리자 사미가 말했다.

"스님, 이러려고 말한 게 아닙니다. 스님의 오해를 풀어드리려고 말한 것입니다. 스님 탓도 아니고 제 탓도 아닙니다. 이것은 순전히 업業 때문입니다. 스님에게 양심의 가책이 일어난다면 말하지 않았을 것입니다."

사미가 장로를 위로했지만, 그의 마음은 불안하기 짝이 없었다. 장로는 양심의 가책으로 괴로워하며 사미의 가사와 발우를 대신 들고 부처님께 갔다. 부처님은 장로가 다가오는 것을 바라보셨다. 장로가 다가가 삼배를 올리자 부처님께서 안부를 물으셨다.

"비구여, 건강한가? 어디 불편한 점은 없었는가?"

"부처님이시여, 저는 잘 지냅니다. 특별하게 불편한 일은 겪지 않았습니다. 그러나 여기 젊은 사미는 제가 이제까지 보아왔던 어떤 사람보다도 훌륭한 사람입니다."

"비구여, 무슨 일이 있었는가?"

장로가 처음부터 모두 이야기했다.

"부처님이시여, 제가 사미에게 용서해 달라고 말하자 사미는 '이것은 스님 탓도 아니고 제 탓도 아닙니다. 이것은 순전히 업의 탓입니다. 그러니 양심의 가책을 느낄 필요가 없습니다.'라고 말했습니다. 사미는 도리어 저를 위로하고 화내거나 미워하지도 않았습니다. 이런 훌륭한 사람을 처음 봅니다."

"비구여, 번뇌를 완전히 제거한 사람은 누구에게도 화내거나 미워하지 않는다. 그들의 감관은 항상 고요하고 마음도 항상 고요하다."

부처님께서는 이 말씀에 이어서 법문하시고 게송을 읊으셨다.

그는 마음도 고요하고
말과 행위 또한 고요하네.
그는 바르게 진리를 깨달아
완전한 자유와 평화에 도달했네.(96)

이 법문 끝에 꼬삼비와시 띳사 스님은 사무애해를 갖춘 아라한이 됐고, 거기에 모인 대중들도 많은 이익을 얻었다.

여덟 번째 이야기
사리뿟따 장로의 진정한 믿음

부처님께서 제따와나에 계실 때 사리뿟따 장로와 관련해서 게송 97번을 설하셨다.

어느 날 숲속에서 수행하던 30명의 비구가 부처님께 와서 삼배를 올리고 앉았다. 부처님께서 그들이 무애해와 함께 아라한과를 성취할 인연이 무르익은 것을 아시고 그들을 깨우치기 위해 사리뿟따 장로에게 이렇게 물으셨다.

"사리뿟따여, 믿음의 기능을 키우고 강화하면 불사不死로 이어지고 불사에 도달한다고 믿는가?"

이렇게 부처님께서는 장로에게 다섯 가지 기능77)에 대해 질문하셨다.

---

77) 다섯 가지 기능(五根, indriya): 믿음(saddha), 정진(viriya), 알아차림(sati), 삼매(samādhi), 통찰지(paññā)이다. 믿음의 기능은 수행해야겠다고 결심하게 하고, 정진의 기능은 분발하게 하고, 알아차림의 기능은 확립하고, 삼매의 기능은 산만하지 않게 하고, 통찰지의 기능은 실재를 식별한다. 이들 다섯 가지 기능은 균형을 이루어야 한다. 한쪽이 너무 강하면 수행에 진척이 없다. 믿음과 통찰지의 균형 그리고 삼매와 정진의 균형이 특히 강조된다. 처음에는 믿음이 중요하다. 삼보에 대한 믿음, 업에 대한 믿음, 인과에 대한 믿음이 있어야 한다. 믿음이 없으면 수행은 퇴보할 것이다. 네 가지 도道, 네 가지 과果 그리고 열반 등 붓다의 가르침을 믿는 것이 중요하다. 하지만 믿음이 과도하게 되면, 통찰지는 오히려 퇴보할 것이다. 과도한 믿음은 과도한 기쁨을 불러오고, 그것은 마음을 동요하게 한다. 수행자의 마음은 기쁨이 가득 찬 흥분으로 혼란스럽게 되고, 통찰지는 진정한 실재를 이해할 수 없다. 과도한 믿음이 대상을 결정하기 때문에, 통찰지는 분명하지 않고, 나머지 정진, 알아차림, 삼매의 기능 또한 약해진다. 따라서 믿음이 강하고 통찰지가 약하면 잘못된 믿음이 생기게 될 것이고, 쓸모없고 실체 없는 대상을 숭배하고 맹목적인 믿음만 강화되고 근거 없는 수행법을 추구한다. 이와 반대로, 통찰지가 강하고 믿음이 약하면 교활해진다. 명상하지 않고 단지 알음알이를 일으키고 평이나 하면서 시

장로가 대답했다.

"부처님이시여, 저는 불사의 열반을 믿음으로 아는 것이 아닙니다. 지혜 없는 이들이나 믿어서 아는 것입니다. 지혜로서 알지 못하고 보지 못하고 통찰하지 못하고 깨닫지 못하고 성취하지 못한 사람들은 다른 사람의 말을 믿을 필요가 있습니다.

장로가 이렇게 대답하자 비구들이 이 말을 듣고 의혹을 제기했다.

"사리뿟따 장로는 삿된 견해를 버리지 않았다. 오늘 그는 부처님을 믿지 않았다."

부처님께서 이 말을 듣고 말씀하셨다.

"비구들이여, 그렇게 말하지 마라. 사리뿟따는 보시와 선업과 과보를 믿으며 부처님의 덕과 지혜를 믿는다. 사리뿟따는 선정과 지혜로 스스로 도과를 깨달아 아는 것이지 남에게 듣고 믿어서 아는 것이 아니다."

부처님께서는 이 말씀에 이어서 법문을 설하시고 게송을 읊으셨다.

간을 낭비하게 된다. 이것은 약물 과다 복용으로 일어난 병은 고치기 힘든 것처럼 치료하기 힘들다. 삼매가 강하고 정진이 약하면 게을러질 수 있다. 수행자의 삼매가 증가하면, 그는 느슨한 마음으로 고요함에 빠져 실체를 보지 못한다. 그는 꿰뚫어 보듯이 알아차리지 못하고 게으름에 떨어지고 무기無記에 빠지게 된다. 그러나 정진이 강하고 삼매가 약하면, 마음이 들뜨게 된다. 삼매와 정진이 균형을 이룰 때 게으름에도 떨어지지 않고 들뜨지도 않아 수행에 진척을 이룰 것이다. 알아차림은 모든 상황에서 필요하다. 왜냐하면 그것은 과도한 믿음, 정진, 통찰지로 마음이 동요하는 것을 보호하고, 과도한 삼매로 마음이 게으름에 떨어지게 되는 것을 보호하기 때문이다. 그것은 믿음과 통찰지, 삼매와 정진, 그리고 삼매와 통찰지의 균형을 잡는다. 알아차림은 수행하는 마음의 의지처이고 보호처이다. 왜냐하면 그것은 마음이 이전에 한 번도 도달하거나 본 적이 없는 특별하고 높은 상태에 도달할 수 있도록 돕기 때문이다. 알아차림은 마음을 보호하고 명상 주제를 잃지 않도록 한다. 그것은 명상자의 마음뿐만 아니라 수행주제를 보호하는 것으로 나타난다.

스스로 바르게 깨달았기에
남의 말을 일부러 믿을 필요 없고[78]
무위(無爲)[79]에 도달한 이,
윤회의 고리를 끊어버리고
새로운 업을 짓지 않으며
모든 욕망을 버린 이,
그가 진정 고귀한 사람이네.(97)

이 게송 끝에 숲에 거주하는 30명의 비구가 사무애해를 갖춘 아라한이 됐고, 거기에 모인 대중들도 많은 이익을 얻었다.

---

[78] 믿을 필요 없음(assaddha): 불교도는 수행을 통해서 스스로 깨달음을 통해 경험한 것을 믿는 것이지 무조건적이고 맹목적으로 믿지 않는다. 믿기만 한다고 구원을 얻는 것도 아니다. 스스로 깨달음을 성취하고 모든 탐욕에서 벗어나야 영원한 행복에 도달한다.

[79] 무위(akata, 無爲): 우리의 몸과 마음은 습관적으로 반응한다. 이 습관적 반응이 상카라(行, saṅkhara)이고 과거의 업력이다. 우리는 과거의 형성된 행위에 의해 새로운 대상이 나타나면 과거의 축적된 기억들에 비추어 반응한다. 즉 과거에 형성된 행위가 현재의 행위에 자동 반사적으로 조건화 작용을 일으키는 것이다. 우리는 세상을 있는 그대로 보지 않고 색안경을 끼고 과거의 형성된 조건들, 편견과 기호에 따라 바라본다. 좋아하는 것이 나타나면 탐욕을 일으키고 싫어하는 것이 나타나면 혐오감을 일으킨다. 우리의 왜곡된 지각은 또 미래의 새로운 행위를 왜곡시키는 조건화를 만들어낸다. 그러면 윤회는 계속되는 것이다. 윤회를 끝내려면 이 조건화 작용을 끝내야 한다. 조건화 작용을 소멸시키려면 우리는 끊임없이 일어나는 조건화 작용에 항상 주의깊게 깨어있고 대상에 흔들리지 않는 마음의 평온을 유지해야 한다. 그래서 더 이상 조건화 작용(有爲)이 일어나지 않을 때 우리는 깨달음의 길에 들어선다.

아홉 번째 이야기
아카시아 숲에 사는 레와따 장로

부처님께서 제따와나에 계실 때 카디라와니야 레와따 장로[80]와 관련해서 게송 98번을 설하셨다.

레와따의 출가

사리뿟따 장로는 8억7천만 냥의 재산을 포기하고 비구가 됐다. 장로의 세 누이동생인 짤라, 우빠짤라, 시수빠짤라와 두 남동생인 쭌다와 우빠세나도 출가해 스님이 됐다. 그래서 장로의 어머니는 마지막 남은 아들도 출가할까 봐 불안했다.

'나의 장남 우빠띳사는 많은 재산을 포기하고 비구가 됐다. 세 딸과 두

---

[80] 레와따Revata: 사리뿟따 장로의 막내 동생으로 아카시아 숲에 머무는 자(Khadiravaniya)라는 별칭이 붙었다. 모래와 자갈과 바위로 된 험한 아카시아 숲에 머물렀기 때문에 숲속 두타행(araññkānaṃ) 중 제일이라는 칭호를 얻었다. 장로게경 주석에 그의 대열반에 관한 기록이 있다. 그는 때때로 부처님과 사리뿟따 장로를 친견하고 자신이 머무는 아카시아 숲으로 돌아오곤 했다. 어느 날 그가 사왓티로 가던 도중에 포졸들이 강도들을 쫓다가 강도들이 떨어뜨린 장물들이 장로 가까이에 있는 것을 보고 그를 강도로 오인했다. 포졸들은 그를 체포해 왕 앞으로 데려갔다. 왕이 사실을 묻자 장로는 자신이 그런 악행을 한다는 것은 불가능하다는 것을 시로 노래했다. 그는 시를 읊고 나서 가부좌를 한 채로 공중으로 솟아올라 화광삼매를 일으켜 스스로 몸을 화장했다. 레와따는 홀로있음을 좋아해 아뚤라Atula 바라문이 법문을 요청했지만, 삼매를 즐기면서 법문하기를 거절했다.(게송 227~230번 이야기) 그는 수행은 하지 않고 청소만 하는 삼문자니Sammuñjani 비구에게 훈계하기도 했다.(게송 172번 이야기) 레와따를 포함해서 상낏짜Saṅkicca, 빤디따Paṇḍita, 소빠까Sopāka, 네 명의 아라한 사미가 바라문 부부에게 천대를 받기도 했다.(게송 496번 이야기)

아들도 출가했다. 이제 레와따 하나 남았는데 그마저 출가한다면 이 많은 재산은 사라지고 가문의 혈통이 끊길 것이다. 아직 어리지만, 그를 빨리 결혼시켜야겠다.'

사리뿟따 장로는 모든 비구에게 이렇게 말했다.
"스님들이여, 내 동생 레와따가 출가하려고 오면 즉시 머리를 깎고 계를 주도록 하십시오. 나의 부모는 사견邪見을 가지고 있는데 어떻게 부모의 허락을 구할 수 있겠습니까? 내가 레와따의 부모나 마찬가지입니다."

레와따가 일곱 살이 되자 그의 어머니는 결혼 준비를 하기 시작했다. 그녀는 같은 가문의 소녀를 택해서 결혼 날짜를 잡고 아들에게 호화스러운 옷을 입히고 값비싼 장신구로 치장시킨 후 신랑을 데리고 신부의 집으로 갔다. 두 가문의 친척들이 결혼식에 모두 모여 신랑신부를 축하하고 행복을 빌며 신부에게 말했다.
"네 할머니처럼 오래오래 살아라."
레와따는 생각했다.
'할머니가 얼마나 살았기에 할머니처럼 오래오래 살라고 하는가?'
그는 사람들에게 물었다.
"누가 그녀의 할머니예요?"
"저기 이빨은 다 빠져나가고, 머리는 허옇고, 피부는 쭈글쭈글 하고, 얼굴에는 검버섯이 피고, 등은 서까래처럼 휘어있는 120세 된 여인이 안 보여요? 그분이 그녀의 할머니입니다."
"그러면 제 아내도 언젠가 저렇게 됩니까?"
"그녀가 할머니만큼 오래 산다면 그렇게 되지요."
레와따는 자기 아내도 그와 같은 운명이라는 것을 깨달았다.
'아내처럼 아름다운 몸이 나이가 들면 저렇게 끔찍하게 변한단 말인가? 나의 형 우빠띳사가 이런 걸 보았기 때문에 출가했구나. 나도 오늘 도망쳐서 출가해야겠다.'

친척들은 어린 부부를 마차에 태우고 모두 함께 레와따의 집으로 출발했다. 조금 가다가 레와따는 소피가 마렵다고 말했다.

"마차 좀 잠깐 멈춰주세요. 소피 보고 금방 돌아올게요."

그는 마차에서 내려 수풀 속으로 들어가서 잠시 서 있다가 돌아왔다. 두 번째, 세 번째로 똑같은 핑계를 대며 마차에서 내렸다가 잠시 뒤에 되돌아와 마차에 올라탔다. 그러자 친척들은 이렇게 생각했다.

'그는 습관적으로 오줌을 자주 누는 모양이다.'

그래서 이제 더 이상 그에게 신경 쓰지 않았다. 조금 더 가서 그는 똑같은 핑계를 대고 마차에서 내리며 말했다.

"먼저 가십시오. 제가 볼일을 보고 천천히 따라갈게요."

그가 수풀 속으로 사라지자 친척들은 그가 일을 보고 따라오겠다는 말을 그대로 믿고 마차를 계속 몰았다.

이 지역에는 서른 명의 비구가 살고 있었다. 레와따는 탈출에 성공하자 비구들에게 가서 삼배를 올리고 말했다.

"스님들이시여, 저를 출가시켜 주십시오."

"형제여, 그대는 값비싸고 화려한 장신구를 달고 호화로운 옷을 입고 있어 왕이나 고관의 자제분 같은데 어떻게 우리가 출가를 시킨단 말이오?"

"혹시 저를 모르십니까?"

"당연히 모르지요."

"저는 우빠띳사의 막냇동생입니다."

"우빠띳사가 누굽니까?"

"스님들이 나의 형 우빠띳사를 '사리뿟따'라고 부른다고 들었습니다."[81]

"아, 그대가 사리뿟따 장로님의 막냇동생이란 말이오?"

"그렇습니다, 스님."

"환영합니다. 형이 우리에게 벌써 지시를 해 두었다오."

---

81) 우빠띳사Upatissa는 사리뿟따 장로의 출가 전 이름이다.

비구들은 그에게서 보석 장신구를 모두 벗기고 사미계를 주고 사리뿟따 장로에게 동생의 소식을 전했다.

장로가 막냇동생의 출가 소식을 듣고 부처님께 말씀드렸다.
"숲속에서 수행하는 스님들이 소식을 전해왔는데 막냇동생이 출가했답니다. 그곳에 가서 동생을 보고 돌아오겠습니다."
부처님께서 승낙을 보류하며 말씀하셨다.
"사리뿟따여, 아직 가지 말고 여기 있어라."
며칠 지나서 사리뿟따는 또 부처님께 가서 허락을 구하자 부처님께서 말씀하셨다.
"사리뿟따여, 여기 남아 있어라. 나중에 모두 함께 가게 될 것이다."

레와따 사미는 친척들이 사원으로 찾아올까 봐 불안해졌다.
'여기 남아 있으면 친척들이 찾아와서 나를 끌고 집으로 데려갈 것이다. 여기를 떠나야겠다.'
사미는 스님들에게서 아라한에 이르는 수행주제를 받아서 가사와 발우를 들고 유행을 떠났다. 그는 30요자나를 유행한 끝에 아카시아 숲에 거처를 정하고 안거를 보냈다. 그는 열심히 정진해 3개월 안거가 끝나기 전에 사무애해를 갖춘 아라한이 됐다.

부처님께서 레와따를 방문하다

해제날 자자自恣가 끝난 후 사리뿟따 장로가 동생에게 가는 것을 허락해 달라고 요청하자 부처님께서 말씀하셨다.
"사리뿟따여, 우리 모두 함께 가자."
부처님께서는 500명의 비구를 데리고 레와따가 사는 곳으로 출발했다. 얼마쯤 가다 보니 두 갈래 길이 나타났다. 아난다 장로가 어느 길로 갈 것인지 부처님께 여쭈었다.

"부처님이시여, 레와따가 사는 곳으로 가는 데는 두 길이 있습니다. 하나는 길이 넓고 탁발도 할 수 있지만 60요자나를 빙 둘러가는 길입니다. 하나는 30요자나의 짧은 지름길이지만, 탁발하기도 힘들고 험한 오솔길입니다. 어느 길로 가시겠습니까?"

"아난다여, 시왈리[82]가 함께 왔느냐?"

"함께 왔습니다."

"시왈리가 함께 있다면 지름길로 가자."

부처님께서는 시왈리가 있으면 그의 복덕으로 모든 비구가 충분히 음식을 얻을 수 있다는 것을 아셨다. 그래서 시왈리가 있다면 지름길로 가도 된다고 말씀하셨던 것이다.

부처님께서 지름길에 들어서자마자 숲속의 신들이 생각했다.

'시왈리 장로님께 공양을 올리자.'

신들은 1요자나마다 휴게소를 세우고 스님들을 하룻밤 머물게 하고 아침 일찍 일어나 천상의 음식을 가져와 말했다.

"시왈리 장로님께서는 어디 계십니까?"

신들이 시왈리 장로에게 공양을 올리자 시왈리는 그 음식을 부처님과 비구들에게 올렸다. 부처님께서는 비구들을 데리고 시왈리 장로의 복덕으로

---

[82] 시왈리Sīvali: 꼴리야Koliya 왕의 딸인 숩빠와사Suppavāsā의 아들이다. 그는 어머니 뱃속에서 7년 7일을 있었다고 하는 신비한 인물이다. 그는 태어나자마자 행동에 불편이 없었고 태어난 날 출가했다. 장로가 삭도로 머리를 깎을 때 첫 번째 머리카락이 땅에 떨어지는 순간 수다원과를 얻었고 두 번째 머리카락이 떨어지는 순간 사다함과를 얻었다. 그 뒤 홀로 떨어져서 자신이 오랫동안 자궁에 머물러 있었던 일을 명상하며 통찰지를 얻어 아라한이 됐다. 그에 관한 이야기는 법구경 게송 414번 이야기에도 나온다. 그는 부처님을 제외하고 비구들 가운데서 신들의 공양을 포함해서 가장 많은 공양을 받았기 때문에 공양을 받는 데서 제일이라는 칭호를 받았다.

생기는 천상의 공양을 즐기면서 30요자나의 험한 길을 편안하게 걸어가셨다.

레와따 사미는 부처님께서 비구들과 함께 오시고 있다는 것을 알고 신통력으로 부처님을 위한 간다꾸띠를 세웠다. 그리고 비구들을 위해서 500개의 꾸띠와 500개의 경행대와 큰 법당을 세웠다. 부처님께서는 신통으로 세운 사원에서 시왈리 장로의 복덕을 즐기면서 한 달간 머무셨다.

일행 중에 두 비구가 있었다. 그들은 부처님께서 험한 아카시아 숲으로 들어서는 것을 보고 서로 말했다.

"레와따 사미가 이런 험한 곳에 커다란 건물을 지으면서 수행을 제대로 할 수 있었을까요? 부처님께서는 사리뿟따 막냇동생이라고 너무 편애하시는 것 같습니다. 수행도 하지 않고 건물이나 지으면서 살아가는 사람을 방문하시니 말입니다."

부처님께서 그날 아침 세상을 살펴보시다가 이 두 비구의 생각을 읽으셨다. 부처님께서는 한 달간 머무시고 떠나는 날이 오자 두 비구가 발에 바르는 기름과 물그릇과 신발을 깜빡 잊고 떠나도록 만들었다. 얼마쯤 가다가 부처님께서는 신통으로 두 비구에게 뭔가 잊어버렸다는 것을 일깨워주었다.

두 비구는 소리를 질렀다.
"기름과 물그릇과 신발을 잊고 왔어!"
"나도 그걸 잊어먹었네!"

둘은 부리나케 왔던 길을 되돌아갔다. 하지만 되돌아갔을 때 사원은 보이지 않고 자신들이 머물렀던 곳도 물건을 놔두었던 곳도 찾을 수 없었다. 자갈과 돌뿐인 황량한 아카시아 숲을 한참 동안 돌아다니다가 아카시아 가시에 발을 찔리기도 했다. 마침내 그들은 아카시아 나무에 걸려 있는 자신들의 물건을 찾아서 떠나갔다.

부처님과 비구들은 한 달 동안 시왈리 장로의 복덕을 즐기면서 천천히 뿝바라마로 되돌아왔다. 두 늙은 비구는 아침 일찍 얼굴을 씻고 말했다.

"객스님에게 공양을 올리는 위사카의 집으로 공양하러 갑시다."

그들이 위사카의 집으로 가서 공양하고 있을 때 위사카가 물었다.

"스님, 레와따 사미 스님이 머물고 계시는 곳에 부처님과 함께 다녀오셨습니까?"

"그렇습니다. 신도님."

"그곳은 아주 아름답고 매혹적인 곳이라고 들었습니다."

"매혹적이라니요? 그곳은 온통 가시로 뒤덮인 아카시아 정글입니다. 귀신들 아니면 살기 어려운 험악한 곳이지요."

며칠 후 다른 어린 두 비구가 위사카의 집에 갔다. 위사카가 공양을 올리고 똑같은 질문을 하자 그들이 말했다.

"신도님, 그 스님의 거처를 말로 표현한다는 것은 불가능합니다. 그것은 도리천의 수담마 법당처럼 웅장하고 화려합니다."

위사카는 의심이 들었다.

"먼저 왔던 스님들이 하는 말과 오늘 온 스님들이 하는 말이 사뭇 다르다. 아마 먼저 왔던 스님들은 부처님께서 의도적으로 뭔가를 잊어버리게 했기 때문에 되돌아가서 신통으로 세웠던 건물들은 다 사라지고 원래의 황량한 모습을 보았을 것이고, 오늘 온 스님들은 신통으로 사원이 완벽하게 세워진 다음에 들어가서 웅장한 건물들을 보았을 것이다."

지혜로운 그녀는 이렇게 추리하고 부처님이 오시면 여쭈어보리라고 생각하고 기다렸다.

그때 부처님께서 비구들과 함께 위사카의 집으로 와서 준비된 자리에 앉으셨다. 위사카는 공손하게 부처님과 비구들에게 공양을 올리고, 공양이 끝나자 부처님께 삼배를 드리고 여쭈었다.

"부처님이시여, 함께 갔던 어떤 스님들은 레와따 스님이 거주하는 곳이 황량한 아카시아 정글이라고 하고, 어떤 스님들은 아름답고 매혹적인 곳이라고 합니다. 어느 쪽이 맞습니까?"

"아라한이 거주하는 곳은 풍요로운 마을이든 황량한 숲속이든 항상 즐거움이 가득 찬 곳이다."

부처님께서는 이렇게 말씀하시고 게송을 읊으셨다.

**마을이거나 숲이거나
골짜기거나 봉우리거나
아라한이 머무는 곳은
언제나 즐거움이 가득하리라.**(98)

이 법문 끝에 많은 사람이 수다원과, 사다함과, 아나함과를 성취했다. 어느 때 비구들이 모여서 담소를 나누었다.

"스님들이여, 시왈리 장로는 어째서 7년 7개월 7일 동안 어머니 뱃속에 있었습니까? 그는 어째서 지옥에서 고통을 겪었습니까? 어떻게 해서 그런 커다란 복덕을 얻었습니까?"

부처님께서 그들의 대화를 듣고 시왈리 장로의 과거생에 대해 이야기해 주셨다.

시왈리 장로의 과거생: 꿀 공양 그리고 포위 공격

구십일 대겁 전에 위빳시 부처님께서 세상에 출현하셨을 때, 위빳시 부처님께서는 여러 나라를 유행하다가 아버지가 왕으로 있는 도시로 들어가셨다. 왕은 부처님과 스님들을 위해서 공양을 준비하고 시민들에게 통지했다.

"시민들이여, 왕궁에 와서 내가 준비한 음식을 감상하시오."

시민들이 왕궁에 가서 보고 생각했다.

'우리는 왕이 준비한 것보다 더 훌륭한 공양을 올리겠다.'

시민들은 다음 날 부처님을 초청하고 음식을 준비하고 왕에게 참석해 달라고 말했다. 왕이 와서 음식을 보고 생각했다.

'나는 이보다 더 훌륭한 음식을 올리겠다.'

왕과 시민들은 서로 더 훌륭한 공양을 올리려고 경쟁하기 시작했다. 하지만 왕은 시민들을 능가하지 못했고 시민들도 왕을 넘지 못했다. 시민들이 여섯 번째로 공양을 준비하며 결심했다.

'우리는 내일 왕이 보고 뭐가 부족하다고 말하지 못하도록 최대한의 공양을 올리겠다.'

다음 날 그들은 공양을 준비하면서 부족한 것이 있는지 살펴보았다. 그랬더니 음식을 요리할 꿀은 많지만, 신선한 꿀이 없다는 것을 알았다. 그들은 신선한 꿀을 구해오도록 사대문에 각각 1천 냥씩 모두 4천 냥의 돈을 주어 보냈다.

어떤 시골 사람이 촌장을 만나러 가다가 길가의 나무에 붙은 벌집을 발견했다. 그는 벌들을 쫓아버리고 벌집이 붙은 나뭇가지를 통째로 꺾어갔다. 그 벌집을 촌장에게 선물해 환심을 사려는 것이었다. 이때 신선한 꿀을 구하러 나온 사람이 그를 보고 말했다.

"이 벌집을 팔려고 하십니까?"

"팔려는 것이 아닙니다."

"한 냥을 드릴 테니 저에게 넘기십시오."

시골 사람이 생각했다.

'이 벌집은 한 닢 정도밖에 안 되는데 이 사람은 한 냥에 팔라고 한다. 이 사람은 아마도 돈이 많은 모양이다. 가격을 최대한 올려보자.'

그는 가격을 올리기 시작했다.

"그 가격에는 드릴 수 없는데요."

"그럼 두 냥이면 어떻습니까?"

"두 냥으로는 어림도 없습니다."

시골 사람은 계속 가격을 올려서 천 냥을 받고 꿀을 넘겼다.

그는 이런 고액을 들여 꿀을 사는 사람이 이해가 가지 않았다.
"당신은 혹시 미쳤거나 돈 쓸 곳이 없거나 돈 쓰는 법을 모릅니까? 이 꿀은 한 닢 어치밖에 안 되는데 천 냥에 사다니 이해하기 힘들군요."
"그럴 만한 사정이 있습니다."
"어떤 사정입니까?"
"우리는 위빳시 부처님과 6만8천 명의 스님을 위해 최상의 공양을 준비하고 있습니다. 음식을 요리하기 위한 모든 재료를 다 갖추었는데 신선한 꿀이 없습니다. 그래서 이 꿀을 꼭 가져가야 합니다."
"그러시다면 돈을 받고 꿀을 팔 수 없습니다. 저도 보시공덕에 동참할 수 있다면 그냥 드리겠습니다."

그가 돌아가서 이 일을 말하자 시민들은 시주자의 신심에 감동해서 그의 제의를 받아들였다.
"훌륭합니다! 훌륭합니다! 보시공덕을 함께 하도록 합시다."

시민들은 부처님과 스님들에게 공양을 올리며 은그릇을 가져와 꿀을 짜서 넣었다. 시골 사람은 한 단지의 발효유를 가져와 그릇에 붓고 꿀과 함께 섞어서 부처님과 스님들에게 올렸다. 모든 스님이 맛있는 발효유를 마음껏 먹었다.

'어떻게 그렇게 적은 양의 꿀로 그렇게 많은 사람이 다 먹을 만큼 충분했는가?'라고 의심해서는 안 된다. 부처님의 초월적인 힘으로 그렇게 된 것이기 때문이다. 부처님의 능력은 헤아릴 수 없다. 네 가지 헤아릴 수 없는 것을 헤아리면 미쳐버리거나 곤혹스럽게 된다.[83]

---

83) 네 가지 헤아릴 수 없음: 앙굿따라 니까야 헤아릴 수 없음 경(Acintita Sutta, A4.77)에 나오는 부처님 말씀으로 '헤아릴 수 없는 것'에는 네 가지가 있다. ① 부처님의 경지는 헤아릴 수 없다. ② 삼매의 경지는 헤아릴 수 없다. ③ 세상에 대한 사색은 헤아릴 수 없다. ④ 업의 과보는 헤아릴

작은 선행공덕을 하고 나서 시골 사람은 수명이 다할 때까지 행복하게 살다가 죽어 천상에 태어났다. 천상에서 긴 세월을 윤회한 후 다시 베나레스의 왕자로 태어났다. 그는 아버지가 죽고 왕위를 물려받자마자 영토를 확장할 야욕에 불타올랐다.

"저 성을 뺏어야겠다."

그는 군대를 이끌고 쳐들어가서 성의 시민들에게 말했다.

"전쟁을 하거나 왕국을 넘겨라."

시민들이 대답했다.

"우리는 전쟁도 싫고 왕국을 넘기기도 싫다."

시민들은 작은 문으로 밖에 나가 물과 땔감 등을 구하며 계속 버텼다. 왕은 네 개의 성문을 막고 포위하며 7년 7개월을 보냈다.

왕의 어머니가 아들이 어리석은 전술로 전쟁하고 있다는 것을 알고 신하를 불러 지시했다.

"나의 아들은 바보 멍청이로구나. 그에게 가서 작은 문을 포함해서 문이란 문은 모두 막고 한 사람도 빠져나갈 수 없도록 성을 완전히 봉쇄하라고 하여라."

왕은 어머니의 지시대로 했다. 시민들은 더 이상 성 밖으로 나가 식수와 땔감을 구할 수 없자 일주일 후에 자신들의 왕을 죽이고 항복했다. 그는 이 악업으로 수명이 끝나자 무간지옥에 태어나 대지가 1요자나 높이로 솟아오를 때까지 고통을 겪었다. 그는 성을 7년 7개월 동안 포위하고 네 개의 작은 문을 일주일 동안 봉쇄했기 때문에 모태에 들어 7년 7개월을 보내고 태어날 때도 자궁 입구에서 일주일 동안 거꾸로 누워 있었다.

부처님께서 이렇게 말씀하시면서 끝을 맺으셨다.

수 없다. 여기서 세상에 대한 사색은 '이 세상은 유한한가 무한한가? 이 세상은 영원한가 영원하지 않은가?' 등을 생각하는 것을 말한다.

"비구들이여, 시왈리가 그때 성을 포위한 과보로 오랫동안 지옥에서 고통을 겪었다. 그리고 성문을 봉쇄한 과보로 모태에서 그렇게 오랫동안 머물러 있었으며 꿀을 공양한 공덕으로 커다란 복덕을 얻은 것이다."

어느 날 비구들이 법당에서 담소를 나누고 있었다.
"레와따 사미가 얻은 경지는 정말 대단하다! 500비구를 위해서 500개의 꾸띠를 세우다니!"
부처님께서 오셔서 물으셨다.
"비구들이여, 여기 앉아서 무슨 이야기를 나누고 있는가?"
비구들이 대답하자 부처님께서 말씀하셨다.
"비구들이여, 나의 아들은 좋고 나쁨에 집착하지 않는다. 그는 둘 다를 초월한 사람이다."
부처님께서는 이렇게 말씀하시면서 바라문 품에 나오는 게송을 읊으셨다.

선악 그 두 가지를 버리고[84]
번뇌를 뛰어넘어
슬픔과 탐욕에서 벗어나 해맑은 사람
그를 일컬어 아라한이라 한다.(412)

---

[84] 아라한에게는 유익한 마음(kusala citta)도 일어나지 않고, 해로운 마음(akusala citta)도 일어나지 않는다. 그에게는 '단지 작용만 하는 마음(kiriya citta)'만 일어난다.

열 번째 이야기
비구를 유혹한 기생

부처님께서 제따와나에 계실 때 한 여인과 관련해서 게송 99번을 설하셨다.

공양청을 받지 않고 오직 탁발에 의지해 살아가는 비구가 있었다. 그는 부처님에게서 수행주제를 받은 다음 사람들이 이용하지 않아 황폐해진 놀이동산으로 가서 수행했다. 그즈음 한 기생이 한 남자와 밀회를 약속했다.
"우리 그곳에서 만나요."
여인은 약속을 지켰으나 남자는 지키지 않았다. 그녀는 남자가 올 길을 바라보고 하염없이 앉아 있었으나 그는 끝내 나타나지 않았다. 그가 약속을 지키지 않은 것에 실망한 그녀는 여기저기 걷다가 놀이동산으로 들어가게 됐다. 그녀는 한 비구가 가부좌를 틀고 고요히 앉아 있는 것을 보았다. 그녀는 주위를 둘러보고 비구 외에 아무도 없다는 것을 알자 혼자 중얼거렸다.

'여기에 멋있는 남자가 있었네. 그를 유혹해 볼까?'
그녀는 비구 앞에 가서 여러 번 속옷을 입었다 벗었다 하고, 머리를 풀어 헤쳤다 다시 묶었다 하고, 손뼉을 치고 깔깔거리기도 했다. 그러자 비구가 흥분하며 온몸이 달아올랐다.

'내가 왜 이러지?'

이때 부처님 마음에 이 비구가 나타났다.
"나에게 수행주제를 받아서 정진하려고 숲속에 들어간 비구가 어떻게 되어가고 있는가?"
부처님께서는 여인의 유혹이 비구를 혼란에 빠뜨리고 있다는 것을 알고 간다꾸띠에 앉은 채로 비구에게 말씀하셨다.
"비구여, 애욕이 얽힌 곳에 즐거움은 없다. 애욕에서 벗어난 곳에 즐거움이 가득하다."

 부처님께서는 그렇게 말씀하시면서 광명의 모습을 나투시어 게송을 읊으셨다.

> 숲속은 아름답고 즐거운 곳
> 하지만 범부는 즐거워하지 않네.
> 깨달은 이는 이곳을 즐거워하네.
> 그는 욕망을 구하지 않기에.(99)

이 게송 끝에 비구는 사무애해를 갖춘 아라한이 됐다.

제8장 천(千)

Sahassa Vagga

제8장 천千, Sahassa Vagga

첫 번째 이야기
망나니 땀바다티까

부처님께서 웰루와나에 계실 때 망나니 땀바다티까[85]와 관련해서 게송 100번을 설하셨다.

499명의 강도가 마을에 들어가 약탈하고 온갖 해악을 저지르며 살아가고 있었다. 애꾸눈에 구릿빛 이빨을 가진 사람이 강도단에 와서 말했다.
"이 조직에 가입하고 싶습니다."
강도들은 그를 두목에게 데려가서 말했다.
"이 사람이 우리 조직에 들어오고 싶다고 합니다."
두목은 그를 보고 생각했다.
'이 사람은 난폭하고 잔인하게 생겼다. 그는 어머니의 심장을 도려내고 아버지 목을 따서 피를 받아 마실 수 있는 사람이다.'
두목은 그의 요구를 거절하며 말했다.
"이 사람은 우리 조직에 들어와도 도움 되는 게 없을 것이다."

강도단에 들어가는 것을 거절당하자 그는 두목의 제자에게 환심을 샀다. 제자는 그를 다시 두목에게 데려가서 말했다.
"두목님, 이 사람은 우리에게 충실한 부하가 될 것입니다. 그에게 은혜를 베풀어 주십시오."
그는 결국 두목의 허락을 받아 강도가 됐다.
어느 날 시민들이 왕의 군대와 합류하여 이 500명의 강도를 붙잡았다.

---

[85] 땀바다티까Tambadāṭhika: 땀바tamba는 '구릿빛'이고 다타dāṭha는 '이빨'이므로 그의 이름은 '구릿빛 누런 이'라는 의미다.

그리고 그들을 법정으로 끌고 가서 판사 앞에 꿇어 앉혔다. 판사는 이들에게 참수형을 선고했다.

"누가 이 사람들의 머리를 벨 것인가?"

사형 집행을 맡을 사람을 찾아보았지만, 아무도 없었다. 결국 그들은 강도들의 두목에게 말했다.

"당신이 이 사람들을 죽여라. 그러면 그대의 목숨을 살려주고 충분한 보수도 주겠다."

두목은 의리가 있는 사람이었다. 그는 함께 생사를 같이했던 동료들을 자기 손으로 죽이고 싶지 않았다. 나머지 498명의 강도도 동료를 죽이는 것보다 차라리 죽음을 택했다. 마지막으로 사람들은 흉터가 가득하고 황갈색 피부에 누런 이빨을 한 땀바다티까에게 물어보았다. 그는 흔쾌히 수락했다.

"제가 하겠습니다."

그는 강도들의 머리를 모두 베고 자신은 면죄를 받고 충분한 보상도 받았다.

시민들이 또 성의 남쪽 시골에서 500명의 강도를 붙잡아 와서 판사 앞에 꿇어 앉혔다. 판사는 그들에게도 참수형을 선고했다. 이번에도 사람들은 두목부터 마지막 부하까지 동료를 죽일 수 있는지 물어보았으나 모두가 망나니가 되기를 거부했다. 사람들은 땀바다티까를 찾았다.

"그는 어디 있는가?"

"저기 어딘가에 살고 있습니다."

시민들은 그를 데려와서 말했다.

"이 강도들의 목을 모두 베어라. 그러면 충분한 보상을 받을 것이다."

"알겠습니다."

그는 그들의 목을 베고 보상을 받았다.

시민들은 함께 논의했다.

"이자는 사람들을 사형시키는 데 아주 뛰어나다. 그를 영구적인 망나니로 만들자."

사람들은 그를 망나니 자리에 앉혔다. 얼마 후 시민들은 또 성의 서쪽에서 500명의 강도를 붙잡았고, 성의 북쪽에서도 500명의 강도를 붙잡아 모두 목을 베었다. 그래서 그는 성의 네 방향에서 붙잡아온 강도 2천 명의 목을 모두 베었다. 그 후에도 매일 한두 명 정도가 형장에 끌려 나왔으며 그는 그때마다 죄인들의 목을 베었다. 이렇게 그는 55년 동안 망나니로 살았다.

그는 나이가 들자 힘에 부쳐 사형수들의 머리를 단번에 자를 수 없었다. 그는 온 힘을 다해 도끼로 두세 번 내리쳐서야 겨우 죄인의 목을 자를 수 있었다. 그래서 사형수들의 고통은 이루 말할 수 없었다. 시민들은 이제 다른 사람을 구해야 했다.

"이제 다른 망나니를 구해야겠다. 이 사람은 사형수들에게 불필요한 고통을 주고 있다. 이제 그는 아무짝에도 쓸모가 없다."

시민들은 그를 해임했다. 그가 망나니로 있는 동안 누리지 못했던 네 가지가 있었다. 새 옷을 입고, 신선한 버터기름을 넣은 우유죽을 먹고, 재스민 꽃으로 치장하고, 향수를 바르는 것이었다. 그는 이제 네 가지를 하고 싶었다. 해임된 날 그는 하인들에게 우유죽을 만들라고 지시하고 새 옷과 재스민 꽃과 향수를 들고 강으로 가서 목욕했다. 그는 목욕을 마치고 새 옷을 입고 꽃으로 장식하고 향수를 바르고 집으로 가서 의자에 앉았다. 하인들이 우유죽과 신선한 버터기름과 손 씻을 물을 그 앞에 갖다 놓았다.

그때 사리뿟따 장로는 삼매에서 깨어나 생각했다.
'오늘은 누구에게 탁발을 나갈까?'
장로는 탁발을 나갈 거리를 살피다가 전 사형집행인 집에 우유죽이 있는 것을 보고 생각했다.
'이 사람이 나를 친절하게 대할까?'
장로는 앞일을 예측해 보았다.

게송 100번 이야기 *233*

'그는 나를 친절하게 맞이할 것이고 이로 인해 좋은 과보를 받을 것이다.'
장로는 가사를 입고 발우를 들고 전 사형집행인 집 앞에 가서 섰다.

땀바다티까는 장로를 보는 순간 기쁨이 가득 차오르는 것을 느꼈다.
'나는 오랫동안 사형집행인으로 일하며 많은 사람을 죽였다. 마침 우리 집에 우유죽이 준비돼 있을 때 장로께서 오셔서 현관에 서 계신다. 저분에게 공양을 올려야겠다.'

그는 우유죽을 치워놓고 장로에게 가서 삼배를 올리고 집안으로 안내했다. 그는 장로에게 의자를 제공하고 우유죽과 신선한 버터기름을 발우에 부어드리고 옆에 서서 부채질을 해 드렸다.

그는 조금 전에 우유죽을 한두 숟가락 떠먹었기 때문에 장로가 먹는 걸 보자 자기도 먹고 싶은 마음이 간절했다. 장로는 그가 먹고 싶어 한다는 것을 알고 말했다.

"재가신도여, 그대도 우유죽을 드시오."

그는 부채를 다른 손으로 옮기고 한 손으로 우유죽을 마셨다. 장로는 그가 부채질을 계속하는 것을 보고 말했다.

"나는 괜찮으니 그대 자신이나 부치도록 하시오."

그는 부채질하면서 우유죽을 먹고 배가 불러오자 다시 장로에게 와서 부채질을 해 드리기 시작했다. 장로가 공양을 마치자 그는 발우를 받아들었다.

장로가 법문을 시작했다. 그러나 그는 장로의 법문에 마음을 집중할 수 없었다. 장로는 이를 알고 말했다.

"재가신도여, 어째서 법문에 집중하지 못하는가?"

"스님이시여, 저는 오랫동안 잔인한 일을 해왔습니다. 저는 많은 사람의 목을 베었습니다. 과거의 행위가 자꾸 눈에 떠올라서 법문에 집중할 수 없습니다."

장로가 이 말을 듣고 생각했다.

'그에게 방편을 써야겠다.'

장로가 물었다.

"그대는 이 일을 자신이 하고 싶어서 한 것인가 아니면 누군가가 시켜서 한 것인가?"

"왕이 시켜서 한 것입니다, 스님."

"그렇다면 악업惡業이 어디에 있는가?"

장로가 이와 같이 말하자 어리석은 제자가 어리둥절해 하며 자신에게 악업이 없다고 생각하고 법문에 주의를 기울였다.

장로가 법문을 계속하자 그의 마음은 고요해지기 시작했다. 그는 법문을 듣는 동안 수순의 지혜[86]를 개발하고 수다원도를 향해 나아갔다. 법문을 마친 장로는 자리에서 일어나 떠나갔다. 그는 장로를 모셔다드리고 돌아가다가 귀신들린 암소의 뿔에 들이받혀 죽었다.[87] 그는 죽어 뚜시따(도솔천)에 태어났다.

비구들이 법당에 모여 의견을 나누고 있었다.

"55년 동안 잔인한 행위를 한 망나니가 오늘 일자리를 잃었습니다. 그리고 오늘 장로에게 공양을 올렸고 오늘 죽음을 만났습니다. 그는 어디에 태어났을까요?"

부처님께서 들어오셔서 물으셨다.

"비구들이여, 여기 앉아서 무슨 이야기를 나누고 있는가?"

---

86) 수순의 지혜(anuloma ñāṇa): 9단계의 위빳사나 지혜 중 마지막 단계의 지혜로 상카라에 대한 평온의 지혜(saṅkhārupekkhā ñāṇa)와 종성의 지혜(gotrabhu ñāṇa) 사이에 일어난다. 수행이 무르익어 어떤 대상에도 무관심해지고 나 또는 내 것이라는 집착도 사라져서 평온이 계속되면 마음은 열반을 향해 달려간다. 열반을 얻기 바로 직전에 진리에 순응하는 지혜가 수순의 지혜이다.

87) 게송 66번 이야기에 귀신과 얽힌 원한 관계가 언급돼 있다.

비구들이 대답하자 부처님께서 말씀하셨다.

"비구들이여, 그는 뚜시따에 천신으로 태어났다."

"부처님이시여, 그게 무슨 말씀입니까? 그는 오랫동안 많은 사람을 죽여 왔는데 어떻게 뚜시따에 태어날 수 있습니까?"

"비구들이여, 그는 위대하고 훌륭한 스승을 만났기 때문이다. 그는 사리뿟따의 훌륭한 법문을 듣고 수순하는 지혜를 얻었다. 그래서 이생을 마감했을 때 뚜시따에 천신으로 태어난 것이다."

부처님께서는 그렇게 말씀하시고 게송을 읊으셨다.

망나니였던 사람이 잘 설해진 법문을 듣고
수순하는 지혜를 얻어
천상에 태어나 기쁨을 누리네.

"부처님이시여, 법문에는 그런 놀라운 힘이 없고, 이 사람이 저지른 악업은 크고 많은데 어떻게 그렇게 짧은 시간에 법문을 듣는 것만으로 특별한 복덕을 얻을 수 있습니까?"

"비구들이여, 내가 설한 법문은 짧든 길든 간에 놀라운 이익을 가져온다. 짧다고 하찮게 여기지 마라. 한마디 법문도 이로움을 가져다주기 때문에 거룩한 것이다."

부처님께서는 그렇게 가르치시고 게송을 읊으셨다.

이로움을 주지 않는 천 마디 말보다
들으면 마음이 고요해지고
이로움을 가져다주는
한마디 말이 더 가치 있다.(100)

이 법문 끝에 많은 사람이 수다원과, 사다함과, 아나함과를 성취했다.

두 번째 이야기
바히야 다루찌리야의 깨달음[88]

부처님께서 제따와나에 계실 때 바히야 다루찌리야[89]와 관련해서 게송 101번을 설하셨다.

어느 날 해상무역을 하는 사람들이 배를 타고 바다로 나갔다. 배가 육지에서 한참을 벗어났을 때 난파되어 모두 물고기와 거북이의 밥이 되고 한 사람만 살아남았다. 살아남은 사람은 판자를 붙들고 생존을 위해 처절하게 싸운 결과 숩빠라까[90] 항구 가까이에 가까스로 상륙했다. 그가 뭍에 올랐을 때는 옷이 모두 사라지고 벌거숭이가 돼 있었다. 그래서 그는 나무껍질로 몸을 가리고 브라마 신의 제단에서 질그릇을 꺼내 들고 숩빠라까 항구로 가서 탁발하며 살았다. 사람들은 나무껍질 옷과 그의 단정한 태도에 반해서 우유죽과 여러 가지 맛있는 음식을 가져와 올리며 말하곤 했다.

"이분은 아라한인가 봐."

---

88) 이 이야기는 우다나(감흥어)의 바히야 경(Bāhiya Sutta, Ud1.10)에서 유래한다.
89) 바히야 다루찌리야Bāhiya Dārucīriya: 그는 바히야 가정에 태어나 바히야라고 불렸다. 그는 해상무역에 종사하고 있었다. 그는 일곱 번은 인더스Indus 지방으로 안전하게 항해했으나 여덟 번째 출항해 수완나부미Suvaṇṇabhūmi로 가는 도중에 배가 난파됐다. 그는 널빤지를 타고 떠다니다 가까스로 숩빠라까Suppāraka 근처에 상륙했다. 그는 과거생의 도반이었던 정거천의 범천(Suddāvāsa-brahmā)의 노력으로 부처님을 만나 아라한이 됐다. 부처님께서는 그를 가장 짧은 시간에 최상의 깨달음을 얻은 자(khippābhiññāṇaṃ) 가운데서 제일이라고 선언하셨다.
90) 숩빠라까 혹은 숩빠라(Suppāraka, Suppāra): 인도의 항구도시로 뿐나Puṇṇa(부르나, 북방불교에서 설법제일) 장로의 탄생지이다. 이곳에서 사왓티까지는 120요자나의 거리였으며 여러 도시와 교역이 활발했다. 숩빠라까(Skt. Sūrpāraka)는 지금의 뭄바이 북쪽 타나Thāna지역의 소빠라Sopāra로 알려져 있다.

사람들이 그에게 값비싸고 화려한 옷을 가져다주었지만 입기를 거절했다. 그로 인해 그의 명성은 더욱 높아졌다. 그는 나무껍질로 몸을 가리고 다녔기 때문에 다루찌리야(나무껍질)로 알려졌다.

그는 이렇게 생각했다.
'내가 옷을 입는다면 이렇게 맛있는 음식도 얻어먹지 못하고 존경도 받지 못할 것이다.'
그래서 그는 나무껍질로 몸을 가리며 옷을 입지 않았다. 많은 사람이 그에게 삼배를 올리며 존경했다.
"아라한님!, 아라한님!"
그는 이제 자신을 아라한이라고 착각하기 시작했다.
'이 세상에 아라한이거나 아라한으로 가는 길에 들어선 사람들이 있는데 나도 그중 하나일 거야.'
일이 이렇게까지 흘러가자 뿌라나로히따 대범천에게 전생의 도반에 대해 걱정하는 마음이 일어났다.

바히야 다루찌리야의 과거생: 일곱 명의 도반

뿌라나로히따는 전생에 함께 목숨을 걸고 수행했던 도반道伴이었다. 과거생에 십력을 지니신 깟사빠 부처님의 가르침이 이 땅에서 사라지려고 할 때, 일곱 명의 비구는 승단이 혼탁해지고 타락하기 시작하자 이를 안타깝게 여기며 서로에게 말했다.
"부처님의 가르침이 아직 사라지지 않았을 때 우리는 확실히 해탈을 얻을 수 있을 것입니다."
그들은 부처님의 황금 사리탑을 참배하고 숲으로 들어가서 커다란 바위를 보고 말했다.
"세속의 삶에 집착이 있는 사람은 돌아가시고, 집착이 없는 사람은 이 바위를 올라갑시다."

그들은 사다리를 세우고 바위로 올라가서 사다리를 발로 차서 떨어뜨렸다. 그리고 도과를 성취하지 못하면 이 자리에서 죽겠다고 맹세하고 죽음이라는 배수진을 쳤다. 하루가 지나자 첫 번째 장로가 아라한과를 성취했다. 장로는 공중으로 날아서 아노땃따 호수로 가서 구장나무 치목齒木으로 이를 닦고 입을 헹구고, 북구로주91)로 날아가서 음식을 탁발해서 돌아와 비구들에게 말했다.

"도반들이여, 이 치목으로 이를 닦고 입을 헹구고 음식을 드십시오."

그러나 비구들은 음식을 거절하며 말했다.

"스님, 언제 우리가 제일 먼저 아라한이 된 사람이 음식을 탁발해 와서 함께 먹기로 약속했습니까?"

"도반들이여, 그런 약속은 하지 않았습니다."

"그럼 우리도 깨달음을 얻어 스스로 음식을 가져와 먹겠습니다."

다음 날 두 번째 장로가 아나함과를 성취했다. 그도 마찬가지로 멀리 날아가서 음식을 탁발해 와서 같이 먹기를 권했다. 그러자 나머지 비구들이 말했다.

---

91) 북구로주(Uttarakuru, 北拘盧州) : 디가 니까야 나따니띠야 경(Ātānā- tya Sutta, D32)에 의하면 '이곳 사람들은 재산과 아내를 소유하지 않고 일하지 않아도 곡식이 저절로 익고 뜨거운 돌솥에서 밥이 저절로 익는다. 그들의 도시는 공중에 있으며 왕은 꾸웨라 또는 웻사와나(Kuvera, Vessavana 多聞天王)이다.'라고 언급하고 있다. 다른 여러 경전의 주석서에는 이렇게 설명하고 있다. 북구로주는 사대주(Mahādīpā, 四大洲) 중 북쪽에 위치해 있다. 사대주의 나머지는 남섬부주(Jambudīpā, 南瞻部洲) 동승신주(Pubbavideha, 東勝身洲) 서우화주(Aparagoyāna, 西牛貨洲)이다. 이 네 대륙이 하나의 우주(철위산)를 이룬다. 이곳 사람들은 탐욕이 적고 개인 재산이 없고 수명이 정해져 있으며 잘생겼지만, 용기가 없고 알아차림이 없고 종교적이지 않다. 게송 181번 이야기에서는 부처님께서 도리천에서 아비담마를 설하실 때 북구로주에서 탁발하고 아노땃따Anottata 호수에서 목욕하고 한낮의 휴식을 취하셨다고 언급하고 있다. 게송 416번 이야기에서 조띠까의 아내는 북구로주의 여인이었다고 나온다.

"스님, 언제 우리가 첫 번째 장로가 가져온 음식은 먹지 않고 두 번째 장로가 가져온 음식은 먹자고 약속했습니까?"

"도반들이여, 그런 약속은 하지 않았습니다."

"그럼 우리도 깨달음을 성취해 남의 도움을 받지 않고 스스로 음식을 탁발해서 먹겠습니다."

나머지 비구들은 그렇게 그가 탁발해 온 음식을 거절하고 열심히 정진했다.

7일째 되던 날 아라한과를 성취한 첫 번째 장로는 대열반에 들었다. 아나함과를 성취한 두 번째 장로는 정거천92)에 태어났다. 나머지 다섯 명의 비구는 7일째에 기력이 고갈돼 죽었다. 그들은 천상에 태어나 머물다가 현재의 부처님이 세상에 출현하시자 천상에서 내려와 여러 가정에 태어났다. 그들은 뿍꾸사띠 왕,93) 꾸마라 깟사빠,94) 바히야 다루찌리야, 답바 말라뿟따,95) 사비야96)였다. 그래서 정거천에 태어난 그 비구를 가리켜 뿌라나로

---

92) 정거천(Suddhāvāsa, 淨居天): 색계 15개 하늘 중 맨 위 다섯 개의 하늘로 아위하Aviha(無煩天), 아땁빠Atappa(無熱天), 수닷사Sudassa(善現天), 수닷시Sudassī(善見天), 아깐닛타Akaniṭṭhā(色究竟天)로 이루어져 있다. 자세한 것은 3권 부록 I 불교의 세계관 참조.
93) 뿍꾸사띠Pukkusāti: 법구경 게송 66번 이야기 각주를 참조.
94) 꾸마라 깟사빠Kumāra Kassapa: 법구경 게송 160번 주석 참조.
95) 답바 말라뿟따Dabba Mallaputta: 그는 아누삐야Anupiya에 사는 말라Malla 족의 가문에서 태어났다. 그가 어머니 자궁에 있을 때 어머니가 죽었다. 어머니 시체를 화장하고 불이 꺼졌을 때 화장용 장작더미 기둥dabbatthambhe위에 그가 누워있는 것을 발견했다고 한다. 그래서 그를 답바(나무 장작)라고 불렀다. 그가 일곱 살이었을 때 말라에 오신 부처님을 뵙고 할머니에게 출가하겠다고 말했다. 할머니는 그를 부처님께 데려갔고 그는 삭발하는 순간 아라한이 됐다. 그는 부처님과 함께 라자가하로 가서 승단을 위해 뭔가 봉사하고 싶어 원주院主소임을 맡았다. 그는 야간에 객스님들에게 객실을 배정하고, 공양청이 들어오면 스님들에게 인원을 배정했다. 그는 뛰어난 지혜로 자신의 소임을 성실하게 이행했고 그의 명성이 사방으로 퍼졌다. 비구들이 그의 신통을 보고 싶어 일부러 밤늦게

도착해서 객실을 요구했고 답바는 '불을 비추어라.'라고 결심하고 손가락에서 불빛을 내어 길을 비추며 객스님을 안내했다. 라자가하 근처에 멧띠야붐마자까Mettiya-Bhummajakā(육군 비구들 중 두 명인 멧띠야와 붐마자를 따르는 자들)라는 일단의 비구들이 살고 있었는데, 어느 날 맛있는 음식을 올리는 것으로 이름난 부자에게 공양을 받을 차례가 됐다. 그 부자가 답바에게 물어 멧띠야붐마자까들이 공양 받을 차례라는 말을 듣고 부자는 그들이 계율을 지키지 않고 제멋대로 사는 비구들이라는 것을 알고 하녀에게 접대하게 했다. 그들은 몹시 화가 나서 답바가 그 부자에게 자기들을 중상했다고 비난했다. 그들은 멧띠야Mettiya라는 비구니를 설득해서 그녀가 답바에게 추행을 당했다고 부처님께 고발했다. 그러나 조사 결과 무죄로 밝혀져 멧띠야 비구니는 승단에서 추방됐다.(Vin.ii.76) 또 멧띠야붐마자까들이 왓다Vaḍḍha라는 릿차위족을 설득해서 답바가 자신의 아내와 관계를 맺었다고 부처님께 고발하게 했다. 비구들은 릿차위족의 왓다가 거짓말했다고 자백할 때까지 그의 집에 가서 공양하기를 거부했다. 왓다는 결국 답바의 무죄를 실토했다.(Vin.ii.124) 랄루다이Lāludāyi는 답바가 성실하게 소임을 완수하지 않는다고 고발했다. 그래서 랄루다이가 그 소임을 맡았지만 제대로 이행하지 못해 해임解任되었다. 답바는 방을 배정하는(senāsanapaññāpakānaṃ) 데서 제일이라는 칭호를 얻었고 일곱 살에 비구계를 받았다. 그는 젊어서 대열반에 들었음이 분명하다. 우다나(Ud8. 9)에는 그가 라자가하에서 탁발하고 돌아오다가 자신의 수명을 살펴보니 이미 수명이 끝났는데 아직까지 살고 있는 것을 보고 부처님께 가서 고별인사를 드리고 여러 가지 신통을 보인 후 대열반에 들었다고 한다.

96) 사비야Sabhiya: 그의 어머니는 귀족의 딸이었다. 부모는 그녀를 한 유행자(Paribbājaka)에게 맡겨 여러 가지 교리와 학설을 배우게 했다. 그 유행자는 사비야의 어머니를 유혹해서 임신시켰다. 그녀는 아이를 갖자 교단에서 추방됐으며 홀로 유행하다가 노천(sabhāyaṃ)에서 아이를 낳았다. 그래서 사비야라고 불리게 되었다. 사비야는 자라서 어머니처럼 유행자(Paribbājaka)가 되어 논객으로 이름을 떨쳤다. 그는 성문 근처에 집을 짓고 귀족의 자제들을 가르쳤다. 그는 20가지 질문을 만들어 사문들과 바라문들에게 내놓았지만, 아무도 대답하는 사람이 없었다. 그 질문들은 그의 어머니가 아들에게 가르쳐 준 것이라고 한다. 숫따니빠따의 대품 여섯 번째 경인 사비야 경(Sabhiya Sutta)에 따르면, 그때 과거생의 수행

히따(옛 친구) 범천이라고 부르는 것이다.

바히야 다루찌리야의 깨달음

이 정거천의 대범천에게 이런 생각이 일어났다.
'이 사람은 나와 함께 사다리를 세우고 바위에 올라 수행했던 사람이다. 이제 그가 사견을 가지고 이같이 행동한다면 지옥에 떨어질 것이 분명하다. 그에게 자극을 주어야겠다.'
대범천은 그에게 다가가서 말했다.
"바히야여, 그대는 아라한이 아니고 아라한을 향해 가는 사람도 아니지 않는가? 게다가 그대가 가고 있는 길은 아라한과를 성취할 수 있는 길도 아니고 아라한을 향해서 가고 있는 길도 아니다."
대범천이 공중에 서서 이렇게 말하자 바히야는 그를 쳐다보고 나서 생각했다.
'오, 내가 끔찍한 짓을 하고 있었구나! 내가 스스로 아라한이라고 착각하다니! 저기 저 천신은 내가 아라한이 아니며 아라한으로 향하고 있는 것도 아니라고 말하지 않는가! 그런데 이 세상에 정말 아라한이 있을까?'
바히야는 천신에게 물었다.
"천신이여, 그런데 이 세상에 아라한이나 아라한을 향해서 나아가고 있는 사람이 있는가?"
천신이 이렇게 알려주었다.
"바히야여, 여기서 북쪽으로 가면 사왓티라는 도시가 있는데 그곳에 지

도반이었던 정거천의 천신이 나타나 사비야에게 질문을 하나 가르쳐주면서 이 질문에 대답하는 사람에게 귀의하라고 했다. 그는 육사외도에게 모두 찾아가서 질문했으나 만족할 만한 대답을 듣지 못했다. 그는 웰루와나에 계시는 부처님을 방문해 질문했으며 부처님께서는 친절하고 자세히 질문에 대답해 주셨다. 그 결과 4개월간의 예비기간이 지나 비구계를 받고 오래지 않아 아라한이 됐다.

금 세상에서 가장 존귀하시고, 아라한 중의 아라한이며, 스스로 올바로 깨달으신 부처님께서 머물고 계신다네. 세상에서 가장 존귀하시며 아라한 중의 아라한께서는 지금 아라한과의 깨달음에 대해 법을 설하시고 계신다네."

바히야는 천신의 말을 듣고 크게 동요하고 흥분해 즉시 숩빠라까를 떠나 밤새도록 달려서 사왓티에 도착했다. 숩빠라까에서 사왓티까지 거리를 120요자나라고 한다. 그는 천신의 신통으로 그 먼 거리를 하룻밤 사이에 달려 갔다.(어떤 사람들은 '부처님의 신통으로'라고 말하기도 한다.) 그가 제따와나에 도착했을 때 부처님께서는 탁발하러 사왓티 성내로 들어가고 사원에 계시지 않았다. 그는 많은 비구가 피로를 풀기 위해 밖에 나와 경행하고 있는 것을 보고 다가가 물었다.

"아라한이며 스스로 올바로 깨달으신 부처님께서는 어디 계십니까? 아라한이며 스스로 올바로 깨달으신 부처님을 만나 뵙고 싶습니다."

"부처님께서는 탁발하러 사왓티 성에 들어가셨습니다."

비구들이 그에게 물었다.

"어디서 오셨습니까?"

"숩빠라까에서 왔습니다."

"언제 출발하셨습니까?"

"어제 저녁에 출발했습니다."

"아주 먼 곳에서 오셨군요. 피곤하실 테니 앉아서 발을 씻고 발에 기름을 바르고 잠시 쉬고 계시면 부처님께서 돌아오실 것입니다. 그때 만나 보시면 될 것입니다."

"스님, 부처님께서는 언제 대열반에 들지 모르고 저도 언제 죽음이 닥쳐올지 모릅니다. 저는 밤새도록 한 번도 쉬지 않고 120요자나를 달려왔습니다. 부처님을 만나 뵌 후 쉴 것입니다."

그는 이렇게 말하고 떨리는 몸으로 급히 제따와나를 떠나 사왓티로 들어갔다. 그는 부처님께서 탁발하고 계시는 것을 보았다. 부처님께서는 고요하고 평온한 마음으로 감관을 잘 제어하고 주의깊게 깨어있으면서 걷고 계셨다.

"오랜 세월 동안 뵙지 못했던 부처님을 이제야 뵙게 되는구나!"

그는 부처님을 보는 순간 깊은 존경심으로 허리를 굽히고 다가가 땅바닥에 무릎을 꿇고 오체투지로 삼배를 올리고 부처님의 발목을 붙잡고 말씀드렸다.

"부처님이시여, 저에게 법을 설해주소서. 잘 가신 임善逝이시여, 저에게 법을 설해주소서. 그러면 오랫동안 저의 번영과 행복이 될 것입니다."

부처님께서 그에게서 몸을 돌리며 말씀하셨다.

"바히야여, 지금은 때가 아니다. 우리는 지금 공양하러 신도 집에 가야 한다."

두 번째로 바히야가 부처님께 요청했다.

"부처님이시여, 부처님께서 얼마나 사실지, 또 제가 얼마나 살지 확실히 알기가 어렵습니다. 부처님이시여, 법을 설해주소서. 잘 가신 임이시여, 법을 설해주소서. 그러면 오랫동안 저의 번영과 행복이 될 것입니다."

두 번째로 부처님께서 바히야에게 말씀하셨다.

"바히야여, 지금은 적당한 때가 아니다. 우리는 지금 공양하러 신도 집에 가야 한다."

부처님께서는 이렇게 생각하셨다고 한다.

'이 사람은 나를 본 순간부터 기쁨이 넘치고 가슴이 벅차서 법을 설한다 해도 법을 알아듣지 못할 것이다. 마음이 고요해질 때까지 잠시 기다리게 해야 한다. 게다가 그는 120요자나를 단 하룻밤에 달려와서 몹시 지쳐 있으니 좀 가라앉혀야 한다.'

세 번째로 바히야가 말씀드렸다.

"부처님이시여, 부처님께서 얼마나 사실지 또 제가 얼마나 살지 확실히 알기가 어렵습니다. 부처님이시여, 법을 설해주소서. 잘 가신 임이시여, 법을 설해주소서. 그러면 오랫동안 저의 번영과 행복이 될 것입니다."

부처님께서는 길거리에 서 있는 상태로 법을 설하시기 시작했다.[97]

여기, 바히야여, 그대는 이와 같이 자신을 닦아야 한다.
'보이는 것을 보기만 하고, 들리는 것을 듣기만 하고,
느끼는 것을 느끼기만 하고, 인식하는 것을 인식하기만 하리라.'라고
이와 같이 자신을 닦아야 한다.

바히야여,
보이는 것을 보기만 하고, 들리는 것을 듣기만 하고,
느끼는 것을 느끼기만 하고, 인식하는 것을 인식하기만 한다면,
그대는 그것과 함께하지 않을 것이다.
그것과 함께하지 않을 때 거기에는 그대가 없다.
거기에 그대가 없을 때 그대에게는 이 세상도 없고 저 세상도 없고
그 둘 사이의 어떤 세상도 없다.
이것이 고통의 소멸이다.[98]

부처님의 간략한 가르침을 듣고 바히야 다루찌리야의 마음은 즉시 모든 번뇌로부터 해탈해 사무애해를 갖춘 아라한이 됐다. 그는 부처님께 비구로 받아줄 것을 요청하자 부처님께서 말씀하셨다.

"가사와 발우를 갖추고 있는가?"

"가사와 발우가 없습니다."

---

97) 이 경은 우다나(감흥어)의 바히야 경(Bāhiya Sutta, Ud1.10)에 나오는 유명한 가르침이다.
98) 이 가르침이 위빳사나 수행의 정수精髓라고 볼 수 있다.

"그러면 가사와 발우를 구해 오너라."
부처님께서는 이렇게 말씀하시고 떠나가셨다.

바히야는 2만 년 동안 수행했지만, 단 한 비구에게 가사와 발우를 보시한 적이 없었다고 한다. 그는 항상 이렇게 말했다고 한다.
"비구는 다른 비구를 도와줄 필요가 없고 자신의 필수품은 스스로 구해야 한다. 음식도 남의 도움을 받지 말고 스스로 구해야 한다."
이 때문에 그는 저절로 가사와 발우를 얻을 수 없었다. 그래서 그는 '에타 빅카오!(오라, 비구여!)'라는 말로 비구계를 받을 수 없었다고 한다.

바히야는 가사와 발우를 구하러 돌아다니다가 귀신들린 암소의 뿔에 들이받혀 목숨을 잃었다. 부처님께서 공양을 마치고 많은 비구를 거느리고 돌아오시다가 바히야 다루찌리야가 죽어 쓰레기 더미 위에 누워 있는 것을 보고 비구들에게 지시했다.
"비구들이여, 신도들 집에 가서 들것을 가져와 시신을 성 밖으로 옮겨서 화장하도록 해라. 그리고 사리를 수습해 탑을 세우고 안치하도록 해라."
비구들이 바히야의 시신을 들것으로 옮겨 화장하고 탑을 세워 사리를 안치했다. 일이 끝나자 비구들은 부처님께 와서 삼배를 올리고 한쪽에 앉아 말씀드렸다.
"부처님이시여, 바히야의 시신을 화장하고 탑을 세웠습니다. 그런데 그는 죽어 어디에 태어났습니까?"

"비구들이여, 바히야 다루찌리야는 지혜로운 사람이다. 그는 나의 가르침에 따라 수행해 아라한이 됐다. 비구들이여, 바히야 다루찌리야는 대열반에 들었다. 비구들을 포함한 모든 제자 중에서 가장 짧은 시간에 법을 깨닫는 데서 바히야 다루찌리야가 제일이다."

"부처님이시여, 바히야 다루찌리야가 아라한과를 성취했다고 말씀하셨는데 언제 아라한과를 성취했습니까?"

"비구들이여, 그는 나의 법문을 들을 때 성취했다."
"그러면 부처님께서 언제 법을 설하셨습니까?"
"탁발을 나가는 중에 거리 가운데 서서 법을 설했다."
"거리 한가운데 서서 아주 짧은 법문을 설하셨는데 어떻게 그렇게 짧은 법문을 듣고 깨달음을 성취할 수 있습니까?"
"비구들이여, 법문이 길고 짧은 것은 중요하지 않다. 의미 없는 수천 구절의 게송보다 깨달음을 얻게 해 주는 한 구절의 게송이 더 낫다."
부처님께서는 이 말씀에 이어서 게송을 읊으셨다.

이로움을 주지 못하는
수천 구절의 게송보다는
들으면 마음이 평화로워지는
한 구절의 게송이 더 가치 있다.(101)

이 법문 끝에 많은 사람이 수다원과, 사다함과, 아나함과를 성취했다.

세 번째 이야기
강도와 결혼했다 출가한 밧다 꾼달라께시99)

부처님께서 제따와나에 계실 때 밧다 꾼달라께시100)와 관련해서 게송 102, 103번을 설하셨다.

라자가하의 부자 상인에게 열여섯 살의 딸이 하나 있었다. 그녀는 너무나 아름답고 예뻐서 부모는 7층 저택의 꼭대기 방에 살게 하고 하녀에게 시중들게 했다. 사실 여인들이 꽃다운 나이가 되면 성에 눈을 뜨고 남성을 그리워하게 마련이다.

어느 날 한 젊은이가 강도짓을 하다가 붙잡혀 손이 뒤로 묶인 채 채찍으로 두들겨 맞으면서 형장으로 끌려가고 있었다. 상인의 딸은 군중들의 야유 소리를 듣고 무슨 일인가 싶어 창문을 열고 거리를 내려다보다가 강도가 끌려가는 것을 보았다.

그를 보는 순간 그녀는 첫눈에 반해버렸다. 그에 대한 애욕의 감정이 거

---

99) 이 이야기는 장로니게경의 꾼달라께시 주석(ThigA. v. 9)에 나온다. 이 이야기 중 여인이 강도와 결혼하고 그를 살해하기까지의 이야기는 술라사 자따까(Sulasā Jātaka, J419)에서 유래한다. 자따까의 주인공이 꾼달라께시가 아니고 술라사라는 것만 다르다.
100) 밧다 꾼달라께시Bhaddā Kuṇḍalakesī: 그녀는 처음에 니간타 교단에 출가해 머리를 야자나무 빗으로 모두 뽑았으나 다시 머리가 자라면서 곱슬머리가 되었다. 그래서 꾼달라께시(곱슬머리)라는 별칭이 붙었다. 그녀는 니간타의 교리에 만족하지 못하고 유행하면서 여러 스승에게 가르침을 받아 날카로운 논객으로 유명해졌다. 결국 그녀는 부처님을 만나 가르침을 듣는 순간 아라한이 되어 '빠르게 구경각(khippābhiññā)을 얻은 비구니들 가운데 제일'이라는 칭호를 얻었다. 테리가타(장로니게경)에 따르면 그녀는 비구니로 50년 동안 앙가, 마가다, 까시, 꼬살라 등지를 유행하며 살았다고 한다.

세게 몰아치자 그녀는 식음을 전폐하고 앓아누웠다. 그녀의 어머니가 근심스러운 마음으로 물었다.

"사랑하는 딸아, 어디 아프냐?"

"강도질하다 붙잡혀 거리로 끌려가고 있는 사람을 데려오세요. 데려오지 않으면 지금 당장 죽어버릴 거예요."

"얘야. 다른 사람은 안 되겠니? 우리의 혈통과 가문과 재산에 걸맞은 사람으로 말이다."

"다른 사람은 필요 없어요. 그 남자를 데려올 수 없다면 난 죽어버릴 거예요."

딸을 달랠 수 없자 어머니는 아버지에게 말했다. 아버지도 딸을 진정시켜보려고 했지만 잘 안 됐다.

"어떻게 해야 하지?"

아버지는 어쩔 수 없이 강도를 형장으로 끌고 가는 사형집행관에게 천 냥을 주고 말했다.

"이 돈을 받고 그를 나에게 넘기게."

"좋습니다."

사형집행관은 뇌물을 받고 강도를 풀어주었다. 그리고 다른 사람을 사형시키고 왕에게 보고했다.

"폐하, 강도를 사형시켰습니다."

상인은 딸과 강도를 결혼시켰다. 그녀는 남편의 호감을 얻으려고 곱게 화장하고 온갖 장신구를 달고 남편의 식사를 직접 챙겨주었다. 며칠이 지나자 강도는 슬슬 지루해지기 시작했다.

'이 여자를 죽이고 보석을 훔쳐서 팔면 선술집에서 술과 음식을 마음껏 사 먹을 수 있지 않을까? 옳지 바로 이거야!'

그는 식사를 거부하고 침대로 가서 드러누웠다. 그녀가 와서 물었다.

"어디 아파요?"

"아니, 아프지 않소.

"혹시 아버지 어머니가 당신에게 화를 냈어요?"

"화내지 않았소."

"그럼 무엇이 문제예요?"

"뒤로 묶여 형장으로 끌려가던 날, 나는 강도들의 절벽에 사는 신에게 제물을 바치겠다고 맹세함으로써 목숨을 구할 수 있었소. 그 신의 신통으로 당신 같은 어여쁜 아내를 맞이할 수 있었던 거요. 그런데 신에게 제물을 바치겠다는 서약을 어떻게 이행해야 할지 걱정이라오."

"걱정하지 마세요. 제물을 준비할 테니 필요한 것이 무엇인지만 말씀해 주세요."

"꿀로 맛을 낸 맛있는 우유죽하고 라자꽃을 포함해서 다섯 가지 꽃송이면 충분하오."

"알았어요. 곧 준비하겠어요."

제물이 준비되자 그녀는 남편에게 말했다.

"여보, 다 준비됐으니 출발해요."

"가족은 오지 말라고 하고, 당신은 비싼 옷을 입고 온갖 값비싼 보석으로 치장하고 유쾌하고 즐거운 마음으로 가도록 합시다."

그녀는 남편이 말한 대로 했다. 산 아래에 도착하자 강도가 그녀에게 말했다.

"여보, 여기서부터는 하인들을 마차에 태워서 돌려보내고 우리 둘만 올라가도록 합시다. 당신이 제물이 든 항아리를 들고 올라가시오."

그녀는 남편이 시키는 대로 했다.

강도는 그녀의 팔을 잡고 강도들의 절벽 꼭대기로 올라갔다.

이 산의 한쪽 면은 경사가 원만해서 올라가기가 쉽고 다른 쪽은 가파른 절벽이다. 그 꼭대기에서 강도들을 내던지면 바닥에 닿기도 전에 산산조각이 난다. 그래서 강도들의 절벽이라고 부른다.

산꼭대기에 다 오르자 그녀가 말했다.
"여보, 어서 제물을 올려요."
그러나 남편은 대답이 없었다. 그녀는 다시 재촉했다.
"여보, 왜 말이 없어요?"
남편이 그녀에게 말했다.
"제물을 올릴 필요 없어. 제물을 올리자고 한 건 속임수야."
"그럼, 나를 왜 데리고 왔어요, 여보?"
"너를 죽이고 보석을 빼앗고 도망치기 위해서지."
그녀는 죽음의 공포에 휩싸여 벌벌 떨며 말했다.
"여보, 제 보석뿐만 아니라 저의 모든 것이 다 당신 거예요. 왜 그런 말을 하세요?"
그녀는 계속해서 애원했다.
"제발 이러지 마세요."
그러나 대답은 오직 하나 '너를 죽여야겠다.'였다.
"나를 죽여서 얻는 것이 뭐예요? 보석만 가져가고 목숨만은 살려주세요. 이후로 나를 당신 어머니로 생각하거나 아니면 하녀로 부리세요."

황금 팔찌도 가져가시고 금은 장신구도 가져가세요.
모두 다 가져가시고 나를 노예로 부려주세요.

강도가 이 말을 듣고 말했다.
"네가 말한 대로 목숨을 살려준다면 너는 부모에게 가서 모두 말할 것이니 어쩔 수 없이 죽여야겠다. 그저 그뿐이다. 죽는 것이 슬프기는 하지만 한탄할 일은 아니다."

한탄스러운 일이 아니니 보석이나 벗어서 빨리 싸거라.
너는 얼마 살지 못하니 네 물건은 내가 다 가지겠다.

그녀는 속으로 생각했다.

'참으로 비열한 놈이군! 내가 그냥 당할 수는 없지. 놈이 눈치채지 않도록 머리를 써서 해치울 방법을 찾아보자.'

그녀는 강도에게 말했다.

"여보, 당신이 강도짓을 하다가 붙잡혀 거리에서 끌려갈 때 부모님께 말씀드려 당신을 빼돌리는 데 천 냥을 썼어요. 부모님이 당신에게 방도 내주었으니 나는 당신에게 은인이에요. 그러니 마지막으로 당신에게 존경을 표할 수 있도록 해 주시겠어요?"

"좋아."

그는 그녀의 요청을 허락하고 절벽 가장자리 가까이에 서 있었다.

그녀는 그의 주위를 오른쪽으로 세 번 돌고 네 방향에서 존경을 표하고 나서 말했다.

"여보, 이번이 당신을 볼 수 있는 마지막 기회예요. 이후로 더 이상 당신도 나를 볼 수 없고 나도 당신을 볼 수 없어요."

그녀는 앞과 뒤에서 그를 힘껏 껴안았다. 그리고 그의 감시가 소홀해지는 틈을 타서 등 뒤에서 한 손은 어깨에 한 손은 허리에 대고 힘껏 절벽으로 밀어버렸다. 강도는 깊은 절벽 아래로 내동댕이쳐져 바닥에 떨어졌을 때는 이미 산산조각이 나 있었다. 두 사람이 하던 짓을 쭉 지켜보던 절벽 꼭대기에 사는 신은 그녀에게 찬사를 보내며 노래를 불렀다.

남자들만이 항상 현명한 것은 아니네.
여자들도 현명하다는 것을
방금 분명히 보여주었네.

강도를 절벽으로 밀어버리고 그녀는 이제 앞일을 생각했다.

'집으로 돌아가면 부모는 남편을 어떻게 했느냐고 물을 것이다. '그를 죽여 버렸어요.'라고 대답하면 부모님은 '우리가 그 불한당을 빼돌리는 데 천

냥이나 쏟아부었는데 죽여버렸다고?'라고 말하며 세 치 혓바닥으로 나를
찔러댈 것이다. 그가 내 보석을 탐내서 나를 죽이려 했다고 말하면 믿지 않
을 것이다. 이제 고향과도 인연을 끊어야겠다.'

그녀는 보석을 던져버리고 숲속으로 들어가 얼마 동안 헤매고 다니다가
한 빠립바지까(遊行女)101)들의 사원에 이르렀다. 그녀는 공손하게 절하고 말
했다.

"스승이시여, 저를 교단에 받아주세요."

그녀는 이렇게 해서 유행녀가 됐다.

그녀는 유행녀가 되고 나서 그들에게 물었다.

"스승이시여, 여기서는 무엇을 목표로 수행합니까?"

"열 개의 까시나102)를 대상으로 삼매를 닦거나 천 개의 교리를 배워 익

---

101) 빠립바자까(Paribbājaka, 여자는 Paribbājika): 유행자遊行者, 여자는 유
행녀遊行女로 번역하며 부처님 시대 이전부터 있었던 사문들이다. 이들은
행위와 말과 생각에서 악을 제거하고 청정범행을 함으로써 사후에 지복을
얻는다는 교리를 가지고 있다. 그들은 윤리학, 철학, 자연학과 신비적인
문제를 가지고 여기저기 떠돌아다니면서 논쟁을 벌이는 철학자들이다.
디가니까야 범망경(Brahmajāla Sutta, D1)에는 이들의 주장이 뱀장어처
럼 매끄러워 잡을 수 없어서 애매모호한 자들(amarāvikkhepikā)이라고
묘사하고 있다. 유행자 중에서 가장 유명한 사람은 한때 사리뿟따 장로와
목갈라나 장로의 스승이었던 산자야Sañjaya이다.
102) 까시나kasiṇa: 까시나는 땅이나 색깔 있는 원반과 같은 대상에 마음을
집중해 표상을 얻고 그 표상을 온 의식에 가득 채워 삼매를 얻는 수행법이
다. 까시나 수행의 대상으로는 땅, 물, 불, 바람, 푸른색, 노란색, 붉은색,
흰색, 허공, 광명 까시나가 있다. 먼저 10개의 까시나 중 하나를 예비표상
(parikamma nimitta)으로 취해 정신을 집중한다. 눈을 감고도 이 표상이
떠오를 때까지 수행해서 익힌 표상(uggaha nimatta)을 얻는다. 이 익힌
표상에 마음을 집중해 흠이 없이 깨끗하고 흔들리지 않을 때가 되면 닮은
표상(paṭibhāga nimitta)을 얻는 것이다. 이때가 근접삼매(upacāra
samādhi)에 도달한 것이다. 계속해서 이 표상에 마음을 집중하면 외부의
감각이 끊어지고 오로지 하나의 표상에 마음이 고정된 상태가 되는데

히는 것이다. 이 두 가지가 우리가 추구하는 최상의 목표다."

"저는 삼매를 닦지 못할 것 같으니 천 개의 교리를 배우겠습니다."

그녀가 천 개의 교리를 통달했을 때 그들이 말했다.

"이제 그대는 모든 것을 완벽하게 배웠으니 잠부디빠 전역을 돌아다니면서 모든 유명한 사람에게 도전해 보아라."

그리고 그녀의 손에 잠부나무 가지를 주고서 이렇게 말했다.

"재가남자와 논쟁해서 지게 되면 너는 그의 하녀가 돼야 하고, 사문과 논쟁해서 지게 되면 넌 그들의 교단에 들어가 제자가 돼야 한다."

그녀는 '잠부까 빠립바지까'(잠부나무 가지를 들고 다니는 유행녀)라는 이름으로 여기저기 유행하며 보는 사람마다 질문을 던졌다. 그러나 아무도 그녀와의 논쟁에서 이기는 사람이 없었다. 그녀는 너무나 유명해져서 '잠부까 빠립바지까가 왔다.'라는 말이 들리면 사람들이 모두 꽁무니를 빼고 도망쳐버렸다.

그녀는 마을이나 성에 들어가기 전에 입구에 모래무덤을 만들고 잠부나무 가지를 꽂아 도전한다는 표시를 해놓고 선언했다.

"내게 도전할 사람이 있으면 이 잠부나무 가지를 발로 밟아 버리시오."

그렇게 하고서 그녀는 탁발하러 마을로 들어갔다. 하지만 아무도 감히 잠부나무 가지를 밟지 못했다. 나뭇가지가 시들면 그녀는 새 나뭇가지로 바꾸어 세워두었다.

이렇게 유행하며 돌아다니다가 그녀는 어느 덧 사왓티에 오게 됐다. 그녀는 습관대로 성문 입구에 나뭇가지를 세우고 도전한다고 선언하고 탁발하러 성으로 들어갔다. 여러 명의 소년이 나뭇가지 주위에 몰려들어 무슨 일이 일어날까 하고 호기심을 잔뜩 드러내며 기다렸다. 그때 사리뿟따 장

이때가 본삼매(appanā samādhi)이며 초선정(jhāna)에 도달한 것이다. 수행법에 대한 자세한 것은 3권 부록 II A.4 참조.

로가 성에서 공양하고 나오다가 소년들이 나뭇가지 주위에 서 있는 것을 보고 물었다.

"이게 뭔가?"

소년들이 설명하자 장로가 말했다.

"가서 밟아버려라."

"스님, 우린 무서워서 그렇게 못해요."

"내가 그녀의 질문에 대답할 것이다. 그러니 밟아버려도 된다."

장로의 말에 용기를 얻은 소년들이 즉시 나뭇가지를 밟고 모래를 차서 흩어버렸다.

그녀가 돌아와서 소년들을 보고 화내며 말했다.

"너희들이 감히 나와 논쟁을 벌일 수 있나? 어째서 가지를 밟고 난리야?"

"스님께서 시켰어요."

"장로님, 당신이 나뭇가지를 밟아버리라고 했나요?"

"그렇습니다."

"그러면 저와 논쟁을 할까요?"

"그럽시다."

저녁 그림자가 길어지기 시작하자 그녀는 장로의 꾸띠로 갔다. 도시가 이 일로 술렁거렸다.

"지혜가 뛰어난 두 사람이 한판 붙는다지! 함께 가서 그들의 논쟁을 한번 들어보자."

시민들은 유행녀를 따라 장로의 거처로 가서 삼배를 올리고 공손하게 한쪽에 앉았다.

유행녀가 장로에게 말했다.

"스님, 제가 질문을 먼저 하겠어요."

"하십시오."

그녀는 천 개의 질문을 던졌다. 장로는 그녀의 질문에 막힘없이 정확히 대답하고 나서 그녀에게 말했다.

"당신의 질문은 이게 끝입니까, 아니면 또 있습니까?"

"이게 다예요, 스님."

"당신은 많은 질문을 했지만 난 한 가지만 질문하겠소."

"질문하세요, 스님."

"하나는 무엇입니까?"

그녀는 '이 질문에 꼭 대답해야 한다.'라고 생각하며 이리저리 머리를 굴려보았지만, 답을 알 수 없었다. 그녀는 결국 항복하며 물었다.

"그게 무엇입니까, 스님?"

"그것은 부처님께서 하신 질문입니다."

"저에게도 좀 가르쳐주세요, 스님."

"출가한다면 가르쳐드리겠습니다."

"좋아요, 출가하겠어요."

장로는 비구니들에게 말해서 그녀를 출가시켰다. 그녀는 꾼달라께시라는 법명을 받고 출가한 지 얼마 되지 않아, 사무애해를 갖춘 아라한이 됐다.

법당에서 비구들이 이 사건에 대해 토론을 나누기 시작했다.

"꾼달라께시는 거의 법문을 듣지도 않았는데 출가해 구경각을 성취했습니다. 또한 그녀는 강도와 처절히 싸워 패배시킨 후 여기에 왔습니다."

부처님께서 오셔서 비구들에게 물으셨다.

"비구들이여, 여기 앉아서 무슨 이야기를 나누고 있는가?"

비구들이 대답하자 부처님께서 말씀하셨다.

"비구들이여, 법문이 길고 짧은 것은 문제가 되지 않는다. 무의미한 100개의 게송보다 사람의 마음을 고요하게 해 주는 한 개의 게송이 더 낫다. 강도들을 물리치는 것이 승리가 아니고 자신의 내면에 있는 번뇌의 강도들을 물리치는 것이 진정한 승리이다."

부처님께서는 이렇게 말씀하시고 게송을 읊으셨다.

**이로움을 주지 못하는
수백 편의 게송을 읊어주는 것보다
들으면 마음이 고요해지는
한 구절의 법문을 해주는 것이 더 가치 있다.**(102)

**전쟁터에서 백만 명을 정복한 것보다
자기 자신을 정복하는 사람이
더 위대한 승리자이다.**(103)

이 법문 끝에 많은 사람이 수다원과, 사다함과, 아나함과를 성취했다.

네 번째 이야기
아낫타뿟차까 바라문의 질문

부처님께서 제따와나에 계실 때 아낫타뿟차까 바라문과 관련해서 게송 104, 105번을 설하셨다.

어느 날 아낫타뿟차까 바라문에게 이런 생각이 떠올랐다.
'부처님께서는 이익에 대해서만 알고 계실까, 아니면 손해에 대해서도 알고 계실까? 가서 여쭈어봐야겠다.'
그는 부처님께 가서 여쭈었다.
"부처님께서는 이익에 대해서만 알고 손해에 대해서는 모르십니까?"
"바라문이여, 나는 이익과 손해 둘 다 알고 있소."
부처님께서는 곧 게송으로 대답하셨다.

해가 떠오를 때까지 잠을 자고
게으르고
늦은 달밤에 돌아다니고
사치스럽게 살고
남의 아내와 간통하려고 돌아다니면
손해만 있지 전혀 이익이 되지 않을 것이다.

바라문이 이 말을 듣고 부처님께 찬사를 보내며 말씀드렸다.
"잘 설하셨습니다. 신들과 인간의 스승이시고 인도자이신 부처님이시여, 잘 설하셨습니다. 부처님께서는 이익과 손해에 대해 잘 알고 계십니다."
"바라문이여, 나만큼 이익과 손해에 대해서 알고 있는 사람도 없다."
부처님께서는 바라문이 어떤 동기로 이런 질문을 했는지 생각해 보시고 물으셨다.
"그대는 무엇으로 생계를 유지하는가?"

"부처님이시여, 저는 도박으로 살아갑니다."

"그대와 상대방 중에서 누가 이기는가?"

"제가 이길 때도 있고 다른 사람이 이길 때도 있습니다."

"바라문이여, 상대방을 패배시키는 그러한 승리는 악하고 고귀하지 않다. 번뇌를 극복하고 자신을 이기는 것이 고귀한 승리이다. 아무도 그러한 승리를 다시 패배시키지 못한다."

부처님께서는 이 말씀에 이어서 게송을 읊으셨다.

다른 사람을 정복하는 것보다
자신을 정복하는 것이 훨씬 훌륭하다.(104)

천신, 건달바, 마라, 범천까지도[103]
몸과 마음을 다스려 승리한 사람을
다시 패배시킬 수 없다.(105)

이 법문 끝에 많은 사람이 수다원과, 사다함과, 아나함과를 성취했다.

---

103) 여기서 천신(deva)은 욕계 천상의 천신들을 말하고, 건달바(gandhabba)는 천상의 음악가들이고, 마라(Māra)는 악마이고 범천(Brahmā)은 색계 천상의 천신들을 말한다.

다섯 번째 이야기
사리뿟따 장로의 삼촌

부처님께서 웰루와나에 계실 때 사리뿟따 장로의 삼촌과 관련해서 게송 106번을 설하셨다.

어느 날 사리뿟따 장로가 삼촌에게 가서 물었다.
"바라문이여, 한 번이라도 공덕을 지은 적이 있습니까?"
"지은 적이 있습니다, 스님."
"무슨 공덕을 지었습니까?"
"매달 나는 천 냥 어치를 공양을 올립니다."
"이 많은 돈을 누구에게 올립니까?"
"니간타들에게 올립니다."
"무엇을 얻으려고 그렇게 합니까?"
"범천에 태어나려고 합니다."
"그렇게 하면 범천에 태어납니까?"
"그렇습니다."
"누가 그렇게 말합니까?"
"나의 스승이 그렇게 말합니다."
"바라문이여, 당신도 당신의 스승도 범천에 이르는 길을 모릅니다. 부처님만이 그 길을 아십니다. 함께 부처님께 가십시다. 제가 부처님께 범천에 이르는 길에 대해 말씀해 달라고 청해보겠습니다."

사리뿟따 장로는 삼촌을 데리고 부처님께 가서 이 모두를 이야기했다.
"부처님이시여, 이 바라문이 니간타들에게 공양을 올리면 범천에 태어난다고 말합니다. 그에게 범천에 이르는 길을 가르쳐주시기 바랍니다."
부처님께서 물으셨다.
"바라문이여, 장로가 한 말이 사실입니까?"

"그렇습니다, 사문 고따마여."

"바라문이여, 그대가 이렇게 100년을 공양을 올리는 것보다 믿음을 가지고 나의 제자에게 밥 한 숟가락 올리는 것이 훨씬 더 많은 복덕을 가져옵니다."

부처님께서 이 말씀에 이어서 법문하시고 게송을 읊으셨다.

백 년 동안 매달마다
보통 사람에게 천 냥씩 주는 것보다
한 차례일지라도
진리를 깨달은 성인에게
공양을 올리는 것이 훨씬 가치 있다.(106)

이 법문 끝에 그 바라문은 수다원과를 성취했고, 거기에 모인 대중들도 수다원과, 사다함과, 아나함과를 성취했다.

여섯 번째 이야기
사리뿟따 장로의 조카

부처님께서 웰루와나에 계실 때 사리뿟따 장로의 조카와 관련해서 게송 107번을 설하셨다.

장로가 조카를 보고 말했다.
"바라문이여, 그대는 한 번이라도 공덕을 지은 적이 있느냐?"
"있습니다, 스님."
"어떤 공덕을 지었느냐?"
"매달 짐승을 한 마리씩 죽여 불의 신에게 제사를 지내고 있습니다."
"무슨 목적으로 그렇게 하느냐?"
"그것이 범천에 이르는 길이라고 합니다."
"누가 그렇게 말하더냐?"
"저의 스승입니다."
"그대도 그대의 스승도 범천에 이르는 길을 모르고 있다. 자, 부처님께 함께 가서 이 문제를 여쭈어보자."
사리뿟따 장로는 조카를 데리고 부처님께 가서 이 일을 말씀드렸다.
"부처님이시여, 이 사람에게 범천에 이르는 길에 대해 말씀해 주십시오."
부처님께서 물으셨다.
"바라문이여, 장로가 한 말이 사실인가?"
"사실입니다, 사문 고따마여."
"바라문이여, 그대가 100년 동안 불의 신에게 제사를 지내는 것보다 잠깐일지라도 나의 제자에게 예배하는 공덕이 훨씬 크다."
부처님께서 이 말씀에 이어서 법문하시고 게송을 읊으셨다.

백 년을 숲속에서
불을 숭배하는 것보다

잠깐일지라도
진리를 깨달은 성인에게
온 마음으로
삼배를 올리는 것이 훨씬 값지다.(107)

이 법문 끝에 그 바라문은 수다원과를 성취했고, 거기에 모인 대중들도 수다원과, 사다함과, 아나함과를 성취했다.

일곱 번째 이야기
사리뿟따 장로의 친구

부처님께서 웰루와나에 계실 때 사리뿟따 장로의 친구와 관련해서 게송 108번을 설하셨다.

사리뿟따 장로가 친구에게 찾아가 물었다.
"바라문이여, 그대는 한 번이라도 공덕을 지은 적이 있는가?"
"있습니다, 스님."
"무슨 공덕을 지었는가?"
"나는 짐승을 죽여 신에게 바치는 희생제를 지냅니다."

그 당시는 많은 돈을 들여 희생제를 지내는 것이 관습이었다. 장로는 친구에게 질문하고 부처님께 데리고 가서 말씀드렸다.
"부처님이시여, 이 친구에게 범천에 이르는 길을 가르쳐주십시오."
부처님께서 물으셨다.
"바라문이여, 장로가 한 말이 사실인가?"
"사실입니다."
"바라문이여, 1년 동안 짐승을 죽여 희생제를 지내고 많은 사람에게 베푸는 것은 믿음을 가지고 나의 제자에게 존경을 표하는 것의 사분의 일에도 미치지 못한다."
부처님께서는 이 말씀에 이어서 법문하시고 게송을 읊으셨다.

이 세상에서 공덕을 지으려고
한 해 동안 보시하고 제사를 지내더라도
향상일로에 있는 이[104]에게

---

104) 향상일로向上一路에 있는 이(ujjugata): 웃주가따ujjugata는 ujju(바른, 일직선의)+gata(걷다, 가다)의 합성어로 '바른길에 들어선'이라는 뜻이다.

존경을 표하는 것105)의 반의반도 미치지 못한다.(108)

이 법문 끝에 그 바라문은 수다원과를 성취했고, 거기에 모인 대중들도 수다원과, 사다함과, 아나함과를 성취했다.

바른길에 들어선 사람들은 더 이상 나쁜 길로 벗어나지 않고 오직 깨달음의 완성을 위해 앞으로 나아가는 '향상일로에 있는 이'들이다. 향상일로에 있는 이는 수다원 이상을 말한다. 수다원 이하는 보통사람, 즉 범부(puthujjhana)라고 부른다. 수다원 이상은 영원히 퇴보하지 않고 자기완성을 위해 나아간다.

105) 존경을 표하는 것이란 인사를 올리는 것만이 아니라 음식, 꽃, 향, 가사 등으로 공양을 올리는 모든 것을 다 포함한다.

여덟 번째 이야기
수명이 늘어난 소년 디가유

부처님께서 디가람비까106) 근처의 아란야꾸띠까에 계실 때 소년 디가유와 관련해서 게송 109번을 설하셨다.

디가람비까 성에 사는 두 바라문이 출가해 이교도의 교단에 들어가 48년 동안 고행했다. 그중 한 사람이 이렇게 생각했다.
'가문의 대가 끊길 것이다. 그러니 세속으로 돌아가야겠다.'
그는 그동안 수행한 금욕과 고행의 공덕을 다른 사람들에게 팔고 100마리 소와 100냥의 돈을 받아서 아내도 얻고 가정을 꾸렸다. 얼마 후 아내는 아들을 낳았다.

교단에 남은 사문은 여러 나라를 돌아다니며 수행하다가 여러 해가 지나 도시로 되돌아왔다. 세속으로 돌아간 친구는 그가 돌아왔다는 말을 듣고 아내와 아이를 데리고 만나러 왔다. 그는 아이를 아내의 손에 맡기고 옛 동료에게 삼배를 올리고 아내도 아이를 남편에게 맡기고 삼배를 올렸다. 사문은 두 부부가 인사를 할 때마다 '오래 사시오!'라고 축원해 주었다. 그러나 부부가 아이에게 절을 시켰을 때는 아무 말도 하지 않고 침묵했다.

아이의 아버지가 이상해서 물었다.
"존자님, 우리가 절을 할 때는 오래 살라고 축원하시면서 아이가 절을 할 때는 왜 아무 말씀도 하지 않으십니까?"
"바라문이여, 흉사가 아이를 기다리고 있습니다."
"그럼 이 아이는 얼마나 살 수 있습니까?"

---

106) 디가람비까Dīghalambika: 디가유Dīghāyu가 출생한 마을이다. 부처님께서 근처의 아란야꾸띠까Araññakuṭika에서 머무셨다. 아란야꾸띠까는 숲속의 작은 사원으로 작은 꾸띠(오두막집)가 들어서 있는 작은 암자를 말한다.

"일주일입니다."
"화를 막을 길이 없습니까, 존자님?"
"저는 화를 막을 방법을 알지 못합니다."
"그럼 누가 알고 있습니까?"
"아마 사문 고따마는 알고 있을 것입니다. 아이를 데리고 그분에게 가서 물어보십시오."
"바라문이 사문에게 갔다고 비난받을까 두렵습니다."
"아들을 생각해야지 자신에 대한 비난을 걱정해서야 되겠습니까? 아이를 데려가서 물어보십시오."

바라문은 아이와 아내를 데리고 부처님께 갔다. 그가 부처님께 삼배를 올리자 부처님께서 '오래 사시오!'라고 축원해 주셨다. 아내가 삼배를 올리자 이번에도 '오래 사시오!'라고 축원해 주셨다. 그러나 부부가 아이를 인사시키자 부처님께서는 침묵하셨다. 바라문은 부처님에게도 앞에서 옛 친구에게 했던 질문과 똑같은 질문을 했고 부처님께서도 똑같이 예언하셨다. 하지만 옛 동료는 일체지를 얻지 못했기 때문에 친구 아들의 운명을 바꾸는 방법을 알지 못했다. 바라문이 부처님께 여쭈었다.

"부처님이시여, 제 아들의 운명을 막을 방법이 있습니까?"
"바라문이여, 있습니다."
"부처님이시여, 어떻게 해야 합니까?"
"그대의 집 앞에 대형 천막을 치고 한가운데 의자를 갖다 놓고 그 주위에 여덟 개 내지 열여섯 개의 의자를 가져다 놓으시오. 가운데 의자에 그대의 아들을 앉히고 비구들로 하여금 주위에 앉아서 일주일 동안 밤낮으로 쉬지 않고 경전을 암송하면 그대의 아들에게 다가오는 흉사를 피할 수 있습니다."
"고따마 존자시여, 대형 천막을 세우거나 그 밖의 다른 일은 할 수 있지만 비구들은 어디서 모셔옵니까?"

"당신이 그렇게 하겠다면 비구들을 보내겠습니다."
"고따마 존자시여, 그렇게 하겠습니다."

바라문은 자기 집 앞에 대형 천막을 세우는 등 모든 준비를 다한 후 준비됐다고 말씀드렸고 부처님께서는 비구들을 보냈다. 가운데 작은 침대에 아이를 두고 주위에 비구들이 앉았다. 비구들은 7일 밤낮을 중단 없이 경전을 암송했고 7일째 되는 날에는 부처님께서 몸소 오셨다. 부처님께서 오시자 천상의 모든 천신도 몰려왔다.

아와룻다까 약카는 웻사와나 천왕에게 12년간 봉사했다. 그 공로로 천왕은 그에게 '오늘부터 7일 후에 이 아이를 잡아먹어도 된다.'라는 상이 주어졌다. 그래서 그 약카는 아이에게 다가와 기다리며 서 있었다. 그러나 부처님께서 오시자 위력 있는 신들이 모여들어 힘없는 신들은 뒤로 밀리기 시작하더니 마침내 12요자나까지 밀려나서 들어갈 자리가 없었다. 아와룻다까 약카도 결국 그렇게 뒤로 멀리 밀려났다.

부처님께서 비구들과 함께 밤새도록 빠릿따[107]를 암송했다. 7일이 지나

---

107) 빠릿따(paritta, 護呪 또는 護經): 상윳따 니까야(상응부), 앙굿따라 니까야(증지부), 맛지마 니까야(중부), 숫따니빠따(경집) 등에서 뽑은 것으로 병이나 재난을 피하기 위해 암송하는 경들이다. '빠릿따'라는 말은 '보호'라는 의미이다. 밀린다팡하에서는 주요 빠릿따로 보배경, 칸다 호주, 모라 빠릿따, 다작가 빠릿따, 아따나띠야 빠릿따와 앙굴리말라 빠릿따를 들고 있다. 빠릿따라는 말은 율장 소품(Vin.ii.110)에 처음 등장하며 부처님께서 숲속에서 수행하는 비구들이 뱀에 물려 죽는 일이 자주 일어나자 뱀으로부터 자신을 보호하는 빠릿따를 제자들에게 암송하게 했다. 빠릿따는 나라마다 다르고 사원마다 다른데 미얀마에서는 대체로 11가지 빠릿따를 암송한다. ① 행복경(Maṅgala Sutta, Sn2.4) ② 보배경(Ratana Sutta, Sn2.1) ③ 자애경(Metta Sutta, Sn1.8) ④ 칸다 호주(Khandha paritta, A.ii.72) ⑤ 공작 호주(Mora paritta, J159) ⑥ 메추라기 경(Vatta Sutta, Cp3.9) ⑦ 깃발 호주(Dhajagga paritta S11.3) ⑧ 아따나띠야 경(Āṭānāṭiya Sutta, D32) ⑨ 앙굴리말라 호주(Aṅgulimāla paritta, M86)

8일째 새벽이 밝아오자 아와룻다까는 아이를 잡아먹을 권리를 주장할 수 없게 돼버렸다. 부모가 아이를 데려와서 부처님께 삼배를 올리게 하자 부처님께서 축원하셨다.

"오래 살아라!"

"고따마 존자시여, 이 아이가 얼마나 오래 살겠습니까?"

"바라문이여, 120살까지 살 것입니다."

부모는 아이의 이름을 아유왓다나(수명을 더 받은 아이)라고 지었다. 아이가 자라 어른이 됐을 때 그는 500명의 재가 제자를 가르치는 스승이 됐다.

어느 날 비구들이 법당에 모여 법담을 나누었다.

"스님들이시여, 생각해 보십시오! 아유왓다나 소년이 7일째 되는 날 죽었어야 했는데 이제 운명이 뒤바뀌어 120살까지 살 수 있게 됐습니다. 중생의 수명이 늘어나는 데는 어떤 이유가 있습니까?"

부처님께서 다가와서 비구들에게 물으셨다.

"비구들이여, 여기 앉아서 무슨 이야기를 나누고 있는가?"

비구들이 대답하자 부처님께서 말씀하셨다.

"비구들이여, 수명만 늘어나는 것이 아니다. 사람들이 계를 지키고 청정하게 수행하며 살아가는 사람들을 공경하면 네 가지가 늘어나고, 위험에서 벗어나고, 수명이 끝날 때까지 어려움 없이 살아간다."

부처님께서는 이어서 게송을 읊으셨다.

언제나 어른을 섬기고 받들면
네 가지 축복을 받는다.
수명이 길어지고 아름다워지며

---

⑩ 칠각지 호주(Bojjaṅga paritta) ⑪ 뿟반하 경(Pubbaṇha Sutta, A.i.294)이다. 경전으로는 초전법륜경, 무아경, 대념처경이 있다.

행복이 늘어나고 힘도 강해진다.(109)

이 법문 끝에 아유왓다나 젊은이와 500명의 청신사는 수다원과를 성취했고, 거기에 모인 대중들도 수다원과, 사다함과, 아나함과를 성취했다.

아홉 번째 이야기
500명의 산적을 교화한 상낏짜 사미[108]

부처님께서 제따와나에 계실 때 상낏짜 사미와 관련해서 게송 110번을 설하셨다.

그의 어머니는 사왓티의 부유한 가문의 딸이었다. 하지만 상낏짜를 임신했을 때 갑자기 찾아온 병으로 죽어버렸다. 사람들은 그녀의 시체를 장작더미 위에 얹고 화장했는데, 다른 부분은 다 탔지만 아이가 들어있는 자궁만은 타지 않았다. 타다 남은 장작더미에서 아이가 타지 않고 남아 있자 사람들은 막대기로 두세 군데 찔러보았다. 그때 날카로운 막대기가 아이의 눈을 찔러 다치게 했다. 그들은 아이의 몸을 여기저기 찔러본 후 숯불더미 위에 아이를 올려놓고 숯불로 완전히 덮은 다음에 집으로 돌아갔다. 아이의 몸 주위로 벌건 불이 넘실댔지만 아이는 타지 않고 마치 연꽃 위에 앉아 있는 것처럼 숯불 위에 황금상처럼 앉아 있었다. 그에게는 이번이 열반을 얻을 마지막 삶이었고 아직 아라한과를 성취하지 못했기 때문에 어떤 것도 그를 파괴할 수 없었다. 수메루(수미산)가 무너져 내린다고 해도 그를 압사시킬 수 없었다.[109]

다음 날 사람들이 불을 끄려고 화장막에 왔을 때 아이가 이렇게 누워 있

---

108) 이 이야기는 장로게경의 상낏짜 주석(ThagA. xi.)에 나온다.
109) 청정도론 제12장 신통변화(Vis12.28)에 따르면 그가 어머니 자궁에 들어 있을 때 어머니 시체가 화장용 장작더미에 올라갔는데도 타지 않고 죽음에서 벗어난 것은 '지혜가 충만함에 의한 신통(ñāṇavipphāraiddhi)'이라 한다. 청정도론에는 여기에서와 달리 다음과 같이 사실적으로 기록하고 있다. "상낏짜 장로가 모태에 있을 때 어머니가 죽었다. 장작더미 위에 그녀를 올려 막대기로 찔러가며 태울 때 태아는 막대기 끝에 찔려 눈가에 상처를 입고 소리를 질렀다. 사람들은 태아가 살아있다는 것을 알고 시체를 끄집어 내려서 배를 가르고 아이를 꺼내어 할머니에게 넘겨주었다."

는 것을 보고 놀라움과 경이로움에 가득 차서 말했다.

"이글거리는 장작불 속에서 그렇게 오랫동안 있었는데 어떻게 불타 죽지 않고 살아 있지? 이것이 무슨 징조인가?"

사람들은 아이를 데리고 마을로 가서 예언가에게서 아이의 미래를 들었다.

"이 아이가 가정생활을 한다면 7대가 부자로 살 것이고 비구가 된다면 500명의 비구를 거느린 스승이 될 것이다."

가족들은 아이의 눈동자를 막대기(saṅku)로 찔렀다고 해서 그를 상낏짜라고 불렀으며 이후로 상낏짜라는 이름으로 평생을 살았다. 가족들은 사리뿟따 장로에게 출가시킬 생각으로 아이를 키웠다.

그가 일곱 살이 됐을 때 이웃집 아이가 말했다.

"너의 어머니는 네가 아직 자궁에 있을 때 죽었대. 네 어머니 시체는 불에 다 타버렸지만 너는 타지 않았다고 하더라."

그는 가족에게 가서 말했다.

"친구가 그러는데 제가 그런 끔찍한 불 속에서 살아남았다고 하더군요. 제가 세속에서 사는 것이 무슨 의미가 있겠어요? 저는 출가하겠어요."

"잘 생각했다, 아이야."

가족들은 사리뿟따 장로에게 아이를 데려가서 맡겼다.

"장로님, 이 아이를 출가시켜 주십시오."

장로는 먼저 그에게 몸의 32부분 중 처음 다섯 가지에 대해 명상하는 법을 가르쳤다. 그리고 머리를 깎으려고 삭도削刀를 머리에 대는 순간 그는 아라한과를 성취했다.

이때 사왓티에서 살아가던 30명의 귀족 가문의 사람이 부처님의 설법을 듣고 신심이 생겨 비구가 됐다. 그들은 비구계를 받고 5년 동안 계율과 위의威儀를 익히고 나서 부처님께 나아가 비구의 두 가지 의무에 대한 설명을 들었다. 두 가지 의무 중 하나는 삼장을 배우고 익히는 교학의 의무이고,

하나는 수행을 통해 깨달음을 얻는 수행의 의무이다. 그들은 나이가 들어 출가했기 때문에 교학의 의무를 이행하기는 힘들다고 생각했다. 그래서 수행의 의무를 이행하겠다고 말씀드려서 부처님에게서 수행주제를 받았다. 그들은 숲속에 들어가 집중수행을 하겠다고 부처님께 허락을 구했다. 부처님께서 어디로 가려는지 묻고 그들의 가고자 하는 앞길을 예측해 보셨다.

'그곳에 가면 사원에서 궂은일을 해주고 밥 얻어먹는 한 사람 때문에 위험에 빠질 것이다. 그러나 상낏짜 사미가 같이 간다면 위험이 사라지고 출가 생활의 목표에 도달할 것이다.'

부처님께서는 이 사실을 아시고 그들에게 말씀하셨다.
"비구들이여, 그대들의 맏형인 사리뿟따 장로를 만나보고 떠나거라."
"알겠습니다."
그들이 장로에게 가자 그가 물었다.
"무슨 일이오?"
"저희들이 부처님에게서 수행주제를 받고 숲속에 들어가 집중수행을 하겠다고 말씀드렸더니 부처님께서 장로님을 만나 뵙고 가라고 말씀하셨습니다."
장로가 이 말을 듣고 생각했다.
'부처님께서 이 비구들을 나에게 보낸 것은 이유가 있을 것이다.'
장로는 앞일을 관찰해서 그 이유를 알아내고 말했다.
"사미가 따라갑니까?"
"아닙니다, 장로님. 사미는 데려가지 않습니다."
"그러면 상낏짜 사미를 데려가시오."
"아닙니다, 장로님. 사미는 우리에게 짐만 될 뿐입니다. 숲속에서 사미가 무슨 도움이 되겠습니까?"
"그렇게 생각하지 마시오. 사미가 그대들에게 짐이 되는 것이 아니고 반대로 그대들이 사미에게 짐이 될 것이오. 부처님께서 사미를 함께 보내려고 그대들을 나에게 보낸 것이오. 그러니 함께 데려가시오."

"그렇게 하겠습니다."

비구들은 마지못해 동의하고 사미를 데리고 장로에게 삼배를 올리고 떠났다. 그들은 여기저기 유행하면서 120요자나를 여행한 끝에 1천 가구가 사는 어느 마을에 들어갔다. 마을 주민들은 비구들을 보자 기뻐하며 정성껏 공양을 올리고 나서 여쭈었다.

"스님들이시여, 어디로 가시는 길입니까?"

"수행하기 알맞은 거처를 찾아가는 중입니다."

주민들이 비구들에게 삼배를 올리고 여기서 머물러주기를 간청했다.

"스님들이시여, 안거철에 이 근처에 거처를 정하신다면 우리는 오계를 받아 지니고 우뽀사타를 지키겠습니다."

비구들은 이들의 초청을 받아들였다. 주민들은 길을 다듬어 경행대를 만들고 나뭇잎과 갈대로 꾸띠를 만들어 낮에 수행할 공간과 밤에 잘 거처를 마련했다. 그리고 그룹을 지어 공양 올릴 당번을 정하고 서로 일을 분담해 한 사람에게 과도한 부담이 되지 않게 했다. 그렇게 그들은 정성껏 비구들을 후원했다.

어느 날 사원이 완성되자 비구들은 모두 모여 이렇게 합의했다.

"대중 스님들이여, 우리는 살아계신 부처님에게서 직접 수행주제를 받았습니다. 우리는 열심히 수행해서 깨달음을 성취해 부처님의 은혜에 보답해야 합니다. 사악처의 문이 우리 앞에 활짝 열려 있습니다. 그러니 아침에 탁발을 나갈 때와 저녁에 선배 비구에게 시중들고 청소할 때를 제외하고 둘이 함께 있지 맙시다. 몸이 아프면 종을 치도록 합시다. 그래서 모두 모여 약을 제공하고 간호하도록 합시다. 이 시간 이후부터 밤낮으로 수행주제에만 마음을 집중합시다."

그리고 각자의 꾸띠로 들어갔다.

이때 딸에게 얹혀살던 가난한 사람이 딸네 집에 식량이 부족해지자 그곳을 떠나 다른 딸네 집으로 가려고 길을 지나가고 있었다. 그날 비구들은 마을에서 탁발하고 돌아가는 중에 강에서 목욕하고 모래사장에 앉아 공양을 하고 있었다.

그때 그가 모래사장에 와서 한쪽에 공손히 서 있었다.
"어디서 오셨소?"
비구들이 묻자 가난한 사람이 자기의 신세를 이야기했다. 이 말을 듣고 비구들은 그에게 동정을 베풀었다.
"아주 배고파 보이는군요. 가서 넓은 나뭇잎을 하나 꺾어 오시오. 우리가 음식을 조금씩 떼어주면 한 사람분은 충분히 나올 겁니다."
그가 나뭇잎을 꺾어오자 비구들은 양념과 반찬을 밥과 섞어서 음식을 조금씩 떼어 주었다. 절집에서는 '공양 시간에 손님이 오면 최상의 음식은 아닐지라도 자기가 먹는 음식을 조금씩이라도 나눠주어야 한다.'라는 말이 있다. 그래서 비구들은 그렇게 한 것이다.

공양이 끝나자 그는 스님들에게 삼배를 올리고 말했다.
"스님들이시여, 누가 공양에 초대했습니까?"
"공양에 초대받지 않았습니다. 매일 사람들이 이런 음식을 올립니다."
이 가난한 사람에게 좋은 생계수단이 생각났다.
'우리는 아침 일찍 일어나 온종일 뼈 빠지게 일해도 이렇게 좋은 음식은 먹어보지 못한다. 다른 곳으로 갈 이유가 없지 않은가? 스님들과 함께 여기서 살아야겠다.'
그는 스님들에게 물었다.
"제가 허드렛일을 해드릴 테니 스님들과 함께 살아도 되겠습니까?"
"좋습니다. 그렇게 하십시오."
그는 스님들과 함께 사원으로 가서 열심히 일해 스님들의 호감을 얻었다.

두 달이 지나자 그는 딸이 보고 싶어졌다. 그러나 스님들에게 가야겠다고 말하면 허락하지 않을 것 같아 아무런 말도 없이 떠나버렸다. 스님들에게 허락도 받지 않고 간다는 것은 예의에 크게 벗어나는 행동이었다.

어느 날 그는 숲속 길을 지나가고 있었다. 그 숲속은 500명의 산적이 산채를 만들고 본거지로 삼은 지 일주일이 된 곳이었다. 산적들은 숲속의 신에게 이렇게 맹세했다.

"누구든지 간에 맨 처음 이 숲에 들어온 사람을 죽여서 살과 피를 당신에게 바치겠습니다."

7일째 되는 날 높은 나무에 올라가 망을 보던 산적이 그가 숲속으로 들어오는 것을 보고 산채에 즉시 신호를 보냈다. 산적들은 산채에서 내려와 숨어 있다가 그가 숲으로 완전히 들어오자 붙잡아 재빨리 밧줄로 묶었다. 산적들은 장작을 모으고 나무를 비벼서 모닥불을 피우고 가지를 잘라 날카롭게 꼬챙이를 깎았다.

그는 산적들이 하는 것을 보고 두목에게 물었다.

"돼지도 보이지 않고 야생동물도 없는 것 같은데 지금 무엇을 준비하고 계십니까?"

"너를 죽여서 살과 피로 숲속의 신에게 제사 지내려고 한다."

그에게 무시무시한 죽음의 공포가 밀려오기 시작했다. 그는 스님들에게 큰 도움을 받았다는 생각도 잊어버리고 스님들을 팔아 목숨을 구하려고 했다.

"저는 남은 밥찌꺼기나 얻어먹는 사람입니다. 저와 같이 남은 밥찌꺼기나 얻어먹는 사람은 불행의 화신입니다. 저와 같이 더럽고 천한 피와 살로 제사를 지낸다면 신들이 분노할 것이 뻔합니다. 제가 30명의 스님이 살고 있는 곳을 압니다. 그들은 귀족 가문에서 출가한 고귀한 사람들입니다. 그들을 죽여 피와 살로 제사를 지내면 당신들의 신이 무한히 기뻐할 것입니

다."

산적들이 이 말을 듣고 서로 말했다.

"이 사람 말이 맞다. 이 불행의 화신이 무슨 쓸모가 있겠나? 귀족들을 죽여 그들의 피와 살로 제사를 지내자."

산적들이 그에게 말했다.

"앞장서서 그들이 사는 곳으로 안내해라."

산적들은 그의 안내로 비구들이 사는 곳에 도착했지만, 사원에는 아무도 없는 것 같았다.

"비구들이 어디 있느냐?"

그는 비구들과 함께 두 달 동안이나 살았기 때문에 대중의 의결사항을 잘 알고 있었다.

"스님들은 각자의 방이나 법당에서 좌선수행을 하고 있습니다. 종을 치면 종소리를 듣고 모일 것입니다."

종소리가 울리자 비구들은 때가 아닌데 종이 울리니 누가 아픈 모양이라고 생각하고 자리에서 일어나 밖으로 나왔다. 그리고 미리 마련해 놓은 돌 위에 차례대로 앉았다. 수석 장로가 산적들을 둘러보고 물었다.

"재가신자들이여, 누가 종을 쳤습니까?"

산적 두목이 대답했다.

"내가 그랬소."

"무슨 일입니까?"

"우리는 숲속 신에게 제사 지내기로 맹세했소. 그래서 스님 한 명을 데려가서 제사를 지내야겠소."

수석 장로가 이 말을 듣고 비구들에게 말했다.

"대중 스님들이여, 승가에 무슨 일이 생기면 최종 결정은 수석 장로가 하게 돼 있습니다. 제가 대중 스님들을 위해서 이 사람들을 따라가 목숨을 바치겠습니다. 저의 죽음이 헛되지 않도록 주의깊게 알아차리며 열심히 정진하십시오."

차석 장로가 일어나서 말했다.

"수석 장로는 대중을 이끌어야 하므로 차석 장로가 수석 장로를 대신해야 합니다. 제가 가겠습니다. 스님들은 열심히 알아차리며 정진하십시오."

30명의 비구가 차례대로 일어나서 말했다.

"다른 스님을 보내지 마시고 저를 보내주십시오."

같은 부모에게서 태어난 자식들이 아님에도 불구하고 모두가 삶에 대한 집착이 없는 사람들이기에 일어나서 나머지 스님들을 위해 자신의 생명을 바치겠다고 나섰다. 아무도 비겁하게 '당신이 가시오.'라고 말하지 않았다.

일곱 살 먹은 상낏짜 사미가 비구들이 하는 말을 듣고 말했다.

"스님들이시여, 스님들은 모두 남아 계십시오. 제가 가서 목숨을 바치도록 하겠습니다."

"사미여, 우리 모두가 살해당한다 해도 그대만은 안 되네."

"왜 그렇습니까, 스님?"

"그대는 사리뿟따 대장로님의 제자이고 그대가 가게 되면 대장로께서 당신의 제자를 산적 무리에게 넘겼다고 우리를 비난할 것이네. 그 비난을 모면할 길이 없으니 그대를 가게 할 수는 없네."

"부처님께서 스님들을 저의 스승에게 보냈고 스승께서 저를 스님들과 함께 가도록 한 이유가 바로 이 일 때문입니다. 스님들은 모두 여기 계십시오. 제가 가도록 하겠습니다."

사미는 서른 명의 비구에게 삼배하고 말했다.

"스님들이시여, 제게 허물이 있었다면 용서해 주십시오."

그렇게 말하면서 사미는 산적들을 따라나섰다.

비구들은 격정이 몰려와 눈물을 주체할 수 없었고 마음이 심하게 떨려왔다. 수석 장로가 산적들에게 말했다.

"당신들이 불을 피우고 나무를 깎고 잎을 깔며 희생제를 준비하는 것을 사미가 보면 몹시 두려워할지 모르니 제사를 준비하는 동안에는 멀리 떨어진 곳에 앉혀놓도록 하시오."

산적들은 사미를 데리고 소굴로 가서 그를 멀리 떨어진 곳에 있게 하고 제사 지낼 준비를 하기 시작했다. 모든 준비가 끝나자 산적 두목은 칼을 빼들고 사미에게 다가갔다. 사미는 고요히 앉아서 삼매에 들어갔다. 두목이 칼로 사미의 목을 힘껏 내리쳤다. 하지만 사미에게 아무런 상처도 입히지 못하고 칼만 휘고 날만 무뎌졌을 뿐이었다. 두목은 잘못 휘두른 모양이라고 생각하고 칼을 다시 펴고 똑바로 높이 쳐들었다가 힘껏 내리쳤다. 이번에도 사미에게 상처 하나 입히지 못하고 칼만 야자나무 잎처럼 손잡이부터 칼끝까지 두 쪽으로 갈라져버렸다.

아무도 사미를 죽일 수 없다. 수메루 산이 그를 내려 누른다 해도 죽일 수 없는데 그까짓 칼로 어떻게 하겠는가! 산적 두목은 놀라운 기적을 보고 생각했다.
'내가 칼을 한 번 휘두르면 돌기둥을 단번에 가르고 아카시아나무 밑동을 어린싹 자르듯이 가볍게 잘라버렸다. 그런데 이번에는 첫 번째는 칼날이 휘고 두 번째는 야자나무 잎처럼 둘로 쪼개져버렸다. 이 칼은 의식이 없는 금속이지만 이 젊은이의 도력을 알아본다. 그런데 이성을 가진 내가 알아보지 못하다니!'

그는 칼을 던져버리고 사미의 발아래 엎드렸다.
"스님, 저희는 지나가는 사람들에게서 물건을 빼앗으며 숲속에서 살아가고 있습니다. 사람들이 우리를 보면 공포에 질려 오금을 저리고 그 자리에 주저앉습니다. 어떤 사람들은 무서워서 말 한마디도 하지 못합니다. 그러나 스님은 두려움에 떨지도 않고 얼굴은 용광로 속의 황금처럼 빛나고 만개한 까니까라 꽃처럼 밝습니다. 왜 그렇습니까?"
그는 질문을 노래했다.

당신은 무서워 떨지도 않고
얼굴빛은 고요하고 평화롭습니다.
당신은 왜 공포에 질려 울부짖지 않습니까?

사미가 삼매에서 나와 두목에게 법을 설했다.
"두목이여, 모든 집착을 버린 사람은 자신의 목숨을 머리에 얹은 무거운 짐처럼 생각합니다. 수명이 끝날 때는 두려움이 일어나는 것이 아니라 기쁨이 일어납니다."
사미는 시를 읊으며 대답했다.

두목이여,
욕망에서 벗어난 사람은 정신적 괴로움이 없고,
집착에서 벗어난 사람은 모든 두려움을 초월해 버린다오.

존재하려는 욕망이 파괴되어 버리면
죽음은 공포가 아니라
단지 천근의 짐을 내려놓는 것에 불과하다오.

산적 두목은 사미 스님의 말씀을 듣고 500명의 산적을 바라보며 말했다.
"여러분들은 어떻게 하겠는가?"
"두목님은 어떻게 하시겠습니까?"
"방금 놀라운 기적을 봤고 세속의 삶이 무의미하다는 것을 알았으니 나는 사미 스님 아래로 출가해 비구가 되겠네."
"우리도 같은 생각입니다."
"친구들이여, 잘 생각했네."
500명의 산적은 사미 스님에게 깎듯이 삼배를 올리고 출가를 요청했다. 사미는 그들의 칼로 머리를 깎고 옷자락을 잘라 붉은빛이 도는 황토로 염색해서 가사를 만들어 입게 했다. 그런 다음 그들에게 십계十戒를 주고 함께 부처님이 계시는 곳을 향해 출발했다. 그는 길을 가면서 생각했다.

'스님들은 내가 산적들에게 붙잡혀 간 이후로 눈물을 흘리며 수행을 제대로 하지 못할 것이다. 스님들을 만나보지 않고 그냥 간다면 스님들은 사미가 산적들에게 죽임을 당했다고 생각하고 수행주제에 집중하지도 못할 것이다. 그러니 부처님께 가기 전에 먼저 비구 스님들을 만나봐야겠다.'

사미는 500명의 신참 사미와 함께 비구 스님들이 사는 사원으로 갔다. 비구들은 사미가 살아 있는 것을 보고 안도의 한숨을 쉬며 말했다.

"상낏짜여, 그대는 목숨을 건졌구나!"

"스님들이시여, 그렇습니다. 이들이 저를 죽이려고 했지만 죽일 수 없었습니다. 이들은 저의 법의 힘에 청정한 믿음을 내어 법문을 듣고 출가했습니다. 그래서 출발하기 전에 스님들을 뵈러 온 것입니다. 열심히 알아차리며 수행하십시오. 저는 부처님을 뵈러 갑니다."

사미는 비구들에게 삼배를 올리고 500명의 신참 사미를 데리고 사리뿟따 장로에게 갔다.

"상낏짜여, 그대에게 제자가 생겼구나."

"그렇습니다, 스님."

그는 그동안 일어났던 일을 자세히 설명했다.

"상낏짜여, 부처님께 인사드려라."

"알겠습니다, 스님."

사미는 장로에게 삼배를 올리고 제자들을 데리고 부처님께 갔다.

부처님께서 그에게 말씀하셨다.

"상낏짜여, 제자가 생겼구나."

상낏짜가 그동안 일어났던 일을 말씀드리자 부처님께서 신참 사미들에게 말했다.

"사미들이여, 그의 이야기가 사실인가?"

"그렇습니다, 부처님."

"사미들이여, 악행을 저지르고 남의 물건이나 강탈하면서 100년을 사는 것보다 지금처럼 확고하게 계를 지키며 단 하루를 사는 것이 더 낫다."

부처님께서는 이 말씀에 이어서 게송을 읊으셨다.

계를 지키지 않고
감각기관도 다스리지 않고
백 년을 사는 것보다
계를 지키고 수행하며
단 하루를 사는 것이 더욱 값지다.(110)

상낏짜가 비구계를 받은 후 10년이 지났을 때 누이의 아들을 제자로 받았다. 그 사미의 이름은 아띠뭇따까110)였다. 아띠뭇따까가 비구계를 받을 나이가 되자 상낏짜 장로는 그를 고향으로 보내며 말했다.

"네가 비구계를 받아야 하는데 부모에게 가서 태어난 날을 정확히 알아오너라."

사미는 부모를 만나기 위해 고향으로 출발했다.

사미는 길을 가다가 500명의 산적에게 붙잡혔다. 그들은 사미에게 돈과 값있는 물건을 내놓지 않으면 죽이겠다고 위협했다. 사미는 법문을 들려주며 그들을 감화시켰다. 산적들은 아무에게도 자신들의 존재를 말하지 않겠다는 조건으로 그를 풀어주었다. 그가 풀려나는 순간 부모가 반대편 길에서 오고 있는 것이 보였다. 부모가 곧장 산적들이 있는 곳으로 다가오고 있었지만, 그는 산적들과의 약속을 지키기 위해서 산적들이 있다고 알리지 않았다. 부모는 산적들에게 붙잡혀 심한 고초를 겪었다. 부모는 고초를 당하면서 아들에게 말했다.

"우리에게 오지 말라고 경고하지 않은 걸 보니 너도 산적과 한패구나."

---

110) 아띠뭇따까Atimuttaka: 상낏짜saṅkicca 장로의 조카로 장로의 권고로 출가했다. 아디뭇따까Adhimuttaka라고 불리기도 한다.

산적들은 그들이 아들을 꾸짖고 한탄하는 소리를 듣고, 스님이 자신들과의 약속을 지키려고 부모에게도 알리지 않았다는 것을 알고 크게 감동했다. 그들은 사미에게 청정한 믿음이 생겨 출가를 요청했다. 상낏짜 사미와 마찬가지로 그는 그들에게 사미계를 주고 그들을 데리고 스승에게 갔다. 스승인 상낏짜는 그를 부처님께 보냈다. 그가 부처님께 가서 일어난 일을 모두 이야기하자 부처님께서 말씀하셨다.

"사미들이여, 이 이야기가 사실인가?"

"그렇습니다, 부처님."

부처님께서는 전처럼 설법하시고 게송을 읊으셨다.

계를 지키지 않고
감각기관도 다스리지 않고
백 년을 사는 것보다
계를 지키고 명상하며
단 하루를 사는 것이 더욱 값지다.(110)

열 번째 이야기
500명의 도적을 교화한 카누 꼰단냐 장로

부처님께서 제따와나에 계실 때 카누 꼰단냐와 관련해서 게송 111번을 설하셨다.

꼰단냐 장로는 부처님으로부터 수행주제를 받아 숲속으로 들어가 열심히 수행해 아라한이 됐다. 장로는 자신의 성취를 부처님께 알리려고 숲에서 나와 부처님을 향해 출발했다. 길을 한참 걷다 보니 피곤이 몰려왔다. 그는 길에서 벗어나 평평한 바위로 가서 가부좌를 틀고 삼매에 들어갔다. 그때 500명의 도적이 한 마을을 통째로 털어서 약탈한 물건을 여러 개의 보따리에 싸서 머리에 이고 먼 길을 가고 있었다. 길은 멀고 몸은 점점 무거워지자 그들은 쉬고 싶은 생각이 들었다.

"꽤 먼 길을 걸어왔으니 이 평평한 바위 위에서 좀 쉬었다 갑시다."

그들은 길을 벗어나 바위로 올라갔다. 그중 한 도적이 삼매에 든 장로를 나무 그루터기로 오인해 자기 보따리를 장로의 머리 위에 얹었다. 다른 도적은 보따리를 장로의 옆구리에 놓았다. 이렇게 도적들은 500개의 보따리를 장로 주위와 머리 위에 쌓아놓고 드러누워 잠에 곯아떨어졌다.

새벽이 오자 그들은 잠에서 깨어나 보따리를 잡으려고 손을 뻗었다. 이때 장로도 삼매에 들기 전에 미리 결의한 시간이 되어 삼매에서 깨어났다.[111] 그들은 장로가 움직이는 것을 보고 악귀라고 생각하고 비명을 지르며 도망치기 시작했다. 장로가 그들에게 외쳤다.

"재가자들이여, 두려워 마시오. 나는 비구입니다."

그들은 장로에게 다가와 발아래 엎드려 용서를 구했다.

---

111) 청정도론 제12장 신통변화(Vis12.32)에 의하면 장로가 500개의 장물 보따리에 눌린 채 죽지 않고 무사한 것을 삼매가 충만함에 의한 신통(samādhivipphāraiddhi)이라고 언급하고 있다.

"장로님, 우리를 용서해 주십시오. 우리는 스님을 나무 그루터기로 잘못 알았습니다."

두목이 말했다.

"저는 장로님 아래로 출가하고 싶습니다."

나머지 도적들도 말했다.

"저희도 출가하겠습니다."

그들 모두가 출가하겠다고 나서자 장로는 상끗짜 사미가 했던 것처럼 모두에게 계를 주었다. 그 후로 그는 카누 꼰단냐(그루터기 꼰단냐)라고 불렸다.

그가 새로 계를 준 사미들을 데리고 부처님께 가서 삼배를 올리자 부처님께서 말씀하셨다.

"꼰단냐여, 새로운 제자들이 생겼구나."

그가 일어난 일을 모두 말씀드리자 부처님께서 사미들에게 말씀하셨다.

"사미들이여, 이 말이 사실인가?"

"부처님이시여, 사실입니다. 이제까지 그런 신비한 힘을 본 적이 없습니다. 그래서 출가했습니다."

"사미들이여, 어리석은 강도짓이나 하면서 100년을 보내는 것보다 단 하루라도 지혜를 닦는 것이 더 낫다."

부처님께서는 이 말씀에 이어서 게송을 읊으셨다.

지혜도 없고 자제도 없이
백 년을 사느니
지혜롭게 수행하며
단 하루를 사는 것이 더욱 값지다.(111)

열한 번째 이야기
삭도로 자살을 시도한 삽빠다사[112]

부처님께서 제따와나에 계실 때 삽빠다사 장로와 관련해서 게송 112번을 설하셨다.

삽빠다사는 까삘라왓투에서 숫도다나 왕의 제사장의 아들로 태어났다. 그는 부처님께서 고향을 방문했을 때 부처님의 법문을 듣고 출가했다. 그는 25년간을 수행했으나 습관적인 나쁜 생각과 성격 때문에 별 진전이 없었다. 그래서 출가 생활에 회의를 느끼며 괴로워하기 시작했다.

'재가의 삶은 나와 같은 고귀한 사람에게 맞지 않지만, 그렇다고 출가수행에도 진전이 없다. 수명이 남아 있는 나와 같은 비구에게는 차라리 죽음이 더 나을지 모르겠다.'

그는 자살을 생각하며 주위를 거닐었다.

어느 날 이른 아침에 비구들이 공양을 마치고 사원으로 돌아가 화덕이 있는 방으로 들어갔다. 그곳에는 뱀이 똬리를 틀고 있었다. 비구들은 뱀을 잡아서 항아리에 넣고 뚜껑을 닫은 다음 사원 밖으로 가지고 나갔다. 그때 삽빠다사가 공양하고 다가와 비구들에게 물었다.

"스님들이 가지고 가는 것이 무엇입니까?"
"뱀입니다, 스님."
"뱀으로 뭘 하시려고 그럽니까?"
"버리려고 합니다."

그는 자살할 좋은 방법이 떠올랐다.
"뱀에 물려 죽어야겠다."

그는 비구들에게 말했다.
"그 뱀을 내게 주십시오. 내가 갖다 버리겠습니다."

---

[112] 이 이야기는 장로게경의 삽빠다사 주석(ThagA. vi. 6)에 나온다.

그는 비구들에게서 항아리를 받아 한적한 곳으로 가서 뱀에게 자신을 물게 했으나 뱀은 물려고 하지 않았다. 항아리 속에 손을 집어넣고 이리저리 흔들어 봐도 뱀은 물지 않았다. 이번에는 뱀의 입을 억지로 벌리고 손가락을 집어넣어 봐도 역시 물지 않았다.

"이 녀석은 독사가 아니고 집뱀이야."

그가 뱀을 버리고 사원으로 돌아오자 비구들이 물었다.

"뱀을 갖다 버렸습니까, 스님?"

"그 뱀은 독사가 아니고 집뱀이었습니다."

"스님, 그건 진짜 코브라입니다. 몸을 뻣뻣하게 세우고 목을 넓게 부풀리고 쉬익 소리를 내며 독기를 뿜어 대서 뱀을 잡는 데 진땀을 뺐습니다. 그런데 어째서 코브라가 아니라고 생각합니까?"

"손을 넣어도 물지 않고 심지어 아가리를 벌리고 손가락을 집어넣어도 물지 않았습니다."

비구들은 이 말을 듣고 할 말을 잃어버렸다.

삽빠다사는 사원에서 이발사로 통했다. 어느 날 그는 두 개의 삭도를 들고 비구들에게 가서 삭도 하나는 내려놓고 다른 하나로 비구들의 머리를 깎아주었다. 그가 내려놓은 삭도를 드는 순간 또 자살하려는 충동이 일어났다.

'이 삭도로 나의 목을 잘라 자살해야겠다.'

그는 나무 밑으로 가서 머리를 나무에 기대고 삭도를 숨통에 가져다 댔다. 그는 목을 긋기 전에 비구가 된 후 지금까지 해왔던 출가 생활을 회상하기 시작했다. 그는 자신의 수행 생활이 티 없이 맑은 둥근달처럼, 티끌 하나 없는 투명한 보석처럼, 단 하나의 잘못도 저지르지 않았던 청정한 삶이었다는 것을 알았다. 계속 회상하는 동안 온몸이 황홀감으로 가득 차올랐다. 그는 이 황홀감을 억제하고 위빳사나 지혜를 개발해서 사무애해를 갖춘 아라한이 됐다. 그는 삭도를 들고 사원으로 되돌아왔다.

비구들이 그에게 물었다.

"어디 갔다 오는 길입니까, 스님?"

"나는 삭도로 숨통을 끊어 자살하려고 밖에 나갔었습니다."

"어떻게 죽음에서 되돌아왔습니까?"

"이제 더 이상 칼이 필요 없습니다. 삭도로 숨통을 끊어야겠다고 생각하고 갔었는데 숨통을 끊는 대신 지혜의 칼로 번뇌를 끊어버렸습니다."

비구들이 이 일을 부처님께 말씀드렸다.

"이 비구는 자신이 마치 아라한인 것처럼 말하고 있습니다."

부처님께서 비구들의 말을 듣고 대답하셨다.

"비구들이여, 번뇌를 제거한 아라한은 자살할 수 없다."

"부처님이시여, 그럼 그가 번뇌를 제거하고 위없는 깨달음을 얻었단 말씀입니까? 그럼 아라한이 될 인연이 무르익은 비구가 어떻게 출가 생활에 회의를 느끼게 됐습니까? 어떻게 해서 깨달음이 무르익었습니까? 코브라가 왜 그를 물지 않았습니까?"

"비구들이여, 뱀이 물지 않은 것은 간단한 문제다. 뱀은 삼생三生 전에 그의 노예였다. 그래서 감히 주인을 물지 못했던 것이다."

부처님께서는 그 원인을 간단하게 설명해 주셨다. 그 후로 그를 삽빠다사(뱀을 노예로 둔 자)라고 불렀다.

삽빠다사의 과거생: 출가 생활이 힘들다는 비구와 탐욕스러운 비구

깟사빠 부처님이 세상에 출현하셨을 때 유명한 가문의 한 젊은이가 부처님의 법문을 듣고 출가했다. 그는 비구계를 받고 세월이 흐르자 출가 생활에 점차 회의가 들어 동료 비구와 상의했다. 동료 비구는 재가의 삶이 얼마나 위험하고 단점이 많은지 누누이 강조하며 그를 설득했다. 동료 비구가 들려주는 좋은 법문에 그는 다시금 신심을 일으켜 출가 생활에 만족하며 열심히 수행했다.

어느 날 그가 출가 생활에 회의를 느낄 때 치워놓았던 생활 도구들을 꺼내 연못가로 가져가서 깨끗이 씻기 시작했다. 이때 동료 비구가 다가와 옆에 앉자 그가 말했다.

"스님, 제가 한때 물건을 스님에게 물려주고 환속하려고 생각했었습니다."

동료 비구가 이 말을 듣자 그를 환속하도록 내버려 두었으면 좋았을 거라는 생각이 들었다.

'그가 승가에 남아 있거나 환속하거나 무슨 차이가 있겠나. 그의 물건이나 어떻게 내 것으로 만들 수 없을까?'

그때부터 동료 비구는 이렇게 말하기 시작했다.

"깨진 도자기 발우를 들고 음식을 얻으려고 이집 저집 돌아다니는 것이 무슨 의미가 있겠소? 출가 전의 아들과 아내와 대화도 못하는 출가 생활이 무슨 의미가 있겠소?"

동료 비구는 세속의 삶에 미련이 남은 그에게 이런저런 이야기로 환속을 부추겼다. 동료 비구가 하는 말을 듣자 그는 다시 출가 생활이 지루하고 짜증나기 시작했다.

'예전에 내가 출가 생활이 힘들고 괴롭다고 말하니까 그는 세속 생활이 얼마나 힘들고 괴로운지 이야기하더니 요즘은 세속 생활이 얼마나 좋은지 이야기한다. 무슨 꿍꿍이로 그렇게 말하는 걸까?'

그는 곧 동료 비구가 환속을 부추기는 이유를 알아냈다.

'그는 나의 물건에 탐욕이 일어났기 때문이다.'(과거 이야기 끝)

부처님께서 그의 과거생을 이야기하시고 이렇게 말씀하셨다.

"비구들이여, 그는 깟사빠 부처님 당시 출가 생활에 지루함을 느끼는 비구를 부추겨 더욱 힘들고 괴롭게 만들었다. 그는 이 때문에 금생에 출가했지만 출가 생활에 만족하지 못하고 힘들고 어렵다고 생각한 것이다. 그러나 그는 과거생에 2만 년을 수행했기 때문에 금생에 아라한과를 성취할 인연이 무르익은 것이다."

비구들은 부처님께서 하신 설명을 듣고 또 여쭈었다.

"부처님이시여, 이 비구가 삭도를 숨통에 대고 서 있으면서 아라한과를 성취했다고 하는데 그렇게 짧은 시간에 아라한과를 성취할 수 있습니까?"

"그렇다, 비구들이여. 온 힘을 기울여 정진하는 비구는 발을 들어 올리는 순간이나, 발을 내리는 순간이나, 발이 땅에 닿는 순간에 아라한과를 성취할 수 있다. 비구들이여, 게으르게 100년을 사는 것보다 한순간일지라도 온 힘을 기울여 정진하는 것이 더 낫다."

부처님께서는 이 말씀에 이어서 게송을 읊으셨다.

노력하지 않고 게으름 피우며
백 년을 사느니
단 하루라도
용맹스럽게 정진하는 것이 더욱 값지다. (112)

열두 번째 이야기
하루 사이 가족을 모두 잃고 미쳐버린 빠따짜라[113]

부처님께서 제따와나에 계실 때 빠따짜라[114] 비구니와 관련해서 게송 113번을 설하셨다.

빠따짜라는 사왓티의 부유한 상인의 딸이었다. 그녀의 아버지는 4억 냥의 재산을 가지고 있었다. 그녀가 열여섯 살이 되어 성숙미를 갖추자 부모는 7층 꼭대기에 방을 마련해 주고 주위에 경호원을 배치했다. 하지만 이런 노력에도 불구하고 그녀는 하인과 눈이 맞아 관계를 맺었다.

부모는 같은 계급의 젊은이와 혼인시키려고 결혼 날짜까지 잡았다. 결혼 날짜가 다가오자 그녀는 하인에게 말했다.

"부모님이 나를 어느 가문의 젊은이와 결혼시키려고 해요. 한 번 시댁에 들어가면 당신이 선물을 들고 만나러 와도 나를 만날 수 없다는 것을 잘 알 거예요. 당신이 진정으로 사랑한다면 얼른 여기서 나를 빼내서 도망칠 궁리를 하세요."

"이렇게 하는 게 어떻겠소? 내일 아침 일찍 성문에 가서 기다릴 테니 당신은 어떻게 해서든 집을 빠져나와 그곳에서 나를 찾으시오."

다음 날 그는 약속 장소에 가서 기다렸다. 빠따짜라는 아침 일찍 일어나서 흙 묻은 허름한 옷을 입고 머리를 헝클어뜨리고 얼굴에 붉은 분가루를 발랐다. 그리고 경호원들을 따돌리기 위해 물동이를 머리에 이고 시녀들과 함께 물 뜨러 가는 것처럼 위장하고 집을 빠져나갔다. 탈출에 성공하자 그녀는 약속 장소로 가서 사랑하는 연인을 만났다. 둘은 멀리 도망가서 한 마

---

113) 이 이야기는 장로니게경의 빠따짜라 주석(ThigA. v. 10)에도 나온다.
114) 빠따짜라Paṭācārā: 사왓티의 부자 상인의 딸로 태어나 가족을 모두 잃는 끔찍한 고통을 겪고 출가한 비구니다. 앙굿따라 니까야(A1.14.54)에서 그녀를 지계제일(vinayadhara) 비구니라고 언급하고 있다.

을에 정착했다. 남편은 땅을 경작하고 숲에서 땔감과 나뭇잎을 모으고 아내는 물동이로 물을 나르고 음식을 만들며 가정을 꾸리고 살았다. 그러다가 빠따짜라는 아이를 임신하게 됐다.

점점 배가 불러오고 출산일이 다가오자 그녀는 남편에게 부탁했다.
"여기서는 나를 도와줄 사람이 아무도 없어요. 그리고 부모는 항상 자식들에게 애틋한 감정을 가지고 있기 마련이에요. 그러니 친정으로 찾아갑시다. 친정집에서 아이를 낳고 싶어요."
남편은 그녀의 요구를 거절하며 말했다.
"여보, 그걸 말이라고 하는 거요? 당신 부모가 나를 보면 가만두지 않을 거요. 내가 간다는 것은 불가능한 일이오."
그녀는 계속 간청했지만, 남편은 매몰차게 거절했다.

어느 날 남편이 나가고 없을 때 그녀는 이웃집에 가서 말했다.
"남편이 와서 어디 갔는지 물으면 친정집에 갔다고 전해주세요."
남편이 돌아와서 아내가 보이지 않자 이웃집에 가서 물었다. 그들은 그녀가 어디로 갔는지 말해주었다.
'그녀를 설득해서 되돌아오게 해야겠다.'
남편은 그렇게 생각하고 아내를 쫓아갔다. 그는 아내를 따라잡아서 되돌아가자고 간절히 빌었지만, 설득할 수 없었다.

그들이 한 장소에 도착했을 때 산통이 오기 시작했다. 그녀는 다급해서 소리쳤다.
"여보, 산통이 오고 있어요."
그녀는 덤불숲으로 들어가서 땅에 누워 진통을 참지 못하고 몸부림치다가 결국 그곳에서 아들을 낳았다. 이제 친정으로 가야 할 일이 없어졌으므로 그녀는 남편과 집으로 되돌아갔다.

얼마 후 그녀는 또 임신했다. 출산일이 다가오자 그녀는 전처럼 친정에 가겠다고 떼를 썼지만, 남편은 계속 거절했다. 그녀는 아들을 등에 업고 친정으로 출발했다. 남편은 그녀를 뒤쫓아 가서 돌아가자고 애원했지만, 그녀는 단호히 거절하고 계속 걸어갔다. 그렇게 길을 가고 있을 때 우기철이 아닌데도 지독한 폭풍이 몰려왔다. 번개가 치고 천둥소리가 우르르 쿵쾅거리며 하늘과 땅을 갈랐다. 이어서 폭우가 줄기차게 쏟아지기 시작했다. 하필 이때 진통이 오기 시작하자 그녀는 남편에게 외쳤다.

"여보, 진통이 오고 있어요. 참을 수 없으니 어서 비를 피할 곳을 찾아봐요!"

남편은 다급하게 도끼를 들고 움막이라도 만들 나무를 찾으려고 여기저기 돌아다니다가 개미언덕 꼭대기에 자라고 있는 관목나무를 발견하고 올라가 자르기 시작했다. 그러나 다 자르기도 전에 개미언덕에 들어있던 코브라가 기어 나와 그를 물어버렸다. 곧바로 몸속에서 거대한 불기둥이 솟아올라 몸을 태우는 것 같았다. 그는 온몸이 마비되고 살빛이 검붉게 변하더니 그 자리에서 꼬부라져 죽고 말았다.

빠따짜라는 남편이 오기를 학수고대하며 격렬한 진통을 겪다가 결국 두 번째 아이를 낳았다. 두 아이는 몰아치는 폭우를 견디지 못하고 쥐어짜듯이 비명을 질러댔다. 어머니는 두 아이를 가슴에 품고 무릎을 꿇고 땅에 웅크린 채 꼬박 밤을 지새웠다. 그녀의 온몸은 피가 다 빠져나간 것 같았고 몸은 시든 낙엽처럼 보였다.

새벽이 밝아오자 그녀는 새로 태어난 아이를 등에 업고 첫째 아이를 한 손으로 잡고 말했다.

"사랑하는 아이야, 네 아버지가 우리를 버린 모양이다."

그녀는 남편이 갔던 길 쪽으로 걸어갔다. 그녀가 개미언덕에 다가갔을 때 남편이 그 꼭대기에 죽어 있는 것을 보았다. 그의 몸은 이미 검붉게 변해 굳어 있었다.

"나 때문에 남편이 길을 가다가 죽었어요!"

그녀는 처절하게 울부짖으며 한탄했다. 이제 그녀는 친정으로 갈 수밖에 없었다.

그녀가 아찌라와디 강에 도착했을 때 강물은 간밤에 계속 쏟아진 비로 허리까지 차오를 정도로 불어있었다. 그녀는 두 아이를 데리고 강물을 건너기에는 너무나 연약했다. 그래서 첫째 아이를 놔두고 둘째 아이를 업고 먼저 강을 건넜다. 그녀는 건너가서 나뭇가지를 꺾어서 자리를 만들고 그 위에 아이를 뉘어놓았다. 그리고 첫째 아이를 데려오려고 물살을 헤치며 다시 강을 건너기 시작했다. 하지만 갓난아기를 놔두고 강을 건너는 것이 불안해서 자꾸 뒤돌아보았다.

그녀가 가까스로 강의 중간쯤 갔을 때 독수리가 아이를 고깃덩어리로 착각하고 공중에서 쏜살같이 덮쳐왔다. 그녀는 독수리가 덮쳐오는 것을 보고 두 손을 뻗어 휘저으며 큰소리로 외쳤다.

"저리 가라! 저리 가라!"

세 번이나 비명을 질러댔지만 독수리는 아이를 낚아채서 날아가 버렸다.

강둑에 남아 있던 첫째 아이는 어머니가 강 가운데 서서 두 손을 흔들고 뭐라고 소리 지르는 것을 보았다.

'엄마가 나를 부르고 있다.'

아이는 급하게 강물로 뛰어들었다가 강물에 휩쓸려 가버렸다. 졸지에 두 아이를 잃은 그녀는 비탄에 잠겨 울부짖었다.

"아들 하나는 독수리가 채 가버렸고요. 다른 아들은 강물에 휩쓸려 가버렸어요. 남편은 길에서 독사에 물려 죽었어요."

그녀는 이렇게 한탄하고 울며 친정집으로 향했다.

사왓티를 향해 한참 가고 있을 때 그쪽에서 오는 사람을 만났다.

"어디서 오는 길이에요?"

"사왓티에서 오는 길입니다."

"사왓티 어느 거리에 누구네 가족이 살고 있는데 혹시 알고 계십니까?"

"알고 있습니다만 그 가족에 대해서는 묻지 마시고 다른 가족에 대해 물어보십시오."

"다른 가족은 물어볼 일이 없어요. 그 집이 제가 묻고 싶은 유일한 가족입니다."

"그럼 어쩔 수 없이 말씀드려야겠군요. 혹시 간밤에 비가 밤새도록 억수로 퍼부은 것을 아십니까?"

"지난밤에 비가 얼마나 심하게 퍼부었는지 저만큼 아는 사람도 없을 겁니다. 비 때문에 제게 어떤 일이 일어났는지 나중에 말씀드릴 테니 먼저 이 가족에게 무슨 일이 있었는지 말씀해 주시면 고맙겠습니다."

"간밤의 폭우로 그 집이 무너져 내리면서 상인과 부인과 아들이 모두 압사당했어요. 이웃 사람들과 친척들이 와서 지금 막 시체를 화장하고 있어요. 저 멀리 연기가 솟아오르는 것이 보입니까, 부인?"

그녀는 이 말을 듣고 정신을 잃어버렸다. 그녀는 옷이 흘러내려 발가벗겨진지도 모르고 세상에 처음 태어났을 때의 모습으로 울부짖고 한탄하며 떠돌아다녔다.

한 아들은 독수리가 채가 버렸고요.
다른 아들은 강물에 휩쓸려 가버렸어요.
남편은 독사에 물려 죽었고요.
어머니와 아버지와 오빠는 압사당해 화장됐어요!

그녀를 본 사람들은 '미친년! 미친년!'이라고 소리 지르고 어떤 이는 그녀를 쓰레기 더미로 내던지고, 어떤 이는 흙덩이를 던졌다.

이때 부처님께서 제따와나에 계시면서 제자들 가운데 앉아 법문하고 계셨다. 부처님께서는 빠따짜라가 멀리서 다가오는 것을 보고 그녀가 10만 겁 동안 바라밀을 닦았으며 서원을 세우고 수기를 받았다는 것을 아셨다.

빠두뭇따라 부처님께서 세상에 머무실 때였다. 이때 그녀는 빠두뭇따라 부처님께서 한 비구니에게 계율에 정통한 비구니 중에서 제일이라고 칭찬하시는 것을 보았다. 그것은 마치 부처님께서 도리천의 문을 열고 기쁨의 동산에 들어가는 것을 허락하는 것 같았다. 그래서 그녀도 결심하고 이렇게 서원을 세웠다.

"저도 저 비구니 스님처럼 미래 부처님 아래에서 계율에 정통한 비구니 중에서 제일이 되기를 서원합니다!"

빠두뭇따라 부처님께서는 멀리 미래를 내다보시고서 그녀의 서원이 성취되리라는 것을 아시고 수기를 내리셨다.

"고따마 부처님이 세상에 출현하실 때 이 여인은 빠따짜라라는 이름으로 계율에 정통한 비구니 가운데 제일이 될 것이다."

부처님께서 빠따짜라가 멀리서 다가오는 것을 보시고 그녀의 서원이 성취될 때가 됐다는 것을 아시고 말씀하셨다.

"나 외에 이 여인에게 의지처가 될 사람은 아무도 없다."

부처님께서는 그녀가 사원으로 가까이 오도록 만드셨다. 그때 제자들이 그녀를 보고 외쳤다.

"이 미친 여인을 다가오지 못하게 막아라."

그러자 부처님께서 제지하셨다.

"그녀가 내게 오도록 놔두어라."

그녀가 가까이 오자 부처님께서 그녀에게 말씀하셨다.

"여인이여, 정신을 차려라."

그러자 부처님의 신통으로 정신이 정상으로 되돌아왔다. 그녀는 자신이 발가벗고 있다는 것을 깨닫고 부끄러움을 느끼고 죄의식이 몰려오자 몸을 웅크리고 땅바닥에 엎드렸다.

어떤 사람이 외투를 벗어 그녀에게 던져주었다. 그녀는 외투를 입고 나아가 부처님의 황금빛 발아래 엎드려 삼배를 올리고 말씀드렸다.

"부처님이시여, 저의 의지처가 되어주소서! 저의 보호처가 되어주소서! 저의 한 아들은 독수리가 채가 버리고 다른 아들은 홍수에 떠내려가 버렸습니다. 제 남편은 길가에서 독사에 물려 죽었고 친정집은 폭풍에 무너져 내려 어머니와 아버지와 오빠가 몰살당해 시체를 화장하고 있습니다."

부처님께서는 그녀가 하는 말을 듣고 말씀하셨다.

"빠따짜라여, 더 이상 괴로워하지 마라. 그대는 이제 피난처, 보호처, 의지처에 왔다. 그대가 한 말은 사실이다. 아들 하나는 독수리가 채가 버렸고 다른 아들은 홍수에 휩쓸려갔고 남편은 길가에서 죽었다. 친정집은 폭풍에 무너져 내려 어머니와 아버지와 오빠가 몰살당했다. 하지만 그대가 끝없이 윤회하면서 아들과 사랑하는 이를 잃고서 흘린 눈물은 저 사대양의 물보다 더 많단다."

부처님께서는 게송을 읊으셨다.

슬픔이 몰려오고 비탄에 잠겨
흘린 눈물에 비하면
저 사대양의 물은 오히려 적다.
그런데도 여인이여,
왜 부주의하게 살아가는가?

이렇게 부처님께서 윤회의 시작은 알 수 없음[115]을 주제로 법문하셨다. 부처님께서 법문하시자 그녀는 점점 슬픔에서 벗어나기 시작했다. 부처님께서는 그녀가 슬픔에서 벗어나는 것을 아시고 말씀을 이으셨다.

---

115) 상윳따 니까야 제15 상응에서 부처님께서는 '윤회의 시작은 알 수 없음'을 주제로 20가지 예를 들어 설명하고 있다.

"빠따짜라여, 저세상으로 갈 때는 자식도 형제도 어느 누구도 피난처, 의지처가 되지 못한다. 하물며 금생에서 어떻게 그들이 피난처, 의지처가 되겠느냐? 그러니 현명한 사람이라면 스스로 행위를 청정하게 하고, 영원한 의지처인 열반으로 가는 길을 닦아 스스로 의지처를 구해야 한다."

부처님께서 이렇게 가르치시고 나서 게송을 읊으셨다.

아들도 지켜줄 수 없고
부모나 친척도 지켜줄 수 없다.
죽음이 닥친 이를
어느 누구도 지켜줄 수 없다.(288)

이 같은 사실을 잘 알아
지혜로운 이는
계율을 잘 지키고
열반으로 가는 길을 빨리 닦아야 한다.(289)

이 법문 끝에 빠따짜라는 수다원과를 성취하고 이 땅의 먼지만큼이나 많은 번뇌를 모두 태워버렸다. 이 법문을 들은 많은 사람도 수다원과, 사다함과, 아나함과를 성취했다. 빠따짜라는 수다원과를 성취하자 부처님께 출가하겠다고 말씀드렸다. 부처님께서는 그녀를 비구니 사원에 보내 계를 받게 했다. 그녀는 '행복한 행위'(빠디따짜랏따)를 한다는 이유로 빠따짜라로 알려졌다.116)

어느 날 그녀는 물항아리에 물을 채워 가져와서 조금씩 부으면서 발을 닦고 있었다. 그녀가 첫 번째로 물을 부었더니 물은 조금 흘러가더니 땅속

---

116) 빠따짜라Paṭācārā는 paṭita(행복한, 만족한)+cāra(행위, 行)에서 따온 이름이다. 하지만 앙굿따라 니까야 주석에는 옷(paṭa)을 입지 않고 다닌다(carati)라고 해서 빠따짜라라고 불렸다고 설명하고 있다.

으로 스며들어버렸다. 두 번째로 물을 부었더니 좀 더 흘러가더니 사라져버렸다. 세 번째에는 좀 더 멀리 가더니 사라져버렸다.

그녀는 이것을 관찰의 대상으로 삼아 이 세 가지에 마음을 집중하면서 이렇게 숙고했다.

'첫 번째로 부은 물은 약간 흘러가더니 사라져버렸다. 이와 같이 이 세상의 중생들은 어린 나이에 죽는다. 내가 두 번째로 부은 물은 좀 더 가더니 사라져버렸다. 이와 같이 중생들은 꽃다운 나이에 죽는다. 내가 세 번째로 부은 물은 좀 더 멀리 가더니 사라져버렸다. 이와 같이 중생들은 나이가 들면 죽는다.'

부처님께서 간다꾸띠에 앉아 계시면서 광명의 모습을 나투시어 그녀와 마주보고 있는 것처럼 서서 이렇게 말씀하셨다.

"빠따짜라여, 다섯 가지 모임(五蘊)의 일어나고 사라짐을 관찰하지 않고 100년을 사는 것보다 단 하루, 아니 한순간이라도 오온의 일어나고 사라짐을 관찰하며 사는 것이 훨씬 더 낫다."

부처님께서는 이 말씀에 이어서 게송을 읊으셨다.

오온이 일어나고 사라지는 것을
관찰하지 않고
백 년을 사는 것보다
오온이 일어나고 사라지는 것을 관찰하며
단 하루를 사는 것이 더욱 값지다.(113)

이 게송 끝에 빠따짜라는 사무애해를 갖춘 아라한이 됐다.

열세 번째 이야기
아들을 살리려고 겨자씨를 구하러 다닌 끼사고따미117)

부처님께서 제따와나에 계실 때 끼사고따미118)와 관련해서 게송 114번을 설하셨다.

부자 상인 아들과의 결혼

사왓티에 4억 냥의 재산을 가진 부자 상인이 살고 있었다. 그런데 어느 날 갑자기 그의 재산이 모두 숯으로 변해버렸다. 상인은 비탄에 빠져 식음을 전폐하고 드러누웠다. 어느 날 그의 친구가 와서 물었다.
"왜 그렇게 슬퍼하는가?"
상인이 일어난 일을 모두 이야기하자 친구가 말했다.
"너무 상심하지 말게나. 그런 곤경에서 벗어날 방법을 알고 있는데 한번 써보지 않겠는가?"
"친구여, 어떻게 해야 하는가?"

"자네 가게에 매트를 깔고 그 위에 숯을 쌓아 올려놓고 마치 파는 것처

---

117) 이 이야기는 장로니게경의 끼사고따미 주석(ThigA. x. 1)에 나온다.
118) 끼사고따미Kisāgotamī: 그녀는 사왓티의 가난한 집안 출신이며 고따마 가계의 여인이라는 의미의 '고따미'와는 무관하며 단지 이름이 고따미다. 그녀는 부잣집에 시집을 가서 남편을 제외한 시댁 식구들에게서 구박을 받았다. 하지만 아이를 낳자 대우가 달라졌다. 여기 법구경 주석서에서는 숯을 황금으로 다시 변하게 해서 시댁에서 존경을 받았다고 기록하고 있어 다른 주석서와 차이가 있다. 상윳따 니까야 제5 비구니 상응(S5.3)에서는 그녀가 악마를 물리치는 이야기가 나오고, 법구경 게송 287번과 375번에도 그녀에 관한 이야기가 실려 있다. 그녀는 항상 남루한 가사를 입고 다녀서 부처님께서 그녀가 남루한 가사를 입고 다니는 비구니 가운데서 (lūkhacīvara-dharaṇaṃ) 제일이라고 선언하셨다.

럼 앉아 있게나. 사람들이 와서 '대부분의 상인은 옷이나 기름, 꿀, 설탕 등을 파는데 당신은 숯을 팔고 있군요.'라고 말하면, '내가 가진 것을 팔지 않으면 뭘 판단 말입니까?'라고 대답해야 하네. 또 어떤 사람이 와서 '대부분의 상인은 옷이나 기름, 꿀, 설탕 등을 파는데 당신은 황금을 팔고 있군요.'라고 말하면 자네는 '황금이 어디 있습니까?'라고 물어야 하네. 그럼 고객이 '여기 있지 않습니까?'라고 말하면 자네는 '가져와 보시오.'라고 말해야 하네. 그럼 고객이 한 줌의 숯을 들고 와서 자네 손바닥 위에 놓으면, 다시 황금으로 변할 것이네. 그럼 그대는 고객이 처녀이면 아들과 결혼시키고 4억 냥의 재산을 모두 그녀에게 물려주고 자네는 며느리가 주는 돈으로 살아야 하네. 고객이 젊은이면 자네의 딸을 젊은이와 결혼시키고 재산을 그에게 넘겨주고 사위가 주는 돈으로 살아야 하네."

"정말 좋은 생각이군!"
상인은 이렇게 말하고 숯을 가게에 쌓아놓고 파는 것처럼 앉아 있었다. 사람들이 와서 말했다.
"대부분의 사람은 옷이나 기름, 꿀, 설탕 등을 파는데 당신은 숯을 팔고 있군요."
"내가 가진 것을 팔지 않으면 뭘 판단 말입니까?"

어느 날 가게의 문이 열리며 가난한 집의 딸이 들어왔다. 그녀의 이름은 고따미였지만 가냘픈(끼사) 몸매 때문에 끼사고따미로 알려져 있었다. 그녀는 물건을 사러 들어왔다가 상인을 보고 말했다.
"대부분의 상인은 옷이나 기름, 꿀, 설탕 등을 파는데 당신은 여기 앉아서 황금을 팔고 있군요."
"어디에 황금이 있단 말이오?"
"당신이 앉아 있는 여기에 있습니다."
"내게 그 황금을 조금 가져와 보시오."
그녀는 한 줌의 숯을 가져와 그의 손 위에 놓았다. 그의 손이 닿자마자

숯은 즉시 황금으로 변했다.

그러자 상인이 그녀에게 물었다.

"처녀는 어디에 사시오?"

"저기에 삽니다."

상인은 그녀가 결혼하지 않았다는 것을 알고 자기 아들과 결혼시켰다. 그녀는 아이를 갖게 됐고 열 달이 지나 아들을 낳았다. 그러나 아이가 겨우 걸음마를 할 수 있을 때 죽어버렸다.

겨자씨를 구하러 다니는 끼사고따미

끼사고따미는 전에 죽음을 본 적이 없었다. 그래서 사람들이 화장하려고 아이를 데려가려고 하자 앞을 가로막으며 말했다.

"내 아들을 살릴 수 있는 약을 구할 거예요."

그녀는 죽은 아이를 업고 이집 저집 돌아다니며 물었다.

"제 아들을 살릴 방법을 혹시 아시나요?"

모든 사람이 말했다.

"여인이여, 죽은 아들을 살릴 약을 구하러 이집 저집 돌아다니는 걸 보니 당신은 미쳐도 단단히 미쳤군."

그래도 그녀는 아들을 살릴 방법을 알고 있는 사람을 기어이 찾아내고야 말겠다고 생각하며 계속 돌아다녔다.

어떤 현명한 사람이 그녀를 보고 생각했다.

'이 여인은 분명히 아이를 처음 낳아보았고 처음이자 하나뿐인 아들을 잃었다. 그녀는 또 전에 사람이 죽는 것을 본 적이 없다. 그녀를 도와주어야겠다.'

"여인이여, 나는 아이를 살릴 방법을 모르지만 살릴 방법을 알고 있는 분을 압니다."

"알고 있는 분이 누굽니까?"

"여인이여, 부처님께서 아십니다. 그분에게 가서 물어보시오."
"감사합니다. 그분에게 가서 물어보겠습니다."

그녀는 부처님께 가서 삼배를 올리고 한쪽에 서서 여쭈었다.
"부처님이시여, 사람들은 당신이 제 아들을 살릴 방법을 알고 있다고 하던데 사실입니까?"
"내가 알고 있다."
"제가 어떻게 해야 합니까?"
"아들도 딸도 어떤 사람도 죽은 적이 없는 집에 가서 한 줌의 하얀 겨자씨를 구해 와야 한다."
"그렇게 하겠습니다."

그녀는 부처님께 인사를 드리고 죽은 아들을 업고 마을로 들어가 첫 번째 집 앞에 서서 물었다.
"이 집에 하얀 겨자씨가 있나요? 그 겨자씨로 제 아들을 살릴 수 있다고 하는군요."
"있습니다."
"그럼 한 줌만 주세요."
그들이 한 줌의 하얀 겨자씨를 주자 그녀가 물었다.
"이 집에 혹시 아들이나 딸이나 다른 누군가가 죽은 적이 있나요?"
"그걸 말이라고 묻는가요? 우리 집은 살아있는 사람보다 죽은 사람의 숫자가 더 많습니다."
"그럼 겨자씨를 다시 가져가세요. 이 집의 겨자씨로는 나의 아들을 치료할 수 없어요."
그렇게 말하면서 그녀는 겨자씨를 돌려주었다.

그렇게 겨자씨를 구하러 부지런히 이집 저집 돌아다녀 보았지만, 그녀가 찾는 겨자씨는 어느 집에도 없었다. 저녁이 오자 그녀는 진실을 깨달았다.
"아! 내가 무거운 짐을 지고 있었구나. 나만 아들을 잃은 줄 알았는데 모든 집이 산 사람보다 죽은 사람이 더 많구나."

그녀는 현실을 깨닫자 죽은 아들에 대한 사랑으로 충격에 빠진 마음이 정상으로 돌아왔다. 그녀는 시체 버리는 곳에 아이를 내려놓고 부처님께 가서 삼배를 올리고 한쪽에 서 있었다.

부처님께서 그녀에게 물으셨다.
"그래 한 줌의 겨자씨를 구했느냐?"
"구하지 못했습니다. 부처님. 모든 집이 산 사람보다 죽은 사람이 더 많았습니다."
"너만이 아이를 잃었다고 생각하지 마라. 모든 살아있는 존재는 무상하다(諸行無常). 죽음의 왕은 사나운 급류처럼 모든 살아있는 존재를 파멸의 바다로 휩쓸어 가버린다. 그들이 욕망을 채 충족하기도 전에."
부처님께서 그녀에게 설법하시고 게송을 읊으셨다.

**자식과 가축에 애착하는 사람을
죽음이 끌고 간다.
잠든 마을을 큰 홍수가 휩쓸어 가듯이.**(287)

이 게송을 듣고 끼사고따미는 수다원과를 성취했다. 다른 많은 사람도 수다원, 사다함, 아나함과를 성취했다. 끼사고따미는 출가를 허락해 달라고 말씀드렸고 부처님께서는 그녀를 비구니 사원에 보내 계를 받게 했다. 비구니계를 받은 후에도 여전히 끼사고따미로 불렸다.

어느 날 그녀가 포살당(戒壇)의 촛불을 켜는 당번이 됐을 때 그녀는 촛불을 켜고 앉아서 불꽃이 넘실거리는 것을 바라보았다. 어떤 촛불은 확 타오르고 어떤 촛불은 꺼질 듯 가물거리며 사그라져 갔다. 그녀는 이것을 깊이 관찰하며 숙고했다.

"이 촛불처럼 세상의 살아있는 모든 존재도 불꽃처럼 확 피어올랐다가 가물거리며 사그라져 간다. 열반에 도달한 사람만이 불꽃처럼 일어났다 사라지는 생사가 없다."

부처님께서 간다꾸띠에 앉아 계시면서 광명의 모습을 나투시어 마치 그녀와 마주보고 있는 것처럼 서서 이렇게 말씀하셨다.

"이 불꽃처럼 모든 살아있는 존재도 피어올랐다가 사그라져 간다. 열반에 도달한 사람만이 불꽃처럼 일어났다 사라지는 생사가 없다. 그래서 한 순간을 살더라도 열반을 본 사람이 열반을 보지 않고 100년을 산 사람보다 더 낫다."

이 말씀에 이어서 부처님께서는 게송을 읊으셨다.

죽음이 없는 열반을 보지 못하고
백 년을 사느니
죽음이 없는 열반을 보고
단 하루를 사는 것이 더욱 값지다.(114)

이 게송 끝에 끼사고따미는 사무애해를 갖춘 아라한이 됐다.

열네 번째 이야기
홀어미 바후뿟띠까와 은혜를 모르는 자식들

부처님께서 제따와나에 계실 때 바후뿟띠까[119]와 관련해서 게송 115번을 설하셨다.

사왓티의 어느 집에 일곱 명의 아들과 일곱 명의 딸이 있었다. 그들은 나이가 차자 결혼해서 가정을 꾸리고 행복하게 살았다. 얼마 후 아버지가 죽고 어머니 혼자 남았지만, 어머니는 남편이 죽은 후에도 재산을 자식들에게 물려주지 않고 직접 관리하며 살았다. 어머니는 훌륭한 재가신도였으며 자식(뿟따)들이 많은(바후) 여인이라고 해서 바후뿟띠까로 불렸다. 어느 날 아들들이 와서 어머니에게 말했다.
"아버지도 돌아가시고 안 계시는데 재산을 계속 가지고 있어 봐야 무슨 소용이 있어요? 우리가 잘 모시지 않을까 봐 그러는 거예요?"
그녀는 아들들의 간청에도 아랑곳하지 않았다. 하지만 아들들이 자꾸 와서 계속 졸라대자 마음이 변하기 시작했다.
'아들들이 나를 잘 돌봐 줄 텐데 재산을 가지고 있을 필요가 있겠는가?'
그녀는 재산을 아들들과 딸들에게 골고루 나눠 주었다.

그녀는 며칠 지나서 맏아들 집으로 가서 살았다. 시간이 지나자 맏며느리가 구박하기 시작했다.

---

[119] 바후뿟띠까Bahuputtikā: 앙굿따라 니까야에는 소나Soṇā라는 이름으로 나오며 그녀는 비구니 중에서 정진제일(āraddhaviriyānaṃ)이다. 앙굿따라 니까야 주석서에는 그녀가 아라한이 된 후에도 비구니들이 그녀에게서 계속 허물을 찾아내려고 하자 비구니들이 더 이상 잘못을 저지르지 않게 하려고 양동이에 물을 채우고 신통으로 물을 뜨겁게 데워 온수가 필요한 사람은 가져가라고 했다. 그래서 비구니들은 그녀가 아라한임을 알고 용서를 구했다고 한다.(AA.i.199)

"우리 훌륭한 어머니가 왜 우리 집에만 오시는 거죠? 맏아들에게 재산을 두 배로 주었다고 생각하는 모양이죠?"

그래서 다른 아들들에게도 가보았지만 모든 며느리가 하나같이 이렇게 어머니를 구박했다. 그래서 이번에는 딸네 집에 가보았지만, 맏딸부터 막내딸까지 모두가 똑같이 어머니를 구박했다. 그녀는 그제야 이 세상에 믿고 의지할 사람이 아무도 없다는 것을 깨달았다.

'내가 이 녀석들과 함께 살아야 할 이유가 없다. 출가해서 비구니로 살아야겠다.'

그녀는 비구니 사원으로 가서 출가시켜 달라고 요청했다. 그녀는 바후뿟띠까라는 이름으로 비구니계를 받았다.

그녀는 나이가 많지만 신참 비구니로서 해야 할 일을 성실히 행하면서 이렇게 결심했다.

'나는 늙어서 출가했기 때문에 열심히 알아차리며 수행해야 한다. 그러니 잠잘 시간이 어디 있겠는가? 밤에도 자지 않고 수행해야겠다.'

그녀는 깜깜한 밤에 기둥을 붙잡고 계단 아래로 내려가 발걸음에 주의하며 수행했다. 깜깜한 밤이라서 혹시 머리가 나무에 부딪힐까 봐 가지를 붙잡고 발걸음에 주의하며 수행을 계속했다. 그녀는 오직 부처님이 가르쳐주신 법만을 관찰하기로 결심하고 법을 생각하고 법을 숙고하며 수행했다.

부처님께서 간다꾸띠에 앉아 계시면서 광명의 모습을 나투시어 마치 그녀와 마주보고 있는 것처럼 앉아서 말씀하셨다.

"바후뿟띠까여, 내가 가르쳐준 법을 관찰하지 않고 100년을 사는 것보다 내가 가르쳐준 법을 관찰하며 한순간을 사는 것이 훨씬 더 낫다."

부처님께서는 이 말씀에 이어서 게송을 읊으셨다.

위없는 법[120]을 깨달지 못하고

---

120) 위없는 법(Dhammamuttamaṁ) : 고귀한 법, 위없는 법, 최상의 법으로

백 년을 사느니
위없는 법을 깨닫고
단 하루를 사는 것이 더욱 값지다.(115)

이 게송 끝에 바후뻣띠까는 사무애해를 갖춘 아라한이 됐다.

　　네 가지 도道와 네 가지 과果와 열반의 아홉 가지를 말한다.

제9장 악

Pāpa Vagga

제9장 악 Pāpa Vagga[121]

첫 번째 이야기
단벌뿐인 쭐라 에까사따까 바라문

부처님께서 제따와나에 계실 때 쭐라 에까사따까 바라문과 관련해서 게송 116번을 설하셨다.

위빳시 부처님이 세상에 출현하셨을 때 마하 에까사따까(옷이 한 벌뿐인 자) 바라문이 살았다. 그가 금생에 쭐라 에까사따까로 사왓티에 다시 태어났다.[122] 쭐라 에까사따까는 아랫옷이 한 벌이고, 아내도 아랫옷이 한 벌뿐이었고 웃옷은 두 사람에게 한 벌뿐이었다. 그래서 바라문과 아내가 외출할 때는 두 사람 중 한 명은 집에 있어야 했다. 어느 날 사원에서 법문이 있다는 말이 들리자 바라문이 아내에게 말했다.

"사원에서 법문이 있을 거라고 하는데, 당신은 낮에 가겠소 아니면 밤에 가겠소? 우리 두 사람에게 웃옷이 한 벌뿐이어서 함께 갈 수 없으니 말이오."

"여보, 저는 낮에 가겠어요."

그녀는 웃옷을 입고 먼저 사원에 갔다.

---

[121] 악(pāpa): 악은 일반적인 법률용어인 범죄 또는 죄와는 다르다. 불교에서의 악은 마음을 오염시키는 것이다. 마음이 오염되면 죽어서 지옥, 축생, 아귀, 아수라의 나쁜 세계(惡處)에 떨어진다. 악의 뿌리는 탐욕(rāga), 성냄(dosa), 어리석음(moha)이다. 악행惡行으로는 일반적으로 10가지를 이야기 한다. ① 몸으로 짓는 3가지: 살생, 도둑질, 삿된 음행 ② 말로 짓는 3가지: 거짓말, 헛된 말, 이간질, 욕설 ④ 마음으로 짓는 3가지: 탐욕, 악의, 사견이다.

[122] 앙굿따라 니까야 주석(AA.i.92ff)에는 마하 에까사따까는 마하깟사빠 장로의 과거생으로 나오며, 현재의 쭐라 에까사따까가 아니라고 나온다.

바라문은 낮에 집에서 시간을 보내고 밤에 사원으로 가서 부처님 앞에 앉아 법문을 들었다. 법문을 듣고 있자 다섯 가지 희열이 솟구쳐 온몸을 황홀하게 했다. 그는 부처님에게 옷을 바치고 싶었으나 잠시 주저하는 마음이 일어났다.

'내가 이 옷을 부처님께 바치면 나와 내 아내에게 옷이 한 벌도 없게 된다.'

수많은 이기심이 들끓어 올라오고 다음에 신심이 올라왔다. 다음에는 또다시 이기심이 일어나서 신심을 내리눌렀다. 강한 이기심은 신심을 붙잡고 묶어서 밖으로 패대기를 쳤다.

'옷을 바치자! 옷을 바치지 말자!'

바라문은 이렇게 심한 정신적 갈등을 겪으며 초경을 보내고 중경을 맞이했다. 하지만 아직도 옷을 부처님께 바칠 수 없었다. 다시 말경이 오자 마침내 바라문은 과감하게 결정을 내렸다.

'이기심과 신심이 싸우고 있는 동안 초경, 중경이 지나가 버렸다. 이기심이 늘어나면 사악도의 괴로움에서 어떻게 벗어날 수 있겠는가? 그러니 이 옷을 바쳐야겠다.'

바라문은 이렇게 이기심을 극복하고 신심을 이끌어냈다. 그는 웃옷을 벗어 부처님 발아래 놓고 큰 소리로 세 번 외쳤다.

"나는 이겼다! 나는 이겼다! 나는 이겼다!"

빠세나디 왕이 이 외침을 듣고 부하에게 말했다.

"뭘 이겼다는 것인지 가서 물어보아라."

부하가 바라문에게 가서 묻자 바라문이 설명했다. 왕이 설명을 듣고 말했다.

"바라문이 한 일은 정말 어려운 일이다. 그에게 상을 내려야겠다."

왕은 한 벌의 옷을 그에게 주라고 부하에게 지시했다. 바라문은 이 옷도 역시 부처님에게 바쳤다. 왕은 옷을 두 배로 늘렸다. 이렇게 옷은 두 벌, 네 벌, 여덟 벌, 열여섯 벌로 늘어났다. 바라문은 이 모두를 부처님께 바쳤다. 왕은 결국 서른두 벌을 바라문에게 가져다주라고 지시했다. 왕은 서른두 벌의 옷을 주면서 바라문에게 말했다.

"그래도 당신 옷 한 벌과 아내 옷 한 벌은 남겨두시오."

바라문은 왕의 말대로 두 벌은 남겨두고 나머지는 부처님께 올렸다. 바라문이 계속해서 받은 선물을 모두 부처님에게 바쳤다면 왕도 거기에 맞추어서 계속 옷을 주었을 것이다. 그는 과거생에 마하 에까사따까로 살았을 때는 육십네 벌에서 두 벌을 남겼지만 쭐라 에까사따까로 사는 이번 생에서는 서른두 벌에서 두 벌을 남겼다.

왕은 부하에게 명령했다.

"바라문이 했던 일은 아무나 하는 일이 아니다. 궁으로 가서 어전御前에 있는 두 장의 값비싼 천을 가져오너라."

부하들이 값비싼 천을 가져오자 왕은 2천 냥의 값어치가 있는 두 장의 천을 바라문에게 주었다. 바라문이 값비싼 천을 받고 생각했다.

'나는 이렇게 비싼 천을 덮을 만큼 가치 있는 사람이 아니다. 이것은 부처님과 스님들에게나 어울리는 것이다.'

그는 한 장의 값비싼 천으로 간다꾸띠의 부처님 침대 위에 닫집을 만들어 걸고 하나는 스님들이 자기 집에 탁발을 나오면 앉아 있는 곳 위에 닫집을 만들어 걸었다. 어느 날 저녁 왕이 부처님을 방문했다가 그 값비싼 천이 닫집이 돼있는 것을 보고 부처님께 말씀드렸다.

"부처님이시여, 누가 이 천을 보시했습니까?"

"에까사따까입니다."

왕이 생각했다.

'나도 신심이 있고 신심 속에 기쁨이 샘솟지만, 그 바라문도 신심이 있고 신심 속에 기쁨이 넘친다.'

왕은 그에게 네 마리 코끼리, 네 마리 말, 4천 냥의 돈, 네 명의 시녀, 네 명의 하인, 네 개의 마을을 하사했다. 왕은 이렇게 그 바라문에게 사종포상 四種褒賞을 내렸다.

비구들이 법당에서 이야기를 나누기 시작했다.
"쭐라 에까사따까는 정말 훌륭한 일을 했습니다. 그는 선행하자마자 사종포상을 받았습니다. 선행한 즉시 커다란 복을 받았습니다."
부처님께서 비구들에게 다가와 물으셨다.
"비구들이여, 여기 앉아서 무슨 이야기를 나누고 있는가?"
비구들이 대답하자 부처님께서 말씀하셨다.
"비구들이여, 에까사따까가 초경에 시주했다면 십육종포상十六種褒賞을 받았을 것이다. 그가 중경에 시주했다면 팔종포상八種褒賞을 받았을 것이다. 그가 말경에 가서야 시주를 했기 때문에 사종포상을 받은 것이다. 선행하려는 사람은 선행하려는 생각을 억누르지 말고 일어난 순간에 즉시 행해야 한다. 공덕을 더디게 행하면 보상이 따르기는 하지만 보상도 천천히 따라온다. 그러니 선행하려는 사람은 선행하려는 생각이 일어난 즉시 행해야 한다."
부처님께서는 이 말씀에 이어서 게송을 읊으셨다.

**선행은 서두르고
악행은 억제하라.
선행을 더디게 하면
악행에 즐거워하는 마음이 일어난다.**(116)

두 번째 이야기
출가 생활에 만족하지 못하는 세이야사까[123]

부처님께서 제따와나에 계실 때 세이야사까[124] 비구와 관련해서 게송 117번을 설하셨다.

세이야사까 비구는 랄루다이[125] 비구의 동료였다. 그는 성욕을 참지 못해 금욕해야 하는 출가 생활이 힘들어지기 시작했다. 그는 랄루다이에게 가서 이 고민을 이야기하자 랄루다이는 그에게 상가디세사[126] 첫 번째 계

---

123) 이 이야기는 율장 상가디세사(十三僧殘) 첫 번째 계율(VinSd. i. 1)을 제정하게 된 인연담이다.
124) 세이야사까Seyyasaka: 계율을 자주 범해 다른 청정한 스님의 보호 감독 하에 계율을 다시 학습해야 하는 의지갈마依止羯磨(nissaya kamma)를 자주 받았던 비구이다.
125) 랄루다이Lāḷudāyi: 율장 상가디세사에 수없이 죄를 어겨서 참회를 받는 우다이Udāyi와 동일 인물로 알려져 있다. 그는 허풍과 자화자찬이 심해 법에 대한 지식이 얕음에도 법문을 한다고 법상에 올라갔다가 망신을 당했다.(게송 241번 이야기) 그리고 비구들의 질문에 대답하지 못해서 창피를 당하기도 했다.(법구경 게송 64번 이야기) 때와 장소에 맞지 않게 말하는 어리석은 인물로도 묘사되고 있다.(게송 152번 이야기) 주석가들에 따라 우다이와 랄루다이가 동일 인물이 아니라는 주장도 있다. 참고로 우다이라는 이름을 사용하는 비구는 깔루다이, 마하우다이, 랄루다이 세 명이 있다.
126) 상가디세사Saṅgadises(十三僧殘): 율장 상가디세사는 13가지 계목으로 되어있으며 빠라지까Pārājika(四波羅夷) 다음으로 무거운 계율이다. 상가디세사를 어기면 최소 4명의 비구가 계단에서 네 번에 걸쳐 해당 갈마를 읽고, 자기가 범한 계목과 숨긴 날짜를 밝혀야 한다. 그리고 숨긴 날짜만큼 근신(parivāsa)해야 한다. 근신할 때는 ① 그 기간 동안 같은 지붕 아래에서 청정 비구와 함께 지내거나 잘 수 없다. ② 한 사원 내에 청정 비구와 함께 머물러야 한다. 등 13가지를 지켜야 한다. 다음에는 마낫따mānatta(摩那埵)를 해야 한다. 마낫따는 비구 대중들이 계를 범한 비구의 계행에 대해 좋아하고 만족하도록 6일 동안 해당 계율을 참회하는 것이

율127)을 범하라고 부추겼다. 그때부터 그는 성욕이 솟구치면 자주 이 계율을 범했다. 부처님께서 그가 하는 짓을 전해 듣고 그를 불러 물었다.

"네가 그런 짓을 한다는데 사실이냐?"

"사실입니다, 부처님."

"어쩌자고 비구의 신분을 망각하고 그런 중죄를 저지르느냐?"

부처님께서는 엄하게 꾸짖고 나서 계율은 꼭 지켜야 하는 것이라고 말씀하셨다.

"그러한 나쁜 행위는 이생에서도 괴로움을 초래하고 다음생에도 괴로움을 불러들인다."

부처님께서는 이 말씀에 이어서 법문하시고 게송을 읊으셨다.

**악행을 했다면
다시는 하지 말고
그 마음조차 내지 마라.
악행을 하면
악업이 쌓여
괴로움을 부른다.(117)**

다. 마낫따를 마친 비구는 마지막으로 압바나abbhāna를 해야 한다. 압바나는 계단에서 최소 20명의 비구와 함께 네 번에 걸쳐 갈마를 함으로써 상가디세사를 범한 허물로부터 청정해졌음을 비구 대중이 인정하고 그 비구를 다시 승단 내 정식 구성원으로 받아들이는 것이다. 근신부터 마나타로 참회하고 압바나로 비구의 신분이 복권될 때까지 비구의 자격이 일시정지 된다.

127) 상가디세사의 첫 번째 계율: '고의로 정액을 내게 하면 꿈속을 제외하고 상가디세사입니다.'

세 번째 이야기
마하깟사빠 장로를 시봉하는 천녀 라자

부처님께서 제따와나에 계실 때 천녀 라자와 관련해서 게송 118번을 설하셨다.

마하깟사빠 장로가 삡팔리 동굴에 거주하고 있을 때 멸진정에 들어갔다가 일주일 후 멸진정에서 나와 천안통으로 어느 곳으로 탁발을 나갈까 살펴보았다. 장로는 두루 살펴보다가 논을 지키는 파수꾼 여인이 자기가 모은 쌀을 볶고 있는 것을 보고 그녀의 종교적 성향을 관찰해 보았다.
'그녀가 신심이 있는가 아니면 신심이 없는가?'
그녀가 신심이 있다는 것을 알고 일어날 일을 예측해 보았다.
'그녀가 내게 시주를 할까?'
장로는 곧 이런 사실을 알게 되었다.
'이 처녀는 현명하고 머리가 좋다. 그녀는 내게 시주할 것이고 그 공덕으로 풍요로운 보상을 받을 것이다.'
장로는 가사를 걸치고 발우를 들고 논 가까이 가서 서 있었다.
처녀는 장로를 보자 신심이 일어나고 온몸이 다섯 가지 희열로 차올랐다.
"장로님, 잠깐만 기다리세요."
그녀는 볶은 쌀을 가져와서 장로의 발우에 재빨리 부어드렸다. 그리고 오체투지로 삼배하고 서원을 말했다.
"장로님께서 깨달은 법(진리)을 저도 깨닫게 되기를 기원합니다!"
"그렇게 되기 바랍니다."
장로가 감사의 축원을 하자 그녀는 삼배를 올리고 장로에게 올린 공양을 회상하면서 돌아갔다.

그때 벼가 자라고 있는 논 가장자리를 따라 길게 뻗은 논둑 길가에 코브라가 한 마리 숨어 있었다. 장로는 노란 가사를 발목까지 길게 늘어뜨려 입고 있었기 때문에 코브라는 장로를 물 수 없었다. 그러나 처녀가 장로에게 공양한 선행을 생각하며 기쁜 마음으로 그곳을 지나갈 때 코브라는 굴속에서 미끄러져 나와 그녀를 물었다. 그 순간 그녀는 그 자리에서 한 발자국도 나아가지 못하고 쓰러졌다. 그녀는 신심이 가득 찬 상태로 죽어 마치 잠자다가 깨어난 것처럼 삼십삼천에 태어났다. 그녀는 거대한 천상의 황금 저택에 태어나 큰 키와 장대한 몸을 갖추고, 화려하고 장엄한 천상의 옷을 입고, 천 명의 시녀를 거느리게 됐다. 황금 저택의 현관은 화려하게 장식돼 있었고 거기에 황금 쌀알로 가득 찬 황금 발우가 걸려 있어 그녀가 전생에 어떤 공덕을 지었는지 널리 알리고 있었다.

그녀는 황금 저택의 현관에 서서 자신의 영광이 어디에서 왔는지 숙고해 보았다.
"내가 어떤 공덕을 지었기에 이런 영광을 얻었지?"
그녀는 곧 자신이 과거생에 행한 공덕을 상기해냈다.
'이 영광은 내가 마하깟사빠 장로에게 볶은 쌀을 올린 과보다.'
그녀는 공덕에 대해 깊이 생각했다.
'내가 조그마한 공덕의 과보로 이런 화려한 영광을 얻었으니 앞으로도 헛되이 부주의하게 세월을 보내서는 안 되겠다. 그러므로 장로에게 가서 여러 가지 봉사를 함으로써 미래의 행복을 견고하게 만들어야겠다.'
그녀는 아침 일찍 일어나 황금 빗자루와 황금 쓰레받기를 들고 장로가 사는 곳으로 가서 깨끗이 청소하고 물을 길어 와서 물항아리에 마실 물을 가득 채워 놓았다.

장로는 깨끗한 마당과 가득 찬 물항아리를 보고 생각했다.
'아마도 신참 비구나 사미가 수고한 모양이군.'
그다음 날도 천녀는 사원을 청소하고 물을 길어오는 등 공덕을 쌓았다. 장로는 이번에도 비구나 사미가 그랬거니 생각했다. 3일째 되는 날 장로는 누군가가 마당을 쓰는 소리를 듣고 열쇠 구멍으로 마당을 내다보다가 빛의 모습을 한 천녀를 보았다. 장로는 문을 열고 나가서 물었다.

"마당을 쓸고 있는 그대는 누구인가?"

"장로님, 당신의 제자 라자 천녀이옵니다."

"내게는 그런 이름을 가진 제자가 없다."

"장로님, 제가 젊은 처녀였을 때 논에서 볶은 쌀을 공양을 올리고 돌아가다가 뱀에 물려 죽어 삼십삼천에 태어났습니다. 저는 장로님 때문에 이런 영광을 얻었기 때문에 '장로님을 위해 여러 가지 봉사를 하여 나의 행복한 미래를 보장받아야겠다.'라고 결심했습니다. 그래서 여기로 온 것입니다."

"어제 그제 여기를 청소하고 마실 물을 떠다놓은 것도 그대였는가?"

"그렇습니다, 장로님."

"천녀여, 이제 여기를 떠나거라. 그대의 시봉은 고맙지만 돌아가서 다시는 여기 오지 마라."

"장로님에게 봉사해서 공덕을 쌓고 싶어요. 나의 행복한 미래를 확고하게 만들고 싶어요."

"천녀여, 여기를 떠나라. 그렇지 않으면 미래에 법문하는 스님들이 화려한 부채를 들고 법상에 앉아 '마하깟사빠 장로께서 천녀의 시봉을 받았다는 이야기가 전해져 내려온다.'라고 이야기 소재로 삼을 것이다. 그러니 앞으로 더 이상 여기 오지 말고 다른 곳에 봉사할 때가 있는지 찾아보아라."

"장로님, 제발 저를 내쫓지 마세요."

그녀가 가지 않고 계속해서 애원하자 장로가 생각했다.

'이 천녀가 나의 말을 전혀 듣지 않는군.'

장로는 그녀를 자극해서 쫓아버리려고 생각했다.

"그대는 자기 집도 모르는가?"

장로는 창피를 주기 위해 손가락을 튕겼다. 천녀는 거기에 더는 있을 수 없게 되자 공중으로 올라서서 공손하게 두 손을 합장하고 울며 애원했다.

"장로님, 제발 제가 얻은 공덕이 다 흩어지지 않게 해 주세요. 저의 미래의 행복을 견고하게 해 주세요."

그녀는 가지 않고 계속 공중에서 울부짖고 한탄하며 서 있었다.

부처님께서 제따와나 사원의 간다꾸띠에 계시면서 그녀가 슬픈 목소리로 울부짖는 소리를 들으셨다. 부처님께서는 광명의 모습을 나투시어 마치 그녀와 마주 보고 있는 듯이 앉아서 그녀에게 말씀하셨다.

"천녀여, 나의 아들 마하깟사빠가 두타행을 하는 것은 그의 본분사本分事이다. 그러니 그를 귀찮게 하지 마라. 그렇다고 공덕을 쌓지 말라는 것은 아니다. 공덕을 쌓는 일은 꼭 필요하고 반드시 공덕을 쌓아야 한다. 공덕을 쌓으면 이 세상과 다가오는 세상에서 행복이 찾아온다."

부처님께서 이 말씀에 이어서 게송을 읊으셨다.

선행을 했거든
계속해서 행해야 하리.
선행을 하면
복덕이 쌓여
행복이 찾아든다. (118)

네 번째 이야기
아나타삔디까와 여신128)

부처님께서 제따와나에 계실 때 아나타삔디까와 관련해서 게송 119, 120번을 설하셨다.

아나타삔디까는 5억4천 냥의 돈으로 제따와나 사원을 지어 승단에 기증했고, 부처님이 제따와나에 계실 때는 하루에 세 번 사원에 가서 부처님을 시중들었다. 그는 사원에 갈 때마다 신참 비구나 사미들이 '오늘은 무얼 가지고 오셨습니까?'라고 묻는다는 것을 알고 있어서 빈손으로 갈 수 없었다. 그는 이른 아침에는 우유죽을 가져가고, 오전 공양 시간에는 버터기름과 신선한 버터와 여러 가지 음식을 가져가고, 저녁에는 향과 꽃과 약과 천을 들고 갔다. 이때 장사하는 사람들이 차용증을 쓰고 빌려간 1억8천 냥의 돈이 아직 들어오지 않고 있었다. 하지만 장자는 빚 독촉을 하지 않았다. 게다가 구리항아리에 단단하게 봉합해 강둑에 비밀스럽게 묻어두었던 1억8천 냥의 재산이 폭우로 강둑이 무너지면서 바다로 떠내려가 버렸다. 이로 인해 재산이 점점 줄어들더니 가난해졌다. 그런데도 그는 비록 전처럼 맛있는 음식은 아닐지라도 계속 승가에 공양을 올렸다.

어느 날 부처님께서 물으셨다.
"그대의 집에서 계속 공양을 올릴 수 있는가?"
"그렇습니다, 부처님. 하지만 음식이 거친 옥수수죽밖에 없어서 변변치 않습니다."
"장자여, '내가 거친 음식만을 부처님께 올린다.'라고 생각하고 괴로워하지 마라. 공양을 올리는 마음이 순수하면 부처님이나 벽지불이나 스님들에게 올리는 음식은 모두 훌륭한 것이다. 그대는 여덟 종류의 깨달음을 얻은

---

128) 이 이야기는 카디랑가라 자따까(Khadiraṅgāra Jātaka, J40) 서문과 앙굿따라 니까야 웰라마 경(Velāma Sutta, A9.20)에서 유래한다.

성인129)에게 공양 올려 무한한 공덕을 짓고 있지만, 나는 과거생에 웰라마라는 바라문으로 살았을 때 전 인도가 떠들썩하도록 풍족하게 보시를 했지만 귀의처가 될 만한 성인을 한 명도 만나지 못했다.130) 공양 올릴 만한 사람을 찾는 것은 쉬운 일이 아니다. 그러니 '내가 올릴 수 있는 것은 거친 음식뿐이다.'라고 생각하지 마라."

부처님께서는 이렇게 말씀하시고 웰라마 경을 설하셨다.

(웰라마 경을 요약해서 핵심만을 적으면 다음과 같다.)

장자여. 웰라마 바라문이 올바른 견해를 가진 사람에게 공양을 올렸다면 그 과보가 훨씬 더 컸을 것이다. 웰라마 바라문이 올바른 견해를 가진 사람 백 명보다 한 명의 수다원에게 공양을 올렸다면 그 과보가 훨씬 더 컸을 것이다. 웰라마 바라문이 수다원 백 명보다 한 명의 사다함에게 공양을 올렸다면 그 과보가 훨씬 더 컸을 것이다. 웰라마 바라문이 백 명의 사다함보다 한 명의 아나함에게 공양을 올렸다면 그 과보가 훨씬 더 컸을 것이다. 웰라마 바라문이 백 명의 아나함보다 한 명의 아라한에게 공양을 올렸다면 그 과보가 훨씬 더 컸을 것이다. 웰라마 바라문이 백 명의 아라한보다 한 명의 벽지불에게 공양을 올렸다면 그 과보가 훨씬 더 컸을 것이다. 웰라마 바라문이 백 명의 벽지불보다 한 분의 부처님에게 공양을 올렸다면 그 과보가 훨씬 더 컸을 것이다.

---

129) 여덟 종류의 깨달음을 얻은 성인들(四雙八輩): 수다원도, 수다원과, 사다함도, 사다함과, 아나함도, 아나함과, 아라한도, 아라한과의 여덟 종류의 성인들이다. 이분들에게 공양을 올리면 깨달음을 얻지 못한 사람들에게 올리는 것보다 훨씬 많은 복덕을 받는다.

130) 앙굿따라 니까야 웰라마 경(A9.20)에 부처님의 과거생인 웰라마 바라문이 한 보시 내용이 나온다. 돈이 가득 든 만 개의 황금 발우, 금이 가득 든 만 개의 발우, 금이 가득 든 만 개의 구리 발우, 만 마리의 코끼리, 만 마리의 마차, 만 마리의 소, 만 개의 방석, 만 개의 천, 그 외에 풍요로운 음식 등을 보시하고 공양을 올렸지만, 그때는 승단이 존재하지 않아서 공양 받을 자격이 있는 사람이 한 명도 없었다.

웰라마 바라문이 부처님이 계시는 승단에 공양을 올렸다면 그 과보가 훨씬 더 컸을 것이다. 웰라마 바라문이 네 방향에서 오는 스님들을 위해 사원을 지었다면 그 과보가 훨씬 더 컸을 것이다. 웰라마 바라문이 기쁜 마음으로 불·법·승 삼보에 귀의했다면 그 과보가 훨씬 더 컸을 것이다. 웰라마 바라문이 살생하지 않고, 주지 않는 것을 가지지 않고, 삿된 음행을 하지 않고, 거짓말하지 않고, 술을 마시지 않고, 자애심을 개발하고, 손가락을 튕길 순간만큼이라도 무상의 인식을 개발했다면 그 과보가 훨씬 더 컸을 것이다.

부처님과 비구들이 아나타삔디까의 집을 들어갈 때마다 그 집의 문에 사는 여신은 부처님과 비구들의 법력 때문에 대들보 위에 그대로 앉아 있을 수 없어서 땅으로 내려와야 하는 불편을 수없이 겪었다.

'승가에 대한 장자의 믿음을 떨어뜨려 아무도 이 집에 들락거리지 못하게 해야겠다.'[131]

하지만 여신이 장자에게 말하고 싶어도 장자의 부와 권력이 한창일 때는 한마디도 할 수 없었다. 그러나 장자가 가난해지자 이제 자신의 말에 관심을 기울일 것이라고 생각했다. 그래서 그녀는 밤에 화려하게 꾸며진 장자의 방으로 가서 공중에 서 있었다. 장자가 그녀를 보고 물었다.

---

[131] 카디랑가라 자따까(Khadiraṅgāra Jātaka, J40) 서문에는 다음과 같이 자세히 기록돼 있다. 장자의 집은 7층이고 네 개의 문이 있었는데 네 번째 문에 여신이 살고 있었다. 이 여신은 불교를 믿지 않는 이교도였다. 부처님이 이 집에 방문하면 높은 곳에 있을 수가 없어서 아이를 데리고 땅으로 내려와야 했다. 80명의 대장로와 다른 장로들이 들어오고 나갈 때도 마찬가지였다. 그래서 그녀는 이렇게 생각했다. "사문 고따마와 그의 제자들이 들락거리면 평화롭게 살 수 없다. 그렇다고 매번 땅바닥으로 내려갈 수도 없다. 그들이 더는 이 집에 들어오지 못하게 막아야겠다." 그래서 그녀는 장자의 사업 관리인에게 가서 설득했으나 실패했고 장자의 맏아들에게 가서 설득했으나 이마저 실패했다. 그러다 장자가 가난해지자 설득할 기회를 포착한 것이다.

"그대는 누구인가?"

"장자님, 저는 네 번째 문에 사는 여신입니다. 장자님에게 충고할 게 있어서 왔습니다."

"좋아, 할 말이 있으면 해보게."

"장자님은 자신과 자식의 미래를 생각하지 않고 사문 고따마의 승단에 그 많은 재산을 다 써버리고 새로운 사업은 하지 않아서 이제 가난해졌습니다. 가난해졌음에도 불구하고 사문 고따마를 떨쳐버리지 못해서 비구들이 계속 들락거립니다. 비구들이 끊임없이 들락거리니 이제 이 집에 남아 있는 것이 없습니다. 이런 식으로 계속하면 목구멍에 풀칠하기조차 힘들어질 것입니다. 사문 고따마가 무슨 소용이 있습니까? 사문 고따마에게 가지도 말고 비구들이 이 집에 들어오지도 못하게 하십시오. 이제 그렇게 아낌없이 남에게 퍼주지 말고 무역과 장사에 전념해서 재산을 늘리십시오."

"이것이 그대가 내게 하는 충고인가?"

"그렇습니다. 장자님."

"썩 꺼져라. 수십만 명이 내게 그런 말을 하더라도 승단에 공양을 올리는 일을 막을 수 없다. 그대는 그렇게 말할 권리가 없다. 그대는 무슨 권리로 내 집에서 거주하는가? 내 집에서 당장 떠나라."

여신은 수다원과를 증득한 성인의 말을 감히 거역할 수 없어서 아이들을 데리고 집을 떠나야 했다.

집을 떠난 여신은 머물 곳을 찾아 헤맸지만 그럴 만한 장소를 찾지 못해 고통을 겪었다.

'장자에게 가서 용서를 구하고 다시 살게 해 달라고 빌어야겠다.'

그녀는 도시를 지키는 신장에게 가서 장자를 화나게 만든 일을 설명하고 이렇게 부탁했다.

"저와 함께 장자에게 가서 용서를 빌고 다시 그 집에 살 수 있게 설득해 주세요."

"네 일도 아닌 일에 간섭해서 스스로 잘못을 저질러놓고 나보고 어떻게 설득하란 말이냐? 장자의 집에 함께 갈 수 없다."

도시의 신장이 부탁을 거절하자 그녀는 사대천왕에게 가서 요청했다. 하지만 사대천왕도 그녀의 청을 거절했다. 이번에는 삭까 천왕에게 가서 자신의 잘못을 설명하고 더 간절한 마음으로 도와달라고 간청했다.

"거주할 만한 곳을 찾을 수 없습니다. 그렇다고 의지할 곳 없이 아이를 안고 유랑생활을 할 수도 없습니다. 전에 살던 곳으로 돌아갈 수 있도록 제발 도와주세요."

"네 편을 들어 장자에게 말하는 것은 불가능하지만, 방법은 알려줄 수 있다."

"방법이라도 알려주시면 고맙겠어요."

"장자의 집사로 변신해서 장자의 재산목록 함에서 차용증서를 찾아서 돈을 빌려간 상인들을 찾아가라. 그리고 위협해서라도 그들이 빌려간 1억8천 냥의 빚을 받아내어 장자의 빈 창고를 채워주어라. 또 아찌라와디 강둑에 묻어 두었다가 강둑이 무너지면서 바다로 떠내려간 1억8천 냥의 황금도 그대의 신통력으로 찾아서 창고를 채워주어라. 그리고 주인 없는 1억8천 냥이 있는 곳을 알려줄 테니 그 돈을 찾아서 창고를 채워주어라. 그렇게 그대의 잘못을 보상하고 나서 용서를 구해라."

"그렇게 하겠습니다."

여신은 삭까 천왕이 말한 대로 모두 이행한 후 장자의 방으로 가서 공중에서 빛을 내며 서 있었다.

"누구인가?"

장자가 묻자 여신이 대답했다.

"당신의 네 번째 문에 살았던 어리석고 분별없는 여신입니다. 제가 전에 분별없는 어리석음으로 했던 말을 용서해 주십시오. 삭까 천왕이 가르쳐준 대로 4억4천 냥의 재산을 찾아 당신의 빈 창고를 채워 저의 잘못을 보상했습니다. 제가 거주할 만한 장소를 찾지 못해 아주 살기가 힘듭니다."

아나타삔디까는 이렇게 생각했다.

'이 여신은 자신의 잘못을 보상했고 허물을 고백했다. 그녀를 부처님께 데려가서 법문을 들려주어야겠다.'

장자는 그녀를 데리고 부처님께 가서 그녀에게 말했다.

"그대가 저지른 잘못을 부처님께 모두 고백해라."

여신이 부처님의 발아래 꿇어앉아 말씀드렸다.

"부처님이시여, 제가 어리석어 부처님의 위없는 덕을 알지 못하고 삿된 말을 했습니다. 제발 제가 한 말을 용서해 주시기 바랍니다."

이렇게 여신은 부처님과 장자에게 용서를 구했다.

부처님께서는 장자와 여신에게 선악의 행위가 무르익으면 어떤 과보를 가져오는지 가르치셨다.

"장자여, 여기 금생에서 악행을 한 자도 악업이 무르익지 않은 동안은 행복을 경험한다. 하지만 악업이 무르익으면 고통만을 경험한다. 이와 마찬가지로 선행을 한 자도 선업이 무르익지 않은 동안은 고통을 경험한다. 하지만 선업이 무르익으면 오직 행복만을 경험한다."

부처님께서는 이 말씀에 이어서 법문을 설하시고 게송을 읊으셨다.

**악행이 과보를 초래하지 않을 때
악인도 행복을 누린다.
악행이 과보를 초래할 때
악인은 괴로움을 겪는다.**(119)

**선행이 과보를 가져오지 않을 때
선인도 괴로움을 겪는다.
선행이 과보를 가져올 때
선인은 행복을 누린다.**(120)

다섯 번째 이야기
사중 물건을 못 쓰게 만든 비구[132]

부처님께서 제따와나에 계실 때 승가의 물건을 못 쓰게 만든 비구와 관련해서 게송 121번을 설하셨다.

이 비구는 침대나 의자와 같은 가구들을 문밖에 내놓고 밖에서 사용하곤 했다. 그래서 가구들이 비와 햇빛에 낡아지고 흰개미가 파먹어서 결국 부서지고 말았다. 비구들이 그에게 말했다.

"스님, 왜 물건들을 밖에다 내놓습니까?"

그 비구가 대답했다.

"나는 사소한 잘못을 저질렀을 뿐입니다. 생각할 필요도 없는 아주 사소한 것입니다."

그러고서 전처럼 계속 물건들을 밖에 내놓는 것이었다. 보다 못해 비구들이 부처님께 이 사실을 보고했다. 부처님께서 그 비구를 불러 말씀하셨다.

"비구여, 네가 그런 일을 했다는데 사실이냐?"

"부처님이시여, 제가 그런 아주 사소한 잘못을 저지른 것은 사실입니다."

그렇게 대답하면서 그는 자신이 저지른 잘못이 아주 사소한 것이라고 강조했다. 그러자 부처님께서 이렇게 훈계하셨다.

"비구여, 그런 생각으로 행동해선 안 된다. 아무리 사소한 것이라도 '이건 사소한 것이야.'라고 생각하며 나쁜 행위를 해선 안 된다. 뚜껑을 닫지 않고 항아리를 밖에 내놓으면 한 방울의 비에는 차지 않겠지만 비가 자주 오면 결국 가득 차게 될 것이다. 이렇게 조금씩 저지른 죄가 모여 산더미만큼 커다란 죄의 무더기를 이룬다."

부처님께서는 이 말씀에 이어서 법문을 설하시고 게송을 읊으셨다.

---

132) 이 이야기는 빠찟띠야(VinPc. xiv. 1)에서 유래한다.

작은 허물이
아무렇지 않다고
가벼이 여기지 마라.
빗방울이 떨어져 큰 항아리에 가득 차듯
작은 허물도 자주 저지르면
악업으로 가득 차리라.(121)

이 게송 끝에 많은 사람이 수다원, 사다함, 아나함과를 성취했다. 부처님께서는 다음과 같이 계율을 제정하셨다.

"어떤 비구가 승단 소유의 침대나 의자나 침대깔개나 등나무 의자를 밖에 내놓거나 내놓게 한 후 떠나면서 치워놓지 않은 채 인사도 없이 가버리면 사죄해야 한다."133)

---

133) 이 계율은 92가지 빠찟띠야Pācittiya(九十二波逸提)의 14번째 계목이다.

여섯 번째 이야기
부자 빌랄라빠다까

부처님께서 제따와나에 계실 때 빌랄라빠다까와 관련해서 게송 122번을 설하셨다.

사왓티 주민들이 여럿이 모여 부처님과 비구들에게 공양을 올리곤 했다. 어느 날 부처님께서 이렇게 공양 공덕에 대해 법문하셨다.

"재가불자들이여, 어떤 사람은 자기는 공양을 올리고 다른 사람에게 올리기를 권하지 않는다. 그러면 미래생에 여러 곳에 태어날 때 복덕은 많고 인덕은 없을 것이다. 두 번째 사람은 자기는 공양을 올리지 않고 다른 사람에게 올리기를 권한다. 그러면 미래생에 여러 곳에 태어날 때 복덕은 없고 인덕은 많을 것이다. 세 번째 사람은 자기도 공양을 올리지 않고 다른 사람에게도 올리기를 권하지 않는다. 그러면 미래생에 여러 곳에 태어날 때 복덕도 없고 인덕도 없을 것이다. 네 번째 사람은 자기도 공양을 올리고 다른 사람에게도 올리기를 권한다. 그러면 미래생에 여러 곳에 태어날 때 복덕도 많고 인덕도 많을 것이다."

어떤 현명한 사람이 부처님의 법문을 듣고 생각했다.
'정말 놀라운 일이다. 나는 두 가지 복을 함께 지어야겠다.'
그는 자리에서 일어나 부처님께 다가가 말씀드렸다.
"부처님이시여, 내일 우리들의 공양을 받아주십시오."
"몇 명의 비구에게 공양을 올릴 것인가?"
"스님들을 모두 초대하고 싶습니다."
부처님께서는 침묵으로 승낙하셨다. 재가자는 마을로 들어가 여기저기 돌아다니며 외쳤다.
"주민들이여, 내일 부처님과 스님들을 모두 초청했습니다. 우유죽을 만들 수 있는 쌀과 그밖에 필요한 것들을 능력이 되는 대로 성심성의껏 시주하시기 바랍니다. 한곳에 모여 요리해서 함께 공양을 올리도록 합시다."

어떤 부자가 그가 자기 가게 앞에 와서 서 있는 것을 보고 화가 나서 중얼거렸다.

'이 사람은 자기 능력에 맞는 수만큼 스님들을 초청하지 않고 스님들을 모두 초청해 놓고 감당이 안 되니까 온 동네를 돌아다니며 보시하라고 강권하고 다니는군.'

부자는 재가자에게 말했다.

"당신이 가져온 항아리를 이리 내미시오."

부자는 세 손가락으로 쌀 몇 알을 집어 그 항아리에 떨어뜨리듯 넣어주었고, 강낭콩도 몇 알 떨어뜨렸다. 그 후부터 부자는 빌랄라빠다(고양이 발)라는 이름을 갖게 됐다. 그는 또 버터기름 몇 방울과 설탕 몇 조각을 떨어뜨려 주었는데, 그는 항아리 안의 한쪽은 빈 곳으로 놔두고 그 안의 작은 그릇에 방울방울 떨어뜨렸다.

재가신도는 다른 사람들이 준 공양물은 한데 모으고 이 부자가 준 것은 따로 놓았다. 부자는 재가신도가 하는 것을 보자 의심이 생겼다.

'왜 내가 준 공양물은 따로 놓지?'

그는 호기심을 참지 못하고 시동을 보내 몰래 뒤따라가도록 지시했다.

"그를 뒤따라가서 나의 공양물을 어떻게 하는지 알아보고 오너라."

재가신도는 공양물을 가져가서 '이 부자가 무한한 복을 받기를!'이라고 말하며 두세 알의 쌀알을 우유죽과 과자에 넣고 콩과 몇 방울의 버터기름과 설탕 몇 알을 모든 항아리에 골고루 나누어 넣었다. 시동이 돌아와서 부자에게 본 대로 보고했다. 부자는 시동의 말을 듣고도 의심이 풀리지 않았다.

'그가 많은 사람이 모인 데서 나를 비난할지 모른다. 그가 입술에 내 이름을 올리는 순간 칼로 찔러 죽여버리겠다.'

다음 날 부자는 옷 속에 칼을 감추고 공양을 올리는 장소에 서 있었다.

재가신도는 부처님과 스님들을 모시고 와서 자리를 제공하고 말씀드렸다.
"부처님이시여, 저의 제안으로 주민들이 모두 공양을 올리는 데 동참했습니다. 제가 권한 모든 사람이 자신의 능력껏 쌀과 여러 가지 재료들을 시주했습니다. 이 모든 사람이 많은 복을 받기를 기원합니다."
부자가 이 말을 듣고 생각했다.
'나는 그가 비난하려고 입술에 내 이름을 올려 '그는 쌀 몇 알을 시주했어요.'라고 말하기만 하면 죽여 버리려고 여기 왔다. 그런데 그렇게 말하기는커녕 한 단지를 시주한 사람이나 한 줌을 시주한 사람이나 모두 포함해서 '모든 사람이 많은 복을 받기를!'이라고 말한다. 이 훌륭한 사람에게 용서를 구하지 않으면 염라왕의 벌이 내 머리에 떨어질 것이다.'
부자는 곧 재가신도의 발아래 무릎을 꿇고 말했다.
"저를 용서해 주십시오."
"무슨 말을 하시는 겁니까?"
재가신도가 묻자 부자는 자신이 했던 일을 모두 이야기했다.

부처님께서 재가신도에게 물으셨다.
"무슨 일인가?"
재가신도가 전날부터 일어난 일을 모두 말씀드리자 부처님께서 부자에게 물으셨다.
"이 이야기가 사실인가?"
"그렇습니다. 부처님."
부처님께서 법문하셨다.
"제자여, '이것은 사소한 것이다.'라고 선행을 하찮은 일로 치부해 버려선 안 된다. 나와 같은 여래에게 공양을 올리거나, 여래와 비구 승단에 공양을 올리는 일을 '이것은 사소한 것이다.'라고 말하며 하찮게 생각해선 안 된다. 마치 뚜껑을 닫지 않은 물항아리에 언젠가 빗물이 가득 차듯이 공덕을 쌓는 현명한 사람은 머지않아 복덕이 가득 차게 된다."

부처님께서는 이 말씀에 이어서 법문하시고 게송을 읊으셨다.

작은 선행이 돌아오지 않으리라고
하찮게 여기지 마라.
물방울이 떨어져 큰 항아리에 가득 차듯
작은 선행이 쌓여
큰 공덕을 이루리라.(122)

일곱 번째 이야기
강도들을 잘 피한 부자 상인 마하다나

부처님께서 제따와나에 계실 때 부자 상인 마하다나와 관련해서 게송 123번을 설하셨다.

500명의 강도가 부자 상인의 집을 털려고 들어가려다 실패했다. 이윽고 상인이 500대의 수레에 상품을 가득 싣고 장사를 떠날 준비를 마치고서 사원에 사람을 보내 말했다.

"제가 어느 나라로 장사를 떠나는데 그곳에 가고 싶은 분은 함께 가셔도 됩니다. 저와 함께 가신다면 탁발을 못해 굶는 어려움은 겪지 않을 것입니다."

500명의 비구가 이 말을 듣자마자 즉시 상인과 합류했다. 500명의 강도는 상인이 장사를 떠난다는 말을 듣자마자 가는 길 중간으로 달려가서 매복했다.

상인이 숲속 입구에 가까워지자 인근 마을에서 멈추었다. 그곳에서 소를 쉬게 하고 수레를 수리하면서 3일을 머물렀다. 이때 상인은 정기적으로 비구들에게 공양을 올렸다. 그가 마을에 머무르자 강도들은 염탐꾼을 한 명 내보내며 말했다.

"상인이 머무는 곳에 가서 언제 출발하는지 알아보고 오너라."

강도들의 염탐꾼은 마을로 가서 마을에 사는 친구에게 물었다.

"상인이 언제 이 마을을 떠난다고 하던가?"

"이틀 더 있다가 떠난다고 하네. 그런데 그런 걸 왜 묻지?"

"나는 숲속에서 상인이 오기를 학수고대하고 있는 강도단의 한 사람이네."

"알겠네. 상인은 곧 떠날 것이네."

그렇게 말하면서 마을 친구는 그를 돌려보냈다.

마을 친구는 곰곰이 생각했다.
'강도들 편을 들어야 하나, 아니면 상인 편을 들어야 하나?'
친구는 이 문제를 깊이 생각해 본 후 결정을 내렸다.
'내가 강도들과 무슨 관계가 있는가? 상인은 500명의 스님을 정성껏 보살피고 있잖은가? 상인에게 이 사실을 알려주어야겠다.'
그는 상인에게 가서 말했다.
"언제 출발하실 생각입니까?"
"3일째 되는 날 떠날 생각입니다."
"제가 알기로는 숲속에 500명의 강도가 당신이 오기를 학수고대하고 있다고 합니다. 그러니 절대로 가지 마십시오."
"그걸 어떻게 알았습니까?"
"강도들 중에 친구가 있는데 그가 말해주었습니다."
"그러면 그곳으로 가야 할 이유가 없습니다. 집으로 되돌아가야겠습니다."

3일이 지났는데도 상인은 여전히 그곳에 머물렀다. 강도들은 또 사람을 보내 알아보게 했다. 그가 마을 친구에게 가서 묻고 상인의 계획이 바뀌었다는 것을 알고 돌아가 보고했다.
"친구가 그러는데 상인은 집으로 되돌아가려고 한답니다."
강도들은 즉시 숲을 빠져나가 상인이 되돌아가는 반대편 길로 가서 몸을 숨겼다. 그러나 상인은 여전히 움직이지 않고 머물렀다. 강도들은 또다시 사람을 보내 알아보게 했다. 그는 다시 마을 친구에게 갔다. 마을 친구는 강도들이 돌아가는 길에 숨어 있다는 것을 알고 그 사실을 상인에게 말했다. 상인은 이렇게 생각했다.
'나는 먹고 자는데 전혀 부족한 것이 없다. 일이 이렇게 됐으니 앞으로 갈 수도 없고 되돌아갈 수도 없다. 차라리 여기서 계속 머물러야겠다.'
상인은 스님들에게 가서 말했다.

"스님들이시여, 강도들이 물건을 강탈하려고 길목에 숨어 있었다고 합니다. 제가 집으로 되돌아가려고 하니까 이번에는 집으로 가는 반대편 길목에 가서 숨어 있다고 합니다. 그래서 저는 여기에 머무르려고 합니다. 스님들께서 여기 함께 머무르고 싶다면 그렇게 하셔도 좋습니다."

비구들은 이런 상황에서는 되돌아가는 게 좋겠다고 생각했다. 비구들은 상인을 떠나 사왓티로 되돌아와서 부처님께 삼배를 올리고 한쪽에 공손하게 앉았다. 부처님께서 그들에게 물으셨다.

"비구들이여, 부자 상인과 함께 떠나지 않았느냐?"

"그렇습니다, 부처님. 강도들이 상인의 물건을 강탈할 목적으로 앞뒤로 포위하고 있어서 오가지도 못하고 그 자리에 머물러 있습니다. 그래서 우리는 되돌아올 수밖에 없었습니다."

"비구들이여, 상인이 강도들이 기다리고 있는 길을 피하듯이, 사람들이 독약을 피하듯이, 비구들은 강도들로 둘러싸인 길처럼 삼계(욕계, 색계, 무색계)를 윤회하는 여행길이 얼마나 위험한지 알아 조그마한 악행이라도 피해야 한다."

부처님께서는 이 말씀에 이어서 게송을 읊으셨다.

**동료는 적고
물품은 많이 실은 상인이
위험한 길을 피하듯이,
삶을 사랑하는 사람이
독약을 피하듯이,
그렇게 악행을 피해야 한다.** (123)

여덟 번째 이야기
부처님에게 화살을 겨눈 사냥꾼 꾹꾸따밋따와 아내

부처님께서 웰루와나에 계실 때 사냥꾼 꾹꾸따밋따와 관련해서 게송 124번을 설하셨다.

라자가하에 어떤 부자의 딸이 살고 있었다. 결혼할 나이가 되자 어머니와 아버지는 그녀를 7층 꼭대기에 살게 하고 하녀로 하여금 시중들게 했다. 어느 날 저녁 그녀가 창가에 서서 거리를 내려다보고 있을 때 꾹꾸따밋따가 성으로 들어오는 것을 보았다. 꾹꾸따밋따는 사슴을 사냥해서 생계를 꾸려가는 사냥꾼이었다. 그는 500개의 덫과 500개의 창으로 사슴을 사냥했다. 사냥꾼 꾹꾸따밋따는 500마리의 사슴을 사냥해 살코기를 수레에 싣고 시장에 내다 팔기 위해 성으로 들어오고 있었다. 부자의 딸은 그를 보자마자 사랑에 빠져버렸다. 그녀는 하녀에게 선물을 주고 밖으로 내보내며 말했다.

"저기 저 사냥꾼에게 가서 언제 돌아가는지 알아보고 오너라."

하녀는 사냥꾼에게 선물로 환심을 사고 나서 언제 돌아가는지 물어보았다.

"오늘은 고기를 팔고 내일 아침 일찍 어느 성문을 지나 집으로 돌아갈 것입니다."

하녀는 집으로 돌아와 사냥꾼의 말을 주인아씨에게 말해주었다.

부잣집 딸은 옷과 보석을 죽 늘어놓고 가져갈 만한 것을 챙겼다. 다음 날 아침이 밝아오자 그녀는 하녀들이 입는 허름한 옷을 입고 하녀들에 둘러싸여 물동이를 이고 강으로 물을 길으러 가는 것처럼 위장하고 집을 빠져나갔다. 그녀는 사냥꾼이 말한 성문에 가서 그가 오기를 기다렸다. 아침이 오자 사냥꾼은 수레를 몰고 출발했다. 부잣집 딸은 사냥꾼이 몰고 가는 수레를 뒤따라가기 시작했다. 사냥꾼은 어여쁜 소녀가 자기를 따라오는 것을 보고 말했다.
"아가씨, 뉘 집 딸인지 모르겠지만 나를 따라오지 마시오."
"당신이 나를 불러서 온 것이 아니고 내가 스스로 가는 길이에요. 신경쓰지 마시고 수레나 모세요."
사냥꾼은 그녀에게 계속 돌아가라고 말했지만 소용이 없었다. 마침내 그녀가 말했다.
"행운이 넝쿨째 굴러들어왔을 때 내쫓지 말고 붙잡으세요."
사냥꾼은 그녀가 자기를 따라온다는 것을 확실히 알게 되자 그녀를 마차에 태우고 집으로 갔다.
부자는 딸을 찾기 위해 사방을 수소문해 보았지만 찾을 수 없었다. 그들은 딸이 죽었다고 단정하고 장례를 치르고 명복을 빌었다. 그녀는 사냥꾼과 함께 살면서 일곱 아들을 낳았다. 그리고 아들들이 성년이 되자 모두 결혼시켰다.

어느 날 새벽 부처님께서 세상을 살피시다가 꾹꾸따밋따와 아들들과 며느리들이 지혜의 그물에 들어오는 것을 보셨다. 부처님께서는 무슨 일이 일어날지 예측해 보고 열다섯 명 모두가 깨달음을 성취할 인연이 무르익었다는 것을 아셨다. 부처님께서는 가사와 발우를 들고 꾹꾸따밋따가 그물을 쳐놓은 곳으로 가셨다. 그날은 우연히 그물에 짐승이 한 마리도 걸리지 않았다. 부처님께서는 그물에 발자국을 남겨놓고 숲으로 더 들어가 나무 아래 앉아 계셨다. 이른 아침 꾹꾸따밋따는 활을 들고 그물을 쳐놓은 곳으로 갔다. 그는 그물을 샅샅이 살펴봤지만 한 마리 짐승도 걸려 있지 않았다. 그는 부처님의 발자국을 보자 이런 생각이 들었다.
'누군가가 고의로 내가 잡은 짐승을 풀어주었구나.'
그는 머리꼭대기까지 치솟는 화를 삭이며 발자국을 쫓아갔다. 그러다 어느 나무 아래 부처님이 앉아 있는 것을 보았다.
'이 사람이 내가 잡은 짐승을 풀어준 사람이구나. 그를 죽여버리겠다.'

그는 활을 꺼내어 시위를 메기고 활줄을 팽팽하게 당겼다. 부처님께서는 그때까지 내버려 두었지만 그가 활을 쏘려고 하자 신통으로 몸을 마비시켜 활을 쏠 수 없게 만들었다. 그래서 사냥꾼은 활을 쏘지도 못하고 그렇다고 팽팽하게 당기고 있는 활에서 손을 뗄 수도 없어 점점 지쳐갔다. 그는 너무 힘들어서 침을 질질 흘리고 갈비뼈가 통째로 뜯겨나가는 고통을 겪었다.

아들들이 집에 돌아와 말했다.
"아버지께서 이렇게 오랫동안 돌아오지 않는 걸 보니 무슨 일이 생긴 모양이다."
어머니가 아들들에게 말했다.
"애들아, 숲으로 가서 아버지 좀 찾아보아라."
그들은 활을 메고 찾아 나섰다가 아버지가 활을 쏘고 있는 자세로 서 있는 것을 보았다.
'저 사람은 틀림없이 아버지의 원수일 거야.'
일곱 형제는 즉시 활을 꺼내 들고 시위를 메기고 활줄을 당겼다. 부처님께서는 그들도 신통으로 그 자리에 뿌리박은 것처럼 움직이지 못하게 했다. 모두가 돌아오지 않자 어머니에게 근심이 어렸다.
"아들들이 왜 이렇게 늦을까?"
그녀는 일곱 명의 며느리를 데리고 남편과 아들들이 간 곳으로 갔다. 그녀는 남편과 아들들이 활로 누군가를 겨냥하고 서 있는 것을 보았다.
"누구를 겨냥하고 있는 거지?"
그녀는 그곳에 부처님이 앉아 있는 것을 보았다. 그녀는 양팔을 내뻗어 그들을 가로막으며 소리 질렀다.
"아버지를 죽이지 마세요! 아버지를 죽이지 마세요!"

꾹꾸따밋따는 아내가 외치는 소리를 듣고 크게 놀랐다.
'오, 이런 세상에! 내가 무슨 짓을 저지르고 있는가! 내가 장인어른을 죽이려 들다니!'

아들들도 놀라기는 마찬가지였다.

'이분이 우리 외할아버지란 말이지. 오, 이런 세상에! 우리가 도대체 무슨 짓을 저지르고 있는가!'

꾹꾸따밋따는 이분이 장인이라는 생각에 친밀한 마음이 일어났다. 아들들도 이분은 외할아버지라는 생각에 친밀한 마음이 일어났다. 꾹꾸따밋따의 아내가 외쳤다.

"어서 활을 내려놓고 아버지에게 용서를 빌어요!"

부처님께서는 그들의 마음이 부드러워지는 것을 알고 몸을 풀어주어 활을 내려놓게 했다. 모두가 활을 내려놓고 부처님 앞에 무릎을 꿇고 절하고 용서를 빌었다.

"부처님이시여, 용서해 주십시오."

그들은 그렇게 말하며 한쪽에 공손하게 앉았다. 부처님께서는 그들에게 차제설법을 하셨다. 법문이 끝나자 꾹꾸따밋따와 일곱 아들과 일곱 며느리는 수다원과를 성취했다.

부처님께서 탁발하고 공양을 마친 후 사원으로 돌아오셨다. 부처님께서 돌아오시자 아난다 장로가 여쭈었다.

"부처님이시여, 어디를 다녀오셨습니까?"

"아난다여, 꾹꾸따밋따에게 갔다 왔다."

"그들에게 다시는 살생하지 못하게 하셨습니까?"

"그렇다, 아난다여. 꾹꾸따밋따와 일곱 아들과 일곱 며느리는 이제 흔들리지 않는 신심을 갖추게 됐고 삼보에 대한 믿음을 굳건히 하고 더는 살생하지 않게 됐다."

비구들이 부처님께 여쭈었다.

"그의 아내는 왜 포함되지 않습니까?"

"비구들이여, 그녀는 결혼하기 전 부모와 함께 살 때 이미 수다원과를 성취했다."

비구들이 이 문제로 토론하기 시작했다.

"꾹꾸따밋따의 아내는 처녀 적에 이미 수다원과를 성취했습니다. 그녀는 사냥꾼과 결혼해서 일곱 아들을 낳았습니다. 게다가 그녀의 남편이 사냥을 나가면서 '활과 화살을 가져오시오, 사냥용 칼을 가져오시오, 그물을 가져오시오.'라고 말할 때마다 그녀는 남편에게 복종해 요구하는 것을 모두 가져다주었습니다. 남편은 그녀가 준비해 준 살생 도구를 들고 나가 살생을 했습니다. 수다원과를 성취한 성인이 살생을 돕는다는 게 도대체 가능한 일입니까?"

이때 부처님께서 들어오셔서 물으셨다.

"비구들이여, 여기 앉아서 무슨 이야기를 하고 있는가?"

비구들이 대답하자 부처님께서 말씀하셨다.

"비구들이여, 물론 수다원과를 성취한 사람은 살생하지 않는다. 수다원과를 성취한 사람은 절대 오계를 범하지 않는다. 꾹꾸따밋따의 아내는 남편의 명령에 복종하려고 그렇게 행동했을 뿐이다. 그녀는 남편이 자기가 준비해 준 도구로 사냥하리라고 생각하지 않았다. 마치 손에 상처가 없다면 독약을 만져도 해가 없듯이, 삿된 견해를 가지지 않고 악행을 하지 않는 사람은 활이나 다른 사냥 도구를 가져와서 다른 사람에게 준다 해도 악업이 되지 않는다."

부처님께서는 이 말씀에 이어서 게송을 읊으셨다.

상처 없는 손으로
독약을 만지더라도
독이 스며들지 않듯이
악행을 하려는 의도가 없다면
악업이 되지 않는다.(124)

다른 날 비구들이 모여 이야기를 나누었다.

"꾹꾸따밋따와 아들들과 며느리들은 무슨 인연을 지었기에 수다원과를 얻었습니까? 그는 왜 사냥꾼으로 태어났습니까?"

그 순간 부처님께서 들어오셔서 물으셨다.

"비구들이여 여기 앉아서 무슨 이야기를 나누고 있는가?"

비구들이 대답하자 부처님께서 이야기를 들려주셨다.

꾹꾸따밋따와 아내와 아들들과 며느리들의 과거생

먼 옛날에 깟사빠 부처님께서 대열반에 드시자 사람들은 부처님의 유체를 화장하고 사리를 봉안할 사리탑을 어떻게 세울 것인지 토론하고 있었다.

"어떤 물질을 가루내고 무슨 기름을 써서 반죽하지?"

"노란 웅황(광물)과 붉은 비소를 가루 내어 거기에 참기름을 섞어 반죽해야 해."

사람들은 사리탑을 설계하고 설계에 따라 견적을 내고 있었다. 노란 웅황과 붉은 비소 가루를 섞고 참기름을 넣어 반죽한 다음 벽돌을 만들 계획을 세웠다. 이 웅황 벽돌과 황금 벽돌을 사리탑 내부에 교대로 쌓고 외부에는 금판을 붙이도록 설계했다. 설계대로 총공사비를 계산해 보니 황금 10억 냥의 견적이 나왔다.

사람들은 누구를 대시주大施主로 내세울 것인지 논의했다.

"사리탑을 세우려면 많은 돈이 필요하다. 누구를 대시주로 할 것인가?"

마을 부자가 말했다.

"내가 대시주가 되겠소."

그는 사리탑을 세우는 데 황금 천만 냥을 시주했다. 시민들이 그가 천만 냥을 내는 것을 보고 말했다.

"도시 부자는 돈을 산더미처럼 쌓아놓고 있다. 그는 사리탑을 세우는 데 많은 돈이 들어간다는 것을 알면서도 대시주가 되려고 하지 않는다. 그래서 천만 냥을 시주한 마을 부자가 대시주가 될 것이다."

도시 부자가 이 말을 듣고 말했다.
"내가 2천만 냥을 내고 대시주가 되겠다."
도시 부자가 2천만 냥을 시주하자 마을 부자가 말했다.
"내가 대시주가 되겠다."
마을 부자가 3천만 냥을 시주하자 둘은 서로 경쟁해 결국 도시 부자가 8천만 냥을 시주하기에 이르렀다.

마을 부자는 총 재산이 9천만 냥이었고, 도시 부자는 4억 냥이었다. 그래서 마을 부자는 생각에 잠겼다.
'내가 9천만 냥을 시주하면 도시 부자는 1억 냥을 시주하겠다고 나설 것이고 나는 대시주도 되지 못하고 거지가 될 것이다.'
그래서 마을 부자가 말했다.
"나는 내 재산을 전부 시주하고 나와 아내와 아들까지 모두 이 탑의 종이 되겠다."
그는 일곱 아들과 일곱 며느리와 아내와 함께 모든 재산을 사리탑에 바쳤다. 시민들이 이 문제로 토론했다.
"돈은 얼마든지 시주할 수 있지만 아들과 아내와 자신의 삶을 바친다는 것은 쉬운 일이 아니다. 그를 대시주로 합시다."
그는 결국 대시주가 됐다.

이렇게 해서 이들 열여섯 명은 탑의 종이 됐다. 그러나 도시 주민들은 그들을 자유인으로 풀어주었다. 그럼에도 불구하고 그들은 탑을 돌보며, 살았고 오직 탑만을 생각하며 살았다. 그런 후에 정해진 수명이 끝나자 죽어 천상에 태어났다. 그들은 두 부처님이 지나갈 때까지 천상에서 복락을 누렸다. 현재의 부처님이 세상에 출현하시자 아내는 라자가하의 부잣집 딸로 태어나 시집가기 전 처녀였을 때 수다원과를 성취했다. 그러나 깨달음을 얻지 못한 사람에게 윤회가 괴로움이듯이 그녀의 남편도 그랬다. 그는 천상에서 죽어 사냥꾼으로 태어난 것이다. 그래서 부잣집 딸이 전 남편을 보자마자 예전의 애정이 되살아난 것이다. 그래서 이런 말이 있다.

　과거생의 인연이든 금생의 매혹에 이끌린 것이든
　사랑은 물속의 수련처럼 솟아오른다.

부잣집 딸이 사냥꾼하고 결혼한 것은 순전히 과거생의 사랑 때문이었다. 이와 마찬가지로 아들들도 천상에서 죽어 한 번 더 그녀의 아들로 태어났고 며느리들도 다른 가정에 태어나 결혼할 나이가 되자 서로 전남편들과 결혼했다. 이들이 모두 과거생에 사리탑을 돌보았고, 그 공덕의 힘으로 수다원과를 성취한 것이다.

아홉 번째 이야기
자기 개에게 잡아먹힌 사냥꾼 꼬까

부처님께서 제따와나에 계실 때 사냥꾼 꼬까와 관련해서 게송 125번을 설하셨다.

어느 날 사냥꾼 꼬까가 사냥개들을 거느리고 활을 들고 숲으로 들어가고 있었다. 이때 반대편 길에서 마을로 탁발 나오는 한 비구를 보았다. 그는 아침부터 비구를 보자 화가 일어났다.

'아침부터 재수 없는 놈을 만났으니 오늘은 아마 한 마리도 못 잡겠군.'

장로는 마을을 돌아다니며 탁발하고 공양을 끝내고 사원을 향해서 출발했다. 이때 사냥꾼은 숲을 온통 뒤지고 돌아다녔지만 한 마리도 잡지 못하고 집으로 돌아가고 있었다. 사냥꾼은 장로를 다시 보자 또다시 분통이 터졌다.

'아침부터 재수 없는 놈을 만나고서 사냥을 나갔더니 한 마리도 잡지 못했잖아. 근데 이 재수 없는 놈이 또 내 눈앞에 불쑥 나타나다니. 개들에게 잡아먹게 해야겠다.'

사냥꾼은 개들에게 장로를 공격하라고 명령했다. 장로가 그에게 자비를 베풀어 달라고 애원했다.

"그러지 마십시오. 제발 그러지 마십시오."

"아침 일찍부터 재수 없게 나타나서 당신 때문에 나는 한 마리도 잡지 못했다. 그런데 또 내 앞에 불쑥 나타나다니. 내 개들이 배가 고프니 당신을 잡아먹게 해야겠다. 내가 할 말은 이것뿐이다."

사냥꾼은 더 말하지 않고 개들에게 장로를 공격하라고 명령했다.

장로는 급히 나무 위로 올라가 사람 키 높이에서 나무가 두 갈래로 나누어진 곳에 한쪽 발로 의지하고 서 있었다. 개들이 가까이 와서 주위를 맴돌았다. 사냥꾼 꼬까는 나무 가까이 와서 말했다.

"나무에 올라갔다고 나의 손아귀에서 벗어났다고 생각하면 오산이지."

그는 화살 끝으로 장로의 발바닥134)을 찔러대기 시작했다. 장로가 또 사냥꾼에게 자비를 베풀어 달라고 애원했다.

"제발 그러지 마십시오."

사냥꾼은 장로의 애원에도 아랑곳하지 않고 장로의 발바닥을 날카로운 화살 끝으로 계속해서 찔러댔다. 장로의 발바닥이 여기저기 찔려 상처가 나자 장로는 발을 바꾸어 상처 난 발은 끌어올리고 다른 쪽 발을 내렸다. 다른 쪽 발바닥도 여기저기 찔려 상처가 나자 그는 그 발도 끌어올렸다. 두 발바닥이 화살에 찔려 상처가 욱신거리자 장로는 온몸이 장작불 위에 서 있는 것처럼 고통스러웠다. 고통이 얼마나 심한지 도저히 정신을 차릴 수 없었다. 그 바람에 장로는 웃가사가 벗겨져 내리는 것도 알아차리지 못했다. 장로의 몸에서 흘러내린 가사는 사냥꾼의 머리 위에 떨어지더니 머리에서 발끝까지 덮어버렸다.

'장로가 나무에서 떨어졌다.'

개들은 이렇게 생각하고 곧장 가사 속으로 기어들어가 주인을 뼈다귀만 남기고 모두 먹어치워 버렸다. 개들이 가사 속에서 나오자 장로가 개들을 쫓으려고 마른 나뭇가지를 부러뜨려 던졌다. 개들은 나무 위에 있는 장로를 쳐다보고 나서야 일이 잘못됐음을 알았다.

'우리는 주인을 잡아먹었다.'

개들은 즉시 숲속으로 도망쳐버렸다. 장로는 당혹스럽고 혼란스러웠다.

"사냥꾼은 가사가 떨어져 덮치는 바람에 목숨을 잃었다. 이렇게 되면 내가 계율을 어긴 것인가, 아니면 아직도 청정함을 유지하고 있는 것인가?"

장로는 이런 고민을 하며 나무에서 내려와 부처님께 가서 자신에게 일어난 일을 처음부터 자세히 말씀드리고 여쭈었다.

---

134) 남방에서 스님들은 평소에는 신발을 신고 다니지만, 탁발을 나갈 때는 신발을 신을 수 없고 맨발로 다닌다.

"부처님이시여, 사냥꾼이 목숨을 잃은 것은 순전히 제 가사 때문입니다. 이런 경우에 저의 계율에 청정함이 유지되는 것입니까? 제가 여전히 비구로 있을 수 있습니까?"[135]

부처님께서 장로의 이야기를 듣고 대답하셨다.

"비구여, 그대의 계율에 아무런 허물이 없다. 그대는 여전히 비구다. 악의가 전혀 없는 사람에게 해를 끼친 그에게 허물이 있다. 이로 인해 그는 지옥에 떨어졌다. 게다가 그가 그런 짓을 저지른 것은 금생만이 아니고 과거생에서도 악의 없는 사람을 공격해서 지옥에 떨어졌었다."

부처님께서는 이렇게 말씀하시면서 그의 과거생을 자세히 설명하셨다.

사냥꾼의 과거생: 사악한 의사와 소년과 독사[136]

오래된 옛날에 한 의사가 환자를 찾아 마을을 돌아다니며 진료해 주고 치료비나 음식을 얻어 살아가고 있었다. 하지만 그날은 환자를 찾지 못해 배고픔을 참으며 마을을 떠나고 있었다. 그는 마을 입구를 지나갈 때 여러 명의 아이가 놀고 있는 것을 보고 잔꾀를 굴렸다.

'이 아이들을 뱀에 물리게 한 다음 상처를 치료해 주면 음식을 얻을 수 있을 것이다.'

그는 한 나무 구멍에 뱀이 똬리를 틀고 있는 것을 보고 구멍에 머리를

---

[135] 네 가지 빠라지까Pārājika(斷頭罪) 중 세 번째 불살인不殺人 계율에 이렇게 명시돼 있다. "어떤 비구가 고의로 사람의 생명을 빼앗거나, 죽일 무기를 준비해 두거나, 죽음의 좋은 점을 찬탄하거나, '여보게, 이 사람아. 이렇게 불행하고 비참한 생활이 뭐가 좋은가? 당신은 사는 것보다 죽는 것이 낫다.'라고 죽음을 부추기거나 또는 이러한 생각과 의도로 여러 가지 방법으로 죽음의 좋은 점을 찬탄하면 이것도 역시 빠라지까가 되어 함께 살지 못한다." 그러므로 의도적으로 살인거나 살인할 원인을 제공하면 범계犯戒에 해당된다. 하지만 의도가 없으면 무죄無罪다. 빠라지까를 범하면 그 순간 바로 비구가 아니다.

[136] 이 이야기는 살리야 자따까(Sāliya Jātaka, J367)에서 유래한다.

약간 집어넣으며 아이들에게 말했다.

"아이들아, 여기 어린 앵무새 새끼가 있다. 한 번 잡아볼래?"

그중 한 아이가 달려오더니 즉시 손을 집어넣어 뱀의 목을 꽉 붙잡아 끄집어냈다. 그러나 손에 쥐고 있는 것이 뱀인 것을 알자 비명을 지르며 던져버렸다. 그런데 운 나쁘게도 뱀은 가까이 있는 의사의 머리에 떨어졌다. 뱀은 의사의 목을 감고 그를 물어 죽였다.

부처님께서는 이렇게 이야기의 끝을 맺으셨다.

"이렇게 과거생에서도 사냥꾼 꼬까는 악의가 전혀 없는 사람에게 해를 끼쳤고 그 때문에 지옥에 떨어졌다."

부처님께서는 사냥꾼의 과거생을 이야기하고 나서 게송을 읊으셨다.

> 마음에 때가 없고 오염이 없는
> 청정한 사람에게 해를 끼치면
> 해로운 과보가 그에게 되돌아간다.
> 바람을 거슬러 던진 흙가루에
> 자신이 뒤집어쓰듯이.(125)

열 번째 이야기
보석을 삼킨 거위와 띳사 장로

부처님께서 제따와나에 계실 때 보석 세공인에게 탁발을 나갔던 띳사137) 장로와 관련해서 게송 126번을 설하셨다.

띳사 장로는 한 보석세공인 집에서 12년 동안이나 탁발했다. 세공인 부부는 마치 부모처럼 성심으로 장로가 필요한 것을 후원하고 보살펴주었다. 어느 날 세공인이 고기를 썰고 있을 때 장로가 탁발을 나와서 그 앞에 앉았다. 그때 빠세나디 꼬살라 왕이 보석 하나를 보내며 세공해 달라고 주문했다.

"깨끗이 광을 내고 구멍을 뚫어서 가져오시오."

세공인은 피 묻은 손으로 보석을 받아서 보석 상자에 넣어두고 손을 씻기 위해 방 안으로 들어갔다.

세공인은 애완용으로 왜가리를 한 마리 키우고 있었다. 이 왜가리가 피 냄새를 맡고 와서 보석을 고기 조각인 줄 알고 장로가 보는 앞에서 삼켜버렸다. 세공인은 돌아와서 보석이 사라진 것을 보고 아내와 아들들에게 물었다.

"너희들이 보석을 가져갔나?"

"우린 안 가져갔어요."

세공인은 즉시 이렇게 결론을 내렸다.

"장로가 가져간 게 틀림없다."

그는 아내에게 속삭였다.

"장로가 분명히 가져갔을 거야."

아내가 반박하며 펄쩍 뛰었다.

---

137) 띳사라는 이름은 너무나 많아서 경전에만도 수십 명이나 된다. 법구경 이야기에 등장하는 띳사 비구들은 모두가 동명이인同名異人이다.

"여보, 그런 말 마세요. 장로께서 우리 집에 12년 동안 오셨지만, 한 번도 허물을 본 적이 없었어요. 그분은 절대로 그럴 분이 아니에요."

세공인이 장로에게 물었다.
"장로님, 여기 있던 보석을 스님이 가져가셨지요?"
"신도님, 난 가져가지 않았습니다."
"장로님, 여기 스님 말고 아무도 없습니다. 스님이 가져가지 않았다면 누가 가져갔단 말입니까? 빨리 보석을 내놓으십시오."

장로가 자기는 보석을 가져가지 않았다고 극구 부인했지만, 세공인은 믿지 않았다.

"장로가 보석을 가져간 게 틀림없어. 몽둥이로 두들겨 패서라도 자백을 받아야겠어."
"여보, 그런 끔찍한 짓을 하면 지옥에 떨어져요. 스님에게 죄를 씌우느니 차라리 우리가 노예가 되는 게 낫겠어요."
"우리가 모두 노예가 된다 해도 보석 값을 물어낼 수 없어."

세공인은 밧줄을 가져와서 장로의 목을 묶고 몽둥이로 머리를 내리치기 시작했다. 장로의 머리와 귀와 코에서 피가 빗물처럼 흘러내렸고 눈알이 튀어나오는 것 같았다. 지독한 고통이 몰려오자 장로는 땅바닥에 쓰러졌다. 이때 왜가리가 피 냄새를 맡고 달려와 장로에게서 흘러내리는 피를 마시기 시작했다. 화가 잔뜩 난 세공인이 왜가리를 보고 소리 질렀다.

"이 새 새끼가 뭐 하는 거야?"

그는 발로 왜가리를 차서 날려버렸다. 왜가리는 한 방에 죽어 배를 드러낸 채 뻗어버렸다.

장로가 그것을 보고 소리쳤다.
"신도님, 제 목의 밧줄 좀 느슨하게 해 주십시오. 왜가리가 죽었는지 안 죽었는지 보아야겠습니다."

세공인이 어이가 없어 물었다.

"이 왜가리처럼 당신도 곧 죽을 텐데 봐서 뭐하시려고?"

"신도님, 그 왜가리가 보석을 삼켰습니다. 왜가리가 죽지 않았다면 보석이 어찌 됐다고 말하기보다 차라리 제가 죽음을 택했을 것입니다."

세공인은 즉시 왜가리의 배를 가르고 모래주머니를 꺼내 잘라보았다. 거기에 그가 그토록 찾던 보석이 있었다. 세공인은 놀라움과 두려움으로 온 몸을 부들부들 떨고 흥분으로 심장이 터질 것처럼 고동치자 장로의 발아래 털썩 꿇어앉아 말했다.

"장로님, 저를 용서해 주십시오. 제가 어리석어서 이런 짓을 저질렀습니다."

장로가 가까스로 몸을 추스르며 말했다.

"신도님, 이것은 당신의 잘못도 아니고 나의 잘못도 아닙니다. 수많은 윤회 속에서 저지른 과보가 돌아온 것입니다. 나는 당신을 용서합니다."

"장로님, 진정으로 용서하신다면 늘 앉으시던 의자에 앉으십시오. 제가 직접 공양을 올리겠습니다."

"신도님, 오늘 이후로는 누구의 집이든지 지붕 아래에 발을 들여놓지 않겠습니다. 오늘 이렇게 궁지에 몰린 것도 남의 집에 들어갔기 때문입니다. 이 시간 이후부터는 어디를 가더라도 집 밖에 서서 공양을 받겠습니다."

장로는 이렇게 두타행 가운데 하나[138]를 지키겠다고 결심했다. 장로는 곧이어 시를 읊었다.

여기서 조금 저기서 조금,
　이 집에서 조금 저 집에서 조금,
　성인을 위해 요리한 음식을
　나는 튼튼한 두 발로

---

[138] 여기서의 두타행은 13가지 두타행 중에서 '차례대로 탁발하는 수행'을 말한다.

탁발하며 돌아다니네.

이 일이 있은 지 얼마 지나지 않아 장로는 세공인에게 두들겨 맞은 후유증으로 일찍 대열반에 들었다. 왜가리는 세공인 아내의 자궁에 들어갔고 세공인은 죽어 지옥에 태어났다. 세공인의 아내는 장로에게 따뜻한 마음을 가졌기 때문에 죽어 천상에 태어났다.

비구들은 그들이 태어난 곳을 여쭙자 부처님께서 말씀하셨다.
"비구들이여, 여기 이 세상의 중생들 중에 어떤 이는 다시 자궁에 들어가고, 악행을 한 자는 지옥에 가고, 선행을 한 자는 천상에 가고 모든 번뇌를 소멸한 자는 대열반에 든다."
부처님께서는 이 말씀에 이어서 게송을 읊으셨다.

어떤 이는 모태에 들고
악행을 한 자는 지옥에 태어난다.
선행을 한 이는 천상에 오르고
번뇌가 다한 이는 대열반에 든다.(126)

열한 번째 이야기
세 가지 기이한 사건

부처님께서 제따와나에 계실 때 세 그룹의 비구와 관련해서 게송 127번을 설하셨다.

불에 타죽은 까마귀

부처님께서 제따와나에 계실 때 일단의 비구들이 부처님을 만나기 위해 사왓티로 가는 도중 어떤 마을에 들어갔다. 마을 주민들은 발우를 받아들고 공회당에 자리를 마련하고 우유죽과 과자를 올리고 음식이 나오기를 기다리는 동안 법문을 들었다. 이때 밥하고 반찬을 만들어 간을 맞추고 있던 한 여인의 아궁이에서 한 줄기 불길이 솟구치더니 억새풀로 이은 지붕에 불이 붙었다. 지붕의 불에서 불붙은 한 다발의 풀 더미가 다시 하늘로 솟구쳐 올라갔다.

이때 까마귀 한 마리가 하늘로 솟아오르더니 풀 더미 속으로 머리를 집어넣었다가 불더미에 휩싸였다. 까마귀는 털이 다 타고 까맣게 그을린 채 마을 한가운데로 떨어졌다. 눈앞에서 이런 일이 일어나자 비구들은 서로 이야기했다.

"오, 이런 끔찍한 일이 발생하다니! 스님들이여, 까마귀에게 들이닥친 이 끔찍한 죽음을 좀 보십시오. 까마귀가 과거생에 무슨 짓을 저질렀기에 이런 끔찍한 죽임을 당한 것입니까? 부처님 말고 누가 이런 인과관계를 알겠습니까? 까마귀가 과거생에 어떤 악업을 저질렀는지 부처님께 여쭈어봅시다."

비구들은 다시 제따와나를 향해 출발했다.

배 밖으로 던져진 여인

또 다른 일단의 스님들이 부처님을 찾아뵙기 위해 배를 타고 출발했다. 배가 바다 한가운데쯤 이르렀을 때 멈춰 서더니 꼼짝하지 않았다.

"이 배에 틀림없이 저주받은 사람이 타고 있다."

승객들은 이렇게 말하고 제비를 뽑기로 했다. 이 배에는 선장의 부인도 타고 있었다. 그녀는 꽃다운 젊은 나이였고 빼어나게 아름답고 매력적이었다. 첫 번째로 제비를 뽑았는데 선장의 부인이 제비에 걸리자 사람들이 말했다.

"제비를 다시 돌리자."

두 번째, 세 번째 제비를 뽑았지만 세 번 다 선장의 부인이 제비에 걸렸다. 승객들은 선장에게 가서 얼굴을 똑바로 쳐다보며 말했다.

"어떻게 하실 거요?"

선장이 단호하게 대답했다.

"한 여인 때문에 배를 타고 있는 모든 생명이 함께 죽는 것은 옳지 않소. 그녀를 배 밖으로 던져버리시오."

사람들이 여인을 붙잡아 배 밖으로 던지려고 하자, 그녀는 죽음에 대한 공포로 비명을 질러댔다. 선장이 비명을 듣고 말했다.

"보석을 떼어내고 천으로 싸서 던져버리시오. 그리고 그녀가 바다 위에 둥둥 떠서 살려고 몸부림치는 것을 보고 있을 만큼 심장이 강하지 못하니 모래 항아리를 목에 걸어 던져버리시오."

사람들은 선장이 말한 대로 했다. 그녀가 바다에 떨어지는 순간 상어들과 거북이들이 몰려와서 온몸을 뜯어먹었다. 비구들이 이런 끔찍한 일을 목격하고 서로 말했다.

"그녀가 어째서 이런 끔찍한 고통을 당하는지 부처님 말고 누가 알겠습니까? 그녀가 과거생에 어떤 악업을 저질렀는지 부처님께 여쭈어봅시다."

비구들은 배가 항구에 닿자마자 육지에 내려서 부처님이 계시는 곳을 향해 출발했다.

동굴에 갇힌 비구들

일곱 명의 비구가 부처님을 찾아뵙기 위해 출발했다. 길을 가다가 날이 어두워질 때쯤 한 사원에 도착해서 객실을 달라고 부탁했다. 그 사원에는 마침 침대가 일곱 개 놓인 바위동굴로 된 방이 있었다. 비구들은 그 동굴을 배정받자 고단해서 바로 잠들어버렸다. 한밤중이 되자 반대편 산에서 탑만큼 커다란 바위가 굴러내려 오더니 바위 입구를 완전히 막아버렸다. 사원에 살고 있던 비구들은 무슨 일이 일어났는지 알고 말했다.

"이 동굴은 객스님들을 위해 특별히 준비해 놓은 곳인데 커다란 바위가 떨어져 입구를 완전히 막아버렸습니다. 돌을 치워봅시다."

돌을 치우기 위해 주위의 일곱 마을 사람들을 모두 불러 모았다. 동굴 밖에서 마을 주민들과 스님들이 온 힘을 다하고 안에 갇혀 있는 일곱 비구도 온 힘을 다했지만 바위는 꿈쩍도 하지 않았다. 7일 동안 바위를 한 치도 움직이지 못해 갇힌 비구들은 거의 굶어 죽을 지경이었다. 그러다 7일째 되던 날 갑자기 바위가 입구에서 저절로 떨어져 굴러가 버렸다. 비구들은 기진맥진한 상태에서 동굴 밖으로 나왔다. 동굴에서 나온 비구들이 서로에게 말했다.

"이 세상에 부처님 말고 누가 우리에게 닥친 고통을 설명할 수 있겠습니까? 부처님께 이 일을 여쭈어봅시다."

일곱 명의 비구가 길을 가다가 다른 두 무리의 비구들을 만나 세 무리의 비구들이 함께 유행을 계속했다. 그들은 사원에 도착하자 부처님께 다가가서 삼배를 올리고 한쪽에 앉았다. 세 그룹의 비구들은 차례대로 자신들이 목격하거나 겪은 사건을 부처님께 말씀드렸다. 부처님께서는 차례대로 하나씩 사건의 인과관계를 설명하기 시작하셨다.

까마귀의 과거생: 황소를 불태운 남자

까마귀는 과거생에 이번에 겪은 고통과 똑같은 고통을 다른 중생에게 가했다. 오랜 옛날, 까마귀는 베나레스에 사는 농부였다. 어느 날 그는 황소를 길들이기 시작했는데 이 황소는 좀체 말을 듣지 않았다. 채찍으로 내리치면 조금 가다가 드러누웠고, 다시 채찍으로 때리면 조금 가다가 다시 드러눕길 반복했다. 농부는 황소를 몰아보려고 모든 노력을 다했으나 결국 실패로 끝나고 말았다. 그는 분통이 터져 참을 수 없었다.

"좋아, 지금부터 네 마음대로 여기 계속 누워 있어."

농부는 짚더미를 가져와 한 다발의 커다란 짚더미를 만드는 것처럼 황소를 감싸고 불을 놓았다. 황소는 이 불에 타죽었다. 이것이 과거생에 까마귀가 저질렀던 악행이었다. 악업이 무르익자 그는 지옥에 떨어져 오랫동안 고통을 겪었다. 그 후로도 악업이 소진되지 않아서 계속해서 일곱 번이나 까마귀로 태어났다.

배 밖으로 던져진 여인의 과거생: 개를 익사시킨 여인

이 여인도 금생에 자기가 받은 고통과 똑같은 고통을 과거생에 개에게 가했었다. 오랜 옛날, 이 여인은 베나레스의 한 가정의 아내였다. 그녀는 물을 긷고 쌀을 찧어 밥하는 등 모든 집안일을 직접 했다. 그녀에게는 개가 한 마리 있었다. 개는 그녀가 집안일을 하고 있으면 항상 그녀를 바라보고 앉아 있었다. 논에 나가 벼를 추수할 때나 숲에 가서 땔나무나 나뭇잎을 주우러 갈 때도 항상 그녀를 졸졸 따라다녔다. 어느 날 한 젊은 여인이 그녀가 항상 개와 함께 있는 것을 보고 농담을 한마디 던졌다.

"오! 여기 개를 데리고 사냥하러 나온 사냥꾼이 계시는군. 오늘은 고기를 얻어먹을 수 있겠네!"

이 농담에 여인은 화가 나서 막대기로 개를 때리고 돌과 흙덩이를 던지며 개를 쫓아버렸다. 개는 잠깐 도망치다가 되돌아와서 다시 그녀를 따라

다녔다.

개는 삼 생 전에 그녀의 남편이었다. 그래서 아직 그녀에 대한 애정에서 벗어나기가 힘들었다. 시작을 알 수 없는 수많은 윤회 속에서 누군가의 아내나 남편이 아니었던 사람이 어디 있겠는가? 하지만 멀지 않은 과거생의 친척들이나 연인 사이에 얽힌 애정은 아주 강하다. 개가 그녀를 떠나지 못하는 것은 그 때문이었다.

논에 도착했을 때 그녀는 몹시 화가 난 상태였다. 그녀는 수확한 벼를 보따리에 싸고 밧줄을 들고 집으로 돌아가고 있었다. 그러는 동안 내내 개는 그녀를 따라다녔다. 그녀는 남편에게 우유죽을 끓여주고 나서 빈 물동이를 이고 연못으로 갔다. 그녀는 항아리에 모래를 가득 채우고 주위를 둘러보는 순간 가까이서 개 짖는 소리가 들리자 그 개를 불렀다.

'실로 오랜만에 내게 상냥한 목소리로 말하는구나.'

개는 이렇게 생각하고 꼬리를 흔들며 그녀의 품에 뛰어들었다. 그러자 그녀는 즉시 개의 목을 단단히 붙잡고 밧줄의 한쪽 끝을 개의 목에 묶고 다른 쪽 끝을 항아리에 묶은 다음 항아리를 굴려 물속으로 처넣어버렸다. 이렇게 개는 모래 항아리에 끌려 물속에 빠져 죽었다. 이 악업이 무르익자 그녀는 지옥에 떨어져 오랫동안 고통을 겪었다. 그 후로도 악업이 소진되지 않아서 백 생이나 모래 항아리에 목이 묶인 채 물속에 던져져 죽음의 고통을 겪었다.

일곱 비구의 과거생: 도마뱀을 가둔 목동들

일곱 비구도 금생에 겪었던 고통과 똑같은 고통을 과거생에 도마뱀에게 가했었다. 오랜 옛날, 베나레스에 일곱 명의 목동이 살고 있었다. 그들은 7일 동안 가축들을 끌고 나가 풀을 먹이고 돌아오곤 했다. 어느 날 가축을 몰고 집으로 돌아오다가 커다란 도마뱀을 보았다. 그들은 즉시 도마뱀을 뒤쫓았지만 도마뱀은 재빨리 도망쳐서 개미언덕 속으로 미끄러져 들어가 버렸다. 개미언덕에는 일곱 개의 구멍이 있었다. 그들은 개미언덕을 조사해 보고 이렇게 합의했다.

"오늘은 도마뱀을 잡을 수 없으니까 내일 돌아와 잡도록 하자."

그들은 각자 한 움큼의 나뭇가지를 가져와서 일곱 구멍을 모두 막아버리고 집으로 돌아갔다. 다음 날 그들은 다른 방향으로 소떼를 몰고 나갔다. 그래서 도마뱀에 대한 일을 까마득히 잊어버렸다. 7일째 되던 날 소떼를 몰고 집으로 돌아오다가 개미언덕을 보고 도마뱀에 대한 기억을 떠올렸다.

"도마뱀은 어떻게 됐을까?"

그들은 일곱 구멍에 막아두었던 가지들을 뽑아냈다. 도마뱀은 곧 굴에서 뛰쳐나와 바짝 마른 피부와 앙상한 뼈를 드러내며 오들오들 떨고 있었다. 일곱 소년은 앙상한 도마뱀을 보자 불쌍한 생각이 들었다.

"죽이지는 말자. 이 녀석은 7일 동안이나 아무것도 먹지 못했어."

그들은 도마뱀의 등을 톡톡 두드려주고 놓아주며 말했다.

"행복하게 잘 살아라."

이 소년들은 도마뱀을 죽이지 않아서 지옥의 고통은 피할 수 있었지만, 열네 생에 걸쳐 7일 동안 아무런 음식도 먹지 못하는 고통을 겪었다. 이 비구들은 과거생에 악행을 저질렀던 그 소년들이었다.

부처님께서 이 비구들의 질문에 대답해 세 사건에 대한 설명을 마치자 한 비구가 부처님께 여쭈었다.

"부처님이시여, 악행을 저지르고서 공중으로 날아오르거나 바닷속으로 잠수하거나 산속의 동굴로 피신함으로써 다가오는 악행의 과보를 피할 수 있습니까?"

"비구들이여, 그가 공중이나 바닷속이나 땅속으로 숨는다 해도 다가오는 악행의 과보를 피할 수 없다."

부처님께서 이 말씀에 이어서 게송을 읊으셨다.

하늘 위 바닷속도 아니요,
깊은 산 동굴 속도 아니다.
다가오는 악행의 과보를 피할 수 있는 곳은
그 어디에도 없다.(127)

열두 번째 이야기
부처님을 모욕한 숩빠붓다의 죽음

부처님께서 니그로다 사원에 계실 때 사끼야족 숩빠붓다139)와 관련해서 게송 128번을 설하셨다.

사끼야족 숩빠붓다는 부처님이 자기 딸(야소다라)을 버리고 출가했고, 자기 아들(데와닷따)이 출가해 부처님에게 반기를 들고 적대적인 태도를 보이자 부처님에게 반감을 품고 있었다. 어느 날 그는 이렇게 중얼거렸다.
'붓다가 공양에 초대받아 가는 길을 못 가게 막아버리겠다.'
그는 독한 술을 마시고 길 한가운데 앉아 부처님이 가는 길을 막고 있었다. 부처님이 비구들을 거느리고 숩빠붓다가 앉아 있는 곳에 도착하자 비구들이 그에게 말했다.
"부처님이 가까이 오셨습니다."
숩빠붓다가 대답했다.
"되돌아가라고 말하시오. 내가 그보다 나이가 많기 때문에 절대로 길을 내줄 수 없소."
부처님이 도착했으니 길을 비켜달라고 여러 번 요청해도 숩빠붓다는 계속 버티며 길 한가운데 앉아 있었다. 부처님은 외삼촌이 길을 내주지 않자 결국 되돌아갈 수밖에 없었다. 숩빠붓다는 염탐꾼을 보내며 말했다.
"붓다가 무슨 말을 하는지 듣고 와서 내게 보고하라."
부처님이 되돌아오는 길에 미소를 짓자 아난다가 물었다.

---

139) 숩빠붓다Suppabuddha: 안자나Añjana와 야소다라Yasodharā 사이에서 꼴리야족의 왕자로 태어났다. 그는 이남이녀 중 장남이며 남동생은 단다빠니Daṇḍapāni 여동생은 마야Māyā(부처님의 어머니)와 빠자빠띠Pajāpatī(부처님의 양모)이다. 그는 빠미따Pamitā와 결혼하여 데와닷따Devadatta와 야소다라Yasodharā(부처님의 출가 전 아내)를 낳았다. 그러므로 그는 부처님의 출가 전 장인이자 외삼촌이 된다.

"부처님이시여, 왜 미소를 짓습니까?"
"아난다여, 사끼야족 숩빠붓다를 보아라."
"보았습니다. 부처님."
"그는 붓다가 가는 길을 막는 큰 죄를 저질렀다. 오늘부터 일주일 후 자기 저택의 일 층 맨 아래 계단에서 땅속으로 삼켜질 것이다."

염탐꾼이 이 말을 듣고 급히 숩빠붓다에게 달려갔다.
"내 조카가 돌아가는 길에 뭐라고 그러더냐?"
염탐꾼이 그가 들었던 말을 보고하자 숩빠붓다가 말했다.
"조카가 한 말은 내게 위험이 되지 않는다. 그런 일은 일어나지 않을 것이다. 그가 거짓말쟁이라는 것을 내가 증명해 보이겠다. 그는 '7일째 되는 날 땅속으로 삼켜지리라.'라고 말하지 않고, 분명히 '저택의 일 층 맨 아래 계단에서 땅속으로 삼켜질 것이다.'라고 죽는 장소를 분명하게 명시했다. 그러므로 지금부터 그 장소에 가지 않으면 된다. 그 특별한 장소에서 땅속으로 삼켜지는 일이 없다면 그가 한 말은 거짓말이 되고 만다."

사끼야족 숩빠붓다는 가재도구들을 모두 7층 꼭대기로 옮기고 계단을 뜯어버렸다. 그리고 꼭대기 방으로 올라가서 문에 빗장을 걸고 힘센 사람을 두 사람씩 각각의 문에 배치하고 말했다.
"내가 혹시 깜빡 잊어버리고 내려가려고 하면 나를 못 나가게 막도록 해라."

그리고 7층 꼭대기의 화려한 방에서 생활했다. 부처님께서 그가 취한 조치를 전해 듣고 말씀하셨다.
"비구들이여, 숩빠붓다가 7층 꼭대기로 올라갔다고 안심할 수는 없다. 그가 하늘 높이 올라가 공중에 앉아 있거나, 바닷속 깊이 내려가거나, 산속으로 들어가더라도 소용이 없다. 붓다들은 결코 허튼소리를 하지 않는다. 그는 내가 말한 바로 그 자리에서 땅속으로 삼켜질 것이다."

그렇게 말씀하시고 부처님은 게송을 읊으셨다.

하늘 위 바닷속도 아니요,
깊은 산 동굴 속도 아니다.
덮쳐오는 죽음을 피할 곳은
그 어디에도 없다.(128)

부처님께서 공양청을 받아 가는 길을 못 가게 한 그날로부터 7일째 되는 날 숩빠붓다의 의전용 말이 저택의 일 층에서 탈출해 이 벽 저 벽을 발로 차며 날뛰었다. 7층 꼭대기에 있던 숩빠붓다가 이 소리를 듣고 무슨 일인지 묻자 하인들이 대답했다.

"전하의 의전용 말이 풀려나와 날뛰고 있습니다."

숩빠붓다를 제외하고 그 말을 다스릴 수 있는 사람이 없었다. 숩빠붓다는 그 말을 잡으려고 앉은 자리에서 일어나 문으로 달려갔다. 그 순간 문이 저절로 열리고 계단이 제자리로 돌아갔다. 문에 배치돼 있던 힘센 장정들이 그의 목을 잡아 아래로 던졌다. 이와 똑같이 7층 문이 모두 저절로 열리고 계단들이 모두 제자리로 돌아가고 문에 배치돼 있던 힘센 장정들이 그의 목을 잡아 아래로 내던졌다. 그가 일 층 아래의 계단에 도착하는 순간 땅이 두 쪽으로 갈라지면서 그를 집어삼켜버렸다. 그는 즉시 아비지옥에 태어났다.

제10장 몽둥이

Daṇḍa Vagga

제10장 몽둥이 Daṇḍa Vagga

첫 번째 이야기140)
육군 비구 1

부처님께서 제따와나에 계실 때 육군 비구141)와 관련해서 게송 129번을 설하셨다.

어느 때 열일곱 명의 비구가 큰 방을 깨끗이 청소하는 등 숙소로 사용하려고 준비하고 있었다. 이때 육군 비구가 와서 그들에게 말했다.

"우리가 승랍이 많으니까 이 방을 쓰겠다."

---

140) 이 이야기는 율장 빠찟띠야(pacittiya, 波逸提)의 74번째 계목을 제정하게 된 인연담이다(VinPc. lxxiv. 1). 이 이야기는 율장 소품(VinCv. vi. 11)에도 나온다.
141) 육군 비구(Chabbaggiyā Bhikkhu, 六群比丘): 육군 비구는 여섯 명이 이끄는 세 그룹의 비구들로 끊임없이 계율을 어기고 살았던 나쁜 비구들의 본보기이다. 이들의 대표는 앗사지Assaji, 뿌납바수Punabbasu, 빤두까 paṇḍuka, 로히따까Lohitaka, 멧띠야Mettiya, 붐마자Bhummaja 등 여섯 명이어서 육군 비구라고 불렀다. 이들을 따르며 계율을 어기던 비구니들도 있었다. 붓다고사가 쓴 율장 주석서 사만따빠사디까Samantapāsādika 에 따르면 그들은 사왓티에서 원래 잘 알고 지내던 사람들이었다. 그들은 먹고살기 힘들어 사리뿟따와 마하목갈라나 장로를 은사로 출가했다. 그들은 사원에 있으면서 나쁜 짓을 무수히 저질러 많은 계율이 이들 때문에 제정되었다. 그들은 한곳에 함께 있는 것은 현명치 못하다고 생각하고 세 그룹으로 쪼개졌다. 앗사지와 뿌납바수는 끼따기리 사원을 본거지로 삼고, 멧띠야와 붐마자는 라자가하에, 빤두까와 로히따까는 제따와나에 살았다. 세 그룹은 각기 500명의 비구를 거느렸다고 한다. 앗사지와 뿌납바수 무리가 끼따기리에서 계율을 어기고 살아가는 것이 법구경 게송 77번 주석에 나온다. 이 중에서 빤두까와 로히띠까 무리가 그래도 부처님 가까이 살아서 조금 나았다고 한다.

열일곱 명의 비구가 항의했다.

"이 방을 내줄 수 없어요. 우리가 먼저 방을 마련했어요."

육군 비구가 그들을 두드려 패기 시작했다. 열일곱 명의 비구는 놀라서 허파를 쥐어짜듯이 비명을 질러댔다. 부처님께서 이 비명을 듣고 물으셨다.

"이게 무슨 소리냐?"

비구들이 대답하자 부처님께서는 사람을 때리지 못하도록 계율을 제정하셨다.

"비구들이여, 어떤 비구가 다른 비구를 성나고 불쾌하다고 때리면 빠찟띠야를 범하는 것이다."142)

부처님께서는 이어서 법문하셨다.

"비구들이여, 자신이 그러하듯이 다른 사람들도 몽둥이를 두려워하고 죽음을 두려워한다. 그러므로 다른 사람들을 때려서도 안 되고 죽여서는 더더욱 안 된다."

부처님께서는 이 말씀에 이어서 게송을 읊으셨다.

살아있는 생명은
폭력에 떨고 죽음을 두려워한다.
내가 두려워하듯
남도 그러하니
그 누구도 괴롭히지 마라.(129)

---

142) 율장 빠찟띠야 제74번째 계목이다.

두 번째 이야기
육군 비구 2[143]

부처님께서 제따와나에 계실 때 육군 비구와 관련해서 게송 130번을 설하셨다.

어느 때 앞의 이야기와 마찬가지 상황에서 계율이 제정되어 때리지 못하게 되자 육군 비구는 열일곱 명의 비구에게 험악하게 인상을 구기며 주먹을 내보이고 협박하자 열일곱 명의 비구가 또 비명을 질러댔다. 부처님께서 비명을 듣고 물으셨다.
"이게 무슨 소리냐?"
비구들이 이유를 설명하자 부처님께서는 협박하지 못하도록 계율을 제정하셨다.
"비구들이여, 어떤 비구가 다른 비구를 성나고 불쾌하다고 위협하는 행위를 하면 빠찟띠야를 범하는 것이다."[144]
부처님께서는 이어서 법문하셨다.
"비구들이여, 내가 그렇듯이 다른 사람들도 몽둥이를 두려워하고, 내가 그렇듯이 다른 사람들도 생명을 소중히 여긴다. 항상 이렇게 생각하며 다른 사람을 때려서도 안 되고 죽여서는 더더욱 안 된다."
부처님께서는 이 말씀에 이어서 게송을 읊으셨다.

모든 존재는
폭력을 두려워하고
생명을 소중히 여긴다.
내가 소중히 여기듯

---

143) 이 이야기는 율장 빠찟띠야(pacittiya, 波逸提) 75번째 계목을 제정하게 된 인연담이다(VinPc. lxxv. 1)
144) 율장 빠찟띠야 제75번째 계목이다.

남도 그러하니
그 누구도 해치지 마라.(130)

세 번째 이야기
뱀과 한 무리의 소년들

부처님께서 제따와나에 계실 때 일단의 소년들과 관련해서 게송 131, 132번을 설하셨다.

어느 날 부처님께서 사왓티로 탁발하러 가시다가 한 무리의 소년들이 집 뱀을 막대기로 두들겨 패는 것을 보셨다.
"아이들아, 뭐 하고 있느냐?"
"저희는 막대기로 뱀을 때리고 있어요."
"왜 그런 짓을 하느냐?"
"뱀이 우리를 물까 두려워서요."
"뱀을 때리면 자신이 안전하고 행복하리라고 생각하겠지만 결과는 반대로 너희들이 태어나는 곳에서 행복은커녕 불행이 닥쳐올 것이다. 행복을 구하려면 다른 생명을 때려선 안 된다."
부처님께서는 이렇게 법문하시고 게송을 읊으셨다.

자신이 행복하기를 바라면서
남을 괴롭힌다면
그는 다음생에서
행복을 얻지 못하리라. (131)

자신이 행복하기를 바라면서
남도 행복하기를 원한다면
그는 다음생에서
행복을 얻으리라. (132)

네 번째 이야기
여인의 환영이 따라다니는 꾼다다나 비구

부처님께서 제따와나에 계실 때 꾼다다나145) 비구와 관련해서 게송 133, 134번을 설하셨다.

꾼다다나는 비구가 된 날부터 여인의 환영이 가는 곳마다 그림자처럼 따라다녔다. 비구는 그녀를 볼 수 없었지만 다른 사람들에게는 그녀가 보였다. 비구가 마을에 탁발하러 갈 때마다 마을 주민들은 한 주걱의 음식을 발우에 넣어주면서 '이것은 스님의 몫입니다.'라고 말하고 또 한 주걱의 음식을 발우에 넣어주면서 '이것은 스님 여자 친구의 몫입니다.'라고 말하곤 했다.

꾼다다나 비구의 과거생: 천녀

깟사빠 부처님 재세 시에 마치 한 어머니에게서 태어난 형제처럼 아주 친하게 지내는 두 비구가 있었다. 디가유 부처님 재세 시에 비구들이 우뽀

---

145) 꾼다다나Kuṇḍadhāna: 그는 사왓티의 유명한 가문에서 태어나 다나 Dhāna라고 불렸다. 그는 베다에 능통했으나 부처님의 법문을 듣고 출가했다. 출가한 후부터 한 여인의 환영이 항상 따라다녔다. 하지만 그의 눈에는 보이지 않았다. 이 일은 많은 사람의 흥밋거리가 됐다. 젊은 비구들이 그를 보고 '우리 스님은 꾼다koṇḍa(여자를 잘 유혹하는 사람)가 됐다.'고 놀리게 되어 그는 꾼다다나 또는 꾼다다나라고 알려지게 됐다. 빠세나디 왕은 여인의 환영에 흥미를 느끼고 조사했다. 하지만 그에게 허물이 없다는 것을 알게 된 왕은 그의 공양을 책임지게 됐다. 이로 인해 그는 자기 수행에만 전념해 아라한이 됐다. 부처님을 위시해 많은 아라한이 욱가나가라Ugganagara의 마하수밧다Mahā Subhaddā와 사께따 Sāketa의 쭐라수밧다Culla Subhaddā와 수나빠란따Sunāparanta로 유행을 갔을 때 그가 제일 먼저 음식표를 받았다고 한다. 그래서 그는 음식표를 맨 먼저 받는 데서 제일이라는 칭호를 얻었다.

사타를 하려고 매달 함께 모였다. 이때에도 두 비구는 꾸띠에서 나와 서로에게 말했다.

"우뽀사타를 하러 함께 포살당(戒壇)으로 갑시다."

천상에 태어난 한 천녀가 두 비구를 보고 생각했다.

'두 비구는 너무 가까이 지낸다. 두 스님을 떼어놓을 좋은 방법이 없을까?'

그녀가 이런 어리석은 생각을 하고 있을 때 마침 한 비구가 동료 비구에게 말했다.

"스님, 잠깐만 기다리십시오. 볼일 좀 보고 오겠습니다."

천녀가 이 말을 듣고 비구가 덤불 속으로 볼일을 보러 들어갈 때 여인으로 변장하고 함께 들어갔다. 장로가 덤불 속에서 나왔을 때 한 여인이 한 손에는 머리 장식을 들고 다른 손에는 속옷을 들고 비구 뒤에 가까이 붙어서 따라 나왔다.

비구에게는 그녀가 보이지 않았다. 밖에서 비구가 볼일을 보고 나오기를 기다리고 있던 동료 비구는 한 여인이 머리 장식과 속옷을 들고 따라 나오는 것을 보았다. 여인은 밖에서 기다리던 비구가 자기를 빤히 쳐다보자 몸을 돌려 사라져버렸다. 비구가 기다리던 동료 비구에게 가까이 다가가자 동료 비구가 말했다.

"스님은 음계(婬戒)를 깨뜨렸습니다."

"나는 음계를 범한 적이 없습니다."

"한 여인이 머리 장식과 속옷을 들고 스님을 따라 나오는 것을 보았는데 그런 짓을 한 적이 없다고 말합니까?"

비구는 마치 벼락을 맞은 것처럼 충격을 받아 온몸을 떨며 말했다.

"스님, 저를 파멸시키지 마십시오. 나는 절대로 그런 짓을 저지르지 않았습니다."

"이 눈으로 똑똑히 보았습니다. 그런데도 스님의 말을 믿으라는 겁니까?"

동료 비구는 곧장 지팡이를 부러뜨리고 먼저 가버렸다. 그는 포살당에 들어가 비구 대중들이 모인 가운데 말했다.

"나는 저 장로와 우뽀사타146)를 함께 할 수 없습니다."

비구가 해명하려고 애썼다.

"대중 스님들이여, 맹세컨대 저는 계율상에 한 점 티끌만큼도 허물이 없습니다."

동료 비구가 말했다.

"나는 이 두 눈으로 똑똑히 보았습니다."

천녀는 동료 비구가 도반과 함께 우뽀사타를 하지 않겠다고 하는 것을

---

146) 우뽀사타(uposatha, 포살)를 하는 방법: 우뽀사타는 227계를 외우고 계를 범한 비구는 고백하고 참회를 하며 계를 범하지 않는 비구는 침묵하며 자신의 청정함을 되새기는 것이다. 음계와 같은 빠라지까pārājika(단두죄)를 범한 이는 비구 신분이 박탈되고 추방되기 때문에 함께 포살을 할 수 없다. 포살은 이렇게 시작한다. "가장 존귀하며 공양을 받을 만하고 스스로 올바로 깨달으신 부처님께 귀의합니다(세 번). 대덕이시여, 승단은 제 말을 들으십시오. 오늘은 보름날의 포살 날입니다. 승단의 준비가 다 됐으면 포살을 시작하게 하십시오. 계본을 낭송하게 하십시오. 승단이 미리 해야 할 일은 무엇입니까? 스님들은 청정함을 밝히십시오. 제가 계본을 낭송할 테니 자리의 모든 분은 잘 듣고 숙고하십시오. 누구라도 잘못을 범했으면 그것을 공표하도록 하십시오. 아무 잘못이 없으면 잠자코 계십시오. 스님들이 침묵함으로써 모두가 청정한 줄 알겠습니다. 마치 각각의 질문에 대해 각각의 대답이 있듯이 계목도 이와 같은 모임에서 세 번 공표됩니다. 어떤 비구가 이렇게 세 번 공표될 때 기억하고 있는 실제의 허물을 공표하지 않으면 고의적인 망어죄를 짓는 것입니다. 스님들이여, 고의적인 망어죄는 장애가 되는 법이라고 부처님께서 설하셨습니다. 그러니 실제로 죄를 범했음을 기억하고서 청정함을 구하려는 비구라면 그것을 공표해야 합니다. 공표하는 것은 자신을 위한 것입니다."

보고 자신이 잘못했다는 것을 알았다.

'내가 정말 몹쓸 짓을 저질렀군.'

그녀는 곧 모습을 드러내어 동료 비구에게 말했다.

"스님, 도반 스님께서는 정말로 음계를 깨뜨리지 않았습니다. 제가 두 분을 떨어뜨려 놓으려고 꾸민 것입니다. 제발 예전처럼 도반 스님과 우뽀사타를 함께 하십시오."

동료 비구는 공중에 서서 이야기하는 천녀의 말을 듣고 그녀의 말이 진실이라는 것을 알았다. 그는 도반과 함께 다시 우뽀사타를 했다. 하지만 전처럼 가깝게 지낼 수 없었다. 이것이 천녀가 저지른 과거의 악업이었다.(과거 이야기 끝)

정해진 수명이 끝나자 비구들은 각자의 선업에 따라 좋은 곳에 태어났다. 천녀는 아비지옥에 태어나 두 부처님의 기간 동안 고통을 받다가 현재의 부처님 재세 시에 사왓티에 남자로 태어났다. 그는 자라서 출가해 비구가 됐다. 그런데 출가한 날부터 그에겐 항상 여인의 환영이 따라다녔다. 그래서 사람들은 그를 꾼다다나라고 불렀다. 비구들은 그에게 한 여인이 따라다니는 것을 보고 아나타삔디까에게 말했다.

"장자님, 이 행실 나쁜 비구를 사원에서 쫓아버리십시오. 한 비구 때문에 모든 비구가 욕을 듣고 있습니다."

"아니, 스님. 부처님께서 사원에 안 계십니까?"

"계십니다."

"그러면 부처님께 말씀하십시오. 부처님만이 모든 것을 다 아십니다."

비구들은 위사카에게 가서 또 그렇게 말했다. 그녀도 장자와 마찬가지로 대답했다.

비구들은 두 신자에게서 만족할 만한 성과를 얻을 수 없자 이번에는 빠세나디 왕에게 가서 이 문제를 거론했다.

"대왕이시여, 꾼다다나가 한 여인을 데리고 돌아다니는 통에 모든 스님이 욕을 듣고 있습니다. 그를 왕국에서 쫓아버리십시오."

"스님, 그가 어디 있습니까?"

"사원에 있습니다."

"어느 꾸띠에 거주합니까?"

"저기 꾸띠에 거주합니다."

"알았습니다. 제가 가서 그를 붙잡겠습니다."

저녁이 되자 왕은 군대를 거느리고 가서 꾼다다나의 꾸띠를 포위하고 그의 방 입구에 섰다.

꾼다다나가 밖에서 나는 소란스러운 소리에 문을 열고 나왔다. 그 순간 왕은 비구 뒤에 서 있는 여인의 환영을 보았다. 그는 왕이 자기 꾸띠에 온 것을 알고 다시 꾸띠로 들어가 앉았다. 왕은 꾸띠로 들어가 삼배를 올릴 생각은 않고 방안을 둘러보았다. 심지어 침대 밑에까지 살펴보았지만 여인이 보이지 않았다. 왕이 꾼다다나에게 말했다.

"스님, 제가 밖에서 스님 뒤에 있는 여인을 보았는데 그녀는 어디에 있습니까?"

"나는 한 번도 보지 못했습니다."

"스님 뒤에 한 여인이 서 있는 것을 분명히 보았습니다."

꾼다다나는 전처럼 대답했다.

"나는 한 번도 보지 못했습니다."

"스님, 잠깐 밖으로 나와 보시겠습니까?"

꾼다다나가 문밖에 나와 서자 또다시 스님 뒤에 한 여인이 서 있는 것이 눈에 보였다. 왕은 그에게 다시 방으로 들어가 보라고 했다. 그가 방으로 들어가 앉자 왕은 또다시 방안을 둘러보았지만 이번에도 여인을 찾을 수 없었다. 왕이 그에게 다시 물었다.

"스님, 그 여인은 어디 있습니까?"

"나는 여인을 보지 못했습니다."

"스님, 제게 사실대로 말씀해 주십시오. 저는 방금도 스님 뒤에 한 여인이 서 있는 것을 보았습니다."

"대왕이시여, 모든 사람이 그렇게 말합니다. 어디를 가든지 한 여인이 저를 따라다닌다고 하는데 저는 한 번도 본 적이 없습니다."

왕은 그것이 환영이라고 생각하고 비구에게 다시 한번 말했다.

"스님, 다시 한번 방에서 나와 보시겠습니까?"

꾼다다나가 꾸띠에서 내려와 서자 역시 한 여인이 뒤에 서 있는 게 보였다. 왕은 꾸띠로 들어가 보았지만 역시 여인을 볼 수 없었다. 왕은 또다시 물었고 그는 또 그렇게 대답했다.

"나는 여인을 본 적이 없습니다."

왕은 그것이 환영이라고 결론을 내리고 꾼다다나에게 말했다.

"스님, 그런 불결한 것이 스님을 따라다니니 아무도 스님에게 음식을 올리지 않을 것입니다. 그러니 항상 왕궁에 오시기 바랍니다. 제가 스님에게 항상 네 가지 필수품을 올리도록 하겠습니다."

왕은 이렇게 비구를 초청하고 돌아갔다.

비구들은 일이 자신들의 뜻대로 진행되지 않자 화가 나서 말했다.

"이 어리석은 왕이 하는 것 좀 보게! 사원에서 쫓아내 달라고 부탁했는데 도리어 그에게 네 가지 필수품을 올리겠다고 초청하고 가다니!"

비구들은 꾼다다나에게 몰려와 말했다.

"오, 이 타락한 비구여, 이제 왕의 사생아까지 되어 기분이 좋겠구나!"

전에는 다른 비구들에게 감히 한마디도 하지 못했던 꾼다다나가 다른 비구들에게 쏘아붙였다.

"너희들이 사생아이고 너희들이 여자와 사귀는 타락한 자들이다!"

비구들은 부처님께 달려가서 이 일을 보고했다.

"부처님이시여, 꾼다다나가 우리를 '너희들이 사생아이고 너희들이 여자와 사귀는 타락한 자들이다.'라고 모욕했습니다."

부처님께서 꾼다다나를 불러 물으셨다.
"비구여, 네가 그런 말을 했다는데 사실이냐?"
"부처님이시여, 그렇게 말했습니다."
"왜 그렇게 말했느냐?"
"스님들이 제게 그렇게 말했기 때문입니다."
"비구들이여, 그대들은 왜 그렇게 말했느냐?"
"그 뒤에 항상 한 여인이 따라다니는 것을 우리가 보았기 때문입니다."

부처님께서 꾼다다나를 꾸짖으셨다.
"비구들은 네가 가는 곳마다 한 여인이 따라다니는 것을 보았기 때문에 네게 그런 말을 했다고 한다. 너는 아무것도 보지 않았으면서 왜 그런 모욕적인 말을 했느냐? 네게 이런 일이 일어난 것은 순전히 과거생에 네가 삿된 견해를 가지고 저지른 일 때문이다. 그런데도 금생에 또다시 그런 삿된 마음가짐을 가져서야 되겠느냐?"

비구들이 부처님께 여쭈었다.
"부처님이시여, 그러면 그가 과거생에 무슨 짓을 저질렀습니까?"
부처님께서 꾼다다나가 과거생에 저지른 나쁜 행위를 이야기해 주시고 나서 이렇게 끝을 맺으셨다.
"비구여, 네가 이런 어려운 곤경에 처하게 된 것은 바로 과거생의 나쁜 행위 때문이다. 네가 또다시 그런 잘못된 마음가짐을 가지는 것은 옳지 않다. 다시는 비구들과 대화하지 마라. 깨진 징처럼 소리 내지 말고 묵묵히 인욕하고 열심히 정진해라. 그래야 열반을 깨달을 것이다."

부처님께서는 이 말씀에 이어서 게송을 읊으셨다.

**가는 말이 거칠면
오는 말도 거칠다.
거친 말은 괴로움의 원인이니
그대에게 되돌아와 상처를 입히리라.** (133)

깨진 징처럼
침묵할 수 있다면
머지않아 열반에 이르러
더 이상 거친 말을 하지 않으리라.(134)

다섯 번째 이야기
우뽀사타를 지키는 위사카와 동료들

부처님께서 뿝바라마에 계실 때 위사카와 동료 신도들이 우뽀사타를 지키는 이유와 관련해서 게송 135번을 설하셨다.

어떤 우뽀사타 재일齋日에 사왓티에 사는 500명의 여자 신도가 우뽀사타를 지키려고 사원으로 갔다. 위사카가 그중 나이든 여인들에게 가서 물었다.

"무엇 때문에 우뽀사타를 지킵니까?"
"천상에 태어나고 싶어서 지킵니다."
위사카가 중년의 여인들에게 가서 묻자 그들이 대답했다.
"남편의 지배에서 벗어나고 싶어서 지킵니다."
위사카는 젊은 여인들에게 가서 묻자 그들이 대답했다.
"빨리 임신하고 싶어서 지킵니다."
이번에는 처녀들에게 가서 묻자 그들이 대답했다.
"혼기를 놓치기 전에 남편을 만나 결혼하고 싶어서 지킵니다."
위사카가 그들의 대답을 모두 들은 뒤 그녀들을 데리고 부처님께 나아가 이 대답들을 차례로 말씀드렸다. 부처님께서 말씀하셨다.

"위사카여, 죽음은 목동들의 막대기와 같아서 태어남을 늙음으로 몰고, 늙음을 병듦으로 몰고, 병듦을 죽음으로 몰고 가서 마침내 도끼로 자르듯이 생명을 끊어버린다. 그럼에도 불구하고 윤회에서 벗어나려고 하는 사람은 아무도 없고 오히려 다시 태어나려고 발버둥을 친다."

부처님께서는 이 말씀에 이어서 법문을 설하시고 게송을 읊으셨다.

소치는 아이가
막대기로 소 떼를 몰고 풀밭으로 가듯이
늙음과 죽음이
사람들의 목숨을 앗아 간다.(135)

여섯 번째 이야기
구렁이 모양의 아귀

부처님께서 웰루와나에 계실 때 구렁이 모양의 아귀와 관련해서 게송 136번을 설하셨다.

어느 날 마하목갈라나 장로가 락카나 장로와 깃자꾸따에서 내려오다가 천안으로 거대한 구렁이 형상의 아귀를 보았다. 구렁이 형상의 아귀는 머리에서 불이 일어나 꼬리까지 번져가고, 꼬리에서 불이 일어나 머리까지 번져가고, 양 옆구리에서 불이 일어나 몸통을 태웠다. 장로는 이 아귀를 보고 미소 지었다. 락카나 장로가 그에게 왜 미소 짓는지 묻자 목갈라나 장로가 대답했다.

"스님, 지금은 대답할 적당한 시간이 아닙니다. 부처님 앞에 갔을 때 다시 질문해 주십시오."

라자가하에서 탁발을 마치고 부처님 앞에 갔을 때 락카나 장로가 다시 질문하자 목갈라나 장로가 대답했다.

"스님, 그때 나는 어떤 아귀를 보았습니다. 그 아귀의 형상은 이러했습니다. 아귀를 보고서 '이런 아귀는 전에 한 번도 본 적이 없다.'고 생각했습니다. 그래서 미소를 지었던 것입니다."

이때 부처님께서 말씀하셨다.

"비구들이여, 나의 제자는 인간의 눈(肉眼)으로는 볼 수 없는 하늘 눈(天眼)을 가졌다."

부처님께서는 계속해서 장로의 말을 증명하시고서 덧붙이셨다.

"나도 금강보좌에 앉아 있을 때 그 아귀를 보았다. 그러나 내가 그 아귀에 대해 말한다 해도 사람들이 믿지 않으면 붓다에 대한 잘못된 견해를 갖게 돼 큰 손해를 초래할 것이다. 그래서 그동안 말하지 않았던 것이다. 그러나 이제 목갈라나가 증인이 됐으니 말하는 것이다."

부처님께서 이렇게 말씀하시자 비구들이 자세히 설명해 달라고 요청했다. 부처님께서는 비구들의 요청에 응해 아귀가 과거생에 저지른 악업에 대해 이야기하셨다.

구렁이 형상의 아귀의 과거생: 수망갈라 장자와 도둑

깟사빠 부처님 재세 시에 수망갈라 장자가 20만 평의 대지를 황금으로 깔아 사들이고서, 다시 그만큼의 돈을 들여 사원을 짓고 또 그만큼의 돈을 들여 낙성식을 했다. 어느 날 이른 아침에 장자는 부처님을 뵙기 위해 사원으로 가는 도중에 한 도둑이 성문 근처의 어떤 집에 온통 진흙투성이의 발을 하고 복면을 쓴 채 숨어 있는 것을 보고 중얼거렸다.
'발에 진흙을 묻히고 숨어 있는 걸 보니 도둑놈이로구나.'
도둑이 장자를 쳐다보고 중얼거렸다.
'네게 어떻게 보복을 할 것인지 잘 알고 있으니 걱정하지 마라.'
도둑은 장자에게 앙심을 품고 그의 논을 일곱 번이나 태워버렸고, 우리에 있는 소의 다리를 일곱 번이나 잘랐으며 장자의 집에 일곱 번이나 불을 질렀다.
이러고서도 장자에 대한 분노가 풀리지 않자 장자의 시동에게 접근해서 물었다.
"네 주인이 무얼 특히 좋아하는가?"
"우리 주인님은 오직 간다꾸띠(如來香室)만을 생각하세요."
"좋아, 간다꾸띠를 태워 분노를 가라앉혀야겠다."
도둑은 부처님께서 성으로 탁발을 나가시고 안 계실 때 꾸띠에 들어가서 부처님께서 사용하는 그릇들을 모두 부숴버리고 불을 질렀다.
"간다꾸띠가 불타고 있다!"
장자가 이 소리를 듣고 부리나케 달려갔지만 도착했을 때는 재만 흩날리고 있었다.

장자는 간다꾸띠가 재가 돼버린 것을 보고서 슬퍼하기는커녕 손뼉을 치고 기뻐했다. 곁에 있던 사람들이 어이가 없다는 듯이 물었다.

"아니, 장자님. 그 많은 돈을 들여 지은 간다꾸띠가 재가 돼버렸는데 어찌하여 손뼉을 치고 기뻐합니까?"

장자가 대답했다.

"친구여, 부처님을 위해 많은 돈을 들여 지은 꾸띠가 불로 사라져버렸지만 또 그만큼의 돈을 들여 간다꾸띠를 짓게 되어 공덕을 지을 기회를 다시 얻었으니 손뼉을 치고 기뻐해야 하지 않겠습니까?"

장자는 다시 많은 돈을 들여 간다꾸띠를 지어 부처님에게 보시했다. 도둑이 그것을 보자 걷잡을 수 없는 분노가 일어났다.

'그를 괴롭히려면 죽음의 고통을 맛보게 하는 수밖에 없다.'

그는 옷 속에 칼을 숨기고서 사원으로 가서 7일 동안 기회를 노렸지만 장자를 살해할 기회가 오지 않았다. 7일 동안 장자는 부처님과 스님들에게 공양을 올렸다. 장자는 마지막 날 부처님께 삼배를 올리고 말씀드렸다.

"부처님이시여, 어떤 사람이 일곱 번이나 제 논을 불태우고, 일곱 번이나 제 소의 다리를 자르고, 일곱 번이나 제집에 불을 질렀습니다. 아마도 간다꾸띠도 그 사람이 불을 질렀을 것입니다. 그런데도 그 사람이 불쌍한 생각이 듭니다. 제가 이번에 공양 올린 첫 번째 공덕을 그 사람에게 넘기고 싶습니다."

도둑이 이 말을 듣자 후회가 몰려왔다.

'내가 무거운 죄를 저질렀구나. 내가 그렇게 중죄를 저질렀음에도 이 사람은 내게 악의가 전혀 없다. 오히려 그가 지은 첫 번째 공덕을 내게 넘기겠다고 하지 않는가! 이 사람은 관대하고 착한 일만 하는 선인이고 나는 편협하고 나쁜 짓만 골라서 하는 악인이다. 이처럼 아량이 넓은 사람에게 용서를 구하지 않으면 염라왕의 천벌이 머리 위에 떨어질 것이다.'

도둑은 장자의 발아래 엎드려 말했다.

"저를 용서해 주십시오, 장자님."

"무슨 말입니까?"

"이 모든 악행은 제가 한 짓입니다, 장자님. 저를 용서해 주십시오."

장자가 이제까지 일어난 모든 사건에 대해 질문했다.

"논을 태우고 소의 다리를 자르고 불을 지른 것이 모두 당신이 한 겁니까?"

"모두 제가 했습니다, 장자님."

"나는 당신을 본 적이 없는데 어째서 내게 앙심을 품고 이런 짓을 저질렀습니까?"

"어느 땐가 장자님이 성에서 나오면서 했던 말 때문입니다."

장자는 곧 그 당시 했던 말을 기억해 내고 도둑에게 용서해 달라고 청했다.

"그렇습니다. 제가 그렇게 말했던 것을 기억합니다. 용서해 주십시오."

그리고 장자는 도둑을 용서했다.

"친구여, 일어나십시오. 당신을 용서합니다. 이제 돌아가십시오."

"장자님, 저를 용서해 주신다면 제 자식과 아내와 함께 당신의 노예가 되겠습니다."

"친구여. 내가 말 한마디 잘못해서 이런 큰 손실을 보았습니다. 그런데 당신이 내 집에서 살게 되면 당신에게 말하게 되고, 말하게 되면 실수하게 되고, 그러면 또 어떤 봉변을 당할지 모릅니다. 그리고 내 집에는 당신이 필요 없습니다. 이제 당신을 용서할 테니 돌아가십시오."(과거 이야기 끝)

부처님께서는 이렇게 끝을 맺으셨다.

"도둑은 그가 저지른 악행 때문에 정해진 수명이 끝나자 무간지옥에 태어났다. 그곳에서 오랜 기간 고통을 받고 나서도 아직 그 악업이 소진되지 않아서 깃자꾸따에서 고통을 겪고 있는 것이다."

부처님께서는 이 아귀가 과거생에 지은 악행을 이야기하시고 나서 말씀하셨다.

"비구들이여, 악행을 저지르면서도 어리석은 이는 자기가 악행을 저지르고 있다는 사실도 알지 못한다. 그러나 자기가 숲에 지른 불에 자신이 타듯이 자기가 저지른 악행이 자신을 불사른다."

부처님께서는 이 말씀에 이어서 게송을 읊으셨다.

어리석은 자는
악행을 하면서도
그것이 나쁜 짓인 줄 모른다.
그러나 어느 날엔가
자신이 저지른 악행 때문에
불타는 괴로움을 당하리라.(136)

일곱 번째 이야기
마하목갈라나 장로의 최후[147]

부처님께서 웰루와나에 계실 때 마하목갈라나 장로와 관련해서 게송 137, 138, 139, 140번을 설하셨다.

한때 이교도들이 모여 부처님을 무너뜨릴 계책을 꾸몄다.
"형제들이여, 사문 고따마에게 왜 공양과 시주가 날로 늘어나는지 압니까?"
"모릅니다. 당신은 압니까?"
"우린 알고 있습니다. 그 모두가 마하목갈라나의 능력 때문입니다. 마하목갈라나가 천상에 올라가서 천신들에게 무슨 공덕을 지어 천상에 태어났는지 묻고 지상으로 돌아와서 '이런 공덕을 지으면 천상의 영광을 얻습니다.'라고 사람들에게 말합니다. 그는 또 지옥으로 내려가서 지옥에 태어난 사람들에게 무슨 잘못을 지어 그곳에 태어났는지 묻고 돌아와서 '이런 악행을 저지르면 이런 고통을 받습니다.'라고 사람들에게 말합니다. 사람들은 그가 하는 말을 듣고 맛있는 음식을 올리고 시주물을 풍부하게 제공합니다. 그를 죽이기만 하면 맛있는 음식과 풍부한 시주물이 우리에게 돌아올 겁니다."

"그거 좋은 생각입니다!"

---

147) 이 이야기는 사라반가 자따까(Sarabhaṅga Jātaka, J522) 서문에서 유래한다. 그러나 자따까 서문과 법구경과는 약간의 차이가 있다. 자따까 서문에서는 강도들이 그를 포위했을 때 6일 동안은 공중으로 날아올라 도망쳤지만 7일째는 도망치기를 포기하고 묵묵히 닥쳐온 업을 받았다고 설명하고 있다. 하지만 법구경 주석에는 두 달 동안 도망치고 세 번째 달에 도망치기를 포기했다고 말하고 있다. 그리고 법구경 주석에서는 부모를 죽였다고 했지만 자따까 서문에서는 부모를 죽이려는 순간 마음이 약해져 목숨만은 살려주었다고 기록하고 있다.

모든 이교도가 만장일치로 합의했다.

"어떤 수단과 방법을 동원해서라도 그를 기필코 죽이도록 합시다."

그들은 자신들의 신도들을 선동해서 천 냥의 돈을 마련했다. 그 돈으로 목갈라나 장로를 죽일 음모를 꾸몄다. 그들은 떠돌이 강도들을 불러서 천 냥을 주면서 장로를 살해해 달라고 사주했다.

"마하목갈라나 장로는 깔라실라148)에 살고 있다. 가서 그를 죽여라."

강도들은 돈이 탐이나 즉시 그렇게 하겠다고 나섰다.

"알겠습니다. 우리가 장로를 없애버리겠습니다."

그들은 가서 장로의 꾸띠를 포위했다.

장로는 자신이 포위됐다는 것을 알고 열쇠구멍을 통해 빠져나갔다. 강도들은 그날 장로를 찾지 못하자 다음 날 또 와서 장로의 꾸띠를 포위했다. 이를 안 장로는 둥근 지붕을 뚫고 공중으로 솟구쳐 날아갔다. 이렇게 강도들은 처음 두 달 동안은 장로를 붙잡으려고 시도했지만 번번히 실패했다. 그러나 세 번째 달이 되자 장로는 과거생에 저지른 강력한 업력을 느끼고 도망치려고 하지 않았다.

마침내 강도들은 장로를 붙잡아 온몸의 뼈를 쌀 알갱이만큼 잘게 바스러뜨렸다. 그들은 장로가 죽었다고 생각하고 덤불숲에 던져버리고 떠나갔다. 장로는 이제 삶을 마무리해야겠다고 생각했다.

---

148) 깔라실라Kāḷasilā(검은 바위): 라자가하 성을 둘러싸고 있는 다섯 개의 산 중에 하나가 이시길리Isigili 산이다. 깔라실라는 이시길리 산 중턱에 있는 검은 바위이다. 여기가 목갈라나 장로가 살해되고, 고디까Godhika(게송 57번 이야기)와 왁깔리Vakkali가 자살한 곳이다. 대반열반경(Mahāparinibbana Sutta, D12)에 의하면 부처님께서 많은 대중과 함께 이곳에 머무를 때 아난다에게 당신이 더 오래 살면서 중생을 제도할 것을 요청할 기회를 주었으나 아난다는 침묵했다. 상윳따 니까야 주석(SA.ii.229)에 깔라실라위하라(Kāḷasilāvihāra, 깔라실라 사원)를 언급하고 있는 것으로 보아 이곳에 사원이 있었음이 분명하다.

"부처님께 마지막 작별 인사를 드리고 대열반에 들어야겠다."

장로는 삼매의 힘으로 몸을 추스르고 천으로 상처를 싸매고서 공중으로 날아올라 부처님께 가서 삼배를 올리고 말씀드렸다.

"부처님이시여, 저는 대열반에 들려고 합니다."

"목갈라나여, 그대가 대열반에 들려고 한단 말인가?"

"부처님이시여, 그렇습니다."

"어느 곳으로 가서 대열반에 들 생각인가?"

"부처님이시여, 깔라실라입니다."

"목갈라나여, 그러면 내게 법을 설하고 떠나거라. 이제 그대와 같은 위대한 제자를 더 이상 볼 수 없겠구나."

"그렇게 하겠습니다. 부처님이시여."

목갈라나 장로는 공중으로 솟아올라 온갖 신통변화를 보인 후 사리뿟따 장로가 대열반에 들기 전에 그랬던 것처럼 부처님께 법문하고 삼배를 올린 후 깔라실라로 돌아가 대열반에 들었다.[149]

즉시 잠부디빠(인도) 전역에 소문이 돌았다.

"강도들이 장로님을 살해했다."

아자따샷뚜 왕은 즉시 강도들을 잡기 위해 포졸들을 풀었다. 그때 강도들은 주막에서 술을 마시고 있었다. 그중 한 명이 술김에 다른 동료의 등짝을 후려치면서 땅바닥에 패대기를 쳤다. 두들겨 맞은 강도가 벌떡 일어나서 말했다.

"이 악당아, 왜 내 등짝을 후려쳐서 땅바닥에 쓰러뜨리는 거야?"

"왜냐고? 이 날강도야, 네가 제일 먼저 목갈라나 장로를 팼지?"

"내가 먼저 때렸는지 안 때렸는지 네가 어떻게 알아?"

그러자 주변에서 술을 마시던 강도들이 서로 외치기 시작했다.

---

[149] 사리뿟따 장로는 목갈라나 장로보다 보름 전 깟띠까 달(음력 10월)에 먼저 대열반에 들었다. 부처님께서는 목갈라나 장로의 장례식을 장엄하게 치렀으며 사리를 수습해 웰루와나(죽림정사)에 탑을 세워 안치했다.

"내가 때렸어. 내가 때렸어."

잠복해 있던 포졸들이 강도들을 모두 사로잡아 왕궁에게 끌고 가서 보고했다. 왕은 강도들을 자기 앞에 끌고 오게 해서 직접 심문했다.
"네놈들이 장로를 죽였느냐?"
"그렇습니다."
"누가 그대들에게 사주했느냐?"
"나체수행자 니간타들입니다."
왕은 500명의 니간타를 잡아들여 500명의 강도와 함께 구덩이를 파고 허리까지 묻고 짚단으로 덮은 후 불을 지르게 했다. 그들의 몸이 바짝 타들어가자 쟁기로 그들의 몸을 갈게 하여 모두 콩가루로 만들어버렸다.

비구들이 이 사건에 대해 이야기를 나누고 있었다.
"마하목갈라나 장로와 같은 훌륭하신 분이 어떻게 이런 이해할 수 없는 최후를 맞았는가?"
이때 부처님께서 들어오셔서 비구들에게 물으셨다.
"비구들이여, 여기 모여서 무슨 이야기를 나누고 있는가?"
비구들이 대답하자 부처님께서 말씀하셨다.
"비구들이여, 금생만을 따지면 목갈라나 장로의 그런 비참한 최후는 정말 이해하기 힘들다. 그러나 그의 최후는 지난 과거생에 저지른 악행과 정확히 일치하는 것이다."
비구들이 그 이야기를 해 달라고 요청했다.
"부처님이시여, 그가 과거생에 저지른 악업이 무엇입니까?"
부처님께서는 비구들의 요청에 따라 장로의 과거생을 자세히 이야기하셨다.

마하목갈라나 장로의 과거생: 부모를 살해한 아들

먼 과거 어느 날 한 젊은이가 벼를 찧어 밥하는 등 모든 집안일을 직접 하면서 눈먼 부모를 봉양하고 있었다. 어느 날 부모가 아들에게 말했다.

"아들아, 네가 집안일 하랴 숲에서 나무하랴 모든 일을 혼자 다하려고 하면 너무 힘들지 않느냐? 우리가 아내가 될 만한 젊은 처녀를 구해 보랴?"

"어머니 아버지, 그럴 필요 없어요. 살아계시는 그날까지 제가 직접 모시겠습니다."

아들은 부모의 제안을 거절했지만 부모는 아들을 계속 설득해서 결국 젊은 처녀를 데려와 결혼시켰다.

그녀는 며칠 동안 시부모를 시중드는 듯하더니 얼마 지나자 시부모를 보기만 해도 짜증을 내며 남편에게 바가지를 긁어대기 시작했다.

"당신 부모 때문에 내가 못살겠어요."

그는 아내의 말을 듣고도 모른 척했다. 그러던 어느 날 그가 외출하고 없을 때 아내는 진흙 덩어리와 나무껍질과 쌀죽 더껑이를 집안 여기저기에 흩뜨려놓았다. 남편이 돌아와서 무슨 일이 있었는지 묻자 아내가 대답했다.

"뭐긴 뭐예요? 당신의 눈먼 부모가 이렇게 한 거지. 어머니 아버지가 온 집을 돌아다니며 이렇게 어지럽혀 놓았지 뭐예요? 내가 당신 부모 때문에 못 산다니까요."

아내가 그렇게 계속해서 들볶자 결국 수억 겁의 세월 동안 십바라밀을 닦고 있는 위대한 사람[150]도 결국 자기 부모와 관계를 끊을 수밖에 없었다.

"걱정 마시오. 내가 알아서 처리하겠소."

남편은 부모에게 음식을 드리고 말했다.

"아버지 어머니, 저기에 사는 친척이 아버지 어머니더러 한 번 들러달라고 합니다. 한 번 같이 가십시다."

그는 수레에 부모를 태우고 출발했다. 깊은 숲속에 도착했을 때 그가 아

---

150) 그는 상수제자가 되기를 서원하고 1아승지와 10만 대겁 동안 십바라밀을 닦는 중이었다.

버지에게 말했다.

"아버지, 이 고삐 좀 잡고 계세요. 황소가 길을 잘 알고 있어서 가만 놔두어도 잘 갈 겁니다. 여기는 강도들이 숨어 있다가 지나가는 사람을 노리는 곳입니다. 저는 마차에서 내리겠습니다."

그는 아버지 손에 고삐를 넘겨주고 마차에서 내려 숲으로 들어갔다.

숲속에 들어간 그는 마치 강도들이 공격해 오는 것처럼 목소리를 점점 높이면서 소리를 지르기 시작했다. 어머니 아버지가 이 소리를 듣고 강도들이 공격해 온다고 생각하고 아들에게 말했다.

"아들아, 우리는 이제 살 만큼 살았다. 우리는 신경쓰지 말고 너나 도망쳐서 목숨을 건져라."

어머니와 아버지가 이렇게 아들을 걱정하며 외치자 그는 강도들처럼 외치면서 다가와 부모를 죽여 시체를 숲속에 던져버린 뒤 집으로 돌아왔다. (과거 이야기 끝)

부처님께서 목갈라나 장로의 과거생에 저지른 악업에 대해 이야기하시고 나서 말씀하셨다.

"비구들이여, 목갈라나가 그렇게 어처구니없는 악행을 저지르고 수십만 겁의 셀 수 없는 세월 동안 지옥에서 고통을 겪었다. 하지만 그러고도 악행의 과보가 아직 소진되지 않아서 백 생 동안 온몸이 가루가 될 정도로 두들겨 맞아죽었다. 이번 목갈라나의 죽음은 과거생의 악업과 정확히 일치하는 것이다. 그리고 500명의 강도와 함께 악의가 전혀 없는 나의 아들을 해친 500명의 이교도는 악업에 따른 처참한 죽음의 고통을 겪었다. 악의가 없고 청정한 아라한을 해친 자는 불행이 닥치고 열 가지 과보를 당한다."

부처님께서는 이 말씀에 이어서 게송을 읊으셨다.

악의가 없는 사람에게
벌을 주고

해를 끼친다면
열 가지 괴로움 가운데
한 가지를 반드시 당하리라.(137)

처절한 고통과 재산의 상실
불구, 중병, 정신병에 걸린다.
형벌, 모함, 가족의 죽음,
잦은 재산 피해를 당하거나
집이 불탄다.
그런 후에도 못된 자는
목숨이 다하면 지옥에 태어난다.(138-140)

여덟 번째 이야기
많은 물건을 소유한 바후반디까 비구151)

부처님께서 제따와나에 계실 때 많은 재산을 소유한 바후반디까 비구와 관련해서 게송 141번을 설하셨다.

사왓티에 사는 어떤 가장이 아내가 죽자 출가해 비구가 됐다. 그는 혼자 사용하려고 부엌과 창고가 딸린 화려한 꾸띠를 짓고 창고에는 버터기름, 꿀, 기름과 여러 가지 식량 등으로 가득 채워놓았다. 그는 비구가 됐음에도 불구하고 옛날의 하인을 불러 자신이 좋아하는 음식을 요리하게 해서 먹고 탁발은 나가지 않았다. 그는 또 많은 가사를 소유하고 있어서 낮에 입는 가사와 밤에 입는 가사가 달랐다. 그는 사원 가까이에서 그렇게 화려하게 살았다.

어느 날 그가 가사와 침구를 말리고 있을 때 객실을 찾고 있는 비구들이 빨랫줄에 걸린 여러 벌의 가사를 보고 그에게 물었다.
"이 가사와 침구는 누구 것입니까?"
"모두 제 것입니다."
"스님, 부처님께서는 오직 세 가사(웃가사, 아랫가사, 두겹가사)만을 허락하셨습니다. 부처님께서도 아주 적은 것에 만족하시는데 부처님 아래로 출가한 비구가 이렇게 많은 가사를 소유해도 되는 것입니까?"
비구들은 그를 데리고 부처님께 가서 이 일을 보고했다.
"부처님이시여, 이 비구는 너무 많은 것을 가지고 있습니다."
부처님께서 그에게 물으셨다.
"비구여, 이 말이 사실이냐?"
"사실입니다. 부처님."
"내가 아주 적은 것에도 만족하고 검소하게 살라고 분명히 가르쳤는데

---
151) 이 이야기는 데와담마 자따까(Devadhamma Jātaka, J6)에서 유래한다.

도 그 많은 물건을 소유하고 있단 말이냐?"

이처럼 적은 것에 만족하라는 부처님 말씀에 화가 난 비구는 소리를 질렀다.

"알겠습니다. 이렇게 하면 되는 겁니까?"

그리고는 웃가사를 벗어 팽개치고 아랫가사만 걸친 채 웃통을 드러내고 대중들 가운데 섰다. 부처님께서는 고요함을 유지하며 꾸짖으셨다.

"비구여, 너는 과거생에서는 겸손하려고 노력하고 죄를 부끄러워했다. 네가 물에 사는 약카였을 때는 12년 동안이나 겸손하려고 노력하고 죄를 부끄러워했다. 그런데 존귀한 부처님 아래로 출가한 비구가 어떻게 웃가사를 벗어던지고 겸손함이나 죄에 대한 부끄러움이라곤 눈곱만큼도 찾아볼 수 없고 사부대중들이 보는 앞에서 그렇게 뻔뻔하게 서 있을 수 있단 말이냐?"

부처님의 말씀을 듣고 나서야 겸손함과 허물에 대한 부끄러움을 회복한 비구는 웃가사를 주워 입고 부처님께 삼배하고 공손하게 한쪽에 앉았다. 비구들이 그의 과거에 있었던 일을 설명해 달라고 요청하자 부처님께서 이야기를 시작하셨다.

바후반디까의 과거생: 물에 사는 야차와 마힝사사와 짠다와 수리야

과거로 한참을 거슬러 올라가서 미래에 붓다가 되실 보디삿따께서 베나레스 왕의 첫 번째 왕비에게 잉태되어 새로운 생명을 얻었다. 어느 날 아이의 명명식에서 그에게 마힝사사라는 이름이 주어졌다. 그리고 얼마 후 짠다(달)라는 동생이 생겼다. 그의 어머니가 죽자 왕은 두 번째 왕비를 맞이했고, 그녀가 아이를 낳자 수리야(해)라고 이름 지었다. 왕이 수리야를 보고 기쁨이 넘치자 왕비에게 말했다.

"내가 은덕을 베풀겠소. 원하는 것이 있으면 말해 보시오."

"제가 요구하고 싶을 때 말씀드리겠어요."

아들이 성년이 되자 그녀가 왕에게 말했다.

"폐하, 제가 아들을 낳았을 때 폐하께서 은덕을 내리겠다고 말씀하셨습니다. 이제 제 요구를 말씀드리겠습니다. 제 아들에게 왕국을 물려주십시오."

왕은 그녀의 요구를 거절했다.

"나의 두 아들이 저렇게 활기차게 돌아다니고 있는데 어떻게 당신 아들에게 왕국을 물려주라는 말이오?"

왕의 거절에도 불구하고 왕비는 끈질기게 요구했다. 왕은 왕비의 지독한 집착을 바라보며 생각에 잠겼다.

'그녀가 나의 두 아들에게 해를 끼칠지도 모른다.'

왕은 두 아들을 불러 말했다.

"아들들아, 수리야가 태어난 날 나는 왕비에게 상을 내리겠다고 말했단다. 왕비는 그것을 구실로 수리야에게 왕국을 물려주라고 요구하고 있다. 왕비가 너희들에게 해를 끼칠까 두렵구나. 그러니 너희들은 숲으로 들어가 살다가 내가 죽으면 돌아와 왕국을 물려받아라."

왕은 두 아들을 숲으로 보냈다.

두 아들이 왕에게 인사하고 짐을 꾸려 궁전의 뜰을 가로질러갔다. 그때 뜰에서 놀고 있던 수리야가 형들이 떠나는 것을 보고 어디 가는지 물었다. 형들은 자신들이 떠나는 이유를 설명했다. 그러자 수리야도 형들을 따라나섰다. 히말라야에 도착하자 보디삿따는 넓은 신작로를 벗어나서 한 나무 밑에 앉아 수리야 왕자에게 말했다.

"호수에 가서 목욕하고 물도 마시고 오면서 연잎에 물 좀 떠오너라."

이 호수는 사대천왕 중의 한 명이자 약카들의 왕인 웻사와나 천왕이 어떤 약카에게 준 것이었다. 웻사와나 천왕이 그 약카에게 호수를 주면서 말했었다.

"이 호수에 들어선 사람은 모두 잡아먹어도 된다. 하지만 고귀한 법을 아는 사람은 잡아먹어서는 안 된다."

그때부터 이 물의 약카는 호수에 들어온 사람 모두에게 고귀한 법에 대해 묻고 모르는 사람은 전부 잡아먹었다.

근심 걱정이 전혀 없는 수리야가 물에 들어서자 물의 약카가 물었다.
"너는 고귀한 법이 무엇인지 아느냐?"
"해와 달이 고귀한 법이에요."
"너는 고귀한 법이 무엇인지 모른다."
물의 약카는 그를 즉시 물속으로 끌고 들어가서 자기 집에 감금했다. 보디삿따는 수리야 왕자가 돌아오지 않자 짠다를 보냈다. 짠다가 호수에 내려오자 물의 약카가 물었다.
"너는 고귀한 법이 무엇인지 아느냐?"
"동서남북 사방이 고귀한 법입니다."
"너도 고귀한 법이 무엇인지 모른다."
약카는 그도 물속으로 끌고 가서 자기 집에 감금했다.

보디삿따는 짠다 왕자마저 돌아오지 않자 무슨 일이 벌어졌다고 생각하고 즉시 호수로 달려갔다. 그는 두 사람의 발자국이 호수 안으로 이어져 있는 것을 보고 결론을 내렸다.
"이 호수는 물의 약카가 출몰하는 곳이다."
그는 칼을 허리에 차고 활을 들고 서서 기다렸다. 물의 약카는 그가 호수 안으로 들어오지 않자 나무꾼으로 변장하고 다가가서 말했다.
"친구여, 그대는 긴 여행으로 지쳐 보이는데 호수로 내려가서 목욕도 하고 물도 마시고 연실을 따먹고 연꽃을 꺾어 옷에 꽂지 그러는가?"
보디삿따는 그를 보고 즉시 약카라는 것을 알아차렸다.
"동생들을 잡아간 것이 당신이군요!"
"그렇다."

"왜 잡아갔습니까?"
"호수 안에 들어온 자는 다 나의 몫이다."
"다 당신 몫이라고요?"
"나는 고귀한 법을 아는 사람은 제외하고 다 잡아먹을 수 있다."
"그럼 당신은 고귀한 법이 무엇인지 알고 싶지 않습니까?"
"알고 싶다."
"제가 대답해 드릴 수 있습니다."
"좋다. 말해 보아라."
"저는 몸을 깨끗이 씻지 않고는 말할 수 없습니다."
약카는 즉시 보디삿따를 목욕시키고, 마실 물을 떠주고, 고급스러운 옷을 입히고, 화려하게 장식한 누각의 한가운데 의자에 앉힌 다음 그의 발아래 앉았다. 보디삿따가 그에게 말문을 열었다.
"주의깊게 들으십시오."

겸손하고 죄를 부끄러워하며
착하고 바른 법을
고귀한 법이라고 부른다.

약카가 이 게송을 듣고 믿음이 생겨 보디삿따에게 말했다.
"현자여, 나는 당신의 말을 믿습니다. 당신의 두 형제 중 한 명을 풀어줄 테니 어떤 동생을 데려올까요?"
"막내를 데려오십시오."
"현자여, 당신은 고귀한 법을 알면서 고귀한 행위는 실천하지 않는군요."
"왜 그렇게 말씀하십니까?"
"둘째를 놔두고 막내를 데려오라고 하는 것은 서열의 고귀함을 무시하는 것 아닙니까?"
"약카여, 나는 진정 고귀한 것이 무엇인지 알 뿐만 아니라 실천하고 있습니다. 사실 우리가 이 숲에 들어온 것도 막냇동생 때문입니다. 그의 어머니가 나의 아버지에게 왕국을 막내에게 물려주라고 요구했기 때문입니다. 아버지는 그녀의 요구를 들어주지 않고 우리의 안전을 위해 숲에 들어가 머물라고 지시했습니다. 그런데 막내가 우리를 따라나선 것입니다. 내가 돌아가서 '어떤 약카가 그를 잡아먹었다.'라고 말하면 아무도 나를 믿지 않을 것입니다. 나는 비난받기가 두려워 막내를 데려오라고 한 것입니다."

약카가 보디삿따의 말을 믿고 말했다.

"좋습니다, 현자여. 당신은 진정 고귀한 법이 무엇인지 알고 있습니다."

약카는 그렇게 말하고 두 형제를 데려와 보디삿따에게 넘겨주었다. 보디삿따는 그에게 약카로 사는 삶이 불행을 초래한다는 것을 법문하고 오계를 주어 지키게 했다. 보디삿따는 약카의 보호를 받으며 숲에서 머물다가 왕이 죽자 약카와 함께 베나레스로 돌아와 왕국을 물려받았다. 그는 짠다 왕자를 부왕副王에 앉히고 막내 수리야 왕자를 사령관에 임명했다. 그는 또 약카에게 쾌적한 거처를 지어주고 선물을 주고 음식을 충분히 제공해주었다.

부처님께서 이 법문을 들려주시고 자따까에 나오는 인물들에 대해 설명하셨다.

"그때의 약카는 많은 물건을 소유한 바후반디까이고, 수리야 왕자는 아난다이고, 짠다 왕자는 사리뿟따이며, 마힝사사 왕자는 바로 나이다."

부처님께서는 자따까를 이야기해 주시고 나서 말씀하셨다.

"비구여, 그대는 과거생에 진정 고귀한 것을 찾고 겸손함과 죄에 대한 부끄러움을 가지려고 노력했다. 그러나 지금은 비구에게 어울리지 않는 행위를 하고 사부대중들 가운데 서서 '나도 적은 것에 만족한다.'라고 소리치고 있다. 비구가 가사를 벗어 팽개치면 비구가 아니다."

부처님께서는 이 말씀에 이어서 게송을 읊으셨다.

나체로 다니고

머리를 뒤로 묶고
몸에 진흙을 바르고 금식기도를 한다.
맨땅에서 지내고
먼지나 재를 뒤집어쓰고
웅크리고 앉아 명상한다.
이런 식으로 수천 년을 고행한다 해도
마음은 청정해지지 않는다.
의심을 건너지 못한 자는
결코 청정해질 수 없다.(141)

아홉 번째 이야기
애인의 죽음에 충격받은 산따띠 장관

부처님께서 제따와나에 계실 때 산따띠 장관과 관련해서 게송 142번을 설하셨다.

어느 때 산따띠는 빠세나디 왕이 다스리는 꼬살라국의 국경지방에 일어난 반란을 진압하고 개선했다. 왕은 너무나 기뻐서 그에게 일주일간 왕국을 넘겨주고 춤추고 노래하는 한 무희를 보내 그를 흥겹게 했다. 산따띠는 6일간 술독에 빠져 지내다가 7일째 되는 날 온갖 장신구로 몸을 치장하고서 코끼리 등에 올라타고 목욕하려고 연못으로 출발했다. 그가 성문을 지나갈 때 마침 부처님께서 탁발하려고 성으로 들어오고 계셨다. 그는 코끼리 등에 올라탄 채로 부처님께 고개를 끄덕여 인사를 대신하고 지나갔다.

부처님께서 그를 보고 미소를 지었다.
"부처님이시여, 왜 미소를 짓습니까?"
아난다 장로가 여쭙자 부처님께서 그 이유를 설명하셨다.
"아난다여, 산따띠 장관을 보라. 그는 바로 오늘 저 모습 그대로 몸에 장신구를 단 채로 내게 달려올 것이고 나는 그에게 사구게송을 설할 것이다. 그는 게송 끝에 아라한이 되어 야자나무 일곱 배 높이로 공중에 올라가 가부좌를 틀고 대열반에 들 것이다."

주민들이 부처님과 아난다 사이에 오가는 대화를 들었다. 사견을 가진 사람들은 이렇게 생각했다.
'사문 고따마가 말하는 것 좀 봐라. 눈에 보이는 것은 무엇이든 입에 담아 허풍을 떠는구나. 바로 오늘 술 취한 술주정뱅이가 장신구를 단 채로 자기에게 달려와 게송을 듣고 대열반에 든다고 하는구나. 그런 일은 절대 일어나지 않을 것이다. 가서 그가 거짓말하는 순간을 포착해야겠다.'

반면에 정견을 가진 사람들은 이렇게 생각했다.

'부처님의 능력은 얼마나 위대하고 놀라운가! 오늘 우리는 부처님과 산따띠 장관의 위대함을 보게 될 놀라운 기회를 얻을 것이다.'

산따띠 장관은 낮에 연못에서 물놀이를 하며 시간을 보내다가 놀이동산으로 가서 연회석에 앉았다. 이때 무희가 연회석의 무대 중앙으로 내려와 춤과 노래 솜씨를 뽐내기 시작했다. 그녀는 아름답고 우아한 곡선미를 드러내기 위해 일주일 동안이나 굶은 상태였다. 무희는 몸을 빙글빙글 돌며 춤추고 노래 부르기 시작했다. 그 순간 갑자기 칼로 도려내는 듯한 복통이 일어나 그녀는 입을 벌리고 눈을 치켜뜬 채 쓰러져 죽고 말았다.

산따띠 장관이 소리 질렀다.
"저 여인을 좀 살펴봐라."
"그녀는 죽었습니다, 장관님."
산따띠 장관은 이 말을 듣자 커다란 슬픔과 비탄에 빠져 어찌할 바를 몰랐다. 마치 붉게 달아오른 화로에 떨어진 물방울이 순식간에 증발해 버리듯이 일주일 동안 마신 술기운이 한순간에 확 날아가 버렸다. 그는 의지처가 필요했다.
"부처님 외에 누가 나의 슬픔을 소멸시켜 줄 수 있을 것인가?"

그는 부하들을 거느리고 부처님께 달려가서 삼배를 올리고 말씀드렸다.
"부처님이시여, 제게 이런 괴로운 일이 벌어졌습니다. 부처님께서 제 괴로움을 소멸시켜 주십시오. 제 의지처가 되어주십시오."
"그대는 그대의 괴로움을 소멸시킬 수 있는 유일한 사람에게 왔다. 그대가 헤아릴 수 없이 윤회하는 동안 그녀의 죽음을 보고 비탄에 빠져 흘린 눈물의 양이 저 사대양의 물보다 더 많다."
부처님께서는 그렇게 말씀하시고 게송을 읊으셨다.

지나간 과거를 붙들고 근심하지 말고
오지 않은 미래를 걱정하지도 마라.

지금 이 순간도 마음이 머무는 바가 없다면
그대는 평화롭게 살아가리라.

이 게송 끝에 산따띠 장관은 사무애해를 갖춘 아라한이 됐다. 그는 자신의 수명을 살펴보고 얼마 남지 않았다는 것을 알고 부처님께 말씀드렸다.

"부처님이시여, 대열반에 들도록 허락해 주십시오."

부처님께서는 산따띠가 과거생에 지은 공덕을 알고 계셨지만 주변에 모인 사람들을 생각하지 않을 수 없었다.

'내가 거짓말하는 순간을 포착하려고 모인 이교도들의 의도는 실패로 끝날 것이다. 붓다와 산따띠의 위대함을 보려고 모인 정견을 가진 사람들이 산따띠가 과거생에 지은 공덕을 이야기하는 것을 들으면 삼보에 대한 신심이 증가할 것이다.'

부처님께서는 산따띠 장관에게 말씀하셨다.

"그러면 야자나무 일곱 배 높이의 공중으로 올라가서 그대가 과거생에 지은 공덕을 자세히 이야기한 다음 대열반에 들도록 하여라."

"그렇게 하겠습니다."

그는 부처님께 삼배를 올리고, 야자나무 높이로 올라갔다가 내려와서 다시 부처님께 삼배를 올리고 나서, 야자나무 일곱 배 높이로 올라가 공중에서 가부좌를 틀고 앉아서 말했다.

"부처님이시여, 제가 과거생에 지은 공덕에 대해 말씀드리겠습니다."

그는 자기의 과거생에 대해 이야기하기 시작했다.

산따띠 장관의 과거생: 전법사와 왕

저는 91대겁 전, 위빳시 부처님이 세상에 출현하셨을 때 반두마띠 도시에 태어났습니다. 제가 성년이 되자 이런 생각이 떠올랐습니다.

'사람들을 가난과 괴로움에서 벗어나게 해 주려면 어떻게 해야 하나?'

이런 생각을 하고 있을 때 어떤 사람들이 법을 전하면서 돌아다니는 것을 보았습니다. 그때부터 법을 전하는 일을 하기 시작했습니다. 저는 사람들에게 공덕을 짓도록 권하고 저 자신도 공덕을 쌓았습니다. 우뽀사타 재일에는 팔계를 받아 지니고 공양을 올리고 법문을 들었습니다. 저는 돌아다니면서 사람들에게 이렇게 말했습니다.

"불·법·승 삼보三寶에 버금가는 보물은 없습니다. 그러니 삼보에 귀의하십시오."

이때 부처님의 아버지인 반두마띠의 왕이 제 목소리를 듣고 불러서 물었습니다.

"친구여, 그대는 무슨 일을 하며 돌아다니시오?"

"폐하, 저는 삼보의 공덕을 찬탄하고 주민들에게 공덕을 지으라고 권하며 돌아다닙니다."

"무얼 타고 돌아다니시오?"

"제 튼튼한 두 다리로 돌아다닙니다."

"친구여, 그대 같은 사람이 그렇게 돌아다니면 어울리지 않소. 이 꽃다발로 장식하고 말을 타고 다니시오."

왕은 제게 진주 목걸이 같은 꽃다발과 말 한 마리를 하사했습니다.

왕이 상을 내린 후에도 저는 전처럼 법을 전하고 돌아다녔습니다. 그러자 왕이 다시 불러 물었습니다.

"친구여, 지금은 무슨 일을 하며 돌아다니시오?"

"전과 똑같은 일을 하며 돌아다니고 있습니다, 폐하."

"친구여, 그대에게 말은 충분하지 않소. 이것을 타고 다니시오."

왕은 제게 네 필의 말이 끄는 마차를 하사했습니다. 세 번째로 왕이 제 목소리를 듣고 불러서 물었습니다.

"친구여, 지금은 무슨 일을 하며 돌아다니시오?"

"전과 같습니다, 폐하."

"친구여, 마차로는 충분하지 않소."

왕은 제게 많은 재산과 찬란한 보석과 한 마리 코끼리를 하사했습니다. 그래서 저는 보석을 달고 코끼리 등에 올라앉아 8만 년을 돌아다니며 공덕을 짓고 법을 전했습니다. 그 당시 저의 몸에서는 전단향의 향기가 나고 입에서는 연꽃의 향기가 흘러나왔습니다. 이것이 제가 과거생에 지은 공덕입니다.(과거 이야기 끝)

산따띠 장관은 과거생에 지은 공덕에 대해 이야기하고 나서 공중에서 가부좌를 틀고 앉아 불 까시나를 대상으로 화광삼매火光三昧에 들어 대열반을 실현했다. 이때 그의 몸에서 불꽃이 일어나 피와 살을 다 태우고 사리가 재스민 꽃처럼 떨어져 내렸다. 부처님께서는 하얀 천을 펼쳐 사리를 받아 사람들이 많이 다니는 사거리에 전시했다가 탑을 세워 안치하라고 말씀하셨다.

"이 사리에 참배하면 많은 공덕을 얻을 것이다."

비구들이 법당에 모여 이야기를 나누었다.

"산따띠 장관은 게송 끝에 아라한이 됐고 보석을 장식한 화려한 속인의 옷을 입고 공중에 올라가 대열반에 들었다. 그러면 그를 '사문'이라고 불러야 하는가, 아니면 '바라문'이라고 불러야 하는가?"

이때 부처님께서 들어와서 비구들에게 물으셨다.

"그대들은 여기 함께 모여서 무슨 이야기를 나누고 있었는가?"

비구들이 대답하자 부처님께서 말씀하셨다.

"비구들이여, 나의 아들을 '사문'이라고 불러도 옳고 '바라문'이라고 불러도 옳다."

부처님께서는 이렇게 말씀하시고 게송을 읊으셨다.

화려하게 치장했더라도
내면이 평화롭고 고요하며,

감관을 잘 다스려 흔들림이 없고
도를 얻어 청정하며,
살아있는 생명을 해치지 않고
조화롭게 살아간다면,
그는 바라문이자 사문이며 비구이다.152) (142)

---

152) 외형적으로 살펴보면 바라문은 태생이 고귀한 바라문 계급에 속하며 세속에 살면서 베다를 외우고 제사를 지내는 성직자다. 사문은 바라문교를 제외한 교단들(불교 포함)로 출가한 자이고, 비구는 불교로 출가한 사문이다. 하지만 이 게송에서 말하는 내면적 의미를 살펴보면 태생이 고귀하다고 해서 바라문이 아니고, 구경의 깨달음을 성취한 아라한이 진정 고귀한 사람이며, 출가했다고 다 사문이 아니고 세간을 벗어나 출세간에 노니는 사람이 진정한 사문이며, 가사를 걸쳤다고 다 비구가 아니고 마음속의 모든 오염원을 제거하고 청정범행을 완성한 수행자가 진정한 비구다.

열 번째 이야기
누더기를 스승으로 삼은 뻴로띠까 띳사 장로

부처님께서 제따와나에 계실 때 뻴로띠까 띳사153) 장로와 관련해서 게송 143, 144번을 설하셨다.

어느 날 아난다 장로는 한 소년이 누더기를 입고 깨어진 쪽박을 들고 오는 것을 보고 그에게 말했다.
"거지의 삶보다 출가 생활이 더 낫지 않겠는가?"
"누가 저 같은 하찮은 사람을 스님으로 만들어주겠습니까?"
"내가 너를 비구로 만들어주겠다."
장로는 그를 데려가서 손수 목욕을 시키고 수행주제를 설명하고 사미계를 주었다. 그는 그동안 입고 다녔던 누더기를 펼쳐놓고 감회가 어린 듯 바라보았다. 그는 아무도 가지 않는 곳에 가서 나뭇가지에 누더기와 쪽박을 걸어놓았다. 얼마 후 그는 비구계를 받고 부처님에게 올라오는 풍요로운 공양물을 마음껏 즐기고 값비싼 가사를 입고 돌아다녔다. 시간이 지나면서 몸도 뚱뚱해지고 출가 생활이 지루해지기 시작했다.

'신심 있는 신도들이 올리는 값비싼 가사를 걸치고 사는 것이 무슨 의미가 있을까? 전에 입었던 다 떨어진 누더기를 다시 입고 세속으로 돌아갈까?'

그는 누더기를 걸어두었던 곳으로 가서 누더기와 쪽박을 찾아들고 생각했다.
"이 부끄러움도 모르고 몰염치한 녀석아, 이런 값비싼 옷을 버리고 넝마를 입고 쪽박을 차고 동냥이나 하러 돌아다니겠다고?"

그는 이렇게 누더기를 바라보며 자신을 경책했다. 그렇게 하고 나면 마

---

153) 뻴로띠까 띳사Pilotika Tissa: 넝마(pilotikā)를 입고 쪽박을 들고 구걸하고 다니다가 아난다 장로를 만나 출가한 비구로 자신의 넝마와 쪽박을 경책 삼아 아라한이 됐다.

음에 평온이 찾아왔다. 그는 누더기를 내려놓고 사원으로 되돌아갔다. 그런데 또 며칠이 지나면서 출가 생활이 지루해지고 짜증이 몰려오기 시작했다. 그는 다시 누더기가 있는 곳으로 가서 자신을 경책하고 사원으로 돌아왔다. 그가 세 번째로 누더기가 있는 곳에 갔다 오자 비구들이 물었다.

"스님은 어디에 다녀오는 길입니까?"

"제 스승에게 다녀오는 길입니다."

그는 낡은 누더기를 경책 삼아 자신을 정복해 나가서 얼마 가지 않아 아라한이 됐다.

비구들은 물었다.

"스님은 이제 더 이상 스승에게 가지 않는군요? 이 길은 그대가 항상 다니던 스승에게 가는 길이 아닙니다."

"세속에 대한 집착이 남아 있을 때는 스승에게 갔으나 이제 나를 묶고 있던 세속에 대한 집착의 끈을 끊어버렸기 때문에 더 이상 스승에게 갈 필요가 없습니다."

비구들은 그가 깨달음을 얻었다는 말을 믿을 수가 없어 부처님께 가서 말씀드렸다.

"부처님이시여, 뻴로띠까 비구는 마치 자신이 아라한인 것처럼 말하고 있습니다."

"비구들이여, 그가 무슨 말을 했는가?"

"그는 집착의 끈을 완전히 끊어버렸다고 말하고 있습니다."

"비구들이여, 그가 하는 말은 사실이다. 나의 아들은 세속에 대한 집착이 남아 있을 때는 스승에게 갈 필요가 있었으나 이제 세속에 대한 집착의 끈을 완전히 잘라버리고 자신을 제어해 아라한이 됐다."

부처님께서는 이 말씀에 이어서 게송을 읊으셨다.

채찍을 들기만 해도
내달리는 날쌘 말처럼

혼침을 물리치고 성성하게 깨어있고
부끄러움으로 나쁜 생각을 막는 사람은
세상에 찾아보기 힘들다.(143)

채찍이 살짝 닿기만 해도
내달리는 날쌘 말처럼
생사에 두려움을 내어 힘써 노력하라.
믿음・계행・정진・선정・진리에 대한 탐구
그리고 지혜와 실천154)을 갖추어
항상 주의깊게 알아차려서
끝없는 이 괴로움을 제거하라.(144)

---

154) 지혜와 실천(vijjā-caraṇa): 부처님의 10대 명호 중 하나인 '지혜와 실천을 구족하신 분(vijjā-caraṇa-sampanno, 明行足)'에도 나오는 단어로 중국에서 지혜(vijjhā)를 명明으로 실천(caraṇa)을 행行으로 번역했다. 청정도론(Vis.7.30)과 암밧타 경(D3)에 지혜로서는 여덟 가지를, 실천으로서는 열다섯 가지를 열거하고 있다. 여덟 가지 지혜로는 신통변화의 지혜(神足通), 하늘 귀의 지혜(天耳通), 다른 사람의 마음을 읽는 지혜(他心通), 하늘 눈의 지혜(天眼通), 전생을 기억하는 지혜(宿命通), 번뇌를 부순 지혜(漏盡通), 위빳사나 지혜(洞察智), 마음으로 만든 몸(意所成神變)이 있다. 열다섯 가지 실천이란 계율에 의한 단속, 감각기능의 단속, 음식의 단속, 깨어있음, 교학, 양심, 수치심, 믿음, 정진, 알아차림, 통찰지와 색계 4삼매이다. 이외에도 부처님의 지혜로는 일체지를, 실천으로는 대연민심을 들고 있다.(Vis.7.32)

열한 번째 이야기
수카 사미의 깨달음

부처님께서 제따와나에 계실 때 수카 사미와 관련해서 게송 145번을 설하셨다.

수카 사미의 과거생: 밧따바띠까와 재정관 간다와 벽지불

옛날 베나레스에 간다라는 젊은이가 살았다. 그는 도시 재정관의 아들이었다. 아버지가 죽자 왕은 그를 불러 위로하고 작위를 하사하고, 아버지가 앉았던 재정관 자리에 임명했다. 그때부터 그는 재정관 간다로 알려졌다.

어느 날 집사가 그에게 여러 개의 보물창고를 보여주며 말했다.
"주인님, 당신의 아버지가 모았던 재산과 할아버지가 모았던 재산과 조상들이 모았던 이 모든 재산이 이제 주인님의 소유가 됐습니다."
재정관은 보물창고를 둘러보고 말했다.
"조상들이 저세상으로 갈 때 이 보물들을 왜 가져가지 않았습니까?"
"주인님, 저세상으로 갈 때 재산을 가져가는 사람은 아무도 없습니다. 모든 사람은 죽을 때 선업이거나 악업이거나 자기가 지은 업만을 가져갑니다."

재정관은 이 말을 듣고 생각했다.
'이토록 많은 재물을 쌓아두고 그냥 가다니 정말 어리석은 사람들이다! 나는 갈 때 이걸 다 가져가야겠다.'
재정관의 이런 생각은 어려운 사람을 도와주거나 성인에게 공양 올린다는 말이 아니었다.
'나는 저세상으로 가기 전에 이 재산을 모두 먹어버리겠다.'

그는 10만 냥의 돈으로 수정 욕조를 만들고, 10만 냥의 돈으로 목욕 의자를 만들었다. 10만 냥의 돈으로 화려한 안락의자를 만들고, 10만 냥의 돈으로 보석을 박은 밥그릇을 만들었다. 10만 냥의 돈으로 식당 위에 커다란 누각을 만들고, 10만 냥의 돈으로 구리 도금한 접시들도 만들었다. 그리고 10만 냥의 돈으로 화려한 창문을 만들었다. 아침식사를 위해 천 냥의 돈을 사용하고, 저녁식사를 위해 천 냥의 돈을 사용하고, 보름날의 점심식사를 위해 10만 냥의 돈을 사용했다.

어느 날 이 화려한 음식을 먹으려다 그는 10만 냥의 돈을 들여 도시를 단장하고 하인들을 시켜 북을 두드리고 이렇게 알리게 했다.

"모두 와서 간다 재정관이 식사하는 모습을 구경하시오."

곧 시민들이 의자와 간이침대 등을 들고 모여들었다. 간다 재정관은 먼저 10만 냥을 들여 만든 크리스털 욕조에서 열여섯 항아리의 향수를 붓고 들어가 목욕하고 10만 냥을 들여 만든 의자에 앉아 호화로운 창문을 모두 열고 자신의 모습을 드러냈다. 하인들이 구리 도금한 접시와 보석 밥그릇에 100가지 맛이 나는 음식을 담아와 내려놓았다. 재정관은 한 무리의 어여쁜 무희들에게 둘러싸여 식사를 즐겼다.

얼마 후 한 시골 사람이 땔나무 등을 수레에 잔뜩 싣고 도시에 왔다. 그는 불필요한 낭비를 줄이려고 친구네 집에 잠시 머물렀다. 바로 그날이 보름날이어서 사람들이 북을 치고 돌아다니며 소리치고 있었다.

"모두 와서 간다 재정관이 얼마나 호화스럽게 식사하는지 구경하시오."

도시 친구가 시골 친구에게 물었다.

"간다 재정관이 호화스럽게 식사하는 모습을 본 적이 있는가?"

"없네."

"그럼 우리 함께 가세. 북소리가 온 도시를 진동하고 있네. 재정관의 집으로 가서 호사스러움의 극치를 한번 구경하세."

도시 친구는 시골 친구를 데리고 재정관의 집으로 갔다. 시민들이 침대와 의자 위에 올라가 구경하고 있었다.

시골 친구가 맛있는 음식 향기에 취해 도시 친구에게 말했다.

"나도 저런 음식을 한번 먹어보고 싶어."

"그런 소원은 절대로 갖지 말게. 자네는 꿈도 꿀 수 없는 것이라네."

"저걸 먹을 수 없다면 더는 살고 싶지 않아."

도시 친구가 시골 친구를 막을 수 없자 군중 속에서 나와서 세 번이나 큰 목소리로 외쳤다.

"재정관님께 인사 올립니다."

"무슨 일이오?"

"제 친구가 재정관님께서 드시는 음식을 꼭 한 번만 먹어보고 싶답니다. 제발 한 숟가락만 먹게 해 주십시오."

"절대로 줄 수 없소."

도시 친구는 시골 친구에게 고개를 돌리고 말했다.

"친구여, 자네도 들었지?"

"들었네. 하지만 제발 한 숟가락이라도 먹어보고 싶네. 먹지 못하면 차라리 죽어버리겠네."

도시 친구는 다시 큰 목소리로 세 번 외쳤다.

"제 친구가 그 음식을 먹을 수 없다면 죽어버리겠다고 합니다. 제발 그의 목숨을 살려주십시오."

"이 밥 한 숟갈이 100냥, 200냥짜리요. 사람들이 달라는 대로 줘버리면 난 뭘 먹겠소?"

"재정관님, 친구가 그 밥을 먹을 수 없다면 죽어버리겠다고 합니다. 제발 그의 목숨을 살려주십시오."

"한 숟갈도 줄 수 없소. 하지만 그가 목숨을 걸고 이 밥을 먹고 싶다면 우리 집에 와서 3년 동안만 열심히 일하라고 하시오. 그렇게 하면 이 밥을 먹게 해 주겠소."

시골 친구가 이 말을 듣고 대답했다.

"그렇게 하겠습니다."

그는 시골집으로 돌아가서 자식과 아내에게 말했다.

"나는 재정관이 먹는 밥 한 끼를 먹기 위해 그 집에 가서 3년 동안 일하려고 한다."

그는 재정관의 집으로 들어가서 3년간 맡은 일을 열심히 했다. 집안일이나 숲속에서나 밤이나 낮이나 그는 주어진 일은 모두 완수했다. 그래서 도시에 거주하는 시민들이 그를 밧따바띠까(음식을 얻기 위해 고용된 하인)라고 불렀다.

약속한 봉사 기간이 끝나자 집사가 재정관에게 말했다.

"밧따바띠까의 봉사 기간이 만료됐습니다. 그가 이 집에서 3년 동안 일한 것은 정말 어려운 일이었습니다. 그는 맡은 일을 단 하나도 소홀히 하지 않았고 충실히 잘해 주었습니다."

재정관은 그의 저녁식사를 위해 2천 냥을 지불하고 아침식사를 위해 천 냥을 지불해 모두 3천 냥의 돈을 지불했다. 그는 아내를 제외하고 모든 하인과 종들에게 그날 하루 동안 밧따바띠까를 시중들라고 지시했다.

"오늘만은 여러분들이 평소에 내게 했던 것과 똑같이 밧따바띠까에게 정성들여 극진히 시중들도록 하라."

재정관은 그날 하루 동안 밧따바띠까에게 자신의 자리를 내주었다.

밧따바띠까는 재정관이 했던 것과 똑같은 욕조에 똑같은 물로 목욕하고 재정관이 앉았던 목욕용 의자에 앉았다. 그는 재정관의 옷으로 갈아입고 재정관의 의자에 앉았다. 재정관은 하인들을 시켜 도시를 돌아다니며 북을 두드리고 외치게 했다.

"밧따바띠까가 간다 재정관 집에서 3년 동안 일해 주고 오늘 한 끼 식사를 받는 날입니다. 모두 와서 밧따바띠까의 호화스러운 식사를 구경하시기 바랍니다."

시민들이 침대와 의자에 올라가서 구경하기 시작했다. 밧따바띠까는 자기가 바라보는 곳이 모두 떨고 있는 것처럼 느꼈다. 무희들은 앞에서 춤을 추고 하인들은 음식을 가져와 식탁에 차려주었다.

그가 손을 씻을 때 한 벽지불이 간다마다나 산에서 일주일간의 멸진정에서 나와 누구에게 공양을 받을 것인지 살펴보았다.

'오늘은 어디 가서 탁발을 할까?'

이때 벽지불의 눈에 밧따바띠까가 보였다. 벽지불은 그가 신심이 있는지 살펴보았다.

'이 사람은 3년간 일해 주고 한 끼 식사를 받았다. 그에게 신심이 있는가, 없는가?'

벽지불은 그가 신심이 있다는 것을 알자 더 앞을 내다보았다.

'신심이 있는 사람도 항상 공양을 올리는 것은 아니다. 이 사람이 일부러 마음을 내어 내게 공양을 올릴까?'

벽지불은 곧 앞일을 예측했다.

'그는 내게 공양을 올릴 것이고 그럼으로써 무한한 복덕을 받을 것이다.'

벽지불은 가사를 걸치고 발우를 들고 공중으로 날아올라 군중들이 모여 있는 곳에 내려앉아 밧따바띠까 바로 앞에 서 있었다.

밧따바띠까는 식사하려다 벽지불이 나타난 것을 보았다.

'나는 전에 공양을 올려본 적이 없다. 이런 호화스러운 밥 한 끼 먹으려고 나는 남의 집에서 무려 3년간 뼈 빠지게 일했다. 하지만 내가 받은 이 음식은 몸 안에서 하루 밤낮을 지속할 뿐이다. 이 음식을 고귀한 성인에게 올리면 수백만 생 동안 지속할 것이다. 이 음식을 성인에게 올려야겠다.'

밧따바띠까는 3년간 뼈 빠지게 고생해서 받은 음식을 한 숟갈도 입에 넣지 않고 벽지불에게 가져갔다. 그는 음식을 옆 사람에게 잠시 맡기고 삼배를 올리고 다시 받아서 벽지불의 발우에 부어드렸다. 음식이 반쯤 발우 속으로 들어가자 벽지불은 손으로 발우 뚜껑을 닫으려 했다. 그러자 밧따바띠까는 이렇게 말했다.

"존자님, 1인분의 음식을 둘로 나눌 수 없습니다. 저는 금생에 복을 받으려는 것이 아니고 다가오는 미래에 복을 받으려는 것입니다. 제 몫을 남기지 않고 모두 올리고 싶습니다."

그는 자기 몫을 하나도 남기지 않고 모두 벽지불에게 올려 많은 공덕을 지었다. 그는 그렇게 공양을 올리고서 다시 삼배를 드리고 말했다.

"존자님, 제가 순전히 이 음식 때문에 3년간 남의 집에서 온갖 힘든 일을 참으며 일했습니다. 이후로 제가 태어나는 곳마다 행복만이 있기를 기원합니다. 그리고 존자님께서 깨달으신 진리를 저도 깨달을 수 있기를 기원합니다."

"그렇게 되기를! 마치 소원을 빌면 모두 이루어지는 마니보주처럼 그대의 모든 소원이 이루어지기 바랍니다. 마치 보름달이 꽉 차듯이 그대의 모든 갈망이 다 채워지기 바랍니다."

그리고는 축원 게송을 읊었다.

그대가 바라고 원하는 모든 일이 속히 이루어지기를!
보름달이 가득 차듯이 모든 소망이 가득 채워지기를!
그대가 바라고 원하는 모든 일이 속히 이루어지기를!
소원을 빌면 이루어지는 마니보주처럼 그대의 소원이 이루어지기를!

그런 다음 벽지불은 이렇게 결심했다.

'내가 간다마다나 산에 도착할 때까지 군중들이 나를 바라보고 있기를!'

그리고는 즉시 공중으로 날아 간다마다나 산으로 가서 500명의 벽지불에게 음식을 나눠 주었다. 모두가 충분히 먹을 만큼 나눠 주고도 음식이 남았다.

'어떻게 겨우 1인분의 음식을 그 많은 사람에게 충분히 나눠 줄 수 있을까?'라고 묻지 마라. 생각으로 헤아릴 수 없는 것에는 네 가지가 있다. 벽지불의 경지도 그 네 가지 중에 하나다.

벽지불이 다른 벽지불들에게 음식을 모두 나눠 주는 것을 보고 군중들 수천 명이 일시에 환성을 터트리며 박수갈채를 보냈는데 그 소리는 마치 천둥이 울리는 소리 같았다. 간다 재정관이 이 환호성을 듣고 생각했다.

'밧따바띠까가 내가 제공한 호화스러운 영광을 제대로 즐기지 못하고 어색해하는 모습이 군중들에게 웃음거리가 되는 모양이다.'

그는 하인을 보내 알아보게 했다. 하인이 돌아와서 일어난 일을 보고했다.

"주인님, 밧따바띠까가 자신의 호화로운 영광을 이렇게 사용했다고 합니다."

재정관이 이 말을 듣자 온몸이 다섯 가지 희열로 가득 차오르며 감탄사를 발했다.

"오! 이 사람이 정말 어려운 일을 했구나! 나는 이제까지 화려한 삶을 즐기느라 한 번도 남에게 보시해 본 적이 없다!"

그는 밧따바띠까를 불러서 물었다.

"그대가 벽지불에게 공양을 올렸다는데 사실인가?"

"사실입니다, 주인님."

"좋아, 내가 천 냥을 줄 테니 그대가 공양 올린 공덕을 내게 넘기게."

밧따바띠까는 그렇게 했다. 그리고 재정관은 자신의 재산을 반으로 나누어 밧따바띠까에게 주었다.

무량한 복덕을 가져오는 가장 수승한 보시는 네 가지 성취가 갖춰져야 한다. 받는 사람의 성취, 시주물의 성취, 마음의 성취, 신통력의 성취이다. 멸진정에서 나온 아라한과 아나함은 공양을 받을 만한 가장 훌륭한 사람이다. 받는 자의 성취는 이러한 분에게 공양을 올리면 무량한 복덕이 있다. 시주물의 성취는 정당한 방법으로 바르게 얻은 것으로 시주하는 것을 말한다. 마음의 성취는 지혜와 기쁨이 함께한 마음으로 공양을 올리는 것을 의미한다. 이때의 마음은 공양을 올리기 전의 마음과 공양을 올리는 동안의 마음과 공양 올린 후의 마음이다. 신통력의 성취란 삼매에서 나온 분에게 공양을 올리는 것을 의미한다. 오늘 밧따바띠까는 가장 공양받을 가치가 있는 훌륭한 벽지불에게 공양을 올렸다. 시주물은 그가 3년간 정당하게 일을 해서 얻은 음식이었다. 그리고 공양을 올리기 전 그의 마음은 즐거웠고 올리는 동안 그의 마음은 만족했고 올린 후에 그의 마음은 기쁨으로 가득 차서 공양을 올리기 전·중·후 모두 청정한 마음을 유지했다. 그리고 벽지불께서 멸진정에서 나와서 신통력의 성취를 갖추었다. 밧따바띠까는 네 가지 성취를 완벽하게 갖춘 공양을 올린 것이다. 그리고 아라한이나 벽지불들은 초자연적인 힘으로 금생에 부와 영광을 받게 만든다. 그래서 밧따바띠까는 재정관에게서 금생에 부와 영광을 받은 것이다.

얼마 후 왕은 밧따바띠까를 불러 천 냥을 주고 재정관이 그에게 선물한 보석 그릇을 얻었다. 그리고 왕은 그를 재정관에 임명했다. 이후로 그는 재정관 밧따바띠까로 불렸다.

밧따바띠까는 간다 재정관과 친한 친구가 되어 같이 먹고 같이 마시고 같이 잠을 잤다. 그는 정해진 수명이 끝나자 그곳에서 죽어 천상에 태어나 두 부처님 기간 동안 천상의 즐거움을 누렸다. 그 후 그는 현재의 부처님 재세 시에 사왓티에 사는 사리뿟따 장로의 신도 집에서 새로운 생을 시작했다.

수카의 현재생: 출가와 깨달음

수카의 어머니가 임신하자 가족은 산모와 태아를 보호하기 위해 최선을 다했다. 아이를 밴 지 얼마 지나지 않아서 산모에게 임신으로 인한 열망이 일어났다.

"사리뿟따 장로와 500명의 스님을 초청해서 풍족하게 공양을 올리고 싶다! 나도 노란 가사를 걸치고 황금 발우를 들고 스님들의 맨 뒤에 앉아 스님들이 먹다 남은 음식을 먹고 싶다!"

그렇게 스님들에게 공양을 올리고 나니 열망이 가라앉았다. 그 후에도 그녀는 여러 번 잔치를 열고 스님들을 초청해서 공양을 올렸다. 달이 차서 그녀는 아들을 낳았고, 아이의 명명식에 사리뿟따 장로를 초청해서 말씀드렸다.

"장로님, 제 아들에게 계를 내려주십시오."
"아이의 이름은 무엇입니까?"
"장로님, 제가 아이를 밴 날부터 이 집안에 아무도 괴로움을 겪지 않았습니다. 그래서 그를 수카 꾸마라(행복 동자)라고 지었습니다."
장로는 그 이름으로 계를 주었다.

그때 어머니의 마음에 이런 생각이 일어났다.
'아이가 출가하겠다고 하더라도 막지 않겠다.'
아이의 귀를 뚫는 날과 또 다른 잔칫날에도 그녀는 스님들을 초청해서 공양을 올렸다. 소년이 일곱 살이 되자 어머니에게 말했다.
"어머니, 저는 장로님 아래로 출가하겠어요."
"사랑하는 나의 아들아, 그렇게 하여라. 네가 가는 길을 막지 않겠다."
그녀는 장로를 집으로 초청해서 공양을 올리고 말씀드렸다.
"장로님, 제 아들이 스님이 되겠다고 합니다. 아들을 데리고 저녁에 사원으로 가겠습니다."
그녀는 장로를 전송하고 친척들을 모아놓고 말했다.
"바로 오늘 아들이 속인으로 사는 마지막 날입니다. 아들을 위해 모든 것을 해 주고 싶습니다."
그녀는 아들에게 가장 화려한 옷을 입히고 사원으로 가서 장로의 손에 맡겼다. 장로가 그에게 말했다.
"나의 제자야, 출가 생활은 몹시 어려운 삶이란다. 이곳에서 즐거움을 얻을 수 있겠느냐?"

"스님의 모든 훈계를 달게 받겠습니다."
장로는 그에게 수행주제를 설명하고 계를 주어 출가시켰다.

7일 동안 부모는 아들의 출가를 기념하려고 부처님과 스님들에게 100가지 맛을 내는 음식으로 풍족한 공양을 올리고 집으로 돌아갔다. 8일째 되는 날 비구들은 마을로 탁발을 나갔다. 사리뿟따 장로도 사원에서 일을 마친 후 사미에게 가사와 발우를 들게 하고 마을로 탁발을 나갔다.

수카 사미는 빤디따 사미가 그랬던 것처럼 물길 등과 같은 것을 관찰하고서 장로에게 물었다. 장로는 빤디따 사미에게 했던 것과 똑같이 대답했고 사미는 이 문제에 대한 설명을 듣고 장로에게 요청했다.

"좋으시다면 스님의 가사와 발우는 스님께서 가지고 가십시오. 저는 되돌아가겠습니다."

장로는 그의 의견에 반대하지 않았다.

"좋아, 사미여. 나의 가사와 발우를 돌려다오."

장로가 자신의 가사와 발우를 돌려받자 사미는 장로에게 인사하고 되돌아갔다. 사미는 돌아가면서 장로에게 말했다.

"스님, 저에게 음식을 가져다 줄 때 100가지 맛을 내는 음식을 가져다주십시오."

"어디서 그런 음식을 얻는단 말인가?"

"스님의 복덕으로 얻을 수 없다면 제 복덕으로 얻을 수 있을 것입니다."

장로는 사미에게 열쇠를 주고 마을로 들어갔다. 사미는 사원으로 돌아가서 장로의 방을 열고 들어가 방문을 잠근 다음 가부좌를 틀고 몸에 대한 무상·고·무아의 특성을 깨닫기 위해 부지런히 정진했다.

사미의 복덕의 힘 때문에 삭까 천왕의 홍옥보좌가 뜨거워지는 기미가 보였다. 삭까는 생각했다.

'무슨 일이 있는가?'

그가 세상을 둘러보다가 사미가 마지막 정진을 하기 위해 가부좌를 틀고 앉아 있는 것을 보았다.

'수카 사미가 은사 스님에게 가사와 발우를 돌려주고 '아라한과를 성취하기 위해 열심히 정진해야겠다.'라고 결심하고 되돌아와 정진하고 있다. 그에게 가보는 것이 내가 해야 할 일이다.'

삭까 천왕은 사대천왕을 불러 명령했다.

"사원으로 가서 시끄러운 새들을 모두 쫓아버려라."

삭까 천왕은 해와 달에게도 명령을 내렸다.

"너희들은 운행을 멈추어라."

삭까 천왕도 문 앞에서 보초를 섰다. 사원은 일순 고요 속에 빠져 기침소리 하나 나지 않았다.

사미는 일념을 이룬 마음으로 위빳사나 지혜를 개발해 아나함과를 성취했다. 장로는 사미가 100가지 맛이 나는 음식을 가져오라는 말을 생각하며 어디로 갈까 생각했다.

'누구네 집에 가야 그런 음식을 얻을 수 있을까?'

장로는 그런 음식을 만들 능력이 있는 한 신도 집을 기억해 내고 곧장 그리로 갔다. 식구들이 장로를 보고 기쁜 마음으로 맞이하며 말했다.

"장로님, 오늘 우리 집에 잘 오셨습니다."

그들은 장로의 발우를 받고 의자를 제공하고 묽은 수프와 과자를 내왔다. 그리고 장로에게 음식이 준비될 때까지 법문을 들려달라고 청했다. 장로는 격식을 차리지 않고 법을 설하고 음식이 준비되자 법문을 끝냈다. 식구들이 100가지 맛이 나는 음식을 발우에 담아 올리자 장로는 발우를 받아 들고 떠나려고 했다. 그러자 식구들이 말했다.

"장로님, 여기 앉아서 드십시오. 다 드시고 나면 가져갈 음식을 또 담아 드리겠습니다."

식구들이 장로를 설득해서 그곳에 앉아 공양을 드시게 하고 다 드시자 다시 그 발우에 음식을 넣어드렸다. 장로는 음식이 가득한 발우를 받아들고 사미가 배가 고플 거라고 생각하며 서둘러 사원으로 출발했다.

바로 그날 부처님께서 아침 일찍 탁발하고 간다꾸띠로 돌아와 생각하셨다.

'오늘 수카 사미가 은사에게 가사와 발우를 돌려주고 '아라한과를 성취하고야 말겠다.'라고 생각하고 되돌아왔다. 그가 수행을 완성했는가?'

부처님께서는 사미가 아나함과를 성취했다는 것을 아셨다. 부처님께서는 앞으로 일이 어떻게 전개될지 관찰하셨다.

'오늘 사미는 마침내 아라한과를 성취할 것이다. 하지만 사리뿟따 장로가 배고픈 사미를 위해 음식을 탁발해서 너무 빨리 돌아온다면 사미가 아라한과를 성취하는 데 방해가 될 것이다. 사원 정문에서 그를 지체시켜 사미를 보호하는 것이 내가 마땅히 해야 할 일이다.'

부처님께서는 이런 생각으로 간다꾸띠를 나와 사원 정문으로 가서 서 계셨다.

장로가 음식을 가져오자 부처님께서는 빤디따 사미에서와 비슷한 네 가지를 질문하셨고 장로가 그 질문에 대답하느라 시간이 지체되는 동안 수카 사미는 아라한과를 성취했다. 그러자 부처님께서 장로에게 말씀하셨다.

"사리뿟따여, 사미에게 공양을 가져다주어라."

장로는 사미에게 가서 문을 열자 사미가 나와서 삼배를 올렸다.

"내가 가져온 음식으로 공양해라."

방금 아라한이 된 일곱 살 먹은 사미는 장로가 가져온 음식이 별 의미가 없다는 것을 알았지만, 열반을 잠시 반조하다가 공양하고 발우를 씻었다.

그 순간 사대천왕은 자리를 떴고 해와 달도 운행을 다시 시작했다. 삭까 천왕도 자리에서 벗어나 돌아갔고, 태양은 모든 사람이 보는 가운데 정오를 지나갔다. 비구들이 이걸 보고 말했다.

"이제야 해가 정오를 지나갔고 사미가 방금 공양을 마쳤다. 오늘은 왜 오전이 길고 저녁이 더디게 오는가?"

이때 부처님께서 들어와 비구들에게 물으셨다.

"비구들이여, 여기 앉아서 무슨 이야기를 나누고 있는가?"

"부처님이시여, 오늘은 오전이 길고 저녁이 늦게 오는 것 같습니다. 사미가 방금 공양을 마치고 태양이 우리가 보는 가운데 방금 한가운데를 지나갔습니다."

비구들이 대답하자 부처님께서 말씀하셨다.

"비구들이여, 커다란 복덕을 갖춘 사람이 아라한이 되기 위해 수행하면 항상 이런 일이 일어난다. 오늘 사대천왕은 네 방위를 지키고 태양과 달은 운행을 멈추고 삭까 천왕은 방문 앞에서 보초를 서고 나도 정문에 서서 사미를 보호했다. 오늘 수카 사미는 농부가 물길을 내어 물을 끌어대고, 화살 만드는 사람이 활대를 곧게 펴고, 목수가 나무로 바퀴를 만드는 것을 보고 본보기로 삼아 자신을 정복하고 아라한이 됐다."

부처님께서는 이 말씀에 이어서 게송을 읊으셨다.

농부는 물길을 내어 물을 끌어들이고
활 만드는 이는 화살을 곧게 펴며,
목수는 굽은 나무를 곧게 다듬고
훈계를 달게 받아들이는 이는 마음을 잘 다스린다.(145)

제11장 늙음

Jarā Vagga

제11장 늙음 Jarā Vagga

첫 번째 이야기
술에 취한 위사카의 동료들[155]

부처님께서 제따와나에 계실 때 위사카의 동료와 관련해서 게송 146번을 설하셨다.

사왓티에 사는 귀족 남자들은 아내들을 덕이 높은 위사카에게 맡겨 가르침을 받게 했다. 위사카의 보호를 받으면 수다나 떨면서 세월을 보내지 않고 부처님의 가르침에 따라 항상 깨어있는 경건한 삶을 살아가리라 믿었다. 그때부터 여인들은 놀이동산이든 사원이든 항상 위사카와 함께 다녔다. 그러던 어느 날 일주일간 음주축제가 열린다는 공고가 붙었다. 그래서 여인들은 남편들을 위해서 독한 술을 만들었다. 남편들은 축제에 참가해 일주일 동안 흥청망청 마셔댔다. 8일째 되는 날 축제가 끝나고 업무 시작을 알리는 북소리가 온 도시에 울려 퍼졌다.

500명의 여인은 자신들도 즐기고 싶은 마음이 간절했다.
"우리는 남편 앞에서는 술을 한 방울도 마시지 못했다. 그런데 술은 아직도 많이 남아 있다. 남편이 전혀 눈치 채지 못하게 몰래 한번 마셔보자."
그들은 위사카에게 몰려가서 말했다.
"우리 놀이동산으로 나들이 가요"
"좋아요, 먼저 집안일을 마친 다음 출발하도록 합시다."
그들은 위사카 몰래 술을 감추고 동산으로 가서 술을 마시고 취해서 추태를 부렸다.
위사카는 걱정이 되기 시작했다.

---

155) 이 이야기는 꿈바 자따까(Kumbha Jātaka, J512)에서 유래한다.

"이 여인들은 오계五戒를 범했다. 이교도들이 보면 '사문 고따마의 제자들은 독한 술을 마시고 취해서 돌아다닌다.'라고 비난을 퍼부을 것이다."

그녀는 500명의 여인에게 말했다.

"그대들은 오계를 범하고 내 명예를 실추시켰어요. 남편들이 알면 몹시 화를 낼 텐데 이제 어떻게 할 겁니까?"

"우린 몸이 아프다고 핑계 대고 드러누워 있을 거예요."

"당신들 스스로 비난받을 짓을 했어요."

여인들은 집으로 돌아가 아픈 체하고 드러누웠다.

남편들이 물었다.

"어디에 갔었소?"

"몸이 아파요. 말 시키지 말아요."

"남은 술을 마신 거로군?"

화가 난 남편들은 아내들을 두들겨 팼다. 결국 그들에게 괴로움과 불행이 찾아왔다.

음주축제가 또 돌아왔다. 여인들은 전처럼 또 술을 마시고 싶어 위사카에게 가서 말했다.

"우리 놀이동산으로 나들이 가요."

위사카는 술을 마시고 싶은 그녀들의 속셈을 알아챘다.

"지난번에 당신들을 데려갔다가 내 명예만 실추됐어요. 당신들끼리 가도록 하세요. 당신들을 데리고 놀이동산에는 절대로 가지 않겠어요."

여인들은 이제 절대로 술은 마시지 않겠다고 맹세까지 해가며 말했다.

"우리는 부처님께 참배하고 싶어요. 우리 사원으로 가요."

"좋아요. 그러면 가서 준비하고 오세요."

그녀들은 한 손에는 향과 꽃을 들고 다른 손에는 술이 가득한 물병을 들고 긴 외투를 입고 위사카와 함께 사원으로 갔다. 그녀들은 사원 구석으로 가서 물병 속의 술을 몽땅 들이켜고 물병은 던져버리고 법당에 들어가 부처님 앞에 앉았다. 이런 일도 모르고 위사카는 부처님께 법문을 청했다.
"부처님이시여, 이 여인들에게 법을 설해주소서."
이때 여인들은 취기가 오르자 갑자기 춤추고 노래하고 싶은 생각이 간절해졌다.

마라의 부하인 천녀가 이를 보고 생각했다.
'내가 이 여인들의 마음을 사로잡아서 사문 고따마 앞에서 추태를 부리게 해야겠다.'
천녀가 즉시 그녀들의 마음을 부추겼다. 그러자 어떤 여인은 손뼉을 치며 깔깔대고 웃고 어떤 여인은 일어나 춤추기 시작했다. 부처님께서는 왜 이런 일이 일어났는지 살펴보셨다.
'마라의 부하들이 준동하도록 놔둘 수 없다. 내가 그렇게 오랫동안 바라밀을 닦은 것도 마라들이 준동하지 못하도록 하기 위해서다.'

부처님께서는 이 여인들을 놀라게 하려고 눈썹에서 검은빛을 내뿜어 사방을 칠흑 같은 어둠에 잠기게 했다. 여인들은 갑자기 주위가 어두워지자 죽음에 대한 두려움으로 온몸을 떨었다. 그 두려움이 얼마나 강한지 순식간에 술기운이 확 달아나버렸다. 부처님께서는 법상에서 사라져 시네루 산(수미산) 꼭대기에 서서 미간에서 한줄기 광명을 내보냈다. 그 광경은 마치 천 개의 달이 일시에 떠오르는 것 같았다. 이때 부처님께서 여인들에게 말씀하셨다.
"그대들이 내 앞에 올 때는 부주의한 상태(放逸)로 와서는 안 된다. 주의 깊게 깨어있지 않으면 마라가 그대들을 사로잡아 경박하게 처신하고 무례하게 행동하게 만든다. 앞으로 그대들은 온갖 노력을 기울여 일어나는 욕망과 갈망의 불을 꺼버려라."
부처님께서는 이 말씀에 이어서 게송을 읊으셨다.

세상이 불타고 있는데

그대, 어찌하여 웃고 기뻐하는가?
세상이 어둠에 묻혀 있는데
그대, 어찌하여 등불을 구하지 않는가?(146)

이 게송 끝에 여인들은 모두 수다원과를 성취했다. 부처님께서는 여인들이 모두 흔들림 없는 믿음을 갖추었다는 것을 알고 시네루 산꼭대기에서 내려와 법상에 앉으셨다. 이때 위사카가 부처님께 여쭈었다.

"독한 술은 정말 나쁜 것입니다. 부처님 앞에 앉아 있는 훌륭한 여인들도 술을 마시니 자제력을 잃고 일어나 손뼉 치고 웃고 춤추고 노래하고 야단법석을 떨었습니다."

"위사카여, 그렇다. 독한 술은 나쁜 것이다. 술 때문에 수많은 사람이 괴로움과 불행에 빠지고 신세를 망친다."

"부처님이시여, 술이 언제부터 시작됐습니까?"

부처님께서는 술이 어떻게 시작됐는지 자세히 설명하려고 꿈바 자따까를 설하셨다.

이 이야기는 술의 기원을 설명하고 있다. 옛날 까시국에 수라Sura라고 하는 사람이 살았다. 그는 히말라야 숲속에서 상품이 될 만한 재목을 구해다가 시장에 내다 팔아 생계를 유지했다. 그 숲속에는 줄기가 세 갈래로 갈라진 나무 한 그루가 있었다. 그 갈라진 부분에 큰 항아리만 한 구덩이가 있었는데, 거기엔 항상 빗물이 고여 있었다. 나무 주위에는 포도나무가 있었는데, 포도 열매가 익으면 구덩이로 떨어졌다. 앵무새가 야생 벼를 물고 와 쪼아 먹다가 벗겨진 쌀도 구덩이로 떨어졌다. 포도와 쌀이 떨어진 구덩이의 물은 따뜻한 햇볕을 받아 발효됐다. 그렇게 구덩이의 물은 술이 됐고, 목마른 새들이 발효된 술을 먹고 취해 땅에 떨어졌다가 한참 후에 깨어나 재잘거리며 날아갔다. 들개와 원숭이들도 이 술을 마시고 취해 쓰러졌다가 일어나 되돌아갔다. 수라가 이걸 보고 생각했다. '독이라면 죽을 텐데 이 짐승들은 잠깐 잠을 자다가 깨어난다. 이건 독이 아니다.'

그도 그 술을 마시고 취한 상태에서 주위에 취해 쓰러져 있는 메추리와 산닭들을 잡아 불에 구워 먹으며 이틀을 보냈다. 거기서 멀지 않은 곳에 아루나라는 수행자가 살았다. 수라는 이 술과 고기를 가지고 아루나에게 가서 함께 먹었다. 이 음료는 수라가 발견했다고 해서 수라(술)라고 불렀다. 그들은 술을 왕에게 가져갔다. 왕이 마셔보고는 더 가져오라고 명령했다. 그는 매번 히말라야로 술을 가지러 갈 수 없어 그곳으로 가서 술이 되는 방법을 자세히 연구했다. 그리고 돌아와 술을 제조하기 시작했다. 시민들이 술을 마시기 시작하면서부터 도시는 황폐해졌다. 그들은 베나레스로 도망쳐서 술을 만들어 팔기 시작했고 이윽고 베나레스도 황폐해졌다. 그들은 사께따로, 그다음에는 사왓티로 도망쳤다. 사왓티의 삿바밋따 왕은 그들에게 술을 제조하는 데 필요한 모든 것을 제공했다. 술이 익자 고양이가 술을 먹고 취해 쓰러졌는데 쥐가 와서 고양이의 귀와 코와 꼬리를 뜯어 먹었다. 왕의 부하는 고양이가 그걸 먹고 죽었다고 생각해 그들이 독약을 제조하고 있다고 보고했다. 왕은 그 보고를 받자마자 그들을 참수시켰다. 그런데 다음 날 고양이가 다시 살아나 돌아다닌다는 보고가 다시 왕에게 올라왔다. 왕은 그것이 독약이 아니라는 것을 알고 연회장을 만들고 술을 마시기 시작했다. 삭까 천왕은 이것을 막지 않으면 인도 전체가 황폐해진다는 것을 알고 하늘에서 내려와 왕을 설득해서 500개의 술항아리를 깨뜨리게 했다. 하지만 술은 이미 인도 전역에 퍼지기 시작했다.(Kumbha Jātaka, J512)

두 번째 이야기
기생 시리마를 짝사랑한 비구156)

부처님께서 웰루와나에 계실 때 기생 시리마157)와 관련해서 게송 147번을 설하셨다.

시리마는 라자가하에 사는 매우 아름다운 기생이었다. 그녀는 우기철에 재정관 수마나의 며느리이자 재정관 뿐나까의 딸인 웃따라에게 뜨거운 기름을 부은 적이 있었다. 웃따라는 그녀와 다시 좋은 관계를 유지하려고 부처님과 비구들이 공양을 끝내자 시리마를 용서해 달라고 부처님께 요청했다. 부처님께서는 시리마에게 법문하셨다.

분노는 자비로 이기고
악은 선으로 이겨라.
인색은 보시로 이기고
거짓말은 진실한 말로 이겨라.(223)

시리마는 이 게송 끝에 수다원과를 성취했다. (이 간략한 이야기는 분노품 제223번 게송 주석에 자세히 나온다.)

시리마는 수다원과를 얻고 다음 날 부처님과 비구들을 집으로 초청해 공양을 올렸다. 그날부터 그녀는 여덟 개의 음식표에 따라 매일 여덟 명의 비

---

156) 이 이야기는 위마나왓투(天宮事) 주석(VvA. i. 16)에 나온다.
157) 시리마Sirimā: 라자가하의 기생 살라와띠Sālavatī의 딸이며 부처님의 주치의인 지와까Jīvaka의 여동생이다. 그녀는 어머니의 자리를 물려받아 기생이 됐으며 매우 아름다웠다고 한다. 그녀는 웃따라Uttarā에게 뜨거운 기름을 끼얹은 인연으로 부처님에게 귀의해 수다원과를 얻었다.(게송 223번 이야기) 시리마는 죽어 야마천Yāma에 태어나 야마천왕인 수야마Suyama의 아내가 됐다고 한다.

구에게 공양을 올렸다.

"버터기름을 받으십시오. 우유를 받으십시오."

그녀는 스님들의 발우에 음식을 넣어드리면서 이렇게 말하곤 했다. 그녀가 한 스님에게 올리는 공양은 서너 사람이 먹어도 충분한 양이었다. 그녀는 스님들에게 공양을 올리기 위해 매일 열여섯 냥의 돈을 지출했다.

어느 날 한 비구가 여덟 개의 음식표 중 하나를 받아 그녀의 집에서 공양하고 3요자나를 걸어 어떤 사원에 들렀다. 저녁이 되어 사원에 앉아 있을 때 비구들이 그에게 물었다.

"스님은 여기 오기 전에 어디서 공양하셨습니까?"

"시리마가 매일 여덟 명의 음식표에 따라 올리는 음식을 먹었습니다."

"그녀가 올리는 음식 맛은 어떻습니까?"

"그녀가 올리는 음식 맛을 말로 설명하기란 불가능합니다. 그녀가 올리는 음식은 최상의 재료로만 만든 것입니다. 또 음식량이 많아 1인분을 서너 사람이 먹어도 충분할 정도입니다. 그러나 음식도 좋지만 그녀를 보는 것만으로도 기쁨이 넘칩니다. 그녀의 뛰어난 아름다움은 음식 맛보다 더 설명하기가 불가능합니다."

그 비구가 이렇게 그녀에 대해 최고의 찬사를 늘어놓았다.

한 비구가 그녀에 대해 설명하는 것을 듣자 한 번도 본 적이 없음에도 불구하고 사랑에 빠져버렸다. 그는 그녀를 꼭 만나러 가야겠다고 생각했다. 그는 꾸띠로 돌아가면서 시리마에게 공양을 받았던 비구에게 어떻게 하면 시리마의 집에 가서 공양할 수 있는지 묻자 그 비구가 대답했다.

"내일, 음식표를 배정하는 방으로 가서 장로인 체하고 앉아 있으면 여덟 개의 음식표 중 하나를 얻을 수 있을 것입니다."

그는 즉시 가사와 발우를 챙겨 웰루와나 사원으로 갔다. 다음 날 아침 그는 일찍 일어나 음식표를 배정하는 방으로 가서 장로인 체하고 앉아 있다가 시리마의 집에서 주는 여덟 개의 음식표 중 하나를 얻었다.

전날 그 비구가 시리마에게서 공양을 받고 간 후부터 시리마는 병에 걸려 보석 장신구도 모두 떼어내고 침대에 가서 드러누웠다. 다음 날 여덟 비구가 공양하러 오자 하녀가 그녀에게 알렸다. 시리마는 자신이 직접 발우를 받고 의자를 제공하고 공양을 올리는 등 스님들을 시중할 수 없자 하녀들에게 그 일을 대신하게 했다.

"네가 가서 스님들의 발우를 받고 의자를 제공하고 마실 죽과 과자를 올리고 밥을 올릴 시간이 되면 발우에 밥을 담아드려라."

하녀들이 그렇게 스님들에게 공양을 올리고 나서 그녀에게 알리자 그녀가 말했다.

"나를 부축해서 스님들에게 삼배를 올릴 수 있게 해다오."

하녀들은 그녀를 데리고 스님들에게 갔다. 그녀는 초췌한 얼굴에, 제대로 가누지도 못하는 몸으로 스님들에게 삼배를 올렸다.

그 비구가 그녀를 보고 생각했다.

'병이 들었는데도 이렇게 아름다운데 건강한 몸으로 화장하고 장신구를 달고 있으면 도대체 얼마나 아름다울까?'

비구에게 수백만 겁의 세월 동안 쌓아온 인간의 욕정이 불타올랐다. 주위가 텅 빈 것처럼 그녀 외에는 아무것도 보이지 않았고 음식도 먹을 수 없었다. 그는 사원으로 돌아가 발우 뚜껑을 닫아 한쪽 구석에 처박아놓고 가사를 뒤집어쓰고 침대에 드러누웠다. 친한 비구가 와서 그래도 밥을 먹어야 한다고 설득했지만, 그는 끝내 먹기를 거부했다.

시리마는 건강을 회복하지 못하고 그날 저녁 죽어버렸다. 왕은 신하를 보내 부처님께 그녀의 죽음을 알렸다.

"부처님이시여, 지와까의 막내 여동생인 시리마가 죽었습니다."

부처님께서는 이 소식을 듣고 왕에게 다시 말을 전했다.

"시리마의 시신을 화장하지 말고 화장터에 그대로 놔두시오 그리고 까마귀와 개들로 인해 시체가 훼손되지 않도록 지키게 하시오."

왕은 부처님이 시키는 대로 했다. 3일이 지나고 4일째가 되자 시체가 푸르뎅뎅하니 부풀어 오르고 아홉 구멍에서 상처가 나서 피고름이 흐르고 구더기가 기어 나왔다. 그녀의 몸은 마치 깨진 솥단지 같아 보였다.

왕은 부하들을 시켜 북을 치고 온 도시를 돌아다니며 이렇게 공고하도록 했다.

"모두 와서 시리마를 구경하도록 하라. 집 지키는 사람을 제외하고 오지 않는 사람에겐 여덟 냥의 벌금을 물리겠다."

왕은 부처님에게도 사람을 보내 말씀드렸다.

"부처님과 스님들도 오셔서 시리마를 구경하십시오."

부처님께서는 모든 비구에게 말했다.

"모두 시리마를 구경하러 가자."

젊은 비구는 음식에 손도 대지 않고 누가 와서 말을 해도 듣지 않고 나흘 동안이나 끙끙 앓고 누워만 있었다. 발우 속의 음식은 썩어서 곰팡이가 잔뜩 피어 있었다. 이때 동료 비구들이 와서 말했다.

"스님, 부처님께서 시리마를 구경하러 가고 계십니다."

그는 시리마라는 이름을 듣자 벌떡 일어났다.

"부처님께서 시리마를 구경하러 가시는데 스님도 가시겠습니까?"

"물론 저도 갑니다."

그는 발우 속의 밥을 쏟아버리고 깨끗이 닦아 발우 주머니에 넣고 동료 비구들과 함께 출발했다.

부처님께서는 비구들과 함께 시체의 한쪽에 자리 잡았다. 비구니들과 왕과 신하들과 남녀 재가신도들이 시신의 반대편에 자리 잡았다. 나머지 시민들도 각기 적당한 장소에 자리 잡았다. 모두가 자리를 잡고 서자 부처님께서 왕에게 물으셨다.

"대왕이여, 이 여인이 누굽니까?"

"부처님이시여, 지와까의 동생 시리마입니다."

"시리마가 맞습니까?"

"그렇습니다."

"그러면 북을 울리고 '천 냥을 낸 사람은 시리마를 데려갈 수 있다.'라고 공지하십시오."

왕은 북을 울리고 공지하게 했다.

"누구라도 천 냥을 내면 시리마를 데려갈 수 있다."

하지만 한 사람도 나서지 않았고 기침소리조차 없었다.

왕이 부처님께 말씀드렸다.

"부처님이시여, 아무도 시리마를 데려가지 않을 것입니다."

"대왕이여, 그럼 가격을 내려 보십시오."

왕은 다시 북을 두드리고 공지하게 했다.

"500냥을 내면 시리마를 데려갈 수 있다."

여전히 그녀를 데려갈 사람이 나서지 않았다. 왕은 다시 북을 두드리게 하고 250냥, 200냥, 100냥, 50냥, 25냥, 열 냥, 다섯 냥으로 계속 가격을 내렸다. 마침내 한 냥, 50전, 25전, 10전까지 가격이 내려갔다. 왕은 마지막으로 북을 두드리며 공지하게 했다.

"그냥 데려가도 좋다."

기침소리조차 내는 사람이 없자 왕이 부처님께 말씀드렸다.

"부처님이시여, 거저 준다고 해도 아무도 그녀를 데려가지 않습니다."

부처님께서 말씀하셨다.

"비구들이여, 군중들은 이 여인이 아무 가치가 없다고 생각한다. 이 도시 사람들은 그녀와 하룻밤을 보내기 위해 천 냥을 마다치 않고 지불하곤 했지만, 이제 거저 준다고 해도 데려가려는 사람이 없다. 여인의 아름다움이라는 것이 이렇게 사라져 없어지는 무상한 것이다. 비구들이여, 이 시체가 죽어 썩어가는 모습을 자세히 보라."

부처님께서는 이 말씀에 이어서 게송을 읊으셨다.

**보라, 이 분칠한 모습을,
뼈마디로 엮어 이루어지고
오물로 가득 찬 가죽주머니를.
자주 병들고
번뇌망상으로 가득한 몸을.
그 어디에 항상함이 있고 견고함이 있는가?**(147)

이 게송 끝에 젊은 비구는 수다원과를 성취했다.

세 번째 이야기
나이든 웃따라 비구니

부처님께서 제따와나에 계실 때 웃따라 비구니와 관련해서 게송 148번을 설하셨다.

이 비구니는 120세가 될 때까지 탁발을 계속했다. 어느 날 그녀는 발우에 음식을 탁발해서 돌아오다가 한 비구를 만났다. 그녀는 탁발한 음식을 올리고 싶다고 말했고 비구가 받아들이자 음식을 모두 비구의 발우 속에 부어주었다. 그녀는 두 번째 날에도 세 번째 날에도 똑같은 장소에서 똑같은 비구를 만나 탁발한 음식을 모두 비구에게 올렸다.

네 번째 날에 그녀는 탁발하다가 몹시 붐비는 곳에서 부처님을 만났다. 그녀는 뒤로 물러나다가 가사자락이 흘러내려 발에 밟히면서 중심을 잡지 못하고 뒤로 굴러 넘어졌다. 부처님께서 그녀에게 다가와서 말씀하셨다.
"비구니여, 그대의 몸은 이제 나이가 들고 다 낡아빠져서 얼마 가지 않아 흩어질 것이다."
부처님께서는 이렇게 말씀하시고 게송을 읊었다.

이 몸이 늙어 시들어 가면
병들이 득세하여 저항력을 잃어간다.
세포가 파괴되어 썩어 문드러지면
생명은 죽음으로 끝을 맺으리.(148)

이 게송 끝에 나이든 비구니는 수다원과를 성취했다.

네 번째 이야기
구경의 깨달음을 얻었다고 착각한 비구들

부처님께서 제따와나에 계실 때 자신들이 구경각을 성취했다고 착각한 비구들과 관련해서 게송 149번을 설하셨다.

500명의 비구가 부처님으로부터 수행주제를 받아 숲속으로 들어가서 열심히 노력하여 삼매를 얻었다. 그들은 삼매를 깨달음으로 착각했다.
"번뇌가 일어나지 않는 걸 보니 우리는 출가의 목표를 완성했다. 이제 부처님께 가서 우리의 깨달음을 말씀드리도록 하자."
그들이 제따와나 사원 입구에 도착했을 때 부처님께서 아난다 장로에게 말씀하셨다.
"아난다여, 이 비구들이 사원에 들어와서 나를 만난다 해도 아무 소용이 없다. 먼저 화장터에 다녀온 후 나를 만나도록 하라고 전해라."
장로는 그 비구들에게 가서 부처님의 말씀을 전했다.

비구들은 '부처님께서 왜 화장터부터 갔다 오라고 하지?'라고 부처님의 말씀에 감히 의혹을 품지 않았다.
"일체를 아시는 부처님께서 하신 말씀에는 이유가 있을 것이다."
그들은 화장터로 가서 시체들을 관찰했다. 하루나 이틀이 지난 시체를 보자 불쾌하고 비위에 거슬렸고, 죽은 지 얼마 되지 않아서 아직 풋풋하고 촉촉한 여인의 시체를 보자 욕정이 일어났다. 그들은 그제야 자기들에게 번뇌 덩어리가 그대로 남아 있다는 것을 알게 됐다. 이때 부처님께서는 간다꾸띠에 앉아 계시면서 광명의 모습을 나투시어 마치 얼굴을 마주한 듯 말씀하셨다.
"비구들이여, 저런 뼈 무더기를 보면서 감각적 욕망을 일으키는 것이 과연 올바른 마음가짐인가?"
부처님께서는 이 말씀에 이어서 게송을 읊으셨다.

바람에 떨어져 뒹구는
가을날 조롱박처럼
하얗게 탈색된 뼈들을 보라.
그걸 바라보는데 무슨 즐거움이 있으랴?(149)

비구들은 게송 끝에 아라한과를 성취했다.

다섯 번째 이야기
자신의 미모에 자부심이 대단한 루빠난다[158]

부처님께서 제따와나에 계실 때 자나빠다깔야니 루빠난다[159]와 관련해서 게송 150번을 설하셨다.

어느 날 자나빠다깔야니는 이렇게 생각했다.
'나의 큰오빠는 왕국을 포기하고 출가해 세상에서 가장 존귀한 부처님이 되셨다. 오빠의 아들 라훌라 꾸마라도 출가해 사미가 됐다. 남편도 출가하여 비구가 됐다. 어머니도 출가해 비구니가 됐다. 온 가족이 다 출가했는데 어찌 나 혼자 세속에 남아 누구를 의지하고 살아간단 말인가? 나도 비구니가 돼야겠다.'

그녀는 비구니 사원에 가서 비구니가 됐다. 하지만 믿음이 있어서가 아니라 순전히 가족에 대한 그리움 때문이었다. 그녀는 너무 아름다워서 루빠난다(아름다운 난다)라고 알려졌다.

어느 날 그녀는 부처님께서 이렇게 말씀하신다고 들었다.
"아름다운 형상은 무상하고 괴로움이고 실체가 없다. 느낌, 지각, 형성, 의식도 마찬가지로 무상하고 괴로움이고 실체가 없다."

그녀는 이 말을 듣고 생각했다.

---

158) 이 이야기는 장로니게경의 난다 주석(ThigA. v. 4)에 나온다.
159) 자나빠다깔야니 루빠난다 Janapadakalyāṇī Rūpanandā: 난다 Nanda 존자의 출가하기 전 약혼녀다. 경전에 난다 Nanda라는 이름을 가진 비구니가 세 명 있는데 숫도다나 왕과 마하빠자빠띠 고따미 사이에 태어난 딸인 순다리 난다 Sundari Nandā, 난다 장로의 출가 전 약혼녀인 자나빠다깔야니 난다 Janapadakalyāṇī Nandā, 사끼야족 케마의 딸인 아비루빠 난다 Abhirūpa Nandā가 있다. 순다리 난다는 비구니들 중에서 선정제일禪定第一이다. 아비루빠 난다와 자나빠다깔야니 루빠난다는 미모가 뛰어나서 아름다운(루빠, rūpa)이라는 수식어가 붙어 있다.

'부처님께서 이렇게 아름답고 예쁜 나를 보고도 결점을 찾을 수 있을까?' 그래서 그녀는 부처님과 얼굴을 마주치기를 꺼렸다.

사왓티의 주민들이 우뽀사타 재일이 되자 아침 일찍 스님들에게 공양을 올리고 팔계八戒를 받아 지니고, 저녁이 되자 깨끗한 옷을 입고 손에 꽃을 들고 제따와나로 가서 법문을 들었다. 비구니들도 법문을 듣고 싶어 제따와나로 가서 법문을 들었다. 법문을 듣고 나서 그들은 부처님의 위없는 덕을 찬탄하면서 돌아갔다.

이 세상을 살아가는 사람들이 판단하는 네 가지 기준이 있다. 부처님을 보고 기쁨이 일어나지 않는 사람이 없지만, 눈으로 보아서 판단하는 사람들은 부처님의 황금빛 몸과 삼십이상三十二相160) 팔십종호八十種好를 보고 기쁨을 일으킨다.

---

160) 삼십이상: ① 발바닥이 편평하다. ② 발바닥에 바퀴(輪)가 나타나있다. ③ 속눈썹이 길다. ④ 손가락이 길다. ⑤ 손과 발이 부드럽고 섬세하다. ⑥ 손가락과 발가락 사이마다 얇은 막이 있다. ⑦ 발꿈치가 발의 가운데 있다. ⑧ 장딴지가 사슴 장딴지와 같다. ⑨ 꼿꼿이 서서 굽히지 않고도 두 손바닥으로 두 무릎을 만지고 문지를 수 있다. ⑩ 음경이 감추어진 말과 같다. ⑪ 몸이 황금색이다. ⑫ 살과 피부가 부드러워서 더러운 것이 몸에 붙지 않는다. ⑬ 각각의 털구멍마다 하나의 털만 나 있다. ⑭ 몸의 털이 위로 향해 있고 푸르고 검은색이며 소라처럼 오른쪽으로 돌아있다. ⑮ 몸이 넓고 곧다. ⑯ 몸의 일곱 군데(두 손바닥, 두 발바닥, 두 어깨, 몸통)가 풍만하다. ⑰ 윗몸이 커서 마치 사자와 같다. ⑱ 어깨가 잘 뭉쳐져 있다. ⑲ 니그로다 나무처럼 몸 모양이 둥글게 균형이 잡혔는데 신장과 두 발을 벌린 길이가 같다. ⑳ 등이 편평하고 곧다. ㉑ 섬세한 미각을 지녔다. ㉒ 턱이 사자와 같다. ㉓ 이가 40개다. ㉔ 이가 고르다. ㉕ 이가 성글지 않다. ㉖ 이가 아주 희다. ㉗ 혀가 아주 길다. ㉘ 범천의 목소리를 가져 가릉빈가 새소리와 같다. ㉙ 눈동자가 검푸르다. ㉚ 속눈썹이 소와 같다. ㉛ 두 눈썹 사이에 털이 나서 희고 가느다란 솜을 닮았다. ㉜ 정수리에 육계가 솟아 있다.

목소리를 들음으로써 판단하는 사람들은 수많은 삶 동안 쌓은 부처님의 바라밀에 대해 듣거나, 여덟 가지 뛰어난 목소리161)를 듣거나, 법문을 듣고서 기쁨을 일으킨다.

금욕으로써 판단하는 사람들은 부처님의 검소한 가사와 검박한 생활을 보고서 기쁨을 일으킨다.

법으로써 판단하는 사람들은 이렇게 생각한다.
'십력을 지니신 부처님의 계행은 이런 것이다. 부처님의 선정은 이런 것이다. 부처님의 지혜는 이런 것이다. 계행과 선정과 지혜에 있어서 부처님과 동등하거나 뛰어난 사람은 없다.'
그들은 이런 생각으로 기쁨을 일으킨다. 사실 이 모든 사람이 부처님의 공덕을 찬탄하지만, 어떠한 말로 찬탄한다고 하더라도 다 말할 수 없는 것이다.

루빠난다는 비구니들과 여자 신도들이 부처님을 찬탄하는 말을 듣고 생각했다.
'그들은 나의 오빠에 대해서 최고의 찬사를 늘어놓는다. 단 하루 만에 오빠가 나의 아름다움에서 흠을 찾을 수 있을까? 오빠는 그 시간 동안 얼마나 많은 법문을 할 수 있을까? 비구니 스님들과 함께 가서 몰래 숨어서 오빠를 살짝 보기만 하고 법문을 듣고 돌아오면 어떨까?'
그래서 그녀는 비구니들에게 가서 말했다.
"오늘은 나도 가서 법문을 듣겠어요."
"루빠난다가 부처님을 뵈러 갈 생각이 나기까지는 정말 긴 시간이 흘렀다. 오늘은 루빠난다 때문에 부처님께서 많은 법문을 자세하고 친절하게 설해주실 거야."

---

161) 여덟 가지 뛰어난 목소리: ① 깨끗하다. ② 알아듣기 쉽고 분명하다. ③ 아름답다. ④ 듣기가 매우 좋다. ⑤ 발음이 선명하다. ⑥ 법을 듣는 대중 바깥으로 나가지 않는다. ⑦ 길다. ⑧ 메아리가 생긴다.

비구니들은 그녀를 데리고 출발했다.

루빠난다는 이런 생각으로 길을 갔다.
'오빠가 나를 알아보지 못하게 해야겠다.'
하지만 부처님께서는 그녀가 오는 것을 알고 생각에 잠겼다.
'오늘 루빠난다가 나를 보려고 오는구나. 그녀에게 어떤 가르침을 내려야 좋을까?'
부처님께서는 이 문제를 깊이 생각해 보고 결론을 내리셨다.
'이 여인은 자신의 아름다움이 아주 대단하다고 생각하고 자신의 몸에 대한 집착이 아주 강하다. 그녀의 아름다움에 대한 자부심을 뭉개버리는 게 좋겠다. 가시는 가시로 뽑듯이 아름다움은 아름다움으로 부숴버려야 한다.'
그녀가 사원에 들어올 시간이 되자 부처님은 신통력으로 열여섯 살의 젊은 처녀를 만들었다. 그녀는 빼어난 아름다움을 갖추고, 분홍색 옷을 입고, 온갖 장신구를 달고, 부채를 들고 부처님 곁에 서서 앞뒤로 부채를 부치고 있었다.

부처님께서는 당신과 루빠난다만이 이 여인을 볼 수 있게 했다. 루빠난다가 비구니들과 법당에 들어와서 비구니들 맨 뒤에 자리를 잡고 부처님께 삼배를 올리고 앉았다. 그녀는 고개를 들어 삼십이상 팔십종호의 찬란하게 빛나는 부처님의 장엄한 모습을 자세히 관찰했다. 약 한 길 정도의 후광이 부처님을 둘러싸고 있었다. 이때 루빠난다는 부처님 곁에서 부채질하고 있는 여인을 보았다. 그녀의 얼굴은 둥근 보름달처럼 아름다웠다. 루빠난다는 그녀를 관찰하면서 자신과 비교해 보니 자신은 황금백조 앞에서 폼 잡는 까마귀 꼴이었다. 신통력으로 창조한 이 여인을 본 순간부터 루빠난다는 그녀에게서 눈을 떼지 못하고 쉴 새 없이 감탄사를 발했다.
'오, 그녀의 머릿결이 정말 아름답구나! 오, 그녀의 이마가 너무나 잘생겼구나!'

루빠난다는 그녀와 똑같은 아름다움을 갖고 싶은 강한 충동에 휩싸였다. 부처님께서는 루빠난다가 그녀의 아름다움에 아주 푹 빠져버렸다는 것을 알고 진도를 나아가기 시작했다.

먼저 부처님께서는 여인을 열여섯 살 먹은 처녀에서 스무 살 먹은 여인으로 변하게 했다. 루빠난다가 그녀의 변한 모습을 보고 크게 실망감이 밀려왔다.

"이 모습은 방금 전의 모습과는 다른데?"

부처님께서는 계속해서 그녀를 애 하나 낳은 여인으로 변하게 하고, 그 다음에는 중년의 여인으로 변하게 하고, 마침내 늙어빠진 할머니로 변하게 했다. 루빠난다는 변하는 모습을 관찰할 때마다 실망감을 나타냈다.

'예쁜 모습이 사라져 버렸어. 고운 모습이 사라져 버렸어.'

루빠난다는 노쇠한 늙은 여인을 관찰해 보았다. 이빨이 다 부러지고 머리가 허옇게 세고 몸은 기역자 모양의 서까래처럼 굽었으며 겨우 지팡이에 의지한 채 사지를 벌벌 떨고 있었다. 루빠난다는 이 모습을 보자 심한 메스꺼움이 올라왔다.

이때 부처님께서는 그 여인을 갑작스레 병들게 했다. 그녀는 지팡이와 야자 나뭇잎 부채도 던져버리고 큰 소리로 비명을 지르며 쓰러지더니 자신의 똥오줌 위에서 이리저리 뒹굴었다. 루빠난다가 이걸 보자 구역질이 일어났다. 이때 부처님께서는 그녀를 죽음에 이르게 했다. 곧 그녀의 몸이 부풀어 오르기 시작하더니 아홉 구멍에서 기다란 심지 모양의 누런 고름이 흘러나오고 구더기가 꾸물거리며 기어 나왔다. 이윽고 까마귀와 개들이 달려들어 뜯어먹기 시작했다. 루빠난다가 이 모습을 보고 생각했다.

'바로 이 자리에서 여인이 늙고 병들어 죽었듯이 나의 몸도 늙고 병들어 죽을 것이다.'

그녀는 이렇게 자신의 몸을 무상한 것으로 바라보게 됐다. 무상하다고 바라보게 되자 자신의 몸이 괴로운 것이고 실체가 없는 것으로 새롭게 인식하게 됐다.

존재의 세 가지 양상, 즉 무상·고·무아가 마치 불난 집처럼, 목에 달라붙은 불결한 오물처럼 그녀 앞에 드러나 통찰지가 개발되기 시작했다. 부처님께서는 그녀가 자신의 몸을 무상한 것으로 보기 시작했다는 것을 알고 생각하셨다.

'그녀가 스스로 확고한 발판을 얻을 것인가, 아니면 얻지 못할 것인가?'
부처님께서는 곧 이런 사실을 아셨다.
'그녀 스스로 얻지 못하고 외부의 도움이 필요하다.'
부처님께서는 그녀를 깨닫게 하고자 게송으로 가르치셨다.

보라! 난다여,
이 몸이라 불리는 요소들의 모임을.
병들고 불결하고 악취가 나고,
분비물이 흐르고 피고름이 새어 나오는 것을.
어리석은 이는 이걸 보고도 갈망하고 집착한다.

저 몸이 그랬듯이 이 몸도 그렇고
저 몸이 그렇듯이 이 몸도 그렇게 될 것이다.
이 요소들을 텅 빈 것으로 보고 세상으로 돌아가지 마라.
존재하려는 욕망을 버리면 열반 속에서 노닐 것이니.

부처님께서 이렇게 난다 비구니와 관련해서 게송을 읊으셨다.

그녀의 생각이 부처님 말씀과 일치되면서 난다는 수다원과를 성취했다. 부처님께서는 그녀를 더 높은 깨달음으로 인도하려고 공(실체 없음)에 대해 가르치셨다.

"난다여, 그대의 몸에 실체가 있다고 생각하지 마라. 이 몸에는 영원히 지속하는 실체가 없다. 이 몸은 300개의 뼈로 세워진 뼈들의 무더기일 뿐이

다."
부처님께서는 이 말씀에 이어서 게송을 읊으셨다.

**뼈로 엮여 있고
살과 피로 덮여 있는
이 몸속에
늙음과 죽음
자만과 비방이 머물고 있네.**(150)

이 게송 끝에 루빠난다 비구니는 아라한과를 성취했고 대중들도 많은 이익을 얻었다.

여섯 번째 이야기
지옥에 갔다가 도솔천에 태어난 말리까 왕비

부처님께서 제따와나에 계실 때 말리까 왕비162)와 관련해서 게송 151번을 설하셨다.

어느 날 말리까 왕비는 목욕실에 들어가 얼굴을 씻고 허리를 굽히고 다리를 씻기 시작했다. 그녀의 애완견이 그녀를 따라 목욕탕에 들어왔다가 허리를 굽히고 있는 그녀의 사타구니를 핥았다. 그녀는 개가 그렇게 하는

---

162) 말리까 왕비(Mallikā Devī) : 꼬살라 왕 빠세나디Pasenadi의 왕비이며 꼬살라의 화환 만드는 사람(mālā-kāra)의 딸이었다. 그녀는 16세에 부처님을 뵙고 죽을 공양 올렸는데 부처님께서는 그녀가 그날 왕비가 될 것이라고 하셨다.(SA.i.110) 바로 그날 빠세나디 왕은 아자따삿뚜Ajātasattu 왕과의 전쟁에서 패해 그곳으로 가게 됐고 말리까의 목소리에 매혹당해 왕궁으로 데려가서 왕비로 삼았다. 그녀는 빠세나디 왕의 총애를 받았다. 그녀는 왕비가 된 날부터 부처님의 신실한 신도가 됐다. 아난다 장로는 항상 왕궁으로 가서 말리까와 와사바캇띠야Vāsabhakhattiyā 왕비에게 법문했는데, 둘 중 말리까 왕비가 신심 있고 더 열심히 배웠다.(법구경 51, 52번 이야기) 빠세나디 왕이 '이 세상에서 누구를 가장 사랑하는가?'라는 질문에 말리까는 '나 자신'이라고 대답했다.(S3.8) 왕이 부처님 앞에 있을 때 신하가 와서 말리까 왕비가 딸을 출산했다는 말을 듣고 실망하자 부처님께서 '어떤 여인은 남자보다도 총명하고 훌륭하다.'고 말씀하셨다.(S3.16) 말리까는 부처님에게 어떤 여인은 못생기고 가난하고 영향력이 없고, 어떤 여인은 못생기고 부자이고 영향력이 많고, 어떤 여인은 예쁘고 가난하고 영향력이 없고, 어떤 여인은 예쁘고 부자이며 영향력이 많은 이유가 무엇인지 묻고 자신이 못생겼지만 부자이고 영향력은 강하게 된 인과에 대해 설명을 들었다.(A4.197) 말리까는 '슬픔 비탄 고통 근심은 사랑하는 사람에게서 나온다.'라는 부처님의 말씀을 왕에게 설명했다.(M87) 그녀는 빠세나디 왕의 희생제로부터 많은 생명을 구했다.(게송 60번 이야기) 그녀는 왕을 도와 부처님과 승가에 비할 바 없는 큰 공양을 올렸다.(게송 177번 이야기)

것을 은근히 내버려 두었다. 왕은 왕궁의 2층에서 창문을 내다보다가 그녀를 보았다. 그녀가 돌아오자 왕의 분노가 폭발했다.

"꺼져라. 더러운 것 같으니라고! 왜 그런 추잡한 짓을 저질렀는가?"
"왜 그러십니까, 폐하? 제가 무슨 잘못을 저질렀습니까?"
"너는 개와 몹쓸 짓을 저지르지 않았는가?"
"사실이 아닙니다, 폐하."
"이 두 눈으로 똑똑히 보았다. 네가 무슨 말을 해도 믿지 않겠다. 썩 꺼져라."
"대왕이여, 놀라운 사실은 누구든지 목욕실에 들어간 사람을 밖에서 보면 둘로 보인다는 것입니다."
"말도 안 되는 거짓말이다."
"믿지 못하겠으면 한번 직접 들어가 보십시오. 제가 밖에서 보고 있겠습니다."

왕은 어리석어서 그녀가 하는 말을 믿고 목욕실로 들어갔다. 왕비가 창문에서 바라보고 갑자기 소리를 질렀다.

"어리석은 왕이여, 지금 암염소와 무슨 부정한 짓을 하는 겁니까?"
"난 아무것도 하지 않는데?"
"제가 이 눈으로 똑똑히 보았습니다."
왕은 그녀의 대답을 듣고 생각했다.
'누구든지 목욕실에 들어가면 둘로 보이는 모양이다.'
왕은 그녀가 하는 말을 곧이곧대로 믿었다.

말리까 왕비는 이렇게 위기를 넘기고 나서 큰 가책을 느꼈다.
'왕이 어리석어서 속여 넘겼지만 난 큰 죄를 저질렀다. 더군다나 그에게 터무니없는 누명까지 씌웠다. 부처님께서 내 죄를 알게 될 것이고 상수제자와 80명의 대장로도 알게 될 것이다. 오, 내가 어쩌자고 이런 큰 죄를 저질렀단 말인가!'

말리까는 왕과 함께 부처님과 스님들에게 경쟁할 수 없는 큰 공양을 올렸었다.163) 하얀 일산, 쉴 수 있는 의자, 연단, 발판 등을 포함해서 이 공양을 올리는 데 1억4천 냥이 들었다고 한다. 하지만 말리까는 죽는 순간에 이 대단한 공덕을 기억하지 못하고 저지른 죄만을 기억했기 때문에 죽어 지옥에 태어났다.

말리까 왕비를 가장 사랑했던 왕은 그녀가 죽자 슬픔을 이기지 못했다. 왕은 그녀의 장례식이 끝나자 그녀가 죽어 어디에 태어났는지 궁금증을 참지 못하고 부처님께 달려갔다. 부처님께서는 왕이 무엇 때문에 왔는지 전혀 기억하지 못하게 하려고 기쁜 마음을 일으키는 좋은 법문을 들려주고 돌려보냈다. 왕은 왕궁에 돌아가서야 자신이 왜 부처님에게 갔었는지를 기억해 내고 생각했다.

'부처님 앞에 갔을 때 해야 할 질문을 잊어버리다니! 내일 다시 부처님께 가서 말리까가 어디에 태어났는지 물어봐야겠다.'

왕은 다음 날 다시 부처님에게 갔으나 또 자신이 왜 거기 갔는지 기억하지 못했다. 이렇게 7일 동안 부처님께서는 왕이 자신에게 온 목적을 기억하지 못하게 했다. 말리까는 지옥에서 7일간 고통을 겪고 거기서 죽어 뚜시따(도솔천)에 태어났다.

부처님께서 7일 동안 왕이 왜 이 문제를 기억해내지 못하게 했는가? 말리까는 왕이 가장 사랑하는 여인이었고 기쁨의 원천이었다. 그런데 그녀가 지옥에 태어났다는 말을 들으면 왕은 이렇게 생각할 것이다.

'완벽한 믿음을 가진 여인이 그렇게 많은 공양을 올리고도 지옥에 떨어졌다면, 공양을 올리고 선행을 한 것이 무슨 소용이란 말인가?'

그렇게 되면 왕은 업의 법칙을 의심하고 사견을 품을 것이고 500명의 비구에게 매일 올리는 공양을 중단할 것이다. 그렇게 되면 왕은 사견으로 인해 나쁜 곳에 떨어질 것이다. 부처님께서는 이 때문에 7일 동안이나 왕비에

---

163) 법구경 게송 177번 이야기.

대한 질문을 기억하지 못하게 한 것이다.

8일째가 되자 부처님께서는 탁발하려고 홀로 왕궁으로 갔다. 왕은 부처님이 오셨다는 말을 듣고 나와 발우를 받아들고 계단으로 오르기 시작했지만, 부처님께서는 마차 홀에 앉아 있고 싶어 하셨다. 왕은 마차 홀에서 의자를 제공하고 여러 가지 맛있는 음식을 올렸다. 그런 다음에 왕은 삼배를 올리고 앉아 여쭈었다.

"부처님이시여, 저는 말리까 왕비가 어디에 태어났는지 여쭈어보려고 부처님께 갔었습니다. 부처님이시여, 말리까는 어디에 태어났습니까?"

"대왕이여, 말리까 왕비는 뚜시따 천에 태어났습니다."

"부처님이시여, 말리까 왕비가 뚜시따 천에 태어나지 않으면 누가 그곳에 태어나겠습니까? 아마도 뚜시따 천에 그런 훌륭한 여인이 살아본 적 없었을 것입니다. 부처님이시여, 말리까는 어디에 가거나, 어디에 서 있거나 간에 '내일 부처님께 이걸 올려야겠다. 내일 부처님을 위해 이걸 해야겠다.'라는 말을 입에 달고 살았습니다. 말리까는 오직 공양 올리는 것만을 생각하며 살았습니다. 부처님이시여, 그녀가 저세상에 간 후로는 제가 살아있어도 살아있는 것 같지 않습니다."

"대왕이여, 너무 슬퍼하지 마시오. 만나면 언젠가 헤어지는 것이 존재의 불변의 법칙입니다."

이때 부처님께서 왕에게 물으셨다.

"대왕이여, 이 마차는 누구의 것입니까?"

"저의 조부님 것입니다."

"이것은 누구의 것입니까?"

"저의 아버님 것입니다."

"이것은 누구의 것입니까?"

"제 것입니다."

왕이 이렇게 대답하자 부처님께서 말씀하셨다.

"대왕이여, 아버지의 마차보다 조부의 마차가 더 낡았고, 자신의 마차보다 아버지의 마차가 더 낡았습니다. 이 쓰지도 않은 폐물도 오래되면 낡아가듯이 이 몸은 훨씬 더 빠르게 낡아갑니다. 대왕이여, 이 세상에 변하지 않는 존재는 없습니다. 오직 법(진리)만이 영원히 변하지 않는 것입니다."

부처님께서는 이렇게 말씀하시고 게송을 읊으셨다.

> 화려하게 꾸민
> 왕들의 수레가 낡아가듯이
> 아름다운 몸도
> 그렇게 늙어간다.
> 오직 성인이 드러낸 법法164)만이
> 변하지 않는 영원불멸의 진리이다. (151)

---

164) 여기서 이야기하는 법(Dhamma, 法)은 네 가지 도道와 네 가지 과果와 열반涅槃만을 말한다.

일곱 번째 이야기
때와 장소에 맞지 않는 말만 하는 랄루다이 비구

부처님께서 제따와나에 계실 때 랄루다이 장로와 관련해서 게송 152번을 설하셨다.

랄루다이 장로는 잔칫집에 가서 장례식에서 하는 담장 밖 경165)을 낭송하곤 했다. 반면에 장례식이 진행되고 있는 곳에 가서는 담장 밖 경을 낭송하지 않고 이렇게 행복경166)을 낭송했다.

**많은 천신과 인간들이 최상의 행복을 소망하며
행복에 관해 생각하니, 행복에 대해 설해주소서.**

**어리석은 이와 사귀지 않고 현자와 가까이하고
존경할 만한 이를 존경하는 이것이 최상의 행복이네!
분수에 맞는 곳에서 살고, 일찍이 공덕을 쌓고
스스로 바른 서원을 세우는 이것이 최상의 행복이네!**

**많이 배우고 기술을 익히며 계율을 지키고
몸을 다스리고 말을 아름답게 하는 이것이 최상의 행복이네!
부모를 섬기고 처자식을 돌보고
평화로운 직업을 갖는 이것이 최상의 행복이네!**

---

165) 담장 밖 경(Tirokudda Kanda, Khp7)은 게송 11, 12번 이야기에 나온다.
166) 행복경(Maṅgala Sutta, Khp5, Sn2.4) 주석에 의하면 잠부디빠 전역에서 무엇이 행복(Maṅgalāni)인지에 대한 대토론이 벌어졌다. 이 토론을 듣고 욕계 천신들 사이에서도 논쟁이 벌어졌고, 마침내 색계 범천들까지 이 문제로 토론을 벌였다. 그때 삭까 천왕의 제안에 따라 부처님께 이 문제를 질문했다. 이에 부처님께서는 서른일곱 가지 행복을 설하셨다. 무수히 많은 신이 부처님의 법문을 듣고 깨달음을 얻었다.

보시하고 바르게 살고 친지를 보호하고
비난받는 행동을 하지 않는 이것이 최상의 행복이네!
악을 싫어하여 멀리하고 술을 절제하고
가르침에 게으르지 않은 이것이 최상의 행복이네!

존경하고 겸손하고 만족하고 감사하며
적당한 때 법문을 듣는 이것이 최상의 행복이네!
인내하고 온화하고 비구를 만나
법담을 나누는 이것이 최상의 행복이네!

감각을 단속하고 청정하게 살고 사성제를 관찰하여
열반을 실현하는 이것이 최상의 행복이네!
세상사에 부딪혀도 흔들리지 않고
슬픔에서 벗어나고 오염원을 제거하고
두려움에서 해탈하는 이것이 최상의 행복이네!

이처럼 실천하는 이는 어떤 경우에도 좌절하지 않고
언제나 평온하리니 이것이 최상의 행복이네!

그는 장례식에서 보배경[167]을 낭송하기도 했다.

그는 어디를 가든 처음에는 어떤 말을 할 의도로 출발했지만, 나중에 가서는 항상 전혀 다른 말을 하곤 했다. 그리고 자기가 생각했던 것과 전혀 다르게 말하고 있다는 사실조차 알지 못했다. 비구들이 그가 이렇게 경우에 맞지 않게 말하는 것을 듣고 부처님께 말씀드렸다.

"부처님이시여, 랄루다이는 잔칫집에 가거나 장례식에 가거나 전혀 도움이 안 됩니다."

---

167) 보배경(Ratana Sutta, Khp6, Sn2.1)을 설하게 된 동기와 경은 게송 290번 이야기에 나온다.

"비구들이여, 그가 이렇게 말하는 것은 이번이 처음이 아니다. 과거생에서도 옳은 말을 한다는 것이 잘못된 말을 하곤 했다."

부처님께서는 이렇게 과거생 이야기를 시작하셨다.

랄루다이의 과거생: 악기닷따와 그의 아들 소마닷따[168]

오래된 옛날, 베나레스에 악기닷따가 살았다. 그 바라문에게는 소마닷따 꾸마라라는 아들이 있었다. 그는 왕의 총애를 받는 시종이었다. 바라문은 두 마리 소로 땅을 경작하고 살아가고 있었다. 어느 날 두 마리 소 중 한 마리가 죽어버리자 그는 아들에게 말했다.

"소마닷따야, 왕에게 소 한 마리 달라고 해서 끌고 오너라."

소마닷따가 이 말을 듣고 생각했다.

'내가 왕에게 그런 요구를 한다면 왕은 조그마한 시동이 감히 그런 요구를 한다고 생각할 것이다.'

그래서 그는 아버지에게 말했다.

"아버지께서 직접 가서 말씀하세요."

"알았다, 아들아. 그럼 나를 왕에게 데려가 다오."

소마닷따는 난처한 생각이 들었다.

'우리 아버지는 머리가 모자란다. 그는 왕 앞에 나아갈 때와 물러날 때 하는 적절한 인사말도 모른다. 옳은 말을 한다는 것이 잘못된 말을 하게 된다. 왕 앞에 모시고 가기 전에 먼저 처신하는 법을 가르쳐야겠다.'

소마닷따는 아버지를 데리고 비라나탄바가라고 불리는 화장터로 가서 덤불을 모아 다발로 묶어 한쪽 끝에 세워놓고 아버지에게 말했다.

"이것은 왕이고 이것은 부왕이고 이것은 총사령관입니다. 아버지께서 왕 앞으로 나아갈 때는 이렇게 나아가야 하며 물러날 때는 이렇게 물러나야 합니다. 왕에게는 이렇게 인사해야 하고 부왕에게는 이렇게 인사해야 합니

---

168) 이 이야기는 소마닷따 자따까(Somadatta Jātaka, J211)에서 유래한다.

다. 왕에게 나아가서는 이렇게 서서 '천수를 누리소서, 폐하!'라고 인사해야 합니다. 그런 다음에 왕에게 이렇게 게송을 읊으며 소를 달라고 요청해야 합니다."

그리고는 아버지에게 게송을 가르쳤다.

성왕이시여, 제게 논을 가는 두 마리 소가 있었는데 한 마리가 죽었습니다. 다른 한 마리를 제게 주십시오. 캇띠야(끄샤뜨리야)의 대왕이시여.

바라문은 1년에 걸쳐 이 게송을 완벽하게 외웠다. 그가 다 외웠다고 말하자 아들이 말했다.

"좋습니다, 아버지. 선물을 준비하고 저를 따라 오십시오."

소마닷따가 왕궁으로 출근해서 왕 곁에 서 있을 때, 아버지는 재산을 다 모아 조그만 선물을 준비해서 왕궁으로 갔다. 왕이 그를 보고 매우 기뻐하며 따뜻하게 인사를 건넸다.

"먼 길을 오시느라 수고가 많았소. 무슨 일로 왔는지 말해 보시오."

바라문은 이렇게 게송을 읊었다.

성왕이시여, 제게 논을 가는 소가 두 마리 있었는데 한 마리가 죽었습니다. 다른 한 마리를 가져가십시오. 캇띠야의 대왕이시여.

왕이 의아해서 물었다.

"그게 무슨 말이오? 다시 말씀해 보시오"

바라문이 전보다 더 정확하게 이 게송을 반복했다. 왕은 바라문이 말이 헛나와서 말하려고 했던 의도와 전혀 다른 말을 했다는 것을 알고 미소 지으며 말했다.

"소마닷따야, 집에 소가 많은 모양이구나."

"폐하, 폐하께서 주신 만큼 있습니다."

왕은 소마닷따가 하는 대답에 만족해 바라문에게 열여섯 마리의 소와 보석과 가구들과 거주할 마을을 하사했다. 왕은 바라문에게 계급에 걸맞은 선물을 하고 돌려보냈다.

부처님께서 이 이야기를 마치시고 그때의 사람들을 확인해 주셨다.
"그 당시 왕은 아난다이고, 바라문은 지금의 랄루다이고, 소마닷따는 바로 나다."
그리고 이렇게 덧붙이셨다.
"비구들이여, 랄루다이는 어리석어서 시의적절한 말을 하지 못한 것은 이번이 처음이 아니다. 배우지 못한 사람은 마치 황소와 다를 바 없다."
부처님께서는 이렇게 말씀하시고 게송을 읊으셨다.

배움이 적고
마음도 닦지 않는 이는
게으른 황소처럼
살만 쪘을 뿐
지혜는 전혀 자라지 않네.(152)

여덟 번째 이야기
부처님의 오도송悟道頌169)

부처님께서 아난다 장로의 질문에 대답해 보리수 아래에서 깨달음을 얻을 때의 오도송(게송 153, 154번)을 다시 읊으셨다.

부처님께서는 6년 고행으로 깨달음을 얻지 못하자 고행이 해탈로 가는 길이 아니라고 결론을 내리셨다. 그리고 어렸을 때 농경제 행사 중에 초선정에 들었던 기억을 되살리고 그 길이 깨달음으로 가는 길이라고 확신하셨다. 부처님께서는 고행을 멈추고 우유죽으로 몸을 회복하고서 보리수 아래에 앉아 초선정, 이선정, 삼선정, 사선정을 차례로 성취하셨다. 사선정을 바탕으로 초경에 전생을 기억하는 지혜170)를 성취하고, 중경에 하늘 눈의 지혜171)를 성취하셨다. 말경에는 중생에 대한 대연민심으로 중생들이 태어나

---

169) 부처님의 오도송은 니다나까타(Nidānakathā, 因緣譚)에 나온다. 부처님께서는 맛지마 니까야 삿짜까 긴 경(Mahāsaccaka Sutta, M36)에서 당신이 깨달음을 얻는 순간을 회상하고 계신다.
170) 전생을 기억하는 지혜(pubbenivāsa ñaṇa, 宿命通): 부처님께서는 전생을 기억하는 지혜를 얻는 순간을 이렇게 회상하고 계신다(M36). "나는 무수한 전생의 기억을 되새겨 보았다. 한 생, 두 생, 세 생, 네 생, 다섯 생, 열 생, 이십 생, 삼십 생, 사십 생, 오십 생, 백 생, 천 생, 십만 생 그리고 여러 번 세계의 생성과 파괴, 여러 번 우주의 생성과 파괴되는 시간을 지나서, 당시에 '나는 이러한 이름과 성을 지니고 이러한 용모를 지니고 이러한 음식을 먹고 이러한 괴로움과 즐거움을 맛보고 이러한 수명만큼 산 다음 그곳에서 죽어 다른 곳에서 태어났다. 다른 곳에 태어나서 나는 이러한 이름과 성을 지니고 이러한 용모를 지니고 이러한 괴로움과 즐거움을 맛보고 이러한 수명만큼 산 다음 죽어 여기에 태어났다.'라고. 이와 같이 나는 나의 전생의 여러 가지 삶을 구체적으로 자세히 기억했다."
171) 하늘 눈의 지혜(dibbacakkhu ñaṇa, 天眼通): 부처님께서는 하늘 눈의 지혜를 얻는 순간을 이렇게 회상하고 계신다(M36). "나는 인간의 능력을 뛰어넘는 청정한 천안으로 중생들이 천하거나 귀하거나 아름답거나 추하거나 행복하거나 불행하거나 업에 따라 나고 죽는 것을 보았다. 어떤 중생

고 죽는 원인과 결과를 밝히기 위해 연기緣起에 마음을 기울이셨다. 이렇게 십이연기172)를 순관順觀 역관逆觀하시고 173) 동이 틀 무렵 위없는 깨달음을

> 들이 몸과 말과 마음으로 악행을 저지르고 거룩한 분들을 비난하고 사견을 지니고 사견에 따라 행동하여 그들의 몸이 파괴되고 죽은 후 괴로운 곳, 나쁜 곳, 타락한 곳, 지옥에 태어나는 것을 보았다. 그러나 다른 중생들이 몸과 말과 마음으로 선행하고 거룩한 분들을 칭찬하고 바른 견해를 지니고 바른 견해에 따라 행동하여 몸이 파괴되고 죽은 뒤 좋은 곳, 천상에 태어나는 것을 보았다."

172) 십이연기(paṭiccasamuppāda, 十二緣起): 연기는 상윳따 니까야 연기경(S12.1)에 나온다. 경에서 연기를 이렇게 순관順觀하고 있다. "무명을 조건으로 상카라가 일어나고, 상카라를 조건으로 식이 일어나고, 식을 조건으로 정신-물질이 일어나고, 정신-물질을 조건으로 여섯 감각토대가 일어나고, 여섯 감각토대를 조건으로 접촉이 일어나고, 접촉을 조건으로 느낌이 일어나고, 느낌을 조건으로 갈애가 일어나고, 갈애를 조건으로 취착이 일어나고, 취착을 조건으로 존재가 일어나고, 존재를 조건으로 태어남이 일어나고, 태어남을 조건으로 늙음, 죽음, 슬픔, 비탄, 육체적 고통, 정신적 고통, 절망이 일어난다." 이렇게 연기를 순관하면 괴로움의 발생에 관한 인과관계이며, 이는 사성제四聖諦의 두 번째 진리이다. 다음과 같이 연기를 역관逆觀하면 사성제의 세 번째 진리인 괴로움의 소멸에 관한 인과관계이다. "무명이 소멸함으로써 상카라가 소멸하고, 상카라가 소멸함으로써 식이 소멸하며, 식이 소멸함으로써 정신-물질이 소멸하고, 정신-물질이 소멸함으로써 여섯 감각토대가 소멸하며, 여섯 감각토태가 소멸함으로써 접촉이 소멸하고, 접촉이 소멸함으로써 느낌이 소멸하며, 느낌이 소멸함으로써 갈애가 소멸하고, 갈애가 소멸함으로써 취착이 소멸하며, 취착이 소멸함으로써 존재가 소멸하고, 존재가 소멸함으로써 태어남이 소멸하며, 태어남이 소멸함으로써 늙음, 죽음, 슬픔, 비탄, 육체적 고통, 정신적 고통, 절망이 소멸한다. 이와 같이 해서 모든 괴로움이 소멸한다." 12연기의 두 번째인 상카라는 어리석은 무명으로 몸과 말과 마음으로 짓는 선하고 악한 모든 행위이다. 이 행위는 선하고 악한 의도 또는 의도적 행위를 말한다. 과거에 했던 이 행위들은 업을 형성하고 현재와 미래에 과보를 일으킨다. 간단하게 말하면 상카라는 곧 업이다. 12연기의 열 번째인 '존재'는 상카라와 같은 단어이다. 즉 금생에 짓는 상카라가 존재이며, 이것은 내생의 태어남의 원인이 되는 업이다. 과거의 5가지

얻으셨다. 이때 부처님께서는 수많은 부처님처럼 깨달음의 감흥을 이렇게 읊으셨다.

원인이 현재의 다섯 가지 결과를 일으키고 현재의 다섯 가지 원인이 미래의 다섯 가지 결과를 일으키는 조건이 된다. 다섯 가지 원인이란 무명·상카라·갈애·취착·존재이고, 다섯 가지 결과는 식·정신-물질·여섯 감각토대·접촉·느낌이다. 그러므로 12연기를 관찰하려면 다섯 가지 원인이 어떻게 다섯 가지 결과를 일으키는지 관찰해야 한다. 12연기를 도표로 설명하면 다음과 같다.

12연기	三世	因果
무명(無明)	과거	과거의 다섯 가지 원인: 무명, 상카라, 갈애, 취착, 존재
상카라(行)		
식(識)	현재	현재의 다섯 가지 결과: 식, 정신-물질, 여섯 감각토대, 접촉, 느낌
정신과 물질(名色)		
여섯 감각토대(六入)		
접촉(觸)		
느낌(受)		
갈애(愛)		현재의 다섯 가지 원인: 무명, 상카라, 갈애, 취착, 존재
취착(取)		
존재(有)		
태어남(生)	미래	미래의 다섯 가지 결과: 식, 정신-물질, 여섯 감각토대, 접촉, 느낌
늙음과 죽음(老死)		

173) 마하삿짜까 경(M36)에서는 연기를 관찰하는 이야기는 나오지 않고 숙명통과 천안통을 성취하고, 번뇌를 소멸하는 지혜(漏盡智)로 마음을 기울여 깨달음을 얻었다고 설명하고 있다. 그리고 깨달음을 얻는 순간 이렇게 사성제를 반조하신다. "'이것은 괴로움이다(五蘊).'라고 나는 있는 그대로 알았다. '이것은 괴로움의 원인이다(緣起).'라고 있는 그대로 깨달았다. '이것은 괴로움의 소멸이다.(涅槃)'라고 있는 그대로 깨달았다. '이것은 괴로움의 소멸에 이르는 길이다.(八正道)'라고 나는 있는 그대로 깨달았다." 디가 니까야 대전기경(D14)에서는 모든 부처님이 연기를 관찰하고 나서 도(maggo)를 얻고 더 나아가 정신-물질(五取蘊)의 일어남과 사라짐을 관찰해 깨달음을 얻는다고 설명하고 있다.

수많은 삶, 윤회 속을 헤매이며
집 짓는 자를 찾았지만 찾지 못하여
계속해서 태어남은 괴로움이었네.174) (153)

오, 집 짓는 자여!
이제 그대를 보았으니
그대는 더 이상 집을 짓지 못하리라.
서까래는 부서졌고 대들보는 뿔뿔이 흩어졌으며
마음은 열반에 이르러
갈애의 소멸을 성취했노라.175) (154)

---

174) 이 게송에서 집은 몸을, 집 짓는 자는 갈애(taṇha)이다. 고따마 부처님께서는 디팡카라 부처님(연등불)께서 미래의 부처님이 될 거라고 수기를 주셨기 때문에 붓다가 갖추어야 할 일체지一切智를 얻기 위해 수없는 생을 윤회하셨다. 모든 붓다는 일체지에 의해서만 집 짓는 자(갈애)를 볼 수 있다. 태어남은 필연적으로 늙음, 병듦, 죽음으로 이어지기 때문에 괴로움(dukkha)이다.

175) 이 게송에서 서까래는 모든 번뇌(오염원, kilesa)를, 대들보는 무명(avijjā, 無明)을 의미한다. 마치 대들보가 모든 서까래를 받치고 있듯이 무명이 모든 번뇌를 지탱해주고 있는 오염원의 뿌리이다. 지혜에 의해서 갈애(집 짓는 자)를 발견하고 모든 오염원(서까래)을 부수고 무명(대들보)을 제거함으로써 마음의 형성화 작용이 멈추어 열반을 성취한다. 그는 이제 더 이상 윤회할 수 없다. 왜냐하면 더 이상 몸(집)을 만들지 않기 때문이다. 여기서 갈애의 소멸은 아라한과의 증득을 말한다.

아홉 번째 이야기
거지가 된 부자의 아들 마하다나

부처님께서 이시빠따나에 계실 때 마하다나와 관련해서 게송 155, 156번을 설하셨다.

마하다나는 베나레스에 사는 8억 냥의 재산을 가진 부자의 아들로 태어났다. 어머니와 아버지는 아들의 교육을 어떻게 할 것인가 생각했다.

'우리 집의 창고에는 재물이 가득 쌓여있다. 우리 아들을 원하는 대로 즐기도록 해주는 것 외에 달리 해줄 게 있겠는가?'

부모는 아들에게 노래와 악기를 배우게 했다. 이것이 아들이 받은 교육의 전부였다. 이 도시에 8억의 재산을 가진 또 다른 부잣집에 딸이 태어났다. 그녀의 부모도 마하다나의 부모처럼 생각하고 딸에게 춤과 노래를 가르쳤다. 두 사람은 결혼 적령기가 되자 전통적인 관습에 따라 결혼했다. 세월이 흘러 양가의 부모가 죽자 그들은 16억 냥의 재산을 소유하게 됐다.

부자의 아들은 관습에 따라 하루에 세 번 왕궁에 가서 왕을 알현했다. 어느 날 건달들이 그의 돈을 우려먹을 계획을 꾸몄다.

"이 부자의 아들이 술주정뱅이가 되기만 하면 돈을 우려먹을 수 있을 텐데. 그에게 술 먹는 법을 가르쳐 주자."

건달들은 독한 술을 구하고 구운 고기와 소금과 설탕을 준비하고 감자와 고구마를 들고서 그가 왕궁에서 나오는 길목에 앉아 있었다. 그가 오는 게 보이자 그들은 독한 술을 마시고 소금과 설탕을 손가락으로 조금 집어 입에 넣고 감자와 고구마를 씹으며 그에게 인사를 건넸다.

"장수하십시오, 도련님. 도련님의 도움만 있다면 마음껏 먹고 마실 수 있을 텐데 말입니다."

이 말을 듣고 젊은이가 뒤따라오는 하인에게 물었다.

"이 사람들이 마시고 있는 것이 무엇인가?"

"최고급 술입니다. 주인마님."

"맛있는가?"

"주인마님, 이 세상에서 이 술과 견줄 만한 술은 없습니다."

"그러면 한 번 마셔봐야겠다."

그는 하인에게 술을 조금 가져오라고 해서 처음에는 한 모금만 마셨는데 목구멍을 넘어가는 맛이 짜릿하니 황홀한 기분에 휩싸이자 통째로 들이켰다.

얼마 가지 않아서 건달들은 그가 매일 술 먹는 버릇이 들었다는 것을 알고 주위에 몰려들었다. 날이 가면 갈수록 그의 주위에 몰려든 건달들의 수는 점점 늘어만 갔다. 그는 한 번 술을 마시는 데 100냥, 200냥을 낭비했다. 이제 그는 습관처럼 어디를 가든지 돈을 쌓아놓고 술을 마시면서 호기를 부렸다.

"이 돈으로 꽃을 사와라. 이 돈으로 향수를 사와라. 이 사람은 천부적인 노름꾼이군. 이 사람은 춤을 잘 추는군. 이 사람은 노래를 잘 부르는군. 이 사람은 음악을 잘 연주하는군. 이 사람에게 천 냥을 주어라. 저 사람에게 2천 냥을 주어라."

그는 그렇게 돈을 마구 뿌려댔다.

얼마 가지 않아서 그는 자기가 가지고 있는 8억 냥의 돈을 다 탕진했다. 그러자 건달들이 말했다.

"도련님, 도련님의 재산은 다 써버렸습니다."

"내 아내의 돈은 남아 있는가?"

"남아 있습니다."

"그럼 그걸 가져오게."

그는 아내의 돈도 다 탕진해 버렸다. 시간이 지나자 그는 논을 팔고 숲을 팔고 정원을 팔고 마차를 팔았다. 그마저도 다 떨어지자 그릇과 식기를 팔고 담요를 팔고 옷과 외투를 팔아치웠다. 그는 그렇게 술 마시고 즐기며 방탕하게 사는 데 모든 재산을 날려버렸다. 나이가 들었을 때 결국 집과 가족의 재산까지도 다 팔아치웠다. 그 집을 산 사람은 그를 집에서 쫓아버렸다. 그는 아내를 데리고 남의 집 처마 밑에서 잠을 자고 쪽박을 들고 구걸하며 돌아다녔다. 마침내 그는 남이 먹다 버린 찌꺼기를 먹기 시작했다.

어느 날 공회당 앞에서 비구들이 먹다 남은 음식을 얻고 있는 그를 보고 부처님께서 미소를 지으셨다. 아난다 장로가 미소 짓는 이유를 묻자 부처님께서 대답하셨다.

"아난다여, 저기 서 있는 마하다나를 보아라. 그는 16억 냥의 재산을 탕진해버리고 이제 아내를 데리고 구걸하고 있다. 그가 젊었을 때 재산을 낭비하지 않고 사업에 전념했더라면 이 도시에서 첫 번째 부자가 됐을 것이고, 출가하여 비구가 됐더라면 아라한과를 성취했을 것이고, 아내는 아나함과를 성취했을 것이다. 그가 중년의 나이에 재산을 낭비하지 않고 사업에 전념했더라면 이 도시에서 두 번째 가는 부자가 됐을 것이고, 출가해 비구가 됐더라면 아나함과를 성취했을 것이고, 아내는 사다함과를 성취했을 것이다. 그가 나이가 들어 재산을 낭비하지 않고 사업에 전념했더라면 이 도시에서 세 번째 가는 부자가 됐을 것이고, 출가했더라면 사다함과를 성취했을 것이고, 아내는 수다원과를 성취했을 것이다. 그러나 그는 이제 세속의 재산도 다 날려버리고 출세간의 깨달음도 멀어져버렸다. 그는 물이 말라 쩍쩍 갈라진 연못의 늙은 왜가리 신세가 되고 말았다."

부처님께서는 이렇게 말씀하시고 게송을 읊으셨다.

젊어서 마음공부도 하지 않았고
재산을 모으지도 않았네.
그들은 고기 없는 마른 연못의
늙은 왜가리처럼
앙상하게 뼈만 남았네. (155)

젊어서 마음공부도 하지 않았고
재산을 모으지도 않았네.
그들은 내팽개쳐진 낡은 화살처럼.
지난날을 떠올리며 눈물짓네.(156)

제12장 자신

Atta Vagga

제12장 자신Atta Vagga

첫 번째 이야기
자식이 없는 보디 왕자176)

부처님께서 베사깔라와나177)에 계실 때 보디 왕자178)와 관련해서 게송 157번을 설하셨다.

보디 왕자와 목수와 나무로 만든 새

보디 왕자는 이 땅에서 볼 수 없는 독특한 궁전을 지었다. 이 궁전은 마치 공중에 떠 있는 것 같았다. 건물이 붉은 연꽃처럼 생겼다고 해서 이 궁

---

176) 이 이야기 중에서 부처님이 보디 왕자의 초청을 받아 그를 방문하는 이야기는 율장 소품(VinCv v. 21)과 맛지마 니까야 보디 왕자 경(M85)에서 유래한다.
177) 베사깔라와나Bhesakālavana: 박가Bhagga 국의 수도인 숭수마라기리 Suṃsumāragiri에 있는 베사깔라 숲에 있는 사원으로 부처님께서 정각을 이루신 후 8년째 우기 안거를 나신 곳이다. 그 사원 근처에 과거 500생 동안 부처님의 부모였다는 금실 좋은 부부인 나꿀라삐따Nakulapitā(나꿀라의 아버지)와 나꿀라마따Nakulamātā(나꿀라의 어머니)가 살았다. 이 숲의 이름은 베사깔라라는 약키니(여자 야차)가 살았다는 데서 유래됐다고 한다. 박가국은 꼬삼비Kosambi의 속국이고 웨살리와 사왓티 사이에 있어 부처님께서 사왓티와 라자가하를 왕래하는 도중 자주 방문하는 나라였다.
178) 보디 왕자(Bodhi 또는 Bodhi Rājakumāra): 그는 꼬삼비의 우데나Udena 왕을 아버지로 웃제니의 짠다빳조따Chaṇḍapajjota 왕의 딸 와술라닷따 Vāsuladattā를 어머니로 태어났다.(21~23번 이야기) 그는 꼬삼비의 속국인 박가 국에 부왕을 대신해서 총독으로 살았다. 그가 궁전을 짓고 부처님을 초청해 공양을 올리고 부처님께서 법문하신 내용이 맛지마 니까야 보디 왕자 경(Bodhirājakumāra Sutta, M85)이다.

게송 157번 이야기 *465*

전을 꼬까나다(紅蓮)라고 불렀다. 건물이 완공됐을 때 왕자가 목수에게 물었다.

"이런 건물을 다른 곳에서도 지은 적이 있는가, 아니면 이런 종류로는 첫 작품인가?"

"폐하, 이런 종류는 전에 지어본 적이 없습니다. 이것이 첫 작품입니다."

이때 사악하고 잔인한 생각이 왕자의 머리를 스쳤다.

'이 목수가 다른 곳에 이와 똑같은 궁전을 짓게 된다면 이 궁전은 더 이상 경이로운 작품이 될 수 없다. 그를 죽이거나 팔다리를 자르거나 눈알을 뽑아버리면 더 이상 이런 걸작을 지을 수 없을 것이다.'

보디 왕자는 친한 친구인 산지까빳따에게 가서 마음속에 품고 있는 생각을 이야기했다. 산지까빳따가 이 말을 듣자 목수에 대한 연민이 일어났다.

'왕자는 분명히 목수를 죽이려고 할 거야. 이런 예술적 재능을 가지고 있는 목수가 눈앞에서 살해당하는 것을 보고 있을 수는 없잖은가! 그에게 지금 어떤 운명이 닥쳐오고 있는지 넌지시 말해주어야겠다.'

산지까빳따는 목수에게 가서 물었다.

"이 궁전을 다 지었는가, 아니면 아직도 할 일이 남았는가?"

"제가 할 일은 다 끝났습니다."

"왕자가 그대를 죽이려고 한다네. 스스로 살길을 찾으시게."

"그렇게 말씀해 주시니 큰 은혜를 입었습니다. 이 난관을 벗어날 방법을 강구하겠습니다."

왕자가 목수에게 물었다.

"궁전이 완공됐는가?"

"아닙니다, 전하. 아직 덜 끝났습니다. 아직도 많이 남았습니다."

"도대체 무슨 일이 아직도 남았단 말인가?"

"전하, 나중에 모두 말씀드리겠습니다. 당장 목재를 좀 보내주십시오."

"어떤 목재가 필요한가?"

"수분이 바짝 마른 나무입니다, 전하."

왕자는 즉시 바짝 마른 나무를 구해서 가져다주자 목수가 왕자에게 말했다.

"폐하, 오늘부터 누구도 제게 오게 해서는 안 됩니다. 지금 하는 일은 매우 정교한 작업이라서 대화를 하게 되면 정신이 흩어져서 작업할 수 없습니다. 식사는 제 아내가 가져올 것입니다."

"그렇게 하게."

왕자는 그 말에 동의했다.

목수는 한 방에 들어가 바짝 마른 나무로 자신과 아내와 아이들을 태우고 날 수 있는 커다란 가루다 새를 만들기 시작했다. 그는 식사 시간에 음식을 가져온 아내에게 말했다.

"집에 있는 물건은 다 놔두고 당신이 가지고 있는 황금만 가지고 오시오."

왕자는 목수가 도망치지 못하도록 경비병들로 집 주위를 빙 둘러 지키게 했다. 가루다 새가 완공되자 목수는 아내에게 말했다.

"아이들을 전부 데려와서 기다리시오."

그는 아침식사를 마치자마자 아내와 아이들을 태우고 지붕을 통해 빠져나가 날아올랐다. 목수는 이렇게 탈출에 성공했다. 보초들이 커다란 새가 날갯짓하며 날아가 버리는 것을 보고 외쳤다.

"전하, 목수가 도망쳤습니다!"

목수는 히말라야로 날아가서 그곳에 도시를 건설하고 살았다. 그 후부터 그는 깟타와하나 왕으로 알려졌다.[179]

---

179) 도나사카 자따까(Dhonasākha Jātaka, J353) 서문에서는 법구경 주석과 다르게 나온다. 자따까에서 보디 왕자는 자기의 궁전과 똑같은 걸작을 또 지을까 봐 목수의 눈을 파서 맹인으로 만들어버렸다고 나오며, 사람을 타고 날 수 있는 가루다 새도 언급하지 않고 있다.

부처님을 초대한 왕자

왕자는 궁전 완공식을 기념하려고 부처님을 초청했다. 먼저 궁전에 네 가지 향수를 섞은 흙을 바르고 문지방부터 마루에 긴 카펫을 깔았다. 그는 아이가 없어서 아이를 갖는 것이 소원이었다.

'아들이나 딸을 얻을 운명이라면 부처님께서 이 카펫을 밟고 들어오실 것이다.'

부처님께서 도착하시자 왕자는 오체투지로 삼배를 올리고 발우를 받아 들고 말했다.

"부처님이시여, 이 카펫 위에 오르십시오. 그러면 제게 오랫동안 이익과 행복을 가져다줄 것입니다."

그러나 부처님께서는 움직이지 않으시고 침묵하셨다. 두 번째, 세 번째로 왕자는 부처님께 카펫에 오르시기를 청했지만, 부처님께서는 거절하시고 아난다 장로를 쳐다보셨다.

아난다 장로는 부처님께서 한 번 눈길을 보낸 것만으로도 부처님께서 마루에 깔린 카펫을 밟고 싶지 않다는 것을 알고 왕자에게 카펫을 걷으라고 말했다.

"왕자여, 이 카펫을 걷으십시오. 부처님께서는 카펫을 밟지 않습니다. 부처님께서는 후대의 사람들에게 모범을 보여야 합니다."[180]

왕자는 카펫을 걷어버리고 부처님을 안내해 맛있는 우유죽과 여러 가지 음식을 올렸다. 부처님께서 공양을 마치시자 왕자는 부처님께 삼배하고 여

---

[180] 아난다는 '후대 사람들이 세속적 욕망을 위해 스님들에게 온갖 화려한 대접을 했으나 자신들의 욕망이 이루어지지 않으면 승단에 대한 신뢰를 저버릴 것이다.'라고 생각했다. 율장 소품(VinCv. v 21)에 의하면 부처님께서는 처음에는 보디 왕자의 집을 방문하고 비구들에게 카펫을 밟는 것을 금지하는 율을 제정했으나 나중에 재가신도들을 격려하는 의미에서 발을 씻은 후에는 카펫을 밟아도 된다고 허용했다.

쭈었다.

"부처님이시여, 저는 부처님의 헌신적인 제자입니다. 저는 부처님께 세 번이나 귀의했습니다. 첫 번째는 어머니가 저를 임신했을 때 꼬삼비의 고시따라마에 계시는 부처님을 찾아뵙고 '부처님이시여, 제 뱃속에 있는 아이가 여아이건 남아이건 그는 부처님께 귀의합니다. 부처님의 가르침에 귀의합니다. 승가에 귀의합니다. 그를 오늘부터 목숨 바쳐 귀의하도록 재가신도로 받아주십시오.'라고 말했다고 합니다. 두 번째는 유모가 저를 담요에 싸서 숭수마라기리의 베사깔라와나에 계시는 부처님을 찾아뵙고 전과 같이 귀의했다고 합니다. 세 번째로 오늘 저는 또 한 번 부처님께 귀의했습니다. 그런데 부처님께서는 왜 제가 깔아놓은 카펫을 밟으려고 하지 않으셨습니까?"

"왕자여, 그 카펫을 마루에 깔면서 무슨 생각을 했는가?"

"부처님이시여, '아이를 가질 수 있다면 부처님께서 이 카펫을 밟으실 것이다.'라고 생각했습니다."

"바로 그 이유 때문에 밟지 않았던 것이다."

"부처님이시여, 그럼 제가 아들이나 딸을 얻을 수 없다는 말씀이십니까?"

"왕자여, 그러하다."

"왜 이런 불행한 일이 제게 일어납니까?"

"그대는 과거생에 부주의하게 살며 불선업을 저질렀기 때문이다."

"부처님이시여, 그때가 어느 때입니까?"

부처님께서는 왕자의 요청에 따라 과거생 이야기를 시작하셨다.

보디 왕자의 과거생: 새의 알을 몽땅 먹어버린 사람

어느 때 수백 명의 사람이 커다란 배를 타고 바다를 항해했다. 바다 한가운데쯤 갔을 때 배가 난파돼 배에 타고 있던 사람들은 모두 목숨을 잃었다.

그러나 오직 한 부부만 살아남아 커다란 널빤지를 타고 헤매다 가까스로 근처의 섬에 도착했다. 이 섬은 아무도 없는 무인도였지만 바닷새들이 무리지어 살고 있었다. 부부는 먹을 것을 찾아 헤맸지만 찾을 수 없자 배고픔을 이기지 못해 알을 숯불에 구워 먹었다. 알만으로 배고픔을 충족시킬 수 없자 어린 새까지 잡아먹었다. 그들은 청춘과 중년과 말년을 그렇게 살았다. 세 기간 중 단 한 기간도 주의깊게 계율을 지키고 살지 않았고, 둘 중 한 명이라도 주의깊은 삶을 살지 않았다.

부처님께서 왕자가 과거생에 저지른 악업을 설명하시고 나서 말씀하셨다.

"왕자여, 과거생의 세 시기에 어느 한 시기라도 그대와 아내가 주의깊은 삶을 살았더라면 금생의 세 시기 중 한 시기에 아들이나 딸을 얻었을 것이다. 왕자여, 자신의 삶을 소중히 여기는 사람이라면 인생의 세 시기에 자신의 삶을 주의깊게 보호해야 한다. 그렇게 할 수 없다면 세 시기 중 어느 한 시기라도 자신의 삶을 주의깊게 지켜야 한다."

부처님께서는 이렇게 말씀하시고 게송을 읊으셨다.

> 자신을 사랑한다면
> 자신을 잘 지켜야 하리라.
> 평생은 아니더라도
> 적어도 어느 한 시기는
> 마음공부를 해야 하리라. (157)

두 번째 이야기
탐욕스러운 우빠난다 장로181)

부처님께서 제따와나에 계실 때 사끼야족 출신의 우빠난다182)와 관련해

---

181) 이 이야기는 답바뿟따 자따까(Dhabbhaputta Jātaka, J400)에서 유래한다.
182) 우빠난다Upananada : 사끼야족으로 율장에 자주 이름이 등장하는 것으로 보아 좋은 인물은 아니다. 대충 그 내용을 간추리면 이렇다. 빠세나디 왕과 안거를 보내기로 약속해 놓고 가사를 많이 준다는 사원에서 안거를 보내 왕의 분노를 사 약속한 곳에서 안거를 보내야 한다는 율이 제정됐다. 사왓티에서 안거를 보내놓고 다른 사원에서 가사를 나누어줄 때 돌아다니며 자기 몫을 배정받았으며, 많은 가사를 얻으려고 두 곳에서 안거를 보내기도 했다. 공양을 나눠주는 곳에 늦게 도착해서 자리가 없자 젊은 비구를 쫓아내고 그 자리를 차지하고 공양을 받기도 했다. 그는 돈을 좋아해서 금은을 받다가 그로 인해 금은을 받을 수 없다는 계율이 제정됐다. 한 가정에서 그를 위해 고기를 준비했는데 아이가 그 고기를 달라고 울자 그에게 가야할 고기가 아이에게 가버렸다. 그러자 그는 고기 대신 일 까하빠나의 돈을 달라고 했다. 은행가에게 법문해 주었는데 은행가가 그 보답으로 뭔가 시주하기를 원하자 그는 입고 있는 옷을 벗어달라고 했다. 은행가가 집에 돌아가서 벗어 보내주겠다고 하자 당장 벗어놓고 가라고 해서 은행가가 너무 황당해 벗어주고 갔다. 그는 한 유행자와 옷을 바꿨는데 유행자가 손해를 봤다며 거래를 취소하자고 하자 되돌려 주지 않았다. 한 비구가 그와 탁발을 나갔는데 탁발이 끝나자 그가 음식 나누기를 거절했다. 다시 탁발하기에는 시간이 늦어서 비구는 굶을 수밖에 없었다. 우빠난다는 잘 아는 신도 집 침실에 들어가 부인들과 대화를 나누다 남편의 항의를 받기도 했다. 그는 스님들 사이에서는 '분쟁을 일으키는 자, 논쟁을 만드는 자, 율을 제정하게 만드는 자'로 알려졌다. 하지만 그는 법문을 잘해서 신도들 사이에서는 인기가 좋았다고 한다. 어떤 신도 집에서는 그가 오지 않아 비구들이 공양하지 못하고 기다리기까지 했다. 한 번은 음식이 사원으로 배달됐는데 다른 비구들은 우빠난다가 다 먹은 후에 먹어야 한다는 단서가 달려있기도 했다. 그는 법을 설하기 전에 먼저 실천해야 한다는 사람의 본보기로 언급되는 인물이며 법문을 잘하고 영리한

게송 158번 이야기 *471*

서 게송 158번을 설하셨다.

우빠난다 장로는 설법에 능했다. 그가 소욕지족小慾知足을 주제로 법문하고 나면 몇몇 비구가 법문에 감동해서 두타행을 하겠다고 나서며 여분의 가사와 그릇과 항아리 등을 던져버렸다. 그러면 그는 그들이 남긴 가사와 생활도구들을 모두 챙겨가곤 했다. 우기철이 가까이 오자 그는 제따와나를 떠나 시골로 가서 사원에 들어가 법문했다. 사미들과 신참 비구들은 그런 재미있는 법문을 좋아해서 그에게 말했다.

"장로님, 여기서 안거를 보내십시오."
"여기서 한 철 보내면 얼마를 줍니까?"
"가사 한 벌입니다."

장로는 그곳에 자기 신발을 남겨 그곳의 대중임을 표시하고 다음 사원으로 가서 똑같은 질문을 했다.

"여기서는 얼마를 줍니까?"
"가사 두 벌입니다."

그는 그곳에 지팡이를 남겨두고 세 번째 사원으로 가서 같은 질문을 했다.

"여기서는 얼마를 줍니까?"
"가사 세 벌입니다."

그는 그곳에 물병을 남겨두었다.

그는 네 번째 사원으로 가서 같은 질문을 했다.
"여기서는 얼마를 줍니까?"
"가사 네 벌입니다."
"아주 좋습니다. 여기서 안거를 보내겠습니다."

것만큼 이익을 얻지 못한 사람이다. 우빠난다에게 깐다까Kaṇḍaka와 마하까Mahaka 두 사미가 있었는데, 스승을 닮아 계율을 자주 어겼다. 그래서 부처님께서는 두 사미에게 비구계를 주지 못하게 했다.

그는 그곳에 머무르며 신도들과 비구들에게 법문하고 지냈다. 신도들은 훌륭한 법문을 해 준 보답으로 그에게 많은 천과 가사를 올렸다. 안거가 끝나자 그는 다른 사원에 사람을 보내 말했다.

"내 물건을 남겨놓았으므로 시주받은 것에 내 몫도 있습니다. 그러니 내 몫을 보내주십시오."[183]

그는 그동안 받은 물건들을 모두 수레에 싣고 제따와나로 출발했다.

이때 한 사원에 두 비구가 시주받은 두 개의 거친 가사와 한 개의 부드러운 담요를 두고 서로 좋은 것을 가지려고 길가에서 다투고 있었다.

"그대는 가사를 가져라. 담요는 내가 갖겠다."

그들은 장로가 오는 것을 보고 말했다.

"장로님, 이것들을 적절하다고 생각하시는 대로 공정하게 분배해 주시겠습니까?"

"어떻게 나누더라도 제 결정에 따르겠습니까?"

"그렇습니다. 장로님의 결정에 따르겠습니다."

"좋습니다."

장로는 두 가사를 하나씩 두 비구에게 나눠주고 나서 말했다.

"이 담요는 계율을 알고 법문을 설하는 사람만이 가질 수 있는 것입니다."

그는 이렇게 말하고 값비싼 담요를 어깨에 걸치고 떠나버렸다.

젊은 두 비구는 분노와 허탈감을 느끼며 부처님께 가서 이 일을 보고했다. 부처님께서는 그들을 위로하며 말씀하셨다.

"그가 너희들의 소유물을 가져가 버려 분노와 허탈감을 안긴 것은 이번

---

183) 율장 대품 제8 가사 편(VinMv viii. 3)에 따르면 여러 사원에서 가사를 받은 우빠난다로 인해 이렇게 율을 제정하셨다. "비구가 한곳에서 안거를 나고 다른 곳에서 자기 몫의 가사를 받아서는 안 된다. 그렇게 하는 자는 율을 범하는 것이다."

이 처음이 아니다. 과거생에서도 그는 몰염치하게 행동했다."

부처님께서는 그들을 위로하면서 과거생 이야기를 시작하셨다.

우빠난다와 두 비구의 과거생: 자칼과 수달

오래된 옛날, 아누띠라짜리와 감비라짜리라는 두 수달이 함께 노력해서 커다란 연어를 잡았다. 하지만 그들은 연어를 나누는 문제로 다투기 시작했다.

"머리 쪽은 네가 가져라, 나는 꼬리 쪽을 갖겠다."

둘은 만족할 만한 결론이 나지 않자 마침 다가오고 있는 자칼에게 결정을 내려달라고 간청했다.

"이 고기를 당신이 적절하다고 생각하는 대로 나눠주세요. 그러면 보답해 드릴게요."

"나는 왕이 임명한 판사라서 계속해서 법정에 앉아 있어야 하는데 잠시 다리나 뻗고 쉬기 위해 나온 거요. 그따위에 신경 쓸 시간이 없소."

"그렇게 매정하게 말씀하지 마시고 분배를 잘해 주시면 보답하겠어요."

"어떤 결정을 내려도 따르겠소?"

"그렇게 하겠습니다."

자칼은 머리를 잘라 한쪽에 놓고 꼬리를 잘라 다른 쪽에 놓고 그들에게 말했다.

"강둑을 잘 달리는 자(아누띠라짜리)는 꼬리를 가지고 물속에 자맥질을 잘하는 자(감비라짜리)는 머리를 가지시오. 나는 판사이므로 중간 부분은 내가 가지겠소."

그는 이 말을 더 정확히 전달하려고 노래를 불렀다.

아누띠라짜리는 꼬리를 가지고
감비라짜리는 머리를 가져라.
중간 부분은 판사의 것이다.

자칼은 연어의 중간 부분을 집어 들고 가버렸다. 두 수달은 분노와 허탈감을 느끼며 서서 자칼이 사라져가는 것을 하염없이 바라보고 있었다.(과거 이야기 끝)

부처님께서 과거 이야기를 끝내시고 말씀하셨다.
"이 장로는 오래된 과거생에서도 그대들에게 분노와 허탈감을 안겼다."
부처님께서는 두 비구를 위로하고 우빠난다를 꾸짖고 나서 말씀하셨다.
"비구들이여, 다른 사람을 가르치는 사람은 자기 자신부터 솔선수범해야 한다."
부처님께서는 이렇게 말씀하시고 게송을 읊으셨다.

먼저 자신을 올바르게 한 뒤
남을 가르쳐야 한다.
지혜로운 사람이라면
자신을 속이고 남도 속이는
어리석은 짓을 해서는 안 된다.(158)

세 번째 이야기
실천하지 않으면서 남을 가르치는 빠다니까 띳사 장로[184]

부처님께서 제따와나에 계실 때 빠다니까 띳사 장로와 관련해서 게송 159번을 설하셨다.

빠다니까 띳사 장로가 부처님으로부터 수행주제를 받아 500명의 비구를 데리고 숲속 사원으로 들어가 머물며 이렇게 비구들에게 훈계했다.

"비구들이여, 우리는 살아계신 부처님으로부터 직접 수행주제를 받았습니다. 그러니 오직 수행에만 전념하시오."

그는 그렇게 말해놓고 정작 자신은 방에 들어가 잠들어버렸다.

비구들은 초경에 경행대에서 경행하며 몸의 움직임에 집중하는 수행을 하고서 중경이 되자 꾸띠로 들어왔다. 그때 장로는 잠에서 일어나 비구들에게 가서 말했다.

"이제 잠잘 시간이라고 생각하고 벌써 돌아왔는가? 즉시 되돌아가서 수행에 전념하시오."

그렇게 말하고 본인은 꾸띠로 돌아가 다시 잠들었다.

비구들은 다시 경행을 하며 몸의 움직임을 관찰하고 말경이 되자 다시 꾸띠로 들어왔다. 장로는 일어나서 그들을 밖으로 다시 쫓아내고 돌아와 또 잠이 들었다. 장로가 계속 이렇게 하자 비구들은 집중이 안 돼 경을 암송할 수도 없고 수행도 되지 않고 마음만 산란해져갔다. 비구들은 서로 이야기를 나누었다.

"우리 스승은 용맹스럽게 정진하는 모양이다. 장로님이 어떻게 수행하는지 한번 지켜보자."

그러나 비구들은 장로가 하는 꼴을 보고 말했다.

---

[184] 이 이야기는 아까라라위꾹꾸따 자따까(Akārāravikukkuṭa Jātaka, J119)에서 유래한다.

"우린 스승을 잘못 택했다. 우리 스승은 말만 앞서는 사람이다."

비구들은 잠을 거의 자지 못해 피곤하고 힘들어서 아무도 특별한 경지를 얻지 못했다.

안거가 끝나자 비구들은 부처님께 갔다. 부처님께서는 친절하게 안부를 물으셨다.

"비구들이여, 그동안 주의깊게 정진했는가? 그동안 게으름을 피우지 않고 열심히 수행했는가?"

비구들이 그동안 겪은 힘든 일을 모두 이야기하자 부처님께서 말씀하셨다.

"비구들이여, 이 장로가 그대들의 노력을 쓸모없게 만든 것은 이번이 처음이 아니다. 그는 과거생에서도 그랬다."

비구들이 그 이야기를 해 달라고 요청하자 부처님께서 아깔라라위꾹꾸따 자따까를 설하셨다.

> 젊은 바라문 학교에 수탉이 한 마리 있었다. 이 닭은 제시간에 어김없이 울어 학생들을 깨웠다. 학생들은 수탉의 울음소리를 듣고 일어나 공부를 시작했다. 수탉이 나이가 들어 죽어버리자 화장터에 사는 새로운 수탉 한 마리를 구해와 키웠다. 그런데 이 수탉은 한밤중에 울어댔다. 이로 인해 학생들은 너무 빨리 일어나 잠이 부족해서 공부를 제대로 할 수 없었다. 그뿐만 아니라 대낮에도 시도 때도 없이 울어대 시끄러워 공부를 할 수 없었다. 결국 바라문 학생들은 수탉의 목을 비틀어버렸다.
>
> (Akālaravikukkuṭa Jātaka, J119)

아버지도 어머니도 없이 자라나
시간을 가르쳐주는 스승이 없었네.
그는 시도 때도 없이 울어대 결국 죽임을 당했네.

부처님께서 말씀하셨다.

"그때의 수탉이 바로 빠다니까 띳사 장로이고, 500명의 학생은 지금의 500명의 비구이고, 그때의 젊은 바라문을 가르쳤던 선생은 바로 나였다."

부처님께서는 자따까를 설하시고 나서 말씀하셨다.

"비구들이여, 다른 사람을 가르칠 때는 먼저 자신을 다스려야 한다. 자신을 완전히 다스리고 나면 다른 사람을 가르칠 수 있다."

이어서 부처님께서는 게송을 읊으셨다.

남을 꾸짖고 가르치듯이
자신을 꾸짖는다면
자신을 잘 다스린 사람이며
남을 다스릴 만하다.
왜냐하면 자신을 다스리기가
가장 어렵기 때문이다.(159)

네 번째 이야기
비구니 어머니와 아들 꾸마라 깟사빠 장로185)

부처님께서 제따와나에 계실 때 꾸마라 깟사빠 장로186)의 어머니와 관련해서 게송 160번을 설하셨다.

꾸마라 깟사빠의 탄생

라자가하에 한 부잣집 딸이 살고 있었다. 그녀는 아라한과의 성취에 관심이 많았고, 세속의 삶을 하찮게 여겼다. 시간이 갈수록 이런 마음이 더 심해져 세속의 삶에 전혀 기쁨을 느끼지 못하고 출가만을 생각하며 살았다. 그녀는 이성을 갖출 나이가 되자 부모에게 출가를 허락해 달라고 요청했으나 거절당했다. 부모는 딸이 혼기가 차자 결혼시켰다. 그녀는 시댁에서 살

---

185) 이 이야기는 니그로다 자따까(Nigrodha Jātaka, J12)에서 유래한다. 자따까에서는 꾸마라깟사빠와 어머니와의 이야기는 언급하지 않고 있다.
186) 꾸마라 깟사빠Kumāra Kassapa: 장로는 다양한 비유를 들어 설법하는 데서(cittakathikānaṃ) 제일이다. 그의 어머니는 라자가하의 은행가의 딸이었다. 그는 깟사빠 부처님의 가르침이 사라지려고 할 때 용맹정진을 하려고 바위산에 올랐던 7인 중 한 명이다.(게송 101번 이야기) 그는 개미집 경(Vammika Sutta, M23)을 듣고 아라한이 됐다. 그는 디가 니까야 빠야시 경(Pāyāsi Sutta, D23)에서 업과 윤회의 법칙을 믿지 않는 사견을 가지고 있는 빠야시라는 세따뱌Setavya를 다스리는 지방 왕과 토론을 벌였다. 그는 열세 가지 비유를 들어 빠야시의 사견을 논파하고 그를 귀의시켰다. 이 경은 그가 어째서 '다양한 비유를 들어 설법하는 데서 제일'인지 입증해 준다. 율장 대품(Vin.i.93)에 따르면 그는 만 20세가 되지 않아 비구계를 받았다. 그래서 이 계가 유효한지 의심이 일어났다. 그래서 부처님께 질문했고 부처님께서는 어머니 태에서 최초의 마음이 일어나므로 태에서 지낸 기간까지 계산해서 20년이 되는 해에 비구계를 받아도 된다고 유권해석을 내려주셨다.

았고, 헌신적인 아내였다. 결혼한 지 얼마 되지 않아 그녀는 아이를 가졌다. 하지만 그녀는 자신의 임신 사실을 모르고 남편에게 출가를 허락해 달라고 요청했다. 남편도 그녀의 임신 사실을 모르고 화려하게 치장시키고 데와닷따를 추종하는 비구니 승단으로 데려가서 출가시켰다.

얼마 후 비구니들은 그녀가 임신했다는 사실을 알게 됐다.
"이게 어찌 된 일입니까?"
"저도 잘 모르겠습니다. 하지만 저는 결코 음계를 범하지 않았습니다."
비구니들은 그녀를 데와닷따에게 데려가서 말했다.
"이 비구니는 신심을 가지고 출가한 것은 사실이지만 그녀가 언제 임신했는지 우리는 알 수 없습니다. 어떻게 하면 좋겠습니까?"
데와닷따는 자기의 명예만을 생각했다.
'나의 가르침을 받는 비구니가 임신했다는 소문이 퍼지면 내게 비난이 쏟아질 것이다.'
그래서 그는 이렇게 말했다.
"그녀를 승단에서 추방해라."
젊은 비구니는 데와닷따의 추방 결정을 듣고 비구니들에게 간청했다.
"스님들이여, 저를 나락으로 내몰지 마세요. 저는 데와닷따에게 출가한 것이 아니에요. 저를 부처님이 계시는 제따와나로 데려다주세요."

비구니들은 그녀를 데리고 라자가하를 출발해 45요자나를 걸어 제따와나에 도착했다. 비구니들은 부처님께 가서 이 문제를 보고했다. 부처님께서는 그녀가 출가 전에 임신했다는 것을 알고 계셨지만 이교도들에게 비난받을 소지를 없애기 위해 빠세나디 왕, 마하 아나타삔디까, 쭐라 아나타삔디까, 여자 신도 위사카와 여러 신도를 모두 불러 모아놓고 율사律師인 우빨리 장로에게 지시했다.
"이 젊은 비구니의 혐의를 사부대중이 보는 가운데서 명확히 밝혀라."

우빨리 장로는 위사카를 불러서 그녀에게 임신 시기를 밝히도록 했다.187) 위사카는 이 젊은 비구니 주위에 커튼을 치고 안에 들어가 그녀의 손, 발, 배꼽, 배, 몸 전체를 자세히 조사하고 임신한 날을 계산했다. 그리고 그녀가 출가 전에 임신했다고 밝혔다. 우빨리 장로는 사부대중이 보는 가운데서 그녀가 계를 범한 것이 아니라고 선언했다. 시간이 지나 그녀는 총명하고 재능 있는 아이를 낳았다. 그녀가 총명하고 재능 있는 아이를 낳은 것은 빠두뭇따라 부처님 앞에서 서원을 세웠기 때문이라고 한다.

어느 날 왕이 비구니 사원 근처를 지나다가 아이의 울음소리를 듣고 물었다.
"이게 무슨 소린가?"
"폐하, 한 비구니 스님이 아이를 낳았다고 합니다. 이 소리는 그 아이의 울음소리입니다."
왕은 아이를 데리고 왕궁으로 가서 공주들에게 아이를 맡겼다. 아이의 이름을 짓는 명명식 날에 공주들은 그에게 깟사빠라는 이름을 지어주었다. 그는 왕자의 신분으로 양육됐기 때문에 사람들은 그를 꾸마라 깟사빠188)라고 불렀다.

그가 일곱 살이 됐을 때 놀이터에서 놀다가 한 아이를 때렸다. 아이는 화가 나서 소리 질렀다.
"난 부모도 없는 녀석한테 맞았다."
깟사빠는 즉시 왕에게 달려가서 여쭈었다.
"폐하, 애들이 그러는데 제가 어머니도 아버지도 없다고 합니다. 제 어머니는 누구입니까?"

---

187) 위사카Visākā는 아들 열 명, 딸 열 명, 모두 20명의 자식을 낳아 임신 경험이 많았다. 그래서 그녀에게 이 일이 맡겨졌다.
188) 꾸마라: 꾸마라kumāra는 소년, 동자라는 뜻이나 여기서는 라자꾸마라 rājakumāra의 약어로 왕자라는 뜻이다.

왕은 공주들을 가리키며 말했다.

"네 어머니들이 저기 있지 않으냐?"

"어머니가 한 사람뿐이지 저렇게 많을 수 없습니다. 제 어머니가 누군지 말씀해 주세요."

왕은 아이의 말을 듣고 생각했다.

'이 녀석을 속이기는 글렀구나.'

왕은 솔직하게 말했다.

"아이야, 네 어머니는 비구니 스님이란다. 내가 비구니 사원에서 널 데려 왔단다."

소년의 가슴에 이보다 더한 감동의 물결이 일어날 수 없었다. 그는 즉시 왕에게 요구했다.

"저를 출가시켜 주세요."

"그렇게 하마."

왕은 소년을 화려하게 치장시키고 부처님께 데려가서 출가시켰다. 그는 성년이 되어 비구계를 받은 후에는 꾸마라 깟사빠 장로로 알려졌다. 그는 부처님으로부터 수행주제를 받아 숲속 사원으로 들어가서 열심히 정진했다. 그러나 깨달음을 얻을 수 없자 이렇게 생각했다.

'부처님께 돌아가서 내게 적합한 수행주제를 다시 받아야겠다.'

깟사빠 부처님 시대에 일곱 명의 비구가 목숨을 걸고 수행하기 위해 바위산에 올라갔다. 한 명은 아라한이 됐고, 한 명은 아나함이 됐다. 나머지 다섯 명은 깨달음을 얻지 못하고 죽어 천상에 태어나 즐거움을 누리다가 현 부처님 시대에 태어났다. 그들의 이름은 꾸마라 깟사빠, 답바 말라뿟따, 사비야, 뿍꾸사띠, 바히야 다루찌리야였다.189) 아나함을 성취해 정거천에 태어난 범천이 꾸마라 깟사빠에게 내려와서 열다섯 가지 문제를 가르쳐주고 부처님께 보내며 말했다.

---

189) 법구경 게송 101번 이야기 참조.

"부처님만이 이 문제를 풀 수 있다네. 부처님께 가서 이 문제를 풀어보게나."

꾸마라 깟사빠는 부처님께 가서 이 문제를 질문했다.[190]

"부처님이시여, 한 범천이 제게 와서 이런 문제를 내놓았습니다. '개미언덕이 있는데 밤에도 불타오르고 낮에도 불타오른다. 바라문이 현자에게 칼을 들어 파내려가라고 말했다. 현자가 칼로 파내려가자 빗장이 나타났다. 빗장을 파서 던져버리고 또 파내려가자 두꺼비가 나타났다. 두꺼비를 파서 던져버리고 또 파내려가자 갈퀴가 나타났다. 갈퀴를 파서 던져버리고 또 파내려가자 체가 나타났다. 체를 파서 던져버리고 또 파내려가자 칼과 도마가 나타났다. 칼과 도마를 파서 던져버리고 또 파내려가자 고깃덩어리가 나타났다. 고깃덩어리를 파서 던져버리고 또 파내려가자 용이 나타났다. 바라문은 현자에게 용은 해치지 말고 놔두라고 말했다.' 범천이 제게 내놓은 이 문제의 각각의 의미가 무엇입니까?"

부처님께서 이 문제를 풀어주셨다.

개미언덕은 사대요소로 이루어진 몸이다. 이 몸은 변화하고 무너지고 분해되는 것이다. 낮에 한 일을 밤에 사유하고 회상하는 것을 밤에 불타오른다고 한다. 밤에 생각한 대로 낮에 일에 분주하게 실행하는 것을 낮에 불타오른다고 한다. 바라문은 올바로 스스로 깨달은 붓다를 말한다. 현자는 비구를 말한다. 칼은 지혜를 말한다. 파내는 것은 정진을 말한다. 빗장(열반으로 들어가는 문을 잠그므로)은 무명을 말한다. 두꺼비(독을 뿜어내므로)는 분노를 말한다. 갈퀴(두 갈래로 쪼개져 있으므로)는 의심을 말한다. 체(깨달음을 가로막으므로)는 다섯 가지 장애(五障碍, 감각적 욕망, 분노, 해태와 혼침, 들뜸과 후회, 의심)다. 거북이(네 발과 머리가 있으므로)는 다섯 가지 집착의 무더기(五取蘊, 물질, 느낌, 지각, 형성, 식)이다. 칼과

---

190) 이 법문은 맛지마 니까야 개미언덕 경(Vammīka Sutta, M23)에 나오는 부분을 요약해서 집어넣은 것이다.

도마(중생은 감각적 욕망의 대상이라는 도마 위에 감각적 욕망의 번뇌라는 칼로 절단되므로)는 다섯 가지 감각적 욕망(눈, 귀, 코, 혀, 몸으로 인식되는 형상, 소리, 냄새, 맛, 감촉이 애착의 대상이 되므로)이다. 고깃덩어리(고깃덩어리가 여기저기 걸려있는 것처럼 사람들은 갈애에 묶여 윤회의 세계에서 벗어나지 못하므로)는 갈애다. 비구는 이 모든 것을 파내어 던져버리고 제거하면 마지막에 용(열반)이 남는다. 이 열반은 그대로 두고 귀의해야 한다.

꾸마라 깟사빠는 부처님에게서 이 문제의 해답을 듣고 아라한과를 성취했다.

어머니 비구니를 깨달음으로 인도한 꾸마라 깟사빠

꾸마라 깟사빠가 출가한 지 12년이 지나도록 어머니 비구니의 눈에서는 눈물이 마를 줄 몰랐다. 아들과 떨어져 있어야 하는 괴로움 때문에 그녀는 눈물 젖은 얼굴로 탁발하러 다녔다. 그러던 어느 날 그녀는 거리에서 깟사빠 장로를 보았다. 그녀는 울며 소리를 질렀다.
"나의 아들아! 나의 아들아!"
그녀는 그를 보기 위해 달려가다가 넘어지면서 땅바닥에 뒹굴었다. 자식에 대한 깊은 애정으로 그녀의 가슴에서 젖이 흘러나와 가사를 적셨다. 그녀는 땅에서 일어나 장로의 팔을 잡았다.

장로는 어머니의 애정을 보면서 생각했다.
'그녀에게 따뜻한 말을 건네면 그녀는 애착에서 벗어나지 못하고 영원히 윤회 속에서 헤맬 것이다. 그러니 그녀를 위해서 심한 말을 해야겠다.'
장로가 그녀를 꾸짖었다.
"이게 무슨 짓입니까? 출가한 비구니가 돼가지고 아직도 애착에서 벗어나지 못했단 말입니까?"
그녀는 이 말을 듣고 충격을 받았다.

"어떻게 이런 불한당 같은 말을 할 수 있단 말인가!"
그녀는 자기의 귀를 의심하며 다시 물었다.
"사랑하는 아들아, 방금 뭐라고 했느냐?"
그는 거친 말을 다시 한번 되풀이했다. 그녀는 비로소 이성을 찾았다.
'아! 내가 이런 매정한 녀석 때문에 12년 동안이나 눈물을 참지 못했다니! 그가 매정하게 인연을 끊어버렸는데 애착한들 무슨 의미가 있겠는가?'
그녀는 그 자리에서 아들에 대한 애착을 뽑아버리고 바로 아라한과를 성취했다.

어느 날 비구들이 법당에 모여 이야기를 나누었다.
"자애도 연민도 없는 데와닷따가 깨달을 인연이 무르익은 꾸마라 깟사빠와 그의 어머니를 파멸로 몰아넣을 뻔했습니다. 다행이 부처님께서 그들의 의지처가 돼 주셨습니다. 오, 세상에 대한 부처님의 자애와 연민은 정말 무한합니다!"
그 순간 부처님께서 들어와서 비구들에게 물으셨다.
"비구들이여, 여기 모여서 무엇을 주제로 이야기를 나누고 있었는가?"
비구들이 대답하자 부처님께서 말씀하셨다.
"비구들이여, 내가 그들의 의지처가 되어 보호해 준 것은 이번이 처음이 아니다. 과거생에서도 의지처가 돼 주었다."
부처님께서는 그렇게 말씀하시고 니그로다 자따까를 자세히 이야기해 주셨다.

한때 보디삿따는 니그로다라 불리는 사슴왕으로 태어나 500마리의 사슴을 거느리고 살았다. 사카라는 이름의 또 다른 사슴왕도 500마리의 사슴을 거느렸다. 베나레스의 왕은 사슴 사냥과 사슴고기를 좋아했다. 백성들은 왕의 사슴몰이에 불려 다니느라 농사를 제대로 지을 수 없었다. 더군다나 사슴들이 농작물을 뜯어먹어서 어느 날 사슴을 몰아 한 우리에 모두 가두었다. 그래서 두 사슴왕은 하루에 한 마리씩, 오늘은 니그로다 무리에서, 내일은 사카 무리에서 한 마리씩 차례로 돌아가며 도살당해 왕의 식사가 되어줌으로써 나머지가 마음 편히 지낼 수 있도록 합의를 보았다. 베나레스의 왕은 황금빛 털의 니그로다 사슴왕과 사카 사슴왕에게 생명의 안전을 보장해 주었다. 사카 무리의 새끼를 밴 암사슴이 도살당할 차례가 되자 그녀는 먼저 사카에게 가서 자신이 새끼를 낳을 때까지 생명을 연장해 달라고 간청했지만 거절당했다. 그녀는 이번에는 니그로다에게 가서 호소했다. 그러자 니그로다는 그녀를 대신해서 도살대 위에 올라갔다. 이 사실이 즉각 왕에게 보고됐고 왕이 달려와 그 이유를 물었다. 왕은 사슴왕의 자애와 연민에 감탄해서 이후로 살생하지 않겠다고 약속했다.(Nigrodha Jātaka, J12)

사카 사슴 곁에 머물지 말고 니그로다 사슴만을 따라라.
사카와 함께 사느니 니그로다와 함께 죽는 것이 낫다.

부처님께서 이야기를 마치시고 자따까에 나오는 인물들을 설명해 주셨다.
"그 당시 사카 사슴은 데와닷따이고 사카의 사슴 무리는 지금의 데와닷따의 추종자들이다. 도살당할 차례가 된 암사슴은 깟사빠의 어머니이고, 그녀의 새끼는 지금의 꾸마라 깟사빠 장로이다. 젊은 암사슴을 대신해서 목숨을 내놓은 니그로다 사슴왕은 바로 나다."

부처님께서는 비구니가 아들에 대한 애착을 뽑아버리고 스스로 자신에게서 의지처를 구한 것을 칭찬하시며 말씀하셨다.
"비구들이여, 스스로 천상에 태어날 공덕을 지었거나 스스로 도과를 성취한 것은 결코 다른 사람의 재산이 될 수 없다. 자신이 자신의 의지처이지 어떻게 다른 사람이 자신의 의지처가 될 수 있겠는가?"
부처님께서는 이 말씀에 이어서 게송을 읊으셨다.

자신만이 자신의 의지처
누가 자신의 의지처가 되리오.
자신을 잘 다스려야만
얻기 어려운 의지처를 얻으리라.(160)

다섯 번째 이야기
도둑으로 오해받아 살해당한 마하깔라

부처님께서 제따와나에 계실 때 수다원과를 성취한 마하깔라라는 재가신도와 관련해서 게송 161번을 설하셨다.

음력 8일에 마하깔라는 우뽀사타 재일을 지키기 위해 사원으로 가서 밤새도록 법문을 들었다. 그날 밤 한 무리의 도둑이 어떤 집에 침입해서 물건을 훔치기 시작했다. 주인 식구들은 그릇이 달그락거리는 소리에 잠에서 깨어 도둑들을 쫓기 시작했다. 도둑들은 사람들이 쫓아오자 훔친 물건을 내던지면서 도망쳤다. 하지만 주인들은 계속해서 이들을 추적했다. 사람들이 보일 정도로 바짝 쫓아오자 도둑들은 사방으로 뿔뿔이 흩어졌다. 그중 한 명이 사원 쪽으로 난 길을 따라 도망갔다.

이른 아침 마하깔라는 밤새도록 법문을 듣고 사원의 연못가에서 얼굴을 씻고 있었다. 이때 도둑이 도망쳐오다가 마하깔라 앞에 훔친 물건을 던져버리고 도망쳤다. 추적하던 사람들이 마하깔라 앞에 훔친 물건들이 있는 것을 보고 말했다.

"네가 우리 집에 침입해서 물건을 훔친 도둑이지? 그러고도 마치 사원에서 법문을 듣고 나온 체하다니!"

사람들은 그를 붙잡아 죽을 때까지 두들겨 패서 시체를 못가에 던져버리고 가버렸다.

아침 일찍 사미와 신참 비구들이 물동이를 들고 물을 길으러 나왔다가 마하깔라의 시체를 보았다. 그들은 곧 이 사실을 부처님께 알렸다.

"이 재가신도는 밤새 사원에서 법문을 듣고 우뽀사타를 지킨 훌륭한 신자인데도 죽임을 당했습니다."

부처님께서 말씀하셨다.

"비구들이여, 금생만을 놓고 따지면 마하깔라의 죽음이 부당한 것은 사실이다. 그러나 그가 이렇게 허무하게 죽임을 당한 것은 과거생에 저지른 악행과 정확히 일치하는 것이다."

부처님께서는 비구들의 요청에 따라 그가 과거생에 저질렀던 악행에 대해 이야기하기 시작하셨다.

마하깔라의 과거생: 어떤 남편을 죽인 군인

오래된 옛날, 베나레스의 왕이 다스리는 한 국경 마을 근처에 숲이 있었다. 그 숲에는 한 무리의 산적들이 살았는데, 이들은 지나가는 행인들의 금품을 빼앗곤 했다. 왕은 숲 입구에 군인을 배치해 여행자들을 보호했다. 군인은 보수를 받고 여행자들을 안전하게 호송해주고 되돌아오곤 했다.

어느 날 한 남자가 아름다운 아내를 데리고 작은 마차를 몰고 마을의 숲 입구에 도착했다. 군인은 이 여인을 보고 사랑에 빠져버렸다. 남편이 군인에게 말했다.

"숲을 빠져나갈 때까지 우리를 안전하게 호위해 주시오."

하지만 군인은 그녀를 차지할 생각으로 남편에게 쉬어가기를 권했다.

"지금은 너무 늦어서 숲을 지나가기에는 위험합니다. 내일 아침 일찍 호위해서 숲을 지나가게 해 드리겠습니다."

"우리는 때를 맞춰왔기 때문에 충분히 숲을 지나갈 시간이 있습니다. 우리를 즉시 호위해 주시오."

"마을로 돌아가서 쉬었다 가십시오. 우리 집에서 하룻밤 머물고 떠나도 됩니다."

여행자는 되돌아가고 싶지 않았으나 군인은 부하들에게 신호를 보내 마차를 끌고 마을로 갔다. 여행자의 항변에도 불구하고 군인은 여행자 부부를 자기 집에 숙박시키고 음식을 대접했다.

군인은 틈을 타 자기의 값비싼 보석을 여행자의 봇짐 속에 살짝 숨겨 놨다. 날이 밝자 그는 부하를 시켜 집에 도둑이 들었다고 소란을 피우게 했다.
"대장님이 보석을 도둑맞았습니다."
군인은 마을 입구에 부하를 배치하고 명령을 내렸다.
"이 마을을 빠져나가는 사람을 모두 조사해라."

아침 일찍 여행자는 마차를 타고 출발했다. 군인의 하수인들이 마차를 세우고 이들을 조사했다. 부하들은 여행자의 봇짐 속에 자기들이 숨겨두었던 보석을 찾아내고 여행자에게 소리 질렀다.
"보석을 훔친 자가 바로 너구나. 그래서 아침 일찍부터 도망치는 거지?"
그들은 그를 흠씬 두들겨 패고 마을 촌장에게 데려가서 말했다.
"우리가 도둑을 잡았습니다."
"마음씨 좋은 친구가 하룻밤 재워주고 식사까지 대접했는데 보석을 훔쳐 도망을 치다니! 이런 배은망덕한 놈은 두들겨 패 죽여야 해."
마을 촌장은 사람들에게 그를 때려죽여서 시체를 던져버리라고 했다.
이것이 그가 전생에 저지른 악행이었다. 그는 죽어 아비지옥에 태어나 오랜 기간 고통을 당하고도 과보가 남아 있어 백 생 동안이나 맞아죽었다.
(과거 이야기 끝)

부처님께서 마하깔라가 과거생에 저지른 악행에 대해 이야기해 주시고 나서 말씀하셨다.
"비구들이여, 자기가 저지른 악행이 자기를 사악처로 몰아넣는다."
부처님께서는 이렇게 말씀하시고 게송을 읊으셨다.

**광석에서 나온 다이아몬드가
광석을 자르듯이
자기가 저지른 악업이
자신을 파멸시킨다.**(161)

여섯 번째 이야기
부처님을 시해하려고 한 데와닷따[191]

부처님께서 웰루와나에 계실 때 데와닷따와 관련해서 게송 162번을 설하셨다.

어느 날 비구들이 법당에 모여 이야기를 나누었다.
"스님들이여, 데와닷따는 나쁜 버릇과 비뚤어진 성격으로 사악한 욕망을 키웠습니다. 그 비뚤어진 성격으로 아자따삿뚜의 환심을 사서 이득과 명예를 얻고, 그를 유혹해서 부왕을 살해하게 하고, 그와 작당해서 어떻게든 부처님을 시해하려고 했습니다."

그 순간 부처님께서 들어오셔서 비구들에게 물으셨다.
"비구들이여, 여기 모여 앉아서 무슨 이야기를 나누고 있는가?"
비구들이 대답하자 부처님께서 말씀하셨다.
"비구들이여, 데와닷따가 어떻게든 나를 살해하려고 한 것은 이번이 처음이 아니다. 과거생에서도 그랬다."
부처님께서는 그렇게 말씀하시면서 꾸룽가미가 자따까와 다른 자따까[192]를 이야기해 주셨다.

호숫가 숲속에 사슴(보디삿따)이 살고, 호숫가 한 나무에는 딱따구리(사리뿟따)가 살고, 호수에는 거북이(목갈라나)가 살고 있었다. 어느 날 사냥꾼(데와닷따)이 사슴 발자국을 발견하고 가죽 올가미를 놓았다. 밤중에 사슴이 물을 마시러 왔다가 올가미에 걸려 고통에 찬 목소리로 울부짖었다. 딱따구리와 거북이가 달려와서 거북이는 이빨로 가죽 올가미를

---

191) 데와닷따의 생애와 부처님을 시해하려 한 이야기는 게송 17번 이야기 참조.
192) 다른 자따까는 게송 17번 이야기 참조.

끊기 시작하고 딱따구리는 사냥꾼의 오두막으로 가서 나쁜 징조를 알리는 목소리로 울었다. 사냥꾼은 칼을 들고 나오다가 나쁜 징조가 보이자 다시 오두막으로 들어가 해가 뜰 때까지 기다렸다. 사슴은 결국 올가미에서 벗어나 도망쳤지만 거북이는 올가미를 끊느라 기력이 탈진해서 사냥꾼에게 붙잡혔다. 사슴은 기운 빠진 흉내를 내면서 사냥꾼을 숲속 깊이 유인하고서 바람처럼 되돌아와 주머니 속에 묶여 있는 거북이를 구해냈다. (Kuruṅgamiga Jātaka, J206)

과거 이야기가 끝나자 이렇게 말씀하셨다.
"비구들이여, 나쁜 마음이 일어나도록 내버려 두면 악한 욕망이 자신을 지옥으로 내던져버린다. 이것은 마치 담쟁이 넝쿨이 살라나무를 타고 올라가 온통 나무를 뒤덮어 결국 나무를 말라 죽게 만드는 것과 같다."

> 넝쿨이 자기가 기댄 나무를
> 휘감아 말려 죽이듯
> 계행이 없는 자는
> 자신을 파멸시킨다.
> 마치 원수가 그렇게 되기를 바라는 대로.(162)

일곱 번째 이야기
승가의 분열을 획책한 데와닷따193)

부처님께서 웰루와나에 계실 때 승단을 분열시키려고 돌아다니는 데와닷따194)와 관련해서 게송 163번을 설하셨다.

어느 날 데와닷따가 승가를 분열시키려고 돌아다니다가 아난다 장로가 탁발하는 것을 보고 다가와 자신의 의도를 알렸다. 아난다 장로는 데와닷따가 한 말을 듣고 부처님께 가서 말씀드렸다.

"부처님이시여, 오늘 아침에 제가 가사를 입고 발우를 들고 라자가하에 탁발하려고 들어갔습니다. 부처님이시여, 라자가하에서 탁발하고 있을 때 데와닷따가 저를 보고 다가와서 '아난다여, 오늘부터 나는 우뽀사타 행사를 부처님과 따로 행하고 승가의 업무도 따로 볼 것입니다.'라고 말했습니다. 부처님이시여, 데와닷따는 오늘 승가를 둘로 분열시켜 우뽀사타 행사를 따로 행하고 승가의 업무도 따로 볼 것입니다."

이때 부처님께서는 가슴에서 우러나오는 감흥어를 이렇게 읊으셨다.

선한 사람은 선행하기 쉽고
악한 사람은 선행하기 어렵네.

---

193) 이 이야기는 율장 소품(VinCv. vii. 3. 17)에서 유래한다. 자세한 이야기는 게송 17번 이야기 참조.
194) 데와닷따Devadatta: 그는 부처님의 외삼촌인 숩빠붓다Suppabuddha와 고모 아미따Amitā 사이에서 태어났다. 여동생은 싯닷타Siddattha와 결혼한 밧다깟짜나Bhaddakaccānā(라훌라마따 또는 야소다라)이다. 그는 다른 다섯 명의 사끼야족 왕자와 우빨리와 함께 출가했다. 그는 범부의 신통(puthujjanika iddhi)을 얻었으나 출세간의 깨달음은 얻지 못했다. 게송 17번 이야기는 그의 출가, 부처님 시해 시도, 승단 분열, 죽음과 무간지옥에 떨어져 고통을 겪는 이야기를 자세하게 언급하고 있다.

악한 사람은 악행하기 쉽고
고귀한 사람은 악행하기 어렵네.

부처님께서 말씀을 이으셨다.
"아난다여, 선하지 않은 것은 행하기 쉽고 선한 것은 행하기 어렵다."
부처님께서는 이렇게 말씀하시고 게송을 읊으셨다.

악행은
나쁘고 해롭지만 하기 쉽고
선행은
훌륭하고 이롭지만 하기 어렵다.(163)

여덟 번째 이야기
질투심 많은 깔라 장로

부처님께서 제따와나에 계실 때 깔라 비구와 관련해서 게송 164번을 설하셨다.

사왓티의 한 여인이 깔라 비구를 마치 친아들처럼 돌보며 후원했다. 어느 날 이웃집에 사는 사람들이 제따와나에 가서 부처님 법문을 듣고 돌아와 찬탄해 마지않았다.

"부처님의 덕과 지혜는 말로 다 설명할 수 없구나! 부처님의 법문은 너무나 훌륭하다!"

이런 찬탄의 말을 들은 그녀는 깔라 비구에게 말했다.

"스님, 저도 부처님의 법문을 듣고 싶어요."

그러나 비구는 그녀를 가지 못하게 했다.

"거기 가지 마시오. 당신이 거기 가 보았자 무슨 말인지 알아듣지도 못합니다."

그녀는 둘째 날, 셋째 날에도 간청했고, 비구는 그녀를 단념시키려고 온갖 노력을 기울였다. 결국 그녀는 비구의 허락 없이 법문을 들으러 가기로 결심했다.

깔라는 왜 그녀가 가는 것을 막으려고 했을까? 그는 자신의 신도가 부처님의 법문을 듣고 나면 자신 같은 비구를 하찮게 여기리라고 생각했다. 어느 날 아침 우뽀사타 재일에 그녀는 아침을 먹고 사원으로 가며 딸에게 말했다.

"스님이 탁발 나오면 나 대신 스님에게 공양을 올리도록 해라."

비구가 집에 오자 딸이 음식을 가져왔다.

"어머니는 어디 가셨는가?"

"어머니는 부처님의 법문을 들으러 사원에 가셨어요."

비구는 이 말을 듣자 분노의 불길이 치솟아 올라와 자신을 태웠다.

'그녀가 결국 나와 관계를 끊었구나.'

그는 즉시 사원으로 달려가서 그녀가 부처님의 법문을 듣고 있는 것을 보고 부처님께 말씀드렸다.

"부처님이시여, 이 어리석은 여인은 심오한 법문은 이해하지 못합니다. 그녀에게는 보시공덕이나 지계공덕에 대해 설법하시는 것이 좋겠습니다."

부처님께서는 그의 비열한 속셈을 알아차리셨다.

"어리석은 비구여, 그대의 삿된 소견이 고귀한 가르침을 욕되게 하는 것이다. 그런 사악한 생각이 그대 자신을 해친다는 것을 알아야 한다."

부처님께서는 이렇게 말씀하시고 게송을 읊으셨다.

어리석은 자는
잘못된 견해를 가지고
성인의 가르침을 욕되게 한다.
열매를 맺으면 죽는 대나무처럼
그는 스스로를 파멸로 이끈다.(164)

아홉 번째 이야기
기생들의 도움으로 살아난 쭐라깔라

부처님께서 제따와나에 계실 때 재가신도 쭐라깔라와 관련해서 게송 165번을 설하셨다.

어느 날 마하깔라의 이야기와 마찬가지로 도둑들이 굴을 뚫고 들어가 물건을 훔치다가 들켜 주인 가족들의 추격을 받았다. 재가신도 쭐라깔라는 밤새 사원에서 법문을 듣고 아침 일찍 사왓티로 돌아가고 있었다. 이때 도둑들은 훔친 물건을 가지고 도망치다가 쭐라깔라 앞에 내던지고 사라져버렸다. 도둑을 쫓던 사람들이 그를 보고 소리 질렀다.
"어젯밤에 도둑질한 놈이 마치 사원에서 법문을 듣고 나온 것처럼 행동하다니! 저놈을 잡아라!"
그들은 쭐라깔라를 붙잡고 두들겨 패기 시작했다.

그때 마침 강으로 목욕하러 가던 기생들이 이를 목격하고 사람들에게 말했다.
"그만 두세요. 이 사람은 도둑이 아니에요."
그녀들은 그의 누명을 벗겨주고 맞아 죽을 위험에서 구해주었다. 쭐라깔라는 다시 사원으로 가서 비구들에게 일어난 일을 이야기했다.
"스님들이시여, 제가 거의 맞아 죽을 뻔했는데 기생들이 제 목숨을 구해주었습니다."
비구들이 이 사건을 다시 부처님께 말씀드렸다. 부처님께서 이야기를 듣고 말씀하셨다.
"비구들이여, 재가신도 쭐라깔라는 기생들이 도와주었고 또 결백했기 때문에 목숨을 구할 수 있었다. 이 세상의 중생들은 자기가 지은 악행 때문에 스스로 지옥이나 악도에 떨어진다. 그러나 선행을 한 사람은 스스로 자신을 구해 천상에 가거나 대열반에 든다."

부처님께서는 이렇게 말씀하시고 게송을 읊으셨다.

스스로 악행을 저질러
스스로 더러워지고
스스로 선행을 하여
스스로 깨끗해진다.
깨끗함과 더러움은 자기에게 달린 것
어느 누구도 남을 청정하게 할 수 없다.(165)

열 번째 이야기
홀로 정진하는 앗따닷타 장로

부처님께서 사왓티에 계실 때 앗따닷타 장로와 관련해서 게송 166번을 설하셨다.

부처님께서 대열반에 드실 때가 되자 비구들에게 말씀하셨다.
"비구들이여, 앞으로 4개월 후 대열반에 들겠다."
그러자 아직 수다원과도 얻지 못한 700명의 비구가 충격을 받고 부처님 곁을 떠나지 못한 채 어찌할 바를 몰랐다.
"스님들이여, 우리는 어찌해야 합니까?"
하지만 앗따닷타 장로는 홀로 생각했다.
'부처님께서는 4개월 후에 대열반에 드시겠다고 말씀하신다. 그런데 나는 아직 나쁜 욕망에서 벗어나지 못했다. 그러니 부처님이 살아계실 때 분투노력해서 아라한과를 성취해야겠다.'
앗따닷타 장로는 비구들과 함께 지내지 않고 홀로 머물며 열심히 정진했다.

비구들이 그에게 말했다.
"스님은 왜 우리들과 이야기도 하지 않고 피하는 겁니까?"
비구들은 그를 데리고 부처님께 가서 이 일을 보고했다.
"부처님이시여, 그는 우리와 어울리지 않고 피합니다."
부처님께서 앗따닷타에게 물으셨다.
"그대는 왜 그렇게 행동하는가?"
장로가 대답했다.
"부처님께서 말씀하시기를 4개월 후 대열반에 드신다고 하셨습니다. 저는 부처님께서 살아계실 때 아라한과를 성취해야겠다고 결심하고 전력을 다해 정진하고 있습니다. 저는 남들과 어울릴 시간이 없습니다."

부처님께서 그의 지혜로운 결심을 극구 칭찬하며 말씀하셨다.

"비구들이여, 나를 진실로 존경하는 사람은 앗따닷타 장로처럼 행동해야 한다. 향수와 화환을 올리는 사람이 나를 진실로 존경하는 사람이 아니다. 높고 낮은 도과를 성취한 사람이 나를 진실로 존경하는 사람이다. 그러니 그대들도 앗따닷타 장로를 본받아야 한다."

부처님께서는 이렇게 말씀하시고 게송을 읊으셨다.

**남을 이롭게 한답시고
자신의 이로움[195]을 게을리하지 마라.
자신의 이로움을 잘 살핀 뒤에
해야 할 일을 마쳐야 하리라.** (166)

---

195) 자신의 이로움(attadatthaṃ)은 도(magga), 과(phala) 그리고 열반(nibbāna)의 성취이다.

제13장 세계

Loka Vagga

제13장 세계 Loka Vagga

첫 번째 이야기
젊은 여인의 조롱을 받은 젊은 비구

부처님께서 제따와나에 계실 때 한 젊은 비구와 관련해서 게송 167번을 설하셨다.

이른 아침 한 장로가 젊은 비구를 데리고 위사카의 집으로 탁발을 나갔다. 위사카의 집에서는 스님들에게 묽은 죽과 과자를 올리고 있었다. 장로는 묽은 죽을 마시고 의자를 젊은 비구에게 내주고 다른 집으로 갔다. 그때 위사카의 손녀가 비구들에게 시중을 들고 있었다. 소녀가 젊은 비구에게 물을 따라주다가 그릇에 비친 자기 얼굴을 보고 웃었다. 젊은 비구가 그걸 보고 같이 웃자 소녀가 비구를 조롱했다.

"까까머리도 웃을 줄 아는 모양이군."

젊은 비구가 이 말을 듣고 같이 조롱했다.

"네가 까까머리다. 네 어머니 아버지도 까까머리다."

소녀는 이 말을 듣고 울며 부엌에 있는 할머니에게 달려갔다.

"애야, 무슨 일이냐?"

그녀는 할머니에게 자신이 당한 모욕을 일러바쳤다. 위사카는 즉시 젊은 비구에게 가서 따졌다.

"스님, 그렇게 화내지 마세요. 그 말이 틀린 것은 아니잖아요. 머리와 손톱을 짧게 깎고 가사도 짧게 잘라 꿰매고 발우를 들고 탁발을 다니는 스님에게 깊은 존경심을 표현하는 말이에요."

젊은 비구가 대답했다.

"옳은 말씀입니다, 신도님. 머리를 짧게 깎는 승가의 계율을 정확히 알고 계시군요. 그러나 이 소녀가 '이 까까머리야.'라고 나를 놀리는 것이 올바른 것입니까?"

위사카는 손녀와 젊은 비구를 진정시킬 수 없었다.

이때 장로가 들어와 물었다.
"무슨 일입니까, 신도님?"
장로는 이야기를 다 듣고 젊은 비구를 나무랐다.
"비구가 머리와 손톱을 짧게 깎고 발우를 들고 탁발을 다니는 것이 무슨 모욕이냐? 네가 참아라."
"장로님, 그건 옳은 말씀입니다만 저 신도님은 꾸짖지 않고 왜 저만 꾸짖는 겁니까? 비구를 '까까머리'라고 놀리는 것이 과연 올바른 일입니까?"
그때 부처님께서 들어오셨다.
"무슨 일인가?"
부처님이 물으시자 위사카가 처음부터 자세히 설명해 드렸다.

부처님께서는 젊은 비구가 수다원을 성취할 인연이 무르익었다는 것을 아시고 생각하셨다.
'이 젊은 비구를 치켜세워야겠다.'
부처님께서는 위사카에게 말했다.
"그러나 위사카여, 그대의 손녀가 나의 제자들이 단지 머리를 짧게 깎고 다닌다고 해서 '까까머리'라고 놀리는 것이 과연 옳은 일인가?"
젊은 비구는 부처님이 자신을 두둔하자 자리에서 즉시 일어나 공손하게 합장하고 자신의 억울함을 하소연했다.
"부처님이시여, 부처님만이 이 일을 정확히 이해하십니다. 저의 은사스님도, 신도님도 사태를 정확히 파악하지 못하고 저만 나무랍니다."
부처님께서는 젊은 비구가 마음의 조화를 찾은 것을 아시고 그에게 말씀하셨다.
"즐거운 느낌이 일어난다고 남을 조롱하는 것은 저열한 마음가짐이다. 사람은 결코 저열한 마음가짐을 일으켜선 안 되고, 그런 마음이 일어나는 줄도 모르고 부주의하게 있는 것은 더더욱 안 된다.
부처님께서는 이렇게 말씀하시고 게송을 읊으셨다.

낮고 하찮은 것을 즐기지 말고
제멋대로 방일하게 살지 마라.
그릇된 견해를 갖지 말고
세계를 키우는 자196)가 되지 마라.(167)

이 게송 끝에 젊은 비구는 수다원과를 성취했다.

---

196) 세계를 키우는 자(lokavaddhano) : 여기서 세계는 오취온五取蘊을 말한다. 세계를 키운다는 말은 마음이 대상에 흔들리며 갈애와 집착으로 번뇌 망상이 끊임없이 흘러가는 것을 말한다. 즉 생사가 끝이 없는 것을 말한다.

두 번째 이야기
숫도다나 왕의 깨달음

부처님께서 니그로다라마197)에 계실 때 당신의 아버지 숫도다나 왕과 관련해서 게송 168, 169번을 설하셨다.

부처님께서 정각을 이루신 후 맨 처음 유행으로 당신의 고향인 까삘라왓투를 방문했다. 부처님께서 도착하시자 부왕이신 숫도다나 왕을 포함해서 사끼야 친척들이 모두 마중을 나와 환영했다. 이때 부처님께서는 이들의 거만함과 자만심을 깨뜨리기 위해 신통력으로 공중에 보배 경행대를 만들고 앞뒤로 경행하면서 법문하셨다. 그러자 왕과 친척들 모두 진실한 믿음이 일어나 부처님께 삼배를 올렸다. 그 순간 하늘에서 소나기가 쏟아져 젖고 싶은 사람은 젖고, 젖고 싶지 않은 사람은 젖지 않았다. 이 기적을 보고 그곳에 모인 대중들이 희유한 일이라고 수군거렸다. 부처님께서는 과거생에서도 이런 일이 일어났다며 웻산따라 자따까198)를 이야기해 주셨다. 친척들은 부처님의 법문을 듣고 집으로 돌아갔다. 하지만 한 사람도 다음 날 자기 집으로 공양청을 하지 않았다. 왕도 '나의 아들이 내 집에 오지 않고 어디를 간단 말인가?'라고 생각하고 정식으로 공양청을 하지 않고 궁으로 돌아갔다. 왕은 궁으로 돌아가서 부처님과 비구들이 응당 궁전으로 와서 공양하리라 생각하고 죽을 끓이고 2만 명의 비구가 먹을 수 있는 양의 음식

---

197) 니그로다라마Nigrodhārāma: 까삘라왓투 가까이에 있는 사원(arāma)으로 니그로다라는 이름의 사끼야족 소유였다고 한다. 부처님께서 정각을 이루신 후 두 번째 해에 고향을 방문했을 때 사끼야족들이 그곳에 사원을 지어 승단에 기증해 부처님과 비구들을 머물게 했던 곳이다. 여기서 부처님께서는 사끼야 친척들의 자만심을 꺾기 위해서 쌍신변(yamaka pāṭihāriya)의 신통을 나투셨다고 한다. 마하빠자빠띠 고따미가 여자의 출가를 요청하고 거절당한 곳이기도 하다.

198) 웻산따라 자따까(Vessantara Jātaka, J547): 게송 13, 14번 이야기 참조.

과 의자를 준비했다.

다음 날 부처님께서는 탁발하러 성으로 들어가시면서 이럴 때 역대 부처님들이 어떻게 했을까 숙고하셨다.

'과거의 모든 부처님은 아버지의 성을 방문했을 때 곧장 가족의 집으로 가셨는가, 아니면 집집마다 돌아다니며 차례대로 탁발했는가?'

부처님께서는 역대 부처님들이 집집마다 돌아다니며 탁발했다는 것을 아시고 첫 번째 집부터 탁발하기 시작하셨다. 주민들이 이 일을 즉시 왕에게 보고했고 왕은 궁에서 달려 나와 옷매무새를 단정히 하고 부처님 앞에 엎드려 말씀드렸다.

"아들이여, 왜 나를 부끄럽게 합니까? 그대가 집집마다 돌아다니며 거지처럼 탁발하는 것을 보고 나는 부끄러워 얼굴을 들 수 없습니다. 이 도시에서 그대가 황금 가마를 타고 탁발한다 해도 어울리지 않을 텐데 왜 나를 부끄럽게 만듭니까?"

"대왕이여, 저는 당신을 부끄럽게 만들지 않았습니다. 저는 단지 저의 가문의 전통을 따를 뿐입니다."

"아들이여, 우리 왕족 가문에 언제 집집마다 빌어먹으며 살아가는 전통이 있었습니까?"

"대왕이여, 이것은 당신의 왕족 가문의 전통이 아니고 저의 붓다 가문(佛家)의 전통입니다. 과거의 수많은 부처님도 집집마다 돌아다니며 탁발하여 생계를 유지했습니다."

부처님께서는 이렇게 말씀하시고 게송을 읊으셨다.

**탁발 의무를 가벼이 여기지 말고
면밀하게 알아차리며 탁발하라.
이 가르침을 닦는 이는
이 세상과 다음 세상에서 행복하리라.** (168)

성실하게 탁발하고
탁발 수행을 게을리하지 마라.
이 가르침을 닦는 이는
이 세상과 다음 세상에서 행복하리라.(169)

세 번째 이야기
통찰지를 개발한 500명의 비구

부처님께서 제따와나에 계실 때 통찰지를 얻은 500명의 비구와 관련해서 게송 170번을 설하셨다.

500명의 비구가 부처님께 수행주제를 받아 숲속으로 들어가서 수행에 매진했다. 그들은 오랫동안 열심히 정진했으나 아무런 진전이 없었다. 그러자 그들에게 이런 생각이 떠올랐다.

'부처님께 가서 우리의 성향에 더 적합한 수행주제를 받아야겠다.'

비구들은 제따와나를 향해 출발했다. 그들은 가는 길에 아지랑이를 보고 거기에 주의를 집중해 특별한 지혜를 얻었다. 비구들이 사원 경내에 들어서자 비가 오기 시작했다. 비구들은 비를 맞으며 서서 비가 떨어지면서 생겨난 물거품들이 일어났다 사라지는 것을 관찰했다. 그러자 이런 생각이 떠올랐다.

'우리의 몸과 마음도 물거품처럼 일어났다 사라지는 것이다.'

비구들은 이 생각에 즉시 마음을 집중했다. 이때 부처님께서 간다꾸띠에 앉아 계시면서 광명의 모습을 나투시어 마치 비구들과 마주 보고 있는 것처럼 서서 게송을 읊으셨다.

세상(오온)**을**
신기루처럼 물거품처럼 바라본다면
죽음의 왕도 그를 보지 못하리라.(170)

이 게송 끝에 500명의 비구는 선 자리에서 모두 아라한과를 성취했다.

네 번째 이야기
무희를 잃고 슬픔에 빠진 아바야 왕자

부처님께서 웰루와나에 계실 때 아바야 왕자199)와 관련해서 게송 171번을 설하셨다.

아바야 왕자가 변방에서 일어난 반란을 진압하고 개선했다. 부왕인 빔비사라는 몹시 흡족해서 왕자에게 춤과 노래 솜씨가 뛰어난 무희를 보내 시중들게 하고 일주일 동안 왕국의 통치권을 물려주었다. 일주일 동안 왕자는 궁을 떠나지 않고 왕의 화려한 영광을 누렸다. 8일째 되는 날 그는 강으로 가서 목욕하고 산따띠 장관처럼200) 연회석에 앉아 무희가 춤추고 노래하는 것을 바라보며 술을 마시고 있었다. 그런데 춤추고 노래하던 무희가

---

199) 아바야 왕자(Abhaya Rājakumāra) : 그는 빔비사라Bimbisāra 왕과 웃제니의 기생 빠두마와띠Padumavatī 사이에서 난 아들이었다. 아이가 일곱 살이 되자 그의 어머니는 아들을 왕에게 보내 왕자로 자라게 했다. 그는 처음에는 니간타 나따뿟따Nigaṇṭha Nātaputta(자이나 교주)의 신도였다. 맛지마 니까야 아바야 왕자 경(Abhayarājakumāra Sutta, M58)에 따르면 나따뿟따가 그를 부처님에게 보내 삼키지도 뱉지도 못하는 양도 논법으로 부처님을 논파하게 했다. 하지만 부처님의 답변을 듣고 나따뿟따가 패했음을 알고 부처님께 귀의했다. 상윳따 니까야(S46.56)에서 그는 부처님께 인과를 믿지 않는 도덕부정론자 뿌라나 깟사빠Pūraṇa Kassapa의 견해에 대해 질문했다. 그러자 부처님께서는 그가 오장애五障碍 때문에 진실을 보지 못해서 그런 사견이 생겼다고 말씀하셨다. 그리고 일곱 가지 깨달음의 요소(七覺支)를 닦으면 인과법을 알고 보게 된다고 대답하셨다. 그는 이 법문을 듣고 수다원과를 성취했다. 그 후 그는 부왕이 아자따삿뚜에게 살해되자 정신적 혼란을 느끼고 출가했으며 얼마 후 아라한과를 성취했다. 율장 대품 가사 편에 보면 그가 기생이 낳아 쓰레기 더미에 버려진 지와까Jīvaka를 발견해 양자로 키웠다고 하나 앙굿따라 니까야 주석서(A.i.216)에 따르면 그와 기생과의 사이에 난 지와까의 본래 아버지라고 언급돼 있다.
200) 산따띠 장관 이야기는 게송 142번 이야기에 나온다.

갑자기 아랫배에 칼에 찔린 것 같은 통증을 느끼며 쓰러져 죽어버렸다.

아바야 왕자는 무희의 죽음을 보고 커다란 슬픔을 느끼고 자신을 위로해 줄 사람을 생각했다.

'부처님만이 나의 슬픔을 가라앉혀 주실 수 있을 거야.'

그는 부처님께 가서 말씀드렸다.

"부처님이시여, 저의 슬픔을 가라앉혀 주십시오."

"왕자여, 시작을 알 수 없는 끝없는 윤회 속에서 무희가 이렇게 갑작스럽게 죽은 적도 끝이 없고, 그대가 그녀 때문에 눈물을 흘린 적도 끝이 없다."

부처님께서는 이 법문으로 그의 슬픔이 어느 정도 가라앉았다는 것을 알고 말씀하셨다.

"왕자여, 슬퍼하지 마라. 어리석은 사람들만이 스스로 슬픔의 바닷속으로 빠져든다."

부처님께서는 이 말씀에 이어 게송을 읊으셨다.

자, 보아라!
왕실 마차와 같이 화려한 이 세상을
어리석은 자는 그곳에 빠져 버둥거리지만
지혜로운 이는 집착하지 않네.(171)

다섯 번째 이야기
하루 종일 청소하는 삼문자니 비구

부처님께서 제따와나에 계실 때 삼문자니 비구와 관련해서 게송 172번을 설하셨다.

삼문자니 비구는 온종일 청소만 했다. 아침이든 오후든 시도 때도 없이 부지런히 쓸고 닦았다. 어느 날 그는 빗자루를 들고 레와따 장로가 머무는 방으로 갔다. 그는 장로가 늘 아무 일도 하지 않고 가만히 앉아 있는 것을 보고 기분이 언짢았다.

'이 지독한 게으름뱅이는 신심 있는 신도가 주는 음식을 얻어먹고 돌아와서 하는 일도 없이 빈둥거리고 앉아 있구나.'

레와따 장로가 그의 마음을 읽고 진정한 출가의 삶이 무엇인지 가르쳐주려고 그를 불렀다.

"스님, 이리로 와서 앉으시오."
"무슨 일입니까? 장로님."
"가서 몸을 깨끗하게 씻고 내게 오시오."

삼문자니 비구가 목욕하고 돌아와서 레와따 장로 앞에 공손하게 앉자 장로는 이렇게 훈계했다.

"스님, 비구는 온종일 청소나 하면서 돌아다니는 것이 아닙니다. 아침 일찍 일어나 청소하고 탁발을 갑니다. 탁발을 갔다 와서 밤의 수행처나 낮의 수행처에서 가부좌를 틀고 앉아 몸의 서른두 가지 부분상을 관찰하며 몸이 무상하다는 관념을 확고하게 붙들어야 합니다. 그리고 저녁에 일어나 다시 방을 청소합니다. 이렇게 수행에 매진해야 온종일 청소나 하면서 분주하게 세월을 보낼 거라면 차라리 게으름을 피우는 것이 낫습니다."

삼문자니 비구는 장로의 가르침을 가슴 깊이 새기고 충실히 따라 얼마 후 아라한과에 도달했다.

그 후 사원 곳곳에 쓰레기가 쌓이기 시작해도 치우는 사람이 없자 비구들은 삼문자니 비구에게 찾아가 말했다.

"스님, 사원 곳곳에 쓰레기가 가득 찼는데 왜 치우지 않는 겁니까?"

"존자님들이시여, 제가 주의깊게 알아차리지 않을 때는 그렇게 하루 종일 청소하며 살았지만 이제는 온종일 알아차림이 유지되고 있습니다."

비구들이 이 일을 부처님께 보고했다.

"이 비구는 아라한과를 증득한 것처럼 말하고 있습니다."

부처님께서 비구들의 말에 대답하셨다.

"비구들이여, 나의 아들 삼문자니는 진실만을 말한다. 예전에 나의 아들은 방일하게 알아차리지 않고 산란한 마음으로 온종일 청소하며 지냈지만, 지금은 도과의 행복을 즐기며 평화롭게 하루를 보낸다. 그는 이제 더 이상 청소하지 않을 것이다."

부처님께서는 이렇게 말씀하시고 게송을 읊으셨다.

지난날 부주의하게 살았지만
이제는 주의깊게 알아차리며 사는 사람
그가 이 세상을 비추네.
구름을 벗어난 달처럼.(172)

여섯 번째 이야기
살인마 앙굴리말라의 귀의201)

부처님께서 제따와나에 계실 때 앙굴리말라202)와 관련해서 게송 173번을 설하셨다.

나는 이와 같이 들었다. 한때 부처님께서 사왓티 제따와나에 있는 아나타삔디까 사원에 계셨다. 그때 꼬살라 국왕, 빠세나디의 영토에 앙굴리말라라는 이름의 살인마가 살고 있었다. 그는 잔인하여 손에 피를 묻히고 살인과 살생을 일삼는 등 생명들에 대한 자비가 전혀 없었다. 그는 마을과 성읍

---

201) 이 이야기는 맛지마 니까야 앙굴리말라 경(Aṅgulimāla Sutta M86)에서 유래한다.
202) 앙굴리말라Aṅgulimāla: 그는 부처님께서 정각을 이루신 후 12년째에 부처님을 만나 출가했고 나중에 아라한이 됐다. 그는 꼬살라국의 궁중제사장이었던 바라문 각가Gagga와 어머니 만따니Mantānī의 아들이었다. 그는 강도의 별자리에서 태어났으나 태어난 날 밤 왕의 것을 포함해서 온 도시의 무기들이 빛을 발했다고 한다. 이 징조 때문에 그는 아무도 해치지 않는다고 하여 아힝사까Ahiṃsaka(해치지 않는 자)라는 이름을 얻었다. 그는 딱까실라Takkasilā에 가서 교육을 받았으며 스승이 가장 총애하는 제자였다. 하지만 동료 학생들이 그를 시기해 스승에게 그가 스승의 아내와 간통했다고 무고誣告했다. 스승은 대로하여 그를 파멸시키려고 천 명의 오른쪽 손가락을 잘라오면 마지막 비밀스러운 가르침을 주겠다고 했다. 아힝사까는 잘리니Jālinī 숲에 살면서 오고 가는 사람들을 모두 죽여 손가락으로 목걸이를 만들어 목에 걸었기 때문에 앙굴리말라(손가락목걸이)라는 이름이 생겼다. 그는 하나가 모자라는 천 개의 손가락을 확보하고 마지막 한 사람의 희생자를 기다리고 있었다. 이때 그의 어머니 만따니가 그 살인마가 자기 아들이라는 것을 알고 살인을 말리기 위해 숲으로 가는 중이었다. 부처님께서는 그가 어머니마저 살해해 무간지옥에 떨어질 운명을 막기 위해 먼저 그 숲으로 가셨다. 앙굴리말라의 교화는 부처님의 무한한 자비와 경이로운 행위의 예로 자주 언급된다. 또한 앙굴리말라의 이야기는 도과의 성취가 과거의 악업에서 벗어나게 해 준다는 예로 자주 인용된다.

을 황폐하게 만들었다. 그는 사람을 죽여 손가락으로 목걸이를 만들어 목에 걸고 다녔다.

어느 날 아침 부처님께서는 가사를 입고 두겹가사와 발우를 들고 사왓티에 들어가 탁발하셨다. 사왓티에서 탁발을 마치고 돌아와 공양을 드시고 거처를 정리하고 가사와 발우를 들고 살인마 앙굴리말라가 있는 곳으로 걸어가셨다. 소치기와 양치기, 그리고 농부들이 부처님께서 앙굴리말라가 있는 곳으로 가는 것을 보고 말했다.

"사문이여, 그 길로 가지 마시오. 그 길에는 앙굴리말라가 숨어있습니다. 그는 잔인하여 손에 피를 묻히고 살인을 하고 모든 생명들에 대한 자비가 전혀 없습니다. 마을과 성읍을 황폐하게 만듭니다. 그는 사람을 죽여 손가락으로 목걸이를 만들어 목에 걸고 다닙니다. 사문이여, 열 명, 스무 명, 서른 명, 마흔 명이 무리를 이루어 가도 오히려 살인마 앙굴리말라에게 죽임을 당합니다."

이들의 경고에도 불구하고 부처님께서는 아무 말 없이 계속 길을 가셨다.

두 번째로 소치기와 양치기, 그리고 농부들이 부처님께 달려와서 말했다.
"사문이여, 이 길로 가지 마시오……. 살인마 앙굴리말라에게 죽임을 당합니다."
두 번째에도 부처님께서는 아무 말 없이 계속 길을 가셨다.

세 번째로 소치기와 양치기, 그리고 농부들이 부처님께 달려와 말했다.
"사문이여, 이 길로 가지 마시오……. 살인마 앙굴리말라에게 죽임을 당합니다."
세 번째에도 부처님께서는 아무 말 없이 계속 길을 가셨다.

살인마 앙굴리말라는 부처님이 멀리서 오는 것을 보자 이런 생각이 떠올랐다.

'정말 놀라운 일이다. 정말 이해할 수 없는 일이다. 열 명, 스무 명, 서른 명, 마흔 명이 무리를 지어 오더라도 모두 내 손에 죽임을 당하는데 이 사문은 한 명의 동료도 없이 마치 운명에 이끌린 듯이 오고 있다. 내가 왜 이 사문의 목숨을 취하지 않겠는가?'

살인마 앙굴리말라는 칼과 방패를 들고 활과 전통을 메고 부처님 뒤를 바짝 쫓아갔다. 부처님께서는 신통력을 사용해 걸어갔으므로 살인마 앙굴리말라가 온 힘을 다해 달려도 보통걸음으로 걷고 있는 부처님을 따라잡을 수 없었다. 그러자 앙굴리말라에게 이런 생각이 떠올랐다.

'정말 놀라운 일이다. 정말 이해할 수 없는 일이다. 전에는 달리는 코끼리도 쫓아가 붙잡았고, 달리는 말도 쫓아가 붙잡았고, 달리는 마차도 쫓아가 붙잡았고, 달리는 사슴도 쫓아가 붙잡았다. 그런데 지금 나는 온 힘을 다해 달려도 보통걸음으로 걷고 있는 저 사문을 따라잡을 수 없다.'

앙굴리말라는 멈춰 서서 부처님께 소리 질렀다.

"멈추어라 사문이여!, 멈추어라 사문이여!"

"나는 이미 멈추었다. 앙굴리말라여, 그대 또한 멈추어라."

그러자 앙굴리말라에게 의혹이 일어났다.

'이 사끼야족 아들은 진실만을 말하고 진실만을 주장한다. 그런데 여전히 걷고 있으면서 '나는 멈추었다. 앙굴리말라여, 그대도 멈추어라.'라고 말한다. 나는 이 문제를 물어보아야겠다.'

살인마 앙굴리말라는 시로써 부처님께 물었다.

사문이여, 그대는 걷고 있으면서 '나는 멈추었다.' 라고 말하고
나는 멈추었는데 '그대는 멈추지 않았다.' 라고 말한다.
사문이여, 이 문제를 묻노니,
왜 그대는 멈추었고, 나는 멈추지 않았는가?

앙굴리말라여, 나는 영원히
살아있는 생명에 대한 폭력을 멈추었고,
그대는 생명에 대한 폭력을 멈추지 않았다.
그것이 나는 멈추었고, 너는 멈추지 않은 것이다.

오, 드디어 이 사문이, 존귀한 현자가
나를 위해 이 숲에 오셨네.
법(진리)이 담긴 게송을 듣고
나는 영원히 악을 버리겠습니다.

살인마는 칼과 무기를 깊은 구덩이에 던져버리고
부처님의 발에 경배하며 출가를 요청했네.
부처님, 자비로운 현인, 신과 인간의 스승께서
 '에타 빅카오!(오라 비구여!)' 라고 말씀함으로써
그는 비구가 되었네.

부처님께서는 앙굴리말라를 데리고 사왓티로 출발했다. 얼마간 유행한 끝에 사왓티에 도착해 제따와나 숲에 있는 아나타삔디까 사원에 머물렀다. 이때 많은 군중이 빠세나디 왕의 궁전 앞에 모여 시끄럽게 떠들며 외쳐댔다.

"폐하, 살인마 앙굴리말라가 당신의 영토에 있습니다. 그는 잔인하여 손에 피를 묻히며 살인을 하고 생명에 대한 자비가 없습니다. 그는 마을과 성읍을 황폐하게 만들었습니다. 그는 사람들을 죽여 손가락으로 목걸이를 만들어 목에 걸고 다닙니다. 폐하께서 그를 붙잡아야 합니다."

빠세나디 꼬살라 왕은 500명의 기마부대를 이끌고 사왓티를 나서서 제따와나 사원으로 갔다. 그는 마차로 갈 수 있는 데까지 가서 마차에서 내려 걸어서 부처님께 다가가 공손하게 삼배를 올리고 한쪽에 앉았다. 부처님께서 그에게 물으셨다.

"대왕이여, 무슨 일이 있습니까? 마가다의 세니야 빔비사라 왕이 쳐들어 왔습니까? 아니면 웨살리의 릿차위나 다른 적국의 왕이 쳐들어왔습니까?"

"부처님이시여, 마가다의 세니야 빔비사라 왕이 쳐들어온 것도 아니고 웨살리의 릿차위나 다른 적국의 왕들이 쳐들어온 것도 아닙니다. 부처님이시여, 살인마 앙굴리말라가 제 영토에 있습니다. 그는 잔인하여 손에 피를 묻히며 살인을 일삼고 생명에 대한 자비가 없습니다. 온 마을과 성읍이 그로 인해 황폐해졌습니다. 그는 끊임없이 사람들을 죽여 손가락으로 목걸이를 만들어 목에 걸고 다닙니다. 부처님이시여, 저는 그를 제압할 수 없습니다."

"대왕이여, 만일 앙굴리말라가 머리와 수염을 깎고 노란 가사를 걸치고 집에서 집 없는 곳으로 출가해 살생을 금하고, 주지 않는 것을 훔치지 않고, 거짓말을 하지 않고, 오후에 음식을 먹지 않고 하루에 한 끼만 먹고, 청정한 삶을 살고, 계를 지키며 착하게 산다면 대왕께선 그를 어떻게 대우하실 것입니까?"

"부처님이시여, 그렇다면 우리는 그에게 절을 올리고 일어나서 자리를 제공할 것입니다. 우리는 가사와 음식, 거처와 약을 보시하고 그를 법답게 보호하고 지켜드리겠습니다. 그런데 부처님이시여, 악하고 부도덕한 사람이 어떻게 계율에 따라서 완벽하게 절제된 생활을 할 수 있겠습니까?"

이때 앙굴리말라는 부처님에게서 멀지 않은 곳에 앉아 있었다. 부처님께서는 오른손을 들어 그를 가리키며 왕에게 말씀하셨다.

"대왕이여, 그가 앙굴리말라입니다."

그러자 왕은 두려움에 사지를 부들부들 떨며 온몸의 털이 곤두섰다. 부처님께서는 빠세나디 꼬살라 왕이 두려움에 사지를 떨고 온몸의 털이 곤두서는 것을 알고 말씀하셨다.

"대왕이여, 두려워 마시오. 대왕이여, 두려워 마시오. 그를 두려워해야 할 일이 없습니다."

그러자 왕은 두려움에 사지를 떨며 온몸의 털이 곤두서던 것이 진정되었다. 빠세나디 왕은 앙굴리말라에게 다가가서 물었다.

"존자님께서 정말 앙굴리말라입니까?"

"그렇습니다. 대왕이시여."

"그러면 존자님의 아버지의 성은 무엇이고 어머니의 성은 무엇입니까?"

"대왕이시여, 제 아버지는 각가이고 어머니는 만따니입니다."

"부처님이시여, 각가만따니뿟따 스님에게 많은 가르침을 베풀어주십시오. 저는 각가만따니뿟따 스님에게 가사, 음식, 거처, 약을 보시하겠습니다."

앙굴리말라는 그때 숲에만 머무는 두타행, 탁발 음식만 먹는 두타행, 누더기만 입는 두타행, 세 개의 가사만 입는 두타행을 하고 있었다. 그래서 앙굴리말라는 왕에게 말했다.

"대왕이시여, 충분합니다. 저는 세 가지 가사를 전부 갖추었습니다."

빠세나디 꼬살라 왕은 부처님이 앉아 있는 곳으로 다가가서 삼배를 올리고 공손하게 한쪽에 앉아서 말씀드렸다.

"부처님께서는 정말 놀라운 분입니다. 부처님께서는 정말 불가사의한 분입니다. 부처님께서는 길들일 수 없는 자를 길들이고, 평화롭게 할 수 없는 자를 평화롭게 하고, 열반을 얻을 수 없는 자를 열반으로 인도합니다. 부처님께서는 우리가 몽둥이와 칼로도 길들일 수 없는 자를 몽둥이도 칼도 없이 길들입니다. 부처님이시여, 이제 우리는 바쁘고 해야 할 일이 많아서 그만 가봐야겠습니다."

"대왕이여, 그렇게 하십시오."

빠세나디 꼬살라 왕은 부처님께 절을 올리고 자리에서 일어나 부처님을 오른쪽으로 돌고 떠나갔다.

어느 날 아침 앙굴리말라 장로가 가사를 걸치고 발우와 두겹가사를 들고 탁발하러 사왓티로 들어갔다. 앙굴리말라 장로는 사왓티에서 차례로 탁발하다가 한 산모가 난산難產의 고통을 겪고 있는 것을 보고 생각했다.

'아, 중생들은 정말 큰 고통을 겪는구나! 아, 중생들은 정말 큰 고통을 겪는구나!'

앙굴리말라 장로는 사왓티에서 탁발하고 돌아와 공양하고 나서 부처님이 앉아 있는 곳으로 갔다. 가까이 다가가서 부처님께 삼배를 올리고 한쪽에 공손하게 앉아 부처님께 말씀드렸다.

"부처님이시여, 오늘 아침에 제가 가사를 걸치고 발우와 두겹가사를 들고 사왓티에 탁발하러 들어갔습니다. 사왓티에서 집집마다 차례로 탁발하다가 어떤 산모가 난산의 고통을 겪고 있는 것을 보았습니다. 그것을 보자 제게 '중생들은 정말 큰 고통을 겪는구나!'라는 생각이 떠올랐습니다."

"앙굴리말라여, 그렇다면 다시 사왓티로 가서 산모에게 '오! 자매여! 나는 태어난 이래로 고의로 산목숨을 해친 일을 기억하지 못하나니, 이 진실을 말함으로써, 그대와 그대의 뱃속 아기가 무사하기를!'이라고 말해라."

"부처님이시여, 하지만 제가 의도적으로 많은 중생의 생명을 빼앗았는데 그렇게 말하면 의도적으로 거짓말하는 것이 되지 않습니까?"

"앙굴리말라여, 그렇다면 다시 사왓티로 가서 산모에게 '오! 착한 여인이여! 나는 성인聖人으로 다시 태어난 이후 고의로 산목숨을 해친 일을 기억하지 못하나니, 이러한 진실을 말함으로써 그대와 그대의 뱃속 아기가 무사하기를!'이라고 말해라."

"부처님이시여, 그렇게 하겠습니다."

앙굴리말라는 사왓티로 가서 산모에게 말했다.

"오! 착한 여인이여! 나는 성인으로 다시 태어난 이후 고의로 산목숨을 해친 일을 기억하지 못하나니, 이러한 진실을 말함으로써 그대와 그대의 뱃속 아기가 무사하기를!"203)

그러자 산모는 아이를 순산했고 모자가 모두 건강했다.

그 후 앙굴리말라 장로는 홀로 떨어져서 확고한 결심으로 열심히 정진했다. 그는 오래지 않아 훌륭한 젊은이들이 집에서 집 없는 곳으로 출가한 성스러운 삶의 최상의 목표를 지금 여기에서 알고 깨달아 성취했다. 그는 '태어남은 부서지고, 성스러운 삶을 살았으며, 해야 할 일을 마치고 더 이상 윤회하지 않는다.'라고 분명히 알았다. 마침내 앙굴리말라 장로는 아라한들 중의 한 분이 됐다.

어느 날 아침 앙굴리말라 장로가 가사를 걸치고 발우와 두겹가사를 들고 탁발하러 사왓티로 들어갔다. 그때 한 사람이 장로에게 흙덩이를 던졌다. 또 한 사람이 몽둥이를 던졌다. 또 한 사람은 돌을 던졌다. 장로는 이마가 깨져 피가 흐르고 발우도 깨지고 가사도 찢어진 채로 부처님께 갔다. 부처님께서는 그가 먼 곳에서 오는 것을 보고 말씀하셨다.

"참아라, 바라문이여, 참아라, 바라문이여. 그대가 지옥에 떨어져 수만 년 수백만 년 수천만 년 동안 받을 악행의 과보를 지금 여기에서 받고 있는 것이다."204)

앙굴리말라 장로는 홀로 떨어져서 해탈의 기쁨을 누리면서 이 같은 감흥어를 읊었다.

---

203) Yatoham vhagini ariyāya jātiyā jāto. Nābhi jānāmi sañcicca pānam jīvitā voropetā. Tena saccena sotthi te hotu sotthi gabbhassa: 오늘날에도 남방에서는 스님들이 이 문구를 출산을 앞둔 산모에게 외워주는 수호주문(빠릿따, paritta)으로 사용한다.
204) 맛지마 니까야 주석서(Pps.iii.393)에 따르면 의도적인 행위에는 세 가지 과보가 따른다. 금생에 받는 과보, 내생에 받는 과보, 내생에 계속해서 받는 과보가 있다. 앙굴리말라는 아라한이므로 뒤의 두 가지는 받지 않지만 첫 번째 과보는 피할 수 없다. 아라한은 아라한이 되기 전에 지은 업의 과보에 민감하기 때문이다.

지난날 부주의하게 살았지만
이제는 주의깊게 알아차리며 사는 사람
그가 세상을 비추네.
구름을 벗어난 달처럼.(172)

지난날 저지른 악행을
선행으로 덮는 사람
그가 세상을 비추네.
구름을 벗어난 달처럼.(173)

나이가 어리더라도
붓다의 가르침을 힘껏 닦는 비구
그가 세상을 비추네.
구름을 벗어난 달처럼.(382)

이교도들이여!
귀 기울여 부처님의 가르침을 듣고
그 가르침에 헌신하며
법으로 인도하는 착한 벗을 사귀게나.

이교도들이여!
인욕을 설하고 악의없음을 칭찬하는 사람에게
법문을 듣고 악의 없는 법을 따르게나.

그런 사람은 분명히 나와 남을 해치지 않고
지극한 평온을 성취하여
약하거나 강하거나 모든 중생을 보호한다네.

농부는 물길을 내어 물을 끌어들이고
활 만드는 이는 화살을 곧게 펴며
목수는 굽은 나무를 곧게 다듬고

지혜로운 이는 마음을 잘 다스리네.(80)

사람들은 몽둥이나 막대기나 회초리로 길들이지만
부처님께서는 몽둥이도 찰도 없이 나를 길들이셨네.

예전에 해칠 때에 나의 이름은 '힝사(해치는 자)'였지만
지금 나의 진실한 이름은 '아힝사(해치지 않는 자)'여서
아무도 해치지 않는다네.

예전에 나는 앙굴리말라(손가락 목걸이)라는 살인마로
거대한 폭류에 휩쓸렸지만
부처님에게서 의지처를 구했네.

예전에 나는 손에 피를 보는 앙굴리말라였지만
존재의 밧줄205)을 끊고 부처님께 귀의한 것을 보라!

나는 지옥에 떨어질 많은 악행을 저질러
지금 그 과보가 닥치고 있지만
빚 없이 음식을 먹는다네.206)

지혜 없는 어리석은 중생들은

---

205) 존재의 밧줄(bhavanetti): 맛지마 니까야 주석서(Pps iii.342)에 따르면 존재의 안내자(bhavanetti)는 존재의 밧줄(bhavarajju)를 말한다. 소의 목에 걸린 밧줄처럼 중생들을 존재의 세계(윤회)로 이끌기 때문이다.
206) 맛지마 니까야 주석서(Pps.iii.343)에 따르면 음식(가사, 거처, 약)을 수용하는 데는 네 가지가 있다. ① 훔친 것의 수용(theyyaparibhogo) ② 빚낸 것의 수용(iṇaparibhogo) ③ 상속자의 수용(dāyajjaparibhogo) ④ 주인의 수용(sāmiparibhogo)이다. 계를 지키지도 않으면서 음식을 얻어먹는 것은 훔친 것의 수용이다. 계를 지키지만 받을 때마다 반조하지 않고 먹는 것은 빚낸 것의 수용이다. 수다원, 사다함, 아나함이 음식을 먹으면 그들은 부처님의 아들로 먹기 때문에 상속자의 수용이다. 번뇌가 다한 아라한이 먹는 것은 주인의 수용이다. 여기서 번뇌가 다한 아라한은 공양 받아 마땅한 분이고 주인의 수용이므로 빚 없이 먹는다.(아비담마 길라잡이)

알아차림이 없어 늘 악행을 저지르지만
지혜로운 이는 알아차림을
아주 귀한 가보처럼 보호하네.(26)

늘 깨어있으라.
감각적 욕망에 빠지지 마라.
방일하지 않고 열심히 정진하는 사람은
지극한 행복을 얻으리라.(27)

부처님의 가르침을 나는 기꺼이 받아들였네.
그것은 아주 좋은 가르침이었네.
나는 알려진 가르침 중에서
가장 수승한 것에 도달했네.

부처님의 가르침을 나는 기꺼이 받아들였네.
그것은 아주 좋은 가르침이었네.
나는 세 가지 지혜를 얻어
부처님께서 가르치신 모든 법을 성취했네.(앙굴리말라 경 끝)

앙굴리말라 장로는 이 감흥어를 토하면서 곧장 존재의 자취가 전혀 없는 대열반에 들었다. 비구들은 법당에 모여 이야기를 나누었다.
"스님들이여, 앙굴리말라 장로는 어디에 태어났을까요?"
이때 부처님께서 들어오셔서 물으셨다.
"비구들이여, 여기 모여서 무슨 이야기를 나누었는가?"
"부처님이시여, 우리는 앙굴리말라의 재생에 관해 이야기를 나누고 있었습니다."
"비구들이여, 나의 아들 앙굴리말라 장로는 대열반에 들었다."
"부처님이시여, 그가 어떻게 많은 사람을 죽이고도 대열반에 들 수 있는 것입니까?"

"비구들이여, 그는 전에는 좋은 스승이 없어서 악행을 저질렀지만 좋은 스승을 만나 훌륭한 가르침을 받고서 방일하지 않는 깨어있는 삶을 살았다. 그렇게 선행(도과의 성취)이 악행을 덮어버리는 것이다."

부처님께서는 그렇게 말씀하시고 게송을 읊으셨다.

**지난날 저지른 악행을
선행으로 덮는 사람
그가 세상을 비추네.
구름을 벗어난 달처럼.**(173)

일곱 번째 이야기
직조공의 딸

부처님께서 악갈라와 쩨띠야207)에 계실 때 직조공의 딸과 관련해서 게송 174번을 설하셨다.

부처님께서 알라위208)에 도착하시자 알라위의 시민들이 부처님을 초대해 공양을 올렸다. 부처님께서는 공양을 끝내고 법문하셨다.

"죽음에 대해 명상하라. '삶은 불확실하고 죽음은 확실하다. 우리는 언젠가 죽는다. 죽음은 삶의 종착역이다. 삶은 불안정하고 죽음은 반드시 온다.'라고 자주 외우며 명상하라. 죽음에 대해 명상하지 않은 사람은 마치 막대기도 없는 사람이 독사를 보면 두려움에 휩싸이듯이 마지막 순간이 다가오면 공포에 휩싸여 당황하며 비명을 질러댈 것이다. 그러나 죽음에 대해 명상한 사람은 마치 막대기를 가진 사람이 뱀을 보면 막대기로 집어서 멀리 던져버리며 마음의 동요가 전혀 없듯이 마지막 순간이 다가와도 두려움에 떨지 않을 것이다. 그러니 죽음에 대해 명상하라."209)

---

207) 악갈라와 쩨띠야Aggālava Cetiya: 알라위 도시에 있는 사원이었다. 처음에는 이교도의 예배 장소였으나 나중에 불교 사원이 됐다. 부처님께서 유행 중에 자주 머무시는 곳이었고 이곳에서 여러 가지 계율이 제정됐다. 부처님께서 정각 후 16년째 안거를 나신 곳이다.
208) 알라위Ālavī: 사왓티에서 30요자나이고 베나레스에서 12요자나 정도 거리에 있으며, 사왓티와 라자가하 사이에 있는 도시다. 부처님께서는 사왓티에서 끼따기리로, 끼따기리에서 알라위로, 알라위에서 라자가하로 가셨다. 알라위에서는 도시 근처의 악갈라와 사원에 머무셨다. 알라위의 왕은 알라와까Ālavaka이며 알라위의 주민들은 알라와까Ālavakā로 알려졌다. 알라위에 식인야차 알라와까와 부처님께서 야차에게서 목숨을 구해준 알라와까 왕의 아들인 핫타까 알라와까Hatthaka Ālavaka가 살았다. 이곳은 셀라Sela 장로니의 출생지이며, 많은 비구가 자신의 꾸띠를 짓고 살았던 곳이다.
209) 죽음에 대한 명상(maraṇānussati): 자세한 것은 3권 부록 II. A.8 참조.

이 법문을 들은 사람들은 단 한 사람을 제외하고 모두 세속 일에 바빠 법문을 까맣게 잊어버렸다. 그러나 단 한 사람 열여섯 살 먹은 직조공의 딸은 이 말씀을 마음에 새겼다.

'부처님의 법문은 정말 놀라운 가르침이다. 나는 죽음에 대한 명상을 꼭 해야겠다.'

그녀는 밤이나 낮이나 오직 죽음에 대해 명상했다. 부처님께서는 알라위를 떠나 제따와나로 가셨다. 소녀는 3년 동안 죽음에 대해 명상했다.

어느 날 새벽에 부처님께서 세상을 살피시다가 이 소녀가 부처님의 지혜의 그물에 들어오는 것을 보고 생각했다.

'앞으로 무슨 일이 일어날 것인가?'

부처님께서는 곧 이런 사실을 아셨다.

'이 소녀는 법문을 들은 그날부터 3년간 죽음에 대해 명상했다. 나는 알라위로 가서 소녀에게 네 가지 질문을 할 것이다. 그녀는 네 가지 질문에 대해 정확하게 대답할 것이고 나는 그녀를 칭찬하며 게송을 읊을 것이다. 이 게송 끝에 그녀는 수다원과를 성취할 것이다. 그녀로 인해 많은 사람이 나의 법문을 듣고 이익을 얻을 것이다.'

부처님께서는 500명의 비구를 데리고 제따와나를 출발해서 얼마간 유행한 끝에 악갈라와 사원에 도착하셨다.

알라위 사람들은 부처님이 오셨다는 말을 듣고 사원으로 가서 부처님을 초청했다. 소녀는 부처님이 오셨다는 말을 듣자 온몸이 기쁨으로 가득 찼다.

'나의 아버지, 존귀하신 스승님, 보름달처럼 아름다우신 분, 고따마 부처님께서 여기로 오셨다고 한다. 3년 전 황금빛으로 빛나는 부처님을 처음 뵈었지! 오늘 황금빛 부처님을 찾아뵙고 감미롭고 숭고한 가르침을 들어야겠다.'

이때 그녀의 아버지가 작업장으로 나가는 도중에 그녀에게 말했다.
"얘야, 손님이 주문한 옷이 아직도 베틀 위에 걸려있는데 한 뼘 정도만 하면 완성이 되겠구나. 오늘 그 옷을 끝내고 싶은데 북통에 실을 감아서 빨리 갖다 주겠느냐?"
그러자 그녀에게 이런 생각이 떠올랐다.
'북실을 가져다주지 않으면 아버지가 나를 때릴지도 몰라. 먼저 북통에 실을 감아서 가져다드리고 나서 법문을 들으러 가야겠다.'
그녀는 의자에 앉아 북통에 실을 감기 시작했다.

알라위 주민들은 부처님과 비구들에게 공양을 올리고 시중들었다. 공양이 끝나자 주민들은 발우를 받아들고 법문을 기다렸다. 이때 부처님께서 말씀하셨다.
"나는 한 소녀에게 법문하기 위해 30요자나를 걸어왔다. 그러나 아직 소녀가 오지 않았으니 그녀가 오면 법문을 시작하겠다."
부처님께서는 그렇게 말씀하시고 나서 침묵하며 앉아계셨다. 그곳에 모인 대중들도 모두 침묵을 지켰다. 부처님께서 침묵하시자 신도 인간도 감히 한마디도 하지 않았다.

소녀가 북통에 실을 다 채워 바구니에 넣고 아버지의 작업장으로 가다가 대중들이 모여 앉아 있는 맨 뒤에 서서 부처님을 바라보았다. 부처님께서도 고개를 들어 그녀를 바라보셨다. 그녀는 부처님이 자기를 바라보자 곧 부처님의 뜻을 알아차렸다.
'대중이 앉아 있는 가운데 부처님께서 나를 바라보신 것은 나를 보고 가까이 오라는 의미이다.'
부처님의 뜻을 눈치챈 그녀는 북실 바구니를 땅에 놓고 부처님 앞으로 나아갔다.

부처님께서는 왜 그녀를 바라보셨는가? 부처님께서는 이렇게 생각하셨다고 한다.

'이 소녀가 아버지 작업장에 가면 깨달음을 얻지 못한 채 죽어 그녀의 미래가 불확실해진다. 그녀가 내게 오면 수다원과를 성취하고 떠날 것이고 그러면 미래가 확실해지고, 죽어 뚜시따 천에 태어날 것이다.'

그녀는 그날 죽음이 예정돼 있었다.

그녀가 부처님께 다가가자 부처님의 몸에서 방사되는 여섯 색깔의 광명이 그녀의 몸을 포근히 감싸 안았다. 그녀는 부처님께 삼배를 올리고 침묵하고 있는 대중들 가운데 앉았다. 이때 부처님께서 그녀에게 물으셨다.

"소녀여, 그대는 어디서 오는가?"

"모릅니다."

"어디로 가는가?"

"모릅니다."

"모르는가?"

"압니다."

"아는가?"

"모릅니다."

부처님께서 이렇게 네 가지 질문을 하자 대중들 사이에 불쾌감이 일었다.

"제멋대로 무례하게 부처님께 대답하는 이 직조공의 딸 좀 보게! 부처님께서 '어디서 오는가?'라고 물으실 때 '직조공의 집에서 옵니다.'라고 대답해야지. 그리고 '어디로 가는가?'라고 물으실 때 '직조공의 작업장으로 갑니다.'라고 대답해야지. 그렇게 돼먹지 않은 대답을 하다니!"

부처님께서는 대중들의 소란을 잠재우시고 그녀에게 말씀하셨다.

"소녀여, 내가 '어디서 오는가?'라고 물었을 때 왜 '모릅니다.'라고 대답했는가?"

"부처님이시여, 부처님께서는 제가 아버지 집에서 온다는 것을 알고 계십니다. 그래서 부처님께서 '어디서 오는가?'라고 물으실 때 저는 '이 세상에 태어났을 때 어디서 왔는가?'라는 의미라는 것을 알았습니다. 저는 이 세상에 태어났을 때 어디서 왔는지 모르기 때문에 모른다고 대답한 것입니다."

"오, 소녀야, 훌륭하다!(사두!) 훌륭하다! 그대는 정확하게 대답했다."

부처님께서 그녀를 칭찬하고 나서 또다시 물으셨다.
"내가 '어디로 가는가?'라고 물었을 때 왜 '모릅니다.'라고 대답했는가?"
"부처님이시여, 부처님께서는 제가 북실 바구니를 들고 직조공의 작업장으로 간다는 것을 알고 계십니다. 그래서 부처님께서 '어디로 가는가?'라고 물으실 때 '저 세상을 갈 때 어디에 태어나는가?'라는 의미라는 것을 알았습니다. 저는 금생에서 죽어 저 세상에 태어날 때 어디로 가는지 모르기 때문에 모른다고 대답한 것입니다."

"사두! 사두! 그대는 정확히 대답했다."

부처님께서는 두 번째로 그녀를 칭찬하시고 나서 또다시 물으셨다.
"내가 '모르는가?'라고 물었을 때 왜 '압니다.'라고 대답했는가?"
"부처님이시여, 저는 확실히 죽는다는 것을 압니다. 그래서 안다고 대답한 것입니다."

"사두! 사두! 그대는 정확히 대답했다."

부처님께서는 세 번째로 그녀를 칭찬하시고 나서 또 물으셨다.
"내가 '아는가?'라고 물었을 때 왜 '모릅니다.'라고 대답했는가?"
"부처님이시여, 저는 확실히 죽는다는 것은 알지만 언제 죽을지는 모릅니다. 밤에 죽을지 낮에 죽을지 아침에 죽을지 언제 어느 시간에 죽을지 모르기 때문에 모른다고 대답한 것입니다."

"사두! 사두! 그대는 정확히 대답했다."

부처님께서는 이렇게 네 번째로 칭찬하시고 나서 대중들에게 법문하셨다.

"그대들은 대부분 그녀의 대답을 이해하지 못하고 불쾌하게 생각했다. 안목眼目을 갖추지 못한 사람은 보지 못하고 안목을 갖춘 자만이 볼 수 있는 것이다."

부처님께서는 이렇게 말씀하시고 게송을 읊으셨다.

**세상 사람들은 눈멀었고
몇몇 사람만이 진리를 있는 그대로 보네.
몇몇 새만이 그물을 벗어나듯
몇몇 사람만이 천상으로 가네.**(174)

이 게송 끝에 소녀는 수다원과를 성취했다.

그러고 나서 소녀는 북실 바구니를 들고 아버지에게 갔다. 아버지는 베틀에 앉아 자고 있었다. 소녀는 아버지가 자고 있는지도 모르고 북실 바구니를 아버지에게 내밀었다. 이때 바구니가 베틀을 치면서 땅에 떨어지며 소리를 내자 아버지가 잠에서 깨어나면서 무의식적으로 베틀의 방추를 당겼다. 그러자 방추의 날카로운 끝이 움직이면서 그녀의 가슴을 찔렀다. 그녀는 그 자리에서 죽어 뚜시따 천에 태어났다. 아버지는 딸이 쓰러지자 황급히 그녀를 살펴보았으나 심장이 이미 멈추었다는 것을 알았다. 그는 비통한 감정을 가눌 길이 없었다.

'누가 나의 비통한 마음을 가라앉혀 줄 것인가?'

그는 부처님께 달려가 눈물을 흘리며 자신에게 일어난 비참한 사건을 말씀드렸다.

"부처님이시여, 저의 슬픔을 가라앉혀주소서."

부처님께서는 그를 위로하면서 말씀하셨다.

"제자여, 슬퍼하지 마라. 한량없는 옛적부터 윤회하면서 딸이 죽어 흘린 눈물의 양이 저 사대양의 물보다 더 많다."

부처님께서 시작을 알 수 없는 윤회에 대해 법문하시자 그의 슬픔이 어느 정도 진정됐다. 그는 부처님께 출가를 요청해 비구계를 받고 열심히 정진해서 얼마 가지 않아 아라한이 됐다.

여덟 번째 이야기
아라한과를 성취한 서른 명의 비구

부처님께서 제따와나에 계실 때 서른 명의 비구와 관련해서 게송 175번을 설하셨다.

어느 날 서른 명의 비구가 먼 지방에서 부처님을 친견하려고 찾아왔다. 아난다 장로는 비구들이 와서 부처님을 친견하는 것을 보고 생각했다.

'비구들이 부처님을 친견하고 나올 때까지 밖에서 기다려야겠다.'

부처님께서는 비구들과 다정하게 인사말을 주고받고 그들에게 법문하셨다. 비구들은 부처님의 법문을 듣고 아라한과를 성취해 하늘로 날아올라 떠나갔다.

아난다 장로는 시간이 한참 지나도록 비구들이 나오지 않자 방으로 들어가 부처님께 여쭈었다.

"부처님이시여, 서른 명의 비구가 여기 왔었는데 어디 있습니까?"

"그들은 떠나갔다."

"제가 문 앞에 있으면서 그들이 가는 것을 보지 못했는데 어느 길로 갔단 말입니까?"

"공중으로 떠나갔다."

"부처님이시여, 그들은 이미 번뇌를 다한 아라한이었습니까?"

"그렇다, 아난다여. 그들은 나의 법문을 듣고 아라한과를 성취했다."

그때 몇 마리 백조가 허공으로 날아가는 것을 보고 부처님께서 말씀하셨다.

"아난다여, 네 가지 성취수단[210]을 완전히 개발한 사람은 백조처럼 허공

---

210) 네 가지 성취수단(四神足, 四如意足, cattāro-iddhipāda): iddhi는 '번영, 성취'를 뜻하는 단어로 '신통'의 의미로도 쓰인다. pāda는 '다리足의 뜻이나 기초, 토대, 수단(pādaka)을 말한다. 중국에서는 신족神足 또는 여의족

으로 날아갈 수 있다."

부처님께서는 그렇게 말씀하시고 게송을 읊으셨다.

백조가 하늘로 날아가듯
그들은 신통211)으로 날아간다.
지혜로운 이는
마라의 군대를 물리치고
세상을 벗어난다.(175)

如意足으로 번역했지만 정확히 번역하면 '성취수단'을 말한다. 여기서 성취란 삼매와 도과의 성취를 말한다. 네 가지 성취수단에는 의욕(chanda), 정진(vīriya), 마음(citta), 사유(vīmaṁsā)가 있다. "비구들이여, 의욕[정진, 마음, 사유]에 의지해 집중과 마음의 통일을 얻는다. 이것을 의욕[정진, 마음, 사유]에 바탕을 둔 삼매라고 부른다. 해로운 법들이 일어나지 않게 하고 유익한 법들을 개발하고 확대시키고 충만하도록 의욕을 일으키고 노력하고 마음을 책려하고 정진한다. 이것이 의도적인 노력이다. 비구들이여, 이것이 의욕[노력, 마음, 사유]에 바탕을 둔 삼매이며 의도적인 노력으로 이루어지는 신통의 기초이다.(S51.13)" "신통의 일부(S51.5), 모든 신통(S51.6), 심혜탈과 혜해탈(S51.7,18) 신족통(S51.17), 열반(S33-44), 37보리분(S51.61)을 성취하려면 네 가지 성취수단을 닦아야 한다." "네 가지 성취수단을 닦고 익히면 번뇌를 부수고 심혜탈과 혜해탈을 현세에서 스스로 잘 알고 깨달아 성취한다.(S51.23,24)"
211) 신통(iddhi): 신통변화의 지혜(iddhividha ñāṇa)로 경전에 나오는 정형구는 다음과 같다. "그는 하나인 채 여럿이 되기도 하고, 여럿이 됐다가 하나가 되기도 합니다. 나타났다 사라졌다 하고, 벽이나 담이나 산을 아무런 장애 없이 통과하기를 마치 허공처럼 합니다. 땅에서도 떠올랐다 잠겼다 하기를 물속에서처럼 합니다. 가부좌한 채 허공을 날아가기를 새처럼 합니다. 저 막강하고 위력적인 태양과 달을 손으로 만져 쓰다듬기도 하고, 심지어는 저 멀리 범천의 세상까지도 몸의 자유자재함을 발합니다."(디가 니까야, D2.87, 각묵 스님)

아홉 번째 이야기
부처님을 모함한 찐짜마나위까[212]

부처님께서 제따와나에 계실 때 찐짜마나위까와 관련해서 게송 176번을 설하셨다.

십력을 지니신 부처님께서 일체지를 얻으셨을 때 제자들이 점점 늘어나고 무수히 많은 신과 인간들이 성스러운 땅에 내려왔다. 덕德의 씨앗이 사방에 뿌려지자 많은 이득과 명예가 부처님께 바쳐졌다. 반면에 마치 개똥벌레가 태양이 떠오르면 빛을 잃어버리듯이 이교도들은 이득과 명예를 잃어버렸다. 그래서 이교도들은 거리에 모여 외쳐댔다.

"사문 고따마만이 붓다입니까? 우리도 붓다입니다! 고따마에게만 공양을 올리면 무한한 복덕을 받습니까? 우리에게 공양을 올려도 무한한 복덕을 받습니다! 그러니 우리에게도 공양을 올리시오. 우리에게도 예배하시오."

이렇게 그들은 군중에게 호소했지만 이득도 명예도 돌아오지 않았다. 그래서 그들은 비밀리에 모여 회합했다.

"어떤 방법으로 사람들 앞에서 사문 고따마에게 치욕을 안겨주어 그에게 향하는 이득과 명예를 빼앗을 수 있을까?"

이때 사왓티에 찐짜마나위까라는 유행녀가 살고 있었다. 그녀는 뛰어나게 아름답고 사랑스러워 마치 천상의 요정 같았다. 어떤 이교도가 이런 음모를 내놓았다.

"이 여인을 이용하면 사문 고따마에게 치욕을 안겨줄 수 있고 그에게 향하는 이득과 명예를 빼앗을 수 있습니다."

"그거 아주 좋은 방법입니다."

---

[212] 이 이야기는 마하빠두마 자따까(Mahāpaduma Jātaka, J472)에서 유래한다.

이교도들은 모두 환호하며 그의 계략에 동의했다.

찐짜마나위까가 이교도의 사원으로 가서 삼배를 올리고 기다렸지만 그녀에게 말을 거는 사람이 아무도 없었다. 그녀는 의혹이 일어 물었다.

"제게 무슨 잘못이 있습니까?"

세 번이나 물어도 대답이 없자 그녀가 다시 물었다.

"제발 대답 좀 해 주십시오. 제가 무슨 잘못을 저질렀습니까? 왜 아무 말씀도 하지 않습니까?"

"자매여, 그대는 우리에게 해를 끼치고 이득과 명예를 뺏어가는 사문 고따마를 모르는가?"

"저는 모릅니다. 제가 도와드릴 일이라도 있습니까?"

"자매여, 우리와 잘 지내길 원한다면 그대의 타고난 미모와 재능을 이용해서 사문 고따마에게 치욕을 안겨주어 그에게 향하는 이득과 명예를 끝장내게 하라."

"잘 알겠습니다. 제가 모든 책임을 지고 실행에 옮기겠으니 결과에 대해 화내지 마십시오."

그녀는 그렇게 말하고 떠나갔다.

그때부터 그녀는 목적을 이루기 위해 여인의 타고난 능력을 이용했다. 사왓티의 주민들이 제따와나에서 법문을 듣고 집으로 돌아갈 때 그녀는 분홍색 옷을 입고 향과 꽃을 들고 제따와나 쪽으로 걸어갔다. 사람들이 이상하게 생각해서 그녀에게 물었다.

"지금 이 시간에 어디로 가십니까?"

"제가 어디로 가든지 무슨 상관이에요?"

그녀는 제따와나 사원 근처의 이교도 사원에서 밤을 보내고 다음 날 아침에 시민들이 부처님께 아침 인사를 드리려고 도시에서 나올 때 반대로 도시로 들어갔다. 사람들이 또 그녀를 보고 이상해서 물었다.

"어디서 밤을 보냈어요?"

"내가 어디서 밤을 보내건 그게 무슨 상관이죠?"

한 달 반이 지나서 사람들이 물을 때마다 그녀는 이렇게 대답했다.

"나는 제따와나의 간다꾸띠에서 사문 고따마와 함께 밤을 보냈어요."

아직 수다원과도 성취하지 못한 신도들은 그녀의 말을 듣고 부처님에 대해 의혹과 불신의 감정이 싹텄다.

"이 말이 사실이야, 거짓말이야?"

3~4개월이 지나자 그녀는 임신한 것처럼 보이게 하려고 배에 헝겊을 감고 분홍색 임산부 옷을 입고 돌아다니며 말했다.

"나는 사문 고따마의 아이를 뱄습니다."

그녀는 그렇게 어리석은 사람들을 속였다.

8~9개월이 지나자 그녀는 배에 나무원반을 묶은 후 옷을 입고서 만삭의 여인처럼 부푼 배를 톡톡 치고 허리와 손발을 두들기면서 몹시 피곤한 체하며 저녁에 법당으로 갔다. 부처님께서는 거룩하게 장식된 법좌에 앉아 법문을 하고 계셨다. 찐짜마나위까는 부처님 앞에 서서 비난을 퍼붓기 시작했다.

"위대하신 사문이여, 대중들에게 법문하시다니 정말 위대하군요. 목소리는 달콤하고 입술은 아주 매끄럽군요. 그런데 제가 당신의 아이를 가졌는데 어쩌죠? 해산할 날이 며칠 남지 않았는데도 당신은 해산할 방조차 구해주려 하지 않고 버터기름이나 다른 필요한 것도 가져다주지 않는군요. 당신은 해야 할 일은 신경도 쓰지 않고, 꼬살라 왕이나 아나타삔디까나 위사카와 신도들에게 '이 여인의 출산을 도와줘라.'고 말 한마디도 하지 않는군요. 쾌감은 어떻게 즐기는지 잘 알면서도 태어날 아이를 돌보는 법은 전혀 모르는군요."

그녀는 마치 똥을 한 덩어리 들고 와서 얼굴에 똥칠하는 것처럼 대중들 가운데서 부처님에게 악담을 퍼부었다.

부처님께서는 법문을 멈추고 사자처럼 사자후를 토했다.

"여인이여, 그대가 하는 말이 거짓인지 사실인지 그대와 나만이 아는 것이다."

"그래요. 당신과 나만이 아는 것을 누가 사실인지 거짓인지 가릴 수 있겠어요?"

그 순간 삭까 천왕의 홍옥보좌가 뜨거워지기 시작했다. 삭까 천왕은 원인이 무엇인지 살펴보았다.

'찐짜마나위까가 거짓말로 부처님을 모함하고 있구나. 내려가서 이 문제를 깨끗하게 밝혀야겠다.'

천왕은 네 명의 천신을 데리고 내려갔다. 천신들은 작은 생쥐로 변해서 그녀의 옷 속으로 들어가 배에 나무원반을 묶고 있는 끈을 이빨로 끊기 시작했다. 순간 거센 바람이 한차례 불어와 배를 감고 있는 천을 날려버리면서 나무원반이 발에 떨어져 여인의 발가락을 잘라버렸다.

대중들이 흥분해서 외쳐댔다.

"이 사악한 마녀가 감히 부처님의 명예를 더럽히려 들다니!"

대중들은 그녀의 얼굴에 침을 뱉고 흙덩이를 던지고 막대기로 때려 쫓아버렸다. 그녀가 부처님의 시야에서 사라졌을 때 그녀의 발아래 땅이 갈라지면서 무간지옥의 불길이 치솟아 올라와 마치 붉은 담요로 감싸듯이 그녀를 휘감아 돌면서 삼켜버렸다. 그때부터 이교도들의 이득과 명예는 더욱더 감소하고 십력을 지니신 부처님께 올리는 공양은 점점 더 늘어났다.

다음 날 비구들이 법당에 모여 이야기를 나누었다.

"스님들이여, 찐짜마나위까는 거짓말로, 가장 뛰어난 공덕을 지니시고, 가장 공양을 받을 만한 분이시며, 가장 존귀한 부처님을 모함해 스스로 파멸의 구렁텅이에 떨어졌습니다."

부처님께서 들어오셔서 물으셨다.

"비구들이여, 여기 앉아서 무슨 이야기를 나누고 있었는가?"

비구들이 대답하자 부처님께서 말씀하셨다.

"비구들이여, 그녀가 거짓으로 나를 모함한 것은 이번이 처음이 아니다. 과거생에서도 그런 일을 저질렀다."

부처님께서는 마하빠두마 자따까를 자세히 이야기하기 시작하셨다.

찐짜마나위까의 과거생: 음란한 왕비

과거생에 찐짜마나위까는 베나레스의 첫 번째 왕비가 죽자 두 번째로 맞아들인 왕비였다. 이때 보디삿따는 첫 번째 왕비에게서 태어나 마하빠두마(활짝 핀 연꽃) 왕자로 불리고 있었다. 음란한 왕비는 왕이 변방의 반란을 진압하려고 출전하고 없을 때 왕자를 자신의 침실로 끌어들여 함께 사랑을 즐기자고 유혹했다. 왕자는 이를 단호하게 거절했다. 왕이 돌아오자 왕비는 머리를 풀어헤치고 스스로 몸에 상처를 내고 아픈 체하고 누워 왕에게 말했다.

"당신의 아들이 나를 침대로 끌어들이려다 제가 거절하자 이 지경으로 만들었습니다."

이 말을 들은 왕은 불같이 솟아오르는 화를 참지 못하고 보디삿따를 강도들의 절벽으로 던져버리게 했다. 절벽에 사는 신은 두 손으로 왕자를 붙잡아 목숨을 구해주었다. 그는 히말라야로 가서 출가해 수행자가 됐다. 그는 삼매를 성취해 삼매의 희열을 즐기며 살고 있었다.

숲속지기가 우연히 왕자를 발견하고 왕에게 가서 왕자가 숲속에서 출가 수행을 하고 있다고 보고했다. 왕은 부하들과 신하들을 데려가서 다정하게 인사를 나누고 어떻게 살아났는지 물었다. 왕자는 그동안 일어났던 일을 모두 이야기했다. 왕은 그에게 왕국을 물려주겠다고 제의했다. 그러나 보디삿따는 왕의 제의를 거절하며 이렇게 훈계했다.

"저는 나라를 다스리고 싶은 생각이 없습니다. 폐하께선 십선계+善戒를 깨뜨리지 말고 악행하지 말고 정법으로 바르게 왕국을 통치하십시오."

왕은 눈물을 흘리며 자리에서 일어나 성으로 되돌아갔다. 그는 돌아가면서 신하에게 물었다.

"이런 곧고 정직한 아들과 멀어지게 만든 것은 누구의 잘못이요?"

"폐하, 왕비는 이 일에 책임을 져야 합니다."

왕은 왕비를 강도의 절벽으로 끌고 가서 절벽 아래로 던져버렸다. 그리고 성으로 돌아와 왕국을 법답게 다스렸다. 그때의 마하빠두마 왕자는 보디삿따였고 왕비는 지금의 찐짜마나위까였다.(과거 이야기 끝)

모든 사실을 자세히 조사해보지도 않고
어느 쪽이 잘못했는지 살피지 않았으면
크든 작든 간에 벌을 주지 않아야 한다.

부처님께서 그녀의 과거생을 밝히시고 나서 말씀하셨다.

"비구들이여, 계를 깨뜨리는 사람, 진실을 말하지 않는 사람, 거짓말을 확인하지도 않고 믿는 사람, 저세상에 대한 희망을 버린 사람에게는 짓지 못할 악행이 없다."

부처님께서는 이렇게 말씀하시고 게송을 읊으셨다.

> 진실을 넘어서 거짓말을 하며
> 다가올 다음 세상을
> 하찮게 여기는 자가
> 짓지 못할 악행은 없다.(176)

열 번째 이야기
비할 바 없는 큰 공양

부처님께서 제따와나에 계실 때 비할 바 없는 큰 공양과 관련해서 게송 177번을 설하셨다.

어느 때 부처님께서 500명의 비구와 함께 탁발에서 돌아와 제따와나로 들어가시자 왕은 사원으로 가서 다음 날 공양에 부처님을 초청했다. 다음 날 왕은 풍부한 공양을 준비하고 시민들을 불렀다.

"왕궁으로 와서 내가 준비한 공양을 한번 구경하시오."

다음 날 시민들은 부처님을 초청하고 음식을 준비하고 왕에게 전갈을 보냈다.

"왕께서 여기로 오셔서 우리가 준비한 공양을 한번 구경하시오."

왕은 시민들이 준비한 공양을 보고 생각했다.

'시민들이 나보다 더 풍부한 공양을 준비하다니. 나는 이보다 더 훌륭하게 공양을 올려야겠다.'

왕이 그다음 날 더 풍부한 공양을 준비하자 시민들이 와서 왕이 준비한 공양을 보고 그들도 왕에게 지지 않으려고 더욱 큰 규모로 공양을 준비했다. 이렇게 왕도 시민들을 능가하지 못했고 시민들도 왕을 능가하지 못했다. 시민들은 여섯 번이나 백배 천배로 공양을 준비해 아무도 '이 공양에는 무엇 무엇이 빠졌네.'라고 말할 수 없을 정도로 거의 완벽했다. 왕은 시민들이 준비한 공양을 보고 생각에 잠겼다.

'내가 시민들보다 더 훌륭하게 공양을 올리지 못한다면 살아봤자 무슨 소용이 있을까?'

왕은 드러누워 온갖 방법을 생각해 보았다.

이때 말리까 왕비가 왕에게 와서 물었다.

"폐하, 왜 여기 누워 계십니까? 무슨 어려운 일이라도 있으신지요?"

"당신은 이 일을 정말 모른단 말이오?"

"폐하, 제가 어떻게 알겠습니까?"

왕이 공양을 올리는 문제를 자세히 말하자 말리까 왕비가 대답했다.

"폐하, 어렵게 생각하지 마세요. 시민들이 왕을 능가했다는 말을 들었거나 본 적이 없습니다. 제게 아주 좋은 계획이 있습니다."

말리까 왕비는 자신도 비할 바 없는 공양을 올리고 싶었다.

"폐하, 500명의 스님이 앉을 수 있는 거대한 천막을 세우라고 하세요. 이 천막은 가장 질 좋은 살라나무로 만들라고 하세요. 나머지 스님들은 천막 밖에 빙 둘러앉게 하세요. 500개의 일산을 준비하게 하고 500마리의 코끼리로 하여금 코로 일산을 들고 500명의 스님을 드리우게 하세요. 여덟 개나 열 개의 황금 배를 천막 한가운데 놓으라고 하세요. 스님들 사이에는 캇띠야(끄샤뜨리야) 계급의 소녀를 한 명씩 앉혀서 향기 나는 풀을 비벼서 향기를 물씬 풍기라고 하세요. 캇띠야 계급의 소녀를 한 명씩 배치해 부채질을 하라고 하세요. 캇띠야 계급의 소녀에게 향기 나는 풀을 비벼서 황금 배에 집어넣고 스님들에게 향기를 맡게 하세요. 캇띠야 계급의 소녀에게 푸른 연꽃을 가져오게 해 향기와 섞어서 황금 배에 넣고 스님들에게 향기를 맡게 하세요. 그렇게 하면 시민들은 캇띠야 계급의 딸도 없고 일산도 없고 코끼리도 없어서 결코 당신을 능가할 수 없어요. 당신은 이렇게 공양을 올려야 합니다."

"아주 좋은 생각이오. 당신의 계획은 아주 훌륭하오."

왕은 즉시 왕비가 제안한 대로 명령을 내리고 준비하기 시작했다.

그런데 스님 한 명에게 배치될 코끼리 한 마리가 부족했다. 왕은 이 문제를 말리까와 상의했다.

"코끼리 한 마리가 부족한데 어떻게 해야 하오?"

"무슨 말씀이세요. 500마리 코끼리가 없어요?"

"있기는 하지만 나머지 코끼리들은 길들이지 않은 난폭한 코끼리들뿐이라오. 그 코끼리들은 스님들을 보면 변화무쌍한 계절풍처럼 난동을 부릴 것이고 공양 행사는 난장판이 되고 말 거요."

"폐하, 제가 난폭한 코끼리가 일산을 들고 서 있을 곳을 알아요."

"어느 스님 곁에 난폭한 코끼리를 서 있게 하면 좋겠소?"

"앙굴리말라 장로님 뒤에 서 있게 하세요."

왕은 그대로 했다. 난폭한 코끼리는 꼬리를 내리고 귀를 늘어뜨리고 눈을 감고 조용히 움직이지 않고 일산을 들고 서 있었다. 군중들이 그 코끼리를 보고 놀라운 일이라고 생각했다.

'아니, 어떻게 했기에 저 코끼리가 예의 바르게 서 있을까?'

왕은 부처님과 스님들에게 시중을 들었다. 공양이 끝나자 그는 부처님께 삼배를 올리고 말씀드렸다.

"부처님이시여, 싸거나 비싸거나 여기 있는 물건을 전부 부처님께 올립니다."

이 공양을 올리는 데 단 하루에 1억4천 냥의 돈이 들어갔다. 네 가지 값비싼 물건, 즉 하얀 일산과 쉴 수 있는 의자, 그리고 단상과 발판이 부처님께 올려졌다. 아무도 왕이 공양 올린 것만큼 부처님께 올릴 수 있는 사람은 없다. 그래서 이런 공양을 '비할 바 없는 큰 공양(asadisadāna)'이라고 부른다. 이런 공양은 모든 부처님의 일생에 단 한 번 일어나며 여인이 항상 이 일을 추진한다.

왕에게는 깔라와 준하라는 대신이 있었다. 깔라는 이 공양을 보고 이렇게 생각했다.

'왕의 재산이 이런 식으로 사라져버리다니! 단 하루 만에 1억4천 냥을 낭비하다니! 이 사문들은 진수성찬을 먹고 돌아가 누워 잠이나 자겠지! 왕의 재산이 이렇게 쓸데없이 낭비되다니!'

그러나 준하는 이렇게 생각했다.

'오, 왕이 정말 훌륭한 공양을 올렸다. 얼마나 감사한 일인가! 왕이 아니고서야 어떻게 이런 큰 공양을 올릴 수 있겠는가! 게다가 이런 공양 공덕은 다른 사람들에게 양도할 수도 없는 것이다.'

부처님께서 공양을 마치시자 왕은 부처님께서 축원법문을 하실 것으로 생각하고 발우를 받아들었다.

'왕은 마치 거대한 홍수처럼 그렇게 훌륭한 공양을 올렸는데 군중들은 신심이 충만한가, 아니면 신심이 없는가?'

부처님께서는 모인 사람들을 살펴보다가 두 대신의 마음을 읽고 생각하셨다.

'내가 왕이 올린 공양에 걸맞은 축원법문을 하게 되면 깔라는 점점 더 불만을 품게 되고 결국 그의 머리가 일곱 조각으로 갈라지고 말 것이다. 그러나 준하는 수다원과를 성취할 것이다.'

그래서 부처님은 깔라에 대한 연민으로 화려하게 공양을 올리고 앞에 서 있는 왕을 위해 네 구절로 된 하나의 게송(四句偈頌)만을 읊고 바로 자리에서 일어나 사원으로 돌아가셨다.

비구들은 앙굴리말라에게 물었다.

"스님, 난폭한 코끼리가 뒤에서 일산을 들고 서 있는 것을 보고 두려움을 느끼지 않았나요?"

"전혀 두렵지 않았습니다."

비구들이 부처님께 가서 말씀드렸다.

"부처님이시여, 앙굴리말라는 자신이 마치 아라한인 것처럼 말하고 있습니다."

"비구들이여, 앙굴리말라는 두려움이 없다. 나의 아들은 번뇌를 완전히 제거한 성인이기 때문에 두려움이 없는 것이다."

부처님께서는 이렇게 말씀하시고 게송을 읊으셨다.

황소처럼 두려움이 없고

성인이며 영웅,
계정혜를 닦는 현자이며
마라의 정복자,
탐욕을 없앤 자이며
갈애를 씻어버린 자,
그리고 사성제를 깨달은 자,
그를 일컬어 아라한이라 한다.(422)

왕은 크게 낙심했다.
'그 많은 스님에게 최상의 공양을 올리고 부처님 앞에 섰는데 부처님께서는 내가 올린 공양에 걸맞은 축원법문을 하지 않으시고 단 하나의 게송만 읊고 자리에서 일어나 가셨다. 내가 부처님에게 제대로 공양을 올리지 않은 모양이다. 내가 부처님에게 적절하게 공양을 올리지 않은 모양이다. 부처님께서는 항상 올린 공양에 맞춰 축원법문을 하셨는데 오늘은 어쩐 일인가?'

왕은 이렇게 생각하며 사원으로 가서 부처님께 삼배를 올리고 여쭈었다.
"부처님이시여, 제가 제대로 공양을 올리지 않았습니까? 아니면 제가 무슨 실수를 저질렀습니까?"
"대왕이여, 왜 그렇게 묻습니까?"
"부처님께서는 제가 올린 공양에 알맞게 축원하지 않으셨습니다."
"대왕이여, 그대가 올린 공양은 장엄하고 아주 훌륭한 것이었습니다. 그대가 올린 공양처럼 비할 바 없는 공양은 한 부처에게 단 한 번 일어나는 일입니다."
"부처님이시여, 그런데 왜 제가 올린 공양에 알맞게 축원법문을 하지 않으셨습니까?"
"그곳에 모인 군중들에게 나쁜 마음이 일어나지 않도록 하기 위해서입니다."

"부처님이시여, 군중들에게 어떤 잘못이 있었습니까?"
부처님께서는 두 대신에게 일어난 마음을 이야기하고 깔라에 대한 연민 때문에 법문을 간단히 했다고 대답하셨다.

왕은 궁으로 돌아와서 깔라에게 물었다.
"깔라여, 그대가 이런 생각을 품었다는데 사실이오?"
"폐하, 사실입니다."
"내가 그대의 재산으로 공양을 올린 것도 아니고 순전히 아들과 왕비의 도움으로 내 재산만으로 공양을 올렸소. 그런데 무엇이 잘못되었소? 내가 공양을 올린 것이지 그대가 올린 것이 아니지 않소? 당장 나의 왕국에서 떠나시오."
왕은 깔라를 왕국에서 추방하고 준하를 불러 말했다.
"준하여, 그대가 이런 생각을 했다는데 사실이오?"
"폐하, 사실입니다."
"아주 훌륭하오. 신하들을 데리고 일주일 동안 공양을 올리도록 하시오."
왕은 일주일 동안 그에게 왕국을 넘겨주었다.

왕은 준하를 데리고 사원으로 가서 부처님께 말씀드렸다.
"부처님이시여, 어리석은 자가 했던 짓을 좀 보십시오. 공양은 제가 올렸는데 그가 역정을 냈습니다."
"대왕이여, 그렇습니다. 어리석은 자는 남이 올리는 공양에도 즐거워하지 않아 가난하거나 낮은 세계에 태어납니다. 현명한 사람은 남이 올리는 공양에 같이 기뻐하고 죽으면 천상에 태어납니다."
부처님께서는 이렇게 말씀하시고 게송을 읊으셨다.

구두쇠는 천상에 갈 수 없고
어리석은 자는 보시를 칭찬할 줄 모르네.
지혜로운 이는 보시를 즐거워하기에

다음 세상에서도 행복하리라.(177)

이 게송 끝에 준하는 수다원과를 성취했다. 거기 모인 대중들도 이 법문을 듣고 많은 이익을 얻었다. 준하는 수다원과를 얻고 나서 일주일 동안 공양을 올렸다.

열한 번째 이야기
법문을 듣는 조건으로 돈을 받은 깔라

부처님께서 제따와나에 계실 때 아나타삔디까의 아들 깔라와 관련해서 게송 178번을 설하셨다.

깔라는 신심이 깊은 부자이자 훌륭한 재가신도의 아들이었지만, 부처님을 뵈러 갈 생각도 하지 않고, 부처님께서 집에 오셨을 때도 만나보려고도 하지 않고, 법문을 듣거나 스님들에게 시중을 들려고도 하지 않았다.

"아들아, 그렇게 행동하면 못쓴다."

아버지가 이렇게 말을 해도 그는 관심조차 기울이지 않았다. 그래서 아버지는 다른 방법을 강구했다.

'자식이 이런 좋지 않은 마음가짐을 고치지 않으면 낮은 세계에 태어날 과보를 면치 못할 것이다. 자식이 내 눈앞에서 낮은 세계에 떨어지는 것을 차마 볼 수는 없는 일이다. 세상에 돈을 준다는 데 싫다는 사람은 없겠지. 돈으로 유혹해서 그를 부처님께 귀의토록 해야겠다.'

그는 아들을 불러 말했다.

"아들아, 우뽀사타 재일을 지키고 사원으로 가서 법문을 듣고 돌아오너라. 그렇게 하면 100냥을 주겠다."

"100냥을 준다고요, 아버지?"

"물론 주고말고."

아버지가 약속을 세 번이나 반복하고 나서야 깔라는 우뽀사타 재일을 지키며 사원으로 갔다. 하지만 법문은 듣지 않고 조용한 곳에 가서 밤새 잠만 자다 아침 일찍 돌아왔다. 아버지는 아들이 돌아오자 대견하다는 듯이 말했다.

"우뽀사타를 지키느라 배가 고플 텐데 어서 우유죽과 밥을 먹어라."

아버지는 음식을 가져오게 해서 먹으라고 권하자 깔라가 말했다.

"돈을 받기 전에는 먹지 않겠어요."

깔라가 끝까지 안 먹겠다고 하자 아버지는 아들에게 돈을 주었다. 아들은 돈지갑을 손에 꼭 쥐고 밥을 먹기 시작했다.

다음 날 아버지는 또 아들을 사원으로 보내면서 말했다.
"아들아, 네가 부처님 앞에 앉아서 게송을 하나라도 배워서 돌아오면 천 냥을 주겠다."

깔라는 돈에 대한 욕심으로 사원으로 가서 게송 하나를 배우는 즉시 일어나서 돌아가리라 생각하고 부처님 앞에 앉아 있었다. 부처님께서는 그의 마음을 읽고 그가 첫 번째 게송을 이해하지 못하게 만들었다. 그는 첫 번째 게송을 이해하는 데 실패하자 계속 남아서 법문을 들었다.

배우겠다는 확고한 결심으로 법문을 듣는 사람은 정신을 집중해서 듣는다. 그렇게 법문을 들으면 수다원과나 나머지 도과도 성취할 수 있다. 깔라는 배우겠다는 확고한 결심으로 들었다. 그렇지만 부처님께서는 또다시 그가 게송의 진정한 의미를 이해하지 못하게 했다.

'다음 게송은 확실하게 외우고 이해해야겠다.'

깔라는 이런 생각으로 계속 법문을 듣다가 뜻을 깨우치게 되면서 결국 수다원과를 성취했다.

다음 날 아침 깔라는 부처님과 스님들을 따라 집으로 돌아갔다. 아버지가 아들을 보고 말했다.

"오늘은 아들의 달라진 모습이 나를 기쁘게 하는구나."

그 순간 아들에게 난처한 생각이 일어났다.

'아버지가 부처님이 보는 가운데 나에게 돈을 주는 불상사가 일어나지 않아야 할 텐데. 내가 돈을 받기 위해 우뽀사타를 지켰다는 사실이 드러나면 아주 곤란한데.'

부처님께서는 깔라가 돈을 받기 위해 전날 우뽀사타 재일을 지켰다는 것을 알고 계셨다.

아버지는 부처님과 비구들에게 우유죽과 음식을 올리고 아들에게도 같은 음식을 주었다. 깔라는 앉아서 우유죽을 마시고 과자와 밥을 먹었다. 부처님께서 공양을 마치시자 아버지는 천 냥이 든 지갑을 아들에게 내밀며 말했다.

"사랑하는 아들아, 네가 우뽀사타 재일을 지키고 사원으로 가서 법문을 들으면 천 냥을 주겠다고 약속했었지? 여기 천 냥을 받아라."

깔라는 부처님 앞에서 아버지가 천 냥을 주자 난처한 표정을 지으며 말했다.

"아버지, 전 돈에 관심 없습니다."

"돈을 마다하다니. 네가 그토록 원하던 것이 아니냐?"

아버지의 말에 아들은 쩔쩔매며 돈에 손도 대지 않았다.

아버지가 부처님께 삼배를 올리고 말씀드렸다.

"부처님이시여, 오늘 아들의 달라진 모습이 저를 기쁘게 합니다."

"어째서 그런가?"

"그저께는 제가 '100냥을 주겠다.'라고 말하며 아들을 사원으로 보냈습니다. 어제는 돈을 당장 주지 않으면 밥을 먹지 않겠다고 떼를 쓰던 녀석이 오늘을 돈을 주는데도 받으려고 하지 않습니다."

"그것은 그대의 아들이 전륜성왕이 얻은 것을 능가하고 천신들이 얻은 것을 능가하고 범천의 신들이 얻은 것을 능가하는 수다원과를 성취했기 때문이다."

부처님께서는 이렇게 말씀하시고 게송을 읊으셨다.

제국의 황제가 되는 것보다
하늘의 영광을 얻는 것보다
우주의 지배자가 되는 것보다
수다원과를 성취하는 것이 더욱 값지다.(178)

제14장 붓다

Buddha Vagga

제14장 붓다 Buddha Vagga

첫 번째 이야기
마간디야 바라문을 깨달음으로 인도한 부처님[213]

부처님께서 보리수 아래의 금강보좌에서 마라의 세 딸과 관련해서 설하신 게송 179, 180번을 꾸루[214] 왕국에 사는 바라문 마간디야에게 다시 설하셨다.

처녀 마간디야를 거절한 부처님

꾸루 왕국에 사는 마간디야 바라문에게 매우 아름다운 마간디야라는 딸이 있었다. 바라문이거나 무사 계급이거나 부자들과 상류층 사람들이 그녀와 결혼하려고 딸을 달라고 매파를 보냈지만, 아버지는 '그 사람은 내 딸과

---

213) 이 이야기 중에서 마간디야 바라문이 딸을 주겠다는 것을 거절하고 깨달음으로 인도하는 이야기는 숫따니빠따의 마간디야 경(Māgandiya Sutta, Sn.4.9)에 나오고, 부처님께서 마라의 세 딸을 물리치는 이야기는 니다나까타(Nidānakathā, 因緣譚)에 나온다.
214) 꾸루Kuru: 인도 중원의 16대국 중 하나였다. 부처님 당시에는 정치적으로 그리 중요한 지역은 아니었다. 수도는 인다빳따Indapatta였고 유딧틸라Yudhiṭṭhila 왕조가 지배하고 있었다. 이곳 출신인 랏타빨라 장로가 아라한과를 성취하고 고향으로 돌아와 가족과 꼬라비야Koravya 왕을 교화한 이야기가 랏타빨라 경(Raṭṭhapāla Sutta, M82)에 나온다. 초기경에서 가장 중요하고 수행의 기준이 되는 대념처경(Mahāsatipaṭṭhāna Sutta, D22)이 꾸루 나라의 작은 성읍인 깜맛사담마Kammāssadhamma에서 설해졌다. 대념처경이 이곳에서 설해진 이유는 이곳 꾸루 사람들이 건강하고 지혜가 깊어 심오한 법문을 이해할 능력을 갖추었기 때문이라고 한다. 꾸루는 현재의 델리 주변 지역이다.

결혼할 자격이 없어.'라고 하면서 쫓아버렸다.

어느 날 부처님께서 이른 새벽에 세상을 살펴보시다가 마간디야가 지혜의 그물에 들어오는 것을 보고 앞일을 예측해 보셨다.

'무슨 일이 일어날 것인가?'

부처님께서는 바라문 부부가 아나함과를 성취할 인연이 무르익었다는 것을 아셨다. 그때 바라문은 매일 마을 밖에 나가서 규칙적으로 불을 섬기고 있었다. 부처님께서는 이른 아침에 가사와 발우를 들고 그가 불을 섬기고 있는 곳으로 가셨다. 바라문은 부처님의 장대한 풍채를 보고 생각했다.

'세상에 이 사람과 견줄 만한 사람은 없다. 이 사람은 내 딸의 남편감으로 너무나 잘 어울린다. 내 딸을 이 사람에게 주어야겠다.'

그는 부처님께 말했다.

"사문이여, 나에게 딸이 하나 있는데 그녀에게 맞는 남편감을 찾아보았지만 찾지 못해서 아직 시집보내지 않고 있습니다. 그대는 내 딸과 너무나 잘 어울립니다. 내 딸을 당신에게 주고 싶습니다. 내 딸을 데리고 올 때까지 여기서 기다리시오."

부처님께서는 이 말에 동의하지도 거절하지도 않고 가만히 계셨다.

바라문은 집으로 가서 아내에게 말했다.

"여보, 오늘 우리 딸에게 어울리는 남편감을 찾았소. 그에게 우리 딸을 주도록 합시다."

바라문은 딸에게 예쁜 옷을 입히고 아내와 함께 딸을 데리고 부처님과 이야기를 나누었던 곳으로 갔다. 많은 군중이 동요하고 흥분해서 그를 따라갔다. 부처님께서는 바라문이 얘기했던 곳에 있지 않고 자리를 옮겨 다른 장소로 가시면서 전에 있던 장소에는 발자국만 남겨놓았다.

부처님께서는 '누구누구가 이 발자국을 보기를!'이라고 서원하고 발자국을 찍는다. 그렇게 서원하고 밟은 곳에서만 발자국이 나타나고 다른 곳에서는 나타나지 않는다. 보기를 서원한 사람만 볼 수 있고 다른 사람은 볼 수 없다.

바라문을 따라온 아내가 남편에게 물었다.
"그 사람은 어디 있어요?"
"내가 여기 있으라고 했는데 도대체 어딜 갔지?"
그는 주위를 둘러보다가 발자국을 발견하고 손으로 가리키며 말했다.
"여기 그 사람의 발자국이 있소."
바라문의 아내는 예부터 내려오는 위대한 사람의 특징을 설명하는 베다의 구절을 잘 알고 있었다. 그녀는 남편에게 말했다.
"여보, 이 사람은 오욕락五慾樂을 추구하는 사람이 아니에요."
"여보, 당신은 항상 한 방울의 물에서 악어를 본다고 말하는군. 내가 사문에게 딸을 주겠다고 말했을 때 그가 승낙했었소."
"당신이 뭐라 해도 이 발자국은 욕망을 벗어난 사람의 것이에요."
그녀는 이렇게 말하면서 노래를 불렀다.

탐욕이 강한 자의 발자국은 발바닥 안쪽이 보이지 않고요.
분노가 많은 자의 발자국은 거칠게 찍히고요.
어리석은 자의 발자국은 질질 끌지요.
여기 이 발자국은 번뇌의 장막을 걷어버린 사람의 것이에요.

바라문이 아내에게 말했다.
"여보, 그만 좀 주절거리고 조용히 따라오시오."
그는 조금 걷다가 부처님을 보고 손으로 가리키며 아내에게 말했다.
"그 사람 여기 있네."
바라문은 부처님께 가서 말했다.
"사문이여, 당신에게 내 딸을 주겠소."
부처님께서는 당신 딸은 필요 없다고 말하지 않고 바라문에게 조용히 말쏨하셨다.
"바라문이여, 내가 당신에게 할 말이 있으니 잘 들으시오."
"사문이여, 어서 말씀해 보시오."
부처님은 위대한 출가를 할 때부터 수행하면서 겪은 일을 이야기하기 시작했다. 아래 이야기는 대략의 줄거리다.

마라의 세 딸의 유혹을 물리치신 부처님

보디삿따께서 왕국의 영광을 포기하고 깐타까 말에 올라타서 마부 찬나와 함께 위대한 출가를 하셨다. 그가 성문에 다가가자 마라(마왕)가 다가와서 말했다.
"싯닷타여, 되돌아가라. 앞으로 7일 후면 전륜성왕의 전륜戰輪이 나타날 것이다."
"마라여, 나도 그것은 알고 있지만 전륜을 굴리며 천하를 다스리는 전륜성왕이 되고 싶지 않다."
"그럼 무슨 목적으로 위대한 출가를 하려고 하는가?"
"일체지를 얻어 뭇 중생을 제도하기 위해서다."
"그럼 오늘부터 그대가 감각적 욕망, 악의, 남을 해치려는 생각을 한 번이라도 일으킨다면 그 자리에서 죽여 버리겠다."

그때부터 마라는 6년 동안이나 보디삿따를 쫓아다녔지만 기회를 잡지 못했다. 보디삿따는 6년 동안 고행했지만 깨달음을 얻지 못했다. 보디삿따는 자신만의 방법으로 정진해서 보리수 아래에서 일체지를 얻고 염소치기 니그로다나무 아래에서 해탈의 기쁨을 누리며 앉아 계셨다. 이때 마라는 슬프고 낙담해서 길바닥에 주저앉아 있었다.
'내가 기회를 노리고 6년간을 쫓아다녔지만, 그에게서 허물을 찾지 못했네. 이제 그는 나의 지배권을 벗어나 버렸네.'

마라의 세 딸, 탄하(Taṇhā, 갈애), 아라띠(Arati, 혐오), 라가(Rāga, 애욕)가 아버지를 찾았다.

"아버지가 보이지 않는구나. 지금 어디에 계시지?"

그녀들은 사방을 찾아보다가 그가 길바닥에 앉아 있는 것을 보고 다가가서 물었다.

"아버지, 왜 그렇게 풀이 죽어 길에 앉아 계시나요?"

마라가 이 일을 말하자 딸들이 말했다.

"아버지, 너무 걱정하지 말아요. 우리가 그를 아버지 지배 아래로 다시 끌고 오겠어요."

"딸들아, 어느 누구도 그를 지배하에 둘 수 없단다."

"아버지, 우리가 누구예요? 우리의 유혹에 넘어가지 않는 남자는 아무도 없어요. 우리가 그를 애욕의 밧줄로 꽁꽁 묶어서 데리고 오겠어요. 아버지는 그냥 가만히 보고만 계세요."

그녀들은 부처님에게로 가서 말했다.

"사문이여, 우리는 당신의 미천한 노예입니다."

부처님은 그녀들의 말에 관심을 기울이지 않고 눈을 떠서 바라보지도 않았다.

마라의 세 딸이 서로 의견을 나누었다.

"남자들의 취향은 사람마다 다르다. 어떤 이는 소녀를 좋아하고, 어떤 이는 한창 물오른 처녀를, 어떤 이는 중년의 여인을, 어떤 이는 중년을 넘긴 여인을 좋아한다. 우리는 여러 가지 모습으로 변해서 그를 유혹해야 한다."

그녀들은 신통력으로 각각 100명의 여인을 창조해서 다양한 나이의 여인으로 변장했다. 소녀, 아이를 한 번도 낳지 않은 여인, 아이를 한 번 낳은 여인, 아이를 두 번 낳은 여인, 중년의 여인, 늙은 여인 등으로 변장해서 부처님께 다가가 여섯 번이나 말했다.

"사문이여, 우리는 당신의 미천한 노예입니다."

부처님께서는 여인들의 말에 전혀 관심을 기울이지 않고 번뇌가 다한 위 없는 해탈의 기쁨 속에 앉아 계셨다. 그래도 그녀들이 물러가지 않자 부처님께서는 그녀들에게 말했다.

"썩 물러가라. 무엇 때문에 이런 짓을 하는가? 이런 짓은 욕망과 애욕에서 벗어나지 못한 사람에게나 소용이 있는 것이다. 여래는 모든 욕망과 번뇌를 제거해버린 사람이다. 어떻게 너희들이 나를 지배하려고 한단 말인가?"

부처님께서는 이렇게 말씀하시고 게송을 읊으셨다.

**붓다의 승리에 다시 패배란 없고
그 승리에 따라올 자도 없다.
붓다의 경지는 끝도 없고 길도 없는데
어느 길로 끌고 가겠다는 것이냐?(179)**

**붓다에게는 그물처럼 옭아매어
다시 태어남으로 이끄는 갈애란 없다.
붓다의 경지는 끝도 없고 길도 없는데
어느 길로 끌고 가겠다는 것이냐?(180)**

이 게송 끝에 많은 천신이 법에 대한 이해를 얻었다. 마라의 세 딸은 그 자리에서 사라졌다.

부처님께서 이렇게 법문하시고 나서 바라문 마간디야에게 말씀하셨다.

"마간디야여, 예전에 내가 황금처럼 아름답고 더러운 분비물도 없고 불순물도 없이 깨끗한 마라의 세 딸을 보았을 때도 사랑을 즐기고픈 생각이 전혀 일어나지 않았다. 그녀들에 비하면 너의 딸은 서른두 가지 요소로 가득 차 있는 더러운 시체에 분칠한 것과 같다. 네 딸이 문지방을 넘어와 내 발에 입 맞추려 해도 씻지 않아 더러운 내 발바닥조차도 닿게 하지 않겠

다."
　부처님께서는 이렇게 말씀하시고 게송을 읊으셨다.

갈애, 혐오, 애욕의 아름다운 세 딸을 보았을 때도
사랑하고픈 생각이 없었는데,
오줌과 똥으로 가득 찬 그대의 몸을 왜 원하겠는가?
그 더러운 몸을 나의 발바닥조차도 닿지 않게 하겠네.

　이 게송 끝에 바라문 마간디야와 아내는 아나함과를 얻었다. 부부는 딸을 동생 쭐라 마간디야에게 맡기고 출가해 아라한이 됐다.

두 번째 이야기
쌍신변雙神變의 기적과 아비담마

부처님께서 상깟사215) 성문에 계실 때 많은 신과 인간들에게 게송 181번을 설하셨다.

이 이야기는 라자가하에서 시작된다.

신통으로 발우를 얻은 삔돌라 바라드와자216)

---

215) 상깟사Saṅkassa: 사왓티에서 30요자나 떨어진 도시로 부처님께서 도리천에서 아비담마를 설하시고 땅으로 내려오신 곳이다. 모든 부처님이 도리천에서 법을 설하시고 이곳으로 내려오신다고 한다. 중국의 법현 스님(AD 399~414년)과 현장법사(AD602~664년)가 이곳을 방문했을 때도 부처님께서 천상에서 내려오는 모습을 기념하는 기념탑이 있었다고 한다.
216) 삔돌라 바라드와자Piṇḍola Bhāradvāja(賓頭盧頗羅墮誓): 꼬삼비 우데나 Udena 왕의 궁중제사장의 아들이며 바라드와자Bhāradvāja 가문 출신이다. 그는 삼베다에 능통했으며 성공한 스승이었다. 하지만 자신의 직업이 마음에 들지 않아 라자가하로 갔다가 사람들이 붓다의 제자들에게 맛있는 음식을 올리는 걸 보고 승가에 들어갔다. 그는 식탐이 강해서 커다란 조롱박으로 만든 발우를 들고 다니며 탁발했고 밤에는 침대 밑에 두었다. 그런데 건드릴 때마다 긁히는 소리가 심하게 나서 부처님은 그에게 발우가 다 닳아 없어질 때까지 발우를 행낭에 담아 가지고 다니지 못하게 했다. 그는 나중에 부처님의 충고를 받아들여 식탐을 정복하고 아라한이 됐다. 아라한이 되던 날 부처님 면전에서 어느 비구의 의문이든 모두 해결해 주겠다고 사자후(sīhanāda)를 토했다고 한다. 그래서 부처님께서는 그를 사자후를 토하는 자(sīhanādika)들 가운데 제일이라고 선언하셨다. 그는 꼬삼비Kosambī의 우데나 왕의 동산에 가서 한낮의 휴식을 취하는 습관이 있었다. 어느 날 우데나 왕이 동산으로 궁녀들과 함께 산책을 나갔다가 잠이 들었다. 왕이 잠이 들자 궁녀들은 산책하다가 삔돌라 바라드와자 장로가 나무 아래서 명상하는 것을 보고, 장로 주위에 다가와 법문을 들었다. 잠에서 깨어난 왕은 궁녀들이 장로의 주변에 몰려있는 것을 보고 대로하여 장로에게 물어뜯는 붉은 개미로 가득한 개미집을 집어던졌다. 그러나 개미들은

어느 때 라자가하의 부자가 갠지스 강으로 물놀이를 갔다. 그는 놀이에 열중하다가 보석과 옷을 잃어버리지 않으려고 속이 훤히 비추는 버들 바구니에 넣었다. 갠지스 강의 상류에 있는 강둑에는 자단목紫檀木 한 그루가 자라고 있었다. 자단목이 물살에 뿌리가 드러나면서 갠지스 강으로 쓰러져 떠내려오다가 바위에 부딪혀 여러 토막으로 갈라졌다. 그중 항아리만 한 나무토막 하나가 떠내려오면서 바위에 부딪히고 파도에 씻기어 둥글고 매끈하게 다듬어져서 물결 따라 떠내려왔다. 나무토막이 오랫동안 떠내려오면서 이끼가 두텁게 덮여 무슨 나무인지 알아보지 못하게 됐을 때쯤 부자의 버들 바구니에 걸려들었다.

"이게 뭘까?"
부자가 호기심을 나타내자 하인이 대답했다.
"나무토막입니다."
부자는 어떤 나무인지 알아보려고 자귀로 껍질을 벗겨보고서야 붉은 색깔의 자단목임을 알았다. 부자는 불교 신자도 아니고 이교도도 아니고, 그 둘을 공평하게 바라보는 사람이었다. 그는 나무를 들여다보며 생각했다.
'집에는 자단목이 많이 있어서 별로 쓸데가 없는데 이걸로 뭘 하지?'
이때 그에게 이런 생각이 떠올랐다.
'세상에 '우리는 아라한이다. 우리는 아라한이다.'라고 말하는 사람들이 많은데 나는 한 명도 모른다. 이 나무를 깎아 발우를 만들어야겠다. 그리고

장로를 묻지 않고 저절로 흩어져버리는 것이었다. 장로는 그 자리에서 사라져 사왓티로 돌아갔다. 바라드와자 경(S35.127)에는 왕이 공원에서 장로를 다시 만나 여섯 감각기관을 다스리는 것에 대해 법문을 듣고 그에게 귀의하는 이야기가 실려 있다. 발우를 얻기 위해 신통을 부리다 이를 금하는 계율이 제정된 이야기는 율장 소품(Vin.ii.110)에 실려 있다. 삔돌라(식탐이 많은 자)라는 이름은 그가 식탐 때문에 승가에 들어갔다고 해서 붙여진 이름이다. 우리나라에서 그는 16성중의 첫 번째 인물인 빈두로파라타 존자이며 나반존자로 알려져 있다.

긴 대나무 장대 끝에 발우를 매달아 놓고, '아라한이라면 공중으로 날아올라 가서 가져가시오.'라고 공고하는 거다. 만약 그렇게 발우를 가져가는 사람이 있으면 그에게 귀의해 제자가 되고 아들과 아내도 귀의하게 해야겠다.'

그는 발우를 깎아 긴 대나무 장대 끝에 매달아 놓고 널리 공고했다.

"이 세상에 아라한이 있다면 공중으로 날아올라 가서 이 발우를 가져가시오."

육사외도217)가 부자를 찾아왔다. 첫째 날에는 뿌라나 깟사빠가, 둘째 날

---

217) 육사외도六師外道: 부처님 당시에 유일신을 믿는 전통적인 브라만교의 권위를 부정하고 새로운 사상과 철학을 가지고 등장한 여섯 명의 종교사상가들로서 부처님의 가르침에서 보면 사견邪見을 가진 교주들이다.
① 뿌라나 깟사빠Pūraṇa Kassapa: 도덕 부정론자이다. 살생, 도둑질, 간통을 저질러도 악행을 한 것이 아니고 보시를 해도 선행을 한 것이 아니라는 것이다. 왜냐하면 선악의 개념은 인간이 임의로 정의한 관념일 뿐이기 때문이라는 것이다. 그래서 인과因果도 없고 업業도 없다는 것이다.
② 막칼리 고살라Makkhali Gosāla: 숙명론자이다. 인간의 의지로 할 수 있는 것은 아무것도 없으며 모든 것은 이미 결정돼 있다는 것이다. 그렇기 때문에 수행을 통해 해탈할 수 없고 수없이 윤회하는 동안 괴로움이 저절로 없어져서 스스로 해탈한다는 것이다. 그래서 인과와 업을 부정했다.
③ 아지따 께사깜발린Ajita Kesakambalin: 단멸론자이며 유물론자이다. 인간은 땅·물·불·바람 사대요소로 이루어졌을 뿐이며 죽으면 사대로 흩어질 뿐이라는 것이다. 그러므로 윤회도 없고 인과도 업도 없으니, 살아있는 한 최대한으로 즐기자는 쾌락주의자이기도 하다.
④ 산자야 벨랏티뿟따Sañjaya Belaṭṭhiputta: 회의론자이다. 진리를 언어로 표현한다는 것이 불가능하다는 불가지론자不可知論者이며 사후의 존재나 인과와 같은 형이상학적 질문에 애매모호한 답변으로 대답을 회피했다고 한다.
⑤ 빠꾸다 깟짜야나Pakudha Kaccāyana: 불멸론자이다. 인간은 땅·물·불·바람·고락苦樂·생명·영혼의 일곱 가지 요소로 구성돼 영원히 존재하기 때문에 태어나지도 죽지도 않으며 죽이는 자도 죽는 자도 없다는 것이다.
⑥ 니간타 나따뿟따Nigaṇtha Nātaputta: 고행주의자이며 자이나교 교주이다. 인간을 영혼과 물질로 나누고 영혼은 업으로 인해 물질에 속박됐다는 것이

에는 막칼리 고살라가, 셋째 날에는 아지따 께사깜발린이, 넷째 날에는 빠꾸다 깟짜야나가, 다섯째 날에는 산자야 벨랏티뿟따가 와서 부자에게 말했다.

"이 발우는 바로 나를 위한 물건이오, 내게 주시오."218)

하지만 부자는 그들의 말에 시큰둥한 표정을 짓고 말했다.

"직접 공중으로 날아올라서 가져가 보십시오."

여섯 번째 날이 되자 니간타 나따뿟따가 제자들에게 말했다.

"부자에게 가서 '이 발우는 바로 우리 스승을 위한 물건이다. 그런 하찮은 물건 하나 때문에 공중으로 날아올라야겠소? 즉시 우리에게 넘기도록 하시오.'라고 말해라."

제자들이 부자에게 가서 스승의 말을 전했지만, 부자는 여전히 시큰둥하게 대답했다.

"실력이 있으면 직접 공중으로 날아올라 가서 가져가시지요."

니간타 나따뿟따는 직접 가기로 했다. 그는 제자들에게 지시했다.

"내가 공중으로 날아오르는 것처럼 한 번 펄쩍 뛰어오를 테니까 가랑이를 붙잡고 '아니 스승님, 무슨 짓을 하는 겁니까? 그까짓 사소한 나무 발우 하나 때문에 군중 앞에서 아라한의 숨은 능력을 꼭 드러내야 합니까?'라고 말하며 나를 땅바닥에 쓰러뜨리도록 해라."

나따뿟따는 부자에게 가서 이렇게 말했다.

"장자여, 이 발우를 가져갈 사람은 이 세상에 나밖에 없습니다. 그런데 이런 사소한 것 때문에 반드시 공중으로 날아올라 가서 가져가야 합니까? 즉시 발우를 장대에서 내려서 내게 주시오."

"존자님, 직접 날아올라 가서 가져가십시오. 그것이 가져갈 수 있는 유일

다. 영혼이 물질에서 해탈하기 위해서는 다시는 업을 짓지 말아야 하며 그러기 위해서는 불살생 등 계율을 철저히 지켜야 한다는 것이다. 그리고 이제까지 지은 업은 고행을 통해 정화해야만 해탈할 수 있다는 것이다.
218) 이 말은 '내가 아라한이다.'라는 말을 빙 둘러서 하고 있다.

한 방법입니다."

나따뿟따는 제자들에게 말했다.
"좋아. 너희들은 모두 물러가라. 물러가라."
그는 그렇게 제자들을 쫓는 시늉을 했다.
"내가 지금 날아오르겠다."
그렇게 말하며 그는 한 번 펄쩍 뛰었다. 그러자 그의 제자들이 스승에게 말했다.
"스승님, 이게 무슨 짓입니까? 이런 초라하고 볼품없는 발우 하나 얻으려고 스승님의 숨은 능력을 꼭 드러내야겠습니까?"
제자들은 즉시 그의 팔과 가랑이를 붙잡고 땅바닥에 쓰러뜨렸다. 이때 그가 부자에게 다시 말했다.
"장자여, 제자들이 공중으로 날아오르지 못하게 하는데 발우를 그냥 나에게 주시오."
"존자님, 날아올라 가서 가져가십시오."
그들은 부자를 속여서 발우를 가져가려 했지만, 실패하고 그냥 돌아갔다.

일곱 번째 되는 날에 마하목갈라나 장로와 삔돌라 바라드와자 장로가 라자가하에 탁발을 나갔다가 평평한 바위 위에 서서 옷을 가다듬고 있었다. 이때 노름꾼들의 대화 소리가 들려왔다.
"친구들, 여섯 명의 교주가 자신들이 아라한인 체하고 돌아다니고 있다네. 그런데 7일 전에 한 부자가 발우를 만들어 장대 끝에 걸고 '아라한이라면 공중으로 날아올라 가서 가져가시오.'라고 말했다네. 그런데 한 명도 공중으로 날아올라 가서 발우를 가져가지 못했지 않은가. 결국 그들이 아라한이 아니라는 게 들통이 난 셈이지. 오늘에서야 이 세상에 아라한이 한 명도 없다는 것을 알게 된 거지."

이 말을 듣고 마하목갈라나 장로가 삔돌라 바라드와자 장로에게 말했다.

"스님, 사람들이 하는 말을 들으셨소? 그들은 마치 부처님의 능력에 도전하고 있는 것처럼 말합니다. 스님에겐 최상의 지혜, 놀라운 신통력이 있으니 스님이 날아가서 발우를 가져오는 것이 좋겠소."

"목갈라나 스님, 스님이 '신통 제일'이라고 온 세상에 다 알려져 있으니 스님이 가서 가져오시오."

"삔돌라 스님, 스님이 신통력을 갖춘 아라한이니 가서 가져오시오."

그래서 삔돌라 바라드와자 장로는 사선정에 들어갔다 나와서, 둘레가 3요자나인 넓은 바위를 한 바퀴 돌고 난 후 마치 비단 솜을 들어 올리듯이 바위를 공중으로 가볍게 들어 올리고서 라자가하 도시를 일곱 바퀴 돌았다.

라자가하는 3요자나 넓이의 도시여서 커다란 바위가 마치 도시를 덮어 버리는 것처럼 보였다. 도시 주민들은 공중의 바위를 보고 놀라 두려움에 떨었다.

"저 바위가 우리에게 떨어지면 우리는 납작해지고 말 거야."

주민들은 급히 쌀겨를 까부는 키질바구니를 뒤집어쓰고 숨느라 정신이 없었다.

장로가 바위를 두 쪽으로 나누어서 자신의 모습을 드러내자 시민들이 장로를 보고 외쳤다.

"삔돌라 바라드와자 스님, 바위를 단단히 붙드세요. 잘못해서 우리에게 떨어지면 우린 모두 황천행이에요."

장로가 바위를 발로 차서 원래 있던 자리로 되돌려 보내고 부자의 지붕 꼭대기에 내려앉았다.

부자는 장로를 보고 즉시 엎드려 말했다.

"장로님, 내려오십시오."

장로가 내려가자 부자는 의자를 제공하고 장대 끝에 달린 발우를 내려서 네 가지 음식(짜뚜마두)을 가득 담아 장로에게 올렸다. 장로는 발우를 받아들고 사원으로 출발했다. 그러자 숲과 마을에서 신통을 보지 못한 사람들이 장로를 따라가며 말했다.

"장로님, 다시 한번 신통을 보여주세요."

장로는 신통을 다시 펼쳐 보이고 사원으로 돌아갔다.

부처님께서는 사람들이 장로를 따라오면서 환성을 지르고 찬탄하고 박수갈채를 보내는 요란한 소리를 듣고 아난다 장로에게 물었다.

"아난다여, 누가 박수를 치고 환성을 지르는가?"

"삔돌라 바라드와자 장로가 공중으로 날아올라 자단향으로 만든 발우를 가져와서 시민들이 찬탄하고 있다고 합니다."

부처님께서 바라드와자 장로를 불러서 물으셨다.

"그대가 이런 일을 했다는데 사실인가?"

"사실입니다, 부처님."

"바라드와자여, 그것은 사문에게 어울리는 일이 아니다. 그것은 허용되는 일이 아니며 해서는 안 되는 일이다. 바라드와자여, 그런 하찮은 발우 때문에 성인의 능력을 드러내고 신통력을 보여준단 말이냐?"

부처님께서는 장로를 꾸짖고 나서 비구들에게 말씀하셨다.

"비구들이여, 재가자들에게 신통을 보여주어서는 안 된다. 재가자들에게 신통을 보여주는 자는 계율을 범하는 것이다.219) 비구들이여, 이 자단향 발우는 깨뜨려서 가루 내어 향으로 사용하도록 하여라. 비구들이여, 앞으로 나무 발우는 사용해서는 안 된다. 나무 발우를 사용하는 자는 계율을 어기는 것이다."

신통을 보이겠다고 약속한 부처님

부처님께서 발우를 깨버리게 하고 제자들에게 신통을 보이는 것을 금하

---

219) 율장 빠찟띠야(波逸提) 8번째 계목: '재가자에게 자신이 성취한 수승한 법을 말해서는 안 된다.' 즉 삼매를 얻거나 도과를 얻었더라도 재가자에게 도과를 얻었다고 스스로 말해서는 안 된다.

는 계율을 제정했다는 말을 들은 이교도들은 서로 상의했다.

"사문 고따마의 제자들이 계율을 지키는 데 목숨을 걸고 산다면 그들은 제정된 계율을 어기지 못할 것이다. 게다가 사문 고따마도 그 계율을 지킬 것이다. 이건 우리에게 좋은 기회다."

이교도들은 도시를 돌아다니며 외쳤다.

"능력을 숨기는 것이 우리의 관습입니다. 최근에 그깟 하찮은 나무 발우 하나 얻으려고 우리의 능력을 보이지 않은 것도 이 때문입니다. 그러나 사문 고따마의 제자들은 하찮은 나무 발우 하나를 얻으려고 군중들에게 능력을 과시했습니다. 사문 고따마는 그래도 지혜가 있어 발우를 깨뜨리게 하고 신통을 부리지 못하게 하는 계율을 제정했다고 합니다. 이제 우리는 사문 고따마하고 신통을 겨룰 것입니다."

빔비사라 왕이 이 말을 듣고 부처님께 가서 말씀드렸다.

"부처님이시여, 부처님께서 제자들에게 신통을 보이는 것을 금하셨다고 하는데 이 말이 사실입니까?"

"사실입니다."

"이교도들이 말하길 '우리는 사문 고따마하고 신통을 겨룰 것이다.'라고 했답니다. 이 일을 어떻게 하실 생각이십니까?"

"그들이 신통을 보이겠다고 하면 나도 신통을 보이겠습니다."

"부처님께서는 신통을 보이는 것을 금하지 않았습니까?"

"대왕이여, 그 계율은 나 자신에게는 해당되지 않습니다. 그 계율은 오직 제자들에게만 적용되는 것입니다."

"그러니까 부처님만 제외하고 나머지 모든 제자에게는 그 계율이 적용된다는 말씀입니까?"

"대왕이여, 그렇습니다. 제가 비유를 들겠습니다. 대왕께서는 왕궁에 정원이 있습니까?"

"있습니다, 부처님."

"대왕이여, 다른 사람들이 정원에 들어와 망고나 과일을 따먹으면 어떻게 하시겠습니까?"

"그들에게 벌을 줄 것입니다."

"대왕께서 과일들을 따먹으면 어떻게 됩니까?"

"부처님이시여, 나는 벌을 받지 않습니다. 주인은 자기 마음대로 따먹을 권리가 있습니다."

"대왕이여, 당신의 권위는 30요자나 왕국 곳곳에 미칩니다. 당신은 왕궁의 정원에 달린 망고나 과일들을 따먹어도 벌을 받지 않습니다. 하지만 다른 사람들이 그렇게 하면 벌을 받습니다. 그와 같이 나의 권위도 천억 세계에 미치며 나는 내가 제정한 계율을 넘어설 수 있습니다. 하지만 다른 사람들은 그렇게 할 수 없습니다. 그래서 나는 신통을 보여줄 수 있습니다."

이교도들이 이 말을 듣고 서로 상의했다.

"일이 잘못돼 가고 있다. 사문 고따마는 자신이 제정한 계율은 제자들에게만 해당하고 자신에게는 해당하지 않는다고 한다. 게다가 그가 몸소 신통을 보이겠다고 말했다. 이제 어떻게 하지?"

왕이 부처님께 여쭈었다.

"부처님이시여, 언제 신통을 보이시겠습니까?"

"앞으로 4개월 후 아살하 달(음력 6월) 보름날입니다."

"어디서 보이시겠습니까?"

"사왓티 성 근처입니다."

부처님께서는 왜 그 먼 곳까지 가서 신통을 보이시겠다고 했을까? 사왓티는 모든 부처님이 신통을 보이신 곳이며, 많은 군중이 모일 수 있는 곳이다. 이 때문에 부처님께서는 그 먼 곳을 지정하신 것이다.

이교도들은 이 말을 듣고 상의했다.

"4개월 후 사문 고따마가 사왓티에서 신통을 보인다고 한다. 우리는 끈질기게 쫓아가야 한다. 군중들이 우리를 보고 '무슨 일로 가는가?'라고 물으면 '전에 말했듯이 우리는 사문 고따마와 신통을 겨룰 것이다.'라고 대답하면 된다. 사문 고따마는 지금 도망치고 있다. 우리는 그가 도망치도록 내버려 두지 말고 끝까지 쫓아가야 한다."

부처님께서는 라자가하에서 탁발을 마치시고 사왓티를 향해 출발하셨다. 이교도들도 자기 제자들을 거느리고 출발했다. 부처님께서 오전에 공양을 드시고 떠난 곳에 이교도들이 저녁에 도착해서 하룻밤을 잤다. 부처님께서 주무신 곳에 이교도들이 도착해서 아침식사를 했다. 사람들이 '무슨 일로 가는가?'라고 물으면 이교도들은 전에 상의한 대로 대답했다. 군중들은 '신통을 보러가자.'라고 외치며 따라갔다.

얼마간 유행한 끝에 부처님은 사왓티에 도착하셨다. 이교도들과 군중들도 모두 사왓티에 도착했다. 이교도들은 자신들의 신도들을 선동해서 10만 냥의 돈을 모아 아카시아 기둥을 써서 대형 천막을 세우고 지붕을 푸른 연꽃으로 장식하고 나서 말했다.

"우리는 여기서 신통을 보이겠다."

빠세나디 꼬살라 왕이 부처님께 와서 말했다.

"부처님이시여, 이교도들은 대형 천막을 세웠다고 합니다. 제가 부처님을 위해 대형 천막을 세워 드릴까요?"

"대왕이여, 그럴 필요 없습니다. 대형 천막을 세울 사람은 따로 있습니다."

"여기 저 말고 누가 그런 천막을 세울 사람이 있습니까?"

"삭까 천왕입니다."

"부처님이시여, 어디서 신통을 행하실 것입니까?"

"간다의 망고나무 아래서입니다."

이교도들이 이 말을 들었다.

"사문 고따마가 망고나무 아래서 신통을 행한다고 한다."

이교도들은 즉시 1요자나 둘레에 자라고 있는 모든 망고나무를 뽑아버렸다. 심지어 그날 싹이 튼 나무와 숲속에서 자라고 있는 나무까지 모두 뽑아버렸다.

아살하의 보름날 부처님께서는 사왓티에 들어가셨다.

바로 그날 왕의 정원지기인 간다는 붉은 개미들이 만든 나뭇잎 바구니 안에 잘 익은 망고가 있는 것을 보았다. 그는 과일 향기를 맡고 몰려든 까마귀를 쫓아버리고 망고를 주워들었다. 그는 망고를 왕에게 바치려고 가져가다가 부처님을 만나게 됐다.

'왕이 이 망고를 먹으면 동전 여덟 닢이나 열여섯 닢 정도 줄 것이다. 그 돈으로는 생계에 도움이 되지 않는다. 그러나 이 망고를 부처님께 올리면 끝없는 세월 동안 복덕이 넘쳐날 것이다.'

그는 잘 익은 망고를 부처님께 올렸다.

부처님께서 아난다 장로를 바라보자 장로는 왕에게 바치려고 곱게 싼 포장을 뜯고서 망고를 부처님에게 올렸다. 부처님께서는 발우를 내밀어 망고를 받으셨다. 부처님께서 그곳에 앉기를 원하자 장로가 자신의 가사를 접어 자리를 깔아드렸고 부처님께서는 그 위에 앉으셨다. 장로가 발우에 물을 붓고 망고를 잘게 으깨어 즙을 만들어 올리자 부처님께서 망고즙을 드시고 나서 정원지기 간다에게 말씀하셨다.

"여기에 땅을 파고 이 망고 씨를 심어라."

정원지기가 부처님이 시킨 대로 씨를 심었다.

부처님께서 망고를 심은 곳에서 손을 씻었다. 그 순간 망고나무가 땅에서 솟아나더니 줄기가 쟁기 손잡이 두께로 50장 높이까지 자라났다. 그리고 줄기에서 동서남북과 위의 다섯 방향으로 큰 가지가 뻗어 나오더니 그 길이가 50장이나 됐다. 곧이어 나무에서 꽃이 피고 열매가 맺기 시작했고 한쪽에서는 벌써 잘 익은 망고들이 주렁주렁 매달리기 시작했다. 사람들이

다가가 망고를 따먹었다.

왕은 망고가 경이롭게 자라났다는 말을 듣고 아무도 망고나무를 자르지 못하도록 보초를 세웠다. 이 나무는 정원지기 간다가 심었다고 해서 간다의 망고나무라고 불렸다.

사람들이 망고를 따먹고 외쳤다.
"이 후안무치한 이교도들이 사문 고따마가 간다의 망고나무 아래에서 신통을 행한다는 말을 듣고 1요자나 주위에 자라고 있는 망고나무를 오늘 싹이 난 나무까지 모두 뽑아버렸는데, 여기 간다의 망고나무가 있다."
그들은 망고를 먹고 남은 씨를 이교도들에게 던지며 야유했다.

삭까 천왕은 바람신에게 명령했다.
"이교도들의 천막을 바람으로 뽑아서 시궁창에 던져 버려라."
바람신이 그렇게 하자 삭까 천왕은 태양신에게 명령했다.
"태양의 강렬한 열기로 이교도들을 그슬려 버려라."
태양이 그렇게 하자 삭까 천왕은 바람신에게 다시 명령했다.
"바람의 마차를 움직여 달려가라."
이교도들의 몸이 땀으로 흠뻑 젖었을 때 바람신은 그들이 마치 개미집처럼 보일 때까지 먼지를 일으켜 쏟아부었다. 삭까 천왕이 구름신에게 명령했다.
"빗방울을 쏟아부어라."
구름신이 그렇게 하자 그들은 마치 얼룩소처럼 보였다. 그들은 결국 허둥지둥 도망치고 말았다.

이교도들이 도망치고 있을 때 뿌라나 깟사빠의 신도인 농부는 이렇게 생각했다.
'오늘이 우리의 스승께서 신통을 보이신다는 바로 그날이다. 스승의 신통을 보러 가야 한다.'

농부는 소의 멍에를 풀어주고 아침에 집에서 가져온 죽을 먹이고서 밧줄을 들고 집으로 가다가 스승인 뿌라나 깟사빠가 자기 쪽으로 도망치고 있는 것을 보고 물었다.

"스승이시여, 제가 스승의 신통을 보러 가야겠다고 생각하고 가고 있는 중인데 스승님께서는 어디로 가고 계십니까?"

뿌라나가 대답했다.

"그따위 신통은 뭣 때문에 보러 가는가? 그 물항아리하고 밧줄이나 이리 주게."

그는 항아리와 밧줄을 들고 강둑으로 가서 밧줄로 자신의 목에 항아리를 매달고 강물 속으로 몸을 던졌다. 강물에서 한 차례 물거품이 솟아올랐고, 뿌라나는 죽어 지옥에 태어났다.

그날 저녁 삭까 천왕은 부처님을 위해서 보석으로 장식한 대형 천막을 세우는 것이 자신이 해야 할 일이라고 생각하고 윗사깜마(도리천의 목수)를 불러 12요자나 크기의 대형 천막을 세우게 하고 푸른 연꽃과 칠보로 장식하게 했다. 스님들과 신도들이 이 천막으로 모여들었다. 부처님께서는 간다꾸띠에서 나와 윗사깜마가 만든 천막에 임시 거처를 정하시고 부처님을 위해 만든 보배 의자에 앉으셨다. 의자 위에는 천상의 하얀 일산이 드리워져 있었다.

부처님께서 빔비사라 왕에게 신통을 보이겠다고 말했을 때부터 4개월이 지나자 이 말을 전해들은 비구, 비구니, 남녀 재가신도들이 사방에서 모두 모여들었다. 그리고 일만 세계의 신들도 이곳으로 몰려들었다.

그때 아나함과를 얻었으며 큰 신통을 가진 가라니[220]라는 여신도가 나와서 부처님께 말씀드렸다.

"부처님이시여, 저와 같은 딸이 있는데 어찌 수고로이 직접 신통을 행하십니까? 제가 대신 신통을 보이겠습니다."

---

220) 가라니Gharaṇi: 여기에만 등장하고 다른 곳에는 기록이 없다.

"나의 딸 가라니여, 그대는 어떤 신통을 보이겠는가?"

"이 세계를 둘러싸고 있는 땅을 물로 바꾸어 물새처럼 물속으로 잠수해서 세계의 동쪽 가장자리, 서쪽 가장자리, 남쪽 가장자리, 북쪽 가장자리, 가운데에서 나타나겠습니다. 그럼 사람들이 '저 사람은 누구야?'라고 물을 것이고 그러면 다른 사람들은 '그녀는 가라니야. 여자 신도의 신통이 저렇게 대단할진대 그녀의 스승인 부처님의 신통은 얼마나 대단하겠는가!'라고 말할 것입니다. 그렇게 되면 이교도들은 부처님께서 신통을 보이기도 전에 꽁무니를 빼고 도망칠 것입니다."

"가라니여, 그대가 그런 신통을 완벽하게 행할 수 있다는 것을 잘 알고 있다. 하지만 이 꽃바구니는 그대를 위해 준비된 것이 아니다."

부처님께서 그녀의 제의를 거절하셨다.

"부처님께서 거절하신 것은 의심할 여지없이 나보다 더 놀라운 신통을 행할 수 있는 사람이 있다는 뜻이다."

그녀는 이렇게 생각하고 한쪽으로 물러났다.

부처님께서는 이렇게 생각하셨다.

'이렇게 제자들의 신통력과 높은 덕이 드러나게 하면 사방에 가득 찬 군중들은 찬사를 보낼 것이다.'

부처님께서는 이런 생각으로 다른 제자들에게 물었다.

"그대는 어떤 신통을 행할 수 있는가?"

"부처님이시여, 우리는 이러이러한 신통을 할 수 있습니다."

제자들이 이렇게 대답하자 사람들은 손뼉을 치며 찬탄을 보냈다.

그들 사이에서 쭐라 아나타삔디까[221]는 이렇게 생각했다.

---

221) 쭐라 아나타삔디까Culla Anāthapiṇḍika: 부처님의 주요 재가신자 중 한 명이며 아나함이다. 그는 부처님께서 따와띵사Tāvatiṃsa(도리천)에서 아비담마를 설하고 내려오시기를 기다리는 사왓티 대중들에게 3개월간 음식을 제공했으며 사왓티의 자기 집에서는 매일 500명의 비구에게 공양

'나와 같이 아나함과를 성취한 재가 제자가 있는데 부처님께서 어찌 수고로이 직접 신통을 행하신단 말인가!'

그는 부처님에게 말씀드렸다.

"부처님이시여, 제가 신통을 보이겠습니다."

"나의 아들 아나타삔디까여, 그대는 어떤 신통을 행하겠는가?"

"부처님이시여, 저는 12요자나 크기의 범천으로 변해서 사람들 한가운데에서 손바닥으로 팔을 때려 천둥 치는 소리를 내겠습니다. 그러면 사람들은 '이게 무슨 소리야?'라고 물을 것이고 다른 사람들이 '이 소리는 쭐라 아나타삔디까가 양팔을 쳐서 내는 소리야.'라고 대답할 것입니다. 그러면 이교도들은 '재가신도의 신통이 이럴진대 부처님의 신통은 얼마나 더 대단하겠는가?'라고 생각할 것이고 부처님께서 신통을 보이기도 전에 꽁무니를 빼고 도망칠 것입니다."

"그대의 능력을 잘 알고 있지만 이 꽃바구니는 그대를 위해 준비된 것이 아니다."

부처님께서는 가라니와 마찬가지로 그의 제안을 거절하셨다.

이때 사무애해를 갖춘 일곱 살의 찌라222) 사미니가 부처님께 삼배를 올리고 말씀드렸다.

"부처님이시여, 제가 신통을 보이겠습니다."

"나의 딸 찌라여, 너는 어떤 신통을 행할 수 있느냐?"

을 올렸다. 그는 500명의 제자를 거느린 일곱 명의 재가신도 중 한 명이다. 그는 빠세나디, 위사카, 아나타삔디까와 함께 항상 언급되는 가장 큰 불교 교단의 후원자이다. 그의 본명은 알려져 있지 않다. 쭐라 아나타삔디까라는 이 별명은 보시하는 데 있어서 아나타삔디까와 은근히 경쟁관계에 있다는 것을 드러낸다.

222) 찌라Cirā: 상윳따 니까야(S10.11)에 한 신도가 찌라 비구니에게 가사를 한 벌 보시했는데, 그녀에게 완벽한 믿음을 가지고 있는 약카가 그걸 보고 모든 속박에서 벗어난 찌라 비구니에게 보시한 그 신자를 찬탄하는 기록이 있다.

"부처님이시여, 저는 수미산과 이 땅을 둘러싸고 있는 철위산과 히말라야 산을 이리로 가져와서 한 줄로 세우고 야생 거위처럼 가뿐하게 산꼭대기 위로 날아올라 장애 없이 한 바퀴 돌고 오겠습니다. 그럼 군중들이 저를 보고 '저 작은 소녀는 누구야?'라고 물을 것입니다. 그러면 다른 사람이 '그녀는 찌라 사미니야.'라고 대답할 것입니다. 그러면 이교도들은 '겨우 일곱 살 먹은 사미니가 저런 놀라운 신통을 가지고 있는데 부처님은 얼마나 더 놀라운 신통을 가지고 있단 말인가?'라고 말하며 부처님께서 신통을 보이기도 전에 꽁무니를 빼고 도망칠 것입니다."

부처님께서는 이번에도 '그대의 신통을 잘 안다.'라고 말씀하시고서 그녀의 제안을 거절하셨다.

사무애해를 갖추고 모든 번뇌에서 벗어난 일곱 살의 쭌다223) 사미가 부처님께 삼배를 올리고 말씀드렸다.

---

223) 쭌다Cunda: 쭌다 사미는 사리뿟따Sariputta의 동생이다. 경전에서는 마하 쭌다Mahā Cunda, 쭐라 쭌다Culla Cunda, 쭌다 사마눗데사Cunda Samaṇuddesa라는 이름이 등장하는데 이 세 사람은 동일인물이다. 쭌다 사마눗데사라고 부를 때 사마눗데사는 사마네라samanera(사미)와 같은 의미이다. 그는 사미로 출가하여 쭌다 사미라고 불렸으나 비구가 되었어도 계속 쭌다 사미로 불렸다고 한다. 그는 한때 부처님의 시자로 있었다. 그리고 사리뿟따 장로가 병이 들자 그를 간호했으며 장로가 대열반에 들자 장로가 생전에 쓰던 가사와 발우와 화장하고 나온 사리를 부처님께 가지고 갔다. 상윳따 니까야(S35,87)에는 쭌다가 사리뿟따와 함께 찬나가 자살하기 전에 병문안을 가서 찬나에게 법문을 한 이야기를 언급하고 있다. 그리고 46상응(S46,16)에서는 부처님께서 병이 들었을 때 부처님께 칠각지에 대해 설명했고 이 설명을 듣고 부처님께서 병을 물리치셨다고 언급하고 있다. 부처님께서 마하깟사빠Mahā Kassapa, 마하꼿티따Mahā Koṭṭhita 등과 함께 마하쭌다를 언급한 것은 그가 대장로의 위치에 있었음을 말하고 있다. 참고로 법구경 주석서에는 세 명의 쭌다가 등장하는데, 부처님께 마지막 공양을 올렸던 대장장이의 아들 쭌다Cuna Kammāraputta, 사리뿟따의 동생 쭌다 사마눗데사Cunda Samaṇuddesa, 잔인한 돼지 백정 쭌다Cunda Sūkarika이다.

"부처님이시여, 제가 신통을 보이겠습니다."

"나의 아들 쭌다여, 너는 어떤 신통을 보이겠느냐?"

"부처님이시여, 저는 잠부디빠의 상징인 커다란 잠부나무를 어깨 위에 걸쳐 메고 앞뒤로 흔들어 열매를 떨어뜨려 사람들이 먹을 수 있도록 모두 나눠주겠습니다. 또 도리천에서 산호나무 꽃도 가져와 나눠주겠습니다."

부처님께서는 '그대의 신통을 잘 안다.'라고 말씀하시면서 그의 제안을 거절하셨다.

이때 웁빨라완나 비구니[224]가 부처님께 삼배를 올리고 말씀드렸다.

"부처님이시여, 제가 신통을 보이겠습니다.

"나의 딸 웁빨라완나여, 그대는 어떤 신통을 보이겠는가?"

"부처님이시여, 저는 사방 12요자나에 뻗어있는 군중들이 보는 앞에서 전륜성왕으로 변해 36요자나 주위에 꽉 찰 정도의 부하들을 데려와서 부처님께 삼배를 올리겠습니다."

"그대의 신통력에 대해 익히 잘 알고 있다."

부처님께서는 그녀의 제안도 거절하셨다.

이때 마하목갈라나 장로[225]가 부처님께 삼배를 올리고 말씀드렸다.

"부처님이시여, 제가 신통을 보이겠습니다."

"나의 아들 목갈라나여, 그대는 어떤 신통을 보이겠는가?"

"부처님이시여, 수미산을 겨자씨처럼 작게 만들어 저의 이빨 사이에 끼워 강낭콩처럼 잘게 부숴버리겠습니다."

"다른 신통은 없는가?"

"부처님이시여, 이 땅을 멍석처럼 말아서 제 손가락 사이에 끼우겠습니

---

224) 웁빨라완나Uppalaṇṇā: 비구니 상수제자 중 한 명이며 비구니 중에서 신통제일이다. 게송 69번 이야기 참조.
225) 마하목갈라나Mahāmoggallāna: 비구 상수제자 중 한 사람이며 신통제일이다. 게송 11, 12번 이야기 참조.

다."
"다른 신통은 없는가?"
"이 땅을 도공의 물레처럼 돌리고 군중들에게 땅의 정수精髓를 먹게 하겠습니다.
"다른 신통은 없는가?"
"이 땅을 왼손으로 들어서 이 땅에 사는 중생들을 다른 대륙으로 모두 옮기겠습니다."
"다른 신통은 없는가?"
"수미산을 우산대처럼 사용해서 이 땅을 들어 수미산 위에 올려서 마치 우산을 쓰고 가는 것처럼 이 땅을 들고 공중을 걷겠습니다."
"나는 그대의 신통을 잘 알고 있다."
부처님께서는 마하목갈라나 장로가 행할 수 있는 경이로운 신통도 허용하지 않으셨다.
'부처님께서는 나보다 더 놀라운 신통을 직접 보이시려는 모양이다.'
목갈라나 장로는 이렇게 생각하면서 옆으로 물러났다.

부처님께서는 장로에게 말씀하셨다.
"목갈라나여, 이 꽃바구니는 그대를 위해 준비된 것이 아니다. 내가 짊어진 짐을 다른 사람에게 지게 할 수 없다. 사실 내가 진 짐을 어느 누구도 대신 짊어질 수 없다는 것은 이상한 일이 아니다. 과거생에 바라밀이 무르익지 않아 축생으로 태어났을 때도 아무도 나와 동등한 능력을 가진 자는 없었다."
부처님께서 이렇게 말씀하시자 장로가 여쭈었다.
"부처님이시여, 그때가 언제며 어떤 일이었습니까?"
부처님께서는 깐하우사바 자따까를 자세히 이야기해 주셨다.

보디삿따가 베나레스에서 황소로 태어났다. 아직 어린 송아지였을 때 주인이 늙은 노파(웁빨라완나)에게 주었고 그녀는 이 송아지를 친아들처럼 키웠다. 송아지는 어느덧 자라서 힘센 황소가 됐다. 황소는 자신을 키워준 노파에게 보답하고 싶었다. 이때 한 상단의 무리가 500대의 수레에 짐을 싣고 강을 건너다가 강바닥에 빠져 움직이지 못했다. 상인들은 500마리의 황소를 한 줄로 매고 단 하나의 수레를 끌어내려고 해도 끌어낼 수 없었다. 상단의 우두머리는 주위에 어슬렁거리는 황소 중에서 힘센 황소를 발견하고 주인인 노파에게 가서 사정했다. 노파는 나는 소의 주인이 아니니 그냥 데려가서 부려먹어도 된다고 했으나 황소는 절대 따라가려고 하지 않았다. 할 수 없이 상인은 수레 하나에 두 냥을 지불하겠다고 약속했고 황소는 이 말을 듣고 따라가 혼자서 한 수레씩 끌어내어 500대의 수레를 무사히 건너게 해주었다. 상인은 천 냥을 황소의 목에 걸어주었으며 황소는 그 돈을 노파에게 가져다주었다. 그녀는 지친 황소를 목욕시키고 죽을 때까지 잘 보살펴 주었다.(Kaṇhausabha Jātaka, J29)

짐은 무겁고 땅은 진흙수렁이어서
사람들은 깐하우사바(검은 황소)에게 마구를 매었고
깐하는 즉시 짐을 끌어냈네.

부처님께서는 과거생에서도 어느 누구도 자신의 능력을 따를 수 없었다는 것을 자세히 설명하려고 난디위살라 자따까를 설하셨다.

보디삿따가 난디위살라라는 이름의 황소로 태어났다. 어린 송아지였을 때 한 바라문(아난다)이 데려가서 맛있는 음식을 먹이며 돌봐주었다. 난디가 자라서 황소가 되자 자기를 키워준 은혜에 보답하려고 100개의 마차를 끌 힘이 있으니 내기를 하라고 바라문에게 제안했다. 바라문은 친구들에게 황소를 자랑했고 결국 내기를 하게 됐다. 약속된 날, 모래와 자갈을 잔뜩 실은 100개의 마차를 한 줄로 연결하고 난디를 첫 번째 마차에 묶고 바라문은 막대기로 난디를 두드리며 소리쳤다. "자, 이 악당아, 잡아당겨라!" 황소는 이 소리를 듣고 화가 나서 움직이지 않았고 바라문은 천 냥을 잃었다. 바라문은 집으로 돌아가 돈을 잃고 침대에 누워 끙끙 앓자 황소가 가서 자기에게 악당이라고 비난하지 않았어야 한다고 말하고 다시 2천 냥을 내기로 걸라고 말했다. 바라문은 다시 모래와 자갈을 잔뜩 실은 100개의 마차를 연결하고 황소의 등을 두드리며 소리쳤다. "자, 나의 훌륭한 친구여, 당겨라!" 난디위살라가 마차를 당기자 마지막 마차가 첫 번째 마차 있는 곳까지 움직였고 바라문은 2천 냥을 벌었다.

(Nandivisāla Jātaka, J28)

항상 친절하게 말하고
어떤 상황에서도 거친 말을 해선 안 된다네.
친절하게 말하는 사람을 위해
황소는 무거운 짐을 끌어주어 부자로 만들어준다네.
이 모두가 황소가 그 사람을 좋아하기 때문이라네.

부처님께서 자따까를 설하시고서 공중에 보배 경행대를 만들어 한쪽 끝은 세계의 동쪽 가장자리에 걸치고 다른 쪽 끝은 세계의 서쪽 가장자리에 걸쳤다. 저녁 그림자가 드리워질 때쯤 그곳에 모인 군중은 36요자나 주위에 뻗쳐 있었다.

'지금이 신통을 행할 때다.'

부처님께서는 보배 경행대에 오르셨다. 부처님을 따르는 사람들이 동쪽으로 12요자나, 뒤쪽으로 12요자나, 왼쪽으로 12요자나, 오른쪽으로 12요자나 뻗어있었다. 부처님께서는 사방 12요자나 길이로 뻗어있는 군중들 가운데 서서 쌍신변의 신통을 보이셨다.

아래는 경전에서 발췌해 요약한 것이다.

쌍신변[226]의 신통을 보이신 부처님

---

226) 쌍신변(yamaka-pāṭihāriya): 이 신통은 물과 불이라는 정반대되는 성질

부처님께서 행하신 쌍신변에 대해 그대는 무엇을 알고 있는가? 부처님께서 행하시는 쌍신변은 제자들이 행하는 어떤 신통보다 훨씬 더 경이로운 것이다.

① 상반신에서 불이 나타나고 하반신에서 물이 흐른다. 반대로 하반신에서 불이 나타나고 상반신에서 물이 흐른다.
② 몸의 앞쪽에서 불이 나타나고 등 쪽에서 물이 흐른다. 반대로 등 쪽에서 불이 나타나고 앞쪽에서 물이 흐른다.
③ 오른쪽 눈에서 불이 나타나고 왼쪽 눈에서 물이 흐른다. 반대로 왼쪽 눈에서 불이 나타나고 오른쪽 눈에서 물이 흐른다.
④ 오른쪽 귀에서 불이 나타나고 왼쪽 귀에서 물이 흐른다. 반대로 왼

을 동시에 나타내는 것으로 신통 가운데 가장 어려운 것이며 오직 부처님만이 나툴 수 있다고 밀린다팡하(Mil8.2)에서 말하고 있다. 이 신통은 한 순간에 불 까시나(tejokasina)로 사선정에 들었다 나와서 선정요소를 반조해보고 상반신에서 불이 뿜어져 나오리라 결심하고 다시 사선정에 들었다 나와서 선정을 반조한다. 다음 순간에는 물 까시나(āpokasina)로 사선정에 들었다 나와서 반조를 하고 하반신에서 물이 뿜어져 나오리라 결심하고 다시 사선정에 들었다 나와 선정을 반조한다. 이렇게 두 가지 신통을 하나씩 하나씩 실행하는 데 오직 네다섯 번의 심찰라밖에 걸리지 않는다고 한다. 이렇게 해서 바라보는 사람들에게는 불과 물이 동시에 나타나는 것처럼 보이는 것이다. 이것은 실행할 수 있는 가장 빠른 마음이다. 부처님께서는 생전에 네 번 쌍신변을 나투셨다. ① 정각 후 대보리수(Mahābodhi) 아래에서 천신과 범천의 마음에 일어난 의심을 풀어주기 위해서. ② 처음 까삘라왓투Kapilavatthu를 방문하여 모인 친족들의 자만심을 꺾기 위해서. ③ 사왓티의 깐담바Kaṇḍamba 망고나무 아래에서 신통을 보기 위해 모인 군중들에게 신심을 불러일으키기 위해서. ④ 웨살리Vesāli에서 이교도 빠티까뿟따Pāthikaputta 때문에 모인 군중들 앞에서 쌍신변을 나투어 모든 중생에게 부처님에 대한 신심을 불러일으키게 했다.

쪽 귀에서 불이 나타나고 오른쪽 귀에서 물이 흐른다.

⑤ 오른쪽 코에서 불이 나타나고 왼쪽 코에서 물이 흐른다. 반대로 왼쪽 코에서 불이 나타나고 오른쪽 코에서 물이 흐른다.

⑥ 오른쪽 어깨에서 불이 나타나고 왼쪽 어깨에서 물이 흐른다. 반대로 왼쪽 어깨에서 불이 나타나고 오른쪽 어깨에서 물이 흐른다.

⑦ 오른손에서 불이 나타나고 왼손에서 물이 흐른다. 반대로 왼손에서 불이 나타나고 오른손에서 물이 흐른다.

⑧ 오른쪽 옆구리에서 불이 나타나고 왼쪽 옆구리에서 물이 흐른다. 반대로 왼쪽 옆구리에서 불이 나타나고 오른쪽 옆구리에서 물이 흐른다.

⑨ 오른쪽 다리에서 불이 나타나고 왼쪽 다리에서 물이 흐른다. 반대로 왼쪽 다리에서 불이 나타나고 오른쪽 다리에서 물이 흐른다.

⑩ 열 개의 손가락과 열 개의 발가락에서 불이 나타나고 손가락과 발가락 사이에서 물이 흐른다. 반대로 손가락 발가락 사이에서 불이 나타나고 열 개의 손가락 발가락에서 물이 흐른다.

⑪ 한쪽 모든 털에서 불이 나타나고 다른 쪽 모든 털에서 물이 흐른다. 반대로 한쪽 모든 털에서 불이 나타나고 다른 쪽 모든 털에서 물이 흐른다.

⑫ 한쪽 모든 털구멍에서 불이 나타나고 다른 쪽 모든 털구멍에서 물이 흐른다. 반대로 한쪽 모든 털구멍에서 물이 흐르고 다른 쪽 털구멍에서 불이 나타난다.

몸의 각각의 부분에서 여섯 색깔의 빛六種光明이 쏟아져 나온다. 푸른색, 노란색, 붉은색, 흰색, 분홍색, 광명의 여섯 색깔이 쌍으로 흐르거나 함께 흘러나온다.

부처님께서는 보배 경행대를 앞뒤로 경행하시면서 쌍신변을 나투셨다. 상반신에서 '불을 일으키리라.' 결심하고 불 까시나를 대상으로 사선정에 몰입했다가 나와서 선정을 반조하고, 다시 하반신에서 '물이 흐르게 하리라.'라고 결심하고 사선정에 몰입했다가 나와서 선정을 반조한다. 이 두 가지 신통을 하나씩 하나씩 실행하는 데 오직 네다섯 번의 마음 순간(심찰라)밖에 걸리지 않는다. 불이 뿜어져 나온 상반신에서 물이 뿜어져 나오고 물이 뿜어져 나온 하반신에서 불이 뿜어져 나온다. 이 원리는 몸의 다른 부분에서 일어나는 쌍신변에서도 마찬가지다. 불이 일어나는 것과 물이 흐르는 것은 결코 섞이지 않는다. 왜냐하면 한순간에 두 가지 마음이 동시에 존재할 수 없기 때문이다. 사람들의 눈에는 동시에 일어나는 것처럼 보일 뿐이다.

선정에 들어갔다 나오는 것이 이보다 빠른 사람은 없다. 부처님은 자유자재하게 선정에 들고나는 데 절정에 도달하신 분이다. 부처님 몸에서 뿜어져 나온 불과 물은 위로는 범천의 세계에 닿고 아래로는 철위산의 가장자리까지 닿는다.

여섯 색깔의 광명은 몸의 곳곳에서 뿜어져 나온다. 푸른빛은 머리털과 턱수염 등의 털에서 뿜어져 나온다. 노란빛은 피부에서 뿜어져 나온다. 붉은빛은 살과 피에서 뿜어져 나온다. 흰빛은 뼈와 이빨에서 뿜어져 나온다. 심홍색은 손바닥과 발바닥에서 뿜어져 나온다. 광명은 이마와 손발톱에서 뿜어져 나온다. 여섯 색깔의 빛은 도가니에서 흘러나오는 용해된 금처럼 철위산의 내부에서 솟아나와 범천의 꼭대기에 닿고 거기서 다시 흘러나와 철위산의 가장자리에 닿았다. 철위산 전체가 둥근 아치와 광명으로 이루어진 깨달음의 집과 같았다.

부처님께서는 경행하면서 쌍신변을 나투시고 사이사이에 군중들에게 법문하셨다. 계속 법문하면 군중들이 피곤해 할까 봐 충분히 쉴 시간을 주었고 그때마다 군중들은 박수를 치며 찬탄했다. 군중들의 환호 소리를 들으며 부처님께서는 열여섯 가지 방법으로 군중들의 마음을 읽으셨다. 부처님의 마음 순간은 아주 빨라서 각 개인의 기질과 성향에 따라서 법문하기도 하고 신통을 나투시기도 했다. 이렇게 법문을 설하고 신통을 나투시자 그 많은 군중이 법에 대한 이해를 얻었다.

부처님께서는 모인 대중 속에서 당신의 마음을 이해해서 질문할 이가 없다는 것을 아시고 신통으로 분신을 창조하셨다. 그래서 분신이 질문하면 부처님께서 대답하셨다. 부처님께서 경행을 하면 분신은 다른 일을 했다. 분신이 경행을 하면 부처님께서는 다른 일을 하셨다. (표현을 정확하게 하려고 '분신이 경행을 한다.'라는 말을 사용했을 뿐이다.) 부처님께서 이렇게 신통을 나투시는 것을 보고 또 법문을 듣고서 많은 중생이 법에 대한 이해를 얻었다.

삼십삼천에 오르신 부처님

부처님께서 신통을 나투시면서 과거를 더듬어 보셨다.
'과거의 모든 부처님이 신통을 나투고 나서 어디에서 안거를 나셨는가?'
부처님께서는 곧 이런 사실을 아셨다.
'신통을 나투고 나서 삼십삼천에서 안거를 보내면서 어머니를 위해 아비담마 삐따까論藏를 설하는 것이 역대 모든 붓다의 변함없는 관습이었다.'
부처님께서는 오른발을 들어 유간다라 산꼭대기를 밟고 왼발을 들어 수미산 꼭대기를 밟았다. 삼십삼천은 수미산 꼭대기에 있는 하늘이다. 부처님께서는 단 두 걸음에 수미산에 도착했지만, 길이로 따지면 680만 요자나에 달한다. '부처님께서 단 두 걸음에 올라가셨을 때 보폭을 그렇게 길게 늘였다.'라고 생각해선 안 된다. 사실 부처님께서 발을 들어 올릴 때 산들을 발아래로 축소시켰고, 부처님께서 지나가고 나면 산들이 다시 일어나 제 자리를 찾아갔다.

삭까 천왕은 부처님을 보고 이렇게 생각했다.
'부처님께서는 분명히 홍옥보좌에서 안거를 보내시면서 수많은 천신에게 많은 도움을 주실 거야. 하지만 부처님께서 홍옥보좌에 앉으시면 다른 천신들은 손도 대지 못한다. 이 홍옥보좌는 길이가 60요자나이고 넓이가 15요자나여서 부처님이 앉으시면 거의 대부분이 텅 빈 공간으로 남을 것이다.'

부처님께서는 삭까 천왕의 마음을 읽고 두겹가사를 보좌 위에 펼쳐 완전히 덮어버렸다. 천왕이 이것을 보고도 여전히 잘못된 생각을 하고 있었다.

'두겹가사가 보좌를 완전히 덮었다고 해도 부처님이 아주 작은 부분만 차지할 것이다.'

부처님께서는 천왕의 마음을 읽고 마치 두타행을 하는 대장로가 작은 의자에 앉은 것처럼 보좌 위에 가부좌를 하고 앉자, 보좌가 부처님의 가부좌한 다리 안으로 다 들어왔다. 그제야 삭까 천왕은 자신의 생각이 틀렸다는 것을 깨닫고 부처님께 깊은 존경심을 가지고 삼배를 올렸다.

사왓티에 모인 군중들은 부처님께서 갑자기 시야에서 사라져 버리자 마치 해와 달이 갑자기 저물어버린 것처럼 놀랐다. 그들은 부처님이 어디로 사라지셨는지 의견이 분분했다.

부처님께서 시끄러운 군중을 피해 찟따꾸따 산으로 가셨나?
아니면 껠라사(까일라사) 산이나 유간다라 산으로 가셨나?
아라한이시며, 올바로 깨달으신 분이시며, 일체지를 갖추신 부처님께서 우리의 시야에서 사라져버렸네.

군중들은 이런 노래를 부르며 슬퍼했다. 어떤 사람들은 이렇게 말했다.
"부처님께서는 홀로있음을 즐기시는데 이 많은 군중에게 신통을 보이신 것에 곤혹스러워 다른 나라로 떠나가셨을 거야. 이후로 우린 더 이상 부처님을 볼 수 없을 거야."

그들은 슬픈 노래를 불렀다.

홀로있음을 즐기시는 부처님께서는
오욕락이 가득 찬 인간세계에 다시는 돌아오지 않으실 거야.
아라한이시며, 올바로 깨달으신 분이시며,
일체지를 갖추신 부처님을
우리는 더 이상 뵐 수 없을 거야.

군중들은 마하목갈라나 장로에게 물었다.
"장로님, 부처님께서는 어디로 가셨나요?"
마하목갈라나 장로는 부처님께서 어디로 가셨는지 잘 알고 있었지만, 아누룻다 장로의 존재를 드러내 주고 싶었다.
"다른 장로들도 경이로운 능력을 갖추고 있다는 것을 알려야겠다."
그래서 장로는 군중들에게 말했다.
"아누룻다 장로에게 물어보시오."
군중들이 아누룻다 장로에게 물었다.
"장로님, 부처님께서는 어디로 가셨습니까?"
"부처님께서는 삼십삼천의 홍옥보좌에서 안거를 보내실 것입니다.[227] 부처님께서는 거기서 당신의 어머니 마하마야[228]에게 아비담마 삐따까를

---

[227] 붓다왐사에 따르면 이때가 부처님께서 깨달음을 얻으신 후 7년째 안거이다.
[228] 마야(Māyā, Mahāmāyā): 붓다의 어머니이다. 그녀의 아버지는 안자나 Añjana이고 어머니는 야소다라Yasodharā이고 동생은 마하빠자빠띠 Mahāpajāpati이다. 두 자매는 숫도다나 왕과 결혼했다. 그녀는 40~50세 사이에 붓다를 낳았다. 마야 부인은 붓다의 어머니가 될 모든 조건을 구비했다. 애욕이 거의 없고, 술을 마시지 않았으며, 10만 겁 동안 바라밀을 닦았고, 태어나서 오계五戒를 범한 적이 없었다. 그녀는 보디삿따를 임신하던 날 밤 이런 꿈을 꾸었다. 사대천왕이 그녀를 침대에 누워있는 채로 들고 히말라야로 가서 살라sāla나무 아래에 놓았다. 사대천왕의 아내들이 와서 그녀를 아노땃따Anotatta 호수에서 목욕을 시키고 천상의 옷으로 갈아 입혔다. 그리고 황금궁전으로 데려가서 침대에 뉘었다. 이때 보디삿

설하실 것입니다."

"장로님, 부처님께서는 언제 돌아오실까요?"

"부처님께서는 3개월간 아비담마를 설하시고 해제날 돌아오실 것입니다."

군중들은 이 말을 듣고 외쳤다.

"우리는 부처님을 다시 뵈올 때까지 여기서 떠나지 않을 것입니다."

군중들은 거기서 나뭇잎과 관목을 주어다가 지붕만 가리는 오두막을 짓고 야영 준비를 했다. 군중들이 아주 많았지만, 사람들의 몸에서 나온 배설물이 땅 위에 전혀 보이지 않았다. 땅이 열리며 모든 찌꺼기를 다 받아들였기 때문에 땅의 표면은 어디에서나 깨끗하고 위생적이었다.

부처님께서는 천상에 오르기 전에 마하목갈라나 장로에게 이렇게 말했었다.

"목갈라나여, 그대가 군중들에게 법을 설하여라. 쭐라 아나타삔디까가 음식을 제공할 것이다."

쭐라 아나타삔디까는 3개월 동안 물과 우유죽, 음식을 제공하고 꽃과 향, 가사를 보시했다. 마하목갈라나 장로는 법을 설하고 질문에 친절하게 대답해 주었다. 부처님께서는 삼십삼천의 홍옥보좌에 앉아 안거를 보내며 어머

따가 흰 코끼리 모양을 하고 코로 연꽃을 들고서 그녀의 옆구리로 들어갔다. 마야 부인은 그 순간 보디삿따를 잉태했으며, 사대천왕은 그때부터 그녀를 호위했다. 그날부터 그녀는 성욕이 없었고, 자궁 속에 들어있는 아이를 눈으로 볼 수 있었다. 그녀는 당시 풍습에 따라 아이를 낳기 위해 친정으로 가다가 룸비니Lumbinī 동산에서 아소까asoka나무 가지를 붙잡고 서 있는 순간 붓다를 낳았다. 마야 부인은 보디삿따를 낳고 나서 7일 후에 죽어 뚜시따Tusita 천의 마야데와뿟따Māyādevaputta라는 이름의 천신으로 태어났다. 그녀가 일찍 죽은 것은 붓다가 태어난 자궁에 또 다른 아이를 임신할 수 없다는 우주의 정해진 법칙 때문이다. 그녀는 91대겁 전 위빳시 부처님 시대에 붓다의 어머니가 되겠다는 서원을 세웠다고 한다.

니와 1만 세계의 천신들에게 아비담마를 설하셨다. 1만 세계의 천신들이 모여들어 부처님을 받들어 모셨다.

그래서 이런 노래가 전해져온다.

존귀하신 부처님께서 삼십삼천의 산호나무 아래 홍옥보좌에 머무실 때
일만 세계의 천신들이 모여들어 올바로 깨달으신 님을 받들었네.
올바로 깨달으신 님보다 더 빛나는 천신은 없었네.
올바로 깨달으신 님에게서 나오는 빛은 모든 천신을 압도했네.

부처님의 광명이 모든 천신의 광명을 압도하며 앉아 계실 때 부처님의 어머니는 뚜시따 천의 궁전에서 내려와 부처님의 오른쪽에 앉았다. 인다까 천신도 부처님께 다가와 부처님의 오른쪽에 앉았고 안꾸라 천신은 부처님의 왼쪽에 앉았다. 그때 훨씬 더 위력 있는 천신들이 모여들자 안꾸라는 그들에게 자리를 내주면서 점점 뒤로 밀리더니 12요자나 뒤까지 물러나 앉았다. 반면에 인다까 천신은 자기 자리에 그대로 앉아 있었다.

부처님께서는 그 천신을 보시고 공양 올릴 가치가 있는 사람에게 올린 복덕과 그렇지 못한 사람에게 올린 복덕 사이에 얼마나 큰 차이가 있는가를 알게 함으로써 천신들을 교화하려고 안꾸라 천신에게 물으셨다.

"1만 년 동안이나 그대는 12요자나 길이에 음식 항아리를 늘어놓고 많은 음식을 보시했음에도 불구하고 나의 모임에서 12요자나 뒤로 밀려 앉아 있구나. 도대체 왜 그런지 아는가?"

부처님께서 안꾸라와 인다까를 바라보고
가치 있는 보시가 어떤 것인지 알리려고 이렇게 말씀하셨네.

안꾸라여, 아주 오랫동안 그렇게 많은 공양을 올리고도
왜 그렇게 멀리 떨어져 앉아 있는가?
이리 가까이 오라.

부처님의 게송이 땅에까지 닿자 모든 군중이 이 말씀을 들었다. 부처님께서 질문하시자 안꾸라가 대답했다.

"부처님이시여, 부처님의 가르침이 사라진 어두운 시기에는 공양을 올릴 만한 덕 있는 사람이 한 명도 없었습니다. 그렇게 긴 세월 동안 공양을 올리고 보시를 베풀었지만, 그게 무슨 도움이 되겠습니까? 부처님 앞에 앉아 있는 인다까 천신은 아누룻다 장로에게 한 주걱의 음식밖에 올리지 않았는데 마치 달빛이 뭇 별빛을 압도하듯이 나를 압도합니다."

안꾸라가 이렇게 대답하자 부처님께서 인다까에게 물었다.

"인다까여, 그대는 내 바로 앞에 앉아 있는데 왜 멀리 떨어져 있지 않고 여기 앉아 있는가?"

"부처님이시여, 기름진 밭에 씨를 적게 뿌려도 많이 수확하듯이 저는 공양을 올릴 가치가 있는 분의 축복을 받았습니다."

공양을 올릴 가치가 있는 사람과 없는 사람을 구분하려고 인다까는 이렇게 노래했다.

황무지에 많은 씨를 뿌려도 수확이 많지 않아
농부의 마음이 즐겁지 않듯이
계행이 없는 사람에게 많은 공양을 올려도 복덕이 많지 않아
시주자의 마음이 즐겁지 않네.

기름진 땅에 씨를 적게 뿌리고 적절히 비가 내리면
많은 수확을 얻어 농부의 마음이 즐겁듯이
계를 지키고 열반을 얻은 성인에게 공양을 올리면
그 선행은 아무리 작은 것이라도 많은 복덕을 가져오네.

인다까가 과거에 어떤 공덕을 지었는가?
아누룻다 장로가 탁발하려고 마을에 들어섰을 때 그는 자신의 음식에서

한 주걱을 퍼서 장로에게 올렸다. 이것이 인다까가 과거생에 지은 공덕이다. 안꾸라는 1만 년 동안 음식 항아리를 12요자나 길이에 늘어놓고 많은 공양을 올렸지만, 인다까가 지은 공덕보다 못했다.

인다까가 이렇게 대답하자 부처님께서 안꾸라에게 말씀하셨다.

"안꾸라여, 보시할 때는 가려서 해야 한다. 기름진 밭에 씨앗을 뿌리면 풍성하게 수확하듯이 그러한 환경에 보시해야 한다. 그러나 그대는 나쁜 토양에 씨를 뿌려서 그대의 보시가 더 큰 복덕을 얻지 못한 것이다."

부처님께서는 확실하게 이해시키려고 시를 읊으셨다.

보시는 가려서 해야 하네.
그렇게 하면 많은 복덕을 가져오네.
가려서 보시한 사람은 천상에 태어나네.

여래는 가려서 한 보시를 칭찬하네.
공양 올릴 가치가 있는 사람에게 보시하면
기름진 밭에 뿌린 씨앗처럼 많은 복덕을 가져오네.

부처님께서는 이렇게 말씀하시고 게송을 읊으셨다.

**잡초가 밭을 망치듯
탐욕이 사람을 망친다.
탐욕이 없는 사람에게 보시하면
큰 이로움을 얻으리라.**(356)

**잡초가 밭을 망치듯
성냄이 사람을 망친다.
성냄이 없는 사람에게 보시하면
큰 이로움을 얻으리라.**(357)

잡초가 밭을 망치듯
어리석음이 사람을 망친다.
어리석음이 없는 사람에게 보시하면
큰 이로움을 얻으리라.(358)

잡초가 밭을 망치듯
갈애가 사람을 망친다.
갈애가 없는 사람에게 보시하면
큰 이로움을 얻으리라.(359)

부처님께서는 천신들이 모인 가운데 어머니를 위해 아비담마 삐따까229)

---

229) 아비담마 삐따까(論藏, Abhidhamma Piṭaka) : 경·율·논 삼장 중 하나로 일곱 권으로 이루어져 있다. 이를 아비담마 칠론七論이라고 부른다. 아비담마 칠론은 부처님이 설했다는 설과 후대에 결집됐다는 설이 있지만 남방에서는 까따왓투를 제외하고 부처님께서 삼십삼천에서 설하셨다고 믿고 있다. 아비담마 칠론을 간략하게 정리하면 다음과 같다.
① 담마상가니Dhammasaṅgaṇī(法集論) : 마음을 89가지로 나누어 분석한 마음의 장과, 물질을 분석한 물질의 장과, 뿌리, 오온, 감각의 문, 감각 영역, 결과, 법, 정신, 문법적인 성 등을 설명한 법의 장으로 구성돼 있다.
② 위방가Vibhaṅga(分別論) : 부처님의 중요한 가르침인 오온五蘊, 십이처十二處, 십팔계十八界, 오근五根, 십이연기十二緣起, 사념처四念處, 사정근四正勤, 사여의족四如意足, 선정禪定, 사무량심四無量心, 계법戒法, 무애해도無碍解道, 지혜, 작은 주제들, 심장토대 등을 열 여덟 가지 장으로 나누어 설명하고 있다.
③ 다뚜까타Dhātukathā(界論) : 요소(dhatu)들에 관한 가르침(kathā)으로 여러 가지 법이 무더기(蘊, khandha), 장소(處, āyatana), 요소(界, dhātu)의 세 가지 범주에 포함되는지 되지 않는지 관련이 있는지 없는지를 교리문답 형식을 빌려 설명하고 있다. 이것은 자아가 있다는 잘못된 교리를 깨뜨리기 위한 것이다.
④ 뿍갈라빤냣띠Pugalapaññatti(人施設論) : 빤냣띠(개념, 관습적인 호칭)를 정리한 책으로 오온이라는 개념, 장소(處)라는 개념, 요소(界)라는 개념, 진리(聖諦)라는 개념, 22기능(根)의 개념, 사람(뿍갈라)이라는 개념의 6

를 설하기 시작하셨다.

"법에는 유익한 법과 해로운 법과 판단할 수 없는 법이 있다……"230)
이렇게 부처님께서는 중단 없이 아비담마 삐따까를 설하셨다. 탁발할 시간이 되면 분신을 창조해 탁발에서 돌아올 때까지 아비담마를 설하게 하고 당신은 히말라야로 가셨다. 부처님께서는 히말라야의 아노땃따 호수에서 구장나무 치목으로 이를 닦고 입을 헹구고 목욕하셨다. 그리고 북구로주로 가서 탁발하고 돌아와 쾌적하고 황홀한 아노땃따 호숫가에서 공양을 드셨다. 공양을 마치고서 전단향 숲으로 들어가 한낮의 휴식을 취하셨다.

법의 사령관인 사리뿟따 장로는 전단향 숲으로 가서 부처님을 모셨다. 부처님께서는 공양을 마치시고 나서 장로에게 말씀하셨다.
"사리뿟따여, 오늘 여기까지 아비담마를 설했다. 돌아가서 그대의 500명의 제자에게 아비담마를 자세히 설명해 주어라."
부처님께서는 아비담마의 요점만을 간략하게 설하셨다. 사무애해를 갖

    종류로 분석해 설명하고 있다.
⑤ 까타왓투Kathāvatthu(論事): 아소까 대왕 때 승가에 들어온 이교도들을 몰아내고 행한 3차결집에서 목갈리뿟따 띳사Moggaliputta Tissa 장로가 다른 부파의 500가지 삿된 견해를 논파하고 상좌부의 500가지 바른 견해를 천명한 책이다.
⑥ 야마까Yamaka(雙論): 뿌리, 오온, 장소(處), 요소(界), 진리(諦), 행行, 잠재성향, 마음, 법, 기능(根)의 10가지에 대해 능숙하고 정확하게 이해하도록 결집된 논서이며 문제 제기를 쌍(yamaka)으로 했기 때문에 이런 이름이 붙었다.
⑦ 빳타나Paṭṭhāna(發趣論): 담마상가니에서 열거하고 있는 마음과 물질에 관한 법들의 상호의존(빳타나) 관계를 24가지 조건(24연기, 24조건)으로 자세하게 분석, 설명하고 있는 논서이다.
230) 담마상가니의 첫 번째 문장이다. 나를 구성하고 있는 정신과 물질 현상을 유익한 법(kusala-dhamma), 해로운 법(akusala-dhamma), 판단할 수 없는 법(abyākata-dhamma)으로 크게 나누어 이런 현상들이 어떤 조건 아래 어떻게 전개돼 가는지 철저하게 분석해 열반을 향해 나아가게 한다.

추고 있는 사리뿟따 장로는 부처님께서 개요만을 말씀하신 아비담마를 백천 가지로 꿰뚫어 이해하는 능력을 갖추고 있었다.

500명의 좋은 가문의 젊은이가 부처님께서 쌍신변을 나투시는 것을 보고 신심을 내어 장로 아래로 출가해 비구가 됐다. 부처님께서 말씀하신 500명의 제자는 바로 이 비구들이다.

부처님께서는 이렇게 말씀하시고 삼십삼천으로 올라가 당신의 분신이 설하고 있는 부분을 이어받아 아비담마를 다시 설하기 시작하셨다. 사리뿟따 장로는 상깟사로 돌아가 500명의 제자에게 아비담마를 자세히 풀어 설했다. 부처님께서 천상에 머무시는 동안 500명의 비구는 아비담마 칠론을 완전히 통달했다.

깟사빠 부처님이 세상에 출현하셨을 때 500명의 비구는 박쥐였다. 어느 날 박쥐들이 동굴 천장에 매달려 있을 때 두 비구가 경행하면서 아비담마를 암송하는 것을 듣고 비구들의 낭랑한 목소리에 반했다. 박쥐들은 '무더기(蘊), 요소(界)' 등의 표현이 무슨 의미인지 전혀 몰랐지만, 비구들의 낭랑하고 조화로운 목소리가 생을 마감하는 순간의 마음에 좋은 표상으로 작용해 천상에 태어났다. 그들은 천상에서 두 부처님이 지나갈 때까지 천상의 복락을 누리다가 사왓티의 좋은 가문에 태어났다. 그들은 부처님의 쌍신변을 보고 신심이 생겨 사리뿟따 장로 아래로 출가해 최초로 아비담마 칠론을 통달한 것이다.

부처님께서는 이렇게 3개월간 논장을 설하셨다. 아비담마 법문이 끝나자 8천억 명의 천신이 모두 법에 대한 이해를 얻었으며 부처님의 어머니 마하마야는 수다원과를 성취했다.

천신들을 거느리고 지상으로 내려오신 부처님

36요자나에 뻗어 있는 군중들은 해제날이 일주일 앞으로 다가오자 마하목갈라나 장로에게 다가가 물었다.

"장로님, 부처님께서 언제 내려오십니까? 우리는 부처님을 뵙고 삼배를 올리기 전에는 떠나지 않을 것입니다."

"알겠습니다."

목갈라나 장로는 수미산 아래 나타나 이렇게 결심했다.

'군중들이 모두 내가 수미산에 오르는 것을 볼 수 있기를!'

그가 수미산의 경사면을 오르자 마치 금실에 꿰인 루비처럼 장로의 모습이 선명하게 보였다. 군중들은 장로를 보고 환호하며 외쳐댔다.

"장로님이 1요자나 올라갔다! 장로님이 2요자나 올라갔다!"

장로가 수미산 꼭대기에 올라 부처님께 다가가 부처님의 발을 자신의 머리 위로 들어올리고서 말씀드렸다.

"부처님이시여, 군중들이 부처님께서 언제 어디로 내려오실지 알고 싶어합니다."

"목갈라나여, 그대의 사형 사리뿟따는 어디에 있는가?"

"부처님이시여, 그는 상깟사 성문에 머무르고 있습니다."

"목갈라나여, 앞으로 일주일 후 해제날에 상깟사 성문으로 내려갈 것이다. 나를 보고 싶은 사람은 그곳으로 가야 한다."

많은 군중이 사왓티에서 상깟사까지 36요자나의 거리를 여행할 때 음식을 제공할 사람이 없다는 것을 아신 부처님께서 말씀하셨다.

"우뽀사타 재일에 이웃 사원에 법문 들으러 갈 때처럼 그렇게 음식을 먹지 않아도 된다고 군중들에게 알려라."

"부처님이시여, 잘 알겠습니다."

장로는 군중들에게 되돌아와 부처님이 하신 말씀을 전했다.

안거가 지나고 해제날이 되자 부처님께서 삭까 천왕에게 말씀하셨다.

"대왕이여, 이제 인간 세계로 되돌아가고자 합니다."

삭까 천왕은 금, 보석, 은으로 세 개의 계단을 만들었다. 제일 아랫계단은 상깟사 성문에 놓이고 제일 윗계단은 수미산 정상에 놓였다. 오른쪽은 욕계 천신들이 사용할 금계단이고 왼쪽은 범천들이 사용할 은계단이고 가운데는 부처님이 사용할 보석계단이었다. 부처님께서 천상에서 내려가기 전에 수미산 정상에 서서 쌍신변을 나투시고 위를 쳐다보자 위로 범천까지 하나가 됐고, 아래를 내려다보자 무간지옥까지 하나가 됐으며, 주위 사방팔방을 둘러보자 수천의 세계가 하나가 됐다. 천신과 범천은 인간을 볼 수 있었고, 인간은 범천과 천신을 볼 수 있었다.231) 주위 36요자나에 뻗어 있는 군중들은 부처님의 위대함을 보고 자신도 붓다가 되겠다고 모두 서원을 세웠다.

천신들은 금계단으로 내려가고 범천은 권속들을 거느리고 은계단으로 내려가고 부처님은 보배계단으로 내려가셨다. 천상의 음악가 빤짜시카는 부처님의 오른쪽에서 내려오면서 대나무로 만든 노란 류트로 감미로운 천상의 음악을 연주했고, 마부 마딸리는 부처님의 왼쪽에서 내려오면서 부처님에게 천상의 향과 화환, 꽃을 뿌렸다. 범천은 깊은 존경의 표시로 부처님 머리 위에 하얀 일산을 드리우고, 야마천의 왕인 수야마는 야크 꼬리털로 만든 부채로 부처님을 부쳐드리고, 뚜시따 천의 왕인 산뚜시따는 루비가 박힌 부채로 부쳐드리며 부처님을 따라 내려왔다. 부처님께서 상깟사 성문 근처의 땅에 오른발을 내딛자 사리뿟따 장로가 다가와 삼배를 올렸다. 장로는 부처님의 이런 장엄하고 거룩한 모습을 예전에 본 적이 없었기 때문에 이렇게 시를 읊었다.

나는 예전에 본 적도 들은 적도 없네.
부처님께서 감미롭게 말씀하시며
천신들을 거느리고 천상에서 내려오시는 것을.

---

231) 청정도론 제12 신통변화(Vis12.72-79)의 장에서 천상에서 지옥까지 하나로 보이게 한 것을 '나타내는 신변'이라고 언급하고 있다.

사리뿟따 장로는 시로 기쁨을 노래하고 부처님께 말씀드렸다.

"부처님이시여, 모든 범천과 천신과 재가자가 부처님을 예찬하며 자신들도 붓다가 되기를 서원하고 있습니다."

"사리뿟따여, 여래가 가지고 있는 복덕과 지혜는 이러한 것이다. 그래서 범천과 천신과 인간들이 여래를 닮고 싶은 것이다."

부처님께서는 이렇게 말씀하시고 게송을 읊으셨다.

> 삼매와 통찰지를 닦은 현자는
> 해탈의 기쁨 속에 즐거워한다.232)
> 주의깊게 알아차리며 바르게 깨달은 이를
> 천신들도 지극히 존경한다.(181)

쌍신변을 나투시고 삼십삼천에서 안거를 보내면서 아비담마를 설한 후에 상깟사 성문으로 내려오시는 것은 역대 모든 부처님의 변치 않는 관습이다. 땅에 첫 번째 오른쪽 발을 내디디는 그 자리도 '영원히 변치 않는 자리'233)이다.

부처님께서는 군중들 가운데서 이렇게 생각하셨다.

---

232) 삼매를 닦으면 삼매의 행복 속에 즐거워하고 통찰지(위빳사나)를 닦으면 모든 번뇌가 소멸한 열반의 평화 속에 즐거워한다.

233) 영원히 변치 않는 자리(Avijahitaṭhāna): 붓다왐사에 의하면 모든 부처님이 변함없이 똑같은 목적으로 이용하는 성스러운 자리로 네 군데가 있다. ① 보리수 아래의 금강보좌: 모든 부처님이 이곳에서 마라를 정복하고 위없는 깨달음을 얻어 붓다가 된다. ② 이시빠따나의 초전법륜지: 모든 부처님이 이곳에서 최초로 법을 설하신다. ③ 상깟사의 성문: 모든 부처님이 천상에서 아비담마를 설하고 내려올 때 첫 번째 오른발을 내딛는 자리다. ④ 제따와나의 부처님의 침대 자리: 모든 부처님이 사용하는 제따와나 간다꾸띠의 침대는 변함없이 이 자리에 놓인다.

'여기 모인 군중들은 목갈라나 장로가 신통이 제일이고, 아누룻다 장로는 천안이 제일이고, 뿐나 장로는 설법 제일이라는 것을 잘 알지만, 사리뿟따 장로에 대해서는 잘 모른다. 사리뿟따 장로가 가장 지혜가 뛰어나다는 것을 군중들에게 알려야겠다.'

부처님께서는 아직 수다원과를 얻지 못한 범부가 이해할 수 있는 범위 내에서 질문을 던졌다. 범부들은 질문에 쉽게 대답했지만, 수다원의 이해의 범위에 있는 질문에는 대답하지 못했다. 이와 같이 수다원은 사다함의 이해의 범위에 있는 질문에는 대답하지 못했다. 이와 같이 사다함은 아나함을, 아나함은 아라한을, 아라한은 대장로를, 대장로들은 마하목갈라나 장로의 이해의 범위에 있는 질문에 대답하지 못했다. 마하목갈라나 장로는 사리뿟따 장로의 이해의 범위에 있는 질문에 대답하지 못했다.

부처님께서 동쪽을 바라보고 차례로 서쪽, 남쪽, 북쪽을 바라보셨다. 그곳은 거대한 모임이었다. 사방팔방에 천신과 인간들이 서 있었고, 위로는 범천들과 아래로는 용과 수빤나[234]들이 공손하고 애원하는 태도로 서 있었다. 그들이 부처님께 말씀드렸다.

"부처님이시여, 여기에는 이 질문에 대답할 사람이 없습니다. 더 이상 고려할 필요도 없습니다."

부처님께서 말씀하셨다.

"사리뿟따는 붓다의 지혜에 해당하는 이 질문을 듣고 당혹스러운 모양이구나."

이 세상에 유학有學과 무학無學[235]이 있는데

---

[234] 수빤나Supaṇṇa: 가루다Garuḍa의 다른 이름이다. 사천왕천에 속하는 중생들로 동양에서 말하는 상상 속의 봉황을 생각하면 거의 비슷하다. 이들은 천신들의 힘과 능력을 갖출지라도 축생의 존재이다. 가루다들은 심발리Simbali 숲에서만 사는데 이 나무도 물론 천상에 존재하는 나무이다. 이 새는 용을 잡아먹기 때문에 용과 천적관계이다.

그들이 어떻게 닦아나가는지 물어볼 테니
지혜로운 그대여, 나에게 대답해 보라.

사리뿟따 장로는 질문의 내용에 대해 생각해 보았다.
'부처님께서는 유학과 무학의 수행에 대해 묻고 계신다.'
사리뿟따는 부처님의 질문 자체에는 의심이 없었지만, 오온五蘊 등의 법 가운데 어떤 것을 맨 처음 설명하는가를 알 수 없었다. 사리뿟따 장로가 이것을 의심하고 있을 때 부처님께서는 단서를 주지 않으면 그가 대답하지 못하리라는 것을 알고 단서를 주셨다.
"사리뿟따여, 오온을 보아라."
이때 부처님께서는 장로가 질문의 의도를 정확히 파악했다는 것을 아셨다. 장로는 부처님께서 단서를 주시자 곧바로 백천 가지로 질문을 정확히 이해해 부처님께서 주신 단서에 따라 질문에 곧장 대답했다.

부처님을 제외하고 사리뿟따에게 한 질문에 대답할 수 있는 사람은 없었다. 그래서 장로는 부처님 앞에 서서 승리의 목소리로 외쳤다.
"부처님이시여, 저는 일생 동안 바다에 떨어지는 빗방울의 숫자, 땅에 떨어지는 빗방울의 숫자, 산에 떨어지는 빗방울의 숫자까지도 정확히 셀 수 있습니다."
"사리뿟따여, 나는 그대의 능력을 잘 알고 있다."
사실 사리뿟따 장로의 지혜와 비교할 만한 것은 없다. 그래서 장로가 이렇게 말했다.

갠지스 강의 모래가 다하고

---

235) 유학有學과 무학無學: 유학(sekha)은 아직 배우거나 성취해야 할 것이 남아있는 수다원에서 아나함까지를 말하고, 무학(asekha)은 궁극의 경지에 도달하여 더 이상 깨달아야 할 것이 남아있지 않는 아라한을 말한다. 수다원 이하는 범부(puthujjana)이다.

오대양의 바닷물이 다하고
땅 위의 모든 티끌이 다한다 해도
나의 지혜는 다하지 않습니다.

이 게송은 '한 질문에 갠지스 강의 물방울, 모래, 티끌의 수만큼 대답하더라도 질문에 대한 대답은 끝이 없습니다.'라는 의미다.

이렇게 뛰어난 능력을 지닌 한 비구가 처음에는 붓다의 지혜의 범위에 있는 질문의 시작도 끝도 이해하지 못했지만, 부처님께서 주신 단서로 그 질문에 대답했다. 비구들이 이 대답을 듣고 서로 이야기를 나누었다.

"법의 사령관 사리뿟따 장로는 이 세상에서 아무도 대답할 수 없는 질문에 모두 대답했습니다."

부처님께서 그들의 이야기를 듣고 말씀하셨다.

"사리뿟따 장로가 온 세계가 대답할 수 없는 질문에 대답한 것은 이번이 처음이 아니다. 그는 과거생에서도 그랬다."

부처님께서는 이렇게 말씀하시고 빠로사핫사 자따까를 설하셨다.

보디삿따는 히말라야에서 500명의 수행자를 거느린 스승이었다. 그가 임종할 때 마침 수제자(사리뿟따)가 스승을 간호하기 위해 약초를 구하러 가고 자리에 없었다. 수제자를 제외한 나머지 제자들은 스승이 죽음의 문턱에 이르자 그가 얻은 최고의 선정이 무엇인지 물었다. 보디삿따는 제자들의 질문에 '아무것도 없음(natthi kiñci)'이라고 대답하고 숨을 마쳤다. 제자들은 스승의 말을 이해하지 못했다. 그래서 스승이 아무 선정도 얻지 못한 별 볼일 없는 사람이었다고 생각하고는 화장도 하지 않고 장례식도 치러주지 않았다. 수제자가 돌아와 그들의 말을 듣고 '아무것도 없음'이라는 말은 무색계 세 번째 선정인 무소유처(Ākiñcaññāyatana Jhāna)를 말한다고 설명했으나 그들은 그 의미를 이해하지 못하고 수제자의 말을 믿지 않았다. 범천의 천신으로 태어난 보디삿따는 어리석은 그들을 보고 공중에 나타나 수제자의 말이 사실이라고 말하며 '천 명의 어리석은 이들보다 가르침을 이해하는 한 명이 훨씬 낫다.'라고 수제자의 지혜를 칭찬했다.(Parosahassa Jātaka, J99)

천 명이 함께 모여 백 년을 떠들어댄다 해도
스승의 말씀을 이해하는 단 한 사람의 지혜가 훨씬 낫다.

세 번째 이야기
에라까빳따 용왕

부처님께서 베나레스 근처의 시리사까(아카시아 일종)나무 아래에 계실 때 에라까빳따 용왕과 관련해서 게송 182번을 설하셨다.

깟사빠 부처님 재세 시에 젊은 비구가 있었다. 어느 날 그는 갠지스 강에서 배를 타고 에라까 나무숲을 지나고 있었다. 이때 그는 우연히 드리워진 나뭇가지에 달린 나뭇잎을 붙잡았다. 배는 빠르게 지나가고 있었고 그는 잡고 있는 잎을 놓지 않았기 때문에 나뭇잎이 뜯어져버렸다.
'이건 사소한 거야!'
그는 별일 아닌 것으로 생각해 자신의 허물을 참회하지 않았다. 젊은 비구는 2만 년 동안 숲속에서 수행했지만, 아무런 도과도 얻지 못했다. 죽음의 순간이 다가오자 그는 에라까 나뭇잎이 목을 졸라매는 것 같은 느낌이 들어 허물을 참회하려고 비구를 찾았다. 하지만 아무도 보이지 않자 후회가 밀려와 소리쳤다.
'나의 계행이 무너졌구나!'[236]
이런 생각으로 죽었기 때문에 그는 용왕으로 태어났다. 태어난 순간 그는 자신의 몸을 보고 눈물을 흘리며 한탄했다.
'그렇게 오랫동안 수행했는데 원인 없는 마음[237]으로 개구리들이나 노

---

[236] 율장 빠찟띠야(Pācittiya, 謝罪法)의 11번째 계율: 초목을 해치면 사죄해야 합니다.
[237] 원인 없는 마음(ahetuka citta): 아비담마에 나오는 전문용어다. 원인이란 탐욕, 성냄, 어리석음, 탐욕 없음, 성냄 없음, 어리석음 없음(지혜)의 여섯 가지를 말한다. 마음 중에서 원인 없이 일어나는 마음은 안식, 이식, 비식, 설식, 신식, 받아들이는 마음, 조사하는 마음, 오문전향, 의문전향, 아라한의 미소 짓는 마음 등이 있다. 지옥, 아귀, 축생, 아수라 세계에 태어나는 중생들은 생이 시작되는 최초의 마음(재생연결식)이 일어날 때 해로운 과보인 원인 없는(akusala vipāka ahetuka citta) 마음 중에서

는 곳에 태어났구나.'

얼마 후 딸이 태어나자 그는 갠지스 강 한가운데서 딸을 몸 위에 올려놓고 노래하고 춤추게 했다. 이때 그에게 이런 생각이 일어났다.

'부처님이 이 세상에 출현하셨는지 알아보기 위해 내 딸에게 춤추며 문제를 노래하게 하고 대답하는 자에게 딸과 용왕의 힘과 재산을 주겠다고 공고해야겠다.'

그래서 보름마다 우뽀사타 재일에 딸을 자신의 몸 위에 올려놓고 춤추며 이렇게 노래하게 했다.

어떤 것을 다스린 자를 진정한 왕이라 하는가?
어떤 왕이 번뇌의 지배를 받는가?
어떻게 번뇌에서 벗어나는가?
어떤 사람을 어리석은 자라고 부르는가?

잠부디빠의 모든 남자가 용왕의 딸을 얻겠다는 생각으로 자신의 능력을 최대한 발휘해서 대답을 준비했고, 이를 노래로 불렀다. 하지만 용왕의 딸은 그들의 대답이 모두 틀렸다며 거절했다. 그녀는 보름마다 아버지의 몸 위에서 춤추고 노래하며 두 부처님 사이의 기간佛間劫을 보냈다.

부처님께서 새벽에 세상을 살펴보시다가 에라까빳따 용왕과 웃따라 바라문 청년이 지혜의 그물에 들어오는 것이 보였다. 부처님께서는 앞으로 무슨 일이 일어날지 생각해 보시고 예측하셨다.

'오늘은 에라까빳따 용왕이 자신의 몸 위에 딸을 올려놓고 춤추게 하는 날이다. 이 웃따라 바라문 청년은 내가 가르쳐 준 노래를 배우고 수다원과를 성취할 것이다. 그는 노래를 기억하고 용왕에게 갈 것이고, 용왕이 이

평온과 함께한 조사하는 마음(upekkhāsahagataṁ santīraṇa citta)으로 태어난다.(자세한 것은 아비담마 길라잡이 참조)

노래를 듣고 붓다가 이 세상에 출현했다는 것을 알고 내게 올 것이다. 그러면 나는 많은 군중 앞에서 게송을 읊을 것이고 많은 사람이 법에 대한 이해를 얻을 것이다.'

베나레스에서 멀지 않은 곳에 일곱 그루의 시리사까나무가 서 있었다. 부처님께서는 그리로 가서 나무 아래에 앉아 계셨다. 잠부디빠 사람들이 노래에 대답하려고 몰려들었다. 부처님께서는 멀지 않은 곳에 웃따라 바라문 청년이 지나가는 것을 보고 불렀다.

"웃따라여!"

"부처님이시여, 무슨 일입니까?"

"이리로 오너라."

웃따라가 되돌아와 부처님께 삼배를 올리고 자리에 앉자 부처님께서 말씀하셨다.

"어디로 가는가?"

"에라까빳따 용왕의 딸이 노래 부르는 곳으로 갑니다."

"그러면 그 노래에 대한 대답을 아는가?"

"대답을 미리 준비했습니다."

"그럼 한번 말해 보아라."

웃따라가 부처님에게 준비한 대답을 말씀드리자 부처님께서 말씀하셨다.

"그건 틀렸다. 내가 정확한 대답을 알려주겠으니 외워서 가거라."

"부처님이시여, 그렇게 하겠습니다."

"웃따라여, 그녀가 노래를 부를 때 이렇게 대답해야 한다."

여섯 감각의 문을 잘 다스린 자가 진정한 왕이다.
번뇌를 즐기는 자가 번뇌의 지배를 받는 왕이다.
번뇌를 즐기지 않으면 번뇌에서 벗어난다.
번뇌를 즐기는 자를 어리석은 자라고 부른다.

부처님께서 대답을 알려주고 나서 말씀하셨다.
"웃따라여, 그대가 이 노래를 부르면 그녀가 또 다른 노래를 부를 것이다."

무엇에 의해서 어리석은 자가 되는가?
현명한 자는 어떻게 번뇌를 떨쳐버리고 열반을 얻는가?
이 질문에 대답하시오.

"그러면 그대는 이렇게 대답해야 한다."

번뇌의 홍수에 의해서 어리석은 자가 된다.
집착을 떨쳐버리면 열반을 얻는다.

웃따라는 이 대답을 기억하고 마음에 새기자 곧 수다원과를 성취했다. 그는 수다원이 되어 게송을 지니고 군중이 모여 있는 곳으로 갔다. 그는 길을 비켜달라고 외쳤다.
"대답을 가지고 왔으니 길을 비켜주시오."
군중이 하도 빽빽하게 모여 있어서 그는 가까스로 무리를 헤치고 제일 앞으로 나섰다.

용왕의 딸이 아버지의 몸 위에 서서 춤추며 노래를 불렀다.
"어떤 것을 다스린 자를 진정한 왕이라 하는가?"
웃따라가 노래로 대답했다.
"여섯 감각을 다스린 자를 진정한 왕이라 한다."
"무엇에 의해서 어리석은 자가 되는가?"
"번뇌의 홍수에 의해서 어리석은 자가 된다."
용왕이 이 말을 듣고 부처님이 이 세상에 출현하셨다는 것을 알고 생각했다.

'두 부처님 사이 동안 이런 노래를 한 번도 들어본 적이 없다. 진실로 부처님이 이 세상에 출현하셨구나!'

기쁨이 가득 차오르자 그는 긴 꼬리로 강물을 내리쳤다. 그러자 거대한 파도가 일어나 양쪽 강둑을 덮쳤고 사람들이 파도에 휩쓸렸다. 용왕은 물에 빠진 사람들을 태워 육지에 데려다주고 웃따라에게 다가가서 물었다.

"젊은이여, 부처님은 어디 계시는가?"

"용왕이여, 부처님은 저 나무 아래 앉아 계십니다."

"자, 같이 가도록 합시다."

용왕이 웃따라와 함께 출발하자 많은 군중이 뒤따라갔다.

용왕은 부처님께 다가가서 여섯 색깔의 광명을 내뿜고 나서 부처님께 삼배를 올리고 눈물을 흘리며 한쪽에 섰다. 부처님께서 용왕에게 말했다.

"용왕이여, 왜 그러는가?"

"부처님이시여, 저는 한때 깟사빠 부처님의 제자였으며 2만 년 동안 수행했었습니다. 하지만 그렇게 오랫동안 수행했어도 해탈을 얻지 못했습니다. 제가 그때 에라까 나뭇잎을 꺾은 일이 있는데 그 일 때문에 원인 없는 마음으로 태어나 몸통으로 돌아다녀야 하는 축생이 됐습니다. 저는 두 부처님 사이 동안 인간이 되지도 못하고 법을 들을 기회도 얻지 못하고 부처님을 만날 기회도 얻지 못했습니다."

"용왕이여, 인간이 되기란 실로 어려운 일이다. 인간이 돼도 법을 들을 기회를 만나는 것은 더욱 어렵다. 붓다가 세상에 출현하는 것도 마찬가지다. 붓다는 정말 어렵게 찾아오는 것이다."

부처님께서는 법을 설하시고 게송을 읊으셨다.

사람으로 태어나기 어렵고
오래 살기도 어렵네.
참된 진리를 듣기가 어렵고

붓다가 출현하는 것도 어려운 일이네.(182)

이 게송 끝에 많은 사람이 법에 대한 이해를 얻었다.

용왕은 축생이 아니었더라면 수다원과를 성취했을 것이다. 용들은 다섯 가지 경우가 아니라면 항상 인간의 모습을 하고 돌아다닐 수 있다. 다섯 가지 경우란 태어날 때, 허물을 벗을 때, 잠을 잘 때, 자기 종족과 성관계를 맺을 때, 죽을 때이다.

네 번째 이야기
일곱 부처님이 한결같이 읊으신 훈계 게송(七佛通偈)238)

부처님께서 제따와나에 계실 때 아난다 장로의 질문과 관련해서 게송 183, 184, 185번을 설하셨다.

아난다 장로가 낮 동안의 수행처에서 좌선 중에 이런 생각이 일어났다.
'부처님께서는 과거 일곱 부처님(過去七佛)의 어머니와 아버지, 수명, 깨달음을 얻은 보리수의 종류, 비구들의 모임, 상수제자, 주요 신도들에 대해서 자세하게 설명해 주셨다. 이 모두를 설명하셨지만, 우뽀사타 재일을 어떤 식으로 지냈는지에 대해선 말씀하지 않으셨다. 지금과 똑같이 지냈을까, 아니면 다르게 지냈을까?'
장로는 부처님께 다가가서 이 문제를 여쭈었다.

모든 부처님에게 우뽀사타(포살) 기간은 달랐지만, 훈계할 때 설하신 게송은 똑같았다.

위빳시 부처님은 7년마다 우뽀사타를 하셨으며 그날 하루 계목을 외우고 내린 훈계는 7년 동안 지켜졌고, 승가는 청정을 유지했다. 시키 부처님과 웻사부 부처님은 6년마다 우뽀사타를 하셨고, 까꾸산다 부처님과 꼬나가마나 부처님은 1년마다 우뽀사타를 하셨고, 깟사빠 부처님은 6개월마다

---

238) 우뽀사타(포살)를 행할 때는 계목(Pātimokkha)을 암송한다. 하지만 부처님께서 깨달음을 얻으시고 전반기 20년간은 계율을 제정하지 않으셨다. 왜냐하면 20년 동안에는 승단에 허물이 나타나지 않아 청정함이 유지되었기 때문이다. 그래서 전반기 20년 동안 우뽀사타를 할 때는 가볍게 훈계를 함으로써 우뽀사타를 마쳤다. 이때 훈계하는 게송이 우리에게 칠불통게七佛通偈로 알려진 '훈계 계목(Ovāda Pātimokkha)'이다. 20년이 지나 승단에 허물이 나타나기 시작하면서 강제 규정을 둔 계목이 제정되고 허물을 범한 자는 벌을 주게 됐다. 그 이후로는 우뽀사타를 할 때는 제정된 계율을 암송하게 됐다. 이때 암송하는 계율이 법으로 금하는 '금지 계목(Āṇā Pātimokkha)'이다.

우뽀사타를 하셨으며 그날 내린 훈계는 6개월 동안 지켜졌다. 부처님께서는 우뽀사타 재일을 지낸 기간을 설명하시고 우뽀사타 재일에 내린 훈계는 모두 같다고 설명하셨다.

"모든 부처님이 포살일에 우뽀사타를 할 때 한결같이 훈계하신 게송은 이러하다."

악은 행하지 말고
선은 구족하며
마음을 깨끗이 하라.
이것이 붓다들의 가르침이다.239) (183)

---

239) 한문 번역본에는 '제악막작 중선봉행 자정기의 시제불교(諸惡莫作 衆善奉行 自淨其意 是諸佛敎)'라고 나온다. 대부분 사람들은 이 게송을 평범한 도덕규범, 즉 '악행을 하지 말고 선행을 하라.' 정도로 설명한다. 즉 '나쁜 짓하지 말고 착하게 살아라. 청정한 마음을 유지하라.'라고 해석한다. 그리고 모든 종교는 이런 일반적인 도덕적 인과율을 넘어서지 않는다고 말한다.

미얀마인들은 좀 다르게 해석한다. '악을 금하라'라는 말은 계율을 지키라는 뜻이고, '선을 행하라'라는 말은 선정을 닦으라는 뜻이고, '마음을 청정히 하라'라는 말은 위빠사나 수행으로 마음을 깨끗이 정화하라는 뜻이라고 설명한다. 즉 이것을 계·정·혜 삼학에 정확히 대입한 것이다.

그러나 이 게송의 정확한 뜻은 위빠사나 수행을 의미한다. '악을 금하라'라는 말은 악한 마음이 일어나는 것을 관찰을 통해 제거하라는 말이다. 즉 탐욕, 분노, 어리석음, 시기, 질투, 인색, 자만심, 우월감, 열등감, 해태, 혼침 등의 해로운 마음을 관찰해서 제거하라는 것이다. '선을 행하라'라는 말은 선한 마음을 적극적으로 개발하고 발전시키라는 말이다. 즉 탐욕 없음, 성냄 없음, 어리석음 없음, 자애, 연민, 같이 기뻐함, 고요, 평온 등을 개발하고 발전시키라는 것이다. '마음을 깨끗이 하라'라는 말은 지혜를 일으켜 진리를 깨달음으로써 해탈을 성취하라는 뜻이다. 즉 무상·고·무아의 이치를 깨달아 영원히 번뇌에서 벗어나 열반을 성취하라는 것이다.

인욕이 최고의 고행이요,
열반이 으뜸이라고 붓다들은 말씀하신다.
남을 비난하는 자는 출가자가 아니요,
남을 해치는 자는 사문이 아니다.(184)

남을 비난하지도 말고 해치지도 말며
계목240)으로 단속하라.
음식의 양을 알고
한적한 곳에 머물며
높은 마음241)을 힘써 닦아라.
이것이 붓다들의 가르침이다.(185)

---

240) 계목(戒目, Pātimokkha 또는 Pāṭimokkha, 산스크리트 Prātimokṣa, 중국어 波羅提木叉): 비구, 비구니가 지켜야 할 계율 조목으로 비구 227계(북방 250계), 비구니 236계(북방 348계)를 말한다. 율장은 숫따위방가 Suttavibbaṅga(계목), 칸다까Khandhaka(품), 빠리와라Parivāra(부록)로 구성돼 있는데, 계목(빠띠목카)은 숫따위방가에 들어 있다. 계목은 경중에 따라 8부분으로 나누어져 있다: ① pārājika(波羅夷) ② saṅghādisesa(僧殘) ③ Aniyata(不定) ④ Nissaggiya Pācittiya(捨墮) ⑤ Pācittiya(單墮), ⑥ Paṭidesanīya(悔過), ⑦ Sekkiya(衆學), ⑧ Adhikaraṇa samathā(滅諍). 계목은 한 달에 두 번 우뽀사타를 할 때 암송된다. 암송자가 각 부분을 암송하고 나서 계율을 범한 적이 있는지 대중에게 묻는다. 승가가 침묵하면 허물이 없는 것으로 간주된다. 계목은 초기 20년간은 제정되지 않았으며 20년이 지나서 제정되기 시작했다.

241) 높은 마음(增上心, adhicitta): 높은 계(增上戒, adhisīla), 높은 지혜(增上慧, adhipaññā)와 함께 언급되는 단어로서 계·정·혜 삼학에 '높은'이라는 수식어를 붙인 것이다. 높은 마음은 4색계선정과 4무색계선정을 말한다.

다섯 번째 이야기
환속하려는 비구를 훈계하신 부처님

부처님께서 제따와나에 계실 때 환속하려는 비구와 관련해서 게송 186, 187번을 설하셨다.

한 비구가 출가한 뒤 비구계를 받자 은사 스님이 강원으로 그를 보내며 말했다.
"강원으로 가서 계율을 배우도록 해라."
비구가 출발하자 그의 아버지는 병이 들었다. 아버지는 아들을 보고 싶은 마음이 간절했으나 비구가 유행 중이라서 어디에 있는지 찾을 수 없었다. 죽음이 임박해 오자 아버지는 아들을 그리워하며 막내아들 손에 100냥을 맡기면서 힘들게 말했다.
"형이 찾아오면 이 돈으로 가사와 발우를 마련해 주도록 해라."
아버지는 그 말을 끝으로 죽었다.

젊은 비구가 집에 오자 막냇동생은 그의 발아래 엎드려 흐느껴 울면서 말했다.
"스님, 아버지께서 돌아가실 때 스님을 위해 100냥을 제 손에 맡겼습니다. 어떻게 할까요?"
젊은 비구는 돈을 거절하며 말했다.
"나는 돈이 필요 없다."
그러나 시간이 좀 지나자 이런 생각이 떠올랐다.
'이 집 저 집 돌아다니면서 탁발해서 생활하는 것이 무슨 소용이 있을까? 100냥이면 충분히 생계를 유지할 수 있지 않을까? 속인으로 되돌아가야겠다.'

이런 생각이 일어나자 출가 생활이 짜증으로 변했다. 그는 경전도 외우지 않고 수행도 하지 않고 몸은 마치 황달 걸린 사람처럼 핼쑥해졌다. 사미들이 그를 보고 물었다.
"스님, 무슨 일이 있습니까?"
"출가 생활이 힘들어지기 시작합니다."
사미들은 이 문제를 스승에게 말했고 스승은 그를 부처님께 데려갔다.

부처님께서 그에게 물으셨다.
"출가 생활이 싫어졌다는 말이 사실이냐?"
"그렇습니다, 부처님."
"왜 이렇게 됐느냐? 세속에 돌아가면 생계를 유지할 좋은 수단이 생겼느냐?"
"그렇습니다, 부처님."
"너의 재산이 얼마나 되느냐?"
"100냥입니다, 부처님."
"좋아, 그러면 가서 그릇 몇 개를 가져오너라. 그 돈으로 무엇을 할 수 있는지 한번 계산해 보자."
비구가 그릇들을 가져오자 부처님께서 말씀하셨다.
"자, 음식과 음료를 사는 데 50냥, 두 마리 소를 사는 데 24냥, 씨앗을 사는 데 24냥, 두 마리 소가 끄는 쟁기를 사는 데 24냥, 삽과 도끼 등 생활도구를 사는 데 24냥이 들어간다……."
100냥의 돈으로는 어림도 없다는 것이 드러났다.

부처님께서 그에게 말씀하셨다.
"비구여, 네가 가지고 있는 돈은 아주 적은 돈이다. 그 적은 돈으로 어떻게 네 욕망을 충족시킬 수 있겠느냐? 과거에 세상을 지배하며 살았던 전륜왕은 팔을 한 번 흔들기만 하면 보석이 비처럼 쏟아져 허리까지 쌓였다. 그는 삭까 천왕이 서른여섯 번 바뀔 때까지 왕으로 살았다. 그렇게 오랫동안 세상을 통치하며 살았어도 욕망을 다 충족시키지 못하고 죽었다."
비구들이 그 이야기를 해 달라고 요청하자 부처님께서는 만다따 자따까를 설하셨다.

> 한 때 보디삿따는 만다따라는 이름의 전륜성왕으로 태어났다. 그는 칠보와 네 가지 신통을 갖추고 있었다. 그가 왼손으로 주먹을 쥐고 오른손을 때리면 하늘에서 보석이 비가 오듯이 쏟아져 허리까지 쌓였다. 그는 온갖 부귀와 영광을 누리고 살았지만 만족하지 못했다. 그는 무한한 수명을 갖추어 삭까 천왕이 서른여섯 명이나 바뀔 때까지 살았다. 하지만 그가 죽을 때는 욕망을 다 충족하지 못하고 피곤과 권태 속에 죽어갔다.(Mandhātā Jātaka, J258)

달과 태양이 도는 한
궁전은 황홀하게 빛나고
땅 위에 있는 중생만큼 많은 사람이
모두 다 만다따의 하인이었지.

부처님께서는 이어서 두 게송을 읊으셨다.

**황금이 소나기처럼 퍼붓는다 해도
끝없는 욕망을 채우지 못한다.
지혜로운 이는 이런 사실을 너무나 잘 안다.
만족은 짧고 고통은 길다는 것을.(186)**

**스스로 바르게 깨달으신 님의 제자는
하늘의 영광도 즐거워하지 않고
갈애의 소멸을 즐거워한다.(187)**

여섯 번째 이야기
악기닷따 바라문의 깨달음

부처님께서 제따와나에 계실 때 꼬살라 국왕의 궁중제사장이었던 악기닷따[242]와 관련해서 게송 188, 189, 190, 191, 192번을 설하셨다.

악기닷따는 꼬살라 국왕인 마하꼬살라의 궁중제사장이었다. 부왕이 죽자 왕위를 물려받은 왕의 아들 빠세나디 꼬살라 왕은 악기닷따를 존중해 그를 다시 제사장에 임명했다. 악기닷따가 왕을 알현하러 갈 때마다 왕은 친히 나와서 맞이하고 자기와 같은 높이의 의자를 제공하고 말했다.
"스승이시여, 여기 앉으십시오."
시간이 지남에 따라 악기닷따는 자신의 자리가 거북해졌다.
'이 젊은 왕은 나를 아주 특별하게 대우한다. 계속 이렇게 특별한 호의를 받고 지내는 것도 불편한 일이다. 왕도 자신과 나이가 비슷한 사람과 어울려야 기분이 좋은 것이다. 나는 이제 늙었으니 차라리 세속을 벗어나 사문(불교의 사문이 아님)이 돼야겠다.'

악기닷따는 왕에게 출가해 사문이 되겠다고 요청하고 허락을 받았다. 그는 북을 두드리고 온 도시를 돌아다니며 일주일 동안 자신의 전 재산을 가난한 사람들에게 보시하고 출가해 사문이 됐다. 천 명의 사람이 그를 본받아 함께 사문이 됐다.

악기닷따는 앙가, 마가다, 꾸루의 세 나라가 만나는 삼각지대에 머물렀다. 그는 사문들에게 이렇게 가르쳤다.
"형제들이여, 그대들의 마음속에 감각적 욕망, 악한 생각, 잔인한 생각 등 법답지 않은 생각이 일어나면 항아리를 들고 강으로 가서 모래를 잔뜩

---

[242] 악기닷따Aggidatta: 꼬살라국의 궁중제사장이었다가 은퇴해 출가한 사문으로 자연숭배 사상을 가르쳤다. 후에 부처님의 가르침을 듣고 아라한이 됐다.

채워 와서 여기다 붓도록 하시오."

"그렇게 하겠습니다."

사문들은 그의 가르침에 따라 감각적 욕망, 악한 생각, 잔인한 생각 등 법답지 않은 생각이 일어날 때마다 그렇게 했다. 세월이 흐르자 거대한 모래더미가 생겨났고 아힛찻따 용왕이 그곳을 차지하고 살았다. 앙가 마가다 꾸루의 주민들은 달마다 많은 시주물을 가지고 와서 사문들에게 올리고 삼배를 올렸다. 악기닷따는 신도들에게 이렇게 훈계했다.

"산에서 귀의처를 구하고, 숲이나 공원에 귀의하고, 나무에 귀의하면 고통에서 벗어날 것이다."

악기닷따는 제자들에게도 이렇게 가르쳤다.

이때 보디삿따께서 위대한 출가를 하고 나서 위없는 깨달음을 얻고 붓다가 되어 사왓티 제따와나에 머무르고 계셨다. 부처님께서는 새벽에 세상을 살피다가 악기닷따 바라문과 제자들이 지혜의 그물에 들어오는 것을 보고 앞날을 예측해 보셨다.

'이 모든 사람이 사무애해를 갖춘 아라한이 될까?'

부처님께서는 그들이 아라한이 될 인연이 무르익었다는 것을 아시고 마하목갈라나 장로에게 말씀하셨다.

"목갈라나여, 악기닷따가 어리석은 가르침으로 사람들을 잘못 인도하고 있다. 그들에게 가서 진정한 가르침을 주도록 하여라."

"부처님이시여, 그 사문들은 숫자가 많습니다. 제가 혼자 간다면 다루기가 쉽지 않을 것입니다. 부처님께서 가신다면 그들을 쉽게 깨달음으로 인도할 수 있을 것입니다."

"목갈라나여, 나도 갈 테니 먼저 가거라."

장로가 그들에게 가면서 생각했다.

'이 사문들은 힘도 세고 숫자도 많다. 내가 한마디 하면 그들은 떼 지어 달려들 것이다.'

장로는 신통력으로 한차례 소나기를 퍼부었다. 소나기가 오자 사문들은 일어나서 나뭇잎과 풀로 엮은 자신의 오두막으로 들어가 버렸다. 장로는 악기닷따의 오두막집 앞에 서서 그를 불렀다.

"악기닷따여!"

악기닷따는 장로가 자신을 부르는 소리를 듣고 생각했다.

'이 세상에 내 이름을 직접 부르는 사람은 아무도 없다. 누가 내 이름을 함부로 부르는가?'

그는 문을 열고 완고하고 자만심에 가득 찬 목소리로 물었다.

"누구요?"

"바라문이여, 접니다."

"무엇 때문에 오셨소?"

"오늘 하룻밤 묵어가고자 하니 방을 하나 내주십시오."

"여기는 한 사람이 하나의 오두막을 사용하고 있기 때문에 당신이 묵을 방이 없소."

"악기닷따여, 사람은 사람 사는 곳으로 가고, 소는 소가 사는 곳으로 가고, 사문은 사문이 사는 곳으로 갑니다. 그러니 너무 냉정하게 대하지 말고 방을 하나 내주십시오."

"당신은 사문이요?"

"그렇습니다. 나는 사문입니다."

"사문이라면서 당신의 발우는 어디 있소? 어째서 가지고 다니는 생활도구가 보이지 않소?"

"생활도구가 있지만 여기저기 가지고 돌아다니는 것이 불편해서 가지고 오지 않았습니다. 여기서 얻어 가려고 합니다."

"그러니까 여기서 생활도구를 얻어 가시겠다 이 말씀이오?"

악기닷따가 화가 나서 소리치자 장로가 말했다.

"악기닷따여, 그렇게 화내지 마시고 하룻밤 지낼 곳이나 안내해 주시오."

"여기는 빈방이 없소."

"좋습니다. 저 모래더미에는 누가 살고 있습니까?"
"용왕이 살고 있소."
"모래더미를 내게 주십시오."
"모래더미를 달라고? 그것은 용왕에 대한 심한 모욕이요."
"그런 건 걱정하지 마시고 나에게 주기나 하십시오."
"당신 맘대로 하시구려."

장로는 모래더미로 갔다. 용왕은 그가 오는 것을 보고 생각했다.
'저 사문이 이리로 오는데 내가 여기 있는 것을 모르고 있는 모양이지? 독연기를 뿜어 죽여야겠다.'
장로는 용왕이 연기를 뿜는 것을 보았다.
'이 용왕은 자기만이 연기를 뿜을 수 있고 다른 사람은 뿜을 수 없다고 생각하는 모양이군.'
장로도 연기를 뿜었다. 둘이 배에서 뿜어대는 연기가 한가운데서 만나 하늘로 솟아올라가 범천에까지 닿았다. 장로는 연기에 아무런 해도 입지 않았지만, 용왕은 눈을 뜰 수 없을 정도로 심한 고통을 받았다. 용왕은 연기를 참을 수 없자 불을 내뿜었다. 장로는 불 까시나243)를 대상으로 삼매에 들어갔다. 장로가 내뿜는 불이 범천까지 올라갔다. 장로의 몸 전체가 마치 횃불처럼 타올랐다. 그곳에 사는 사문들이 그걸 보고 생각했다.
'용왕이 사문을 불쏘시개로 사용하는구나. 우리말을 듣지 않더니 결국 이렇게 생을 마감하는구나.'
장로는 용왕을 굴복시켜 어리석은 짓을 멈추게 하고 모래더미에 앉았다. 용왕은 똬리를 틀고 장로를 그 위에 앉힌 다음 머리를 높이 쳐들어 마치 일산처럼 만들어서 장로의 머리 위를 드리웠다.

다음 날 아침 그곳에 사는 사문들이 어젯밤에 온 사문이 살았는지 죽었는지 보려고 모래더미로 몰려갔다. 그들은 장로가 모래더미에 앉아 있는

---

243) 불 까시나 수행법은 3권 부록 II. A.4.e 참조.

것을 보고 놀라며 찬탄을 늘어놓았다.

"사문이여, 당신은 용왕에게 아주 심한 곤욕을 치른 모양이군요."

"당신들은 용왕이 머리를 쳐들고 나의 머리 위를 드리우고 있는 것을 보지 못하시오?"

"사문이 그렇게 무시무시한 용왕을 굴복시키다니 정말 놀라운 일입니다."

그들은 장로의 주위에 빙 둘러서서 찬사를 보냈다.

이때 부처님께서 다가오셨다. 장로가 일어나서 부처님께 삼배를 올리자 사문들이 물었다.

"이 사람이 당신보다 더 대단합니까?"

"이 분은 부처님이고 저는 이 분의 제자입니다."

부처님께서 모래더미 위에 앉으시자 사문들이 서로 이야기를 나누었다.

"단지 제자의 신통력이 이렇게 대단한데 스승의 신통력은 얼마나 더 대단하겠는가?"

그들은 공손하게 합장하고 부처님을 찬탄했다. 이때 부처님께서 악기닷따에게 말씀하셨다.

"악기닷따여, 그대는 제자와 신도들에게 어떻게 가르치는가?"

"'산에 귀의하고 숲과 공원에 귀의하고 나무에 귀의하라. 그러면 고통에서 벗어날 것이다.'라고 가르칩니다."

"그렇지 않다. 악기닷따여, 그런 것에 귀의한다고 해서 고통에서 벗어나는 것이 아니다. 불·법·승 삼보에 귀의해야 고통에서 벗어나는 것이다."

부처님께서는 이렇게 말씀하시고 게송을 읊으셨다.

우환이 닥쳐 두려움이 몰려오면
어리석은 이들은
산, 숲, 나무, 사당, 신에게서
귀의처를 구한다.(188)

이런 곳은
안전하거나 거룩한 귀의처가 아니다.
그것에 귀의한들
모든 괴로움에서 벗어나는 것도 아니다.(189)

부처님과
부처님의 가르침과
그 가르침에 따라 수행하는 이들에게 귀의하면
올바른 지혜로
네 가지 진리(四聖諦)를 볼 수 있다.(190)

괴로움
괴로움이 생기는 원인
괴로움의 소멸
괴로움의 소멸로 이끄는 여덟 가지 바른 길(八正道)을.(191)

이것이 완전한 귀의처요.
가장 뛰어난 귀의처다.
이것에 귀의할 때
모든 괴로움에서 벗어난다.(192)

이 게송 끝에 모든 사문은 사무애해를 갖춘 아라한이 됐다. 그들은 부처님께 삼배를 드리고 승가에 받아달라고 요청했으며 부처님께서는 손을 들며 말씀하셨다.

"에타 빅카오!(오라, 비구여!) 성스러운 삶을 살아라!"

그 순간 비구팔물比邱八物이 저절로 갖추어지며 그들은 승랍이 60년 된 대장로처럼 단아한 모습이 됐다.

이날은 앙가, 마가다, 꾸루의 세 나라 주민들이 많은 시주물을 가지고 와서 공양을 올리는 날이었다. 주민들은 공양을 올리려고 왔다가 모든 사문이 노란 가사를 입고 있는 것을 보고 생각했다.

'악기닷따 바라문이 더 위대한가, 아니면 고따마 부처님이 더 위대한가?'

그들은 부처님이 가장 늦게 왔다는 것을 상기하고 악기닷따 바라문이 더 위대하다고 생각했다. 부처님께서는 그들의 생각을 읽고 말씀하셨다.

"악기닷따여, 그대의 신도들이 품고 있는 의심을 없애주어라."

"그것이 제가 가장 하고 싶은 일입니다."

악기닷따는 이렇게 말씀드리고 신통으로 일곱 번이나 공중에 올라갔다 내려와서 부처님께 삼배를 드리고 말했다.

"부처님이 저의 스승이시고 저는 그분의 제자입니다."

이렇게 악기닷따는 자신이 부처님의 제자임을 선언했다.

일곱 번째 이야기
붓다가 태어나는 가문에 대한 질문

부처님께서 제따와나에 계실 때 아난다 장로가 한 질문과 관련해서 게송 193번을 설하셨다.

어느 날 장로가 낮 동안의 수행처에서 좌선할 때 문득 이런 생각이 떠올랐다.

'부처님께서는 혈통 좋은 코끼리, 말, 황소가 어디서 태어나는지 말씀하셨다. '혈통 좋은 코끼리는 찻단따와 우뽀사타 종에서 태어난다. 혈통 좋은 말은 왈라하까 종에서 태어난다. 혈통 좋은 황소는 데칸 종에서 태어난다.'라고 말씀하셨는데 부처님은 어디서 태어나는지 말씀하시지 않으셨다.'

그는 부처님께 가서 삼배를 올리고 이 문제를 질문하자 부처님께서 대답하셨다.

"아난다여, 여래는 아무 데서나 태어나는 것이 아니다. 인도 한가운데(佛敎中央國) 길이가 직선으로 300요자나, 둘레가 900요자나에서 탄생한다. 여래는 아무 가문에서나 탄생하는 것이 아니다. 왕족 가문이나 바라문 가문에서만 탄생한다."244)

부처님께서는 그렇게 말씀하시고 게송을 읊으셨다.

붓다를 만나기란 참으로 어렵고
아무 데서나 탄생하지 않는다.
붓다가 탄생한 가문은
참으로 행복하리라.(193)

---

244) 붓다왐사에 따르면 붓다는 그 시대에 왕족이 최고의 계급이면 왕족에서 태어나고 바라문이 최고의 계급이면 바라문 가문에서 태어난다.

여덟 번째 이야기
세상에서 가장 즐거운 일

부처님께서 제따와나에 계실 때 일단의 비구와 관련해서 게송 194번을 설하셨다.

500명의 비구가 모여 이야기를 나누고 있었다.
"스님들이여, 이 세상에서 무엇이 즐겁습니까?"
스님들이 제각기 자신의 의견을 피력했다.
"통치의 즐거움에 비교할 게 없지요."
"사랑의 즐거움보다 더한 즐거움이 있을까요?"
"쌀밥에 고기를 구워 먹는 것이 가장 즐겁습니다."
부처님께서 비구들이 모여 이야기하는 곳으로 와서 물으셨다.
"비구들이여, 여기 앉아서 무슨 이야기를 나누고 있는가?"
비구들이 대답하자 부처님께서 말씀하셨다.
"비구들이여, 그것을 말이라고 하는 건가? 그대들이 말하는 즐거움은 윤회의 고통을 초래할 뿐이다. 반면에 이 세상에 붓다가 출현하는 것과 법문을 듣는 것과 승가가 화합하는 것은 참으로 즐거운 일이다."
부처님께서는 이렇게 말씀하시고 게송을 읊으셨다.

부처님이 출현하심이 축복이요,
위없는 가르침을 설하심도 축복이네.
승가가 화합하는 것이 축복이요,
화합 승가가 바르게 수행하는 것도 축복이네.(194)

아홉 번째 이야기
탑을 세울 만한 사람들

부처님께서 유행 중에 깟사빠 부처님의 탑과 관련해서 게송 195, 196번을 설하셨다.

어느 날 부처님께서 많은 비구를 데리고 사왓티를 떠나 베나레스로 향하고 있었다. 가는 길에 또데이야 마을245) 가까이에 있는 탑에 도착했다. 부처님께서는 잠시 앉아서 아난다 장로에게 근처에서 논을 갈고 있는 바라문을 불러오게 했다. 바라문은 와서 부처님께는 인사도 하지 않고 탑에 삼배를 올렸다. 그가 탑에 예배하고 돌아서자 부처님께서 그에게 물으셨다.
"바라문이여, 그대는 어째서 이 탑에 예배하는가?"
"사문 고따마여, 이 탑은 조상 대대로 내려오는 것이기 때문에 예배하는 것입니다."
부처님께서는 그를 칭찬하며 말씀하셨다.
"바라문이여, 이 탑에 예배하고 존경하는 일은 참 잘한 일이다."

비구들이 이 말씀을 듣고 의심이 일어났다.
"부처님께서 무슨 이유로 이런 칭찬을 하셨을까?"
"이 탑은 깟사빠 부처님의 탑이다."
부처님께서는 비구들의 의심을 쫓아버리기 위해서 맛지마 니까야 가띠까라 경을 설하셨다.

깟사빠 부처님 당시 웨하링가 마을에 가띠까라라는 도공이 눈먼 부모를 봉양하며 살고 있었다. 그는 신심이 깊고 헌신적인 부처님의 신도였다. 이때 보디삿따는 바라문 귀족 청년 조띠빨라로 살고 있었다. 조띠빨라는

---

245) 또데이야Todeyyagāma: 사왓티와 베나레스 사이에 있던 마을로 고따마 부처님 시대까지 깟사빠 부처님의 탑이 남아 있었다고 한다.

가띠까라의 친구였으나 부처님에 대한 신심이 없었다. 가띠까라는 조띠빨라를 설득해서 부처님에로 인도하고자 무척 노력했으나 그는 가기를 거부했다. 가띠까라는 친구의 머리카락을 잡아당기며 강제로 부처님께 데려갔다. 조띠빨라는 부처님의 법문을 듣고 출가해 비구가 됐다. 가띠까라는 부모를 봉양해야 해서 출가할 수 없었다. 한때 깟사빠 부처님께서는 가띠까라의 후원을 받으며 웨하링가 마을에서 안거를 보내셨다. 부처님께서 가띠까라가 없을 때 그의 집으로 탁발을 나가셨다. 부처님께서는 그의 눈먼 부모의 허락을 얻어 직접 솥에서 밥과 국을 꺼내 드셨다. 가띠까라가 돌아와 이 사실을 전해 듣고 부처님께서 자신을 신뢰한다는 것을 알고 보름 동안 희열이 사라지지 않았고 부모는 일주일 동안 희열이 사라지지 않았다. 부처님의 꾸띠에 비가 새자 비구들이 가띠까라의 집으로 띠를 구하러 갔는데 마침 그가 없었다. 비구들은 가띠까라의 지붕에서 띠를 뜯어다가 부처님의 꾸띠를 수리했다. 가띠까라가 돌아와서 이 사실을 알고 보름 동안 희열이 사라지지 않았고 그의 부모는 일주일 동안 희열이 사라지지 않았다. 그의 신심은 이와 같았다. 그는 아나함이었으며 죽어 정거천의 아위하(無煩天)에 태어났다. 상윳따 니까야 가띠까라 경(S1.50)에는 그가 범천의 모습으로 고따마 부처님 앞에 나타나 그 옛날 깟사빠 부처님 당시에 친구였던 기억을 회상하고 있다.

(Ghaṭikāra Sutta, M81)

자따까를 설하신 다음 부처님께서는 신통으로 공중에 황금산을 만들고 깟사빠 부처님의 탑과 똑같은 모습의 황금탑을 1요자나 높이로 만들고서 제자들을 가리키며 바라문에게 말씀하셨다.

"바라문이여, 이처럼 탑을 세워 존경할 만한 사람에게 꽃과 향으로 공양을 올리고 예배하는 것이 좋다."

부처님께서는 대반열반경에 나오는 경246)을 말씀하셨다.

---

246) 대반열반경: Mahāparinibbana Sutta, D16

이 세상에 네 부류의 사람의 탑은 세울 만하다. 무엇이 넷인가? 여래·아라한·정등각의 탑은 세울 만하다. 벽지불의 탑은 세울 만하다. 여래의 제자의 탑은 세울 만하다. 전륜성왕의 탑은 세울 만하다. 어떤 이익이 있기에 세울 만한가? '이것은 여래·아라한·정등각의 탑이다. 이것은 벽지불의 탑이다. 이것은 여래의 제자들의 탑이다. 이것은 전륜성왕의 탑이다.'라고 청정한 믿음을 일으킨다. 청정한 믿음을 가지고 죽으면 천상에 태어난다. 이런 이익이 있기 때문에 탑을 세울 만하다.

부처님께서는 세 종류의 탑에 대해서도 설명하셨다. 사리를 봉안한 탑, 기념되는 모습을 조각한 탑, 생전에 즐겨 사용한 유물을 봉안한 탑이다. 부처님께서는 이렇게 말씀하시고 게송을 읊으셨다.

존경할 만한 사람을 존경하라.
괴로움을 일으키는 번뇌를 제거하고
슬픔과 탄식을 벗어난
붓다와 붓다의 제자들을.(195)

평화롭고 두려움 없는
그와 같은 분들을 존경하면
그 공덕은 무엇으로도 헤아릴 수 없다.(196)

이 게송 끝에 바라문은 수다원과를 성취했다.

일주일 동안 1요자나 크기의 황금탑은 공중에 머물러 있었다. 많은 사람이 몰려와서 경이로운 탑에 참배하고 꽃과 향으로 공양을 올렸다. 이때 삿된 견해를 가진 외도들도 사견을 버리게 됐다. 부처님의 신통으로 만들어진 탑은 원래의 장소로 돌아가고 그 장소에 커다란 돌탑이 생겨났다. 그리고 많은 사람이 법에 대한 이해를 얻었다.

법구경 이야기 2

4판 발행 | 2022년 4월 10일

옮긴이 | 무념·응진
펴낸이 | 김창협
펴낸곳 | **옛길**
　　　　남양주시 덕송3로 12
　　　　전화 010-3706-4812
등록번호 | 제505-2008-000005호(2008.5.15)
이메일 | mahabhante@hanmail.net
홈페이지 | http://cafe.daum.net/samatavipassana

ISBN 89-961738-2-3 04220
ISBN 89-961738-0-9 (전3권)

값 | 25,000원